핵심만 골라 배우는

안드로이드 스튜디오
Arctic Fox
& 프로그래밍

Android Studio 4.2 Development Essentials

Copyright © 2020 Neil Smyth / Payload Media, Inc. All rights reserved.
Korean translation copyright © 2021
This Korean edition was published by arrangement with Neil Smyth through Agency-One, Seoul.

이 책의 한국어판 저작권은 에이전시 원을 통해 저작권사와의 독점 계약으로 (주)제이펍에 있습니다.
저작권법에 의해 한국 내에서 보호를 받는 저작물이므로 무단전재와 복제를 금합니다.

핵심만 골라 배우는
안드로이드 스튜디오 Arctic Fox & 프로그래밍

1쇄 발행 2021년 7월 20일

지은이 닐 스미스
옮긴이 심재철
펴낸이 장성두
펴낸곳 주식회사 제이펍

출판신고 2009년 11월 10일 제406-2009-000087호
주소 경기도 파주시 회동길 159 3층 3-B호 / **전화** 070-8201-9010 / **팩스** 02-6280-0405
홈페이지 www.jpub.kr / **원고투고** submit@jpub.kr / **독자문의** help@jpub.kr / **교재문의** textbook@jpub.kr

편집부 김정준, 이민숙, 최병찬, 이주원 / **소통기획부** 송찬수, 강민철 / **소통지원부** 민지환, 김유미, 김수연
진행 김정준 / **교정·교열** 김성남 / **내지디자인** 이민숙 / **내지편집** 성은경 / **표지디자인** 미디어픽스
용지 에스에이치페이퍼 / **인쇄** 한승문화사 / **제본** 장항피엔비

ISBN 979-11-91600-13-1 (93000)
값 38,000원

※ 이 책은 저작권법에 따라 보호를 받는 저작물이므로 무단 전재와 무단 복제를 금지하며,
　 이 책 내용의 전부 또는 일부를 이용하려면 반드시 저작권자와 제이펍의 서면동의를 받아야 합니다.
※ 잘못된 책은 구입하신 서점에서 바꾸어 드립니다.

제이펍은 독자 여러분의 아이디어와 원고 투고를 기다리고 있습니다. 책으로 펴내고자 하는 아이디어나 원고가 있는
분께서는 책의 간단한 개요와 차례, 구성과 저(역)자 약력 등을 메일(submit@jpub.kr)로 보내 주세요.

핵심만 골라 배우는

안드로이드 스튜디오
Arctic Fox
& 프로그래밍

닐 스미스 지음 / **심재철** 옮김

Jpub
제이펍

차례

CHAPTER 14   **코틀린 흐름 제어   126**

CHAPTER 15   **코틀린 함수와 람다 개요   134**

CHAPTER 25   안드로이드 ConstraintLayout 개요   219

CHAPTER 26   안드로이드 스튜디오에서 ConstraintLayout 사용하기   230

CHAPTER 27

안드로이드 스튜디오에서 ConstraintLayout 체인과 비율 사용하기 248

CHAPTER 28

ConstraintLayout 예제 프로젝트 256

CHAPTER 29

XML 레이아웃 직접 작성하기 267

CHAPTER 37 **안드로이드 프래그먼트 개요 326**

CHAPTER 38 **프래그먼트 사용 예제 프로젝트 335**

옮긴이 머리말

"정성과 최선을 다했습니다."

한마디로 요약해서 독자 여러분께 드리고 싶은 제 진심의 표현입니다.

용어 하나하나, 내용 모두에 걸쳐 심사숙고하였으며, 실습용 프로젝트 코드의 작성 및 수정과 테스트를 병행하여 이 책을 완성하였습니다.

이 책에서는 최신 버전의 안드로이드 스튜디오를 사용해서 안드로이드 앱을 개발하는 데 필요한 핵심적인 내용을 알려 줍니다. 즉, 안드로이드 스튜디오의 기능과 활용법은 물론이고, 최신의 핵심적인 안드로이드 컴포넌트와 라이브러리를 사용한 안드로이드 프로그래밍 기법도 자세하게 가르쳐 줍니다. 그리고 이 모든 것을 안드로이드 스튜디오의 실습 프로젝트로 구성하여 독자 여러분이 직접 만들어 체험하면서 쉽게 배울 수 있도록 구성하였습니다.

따라서 안드로이드 스튜디오를 사용해서 안드로이드 앱 개발을 배우고 시작하려는 분들과 최신의 안드로이드 컴포넌트를 활용한 프로그래밍 기법을 알고자 하는 기존 개발자분들께 적극 권하고 싶은 책입니다.

이 책을 번역하면서 다음과 같은 부분에 중점을 두었습니다.

1. 모든 내용을 최신의 안드로이드 스튜디오 Arctic Fox 버전에 맞춰 작성하였으며, 프로젝트 코드는 Arctic Fox 버전과 Bumblebee 버전 모두에서 테스트를 완료하였습니다.
2. 용어 선정에 신중을 기하고 독자 여러분의 이해를 돕는 데 필요한 설명을 많이 추가하였습니다.
3. 책의 각종 프로젝트를 독자 여러분이 만들면서 실습하는 데 도움이 될 수 있도록 결함을 수정하고 미비한 점을 보완하였습니다.

이 모든 것은 독자 여러분께 도움이 될 수 있는 책을 만들어야 한다는 집념이 있었기에 가능했던 것 같습니다. 이 책을 출간하는 데 아낌없는 배려와 수고를 해주신 제이펍 출판사의 장성두 대표님과 김정준 부장님, 그리고 좋은 책이 될 수 있게 많은 노력을 해주신 김성남 교정자님과 성은경 디자이너님께 진심으로 감사드립니다.

옮긴이 **심재철** 드림

▌베타리더 후기

 김제룡(NCSOFT)

이 책은 개발 툴 → 개발 필요지식 → 개발 언어 순으로 진행됩니다. 초반부에서 툴의 세세한 내용까지 설명해 주고, 다양한 OS 환경에서 단축키나 환경설정에 대해 모두 설명해 주는 것이 인상적이었습니다. 다만, 너무 자세한 감이 있으니 단축키를 다루는 8장부터 시작하면 좀 더 흥미롭게 책을 볼 수 있습니다. 필요시에 앞 챕터로 되돌아가 읽는 방법도 좋습니다. 전체적으로 자세하게 집필되어 있어서 체계적인 지식을 얻기에 좋았습니다. 또한, 내용 자체를 굉장히 자세히 다루고 있어서 레퍼런스로도 손색이 없습니다.

 김진영(야놀자)

새로운 기술을 접해 보고 시도해 볼 때는 예상하지 못한 난관에 봉착하게 됩니다. 저자는 이미 그 기술에 익숙해서 당연하지만, 책을 읽고 시도하는 사람에겐 당연하지 않은 내용이 나올 때가 그 난관 중 하나죠. 그로 인해 학습 의욕이 꺾이는 순간들이 있는데, 이 책은 그러한 순간을 예상이라도 한 듯 만약 이런 상황이면 이런 조치를 취해 보면 된다고 말해 주는 점과 각 챕터의 호흡이 짧은 점이 좋았습니다.

 류지훈(인핸드플러스)

개발 언어부터 개발 도구를 다루는 방법까지 안드로이드 개발의 A to Z를 공부할 수 있습니다. 많은 내용을 자세히 다루기 때문에 필요한 부분을 찾아서 보기에 편합니다. 처음부터 끝까지 읽는다는 생각으로 읽으면 지칠 수 있으니 어떻게 공부할지 목차를 보고 계획을 세우면 좋을 것 같습니다. 다른 책들과 다르게 설명이 엄청 자세하고 많은 내용을 다루는 것에 깜짝 놀랐습니다. 많은 내용을 다루는 게 장점이면서 단점이지 않을까 하는 생각도 했습니다.

박준필(파수)

한마디로 요약하면 '전자제품 매뉴얼같이 디테일이 돋보이는 안드로이드 입문서'라고 말할 수 있습니다. 이 책의 장점은 책 한 권으로 안드로이드 개발에 필요한 스튜디오, 코틀린, 안드로이드 지식을 알 수 있으며, 상세하고 이해하기 쉽게 설명되어 있다는 것입니다. 또한, 난이도는 초급 개발자들 대상이며, 꼼꼼히 읽을 필요가 없다면 옆에 두고 원하는 부분만 발췌해서 읽어도 안드로이드 개발 실력 향상에 큰 도움을 얻을 수 있는 책이라는 생각이 듭니다. 너무 상세하고 양이 방대해서 지은이와 옮긴이 모두 수고가 많았다는 생각과 함께, 굳이 이렇게까지 상세하게 설명할 필요가 있나라는 생각이 들 정도로 충실한 책이었습니다.

 안용호(숭실대학교)

안드로이드 개발 입문자뿐만 아니라 초급 개발자에게도 큰 도움이 되는 책이라 생각합니다. 이 책은 최근 안드로이드 생태계에서 구글이 권장하는 MAD(모던 안드로이드 개발) 중 핵심적인 부분을 설명과 예제를 통해 다루고 있습니다. 최근 빠르게 변화하는 API 및 라이브러리와 오래된 예제들 사이에서 답답함을 느꼈다면 이 책이 정말 반갑게 느껴질 것입니다. 최근 구글에서 안드로이드 API나 라이브러리를 빠르게 변경해 나가면서 인터넷에서 쉽게 볼 수 있는 2016~17년도 즈음의 예제와 2020~21년도 즈음의 예제가 달라지는 모습을 많이 볼 수 있었습니다. 특히 생명주기 관련한 Jetpack 라이브러리의 추가로 Activity의 데이터를 보존하기 위해 Bundle을 사용하지 않아도 되는 등의 변화는 단순히 deprecated 예제 수준을 넘어서 완전히 새로운 접근방식이기에 초보자에게 더 큰 혼동을 주기 충분했었지만, 친절하게 설명된 이 책을 통해 보다 빠르게 최신 생태계에 적응할 수 있으리라 기대합니다.

윤영철(SOCAR)

안드로이드의 다양한 컴포넌트를 접할 수 있어서 좋은 시간이었습니다. 챕터의 호흡이 비교적 짧아서 읽기 지루하지 않고, 꼭 필요한 컴포넌트의 중요한 부분들이 언급되어 구성이 알차다고 생각했습니다. 난이도는 너무 쉽지도 않고 너무 깊은 수준의 내용을 다루는 것도 아닙니다. 안드로이드를 한두 번 접해 본 독자들은 이 책으로 한 단계 더 나아갈 수 있으리라 생각했습니다.

이석곤(엔컴)

최신 안드로이드 앱 개발에 필요한 기술을 94개의 챕터로 상세하게 배울 수 있습니다. 입문자를 위해서 처음 안드로이드 스튜디오 설치부터 프로젝트 세팅, 코틀린 기초와 안드로이드 프로그래밍에 필요한 기초 기술부터 고급 기술 그리고 배포까지 상세하게 설명합니다. 코틀린과 안드로이드 앱을 처음으로 도전해 볼 수 있는 좋은 책으로 추천합니다. 다만, 개념 부분에 대한 설명은 잘되어 있으나 도해가 조금 부족하지 않았나 싶습니다.

 이진(휴맥스)

Treble이나 JetPack 적용 등으로 안드로이드 OS 변화가 매우 빠르다고 느껴집니다. 이 책은 Arctic Fox 버전을 기반으로, 특히 JetPack ViewModel과 다양한 UI Component를 다루는 것이 흥미롭습니다. 전체적으로 90개가 넘는 방대한 주제를 코틀린 기반으로 다루고 있어서, 많은 안드로이드 개발자에게 유익한 지식을 공유하리라 믿어 의심치 않습니다. 오타를 발견하기가 힘들고 안드로이드 한글 기술 문서의 용어를 사용해서인지 어색한 번역 용어도 없었을 만큼 베타리딩 단계에서도 완성도가 높았습니다.

 정태일(삼성SDS)

안드로이드 스튜디오와 코틀린을 활용하여 안드로이드 앱 개발을 차근차근 배울 수 있도록 잘 구성되어 있습니다. 방대한 분량에 처음에는 부담감이 있었지만 어렵지 않게 기술되어 빠르게 읽혔고, 예제 코드를 따라 만들어 가다 보면 어느덧 기초를 튼튼히 잡아 주는 느낌을 받을 수 있었습니다. 안드로이드 스튜디오 기반으로 앱 개발을 배워 보려는 분께 추천드립니다. 엄청난 분량에 비해 오타나 잘못된 코드가 꽤 적었고, 쉽게 읽혀서 좋았습니다. 역자께서 꼼꼼하면서도 이해에 방해가 되지 않도록 잘 번역하신 것을 느낄 수 있었습니다.

제이펍은 책에 대한 애정과 기술에 대한 열정이 뜨거운 베타리더의 도움으로
출간되는 모든 IT 전문서에 사전 검증을 시행하고 있습니다.

2018년에 구글은 안드로이드 Jetpack을 개발자 커뮤니티에 발표하였다. 현대적이고 신뢰성 있는 안드로이드 앱을 더 빠르고 쉽게 개발할 수 있도록 설계된 Jetpack은 각종 도구와 라이브러리 및 아키텍처 지침으로 구성되어 있다. 안드로이드 Jetpack의 주요 요소는 안드로이드 스튜디오 IDEIntegrated Development Environment, 통합 개발 환경, 안드로이드 아키텍처 컴포넌트, 현대적 앱 아키텍처 지침으로 구성된다. 이 책에서는 이 모든 것을 배운다.

이 책의 목표는 최신 안드로이드 스튜디오 버전과 코틀린 프로그래밍 언어를 사용해서 최신의 안드로이드 앱을 개발하는 데 필요한 기술을 가르치는 것이다. (안드로이드 스튜디오의 버전을 나타내는 형식이 달라져서 4.2 이후 버전부터는 번호 대신 알파벳으로 시작하는 명칭이 사용된다. 현재 확정된 버전 명칭은 Arctic Fox와 Bumblebee가 있다.)

이 책에서는 우선 안드로이드 앱을 개발하고 테스트하는 환경을 구축하는 데 필요한 내용을 알려 준다. 그다음에 데이터 타입, 흐름 제어, 함수, 람다lambda를 비롯한 코틀린 프로그래밍의 핵심 요소를 배운다. 그리고 각종 도구 창, 코드 편집기, 레이아웃 편집기를 비롯한 안드로이드 스튜디오의 주요 기능과 사용법을 살펴본다. 또한, 안드로이드 스튜디오를 사용해서 안드로이드 앱과 사용자 인터페이스를 설계(예를 들어, ConstraintLayout과 ConstraintSet을 사용)하고 작성하는 방법도 자세히 배운다.

이와 더불어 뷰 모델, 생명주기 관리, Room 데이터베이스, 앱 내비게이션, 데이터 바인딩과 같은 안드로이드 아키텍처 컴포넌트를 여러 장에 걸쳐 배운다.

또한, 인텐트intent, 터치스크린 처리, 제스처 인식, 카메라 사용, 비디오와 오디오의 재생과 녹화, 인쇄, 애니메이션 화면 전환, 클라우드 기반 파일 스토리지, 폴더블 장치 지원, 알림 등의 여러 고급 주제도 배운다. 이 외에 구글 플레이 개발자 콘솔에 앱을 제출하는 방법도 배운다.

그리고 플로팅 액션 버튼, 스낵바, 탭 인터페이스, 카드 뷰, 내비게이션 드로어, 컬랩싱 툴바를 포함한 머티리얼material 디자인의 개념과 사용자 인터페이스도 알아본다.

더불어 직접 응답 알림, 다중 창 지원, 앱 링크와 같은 안드로이드의 새 기능에 대한 사용법은 물론, 안드로이드 스튜디오 프로파일러, 그래들 빌드 구성에 관해서도 배운다.

이 책을 읽는 여러분은 어떤 언어를 사용했던지 간에 기본적인 프로그래밍 경험만 있으면 된다. 그리고 윈도우_{Windows}나 맥_{Mac} 또는 리눅스_{Linux}가 실행되는 컴퓨터가 있고, 안드로이드 스튜디오를 다운로드 및 설치할 수 있으면 시작할 준비가 된 것이다. 이 책의 모든 본문과 그림 및 프로젝트 코드는 안드로이드 스튜디오 최신 버전(Arctic Fox 이상)을 기준으로 작성되었다.

1.1 소스 코드 다운로드하기

이 책에 나오는 각종 예제의 안드로이드 스튜디오 프로젝트 파일은 다음 웹 페이지에서 다운로드할 수 있다. (다운로드 예제 프로젝트 코드는 안드로이드 스튜디오 Arctic Fox 버전을 사용해서 작성되었다. 따라서 2장의 2.4절에서 설명하는 것을 참고하여 Arctic Fox 최신 버전의 안드로이드 스튜디오를 설치해야 한다. 또한 Arctic Fox 다음으로 개발 중인 Bumblebee 버전을 사용해도 된다.)

URL https://github.com/Jpub/ASDE_Kotlin

예제 프로젝트 코드를 참고하기 위해 안드로이드 스튜디오로 로드하는 절차는 다음과 같다.

1. Welcome to Android Studio 대화상자(웰컴 스크린)에서 왼쪽의 **Projects**를 선택하고 **Open** 버튼을 클릭하거나, 안드로이드 스튜디오 메인 메뉴의 **File ➡ Open...**을 선택한다.

2. '프로젝트 선택' 대화상자가 나오면 열려는 프로젝트 관련 파일이 있는 서브 디렉터리(프로젝트 이름과 동일함)를 선택하고 **OK**를 클릭한다. 예를 들어, 3장의 AndroidSample 프로젝트의 경우에는 Ch03 밑에 있는 AndroidSample 서브 디렉터리를 선택한다(프로젝트가 열리면서 혹시 '**Trust Gradle Project?**' 대화상자가 나타나면 Trust Project 버튼을 클릭한다).

3. 만일 Sync Android SDKs 대화상자가 나오면 **OK** 버튼을 클릭하여 현재 사용 중인 컴퓨터의 안드로이드 SDK 디렉터리를 프로젝트에서 사용하도록 한다. 그리고 만일 'Android Gradle Plugin Upgrade Assistant' 대화상자가 나타나면 **Begin Upgrade** 버튼을 클릭하고 다음 대화상자가 나오면 **Upgrade** 버튼을 눌러서 그래들 플러그인 버전을 업데이트한다.

4. 프로젝트가 로드된 후 아무 창도 열려 있지 않으면 Alt + 1 [맥OS에서는 ⌘ + 1] 키를 같이 눌러 프로젝트 도구 창을 연 후 필요한 파일을 편집기 창으로 로드한다.

(프로젝트가 열린 후 소스 코드에 빨간색으로 에러 표시가 나타나는 것이 있을 때는 안드로이드 스튜디오 메뉴의 Build ➡ Rebuild Project를 선택하여 프로젝트를 다시 빌드하면 에러가 없어질 것이다.)

이 책의 실습 프로젝트에서는 '최소 SDK 버전'을 안드로이드 8(API 26)로 사용한다. 그리고 앱을 실행할 때는 안드로이드 11(API 30) AVD 에뮬레이터_{emulator}를 주로 사용했으며, 경우에 따라 실제 장치를 사용하기도 하였다. 만일 다운로드한 프로젝트 소스를 에뮬레이터가 아닌 각자의 스마트폰이나 태블릿으로 실행하고자 할 때는 해당 장치의 안드로이드 버전과 같거나 이보다 낮은 버전으로 '최소 SDK 버전'을 변경해야 한다. 이때는 프로젝트 도구 창의 Gradle Scripts ➡ build.gradle (Module: 프로젝트 이름.app) 파일을 더블클릭하여 편집기에 로드한 후, minSdkVersion 번호를 해당 안드로이드 버전의 API 레벨 번호로 수정하고 실행하면 된다(그림 1-1). [참고로, 안드로이드 버전과 API 레벨 번호의 예는 다음과 같다. 안드로이드 5.0(21), 5.1(22), 6.0(23), 7.0(24), 7.1.1(25), 8.0(26), 8.1(27), 9.0(28), 10.0(29).]

그림 1-1

1.2 단축키와 코드 표기

이 책에서는 두 개 이상의 키보드 키를 누를 때 '+' 기호로 표시하였다(예를 들어, [Alt] 키와 [Enter] 키를 같이 누를 때는 [Alt]+[Enter]). 또한, 단축키는 '윈도우 키[맥OS 키]'의 형태로 표시되어 있다. 예를 들어, [Alt]+[Enter][[Option]+[Return]].

본문에 나타나는 키워드, 클래스, 인터페이스, 함수, 애노테이션은 고정폭 글꼴Fixed Font Width로 하여 알아보기 쉽게 하였다. 그리고 삭제해야 할 소스 코드는 글자 중앙에 취소선으로 표시하였으며, 추가되는 코드는 **볼드체**로 표시하였다. 또한, 본문에서 강조할 단어와 입력이나 마우스 클릭 등을 나타내는 경우에는 고딕체로 표시하였다.

1.3 독자 A/S

여러분이 만족하는 책이 되었으면 한다. 혹시 오류를 발견하거나 문의 사항이 있으면 jcspro@hanafos.com 혹은 help@jpub.kr로 메일을 보내 주기 바란다.

1.4 오탈자

이 책의 내용에 오류가 없도록 최선의 노력을 했지만, 혹시 오탈자가 있을지도 모르겠다. 이 내용은 제이펍(www.jpub.kr)의 이 책 소개 페이지에 있는 정오표 코너에서 안내하겠다.

CHAPTER
2

안드로이드 스튜디오
개발 환경 구성하기

안드로이드 앱을 개발하기에 앞서 제일 먼저 할 일은 컴퓨터 시스템을 개발 플랫폼으로 구성하는 것이다. 그러기 위해서는 안드로이드 스튜디오 IDE를 설치해야 한다. 안드로이드 스튜디오 IDE 설치 패키지에는 안드로이드 SDK_{Software Development Kit}, 코틀린 플러그인, OpenJDK가 포함되어 같이 설치된다. 따라서 JDK_{Java Development Kit}나 안드로이드 SDK를 추가로 설치하지 않아도 된다.

이번 장에서는 안드로이드 앱 개발에 필요한 안드로이드 스튜디오 IDE 및 관련 컴포넌트의 다운로드와 설치에 대해 알아본다(윈도우, 맥OS, 리눅스 운영체제 모두).

2.1 개발 시스템 요구 사항

안드로이드 앱 개발은 다음 중 어떤 운영체제에서도 가능하다.

- 윈도우 7/8/10(32비트 또는 64비트, 단 안드로이드 에뮬레이터는 64비트 시스템에서만 실행 가능)
- 맥OS 10.10 이상(인텔 기반의 시스템)
- 인텔 i5 이상 CPU와 최소 8GB RAM을 갖는 크롬OS 장치
- 리눅스 시스템: GNU C 라이브러리(glibc) 2.19 이상 버전

그리고 필요한 하드웨어 최소 사양은 다음과 같다.

- 최소 4GB의 RAM(8GB 이상 권장)
- 약 4GB 이상의 디스크 공간
- 최소 1280 × 800의 화면 해상도

2.2 안드로이드 스튜디오 패키지 다운로드하기

대부분의 안드로이드 앱 개발 작업은 안드로이드 스튜디오 환경에서 이루어진다. 개발이 완료되어 정식 공개된 버전의 안드로이드 스튜디오는 다음 웹 페이지에서 다운로드할 수 있다. (개발 중인 최신 버전의 다운로드와 설치는 2.4절에서 설명한다.)

URL https://developer.android.com/studio/index.html

페이지 중앙의 Download Android Studio 버튼을 누른 후 그다음 화면에서 '본인은 상기 사용 약관을 읽었으며 이에 동의합니다.'를 체크하고 다운로드 버튼을 누르면 접속한 컴퓨터의 운영체제에 맞는 안드로이드 스튜디오가 다운로드된다.

2.3 안드로이드 스튜디오 설치하기

안드로이드 스튜디오를 설치하는 방법은 운영체제에 따라 다르며 그 내용은 다음과 같다(최신 컴포넌트가 필요할 때 실시간으로 다운로드되므로 인터넷 접속이 가능한 상태로 설치해야 한다).

2.3.1 윈도우에서 설치하기

다운로드된 안드로이드 스튜디오 설치 파일(android-studio-ide-〈버전 번호〉-windows.exe)을 윈도우 탐색기 창에서 찾은 후 더블클릭하여 실행하면 설치가 시작된다(만일 User Account Control 대화상자가 나타나면 Yes 버튼을 누른다).

설치 절차는 간단하고 쉽다. 그림 2-1의 안드로이드 스튜디오 설치 대화상자가 나타나면 Next 버튼을 누른다[구버전의 안드로이드 스튜디오가 설치되어 있다면 Uninstall old version구버전 제거 대화상자가 먼저 나타날 수 있다. 이때는 Next 버튼을 누른 후 확인 대화상자에서 예(Y) 버튼을 누른다].

그림 2-1

그러면 설치할 컴포넌트를 선택할 수 있는 대화상자가 나타난다(그림 2-2).

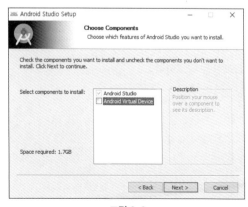

그림 2-2

안드로이드 스튜디오는 기본적으로 설치가 되며, AVD_{Android Virtual Device}는 4장에서 생성할 것이므로 체크 표시를 지우자. Next 버튼을 누르면 안드로이드 스튜디오를 설치할 위치를 지정할 수 있는 대화상자가 나타난다(그림 2-3).

여기에 나타난 기본 디렉터리에 설치해도 되고 Browse... 버튼을 눌러 위치를 변경해도 된다.

그림 2-3

Next 버튼을 누르면 시작 메뉴 폴더를 지정하는 대화상자가 나타나며 Install 버튼을 누르면 설치가 시작된다.

설치가 정상적으로 끝나면 그림 2-4의 대화상자가 나타난다.

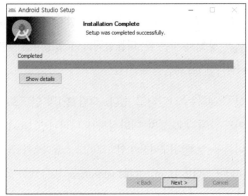

그림 2-4

Next 버튼을 누르면 그림 2-5의 설치 완료 대화상자가 나타난다.

여기서는 기본적으로 Start Android Studio가 체크되어 있으므로 Finish 버튼을 클릭하면 안드로이드 스튜디오가 최초로 실행된다. 이후의 설명은 뒤의 2.4절 '안드로이드 스튜디오 웰컴 스크린'을 참고한다.

그림 2-5

2.3.2 맥OS에서 설치하기

맥OS 버전의 안드로이드 스튜디오는 디스크 이미지 파일 (.dmg)로 다운로드된다. 다운로드가 완료되면 파인더Finder 창에서 다운로드된 파일(android-studio-ide-⟨버전 번호⟩-mac.dmg)을 찾아서 더블클릭하자. 그러면 그림 2-6과 같이 보일 것이다.

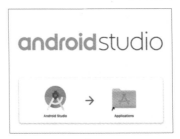

그림 2-6

설치는 간단하다. Android Studio 아이콘을 마우스로 끌어서 응용 프로그램 폴더에 놓으면 된다. 그러면 안드로이드 스튜디오 패키지가 시스템의 응용 프로그램 폴더에 설치된다.

설치된 안드로이드 스튜디오를 실행할 때는 파인더 창을 사용해서 응용 프로그램 폴더에 있는 실행 파일을 찾아 더블클릭하면 된다. 더 쉽게 실행하려면 파인더 창의 안드로이드 스튜디오 실행 파일 아이콘을 마우스로 끌어다 Dock에 넣으면 된다(Dock은 윈도우 시스템의 작업 표시줄과 유사하다).

2.3.3 리눅스에서 설치하기

터미널 창을 열고 안드로이드 스튜디오를 설치할 디렉터리로 이동한 후에 다음 명령을 실행한다.

```
unzip /<패키지 경로>/android-studio-ide-<버전 번호>-linux.zip
```

다운로드된 안드로이드 스튜디오 번들 패키지는 android-studio라는 서브 디렉터리에 설치된다. 따라서 이 명령이 /home/demo 디렉터리에서 실행되었다면 /home/demo/android-studio 밑에 압축이 풀려 설치될 것이다.

설치된 안드로이드 스튜디오를 실행할 때는 터미널 창을 열고 android-studio/bin 서브 디렉터리로 이동한 후 다음 명령을 실행하면 된다.

```
./studio.sh
```

64비트 리눅스 시스템에서 실행할 때는 32비트 지원 라이브러리를 설치한 후에 안드로이드 스튜디오를 실행해야 한다. 우분투Ubuntu의 경우는 다음 명령을 사용해서 설치할 수 있다.

```
sudo apt-get install libc6:i386 libncurses5:i386 libstdc++6:i386 lib32z1 libbz2-1.0:i386
```

64비트 기반의 레드햇Red Hat이나 페도라Fedora에서는 다음 명령을 사용한다.

```
sudo yum install zlib.i686 ncurses-libs.i686 bzip2-libs.i686
```

2.4 안드로이드 스튜디오 웰컴 스크린

안드로이드 스튜디오를 설치한 후 처음 실행할 때는 이전 버전의 안드로이드 스튜디오 설정 내역을 가져오기 위한 옵션을 제공하는 대화상자가 나타날 수 있다. 이 경우 각자 원하는 옵션을 선택하고 OK 버튼을 누른다. 또한, Welcome Android Studio 대화상자가 나타날 수 있으며 이때는 Next 버튼을 누른다. 그리고 이후에 설치 옵션 대화상자가 나타나면 Standard 설치 옵션을 선택하고 다시 Next 버튼을 누른다. 그러면 안드로이드 스튜디오가 최신 버전의 안드로이드 SDK와 컴포넌트 및 패키지를 다운로드하고 구성한다. 그리고 모든 작업이 끝나고 나타나는 대화상자에서 Finish 버튼을 누르면 그림 2-7의 안드로이드 스튜디오 웰컴 스크린(대화상자)이 나타난다. 예를 들어, 4.2 버전의 경우는 다음 그림과 같다.

그림 2-7

그리고 개발 중인 안드로이드 스튜디오 버전(예를 들어, Arctic Fox나 Bumblebee)인 경우는 안드로이드 SDK가 함께 제공되지 않고 안드로이드 스튜디오만 압축 파일로 제공된다. 따라서 지금까지 진행한 것과 같이 현재의 안드로이드 스튜디오 공개 버전을 먼저 설치한 후 별도로 해당 버전을 다운로드받아 설치 및 실행해야 한다.

그리고 이렇게 하면 개발 중인 Canary 또는 베타 버전을 기존에 사용 중인 공개 버전과 함께 미리 사용해 볼 수 있다. 이때는 https://developer.android.com/studio/preview/index.html에 접속한 후 설치하려는 버전의 DOWNLOAD 버튼을 클릭하여 zip 파일을 다운로드한다. 그리고 원하는 디렉터리에 다운로드된 zip 파일의 압축을 풀고 해당 디렉터리 밑의 bin 서브 디렉터리에 있는 studio64. exe(32비트 윈도우 시스템의 경우는 studio.exe)를 실행하면 최신 안드로이드 스튜디오 버전을 실행할 수 있다. Arctic Fox 또는 Bumblebee 4 버전을 처음 실행할 때 나타나는 웰컴 스크린은 그림 2-8의 왼쪽 이미지와 같다. 이 책에서는 Arctic Fox 버전을 사용하지만 Bumblebee 버전을 설치하고 사용해도 된다.

또한 프로젝트를 하나라도 생성한 후에는 그림 2-8의 오른쪽 이미지와 같이 이전에 생성했던 프로젝트들의 내역을 보여 주며 클릭하면 바로 열 수 있다.

(개발 중인 최신 버전을 별도로 사용하지 않고 공개 버전에 업데이트할 때는 웰컴 스크린에서 Configure ➡ Check for Updates를 선택한 후 나타나는 업데이트 대화상자에서 Update 버튼을 클릭한다. 그러면 다운로드와 업그레이드 작업이 진행되고 현재 열린 안드로이드 스튜디오가 종료된 뒤 다시 시작된다.)

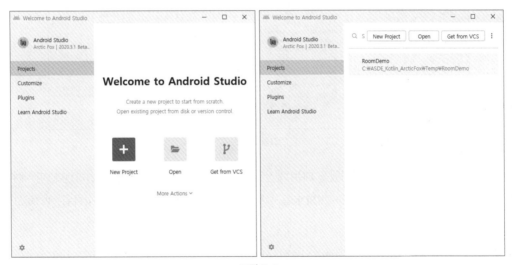

그림 2-8

2.5 안드로이드 SDK 패키지 설치하기

안드로이드 스튜디오 IDE 및 기본적인 안드로이드 SDK 패키지 설치를 완료하였다. 설치가 끝났다면 필요한 패키지가 제대로 설치되었는지, 누락된 패키지나 업데이트할 패키지는 없는지 확인하는 것이 좋다.

이 작업은 안드로이드 스튜디오에서 SDK 매니저를 실행하여 할 수 있다. 그림 2-8의 웰컴 스크린에서 왼쪽의 **Projects**를 선택하고 오른쪽 위에 있는 **메뉴** 버튼(점 세 개가 포개진 형태)을 클릭한 후 **SDK Manager**를 선택하면 그림 2-9의 설정 대화상자가 나타난다. (제일 위에는 SDK가 설치된 위치를 보여 주며, 오른쪽 Edit 버튼을 눌러서 위치를 변경할 수 있다.)

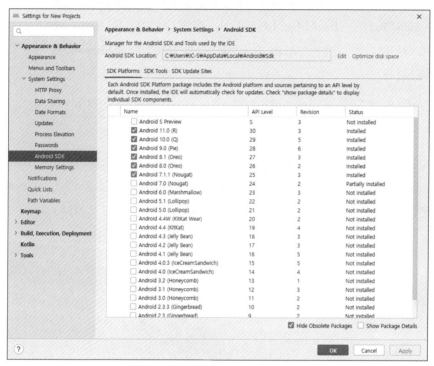

그림 2-9

안드로이드 스튜디오를 처음 설치했을 때는 가장 최근 버전의 안드로이드 SDK만 설치된다. 따라서 그림 2-9처럼 이전 버전의 안드로이드 SDK를 설치할 때는 해당 버전 왼쪽의 체크 상자를 체크하고 **Apply** 버튼을 누르면 된다.

제일 오른쪽의 **Status**에서는 해당 컴포넌트가 설치되었는지Installed 또는 아닌지Not installed의 여부와 업그레이드 버전Update available이 있는지를 보여 준다. 또한, 설치되지 않은 컴포넌트의 제일 왼쪽 체크 상자를 선택하면 설치하라는 의미이며(제일 왼쪽에 다운로드 아이콘이 나타남), 설치된 항목의 체크 표시를 지우면 삭제를 나타낸다(제일 왼쪽에 X 아이콘이 나타남). 그리고 선택이 끝나고 **Apply** 버튼을 누르면 작업을 할 것인지 여부를 확인받은 후 **OK** 버튼을 누르면 설치가 시작된다. 이때 컴포넌트 설치 대화상자가 나타나서 진행 내역을 알려 주며, 설치가 끝났다는 메시지가 나왔을 때 **Finish** 버튼을 누르면 그림 2-9의 대화상자로 복귀하고 직전 설치 작업의 결과를 반영하여 현황을 다시 보여 준다.

또한, 대화상자의 오른쪽 밑에 있는 **Show Package Details**를 체크하면 리스트에 나타난 모든 안드로이드 운영체제의 자세한 내역을 보여 준다.

안드로이드 SDK 패키지가 설치될 때는 안드로이드 운영체제에 추가하여 안드로이드 앱을 개발 및 빌드build하는 데 필요한 기본적인 도구tool가 같이 설치된다. 이것을 조회하거나 추가 또는 삭제할 때는 그림 2-10과 같이 **SDK Tools** 탭을 클릭한다.

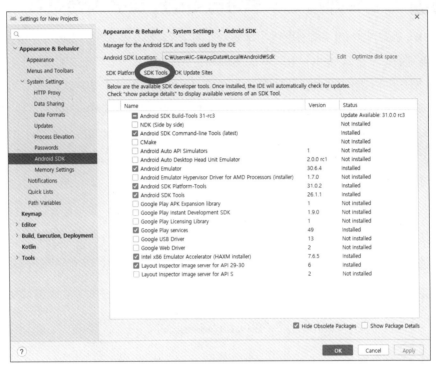

그림 2-10

여기서 다음 패키지가 설치되어 있는지 확인하자. (설치된 경우는 오른쪽 Status 열에 Installed로 나타나고 그렇지 않은 경우는 Not installed로 나타난다.)

- Android SDK Build-tools
- Android Emulator
- Android SDK Platform-tools
- Android SDK Tools
- Google Play Services
- Intel x86 계열 CPU에서는 Intel x86 Emulator Accelerator(HAXM installer)가 설치되어 있어야 하며, AMD CPU의 경우는 Android Emulator Hypervisor Driver for AMD Processors(Installer)가 설치되어야 한다.

- Google USB Driver (Windows only)
- Layout Inspector image server

만일 설치되지 않은 패키지가 있으면 제일 왼쪽의 체크 상자를 체크하고 Apply 버튼을 눌러 설치한다.

2.6 명령행에서 안드로이드 SDK 도구 사용하기

안드로이드 앱을 개발하기 위해서는 여러 도구(유틸리티 프로그램)가 필요하다. 앞에서 설명했던 SDK 매니저와 같은 도구가 그 예이다. 안드로이드 SDK에는 API 라이브러리 외에 그런 도구가 실행 파일로 같이 제공된다. 앱을 개발하는 과정에서 이러한 도구를 일일이 찾아서 명령행command-line에서 따로따로 실행해야 한다면 무척 불편할 것이다. 따라서 안드로이드 스튜디오에서는 그런 도구를 플러그인하여 우리가 안드로이드 스튜디오 환경을 벗어나지 않아도 쉽게 실행할 수 있도록 해준다. 그러나 때로는 그런 도구를 명령 프롬프트(윈도우 시스템)나 터미널(리눅스나 맥OS 시스템)의 명령행에서 직접 실행해야 할 때가 있다. 이때는 운영체제에서 실행 파일을 쉽게 찾을 수 있도록 그런 도구가 있는 디렉터리 경로를 시스템의 PATH 환경 변수에 지정해야 한다.

다음 경로를 PATH 변수에 추가하자. 여기서 <path_to_android_sdk_installation>은 안드로이드 SDK가 설치된 파일 시스템 위치를 나타낸다(여기서 맥OS나 리눅스의 경우는 ₩ 대신에 / 사용).

```
<path_to_android_sdk_installation>₩sdk₩tools
<path_to_android_sdk_installation>₩sdk₩tools₩bin
<path_to_android_sdk_installation>₩sdk₩platform-tools
```

각자 시스템에 설치된 SDK의 위치는 그림 2-9의 위에 있는 Android SDK Location을 보면 알 수 있다. 예를 들어, 윈도우 시스템에서는 그림 2-11과 같다.

2-11

PATH 변수에 추가하는 방법은 사용 중인 운영체제에 따라 다르며 그 내용은 다음과 같다.

2.6.1 윈도우 7

1. 시작 메뉴의 '컴퓨터'에서 마우스 오른쪽 버튼을 클릭한 후 **속성**을 선택한다.

2. **고급 시스템 설정**을 클릭하고 **고급 탭**을 선택한 후 **환경 변수** 버튼을 누른다.

3. '환경 변수' 대화상자에서 시스템 변수의 Path 변수를 찾고 **편집** 버튼을 누른다. 문자열의 맨 끝에 해당 경로를 추가한다. 이때 각 경로는 세미콜론(;)으로 구분해야 한다는 것에 유의하자. 예를 들어, 안드로이드 SDK가 C:₩Users₩demo₩AppData₩Local₩Android₩Sdk에 설치되었다면 Path 변수 끝에 다음 을 추가하면 된다.

```
C:₩Users₩demo₩AppData₩Local₩Android₩Sdk₩platform-tools;
C:₩Users₩demo₩AppData₩Local₩Android₩Sdk₩tools;
C:₩Users₩demo₩AppData₩Local₩Android₩Sdk₩tools₩bin
```

4. 각 대화상자에서 **확인** 버튼을 눌러서 속성 창을 닫는다.

그러면 Path 지정이 잘되었는지 확인해 보자. 명령 프롬프트 창을 열고 다음 명령을 실행한다.

```
echo %Path%
```

반환되는 Path 변수의 값에 안드로이드 플랫폼 도구의 경로가 포함되어 있어야 한다. 그리고 다음 과 같이 adb를 실행해서 SDK의 platform-tools 경로가 잘 지정되었는지 확인해 보자.

```
adb
```

제대로 실행되면 지정 가능한 명령행 옵션의 내역을 보여 줄 것이다. 마찬가지로, 안드로이드 AVD 매니저를 실행해서 SDK의 tools 경로가 잘 지정되었는지 확인하자. (이때는 실행 시 필요한 도움말만 보여 주겠지만 실행은 잘되는 것이므로 개의치 말자.)

```
avdmanager
```

이 두 가지 명령 중 어느 하나라도 다음과 같은 메시지가 나온다면 Path 환경 변수에 추가한 경로 가 잘못된 것이다.

```
'adb'은(는) 내부 또는 외부 명령, 실행할 수 있는 프로그램, 또는 배치 파일이 아닙니다.
```

2.6.2 윈도우 8.1

1. 시작 화면에서 화면의 오른쪽 아래 모서리로 마우스 커서를 이동한 후 메뉴의 **검색**Search을 선택하고 **제어 판**Control Panel을 입력한다. 검색 결과에서 제어판 아이콘이 나타나면 클릭한다.

2. 제어판 창이 열리면 오른쪽 위의 범주Category를 **큰 아이콘**Large Icons으로 선택한다. 그리고 아이콘 목록에 서 **시스템**System을 선택한다.

3. 앞의 2.6.1절에서 설명한 2번부터 4번까지를 똑같이 해준다.

그다음에는 Path 지정이 잘되었는지 확인해 보자. 화면의 오른쪽 아래 모서리로 마우스 커서를 이동한 후 검색을 선택하고 cmd를 입력한다. 검색 결과에서 **명령 프롬프트**를 선택하여 명령 프롬프트 창을 연다. 그리고 명령 프롬프트 창에서 다음 명령을 실행한다.

```
echo %Path%
```

반환되는 Path 변수의 값에 안드로이드 플랫폼 도구의 경로가 포함되어 있어야 한다. 그리고 다음과 같이 adb를 실행해서 SDK의 platform-tools 경로가 잘 지정되었는지 확인해 보자.

```
adb
```

제대로 실행되면 지정 가능한 명령행 옵션의 내역을 보여 줄 것이다. 마찬가지로, 안드로이드 AVD 매니저를 실행해서 SDK의 tools 경로가 잘 지정되었는지 확인하자. (이때는 실행 시 필요한 도움말만 보여 주겠지만 실행은 잘되는 것이므로 개의치 말자.)

```
avdmanager
```

이 두 가지 명령 중 어느 하나라도 다음과 같은 메시지가 나온다면 Path 환경 변수에 추가한 경로가 잘못된 것이다.

```
'adb'은(는) 내부 또는 외부 명령, 실행할 수 있는 프로그램, 또는 배치 파일이 아닙니다.
```

2.6.3 윈도우 10

1. 바탕 화면에서 **시작** 버튼을 클릭하고 메뉴의 **설정**을 선택한다.
2. **시스템** 버튼을 클릭하고 왼쪽 제일 밑의 **정보**를 클릭한다.
3. 앞의 2.6.1절에서 설명한 2번부터 4번까지를 똑같이 해준다.

2.6.4 리눅스

리눅스에서는 홈 디렉터리의 .bashrc 파일에 다음 명령을 추가하면 된다(사용 중인 리눅스 배포판에 따라 다를 수 있다).

안드로이드 SDK 번들 패키지가 /home/demo/Android/sdk에 설치되었다고 가정한다면, .bashrc 파일에 추가할 export 명령은 다음과 같다.

```
export PATH=/home/demo/Android/sdk/platform-tools:/home/demo/Android/sdk/tools:/home/
demo/Android/sdk/tools/bin:/home/demo/android-studio/bin:$PATH
```

맨 끝에 android-studio/bin 디렉터리를 추가한 것에 유의하자. 안드로이드 스튜디오를 실행시키는 studio.sh 스크립트를 터미널 창의 현재 디렉터리와 관계없이 실행할 수 있게 하기 위해서다.

2.6.5 맥OS

맥OS에서 $PATH 환경 변수를 변경하는 방법은 여러 가지가 있을 수 있다. 그중에서 가장 확실한 방법은 $PATH에 추가될 경로를 포함하는 새로운 파일을 /etc/paths.d 디렉터리에 추가하는 것이다. 안드로이드 SDK를 설치한 위치가 /Users/demo/Library/Android/sdk라고 한다면, 다음 세 줄을 포함하는 android-sdk라는 파일을 /etc/paths.d 디렉터리에 생성하여 경로를 구성할 수 있다.

```
/Users/demo/Library/Android/sdk/tools
/Users/demo/Library/Android/sdk/tools/bin
/Users/demo/Library/Android/sdk/platform-tools
```

이것은 시스템 디렉터리이므로 파일을 생성할 때 sudo 명령을 사용해야 한다는 것에 유의하자. 예를 들면, 다음과 같다.

```
sudo vi /etc/paths.d/android-sdk
```

2.7 안드로이드 스튜디오 메모리 관리

안드로이드 스튜디오는 많은 백그라운드 프로세스로 구성된 크고 복잡한 소프트웨어 애플리케이션(이하 앱)이다. 안드로이드 스튜디오가 최적의 성능에 미치지 못해 과거에 비난을 받았지만 구글은 최근 릴리스release에서 획기적인 성능 개선을 했으며 새로운 버전에도 그렇게 하고 있다. 이런 성능 개선에는 앱을 빌드 및 실행하는 안드로이드 스튜디오 IDE 및 백그라운드 프로세스가 사용하는 메모리의 양을 사용자가 구성할 수 있게 하는 것이 일조하였다. 시스템의 더 많은 RAM을 사용할 수 있기 때문이다.

만일 RAM의 여유가 많은 시스템에서 안드로이드 스튜디오를 실행 중인데 성능이 저하되는 것처럼 보인다면 메모리 설정을 조정해 볼 가치가 있을 것이다. (단, 안드로이드 스튜디오의 메모리 할당을 너무 적게 하면 당연히 성능이 저하되지만 너무 많게 해도 성능이 떨어질 수 있다.)

현재의 메모리 구성을 보려면 안드로이드 스튜디오 메뉴에서 File ➡ Settings...를 선택한다. 그리고 대화상자의 왼쪽 패널에서 System Settings 밑의 Memory Settings를 클릭한다(그림 2-12). 그다음에 오른쪽의 드롭다운에서 'IDE max heap size'를 변경하면 된다. 단, 필요 이상으로 많이 또는 다른 프로세스의 성능 저하 없이 할당 가능한 수준보다 더 많이 할당하지 않도록 주의한다.

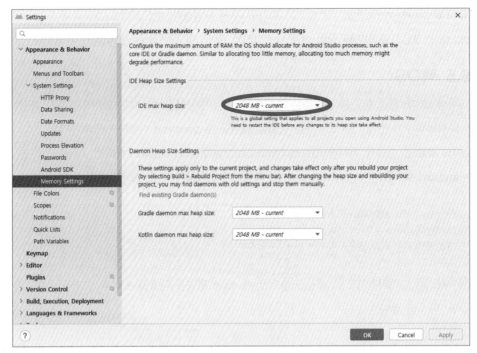

그림 2-12

이렇게 메모리를 설정하고 Apply 버튼과 OK 버튼을 누른 후 안드로이드 스튜디오를 다시 실행하면 안드로이드 스튜디오 IDE 전체에 할당되는 메모리가 설정된 값으로 적용된다. 그리고 이후에 안드로이드 스튜디오에서 열리는 모든 프로젝트에 반영된다.

2.8 안드로이드 스튜디오와 SDK 버전 업데이트하기

안드로이드 스튜디오와 안드로이드 SDK의 새로운 릴리스는 지속적으로 나온다. SDK의 경우는 그림 2-9에서 설명한 SDK 설정 대화상자를 사용하여 업데이트하면 된다.

안드로이드 스튜디오에서는 안드로이드 스튜디오 자체의 새로운 버전이 나왔거나 안드로이드 SDK 컴포넌트를 업그레이드해야 하는 경우 자동으로 통보해 준다. 그리고 통보된 메시지의 Update 버튼을 클릭하면 업데이트할 수 있다.

또한, 우리가 직접 확인하여 업데이트할 수도 있다. 이때는 다음 중 한 가지 방법을 사용한다. 안드로이드 스튜디오 웰컴 스크린(그림 2-8)에서 왼쪽 밑에 있는 톱니 모양의 설정 버튼을 클릭하고 Check for Updates를 선택하거나, 프로젝트가 열려 있는 안드로이드 스튜디오 메인 메뉴에서 Help ➡ Check for Updates...를 선택한다(맥OS의 경우는 Android Studio ➡ Check for Updates...).

2.9 자동 import 설정하기

코틀린 언어로 코드를 작성할 때 코틀린에서 제공하는 기본 패키지에 있는 클래스나 인터페이스를 사용하는 경우는 컴파일러가 찾을 수 있도록 import 문을 추가하지 않아도 된다. 그러나 안드로이드 앱을 작성할 때는 외부의 수많은 패키지에 있는 클래스나 인터페이스를 사용해야 하므로 이때마다 import 문을 추가해 주어야 코틀린 컴파일러가 해당 클래스나 인터페이스를 찾을 수 있다. 따라서 코드 작성에 더 많은 노력과 시간이 소요된다.

안드로이드 스튜디오에서는 import 문을 자동으로 추가하도록 설정할 수 있다. 방법은 다음과 같다.

안드로이드 스튜디오의 웰컴 스크린에서 왼쪽의 Customize를 선택하고 오른쪽 밑의 All Settings...를 클릭하거나 안드로이드 스튜디오 메뉴에서 File ➡ Settings를 선택하면 설정 대화상자가 나타난다. 그리고 왼쪽 패널에서 Editor ➡ General ➡ Auto Import를 확장하면 다음 그림과 같이 오른쪽 패널에 자동 import를 설정할 수 있는 옵션이 나타난다.

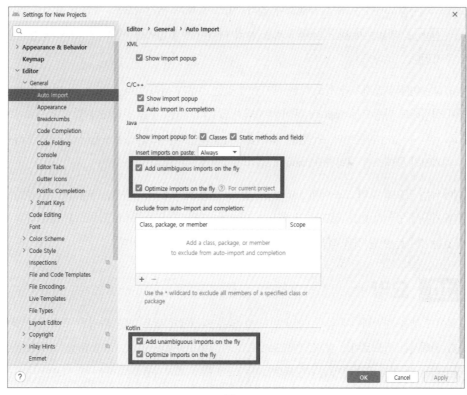

그림 2-13

코틀린의 경우는 사각형으로 표시한 두 개의 항목을 체크하여 선택한 후 Apply ➡ OK를 누르면 자동 import가 설정된다(위에 사각형으로 표시한 자바의 두 개 항목도 체크해 두자). 이처럼 첫 번째 옵션인 Add unambiguous imports on the fly를 체크하면 외부 패키지의 클래스나 인터페이스를 사용하는 코드를 작성하는 시점에서 안드로이드 스튜디오가 해당 클래스나 인터페이스의 패키지를 찾아 자동으로 import 문을 추가해 준다. 이 옵션은 안드로이드 스튜디오에서 작업하는 **모든 프로젝트**에 적용된다.

두 번째 옵션인 Optimize imports on the fly를 체크하면 프로젝트를 빌드(예를 들어, 안드로이드 스튜디오 메뉴의 Build ➡ Rebuild Project 선택 시)할 때 사용하지 않는 패키지의 import 문이 소스 코드에서 자동 삭제된다.

첫 번째 옵션을 체크하지 않으면 어떻게 될까? 이때는 외부 패키지의 클래스나 인터페이스를 사용하는 코드를 작성할 때마다 해당 클래스나 인터페이스의 import 문을 추가해야 한다. 그렇다고 해당 클래스나 인터페이스가 어떤 패키지에 있는지 알아야 하는 것은 아니다. 이 경우 안드로이드 스튜디오에서는 해당 클래스나 인터페이스에 대해 빨간색으로 에러를 표시하며, 이때 Alt + Enter [맥에서는 Option + Return] 키를 눌러 나타나는 팝업에서 선택하면 import 문이 자동으로 추가된다.

그러나 같은 이름의 클래스가 서로 다른 패키지에 있는 경우가 더러 있다. 이때는 첫 번째 옵션을 체크하여 설정해도 자동으로 import 문이 추가되지 않는다. 어떤 것을 선택해야 할지 안드로이드 스튜디오가 알 수 없기 때문이다. 이 경우에도 Alt + Enter [맥에서는 Option + Return] 키를 눌러서 원하는 패키지의 클래스를 선택하면 import 문이 자동으로 추가된다.

이 책에서는 필요에 따라 코드에서 import 문을 언급할 것이다. 왜냐하면, 클래스나 인터페이스가 어떤 패키지에 있는지 어느 정도는 알 필요가 있으며, 또한, 같은 이름의 클래스가 서로 다른 패키지에 있는 경우는 어떤 것을 선택해야 하는지 알려 주어야 하기 때문이다.

2.10 요약

안드로이드 앱을 개발하기에 앞서, 제일 먼저 할 일은 자신에게 맞는 개발 환경을 구축하는 것이다. 그러기 위해서는 안드로이드 SDK, 안드로이드 스튜디오 IDE(OpenJDK가 포함됨)를 설치해야 한다. 이 장에서는 세 가지 운영체제(윈도우, 맥OS, 리눅스)에 필수 패키지를 설치하는 데 필요한 내용을 알아보았다.

3

안드로이드 스튜디오로
예제 앱 만들기

안드로이드 스튜디오를 사용해서 안드로이드 앱 개발에 적합한 환경을 구성하는 데 필요한 내용을 앞의 두 장에서 알아보았다. 본격적인 안드로이드 탐구에 앞서 이제는 필요한 개발 패키지가 모두 설치되고 제대로 기능을 수행하는지 살펴볼 때가 되었다. 이럴 때는 간단한 안드로이드 앱을 하나 만들어서 빌드하고 실행해 보는 것이 가장 좋은 방법이다. 이번 장에서는 안드로이드 스튜디오를 사용해서 간단한 안드로이드 예제 앱 프로젝트를 생성하는 방법을 설명한다. 그리고 이후의 다른 장에서는 안드로이드 에뮬레이터와 실제 장치를 사용해서 앱을 실행하는 방법을 알아볼 것이다.

3.1 프로젝트 개요

이번 장에서 생성할 프로젝트에서는 매우 간단한 환전 계산기를 만들어 볼 것이다(추정 환산율을 사용해서 US 달러를 유로화로 환산한다). 이때 가장 기본적인 안드로이드 스튜디오 프로젝트 템플릿template 중 하나를 사용한다. 이렇게 함으로써 안드로이드 입문자가 안드로이드 앱 개발의 기본적인 관점을 알 수 있다. 여기서 사용된 기법과 코드는 이후의 여러 장에서 훨씬 더 자세하게 배울 것이다.

3.2 새로운 안드로이드 프로젝트 생성하기

앱 개발 시 제일 먼저 할 일은 안드로이드 스튜디오에서 새로운 프로젝트를 만드는 것이다. 안드로이드 스튜디오를 실행하자. 그러면 그림 3-1과 같은 안드로이드 스튜디오 웰컴 스크린Welcome to Android Studio이 나올 것이다(프로젝트를 한 번이라도 생성한 적이 있으면 2장의 그림 2-8 오른쪽 이미지와 같이 나타난다).

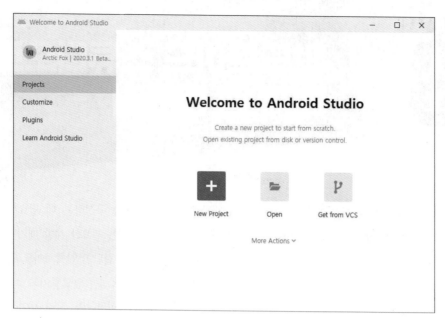

그림 3-1

이 대화상자가 나오면 새 프로젝트를 생성할 준비가 된 것이다. 왼쪽의 Projects를 선택하고 New Project 버튼을 클릭하면 그림 3-2와 같이 새 프로젝트를 생성하는 대화상자가 나타난다.

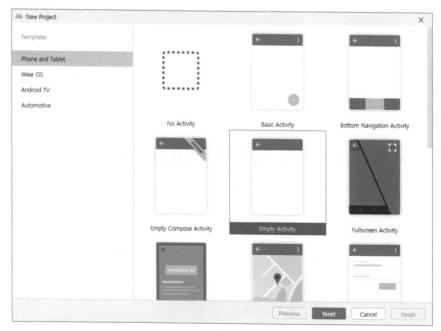

그림 3-2

3.3 액티비티 생성하기

그림 3-2의 대화상자에서는 안드로이드 앱 유형과 앱에 생성되는 최초 액티비티_{Activity}의 유형을 선택한다. 앱의 유형으로는 폰과 태블릿_{Phone and Tablet}, Wear OS, 안드로이드 TV, Automotive 중 하나를 선택할 수 있다. 기본으로 선택된 '폰과 태블릿'을 그대로 두자. 액티비티 종류는 자동 생성되는 코드의 템플릿_{template}을 나타내며 다양한 선택이 가능하다. **Empty Activity**를 선택한다. 다른 종류의 액티비티는 이후의 다른 장에서 자세히 배울 것이다. **Empty Activity**를 선택하면 하나의 TextView 객체로 구성된 UI_{사용자 인터페이스}와 관련 코드를 자동 생성해 준다. **Next** 버튼을 누르면 그림 3-3의 프로젝트 구성 대화상자가 나타난다.

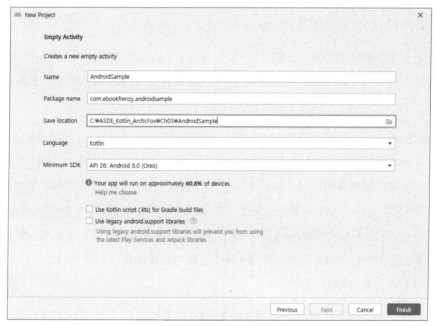

그림 3-3

3.4 프로젝트 구성하기

Name 필드에 **AndroidSample**을 입력하자. 이것은 안드로이드 스튜디오 내부에서 참조와 식별에 사용되는 이름이다. 또한, 완성된 앱을 구글 플레이 스토어에서 판매할 때 사용되는 이름이기도 하다.

Package name은 안드로이드 앱 생태계에서 우리 앱을 고유하게 식별하는 데 사용된다. 어떤 문자열을 입력해도 되지만 일반적으로 우리 도메인 URL을 거꾸로 하고(www는 뺌) 그 뒤에 앱 이름을 붙이며 모두 소문자로 지정한다. 예를 들어, 도메인이 www.mycompany.com이고 앱 이름이 AndroidSample이라면 패키지 이름에는 com.mycompany.androidsample을 지정한다. 여기서는 com.ebookfrenzy.androidsample을 지정하였다.

Save location은 프로젝트의 모든 파일이 저장되고 관리되는 경로를 나타낸다. 이 필드의 오른쪽 버튼(📁)을 눌러서 원하는 경로로 변경할 수 있다. 그리고 변경된 경로는 프로젝트의 홈 디렉터리가 되고 여기에 프로젝트의 모든 파일이 저장된다. 예를 들어, 그림 3-3처럼 C:₩ASDE_Kotlin_ArcticFox₩Ch03₩AndroidSample을 홈 디렉터리로 지정하면 여기에 이 프로젝트의 모든 파일이 저장된다. 기본으로 지정된 경로를 사용하거나 각자 원하는 디렉터리를 지정하자.

한 번 입력했던 패키지 이름의 도메인과 저장 위치의 홈 디렉터리는 안드로이드 스튜디오에서 기억하고 있다가 다음에 새 프로젝트를 생성할 때 기본값으로 보여 준다.

Language는 개발에 사용할 프로그래밍 언어를 나타낸다. 여기서는 기본값인 Kotlin을 그대로 두자. 이렇게 하면 우리 앱의 코틀린 코드를 작성하고 빌드하는 데 필요한 코틀린 빌드 도구 등의 모듈을 안드로이드 스튜디오가 자동으로 포함시켜 준다.

Minimum SDK는 앱이 실행될 수 있는 최소한의 안드로이드 버전을 나타낸다. 따라서 API 레벨을 낮은 것으로 지정하면 더 많은 안드로이드 기기에서 앱을 실행할 수 있다는 장점이 있다(전 세계의 안드로이드 기기 중 몇 퍼센트에서 앱을 사용할 수 있는지를 바로 밑에 보여 준다). 그러나 가장 최신 안드로이드 버전의 일부 기능은 사용하지 못할 수도 있다는 단점이 있다. 각자 원하는 것을 선택하면 되지만, 여기서는 API 26: Android 8.0 (Oreo)를 선택하자. 이 책에서는 대부분의 프로젝트에서 이 SDK 버전을 사용한다. 그러나 각자 실제 장치에서 앱을 테스트할 때는 해당 장치의 안드로이드 버전과 같거나 낮은 것을 선택해야 한다.

그래들Gradle은 거의 모든 유형의 소프트웨어를 빌드할 수 있는 오픈 소스 빌드 자동화 도구다. 안드로이드 스튜디오는 그래들을 사용해서 프로젝트를 구성 및 관리하고 앱을 빌드하며, 그루비Groovy DSLDomain Specific Languages을 사용해서 그래들 파일을 구성한다. 그러나 코틀린 DSL을 사용하면 그루비 DSL보다 더 많은 기능을 제공할 수 있다. 그림 3-3의 대화상자에서 'Use Kotlin script (.ks) for Gradle build files'를 체크하면 그래들 빌드 파일에 코틀린 DSL을 사용할 수 있다. 이 옵션은 체크하지 말고 그대로 두자.

끝으로, Use legacy android.support libraries가 선택 해제되어 있는지 확인하자. 기존의 안드로이드 지원support 라이브러리는 개수가 많고 독립적인 개발과 버전 관리로 인해 어려움이 많았다. 따라서 안드로이드 10부터는 모든 지원 라이브러리를 androidx라는 네임스페이스namespace를 갖는 소수의 더 큰 라이브러리로 통합하게 되었다. 그리고 이렇게 통합된 라이브러리를 Jetpack이라고 한다.

따라서 우리 프로젝트에서 Jetpack과 androidx의 새로운 도구를 사용하려면 Use legacy android. support libraries를 체크하지 말아야 한다(구버전의 레거시 지원 라이브러리는 더 이상 업그레이드되지 않는다). 이후의 다른 장에서 다양한 Jetpack 라이브러리를 사용할 것이다.

Finish 버튼을 클릭하면 안드로이드 스튜디오가 새 프로젝트를 생성하고 열어 준다.

3.5 예제 앱 변경하기

이 시점에서 안드로이드 스튜디오는 최소한의 예제 앱 프로젝트를 생성하고 메인 창을 연다(안드로이드 스튜디오에서는 여러 개의 프로젝트를 독립된 창으로 동시에 열고 작업할 수 있다).

이때 앞의 그림 3-2에서 우리가 선택한 액티비티 유형과 관련된 템플릿을 사용해서 액티비티 클래스(MainActivity.kt 파일)와 UI 레이아웃(activity_main.xml 파일)의 소스 코드를 자동 생성하고 메인 창 중앙에 위치한 편집기에 열어서 보여 준다. 만일 레이아웃 파일이 선택되어 있지 않으면, 그림 3-4의 중앙 화살표가 가리키는 activity_main.xml 탭을 클릭하여 선택한 후 오른쪽 화살표가 가리키는 디자인 버튼(⊞ Design)을 클릭하여 디자인 모드로 변경한다.

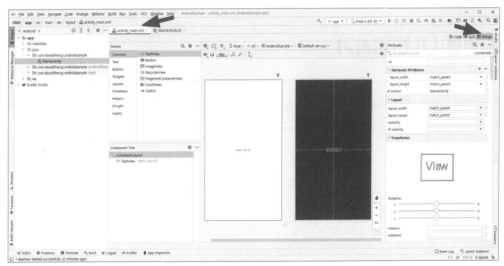

그림 3-4

새로 생성된 프로젝트와 관련 파일의 참조는 왼쪽의 **프로젝트**Project 도구 창에 나타난다. 프로젝트 도구 창은 프로젝트를 구성하는 파일의 정보를 볼 수 있는 여러 모드를 갖고 있으며, 기본적으로는 Android 모드로 보여 준다.

모드 설정은 프로젝트 도구 창 위에 있는 드롭다운으로 할 수 있으며, 클릭하면 선택 가능한 모드를 보여 준다(그림 3-5).

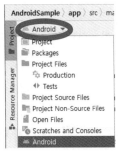

그림 3-5

기본으로 선택된 Android 모드에서는 주로 사용하는 파일을 쉽게 찾을 수 있도록 논리적으로 분류해서 보여 준다. 반면에 Project 모드에서는 프로젝트를 구성하는 모든 디렉터리와 파일을 컴퓨터 파일 시스템에 저장된 물리적인 형태로 볼 수 있으며, 프로젝트 도구 창의 각 항목은 폴더(디렉터리)나 파일을 나타낸다.

그리고 프로젝트 도구 창에 나타난 각 항목 왼쪽의 작은 삼각형을 클릭하면 해당 항목에 포함된 서브 디렉터리나 파일이 확장되어 나타난다. 또한, 특정 파일을 더블클릭하면 오른쪽의 편집기 창에 로드된다.

3.6 UI 변경하기

생성된 액티비티의 UI는 activity_main.xml이라는 이름의 XML 레이아웃 파일에 저장된다. 그리고 이 파일은 프로젝트 파일 계층 구조의 app ➡ res ➡ layout에 위치한다(파일 시스템에서는 AndroidSample₩app₩src₩main₩res₩layout 디렉터리 경로가 된다).

레이아웃 편집기 창(그림 3-6) 위의 왼쪽에 있는 장치 툴바 버튼(🔲 Pixel ⌄)에는 현재 Pixel로 설정되어 있으며, 아래 패널에는 이 장치의 화면을 시각적으로 나타내고 있다. 장치 툴바 버튼을 클릭하면 다양한 장치를 선택할 수 있다. 또한, 장치 화면의 방향(가로나 세로)을 변경해서 볼 때는 장치 툴바의 왼쪽에 있는 버튼(◎)을 클릭하면 된다.

왼쪽의 장치 화면은 디자인_{Design} 뷰라고 하며, 레이아웃과 위젯을 포함하는 레이아웃 디자인을 앱이 실행될 때 나타나는 형태로 보여 준다. 앱의 UI를 작성 또는 변경할 때 사용하는 것이 디자인 뷰다. 이와는 달리, 오른쪽의 청사진_{Blueprint} 뷰에서는 레이아웃과 위젯을 컴포넌트 관점으로 보여 준다. 디자인 뷰와 청사진 뷰는 둘 중 하나만 보거나 또는 같이 볼 수 있으며, 그림 3-6의 왼쪽 위에 있는 버튼(◈)을 클릭하여 선택할 수 있다.

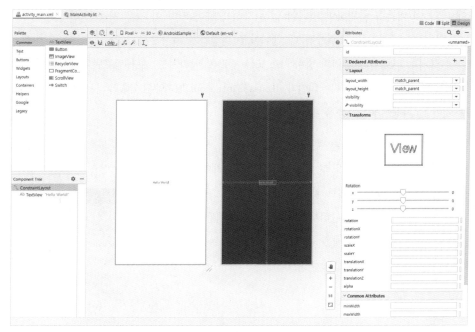

그림 3-6

장치 화면에서 볼 수 있듯이, 레이아웃에는 'Hello World!' 메시지를 보여 주는 TextView 하나가 포함되어 있다. 장치 화면 패널의 왼쪽 위에는 팔레트_Palette_가 있다. 팔레트에는 UI를 구성하는 데 사용할 수 있는 서로 다른 종류의 컴포넌트가 있다. 예를 들어, 버튼, 라벨, 텍스트 필드 등이다. 그러나 사용자가 모든 UI 컴포넌트를 볼 수 있는 것은 아니다. 예를 들어, 레이아웃_layout_ 컴포넌트는 화면에 보이지 않는다. 시각적인 UI 컴포넌트를 화면에 배치하고 관리하는 방법을 제공하는 것이기 때문이다. 안드로이드는 다양한 종류의 레이아웃을 지원한다. 현재의 레이아웃 디자인은 ConstraintLayout을 사용해서 생성되었다.

장치 화면 패널의 왼쪽 밑에 있는 **컴포넌트 트리**_Component Tree_ 패널을 보면 레이아웃의 정보를 알 수 있다(그림 3-7).

여기서는 UI가 하나의 ConstraintLayout 부모 뷰와 하나의 TextView 자식 뷰로 구성되어 있는데, 이것은 컴포넌트 트리에 나타난 컴포넌트의 계층 구조를 보면 알 수 있다.

그림 3-7

레이아웃 편집기 창의 왼쪽 위에 있는 자석 모양의 **자동-연결**_Autoconnect_ 버튼은 기본적으로 그림 3-8과 같이 빗금이 있는 모양으로 나타나며, 이것은 자동-연결이 비활성화되어 있다는 의미다.

그림 3-8

필요에 따라 이 버튼을 클릭하면 빗금이 없는 자석 모양이 되며 이 경우 자동-연결 기능이 활성화 되어 컴포넌트가 레이아웃에 추가될 때 레이아웃 편집기가 자동으로 제약constraint을 추가해 준다. 즉, 화면 크기가 다르거나 장치의 방향(가로 또는 세로)이 달라져도 해당 컴포넌트가 레이아웃에 올바르게 배치될 수 있게 해준다는 의미다. (ConstraintLayout과 제약은 이후의 다른 장에서 더 자세하게 알아볼 것이다.) 자동-연결 기능을 활성화하자.

다음은 레이아웃에 컴포넌트를 추가할 것이다. 우선, 사용자가 누를 때 환전conversion을 시작하도록 버튼을 추가하자. 레이아웃 편집기 창의 왼쪽 위에 있는 팔레트 패널은 두 개의 열로 구성되어 있다. 왼쪽은 컴포넌트 부류를 나타내며, 오른쪽은 선택된 부류에 속하는 컴포넌트를 보여 준다. 예를 들어, 그림 3-9에서는 Buttons 부류의 Button이 선택된 것을 보여 준다.

그림 3-9

팔레트 패널에서 Buttons 부류의 Button 컴포넌트를 마우스로 클릭하고 끌어서 'Hello World!'를 보여 주는 TextView 밑에 놓는다(그림 3-10처럼 수직 점선이 중앙에 나타날 때 놓자).

그림 3-10

다음은 Button 컴포넌트에 보여 줄 텍스트를 변경하자. 레이아웃 편집기 창의 오른쪽에는 속성Attributes 창이 있다. 여기에는 레이아웃에서 현재 선택된(여기서는 Button) 컴포넌트의 속성을 보여 준다. Declared Attributes를 확장하면

그림 3-11

text 속성이 있다. 이 속성값을 Button에서 Convert로 변경하고 [Enter][[Return]] 키를 누른다(그림 3-11). 이 속성값은 앱이 실행될 때 나타난다.

이와는 달리. 속성 창을 밑으로 스크롤해서 text 속성 바로 밑에 있는 text 속성(스패너 모양의 아이콘이 있음)에 값을 지정하면 앱이 실행될 때는 보이지 않고 레이아웃 디자인에만 나타난다. 따라서 디자인 시점에 어떤 컴포넌트인지 확인할 필요가 있을 때 사용하면 편리하다(예를 들어, 버튼이 많을 때).

자동-연결 기능이 활성화된 상태에서 버튼이 추가되면 용수철처럼 보이는 연결선이 나타날 것이다. 그러나 우리가 원하는 디자인에 맞게 버튼이 레이아웃에 배치되는 데 꼭 필요한 연결선이 추가되지 않았을 수 있다(여기서는 버튼의 좌우가 부모 레이아웃과 연결되고 위쪽은 TextView의 밑과 연결되어야 한다).

이때 **제약 추론**Infer Constraints 버튼을 클릭하면 레이아웃 편집기가 누락된 제약을 추론해서 자동으로 추가해 준다. 그림 3-12의 **제약 추론** 버튼을 클릭하자. 그러면 앞의 Button 위쪽을 TextView의 아래쪽과 연결하는 제약이 추가되어 연결선이 나타날 것이다.

그림 3-12

그리고 여기서 알아 두어야 할 중요한 내용이 있다. 레이아웃 편집기 창의 오른쪽 위를 보면 그림 3-13의 화살표가 가리키는 **경고** 버튼이 있다. 이것은 레이아웃에 경고나 에러가 있다는 것을 나타낸다. (노란색은 경고를 나타내고, 빨간색은 에러를 나타내며, 회색은 경고나 에러가 없음을 나타낸다.)

그림 3-13

이 버튼을 클릭하면 그림 3-14와 같이 문제의 원인과 해결 방안을 대화상자로 보여 준다. (대화상자 위의 경계선을 마우스로 끌면 크기를 늘릴 수 있으며, 버튼을 다시 클릭하면 대화상자가 닫힌다.)

그림 3-14

현재 여기서는 하나의 경고만 보여 주며, 제목은 Hardcoded text다. 즉, 문자열 값인 "Convert"를 직접 코드에 넣지 말고 문자열 리소스인 @string으로 지정하여 사용하라는 의미다.

그렇다. 맞는 말이다. 텍스트 문자열과 같은 속성값은 가능한 한 리소스_{resource}의 형태로 저장되어야 한다. 그렇지 않고 만일 소스 코드의 여기저기에 들어가 있으면 나중에 변경이 어려우므로 좋지 않다. 이것은 특히 UI를 다른 나라의 언어로 번역할 때 중요하다. 만일 UI의 모든 텍스트 문자열이 하나의 리소스 파일에 포함되어 있다면, 예를 들어, 해당 파일을 번역가에게 전달하여 번역 작업을 하게 한 후 번역된 파일을 앱에 포함시키면 된다. 따라서 소스 코드를 일절 변경하지 않고 다국어를 지원하는 앱을 쉽게 만들 수 있다. 그러므로 여기서는 convert_string이라는 문자열 리소스를 새로 만들고 "Convert" 문자열을 이 리소스에 지정할 것이다.

그림 3-14 대화상자 아래쪽으로 스크롤하면 Fix 버튼이 있고 이 버튼을 클릭하면 Extract Resource_{리소스 추출} 대화상자가 나타난다(그림 3-15).

그림 3-15

대화상자에서 Resource name 필드에 convert_string을 입력하고 Resource value는 Convert가 지정된 그대로 두고 OK 버튼을 누른다. 그러면 "Convert" 문자열이 app ➡ res ➡ values ➡ strings. xml 파일에 리소스로 저장된다. 이와 동시에 Button 객체의 text 속성값은 그 문자열을 참조하도록 @string/convert_string으로 자동 변경된다.

다음은 환전할 US 달러 금액을 사용자가 입력할 수 있는 EditText 위젯을 추가하자. 팔레트에서 Text 부류의 Number(Decimal) 컴포넌트를 마우스로 클릭하고 끌어서 기존 TextView 위에 놓는다(수직 점선이 중앙에 나타날 때 놓자). 그리고 그림 3-12의 **제약 추론** 버튼을 클릭하여 누락된 제약을 추가한다. 그러면 레이아웃은 그림 3-16과 같이 된다(똑같지 않아도 된다).

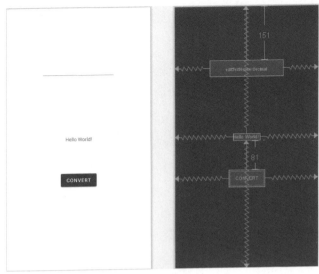

그림 3-16

만일 이와 같이 제약이 연결되지 않았다면 EditText의 네 방향에 있는 작은 원을 마우스로 클릭하고 끌어다가 연결할 컴포넌트의 작은 원에 놓으면 수동으로 제약을 변경하거나 추가할 수 있다.

또한, EditText가 선택된 상태에서 속성 창을 아래로 스크롤하여 hint 속성을 **dollars**로 지정한 후 앞에서 했던 것처럼 리소스 이름이 **dollars_hint**인 문자열 리소스를 추가하자(그림 3-13의 버튼을 클릭한 후 Hardcoded text 항목을 확장하고 Fix 버튼을 클릭한다. 그리고 대화상자에서 Resource name에 dollars_hint를 입력하고 OK 버튼을 클릭).

이 장 뒤에서 작성할 코드에서는 사용자가 EditText 필드에 입력한 US 달러 값을 사용해야 한다. 따라서 EditText를 참조하기 위한 id가 필요하다. EditText가 선택된 상태에서 속성 창의 제일 위를 보면 id 속성의 기본값이 editTextNumberDecimal로 지정되어 있을 것이다. 그림

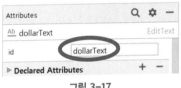

그림 3-17

3-17과 같이 이 값을 **dollarText**로 변경하자. (id 속성값을 변경한 후 이 id를 사용하는 모든 코드를 변경할 것인지 확인하는 대화상자가 나타나면 Refactor 버튼을 클릭한다.)

완성된 레이아웃은 그림 3-18과 같다.

그림 3-18

3.7 레이아웃과 리소스 파일 살펴보기

다음을 진행하기에 앞서 여기서는 UI 디자인과 리소스 처리의 내부적인 관점 몇 가지를 살펴볼 것이다. 앞에서 UI를 변경할 때는 레이아웃 편집기를 사용해서 activity_main.xml 레이아웃 파일을 변경하였다. 이때 레이아웃 편집기는 XML로 된 파일의 내용을 사용자가 쉽게 변경할 수 있는 방법을 제공한다. 그러나 XML 파일을 우리가 직접 변경할 수 있으며, 경우에 따라서는 그렇게 하는 것이 레이아웃 편집기를 사용하는 것보다 더 빠를 수 있다. 레이아웃 편집기 창의 오른쪽 위 모서리에는 그림 3-19와 같이 세 개의 버튼이 있다.

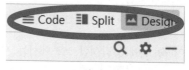

그림 3-19

기본적으로 레이아웃 편집기는 레이아웃 디자인을 시각적으로 보여 주는 디자인Design 모드가 된다. 제일 왼쪽 버튼인 코드Code 모드는 레이아웃의 XML을 보여 주며, 가운데 버튼인 분할Split 모드는 그림 3-20처럼 레이아웃 디자인과 XML을 같이 보여 준다.

XML 파일의 구조에서 볼 수 있듯이, 여기서는 UI가 ConstraintLayout 컴포넌트로 구성된다. 그리고 ConstraintLayout은 TextView, Button, EditText 객체의 부모다. 또한, Button의 text 속성은 convert_string 리소스로 설정되어 있다. text 속성 줄을 마우스로 클릭한 후 Ctrl+- [⌘+-] 키를 누르면 참조되는 리소스의 값을 보여 주며, Ctrl+= [⌘+=] 키를 누르면 다시 문자열 리소스 참조로 보여 준다. 복잡도나 내용은 다를지라도 모든 UI 레이아웃은 계층적이면서 XML 기반으로 구성된다.

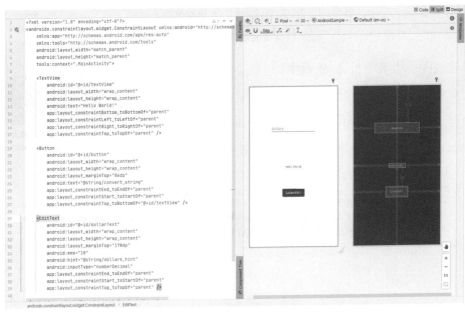

그림 3-20

왼쪽의 XML을 변경하면 오른쪽의 레이아웃 디자인에 즉각 반영되며, 이와 반대로 레이아웃 디자인을 변경하면 XML에 바로 반영된다. 정말 그런지 알아보기 위해 그림 3-20과 같이 분할 모드로 전환하자. 그리고 ConstraintLayout의 배경색이 붉은색이 되도록 XML을 변경하자(진한 글씨체의 줄을 추가).

```xml
<?xml version="1.0" encoding="utf-8"?>
<androidx.constraintlayout.widget.ConstraintLayout
    xmlns:android="http://schemas.android.com/apk/res/android"
    xmlns:app="http://schemas.android.com/apk/res-auto"
    xmlns:tools="http://schemas.android.com/tools"
    android:layout_width="match_parent"
    android:layout_height="match_parent"
    tools:context=".MainActivity"
    android:background="#ff2438" >
    ..
</androidx.constraintlayout.widget.ConstraintLayout>
```

위와 같이 XML 파일에 한 줄을 추가하면 그 즉시 레이아웃 디자인의 색이 변경된다. 추가된 줄의 왼쪽(거터gutter라고 함)을 보면 빨간색의 작은 사각형이 나타난다. 이것은 background 속성이 빨간색으로 설정되었음을 시각적으로 보여 주는 것이다. 그리고 작은 사각형을 클릭하면 그림 3-21과 같이 색상 선택 대화상자가 열린다. 여기서 원하는 색을 선택하고(원하는 색 공간을 마우스로 클릭) 대화상자 바깥의 아무 곳이나 마우스로 클릭하면 XML과 레이아웃 디자인의 색이 모두 변경된다. 따라서 색상 값을 모르더라도 쉽게 변경할 수 있다. 색상을 변경하지 않고 대화상자를 닫을 때는 [Esc] 키를 누르면 된다.

다음을 진행하기 전에 방금 전 레이아웃 파일에 추가했던 background 속성을 삭제하여 기본값으로 돌려놓는다.

끝으로, 프로젝트 도구 창에서 app ➡ res ➡ values ➡ strings.xml 파일을 더블클릭하여 편집기 창에 열자.

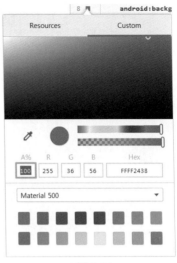

```
<resources>
    <string name="app_name">AndroidSample</string>
    <string name="convert_string">Convert</string>
    <string name="dollars_hint">dollars</string>
</resources>
```

그림 3-21

리소스를 변경하면 어떻게 되는지 알아볼 겸, convert_string 리소스의 값인 Convert를 "Convert to Euros"로 변경하자. 그리고 편집기 창의 activity_main.xml 탭을 클릭하면 버튼의 text 속성이 "Convert to Euros"로 변경된 것을 볼 수 있을 것이다.

XML 파일에서 참조되는 리소스의 값을 빨리 조회하거나 변경하는 또 다른 방법이 있다. 레이아웃 편집기가 코드 모드나 분할 모드인 상태에서 Button의 text 속성값인 @string/convert_string을 클릭한 후 키보드에서 [Ctrl]+[B]([⌘]+[B])를 눌러 보자. 안드로이드 스튜디오가 문자열 리소스 파일인 strings.xml을 열고 해당 리소스가 선언된 줄로 커서를 위치시킬 것이다.

Button의 text 속성값을 다시 "Convert"로 변경하자. 그리고 잠시 후에 앱 코드에서 사용할 문자열 리소스를 하나 추가하자.

```
<resources>
    ..
    <string name="convert_string">Convert</string>
    <string name="dollars_hint">dollars</string>
    <string name="no_value_string">No Value</string>
</resources>
```

리소스 문자열은 안드로이드 스튜디오 번역 편집기Translations Editor를 사용해도 변경할 수 있다. 프로젝트 도구 창의 app ➡ res ➡ values ➡ strings.xml 파일에서 마우스 오른쪽 버튼을 클릭한 후 Open Translations Editor를 선택한다. 그러면 안드로이드 스튜디오 메인 창의 중앙 패널에 번역 편집기를 열어 준다. (strings.xml 파일이 편집기에 열려 있을 때는 오른쪽 위의 Open editor를 클릭해도 된다.)

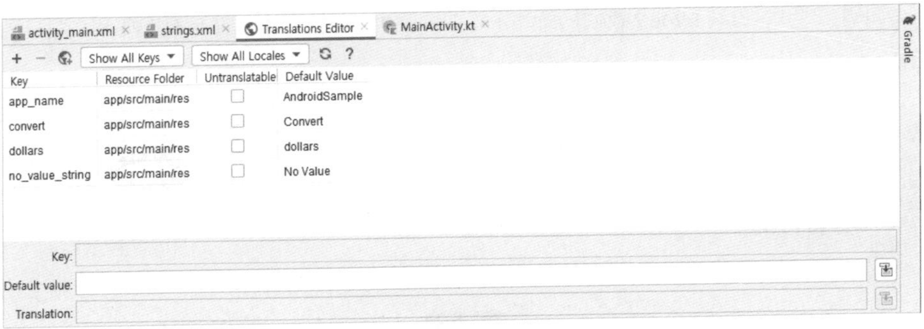

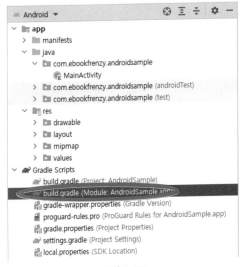

그림 3-22

이 편집기에서는 리소스 키(참조명)에 지정된 문자열을 변경할 수 있으며, 다른 나라 언어로 번역할 수도 있다.

3.8 코틀린 확장 플러그인 추가하기

잠시 후에 프로젝트에 코드를 추가할 것이다. 이 코드에서는 버튼을 눌렀을 때 환전을 하여 결과를 사용자에게 보여 준다. 그러나 이 코드를 추가하기 전에 코틀린 확장 플러그인을 프로젝트에 추가해야 한다. 이 플러그인은 코틀린 코드에서 사용자 인터페이스 위젯(예를 들어, 버튼)을 더 쉽게 참조하게 해준다.

프로젝트 도구 창에서 app 모듈의 그래들 파일[app ➡ Gradle Scripts ➡ build.gradle (Module: AndroidSample.app)]을 더블클릭하여 편집기 창에 열자(그림 3-23).

그림 3-23

그다음에 다음과 같이 코틀린 확장 플러그인을 추가하자.

```
plugins {
    id 'com.android.application'
    id 'kotlin-android'
    id 'kotlin-android-extensions'
}
```

그리고 화면 오른쪽 위의 Sync Now를 클릭하여 그래들이 변경 설정을 프로젝트에 반영하도록 한다(그림 3-24).

그림 3-24

코틀린 확장 플러그인(kotlin-android-extensions)은 코드에서 레이아웃 뷰를 사용하는 방법 중 하나이지만 향후는 사용되지 않는다. 여기서는 임시로 이 방법을 사용하지만 이 책의 대다수 프로젝트에서는 뷰 바인딩을 사용할 것이다. 이에 관한 자세한 내용은 18장에서 설명한다.

3.9 버튼의 이벤트 처리하기

사용자가 US 달러 값을 EditText 필드에 입력하고 convert 버튼을 누르면 환전된 유로화 값이 TextView에 나타나도록 하기 위해 예제 프로젝트의 마지막 코드 작성을 할 것이다. 이렇게 하려면 Button 위젯에 onClick 이벤트가 발생할 때 이것을 처리하는 함수가 호출되도록 해야 한다. 이벤트 처리는 여러 가지 방법으로 구현할 수 있으며, 자세한 내용은 이후의 다른 장에서 알아볼 것이다.

편집기 창에 열린 activity_main.xml 탭을 클릭하여 선택한 후 디자인 모드로 변경하자. 그리고 컴포넌트 트리에서 버튼을 선택하고 속성 창의 onClick 속성에 convertCurrency를 입력하자(그림 3-25). 이것은 앱이 실행될 때 사용자가 버튼을 클릭하면 호출되어 실행될 함수 이름이다.

그림 3-25

이때 컴포넌트 트리의 버튼 옆에 빨간색의 에러 표시가 나타날 것이다. convertCurrency 함수가 아직 구현되지 않았기 때문이다. 편집기 창에 열린 MainActivity.kt 탭을 클릭하여 선택하자[만일 이 파일이 열려 있지 않으면 프로젝트 도구 창에서 app/java 밑의 우리 패키지(여기서는 com.ebookfrenzy.androidsample)에 있는 MainActivity를 더블클릭한다]. 그리고 convertCurrency 함수를 추가하자. 또한, import 문도 추가해야 한다.

```
package com.ebookfrenzy.androidsample

import androidx.appcompat.app.AppCompatActivity
import android.os.Bundle
import android.view.View

import kotlinx.android.synthetic.main.activity_main.*
```

```
class MainActivity : AppCompatActivity() {

    override fun onCreate(savedInstanceState: Bundle?) {
        super.onCreate(savedInstanceState)
        setContentView(R.layout.activity_main)
    }

    fun convertCurrency(view: View) {
        if (dollarText.text.isNotEmpty()) {
            val dollarValue = dollarText.text.toString().toFloat()
            val euroValue = dollarValue * 0.85f
            textView.text = euroValue.toString()
        } else {
            textView.text = getString(R.string.no_value_string)
        }
    }
}
```

convertCurrency 함수에서는 우선, EditText 뷰인 dollarText의 text 속성값이 있는지(달리 말해, 사용자가 US 달러 값을 입력했는지) 검사한다. 그리고 값이 없으면 문자열 리소스에 정의했던 "No Value" 문자열을 가져와서 TextView의 text 속성에 설정한다. 반면에 값이 있으면 이 값을 Float 타입으로 변환한 후 유로화로 계산한다. 그리고 계산된 값을 문자열로 변환하고 TextView의 text 속성에 설정하여 화면에 나타나게 한다. 만일 이 코드가 잘 이해되지 않더라도 염려하지 말자. 앞으로 여러 장에서 더 자세히 알아볼 것이기 때문이다.

3.10 요약

매우 복잡하지는 않지만 안드로이드 개발 환경을 설정하는 데는 여러 단계의 작업이 필요하다. 그리고 그런 작업이 끝나면 간단한 예제 앱을 만들어서 개발 환경의 설치와 구성이 잘되었는지 확인해 볼 필요가 있다. 이번 장에서는 간단한 앱을 만든 후 안드로이드 스튜디오 레이아웃 편집기를 사용해서 UI 레이아웃을 변경해 보았다. 그리고 이렇게 하면서 리소스(특히 문자열 리소스) 사용의 중요성을 살펴보았고, 레이아웃에 관해서도 간략하게 알아보았다. 또한, 안드로이드 앱의 UI 디자인을 저장하는 데 사용되는 XML도 살펴보았다.

그리고 마지막으로 Button에 onClick 이벤트를 추가하여 함수에서 이벤트를 처리하도록 하였다. 이 함수에서는 EditText 컴포넌트로부터 사용자 입력을 받아 US 달러에서 유로화로 환전한 후 이 결과를 TextView에 보여 준다.

이제는 앱을 테스트할 준비가 되었으므로, 다음 장에서는 에뮬레이터 설정과 앱 실행에 필요한 내용을 자세히 알아볼 것이다.

안드로이드 스튜디오에서 AVD 생성하기

안드로이드 스튜디오로 안드로이드 앱을 개발하다 보면 컴파일과 실행을 여러 번 하게 된다. 안드로이드 앱은 실제 장치 또는 AVDAndroid Virtual Device, 안드로이드 가상 장치 에뮬레이터 환경에서 설치하고 실행하여 테스트할 수 있다. 그러나 AVD를 사용하려면 특정 장치 모델의 사양에 맞도록 AVD를 먼저 생성하고 구성해야 한다. 따라서 이번 장에서는 일례로 'Pixel 4'를 사용하는 AVD를 생성하는 데 필요한 내용을 알아볼 것이다.

4.1 AVD 개요

AVD는 안드로이드 앱을 실제 안드로이드 장치에 설치하지 않고 테스트할 수 있는 에뮬레이터다. AVD는 실제 장치의 다양한 하드웨어 특성을 모의 테스트하기 위해 구성될 수 있다. 이런 하드웨어

특성에는 장치의 화면 크기, 메모리 용량 등이 포함되며, 카메라나 GPS 내비게이션 지원 또는 가속도 센서 등의 존재 여부도 포함된다. 안드로이드 스튜디오를 설치하면 다양한 장치의 AVD를 구성할 수 있는 에뮬레이터 템플릿이 설치된다. 그리고 프로세서 타입, 메모리 용량, 화면 크기와 픽셀 밀도 등의 속성을 지정하여 실제 안드로이드 장치와 일치하도록 AVD를 생성할 수 있다.

AVD를 시작하면 모의 실행되는 안드로이드 장치 환경을 포함하는 창으로 나타난다. 이때 별도의 창으로 나타나거나 안드로이드 스튜디오 도구 창에 포함되어 나타날 수 있다. 예를 들어, 그림 4-1에서는 구글의 'Pixel 4' 모델을 모의 실행하기 위해 구성된 AVD가 작동하는 것을 보여 준다. (여기서는 사용 언어를 한국어로 설정한 상태다. 설정 방법은 뒤에서 설명한다.)

그림 4-1

AVD는 AVD 매니저_{Manager}를 사용해서 새로 생성하고 관리한다. AVD 매니저는 사용 중인 컴퓨터의 명령행 모드에서 실행하거나 그래픽 사용자 인터페이스_{Graphical User Interface, GUI}에서 실행할 수 있다.

4.2 새로운 AVD 생성하기

우선, 안드로이드 스튜디오를 실행하고 3장에서 생성했던 AndroidSample 프로젝트를 열자. (웰컴 스크린에서 왼쪽의 **Projects**를 선택하고 **Open** 버튼을 클릭하거나, 안드로이드 스튜디오 메인 메뉴의 **File** ➡ **Open...**을 선택한 후 '프로젝트 선택' 대화상자가 나오면 AndroidSample 서브 디렉터리를 선택하고 **OK** 버튼을 클릭한다.)

에뮬레이터로 앱의 실행을 테스트하려면 특정 안드로이드 장치 구성을 갖는 AVD를 생성해야 한다.

새로운 AVD를 생성하려면 우선 AVD 매니저를 실행해야 한다. 안드로이드 스튜디오에서는 메인 메뉴의 **Tools** ➡ **AVD Manager**를 선택하거나, 메인 메뉴 바로 밑의 AVD 매니저 툴바 버튼(▣)을 클릭하여 실행할 수 있다.

실행이 되면 그림 4-2나 그림 4-3처럼 AVD 매니저 창이 나타난다. 그림 4-2는 안드로이드 스튜디오를 새로 설치하면서 아무런 AVD도 생성하지 않은 경우이며, 그림 4-3은 하나라도 AVD가 생성되어 있을 경우다. (안드로이드 스튜디오를 설치할 때 '컴포넌트 선택' 대화상자에서 기본으로 선택된 AVD 옵션의 선택을 해제하지 않았다면 하나의 AVD가 이미 생성되어 있을 것이다.)

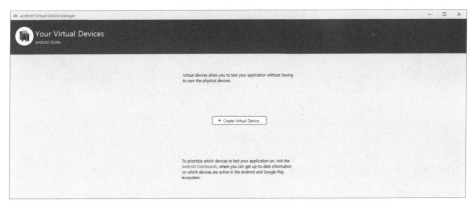

그림 4-2

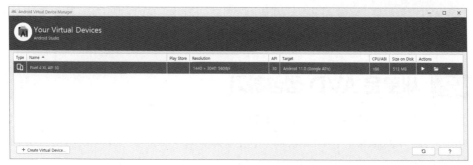

그림 4-3

두 가지 경우 모두 AVD를 추가로 생성하려면 + Create Virtual Device... 버튼을 클릭하면 된다.

그러면 AVD로 구현할 장치를 선택하는 대화상자가 나타난다(그림 4-4).

그림 4-4

여기서는 각자 원하는 장치를 선택하면 된다. 그러나 사용 중인 컴퓨터의 메인 메모리 크기가 작거나 CPU의 성능이 떨어지는 경우에는 가급적 화면 해상도resolution가 낮은 장치를 선택하는 것이 좋다. 여기서는 Pixel 4를 선택하였다. 그리고 Next 버튼을 클릭하면 시스템 이미지를 선택하는 대화상자가 나타난다(그림 4-5).

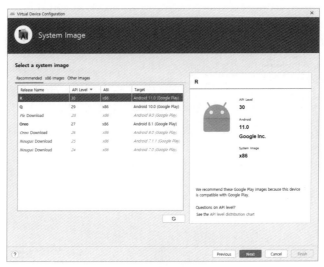

그림 4-5

여기서는 AVD에서 실행될 안드로이드 운영체제를 선택한다.

System Image 대화상자의 제일 위에는 세 개의 탭이 있다. Recommended에서는 가장 최근 버전의 시스템 이미지를 보여 주며, x86 Images에서는 인텔 x86 계열의 CPU에 적합한 시스템 이미지를 보여 준다(64비트 CPU의 컴퓨터에서는 x86_64를 선택). Other Images에서는 다른 아키텍처의 CPU(armeabi-v7a, arm64-v8a 등)에 사용 가능한 모든 시스템 이미지를 보여 준다.

Release Name 열에서 Download라는 파란색 글씨가 나타나는 것은 현재 컴퓨터에 설치되지 않은 시스템 이미지이므로 이것을 클릭하여 다운로드해야 한다는 것을 의미한다. API Level은 안드로이드 운영체제의 API 레벨을 나타내며, ABI는 x86과 armeabi-v7a 등의 CPU 아키텍처를 나타낸다.

Target 열에서는 안드로이드 운영체제 버전과 구글 플레이 API 포함 여부를 같이 보여 준다. 구글 지도map와 같은 구글 서비스를 사용하는 앱의 경우는 구글 플레이 API가 지원되는 시스템 이미지가 필요하다.

Recommended에서 가급적 최신 버전 안드로이드(여기서는 11.0)를 선택하고 Next 버튼을 누른다. 그러면 AVD를 구성할 수 있는 대화상자가 나타난다(그림 4-6).

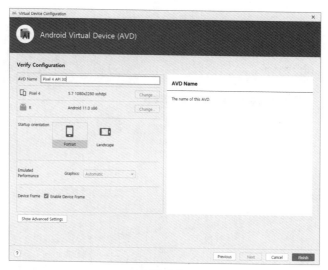

그림 4-6

AVD Name 필드에는 Pixel 4 API 30과 같이 장치를 알아보기 쉬운 이름을 입력한다. 이름 중간에는 특수 문자가 없어야 하며, 대문자, 소문자, ( ), 공백space을 사용할 수 있다.

아래쪽의 Show Advanced Settings 버튼을 클릭하면 추가 옵션을 보여 준다(그림 4-7). 그리고 화면 중앙의 스크롤 바를 움직여서 원하는 옵션을 찾아 지정할 수 있다.

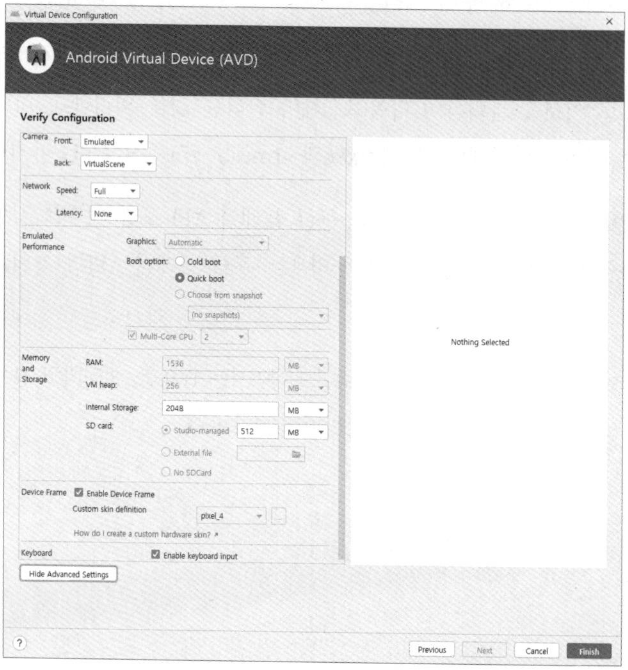

그림 4-7

만일 사용 중인 컴퓨터에 웹 캠web cam이 설치되어 있다면 Camera 옵션의 전면 카메라Front나 후면 카메라Back를 Webcam0 옵션으로 선택해서 에뮬레이터가 그 카메라를 사용하게 할 수 있다. 또는 VirtualScene이나 Emulated 옵션을 선택해서 마치 카메라가 있는 것처럼 처리해 주는 모의 카메라를 선택해도 된다(앱에서 카메라 기능을 사용할 때 에뮬레이터가 임의로 이미지를 만들어 줌). 그러나 앱에서 카메라 기능이 필요 없을 때는 None을 선택하면 된다.

Emulated Performance 옵션에서는 AVD로 실행되는 에뮬레이터의 성능과 직결되는 사항을 지정할 수 있다. Graphics에서는 하드웨어 그래픽 카드나 소프트웨어 중 어느 것으로 그래픽을 처리할 것인지 선택한다. Automatic이 기본으로 선택되며 이 경우 그래픽 카드의 유무를 에뮬레이터가 판단해서 처리해 준다. 그리고 에뮬레이터를 다시 시작할 때 부팅 속도가 빨라지므로 기본으로 선택된 Quick boot를 그대로 두자.

Memory and Storage의 RAM 옵션에서는 에뮬레이터가 사용할 메모리 크기를 지정하며 기본으로 선택된다. Internal Storage에는 에뮬레이터에 데이터를 저장하기 위해 사용되는 메모리를 지정할 수 있으며 기본으로 지정된 값을 사용하는 것이 좋다.

그리고 SD card에는 SD 카드의 용량을 지정할 수 있으며, 기본으로 512MB가 지정된다. 따라서 실제 장치의 SD 카드처럼 우리가 필요한 데이터를 읽고 쓸 수 있다.

또한, 제일 밑의 Device Frame 옵션의 Enable Device Frame을 체크하면 에뮬레이터가 실행될 때 실제 장치 화면 형태로 나타나며, 그렇지 않으면 직사각형의 화면만 나타난다.

Keyboard 옵션의 Enable keyboard input을 체크하면 에뮬레이터에서 앱이 실행되어 입력을 받을 때 개발 컴퓨터 시스템의 키보드를 사용하게 되므로 편리하다. 단, 한영 전환 키는 에뮬레이터 화면에 나타나는 소프트 키보드의 전환 키(⊕)를 마우스로 클릭해야 한다.

가급적 기본값을 그대로 두고 Finish 버튼을 클릭한다.

조금 기다리면 AVD가 생성되고 현재 설치되어 있는 AVD의 내역을 보여 주는 Your Virtual Devices 대화상자가 나타난다(그림 4-8).

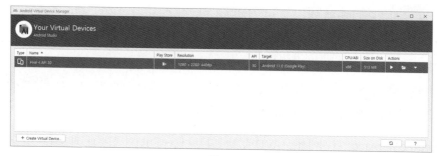

그림 4-8

이후로는 AVD 매니저를 실행할 때 이 대화상자가 나타난다. 그리고 원하는 AVD를 선택하고 오른쪽의 **Actions**에 있는 역삼각형 모양의 아이콘(▼)을 클릭하고 메뉴의 **Edit**를 선택하면 AVD 구성 대화상자가 나타나므로(그림 4-6) AVD 구성을 변경할 수 있으며, 메뉴의 'View Details', Delete, Duplicate, Stop을 선택하면 해당 AVD를 조회, 삭제, 복제, 실행 중단할 수 있다. 또한, **Actions**의 제일 왼쪽에 있는 가로로 누운 삼각형 아이콘(▶)을 클릭하면 해당 AVD를 에뮬레이터로 실행할 수 있다. 그리고 **Actions**의 폴더 아이콘(📂)을 클릭하면 장치 파일 탐색기 창이 열리고 해당 AVD 에뮬레이터의 디렉터리나 파일을 조회, 추가, 변경할 수 있다. 단, 해당 AVD 에뮬레이터가 실행 중일 때만 가능하다.

4.3 에뮬레이터 시작시키기

새로 생성된 AVD 에뮬레이터가 잘 실행되는지 테스트하기 위해 그림 4-8의 AVD 내역에서 Pixel 4 API 30 AVD를 선택하고, 오른쪽의 **Actions**에 있는 첫 번째 아이콘(▶)을 클릭하여 에뮬레이터를 시작하자.

잠시 후, 에뮬레이터가 새로운 창으로 나타난다. 그리고 실제 장치에서 전원을 켰을 때처럼 초기 화면이 나오려면 조금 더 기다려야 한다. AVD 구성과 사용 중인 컴퓨터의 사양에 따라 소요 시간이 다를 수 있다. 에뮬레이터의 더 자세한 내용은 다음 장에서 알아볼 것이다.

에뮬레이터에서 한글을 사용할 때는 다음과 같이 한국어를 추가하면 된다. 우선, 기본으로 설치된 앱을 보기 위해 화면 중간의 빈 곳을 마우스로 클릭한 후 위쪽으로 끌자. Settings 앱을 클릭하여 실행한다. 그리고 System ➡ Languages & input ➡ Languages ➡ Add a language를 클릭한 후 스크롤(화면 중간을 마우스로 클릭하고 위로 끌어 줌)하여 끝부분에 있는 한국어 ➡ 대한민국을 선택한다. 그리고 한국어(대한민국) 오른쪽의 아이콘(☰)을 클릭하고 영어 위로 끌어서 놓는다. 이렇게 하면 에뮬레이터의 기본 언어가 한국어로 설정되어 한글을 입출력할 준비가 된다. 이후에는 사용 중인 컴퓨터 키보드에서 한글을 입력할 수 있다. 단, 한글과 영문을 전환할 때는 에뮬레이터 화면에 나타나는 소프트 키보드의 전환 키(⊕)를 마우스로 클릭해야 한다.

4.4 AVD에서 앱 실행하기

AVD 에뮬레이터가 생성되었으므로 AndroidSample 앱을 실행할 수 있다. 우선, 안드로이드 스튜디오 메인 창 위의 장치 선택 드롭다운에서 그림 4-9와 같이 실행할 에뮬레이터(또는 실제 장치)를 선택할 수 있다.

그림 4-9

Running devices에는 실행 중인 AVD 에뮬레이터 및 연결된 실제 장치를 보여 주며, Available devices에는 설치되었지만 실행되고 있지 않은 다른 AVD 에뮬레이터를 보여 준다.

그림 4-9에서는 사용 가능한 Pixel 4 API 30 에뮬레이터가 선택되었으므로 앱을 시작하면 이 에뮬레이터에 설치되고 실행된다.

만일 에뮬레이터를 실행했는데 Running devices에 나타나지 않으면 다음과 같이 하여 실행이 인식되게 한다.

우선, AVD 매니저를 실행하고 해당 AVD의 Actions에 있는 역삼각형 아이콘(▼)을 클릭한 후 메뉴의 Stop을 선택하여 현재 실행 중인 에뮬레이터를 종료한다('The emulator process for AVD Pixel_4_API_30 was killed' 대화상자가 나타나면 OK 버튼을 클릭한다).

그다음에 AVD 매니저에서 해당 AVD의 Actions에 있는 역삼각형 아이콘(▼)을 다시 클릭한 후 메뉴의 Cold Boot Now를 선택한다. 그리고 에뮬레이터가 새로 시작되면서 'USB 디버깅을 허용하시겠습니까?' 대화상자가 나타나면 '이 컴퓨터에서 항상 허용'을 체크하고 허용 버튼을 클릭한다.

그리고 잠시 기다렸다가 그림 4-9와 같이 장치 선택 드롭다운을 클릭하면 해당 에뮬레이터가 Running devices에 나타날 것이다.

앱을 실행할 장치를 선택했으므로 다음 세 가지 중 하나의 방법으로 앱을 실행할 수 있다. 그림 4-9의 장치 선택 드롭다운 오른쪽에 있는 Run 'app' 버튼(▶)을 클릭한다. 또는 메인 메뉴의 Run ➡ Run 'app'을 선택하거나 단축키인 [Shift]+[F10] [[Ctrl]+[R]) 키를 누르면 된다.

AndroidSample 앱을 실행하면 그림 4-10과 같이 UI 화면이 에뮬레이터에 나타난다.

앱의 액티비티가 자동으로 론칭(시작)되지 않으면 앱의 론칭 아이콘이 에뮬레이터의 앱 내역에 나타나는지 확인해 보자. 만일 있다면 설치는 된 것이므로 해당 아이콘을 클릭하면 앱이 실행될 것이다. 앱의 설치와 실행에 관한 실시간 정보는 실행_{Run} 도구 창에서 볼 수 있다(실행 도구 창은 안드로이드 스튜디오의 왼쪽 밑 테두리에 있는 Run을 클릭하면 열리며, 다시 클릭하면 닫힌다). 또한, 앱 실행이 중단될 때는 로그캣 도구 창이 자동으로 열리므로 에러에 관한 정보를 볼 수 있다(우리가 직접 열 때는 안드로이드 스튜디오의 아래쪽 테두리에 있는 Logcat을 클릭한다).

앱이 에뮬레이터에 예상대로 설치되어 실행된다면 안드로이드 개발 환경이 제대로 설치되고 구성되었음을 확인한 것이다.

그림 4-10

4.5 여러 장치에서 앱 실행하기

그림 4-9의 드롭다운에는 에뮬레이터나 실제 장치에서 동시에 앱을 실행하는 'Select Multiple Devices...' 옵션이 포함되어 있다. 이 옵션을 선택하면 그림 4-11의 대화상자에서 현재 연결된 실제 장치와 시스템에 구성된 AVD를 보여 준다. 이때 앱의 실행을 원하는 에뮬레이터나 실제 장치를 체크한 후 Run 버튼을 누르면 선택된 장치 모두에서 앱이 실행된다.

그림 4-11

4.6 실행 중인 앱 중단하기

실행 중인 앱을 수동으로 중단할 때는 그림 4-12와 같이 빨간색의 Stop 'app' 버튼을 클릭하면 된다.

그림 4-12

또는 앱이 실행될 때 실행 도구 창에 빨간색으로 나타나는 Stop 'app' 버튼을 클릭해도 앱을 중단할 수 있다(그림 4-13).

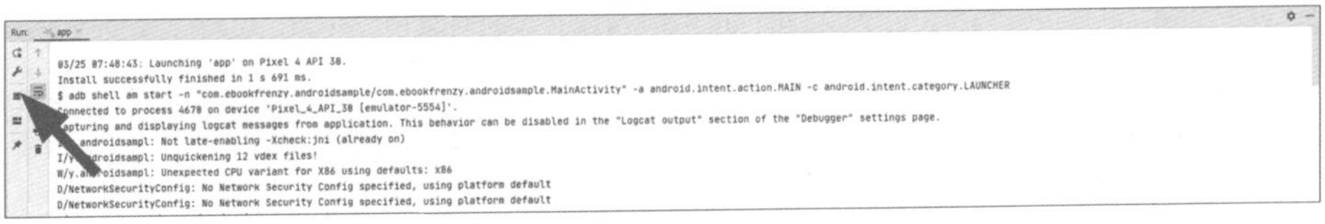

그림 4-13

4.7 어두운 테마 지원

안드로이드 10에서는 고대하던 어두운 테마dark theme를 추가하였다. 어두운 테마는 화면 전체가 전반적으로 어두운 저조도에 특화된 형태를 갖는다. 어두운 테마가 필요한 이유는 여러 가지가 있다. 야간이나 주변이 어두운 환경에서 사용하기에 적합하며, 밝은 화면으로 인한 사용자 눈의 부담을 줄여 준다. 또한, 기기의 배터리 소모도 줄여 준다(특히 OLED 디스플레이에서).

어두운 테마를 사용하려면 우선 실제 장치나 에뮬레이터에서 어두운 테마를 활성화해야 한다. 그다음에 앱에서는 앱의 테마를 어두운 테마로 변경해야 한다.

AVD 에뮬레이터에는 다음과 같이 설정한다. 화면 중간의 빈 공간을 마우스로 클릭하고 위로 끌어 주면 설치된 앱이 나타난다. 설정Settings 앱을 클릭하여 실행한 후 디스플레이Display를 선택하면 어두운 테마Dark Theme 항목이 있다. 이것을 켜서 활성화하면 된다(그림 4-14).

그림 4-14

어두운 테마가 활성화되었으면 AndroidSample 앱을 실행해 보자. 검은색 배경의 어두운 테마와 보라색 배경의 버튼이 나타날 것이다.

밝은 모드와 어두운 모드의 테마 색상은 프로젝트
도구 창의 app ➡ res ➡ values ➡ themes.xml 파
일에 정의되어 있다(그림 4-15).

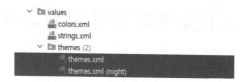

그림 4-15

themes.xml 파일은 밝은 모드의 테마를 포함한다. 반면에 themes.xml (night) 파일은 장치가 어두
운 모드로 설정될 때 앱에 적용된 테마를 포함하며 그 내용은 다음과 같다.

```
<resources xmlns:tools="http://schemas.android.com/tools">
    <!-- Base application theme. -->
    <style name="Theme.AndroidSample"
        parent="Theme.MaterialComponents.DayNight.DarkActionBar">
        <!-- Primary brand color. -->
        <item name="colorPrimary">@color/purple_200</item>
        <item name="colorPrimaryVariant">@color/purple_700</item>
        <item name="colorOnPrimary">@color/black</item>
        <!-- Secondary brand color. -->
        <item name="colorSecondary">@color/teal_200</item>
        <item name="colorSecondaryVariant">@color/teal_200</item>
        <item name="colorOnSecondary">@color/black</item>
        <!-- Status bar color. -->
        <item name="android:statusBarColor"
            tools:targetApi="l">?attr/colorPrimaryVariant</item>
        <!-- Customize your theme here. -->
    </style>
</resources>
```

이 XML에서 colorPrimary 줄의 왼쪽 거터 영역에 나타난 작은 사각형을 클릭하여 색상을 변경해
보자(3장의 그림 3-21 참고). 그리고 앱을 다시 실행하여 변경된 화면을 살펴보자.

확인되었으면 그림 4-14의 설정 화면에서 '어두운 테마'를 꺼서 비활성화하자. 그러면 현재 실행 중
인 AndroidSample 앱의 UI가 자동으로 밝은 테마로 바뀔 것이다.

4.8 도구 창에서 에뮬레이터 실행하기

지금까지는 에뮬레이터를 별도의 창에서만 사용하였다. 그러나 에뮬레이터는 안드로이드 스튜디오
메인 창에 포함된 도구 창에서도 실행할 수 있다. 이렇게 할 때는 메인 메뉴의 File ➡ Settings...를
선택한다(맥OS에서는 Android Studio ➡ Preferences...). 그리고 대화상자의 왼쪽 패널에서 Tools ➡
Emulator를 선택한 후 Launch in a tool window 옵션을 활성화한다(그림 4-16).

그다음에 **Apply** 버튼과 **OK** 버튼을 차례대로 누른다. 만일 별도의 창으로 에뮬레이터가 실행 중이면 오른쪽 위 모서리의 **X** 버튼을 클릭하여 창을 닫아 종료한다.

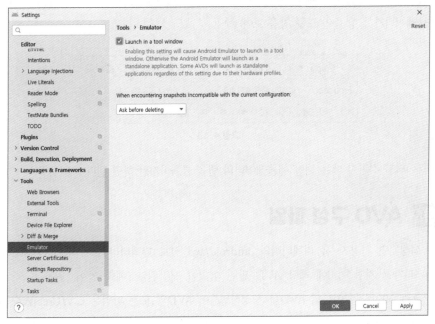

그림 4-16

AndroidSample 앱을 다시 실행해 보자. 이번에는 에뮬레이터가 안드로이드 스튜디오의 도구 창에 나타날 것이다(그림 4-17). (AVD의 하드웨어 프로파일이나 시스템에 따라서는 에뮬레이터가 도구 창에서 시작되지 않을 수도 있다. 이때는 독립된 창으로 에뮬레이터를 실행해야 한다.)

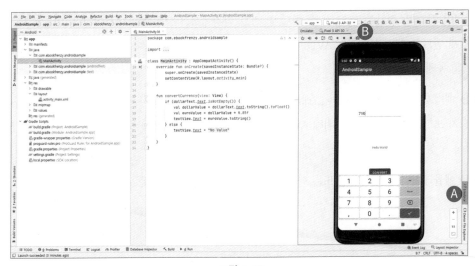

그림 4-17

에뮬레이터 도구 창을 감추거나 볼 때는 에뮬레이터 도구 창 버튼(Ⓐ로 표시됨)을 클릭하면 된다. 또한, 탭의 오른쪽에 있는 X(Ⓑ로 표시됨)를 클릭하면 에뮬레이터가 종료된다. 여러 개의 에뮬레이터를 동시에 실행할 수도 있으며 이때 각 에뮬레이터는 탭으로 나타난다. 예를 들어, 그림 4-18에서는 두 개의 에뮬레이터가 실행 중인 도구 창을 보여 준다.

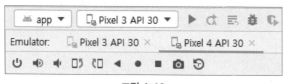

그림 4-18

각 에뮬레이터를 전환할 때는 해당 에뮬레이터의 탭을 클릭하기만 하면 된다.

4.9 AVD 구성 파일

AVD가 생성되면 사용자 홈 디렉터리의 .android/avd 서브 디렉터리 밑에 AVD이름.avd라는 서브 디렉터리가 생기며 여기에 해당 AVD 관련 파일이 저장된다. 예를 들어, 윈도우 시스템에서 Pixel_4_API_30이라는 이름의 AVD를 생성하면, 이 AVD의 모든 파일은 C:₩Users₩〈사용자이름〉₩.android₩avd₩Pixel_4_API_30.avd 밑에 저장된다. 여기에 저장된 파일 중에 config.ini 구성 파일은 AVD 생성 시 지정된 화면 크기나 메모리와 같은 장치 구성 설정을 포함하며, 직접 변경할 수 있다. 그리고 변경된 설정은 AVD가 다음번에 실행될 때 적용된다.

4.10 요약

일반적인 앱 개발 절차는 코드 작성, 빌드, 테스트 환경에서의 실행으로 이루어진다. 안드로이드 앱은 실제 안드로이드 장치 또는 AVD 에뮬레이터 모두에서 테스트할 수 있다. AVD는 AVD 매니저 도구를 통해 생성되고 관리된다.

AVD 매니저는 명령행에서 또는 그래픽 사용자 인터페이스를 통해 사용할 수 있다. 특정 안드로이드 장치 모델로 모의 실행하기 위해 AVD를 생성할 때는 AVD가 실제 장치의 하드웨어 명세와 일치하도록 구성하는 것이 중요하다.

AVD 에뮬레이터는 별도의 창 또는 안드로이드 스튜디오의 도구 창에 포함되어 나타날 수 있다.

안드로이드 스튜디오 AVD 에뮬레이터 사용 및 구성하기

이번 장에서는 안드로이드 스튜디오 AVD 에뮬레이터의 주요 기능을 살펴볼 것이다(실제 장치에서 앱을 실행하는 방법은 7장에서 알아본다). 그리고 생체 인증을 테스트하기 위해 에뮬레이터에서 지문을 등록하는 방법과 도구 창 모드에서 에뮬레이터를 실행할 때 사용할 수 있는 툴바를 알아볼 것이다.

5.1 에뮬레이터 환경

별도 창 모드로 에뮬레이터가 부팅되면 우리가 선택한 장치 타입의 모습을 갖는 에뮬레이터 창이 나타난다. 그림 5-1의 왼쪽 이미지는 Pixel 4 장치이고 오른쪽 이미지는 7.6인치 폴더블foldable 장치의 경우다.

그림 5-1

에뮬레이터 창에서는 실제 장치와 유사한 화면을 보여 주며, 실제 장치와 동일하게 앱을 실행하고 사용할 수 있다. 단, 앱 아이콘이나 화면을 손가락으로 터치하는 대신 마우스로 클릭하며, 끌거나

미는 동작은 마우스를 클릭한 상태에서 끌거나 밀어야 한다. 그리고 오른쪽에는 에뮬레이터를 **빠르**
게 제어하고 설정할 수 있는 툴바가 있다. 그림 5-1의 오른쪽 이미지에서 볼 수 있듯이, 폴더블 장치
의 에뮬레이터에서는 화면을 접거나 펴는 것을 모의 실행해 주는 **접기/펴기** 버튼(그림 5-1 오른쪽 이
미지에 원으로 표시됨)이 추가로 있다.

5.2 에뮬레이터 툴바

에뮬레이터 툴바(그림 5-2)는 에뮬레이터 환경의 모습과 작동에 관련된 다양한 옵션을 제공한다.

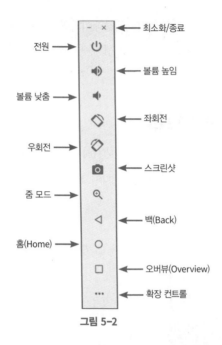

그림 5-2

툴바의 각 버튼은 마우스로 클릭하거나 키보드의 단축키를 눌러서 바로 사용할 수 있다. 각 버튼에
마우스 커서를 갖다 대면 버튼 설명과 단축키를 보여 주는 툴 팁 메시지가 나타나므로 기능을 쉽게
알 수 있다.

툴바에 포함된 많은 옵션 버튼은 따로 설명하지 않아도 알 수 있는 것들이지만, 각 옵션 버튼의 기
능을 요약해 보면 다음과 같다.

- **최소화/종료** — 제일 위의 'x' 버튼을 누르면 에뮬레이터가 종료되고 '–'은 전체 창을 최소화한다.
- **전원** — 실제 안드로이드 장치의 전원 버튼과 유사하다. 이 버튼을 마우스로 클릭하면 에뮬레이터를 잠그
  고 화면이 꺼진다. 마우스를 클릭한 채로 누르고 있으면 장치의 '전원 끄기'처럼 동작한다.
- **볼륨 높임/낮춤** — 이 두 개의 버튼은 오디오 재생 볼륨을 제어한다.

- **좌회전/우회전** — 이 두 개의 버튼은 에뮬레이터를 가로나 세로 방향으로 회전시킨다.
- **스크린샷** — 현재 화면에 나타난 콘텐츠를 이미지로 캡처한다. 캡처된 이미지는 설정 화면에 지정된 위치에 저장된다. 설정 화면은 뒤에서 설명할 확장 컨트롤 패널에 있다.
- **줌**_{Zoom} **모드** — 줌인/줌아웃을 하는 버튼이다. 줌 모드는 잠시 후에 추가로 설명한다.
- **백**_{Back} — 장치의 백 버튼처럼 작동한다.
- **홈**_{Home} — 장치의 홈 버튼처럼 작동한다.
- **오버뷰**_{Overview} — 장치에서 현재 실행 중인 앱을 보여 주는 오버뷰 버튼처럼 작동한다.
- **확장 제어** — 확장 제어 패널을 보여 준다. 이 패널에서는 모의 위치, 전화, 배터리 상태, 셀룰러 네트워크 타입, 지문 인증 등의 각종 옵션을 구성할 수 있다.

접기/펴기 버튼(▣)은 폴더블 장치의 접기와 펴기처럼 작동한다. 이 버튼은 폴더블 시스템 이미지를 선택하여 생성한 에뮬레이터에만 나타난다(4장의 그림 4-4에서 7.6" 또는 8" Foldable 장치를 선택해서 AVD를 생성했을 때).

5.3 줌 모드 사용하기

에뮬레이터 툴바에 있는 줌_{zoom} 버튼은 줌인/줌아웃을 전환한다. 줌 버튼을 클릭하고 장치 화면에 마우스 커서를 갖다 대면 돋보기 모양으로 바뀐다. 그리고 화면의 원하는 위치에서 마우스 왼쪽 버튼을 클릭하면 그 부근을 확대해서 보여 주며, 계속 클릭하면 점점 더 크게 확대된다. 이와는 반대로, 마우스 오른쪽 버튼을 클릭하면 축소해서 보여 준다. 그리고 툴바의 줌 버튼을 다시 클릭하면 원래의 크기로 환원시켜 준다.

줌 버튼을 클릭하여 줌 모드로 진입한 후 마우스를 클릭한 채로 끌었다가 놓으면 해당 사각형 영역에 포함된 뷰가 확대된다. 줌 모드에서 확대하면 에뮬레이터 창의 오른쪽과 아래쪽 테두리에 스크롤 바가 나타나므로 그것을 사용해서 원하는 부분으로 이동할 수 있다.

5.4 에뮬레이터 창의 크기 조정

창의 모서리를 마우스로 클릭하고 끌면 에뮬레이터 창의 크기를 언제든지 변경할 수 있다. 단, 장치의 수직/수평 크기 비율은 일정하게 유지된다.

5.5 확장 제어 옵션

확장 제어 버튼을 누르면 그림 5-3의 패널이 나타나며, 기본적으로는 위치_{Location} 설정 컨트롤이 나타난다. 그리고 왼쪽 패널에서 다른 항목을 선택하면 그것과 연관된 컨트롤을 오른쪽 패널에 보여 준다.

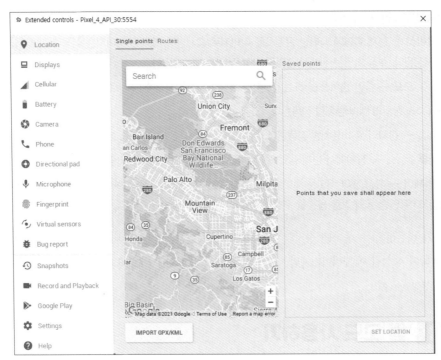

그림 5-3

5.5.1 위치

위치Location는 위도Latitude, 경도Longitude, 고도Altitude로 나타낸다. 위치 컨트롤을 사용하면 모의 위치 정보가 10진수 또는 60진수sexagesimal 좌표로 에뮬레이터에 전달된다(60진수 좌표에서는 위도와 경도를 도, 분, 초로 표시). 위치 정보는 단일 위치 또는 장치의 이동을 나타내는 연속된 위치의 형태를 가질 수 있다. 그리고 연속된 위치 정보의 경우는 GPXGPS Exchange 또는 KMLKeyhole Markup Language 형식의 파일로 제공된다. 또한, 구글 맵 패널에서 한 지점 또는 이동 경로를 선택할 수 있다.

그리고 연속된 모의 위치 정보는 왼쪽 밑의 IMPORT GPX/KML 버튼을 눌러서 모의 위치 데이터를 갖고 있는 파일을 로드한 후 오른쪽 밑의 PLAY ROUTE 버튼을 누르면 에뮬레이터에 전달된다. 이때 PLAY ROUTE 버튼 위에 있는 Playback speed 드롭다운을 사용하여 전송 속도를 지정할 수 있다. 에뮬레이터에 전달된 모의 위치 정보는 실행 중인 앱에서 위치 정보를 요청할 때 사용된다.

5.5.2 디스플레이

이 옵션에서는 에뮬레이터 화면에 보이는 메인 디스플레이와 더불어 다른 디스플레이를 추가할 수 있다. 이 기능은 마이크로소프트 서피스 듀오와 같이 두 개의 화면이 있는 장치에서 앱을 테스트할 때 유용하다. 추가되는 화면은 어떤 크기로도 구성될 수 있다.

5.5.3 셀룰러

셀룰러Cellular 연결 타입(GSM, EDGE, HSDPA 등)을 오른쪽 패널의 Network type에서 선택하여 변경할 수 있다. 또한, 음성 통화는 Voice status에서, 데이터 통신은 Data status에서 사용 형태를 지정할 수 있다(예를 들어, 로밍).

5.5.4 배터리

모의 배터리의 상태를 다양하게 지정할 수 있다. 배터리 잔존량, 충전기 연결 여부, 배터리 상태 등이다.

5.5.5 카메라

카메라가 활성화되면 에뮬레이터가 모의 3D 장면(가상 빌딩의 내부)을 보여 준다. 그리고 에뮬레이터에서 비디오를 녹화하거나 사진을 찍을 때 [Alt][Option] 키를 누른 상태로 마우스를 움직여서 모의 3D 장면을 이동할 수 있다.

5.5.6 전화

전화Phone 확장 컨트롤에서는 간단하지만 유용한 두 가지 모의 기능을 제공한다. 첫 번째는, 지정된 전화번호로부터 전화가 걸려온 것처럼 해준다. 이때 CALL DEVICE 버튼을 누르면 되며, 전화번호는 버튼 바로 위의 드롭다운에서 변경 또는 선택할 수 있다. 따라서 에뮬레이터에서 실행되는 앱에서 이런 유형의 이벤트를 처리하는 방법을 테스트할 때 유용하다.

두 번째는, 문자 메시지가 수신되는 것처럼 해준다. 아래쪽의 SEND MESSAGE 버튼을 누르면 바로 위의 텍스트 상자에 입력한 텍스트를 실제 장치처럼 메시지Message 앱에 전달하여 보여 주며, 에뮬레이터에 알림notification이 전송된다.

5.5.7 방향 패드

방향 패드Directional Pad, D-Pad에서는 방향(상하좌우)을 제어해 주는 안드로이드 장치나 외부 연결 장치(게임 컨트롤러 등)의 방향 패드를 에뮬레이터에서 모의로 작동시켜 준다.

5.5.8 마이크

마이크를 활성화하여 가상 헤드셋과 마이크의 연결을 모의 작동할 수 있다.

5.5.9 지문

이제는 많은 안드로이드 장치가 지문Fingerprint 센서를 갖고 있다. AVD 에뮬레이터에서는 지문 센서가 있는 실제 장치를 사용하지 않고도 지문 인증을 모의로 테스트할 수 있다. 에뮬레이터에 지문을 등록하는 방법은 잠시 후에 알아볼 것이다. 그리고 등록된 지문을 사용해서 인증하는 방법은 90장에서 설명한다.

5.5.10 가상 센서

가상 센서Virtual Sensor 패널에서는 실제 장치의 각종 센서를 모의 작동할 수 있다. 예를 들어, 실제 장치의 가속도accelerometer 센서와 자기magnetometer 센서를 사용하는 것처럼 장치 회전과 이동 및 기울임 효과를 모의 작동한다. 이때 요yaw, 피치pitch, 롤roll 값을 설정할 수 있다.

5.5.11 결함 보고서

에뮬레이터를 사용하면서 발생된 결함을 저장하거나 구글에 전송할 수 있다.

5.5.12 스냅샷

스냅샷Snapshot을 사용하면 현재 실행 중인 AVD 세션의 상태를 저장했다가 필요할 때 신속하게 그 시점의 에뮬레이터 상태로 복원할 수 있다. 이 내용은 잠시 후에 더 자세히 알아볼 것이다.

5.5.13 녹화와 재생

에뮬레이터 화면과 소리를 녹화하고 WebM이나 애니메이션 GIF 형식으로 저장할 수 있다.

5.5.14 구글 플레이

구글 플레이 서비스 API가 포함된 에뮬레이터를 실행할 때 현재의 구글 플레이 버전을 보여 주며, UPDATE 버튼을 누르면 에뮬레이터의 구글 플레이 서비스를 최신 버전으로 업데이트해 준다.

5.5.15 설정

설정Settings 패널에서는 에뮬레이터 환경 설정에 관한 옵션을 제공한다. 에뮬레이터 창의 테마, 스크린샷을 저장할 파일 시스템 위치, 에뮬레이터 창을 다른 창의 제일 위에 나타나게 할 것인지 등이다.

5.5.16 도움말

도움말Help 패널은 네 가지 부속 패널로 구성된다. 에뮬레이터에서 사용할 수 있는 단축키 내역, 에뮬레이터 온라인 문서, 관련 라이선스, 에뮬레이터 버전이다.

5.6 스냅샷 사용하기

에뮬레이터가 처음 시작될 때는 실제 안드로이드 장치의 전원을 켠 것처럼 콜드 부트cold boot를 수행한다. 이 경우 운영체제를 부팅하고 모든 백그라운드 프로세스를 시작하느라 시간이 걸린다. 따라서 매번 에뮬레이터가 시작될 때마다 콜드 부트되는 것을 방지하기 위해 시스템이 에뮬레이터 현재 상태의 스냅샷을 저장하며, 이것을 **빠른-부트**quick-boot 스냅샷이라고 한다. 그리고 다음번에 에뮬레이터가 시작될 때는 빠른-부트 스냅샷이 메모리에 로드되므로, 콜드 부트보다 훨씬 빠른 시간으로 다시 시작될 수 있다.

확장 제어 패널의 스냅샷 화면은 에뮬레이터가 실행되는 동안 언제든 스냅샷을 추가로 저장하는 데 사용될 수 있다. 이 경우 에뮬레이터의 전체 상태가 스냅샷으로 저장된다. 그리고 저장된 스냅샷의 시점으로 에뮬레이터를 복원할 수 있다.

그림 5-4의 오른쪽 밑에 있는 **TAKE SNAPSHOT** 버튼을 누르면 스냅샷이 저장된다. 그리고 중앙의 스냅샷 내역에서 원하는 것을 선택한 후 왼쪽 밑에 있는 **실행** 버튼(▶)을 클릭하면 저장된 스냅샷으로 에뮬레이터가 복원되며, **변경** 버튼(✏)을 누르면 스냅샷의 이름과 설명을 수정할 수 있다. 또한, **삭제** 버튼(🗙)을 누르면 현재 선택된 스냅샷이 삭제된다.

그림 5-4

위쪽에 있는 **Settings**에서는 빠른-부트 스냅샷을 자동으로 저장하고 복원하도록 설정할 수 있다(자동 저장과 복원이 기본으로 설정되어 있다). 그러나 에뮬레이터가 시작될 때 빠른-부트 대신 콜드 부트를 하도록 할 때는 AVD 매니저를 실행하고(안드로이드 스튜디오 메뉴의 **Tools ➡ AVD Manager** 선택) 그림 4-8의 화면에서 원하는 에뮬레이터를 선택한 후 오른쪽 **Actions**에 있는 버튼(▼)을 클릭하고 **Cold Boot Now**를 선택하면 된다.

그림 5-5

5.7 모의 지문 구성하기

에뮬레이터는 10개까지 모의 지문fingerprint을 구성할 수 있게 해주며, 이 지문은 안드로이드 앱에서 지문 인증을 테스트하는 데 사용될 수 있다. 모의 지문을 구성하기 위해 우선 에뮬레이터를 시작하고 설정Settings 앱을 실행한 후 보안Security & Location 옵션을 선택한다. (여기서는 한글화된 화면이나 옵션 이름을 사용한다. 4장을 참고하여 에뮬레이터의 설정 앱에서 언어를 한국어로 설정하자.)

보안 설정 화면에서 지문 옵션을 선택하면 그림 5-6의 화면 잠금 선택이 나온다.

그림 5-6

지문+PIN을 선택하고 원하는 네 자리 숫자를 입력한 후 다음 버튼을 클릭한다. 그리고 다시 한 번 같은 숫자를 입력하고 확인 버튼을 누른 후 완료 버튼을 클릭하면 그림 5-7 화면이 나타난다.

그리고 다음 버튼을 누르면 그림 5-8의 센서 터치 화면이 나타난다.

그림 5-7

그림 5-8

이때 에뮬레이터 툴바의 제일 밑에 있는 … 버튼을 클릭하여 확장 컨트롤 대화상자를 연다. 그리고 왼쪽 패널의 Fingerprint를 선택하면 그림 5-9처럼 Finger 1이 선택되어 있을 것이다.

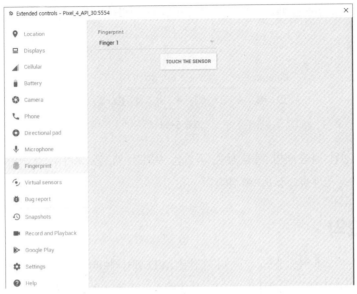

그림 5-9

TOUCH THE SENSOR 버튼을 클릭한다(1~2회). 그러면 마치 손가락(Finger 1)으로 지문 센서를 터치한 것처럼 에뮬레이터 가 처리해 준다. 그리고 그림 5-10처럼 지문을 추가했다는 메시지를 보여 준다. (TOUCH THE SENSOR 버튼을 클릭해도 그림 5-10의 화면이 바로 나타나지 않을 때는 다시 한 번 클릭하고 잠시 기다리면 된다.)

이제 모의 지문이 등록되었다. 다른 지문을 더 추가하려면 다른 지문 추가 버튼을 누르고 앞과 같은 방법으로 추가하면 된다. 단, 확장 컨트롤 대화상자의 Fingerprint 패널에서 Finger 1이 아닌 다른 손가락을 선택해야 한다.

그림 5-10

5.8 도구 창 모드의 에뮬레이터

4장에서 이야기했듯이, 에뮬레이터는 별도 창이 아닌 안드로이드 스튜디오의 도구 창에서 실행될 수 있다. 이 모드로 실행될 때는 별도 창으로 실행될 때 나타나는 컨트롤의 일부가 툴바로 제공된다(그림 5-11).

그림 5-11

왼쪽부터 보면 전원, 볼륨 높임, 볼륨 낮춤, 좌회전, 우회전, 백, 홈, 오버뷰, 스크린샷, 스냅샷 버튼이다(자세한 내용은 앞의 별도 창 모드에 있다).

5.9 요약

안드로이드 스튜디오에서는 새롭고 기능이 개선된 AVD 에뮬레이터 환경을 포함한다. 따라서 실제 안드로이드 장치에서 앱을 실행하지 않고도 쉽게 테스트할 수 있다. 이번 장에서는 에뮬레이터의 주요 기능과 사용법을 두루 살펴보았다.

안드로이드 스튜디오 UI 둘러보기

당장이라도 이전에 생성했던 **AndroidSample** 앱을 실행하고 싶겠지만 조금만 참자. 안드로이드 스튜디오의 기본적인 UI사용자 인터페이스에 관해 먼저 알아 두는 것이 다음 진도를 나가는 데 도움이 되기 때문이다.

안드로이드 스튜디오는 강력하고 풍부한 개발 환경을 구비하여 사용하기가 매우 쉽다. 그렇지만 UI가 어떻게 되어 있는지 알아 두면 이 책의 다른 내용을 배우는 시간을 단축할 수 있을 것이다. 따라서 이번 장에서는 안드로이드 스튜디오 환경을 구성하는 다양한 요소와 기능을 전반적으로 살펴볼 것이다.

6.1 웰컴 스크린

아무런 프로젝트도 열려 있지 않은 상태에서 안드로이드 스튜디오가 실행될 때는 그림 6-1의 웰컴 스크린welcome screen이 나타난다. (안드로이드 스튜디오 메인 메뉴의 **File ➡ Close Project**를 선택하면 언제든지 열려 있는 프로젝트를 닫을 수 있다.) 만일 프로젝트가 열려 있는 상태에서 안드로이드 스튜디오를 끝내면, 그다음에 안드로이드 스튜디오를 실행할 때는 웰컴 스크린을 보여 주지 않고 앞서 열려 있던 프로젝트를 자동으로 연다.

그림 6-1

웰컴 스크린의 오른쪽 패널에는 최근에 작업했던 프로젝트의 목록을 보여 주며, 가장 최근에 작업한 프로젝트가 제일 위에 나타난다. 그리고 목록의 프로젝트를 클릭하면 그것을 바로 열어 주며, 클릭하지 않고 마우스 커서를 댈 때 오른쪽에 나타나는 아이콘(⚙)을 클릭하고 **Remove from Recent Projects**를 선택하거나 Delete 키를 누르면 목록에서 삭제할 수 있다(프로젝트 자체가 삭제되는 것은 아니다). 또한, 왼쪽 패널에서 Projects를 선택한 후 오른쪽의 New Project 버튼을 클릭하면 새 프로젝트를 생성할 수 있고, **Open** 버튼을 클릭하면 기존 프로젝트를 열 수 있으며 **Get from VCS** 버튼을 클릭하면 Git와 같은 버전 관리 시스템의 소스를 가져올 수 있다. 그리고 제일 오른쪽의 아이콘(⋮)을 클릭한 후 메뉴를 선택하여 프로젝트의 import나 SDK/AVD 매니저 등을 실행할 수 있다.

이와 더불어, 왼쪽 패널에서 **Customize**를 선택하면 안드로이드 스튜디오 UI 테마 등을 설정할 수 있다. 또한, Plugins를 선택하면 안드로이드 스튜디오에 사용할 수 있는 각종 플러그인을 설치할 수 있으며, Learn Android Studio를 선택하면 안드로이드 스튜디오에 관한 각종 도움말 자료를 얻을 수 있다.

6.2 메인 창

새로운 프로젝트를 생성하거나 기존 프로젝트를 열면 안드로이드 스튜디오의 메인 창_{main window}이 나타난다. 여러 개의 프로젝트를 동시에 열면 각 프로젝트마다 자신의 메인 창을 갖는다. 물론, 해당 프로젝트가 마지막으로 열렸을 당시에 어떤 도구 창과 패널이 나타나 있었는지에 따라 창의 구성이 달라질 수 있다. 3장에서 작성한 AndroidSample 프로젝트가 열려 있는 상태에서 중앙의 편집기 창에 열려 있는 MainActivity.kt 탭을 클릭하면 그림 6-2처럼 보일 것이다. (기존 프로젝트를 열었을 때 아무것도 없는 빈 화면이 나타날 때는 Alt + 1 [⌘ + 1] 키를 눌러 프로젝트 도구 창을 열고 app ➡ java ➡ com.ebookfrenzy.androidsample 밑에 있는 MainActivity를 더블클릭하면 된다.)

메인 창의 다양한 구성 요소를 요약하면 다음과 같다.

Ⓐ **메뉴 바**_{Menu Bar} ─ 안드로이드 스튜디오 환경에서 각종 작업을 수행하는 메뉴를 포함한다.

Ⓑ **툴바**_{Toolbar} ─ 툴바의 버튼은 메뉴 바의 각 메뉴에 포함된 항목(액션)을 빨리 선택할 수 있게 해준다. 메뉴 바에서 **View ➡ Appearance**를 선택한 후 Toolbar가 체크되어 있는지 확인하자. 체크되어 있으면 그림 6-2처럼 툴바가 별도의 줄에 나타난다. 그리고 툴바의 오른쪽 빈 공간에서 마우스 오른쪽 버튼을 누른 후 **Customize Menus and Toolbars...** 메뉴 옵션을 선택하면 툴바를 사용자에 맞게 조정할 수 있다(메인 메뉴의 항목을 툴바에 추가, 제거, 이동할 수 있음).

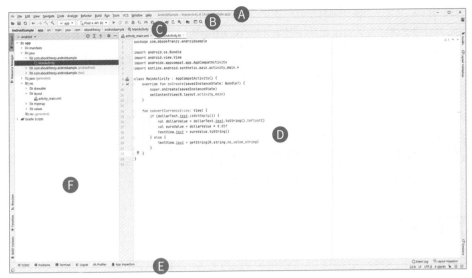

그림 6-2

C 내비게이션 바 Navigation Bar — 내비게이션 바는 프로젝트를 구성하는 파일과 폴더(디렉터리)를 편리하게 이동할 수 있게 해준다. 내비게이션 바에 나와 있는 요소(파일 또는 폴더)를 클릭하면 해당 요소에 포함된 서브 폴더나 파일을 메뉴 항목으로 보여 주어 빨리 이동할 수 있다. 이와 유사하게 클래스 이름(예를 들어, MainActivity)을 클릭하면 해당 클래스에 포함된 함수를 보여 주며, 특정 함수를 선택하면 코드 편집기에 열린 코드에서 해당 함수가 있는 위치로 이동한다. 안드로이드 스튜디오 메뉴 바에서 **View ➡ Appearance**의 **Navigation Bar**를 체크하거나 또는 체크 해제하면 내비게이션 바를 보거나 감출 수 있다.

D 편집기 창 Editor Window — 편집기 창에는 개발자가 현재 작업 중인 파일의 내용을 보여 준다. 그러나 파일의 내용에 따라 이 창에 보이는 것이 다를 수 있다. 예를 들어, 소스 코드를 편집할 때는 코드 편집기 창이 나타난다. 이와는 달리 레이아웃 파일의 경우는 사용자 인터페이스 레이아웃 편집기 창이 나타난다. 그리고 여러 개의 파일이 열려 있을 때는 그림 6-3처럼 각 파일이 편집기 위쪽의 탭으로 구분된다. 탭을 클릭하고 좌/우로 끌면 위치를 바꿀 수 있으며, 탭에 있는 **X**를 클릭하면 해당 파일을 닫을 수 있다. 또한, 소스 코드 왼쪽에 보이는 줄 번호 영역에서 마우스 오른쪽 버튼을 클릭한 후 메뉴에서 Show Line Numbers의 체크 표시를 해제하면 줄 번호가 나타나지 않게 할 수 있다.

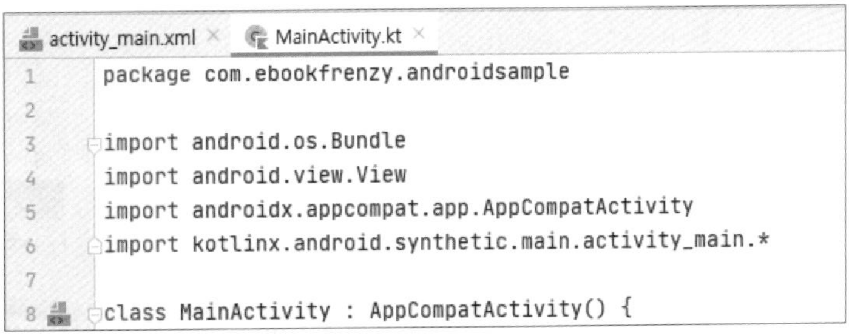

```
activity_main.xml ×    MainActivity.kt ×
1       package com.ebookfrenzy.androidsample
2
3       import android.os.Bundle
4       import android.view.View
5       import androidx.appcompat.app.AppCompatActivity
6       import kotlinx.android.synthetic.main.activity_main.*
7
8       class MainActivity : AppCompatActivity() {
```

그림 6-3

E **상태 바**Status Bar — 상태 바에서는 안드로이드 스튜디오의 프로젝트와 작업 처리에 관한 정보를 보여 준다. 또한, 제일 왼쪽에는 도구 메뉴 버튼이 있다(이 버튼에 대한 설명은 바로 아래의 6.3절 '도구 창'에서 한다).

F **프로젝트 도구 창**Project Tool Window — 프로젝트 도구 창에는 프로젝트의 서브 디렉터리와 파일을 계층적으로 보여 준다. 여기서 우리가 원하는 파일이나 폴더를 찾아 다양한 작업을 할 수 있다. 그리고 이 창 위에 있는 드롭다운을 클릭하면 프로젝트의 디렉터리나 파일을 여러 가지 형태로 볼 수 있다. 기본적으로는 Android안드로이드 뷰로 설정되어 있으며, 이 책에서는 이 뷰를 주로 사용한다. 참고로, Project프로젝트 뷰에서는 프로젝트를 구성하는 모든 디렉터리와 파일을 컴퓨터 파일 시스템에 저장된 물리적인 형태로 볼 수 있으며, Android 뷰에서는 주로 사용하는 파일을 쉽게 찾을 수 있도록 분류하여 보여 준다. 프로젝트 도구 창은 안드로이드 스튜디오 환경에서 사용 가능한 여러 도구 창 중 하나다.

6.3 도구 창

프로젝트 도구 창 외에도 안드로이드 스튜디오에는 다른 도구 창이 많다. 그리고 이런 도구 창이 활성화되면 메인 창의 아래 또는 옆쪽에 나타난다. 그림 6-4의 화살표가 가리키는 상태 바 제일 왼쪽 끝에 있는 도구 창 '빠른 사용' 메뉴 버튼에 마우스를 클릭하지 않고 갖다 대면 각종 도구 창을 메뉴 항목으로 보여 준다(메뉴 항목은 상황에 따라 달라질 수 있다).

그리고 '빠른 사용' 메뉴에서 항목을 선택하면 해당 도구 창을 열어 준다. 열린 도구 창을 닫을 때는 각 도구 창 위의 맨 오른쪽 끝에 있는 툴바의 아이콘(━)을 클릭하면 된다.

도구 창을 열거나 닫는 또 다른 방법이 있다. 그림 6-4의 화살표가 가리키는 '빠른 사용' 메뉴 버튼을 마우스로 클릭하면 도구 창의 도구 버튼이 메인 창 주변(왼쪽, 오른쪽, 아래)에 나타난다(프로젝트를 열거나 새로 생성하면 그림 6-5에 화살표로 표시한 부분처럼 자주 사용하는 도구 창 버튼을 기본적으로 보여 준다). 이때 원하는 도구 창의 버튼을 클릭하면 해당 도구 창이 나타나며, 다시 한 번 클릭하면 사라진다. 그리고 도구 창의 버튼이 나타난 상태에서 '빠른 사용' 메뉴 버튼을 누르면 모든 도구 창의 버튼이 사라지며 한 번 더 누르면 다시 나타난다.

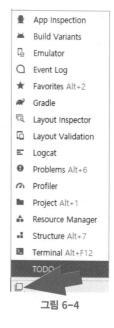

그림 6-4

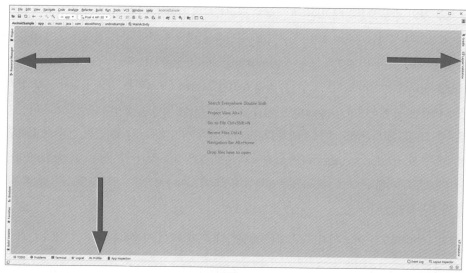

그림 6-5

도구 창 버튼에 지정 번호가 있는 경우는(예를 들어, Project는 1) 키보드의 [Alt][⌘] 키와 그 번호를 같이 눌러도 해당 도구 창이 나타난다. 다시 한 번 누르면 사라진다.

도구 창 버튼을 클릭했을 때 각 도구 창이 나타나는 위치는 해당 버튼이 있는 위치와 같다. 예를 들어, 왼쪽 밑의 버튼을 클릭하면 이 버튼의 도구 창이 왼쪽 아래에 나타난다. 만일 버튼의 위치를 변경하고 싶으면 도구 창 버튼을 마우스로 끌어서 다른 도구 창 버튼이 있는 곳에 놓으면 된다.

각 도구 창은 맨 위의 오른쪽에 자신의 툴바를 갖고 있으며, 툴바의 버튼은 도구 창에 따라 다를 수 있다. 그러나 모든 도구 창이 공통적으로 갖는 버튼이 있다. 우선, 제일 오른쪽에서 두 번째에 있는 **설정**_{settings} 버튼(⚙)이 있다. 이 버튼은 톱니바퀴 모양의 아이콘으로 되어 있으며, 도구 창의 배치 모드 등을 변경할 수 있다. 그림 6-6에서는 프로젝트 도구 창의 설정 메뉴를 보여 준다. 예를 들어, 이 창의 위치를 고정하거나 움직이도록 하거나 위치를 이동시키는 등의 옵션이 있다.

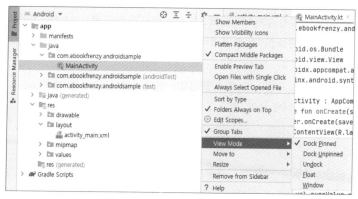

그림 6-6

또한, 도구 창의 제일 오른쪽에 있는 버튼(━)을 클릭하면 도구 창이 닫힌다. 그리고 도구 창의 명칭(왼쪽에 있음)과 툴바(오른쪽에 있음) 사이의 빈 공간을 클릭하여 해당 창을 선택한 후 항목을 검색할 수 있다. 예를 들어, 프로젝트 도구 창에서 strings.xml 파일을 찾는다고 해보자. 우선, 프로젝트 도구 창을 선택한다. 그리고 키보드의 ⓢ 키를 누르면 'Search for: s'라는 검색 상자가 도구 창의 명칭 위에 나타난다. 계속해서 trings.xml을 입력하면 한 글자씩 입력할 때마다 이것과 일치하는 항목의 문자를 그때그때 노란색으로 표시해 준다. 그리고 검색 상자에도 추가해 준다. 입력이 끝나면 검색 상자에는 'Search for: strings.xml'이 나타나고, 우리가 입력한 것과 일치하는 strings.xml 파일을 선택된 것으로 표시해 준다(이 파일이 있는 항목이 확장되어 있어야 보인다). 검색을 취소할 때는 언제든 Esc 키를 누르면 된다.

안드로이드 스튜디오는 여러 가지 도구 창을 제공한다. 가장 많이 사용하는 것은 다음과 같다.

- **프로젝트**Project ― 프로젝트를 구성하는 서브 디렉터리와 파일의 전체 구조를 계층적으로 보여 주므로 빠르게 파일을 찾고 작업할 수 있다. 특정 파일을 마우스로 더블클릭하면 그 파일의 내용에 적합한 편집기 도구에 로드되어 편집기 창에 나타난다. 또한, 파일이나 디렉터리에서 마우스 오른쪽 버튼을 누르면 다양한 작업을 처리할 수 있는 컨텍스트 메뉴가 나타난다.

- **구조**Structure ― 코드 편집기에 현재 나타나 있는 소스 코드 파일의 구조를 일목요연하게 보여 준다. 예를 들어, 클래스 이름 및 이것의 함수와 변수 이름/타입을 연관시켜 보여 준다. 그리고 그런 항목 중 하나를 클릭하면 편집기 창의 소스 코드에서 해당 위치를 찾아 보여 준다.

- **즐겨찾기**Favorites ― 다양한 프로젝트 요소를 즐겨찾기 목록에 추가하여 빨리 사용할 수 있다. 예를 들어, 프로젝트 도구 창의 특정 파일에서 마우스 오른쪽 버튼을 클릭한 후 Add to Favorites 메뉴 항목에서 즐겨찾기 목록에 해당 파일을 추가할 수 있다. 만일 기존 생성된 즐겨찾기 목록이 없을 때는 **+ Add To New Favorites List**를 선택하여 목록 이름을 입력해야 하며, 이 경우 목록이 생성되면서 해당 파일이 추가된다. 이와는 달리, 이미 생성된 목록이 있을 때는 보여 주는 목록을 선택하면 된다. 이 기능은 구조 도구 창에서도 동일하게 사용할 수 있다. 즐겨찾기는 목록으로 구성되며, 두 가지는 미리 생성되어 있다. 북마크Bookmarks 목록, 중단점Breakpoints 목록이다.

  또한, 즐겨찾기에 등록된 항목을 더블클릭하면 이 항목에 적합한 도구 창이 열린다. 예를 들어, 즐겨찾기 창에 등록된 클래스를 더블클릭하면 이 클래스의 소스 코드가 코드 편집기 창에 나타난다. 또한, 이 클래스에서 마우스 오른쪽 버튼을 클릭하면 프로젝트 도구 창에서 나오는 것과 동일한 컨텍스트 메뉴를 통해 여러 가지 작업을 할 수 있다.

- **빌드 변이**Build Variants ― 빌드 변이變異 도구 창에서는 현재 프로젝트의 서로 다른 빌드 버전을 빠르게 구성하는 방법을 제공한다. 예를 들어, 앱의 디버깅debugging 버전과 릴리스release 버전에 대한 빌드 변이를 구성하거나, 또는 하나의 앱으로 다수의 빌드 변이를 구성하여 서로 다른 장치에서 각각 실행되도록 할 수 있다.

- **할 일**TODO ― 이름에서 알 수 있듯이, 이 도구는 프로젝트에서 아직 완료되지 않은 사항을 목록으로 제공한다. 안드로이드 스튜디오는 프로젝트를 구성하는 소스 파일을 조사하여 이 목록을 만든다. 이때 소스

코드에 지정된 TODO 패턴과 일치하는 주석을 찾는다. 안드로이드 메인 메뉴의 **File ➡ Settings...**(맥OS에서는 **Android Studio ➡ Preferences...**)를 선택하면 설정Settings 대화상자가 나타난다. 여기에서 **Editor**를 확장하고 **TODO**를 클릭하면 패턴을 변경할 수 있다.

- **로그캣**Logcat ─ 로그캣 도구 창에서는 실행 중인 앱에서 출력하는 로그 메시지 모니터링, 앱 화면 캡처, 실행 중인 앱의 프로세스 중단 또는 다시 시작하기 등의 작업을 수행한다.

- **터미널**Terminal ─ 안드로이드 스튜디오가 실행 중인 컴퓨터 시스템의 터미널 창을 사용할 수 있게 해준다. 윈도우 시스템에서 이것은 명령 프롬프트이며, 리눅스와 맥OS 시스템에서는 터미널 프롬프트의 형태가 된다.

- **실행**Run ─ 실행 도구 창은 앱이 실행될 때만 열 수 있다. 그리고 실행 결과를 볼 수 있게 해주며, 실행 중인 프로세스의 중단이나 다시 시작과 같은 옵션을 제공한다. 만일 실제 장치나 에뮬레이터에 앱을 설치하고 실행하는 데 실패하면, 이 창에서는 문제점과 관련된 오류 진단 정보를 제공한다.

- **이벤트 로그**Event Log ─ 안드로이드 스튜디오 내부에서 수행되는 이벤트와 작업에 관련된 메시지를 보여 준다. 예를 들어, 프로젝트가 성공적으로 빌드되었다든가, 앱이 지금 실행 중이라든가 하는 내용이 이 도구 창에 나타난다.

- **그래들**Gradle ─ 프로젝트의 다양한 요소를 결합하여 실행 가능한 앱으로 만드는 데 필요한 그래들 작업을 보여 준다. 이 창에 있는 최상위 레벨의 그래들 작업에서 마우스 오른쪽 버튼을 클릭한 후 Open Gradle Config 메뉴 옵션을 선택하면, 현재 프로젝트의 그래들 빌드 파일build.gradle을 코드 편집기로 로드할 수 있다. 그리고 원하는 그래들 작업을 구성하고 실행할 수 있다. 그래들 도구 창의 위에 있는 툴바 중에서 첫 번째 툴바(🐘)를 클릭하면 아래쪽 패널에서 선택한 그래들 작업이 실행된다. 또한, 두 번째 툴바(🔁)를 클릭하면 현재 프로젝트의 모든 그래들 작업을 확장하여 보여 준다. 제일 오른쪽의 툴바(🔧)를 클릭하면 그래들의 환경 설정을 할 수 있다(홈 디렉터리와 작업 디렉터리 등). 그래들에 관해서는 이 책의 끝부분에서 더 자세히 알아볼 것이다.

- **프로파일러**Profiler ─ 안드로이드 프로파일러 도구 창은 실행 중인 앱 내부의 성능(CPU, 메모리, 네트워크 사용 등)을 파악하기 위한 실시간 모니터링과 분석 도구를 제공한다.

- **장치 파일 탐색기**Device File Explorer ─ 이 도구 창에서는 현재 연결된 실제 장치 또는 실행 중인 에뮬레이터의 파일 시스템에 직접 접근하여 파일이나 디렉터리를 조회 및 복사할 수 있다.

- **리소스 매니저**Resource Manager ─ 프로젝트에 포함되는 이미지, 색상, 레이아웃 파일 등의 리소스를 추가 및 관리할 수 있다.

6.4 안드로이드 스튜디오의 단축키

자주 수행하는 작업(액션)을 쉽게 시작할 수 있도록 안드로이드 스튜디오에는 많은 단축키가 있다. 안드로이드 스튜디오 메인 창의 메뉴에서 Help ➡ Keymap Reference를 선택하면 모든 단축키 내역을 조회하거나 인쇄할 수 있다. 이때 단축키 내역을 수록한 PDF 파일을 웹 브라우저에서 보여 준다(https://resources.jetbrains.com/storage/products/intellij–idea/docs/IntelliJIDEA_ReferenceCard.pdf). 또한,

File ➡ Settings... ➡ Keymap(맥OS에서는 Android Studio ➡ Preferences...)을 선택해도 단축키 내역을 볼 수 있으며, 특정 단축키 항목을 더블클릭한 후 메뉴의 **Add Keyboard Shortcut**나 **Add Mouse Shortcut** 또는 **Remove...**를 선택하면 현재의 단축키를 추가 또는 삭제할 수 있다.

6.5 스위처와 최근 파일 기능을 이용한 내비게이션

안드로이드 스튜디오의 메인 창에서 사용할 수 있는 또 다른 유용한 내비게이션 메커니즘으로 스위처Switcher가 있다. 키보드 단축키인 [Ctrl]+[Tab]([Ctrl]+[Tab])을 눌러서 사용할 수 있는 스위처는 도구 창과 현재 열려 있는 파일을 모두 보여 주는 패널 형태로 나타난다(그림 6-7).

그림 6-7

스위처는 [Ctrl] 키를 계속 누르고 있어야만 없어지지 않는다. 그리고 [Ctrl] 키를 계속 누르고 있는 상태로 [Tab] 키를 반복해서 누르면 스위처 패널에 나타난 항목(도구 창이나 파일)을 이동하면서 선택 표시를 해준다. 그리고 선택된 항목에서 [Ctrl] 키를 떼면 해당 항목이 메인 창에 나타난다. 이때 선택된 항목이 도구 창일 때는 해당 창이 열리며(이미 열린 경우는 활성화된다), 현재 사용 중인 파일 중 하나면 해당 파일의 내용이 편집기 창에 열린다(이미 열려 있는 경우는 선택된다).

스위처와 더불어 또 다른 편리한 내비게이션 메커니즘으로는 최근 파일Recent Files 패널이 있다(그림 6-8).

그림 6-8

이 패널에는 스위처와 동일하게 왼쪽에는 도구 창이, 오른쪽에는 최근 변경했던 파일이 나타난다. 그러나 스위처와는 다르게 단축키가 Ctrl+E[⌘+E]이며, 키를 눌렀다 떼어도 없어지지 않는다. 그리고 마우스나 화살표 키를 사용해서 원하는 것을 선택할 수 있다. 이때 왼쪽 화살표 키를 누르면 도구 창 목록으로 이동하고, 오른쪽 화살표 키를 누르면 최근 파일 목록으로 이동한다. 위와 아래 화살표는 항목을 선택할 때 사용한다. 선택한 항목에서 Enter[Return] 키를 누르면 패널이 없어지면서 스위처와 동일한 방법으로 도구 창 또는 파일이 열리게 된다. 패널을 그냥 닫을 때는 Esc 키를 누른다.

6.6 안드로이드 스튜디오 테마 변경하기

안드로이드 스튜디오 메인 창의 메뉴에서 File ➡ Settings...(맥OS에서는 Android Studio ➡ Preferences...)를 선택하면 안드로이드 스튜디오 환경의 전체 테마theme를 변경할 수 있다.

Settings설정 대화상자가 나타나면 왼쪽 패널의 Appearance & Behavior를 확장한 후 Appearance를 선택한다. 그리고 위의 Theme 드롭다운에서 원하는 테마를 선택하고 OK 버튼을 누르면 된다. 현재 설정 가능한 테마에는 IntelliJ Light, Darcula, High contrast가 있다. 그림 6-9에서는 Darcula 테마로 설정된 메인 창의 모습을 보여 준다. 각자 취향에 따라 테마를 선택하면 된다.

그림 6-9

6.7 요약

안드로이드 스튜디오의 주요 요소는 웰컴 스크린과 메인 창이다. 열린 프로젝트는 각각 자신의 메인 창을 갖는다. 그리고 메인 창은 메뉴 바, 툴바, 편집과 디자인 영역, 상태 바, 각종 도구 창으로 구성된다. 도구 창은 메인 창의 옆쪽과 아래쪽에 나타나며, 상태 바에 있는 '빠른 사용' 메뉴에서 선택하거나 도구 창 버튼을 사용해서 열거나 닫을 수 있다.

안드로이드 스튜디오의 거의 모든 작업(액션)은 단축키를 사용해서도 수행할 수 있다. 그리고 메인 창의 메뉴에서 Help ➡ Keymap Reference를 선택하면 언제든 모든 단축키 내역을 조회하거나 인쇄할 수 있다.

실제 안드로이드 장치에서 앱 테스트하기

AVD를 사용해서 앱을 테스트하면 웬만한 것은 다 가능하다. 그러나 실제 안드로이드 장치에서 테스트하는 것을 대체할 수는 없다. 또한, 실제 장치에서만 사용 가능한 안드로이드 기능도 많다.

실행 중인 AVD 인스턴스와 연결된 안드로이드 장치의 통신은 ADB~Android Debug Bridge~에 의해 처리된다. 윈도우, 맥OS, 리눅스 시스템과 연결된 실제 안드로이드 장치에서 앱을 테스트할 수 있도록 이번 장에서는 ADB 환경을 구성하는 방법을 알아볼 것이다.

7.1 ADB 개요

ADB의 주목적은 AVD 에뮬레이터 및 실제 안드로이드 장치와 개발 시스템(여기서는 안드로이드 스튜디오) 간의 상호작용을 가능하게 하는 것이다. 물론, 앱을 실행하거나 디버깅하기 위한 목적이다.

ADB는 개발 컴퓨터 시스템의 백그라운드에서 실행되는 클라이언트와 서버 프로세스, 그리고 폰이나 태블릿과 같은 실제 안드로이드 장치나 AVD에서 실행되는 데몬~daemon~ 백그라운드 프로세스로 구성된다.

ADB 클라이언트는 다양한 형태가 될 수 있다. 예를 들어, **adb**라는 이름의 명령행 도구로 클라이언트가 제공된다(adb는 안드로이드 SDK 설치 디렉터리의 **platform-tools** 서브 디렉터리에 있다). 이와 유사하게 안드로이드 스튜디오도 자체적인 클라이언트를 갖고 있다.

adb 명령행 도구를 사용하면 여러 가지 일을 할 수 있다. 예를 들어, 다음과 같이 **devices** 명령행 인자를 사용하면 현재 동작 중인 가상 장치 및 개발 시스템과 연결된 실제 장치의 내역을 알 수 있다. 여기서는 연결된 실제 장치 및 실행 중인 에뮬레이터가 각각 하나씩 있음을 보여 준다.

```
$ adb devices
List of devices attached
10160abd9ec50703    device
emulator-5554 device
```

7.2 안드로이드 장치에서 ADB 활성화하기

ADB를 사용해서 안드로이드 장치에 연결하려면 장치에서 연결을 허용하도록 USB 디버깅을 활성화해야 한다. 다음과 같이 설정한다.

폰이나 태블릿에서 설정Settings을 실행한다. 그리고 **개발자 옵션**Developer options을 선택하고 'USB 디버깅'을 체크한다. 만일 '개발자 옵션'이 보이지 않으면 **디바이스 정보**About Tablet/Phone를 선택하고 소프트웨어 정보를 클릭한 후 빌드 번호Build Number를 일곱 번 두드리면 개발자 옵션이 나타난다.

https://developer.android.com/studio/command-line/adb에 가 보면 **adb**에 관해 더 자세한 내용을 알 수 있으며, https://developer.android.com/studio/run/device에서는 장치 연결에 도움이 되는 내용을 볼 수 있다.

이제는 개발 시스템의 **adb**로부터 디버깅 연결을 허용하도록 장치가 구성되었다. 이제 남은 것은 개발 시스템을 구성하여 장치가 연결될 때 인식하게 하는 것이다. 이 작업은 간단하지만 개발 시스템의 운영체제가 윈도우, 맥OS, 리눅스 중 어떤 것인가에 따라 달라진다. 그리고 2장에서 설명했듯이, 안드로이드 스튜디오가 실행 중인 컴퓨터의 PATH 환경 변수에 안드로이드 SDK의 **platform-tools** 서브 디렉터리 경로가 추가되어 있어야 편리하다. 그렇지 않으면 그 디렉터리에 있는 각종 SDK 도구를 실행할 때마다 디렉터리 경로를 지정해야 하므로 매우 불편하다.

7.2.1 맥OS에서 ADB 구성하기

맥OS 시스템에서 ADB 환경을 구성하려면 USB 케이블을 사용해서 폰이나 태블릿 장치와 컴퓨터 시스템을 연결한 후 터미널 창을 열어서 다음 명령을 실행하여 **adb** 서버를 다시 시작한다(USB 드라이버를 추가로 다운로드할 필요는 없다).

```
$ adb kill-server
$ adb start-server
* daemon not running. starting it now on port 5037 *
* daemon started successfully *
```

서버가 성공적으로 실행되면 다음 명령을 실행해 장치가 잘 연결되었는지 확인한다.

```
$ adb devices
List of devices attached
74CE000600000001 offline
```

만일 여기처럼 장치가 offline으로 나타나면 장치에 그림 7-1과 같은 대화상자가 나와 있는지 확인한다. 이 대화상자에서는 USB 디버깅을 허용할 것인지 물어본다. '이 컴퓨터와 연결하는 것을 항상 허용'을 체크하고 확인을 터치한다. 그리고 다시 한 번 adb devices 명령을 실행하면 이제는 해당 장치가 사용 가능한 것으로 나올 것이다.

```
List of devices attached
015d41d4454bf80c device
```

장치가 내역에 나타나지 않는 경우는 로그아웃을 한 후 다시 맥OS 데스크톱으로 돌아가고, 그래도 여전히 안 될 때는 개발 시스템 컴퓨터를 다시 부팅한 다음 해본다.

7.2.2 윈도우에서 ADB 구성하기

ADB를 사용해서 안드로이드 장치에 연결하기 위해 윈도우 시스템을 구성할 때 제일 먼저 할 일이 있다. 그것은 바로 적합한 USB 드라이버를 시스템에 설치하는 것이다. 설치할 USB 드라이버는 안드로이드 장치에 따라 다르다. 구글에서 만든 넥서스나 픽셀 계열의 레퍼런스reference 폰이나 태블릿 장치는 구글 USB 드라이버를 설치해야 한다. 이때는 다음 웹 페이지를 참고하면 된다.

URL https://developer.android.com/studio/run/win-usb

구글 USB 드라이버를 지원하지 않는 안드로이드 장치의 경우는 장치 제조사에서 제공하는 OEM 드라이버를 다운로드하고 설치해야 한다. 이런 드라이버의 자세한 내역(제조사와 다운로드 링크)은 다음 웹 페이지에서 알 수 있다.

URL https://developer.android.com/studio/run/oem-usb

장치 드라이버의 설치 방법은 장치 제조사에 따라 다를 수 있다. 예를 들어, 삼성 스마트폰의 경우는 삼성전자 사이트에서 모바일 폰의 통합 USB 드라이버를 다운로드받은 후 실행하면 바로 설치되며, 스마트폰을 USB 케이블로 연결하면 USB 장치와 ADB 연결이 모두 되므로 편리하다.

USB 케이블을 사용해서 폰이나 태블릿 장치와 컴퓨터 시스템을 연결한다. 그리고 드라이버가 설치되어 장치가 올바른 타입으로 인식되면 명령 프롬프트 창을 열고 다음 명령을 실행해 보자.

```
adb devices
```

이 명령에서는 다음과 같이 연결 장치의 정보를 출력한다.

```
List of devices attached
10160abd9ec50703    offline
```

만일 여기처럼 장치가 offline 또는 unauthorized로 나타나면 혹시 장치의 화면에 그림 7-1과 같은 대화상자가 나와 있는지 확인해 보자. USB 디버깅의 허용 여부를 확인받는 것이다.

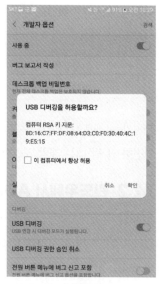

그림 7-1

이 경우는 '이 컴퓨터에서 항상 허용'을 체크하고 확인을 터치한다. 그런 다음에 다시 adb devices 명령을 실행해 보면 장치가 연결되어 device로 나타날 것이다.

```
List of devices attached
R3CN90SS11R    device
```

만일 아직도 장치가 내역에 나타나지 않으면 adb 서버를 다시 시작하는 다음 명령을 실행해 보자.

```
adb kill-server
adb start-server
```

그래도 여전히 장치가 나타나지 않으면 시스템을 다시 부팅해 본다.

7.2.3 리눅스에서 ADB 구성하기

실제 안드로이드 장치를 연결하기 위해 리눅스에서 ADB를 구성하는 예로 여기서는 우분투_{Ubuntu} 리눅스를 사용한다고 가정할 것이다.

우분투 리눅스에서 실제 장치를 테스트하려면 android-tools-adb라는 이름의 패키지를 설치해야 한다. 이때 안드로이드 스튜디오 사용자가 plugdev 그룹의 멤버가 되어야 한다. 이것은 대부분의 우분투 버전에서 기본 사용자 계정이며, id 명령의 실행으로 검사될 수 있다. 만일 plugdev 그룹이 보이지 않으면 다음 명령을 실행하여 우리 계정을 그룹에 추가한다.

```
sudo usermod -aG plugdev $LOGNAME
```

그다음에 다음 명령을 실행하여 **android-tools-adb** 패키지를 설치할 수 있다.

```
sudo apt-get install android-tools-adb
```

패키지가 설치되었으면 우분투 시스템을 다시 부팅한 후 USB 케이블을 사용해서 폰이나 태블릿 장치와 컴퓨터 시스템을 연결한다. 그리고 터미널 창을 열고 adb 서버를 시작한 후 장치가 연결되었는지 확인하자.

```
$ adb start-server
* daemon not running. starting it now on port 5037 *
* daemon started successfully *
$ adb devices
List of devices attached
015d41d4454bf80c   offline
```

만일 여기처럼 장치가 **offline** 또는 **unauthorized**로 나타나면 혹시 장치의 화면에 그림 7-1과 같은 대화상자가 나와 있는지 확인해 보자.

7.3 adb 연결 테스트하기

개발 플랫폼에 adb를 성공적으로 구성했다면, 그다음에 할 일은 앞의 3장에서 생성한 앱을 안드로이드 장치에서 실행해 보는 것이다.

안드로이드 스튜디오를 실행해 AndroidSample 프로젝트를 열자. 프로젝트가 로드되면 연결된 실제 장치나 에뮬레이터가 그림 7-2와 같이 장치 선택 드롭다운에 나타날 것이다. (실제 장치의 경우는 컴퓨터에 장치를 연결하는 시점에, 그리고 에뮬레이터의 경우는 에뮬레이터를 시작하는 시점에 안드로이드 스튜디오가 adb를 자동으로 활성화하고 연결해 준다.)

그림 7-2

여기서는 연결된 실제 장치 하나와 세 개의 에뮬레이터를 보여 준다.

장치 선택 드롭다운 오른쪽에 있는 **Run 'app'** 버튼(▶)을 클릭하여 앱을 실행해 보자.

7.4 요약

AVD 에뮬레이터는 훌륭한 테스트 환경을 제공한다. 그러나 새겨 둘 것이 있다. 앱이 제 기능을 잘 수행하는지 확실하게 확인하는 데는 실제 안드로이드 장치만 한 것이 없다는 것이다. 결국, 앱이 사용되는 곳은 실제 장치이기 때문이다.

그러나 안드로이드 스튜디오 개발 환경에서 실제 장치에 직접 앱을 로드하고 실행할 수 있게 하려면 추가 작업이 필요하다. 그리고 그런 작업은 사용 중인 개발 플랫폼에 따라 달라진다. 이번 장에서는 리눅스, 맥OS, 윈도우 플랫폼에서 필요한 작업을 알아보았다.

안드로이드 스튜디오 코드 편집기

안드로이드 앱을 개발할 때는 많은 분량의 코드를 입력, 검토, 수정하는 프로그래밍 작업이 수반된다. 따라서 안드로이드 스튜디오를 사용하는 개발자는 대부분의 시간을 편집기editor 창에서 코드를 작성하는 데 사용한다고 해도 과언이 아닐 것이다.

현대의 코드 편집기는 코드의 입력, 삭제, 복사 또는 잘라 내어 붙이기와 같은 원래의 기본 기능 이상의 것을 필요로 한다. 오늘날 코드 편집기가 얼마나 유용한지는 다음과 같은 요인으로 측정된다. 예를 들어, 프로그래머의 코드 입력을 얼마나 줄여 주는지, 수많은 소스 코드 파일 간의 이동이 얼마나 쉬운지, 코드가 작성되는 동안 실시간으로 프로그래밍 에러를 검출하고 알려 주는 능력은 어떤지와 같은 것이다. 이번 장에서 분명히 알게 되겠지만, 이러한 것은 안드로이드 스튜디오 편집기의 뛰어난 기능 중 일부에 지나지 않는다.

이번 장에서는 안드로이드 스튜디오 코드 편집기의 핵심 기능을 사용하는 방법을 알려 줄 것이다. 일부 기능은 오늘날 사용 가능한 대부분의 코드 편집기에 있겠지만, 나머지는 안드로이드 스튜디오 코드 편집기에만 있는 것이다.

8.1 안드로이드 스튜디오 코드 편집기

코틀린, 자바, XML 또는 다른 텍스트 기반 파일이 편집을 위해 선택되면 안드로이드 스튜디오 코드 편집기가 메인 창의 중앙에 나타난다. 예를 들어, 그림 8-1에서는 코틀린 소스 코드를 편집하는 것을 보여 준다.

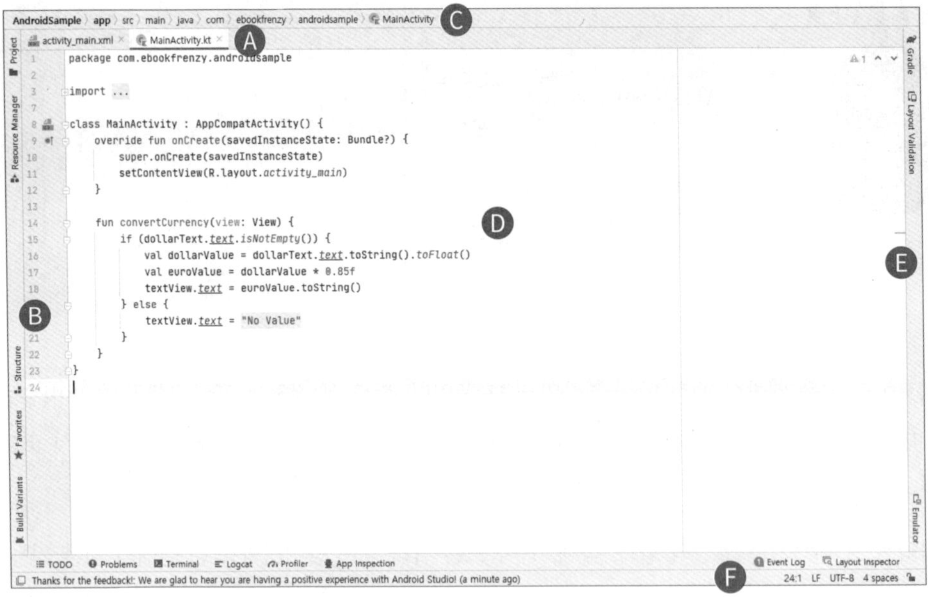

그림 8-1

편집기 창을 구성하는 요소를 요약하면 다음과 같다.

Ⓐ 문서 탭 Document Tab — 안드로이드 스튜디오에서는 동시에 여러 개의 편집 파일을 열고 작업할 수 있다. 파일이 열리면 편집기 창 위쪽의 탭바에 파일 이름을 보여 주는 문서 탭이 나타난다. 만일 파일이 많이 열려서 모든 문서 탭을 보여 줄 탭바의 공간이 부족하면 탭바의 맨 오른쪽 끝에 작은 드롭다운 메뉴가 나타난다. 이 메뉴를 클릭하면 공간 부족으로 현재 탭바에 나타나지 않은 파일의 목록을 보여 주고 선택할 수 있게 해준다. 탭의 파일 이름 밑에 물결 모양의 빨간 선이 있는 경우는 해당 파일의 코드가 하나 이상의 에러를 갖고 있다는 것을 나타낸다. 이러한 에러는 프로젝트의 컴파일과 실행 전에 수정해야 한다.

탭으로 열려 있는 파일을 선택하는 것은 간단하다. 해당 파일의 탭을 클릭하거나 [Alt]+[→] 또는 [Alt]+[←] 키를 누르면 된다. 또한, [Ctrl]+[Tab][[⌘]+[Tab]] 단축키로 작동하는 스위처Switcher를 사용해서 파일을 선택할 수도 있다(6장의 6.5절 참고).

편집기 창에 열린 파일의 내용을 변경 및 추가하면 자동으로 저장되며, 파일을 닫을 때는 파일 탭 오른쪽에 나타난 X 아이콘을 클릭하면 된다. (바로 전의 내용 변경을 취소할 때는 안드로이드 스튜디오 메뉴의 **Edit ➡ Undo**를 선택하며, 이 메뉴를 반복 사용하면 더 이전의 내용 변경을 계속 취소할 수 있다. **Edit ➡ Redo**는 이와 반대의 기능을 수행한다.)

또한, 안드로이드 스튜디오 메인 창에서 특정 파일의 편집기 패널을 떼어 내어 별도의 창으로 작업할 수 있다. 이때는 메인 창 외부의 데스크톱 영역으로 해당 파일의 탭을 끌어다 놓으면 된다. 그리고 별도의 편집기 창으로 분리했던 파일 탭을 끌어다 메인 창의 편집기 탭바로 넣으면 다시 메인 창으로 복귀시킬 수 있다.

Ⓑ 편집기 거터 Gutter **영역** — 거터 영역은 어떤 정보를 제공하는 아이콘이나 컨트롤을 보여 주기 위해 편집기가 사용하는 영역이다. 대표적인 것으로는 디버깅 중단점breakpoint 표식, 코드 블록을 접거나 펼치는 컨트

롤, 북마크, 변경 표식, 라인 번호 등이 있다. 라인 번호의 경우에는 거터 영역에서 마우스 오른쪽 버튼을 누른 후 Show Line Numbers 메뉴 항목을 체크하면 보이고 체크를 지우면 나타나지 않는다(안드로이드 스튜디오 메인 메뉴의 File ➡ Settings ➡ Editor ➡ General ➡ Appearance에 있는 Show line numbers와 동일하다).

Ⓒ **코드 구조에서의 위치** — 코드 편집기 창의 제일 위에 있는 바bar는 코드의 전체 구조에서 현재 커서가 어디에 있는지 보여 준다. 예를 들어, 그림 8-2에서는 MainActivity 클래스의 convertCurrency() 함수에 커서가 있다는 것을 보여 준다.

그림 8-2

그리고 바에 나타난 요소를 더블클릭하면 코드의 해당 요소 위치로 커서가 이동한다. 예를 들어, 그림 8-2의 convertCurrency(view: View)를 클릭하면 이 함수의 이름으로 커서가 이동한다. 또한, 클래스 이름(여기서는 MainActivity)을 클릭하면 이 클래스의 함수를 보여 주며, 특정 함수를 선택하면 이 함수의 코드 위치로 커서가 이동한다.

Ⓓ **편집 영역** — 이것은 사용자가 코드를 보고 입력하고 수정하는 주 영역이다. 이번 장의 나머지 부분에서는 편집 영역의 핵심 기능을 자세히 알아볼 것이다.

Ⓔ **에러 확인과 표식 사이드바** — 안드로이드 스튜디오에는 'on-the-fly code analysis'라는 기능이 있다. 즉, 우리가 코드를 입력하는 동안 해당 코드에 경고나 구문 에러가 없는지 편집기가 분석한다.

그리고 경고나 에러가 검출된 코드 줄의 오른쪽 끝에 사이드바 표식marker을 보여 준다. 해당 코드 줄이 화면에 보일 때 마우스 커서를 표식에 갖다 대면 경고나 에러의 자세한 내용을 설명하는 팝업이 나타난다(그림 8-3).

그림 8-3

또한, 경고나 에러가 있는 코드 줄이 화면의 편집 영역에 보이지 않더라도 사이드바 표식은 여전히 나타난다. 이때 해당 표식에 마우스 커서를 갖다 대면 현재 화면에는 보이지 않지만, 경고나 에러가 있는 코드 줄이 포함된 코드 블록을 현재 보이는 코드 위에 겹쳐서 보여 준다. 이것을 **렌즈**lens라고 한다(그림 8-4). 따라서 편집기에서 해당 코드 위치로 스크롤하지 않아도 경고나 에러가 있는 코드를 볼 수 있다.

그림 8-4

사이드바의 경고나 에러에만 렌즈를 보여 주는 것은 아니다. 사이드바에 나타난 표식 아래쪽 어디든 마우스 커서를 대면 소스 파일의 그 부근 코드가 렌즈로 보인다.

확인 사이드바의 맨 위에 있는 표시기는 노란색 삼각형(경고 검출됨)이나 붉은색의 경고 아이콘(에러 검출됨)으로 나타날 수 있다. 이때 표시기에 마우스 커서를 대면 경고나 에러가 몇 개 있는지 보여 준다(그림 8-5).

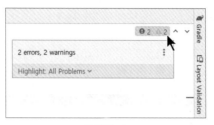

그림 8-5

F **상태 바**Status Bar ― 상태 바는 편집기가 아닌 메인 창의 일부이지만, 현재 진행 중인 편집 세션에 관한 정보를 포함한다. 이 정보에는 줄 번호와 문자 위치로 나타나는 커서의 현재 위치(예를 들어, 10:12)와 파일의 인코딩 형식(UTF-8, ASCII 등)이 포함된다. 그리고 상태 바의 이런 값을 클릭하면 그것과 관련된 설정을 변경할 수 있다. 예를 들어, 커서 위치를 클릭하면 Go to Line:Column 대화상자가 나타나며, **1:5**를 입력한 후 **OK** 버튼을 누르면 첫 번째 줄의 5 컬럼으로 커서가 이동한다.

지금까지는 안드로이드 스튜디오 코드 편집기의 구성 요소를 알아보았다. 이번 장의 나머지 부분에서는 편집기 환경의 핵심 기능을 더 자세히 살펴볼 것이다.

8.2 편집기 창 분할하기

기본적으로 편집기는 현재 선택된 파일의 내용을 하나의 패널에 보여 준다. 그러나 동시에 여러 개의 소스 코드 파일을 같이 보면서 작업할 때는 편집기 창을 여러 개의 패널로 분리할 수 있으면 편리하다. 편집기 창을 분리할 때는 파일 탭에서 마우스 오른쪽 버튼을 누른 후 **Split Right**수직 나누기 또는 **Split Down**수평 나누기 메뉴 옵션을 선택하면 된다. 예를 들어, 그림 8-6에서는 편집기 창을 세 개의 패널로 분리한 것을 보여 준다.

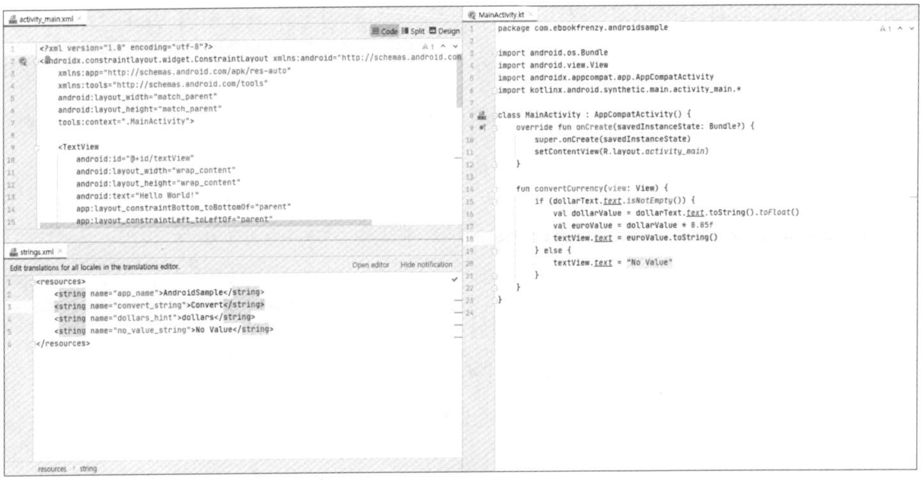

그림 8-6

패널을 나누는 방향은 언제든 변경할 수 있다. 분할된 패널의 파일 탭에서 마우스 오른쪽 버튼을 클릭한 후 Change Splitter Orientation 메뉴 옵션을 선택하면 된다. 분할된 패널을 없앨 때는 어떤 탭에서든 마우스 오른쪽 버튼을 클릭한 후 Unsplit 메뉴 옵션을 선택한다.

창 분할은 서로 다른 파일을 같이 볼 때 사용하면 편리하지만 한 파일을 여러 패널로 볼 때도 좋다. 같은 파일의 서로 다른 부분을 동시에 보면서 편집할 수 있기 때문이다.

8.3 코드 자동 완성

안드로이드 스튜디오 편집기는 똑똑하다. 코틀린이나 자바 프로그래밍 문법은 물론, 안드로이드 SDK를 구성하는 클래스와 함수/메서드에 대해서도 잘 알고 있기 때문이다. 그리고 우리가 코드를 입력하는 동안 편집기는 입력되는 것을 살피면서 문장이나 참조를 완성하는 데 필요한 제안을 팝업으로 보여 준다. 예를 들어, 그림 8-7에서는 Str로 시작하는 코틀린 클래스를 편집기가 제안하고 있는 것을 보여 준다.

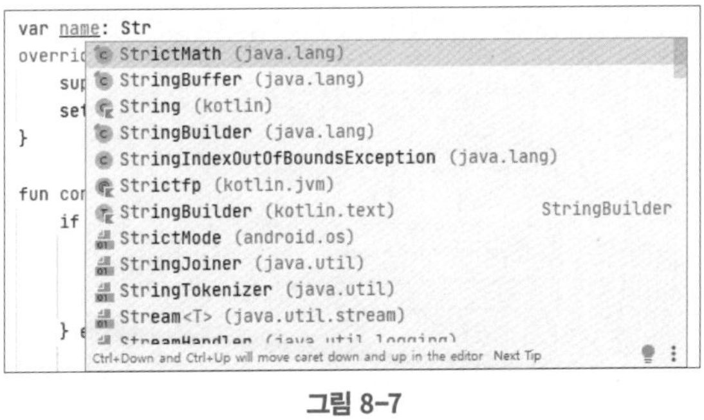

그림 8-7

만일 편집기의 자동 완성 제안에서 적합한 것이 없다면 그냥 입력을 계속하면 된다. 그러면 편집기가 계속해서 또 다른 제안을 할 것이다. 편집기가 제안한 내용 중 맨 앞에 있는 항목을 수용할 때는 `Enter`나 `Tab` 키를 누르면 된다. 이 외의 다른 제안 항목을 선택할 때는 화살표 키를 사용해서 이동한 후 선택된 항목에서 `Enter`나 `Tab` 키를 누른다.

`Ctrl`+`Space`[`Ctrl`+`Space`] 키를 누르면 자동 완성 제안을 수동으로 받을 수 있다. 이 기능은 단어나 선언 등을 변경할 때 유용하다. 커서가 어떤 단어에 위치하면 그 단어가 자동으로 강조되어 보인다. 이때 `Ctrl`+`Space` 키를 누르면 그것 대신 사용 가능한 제안 내역을 보여 준다. 이때 현재의 단어를 제안 내역에 강조된 항목으로 교체하려면 그냥 `Tab` 키를 누르면 된다. 취소할 때는 `Esc` 키를 누르거나 마우스로 다른 곳을 클릭하면 된다.

실시간 자동 완성 기능에 추가하여, 안드로이드 스튜디오 편집기는 Smart Completion이라는 기능도 제공한다. 즉, `Shift`+`Ctrl`+`Space`[`Shift`+`Ctrl`+`Space`] 키를 누르면 코드의 현재 상황에 적합한 제안을 더 자세하게 제공하는 것이다. 그리고 `Shift`+`Ctrl`+`Space` 키를 두 번 누르면 더욱 폭넓은 범위의 제안을 제공한다.

코드 자동 완성 기능은 프로그래머의 취향에 따라 선호도가 다를 수 있다. 따라서 안드로이드 스튜디오에서는 이 기능의 적용 수준을 설정할 수 있게 해준다. 메인 메뉴의 File ➡ Settings... 메뉴 옵션(맥OS에서는 Android Studio ➡ Preferences...)을 선택한 후 설정 대화상자에서 Editor ➡ General ➡ Code Completion을 선택하면 그림 8-8과 같이 코드 자동 완성 설정 패널이 나타난다. 여기에서 원하는 것을 지정하면 된다.

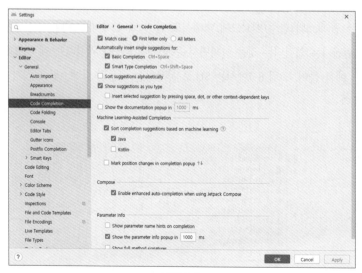

그림 8-8

8.4 문장 자동 완성

안드로이드 스튜디오 코드 편집기가 제공하는 또 다른 형태의 자동 완성 기능으로 문장statement 자동 완성이 있다. 이 기능은 함수나 반복문 등의 괄호를 자동으로 만들어 주는 데 사용할 수 있으며, [Shift]+[Ctrl]+[Enter][[Shift]+[⌘]+[Return]] 키를 누르면 수행된다. 예를 들어, 다음 코드를 보자.

```
fun myMethod()
```

이 코드를 입력한 후에 [Shift]+[Ctrl]+[Enter] 키를 누르면 편집기가 자동으로 이 함수의 앞뒤 괄호를 추가해 준다.

```
fun myMethod() {

}
```

8.5 매개변수 정보

함수의 매개변수 정보도 편집기에 요청할 수 있다. 함수 호출의 괄호 사이에 커서를 놓고 [Ctrl]+[P] [[⌘]+[P]] 키를 누르면 해당 함수에서 받을 수 있는 매개변수를 보여 준다. 이때 가장 적합한 것을 굵은 글씨체로 강조해 준다(그림 8-9).

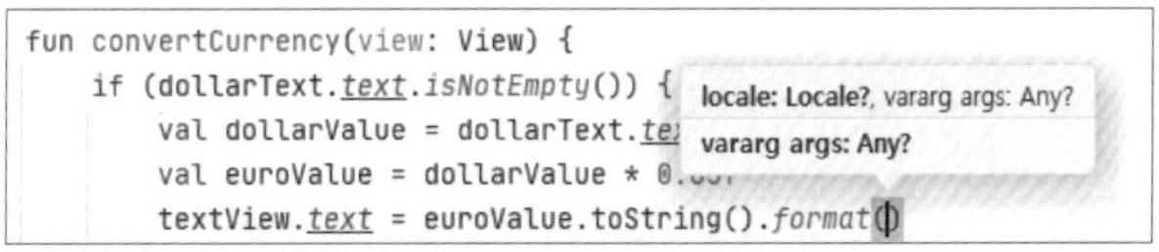

```
fun convertCurrency(view: View) {
    if (dollarText.text.isNotEmpty()) {
        val dollarValue = dollarText.te      locale: Locale?, vararg args: Any?
        val euroValue = dollarValue * 0.       vararg args: Any?
        textView.text = euroValue.toString().format()
```

그림 8-9

8.6 매개변수 이름 힌트

코드 편집기에서는 함수 호출문 내부에 매개변수 이름 힌트를 보여 준다. 예를 들어, 그림 8-10에서는 Snackbar 클래스의 make()와 setAction() 함수 호출에서 매개변수 이름 힌트(직사각형으로 표시한 부분)를 보여 준다.

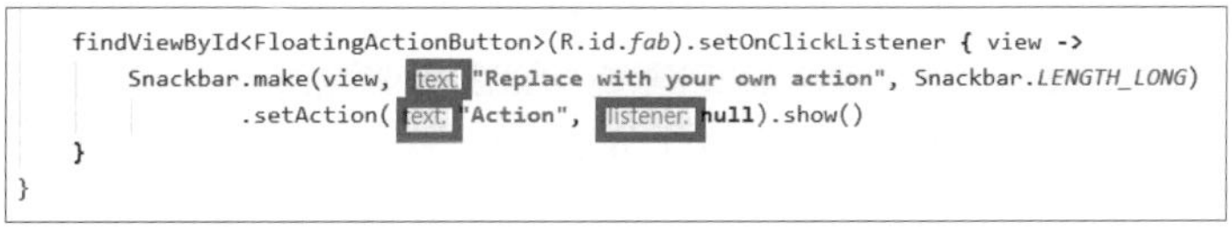

```
findViewById<FloatingActionButton>(R.id.fab).setOnClickListener { view ->
    Snackbar.make(view, text: "Replace with your own action", Snackbar.LENGTH_LONG)
        .setAction( text: "Action", listener: null).show()
    }
}
```

그림 8-10

8.7 코드 자동 생성

코드 입력 시 제공되는 자동 완성 기능에 추가하여 특정 상황에서는 편집기가 코드 생성도 해줄 수 있다. 코드를 생성할 곳(빈 줄)에 커서를 놓고 `Alt`+`Insert`[`⌘`+`N`] 키를 누르면 그림 8-11에 있는 코드 생성 옵션을 사용할 수 있다.

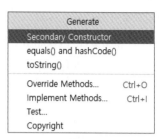

그림 8-11

예를 들어, 액티비티가 소멸될 때 자동으로 호출되는 onStop() 생명주기lifecycle 함수를 우리 앱의 액티비티 클래스에 추가하고 싶다고 해보자. 이 함수는 Activity 슈퍼 클래스의 onStop() 함수를 오버라이딩overriding한다. 따라서 이때는 액티비티 클래스 안의 빈 줄에 커서를 놓고 `Alt`+`Insert`[`⌘`+`N`] 키를 누른 후 그림 8-11의 코드 생성 옵션에서 Override Methods...를 선택한다.

그리고 그림 8-12와 같이 그다음에 나오는 함수 목록에서 onStop() 함수를 선택하고 OK 버튼을 클릭하면 된다.

그림 8-12

그러면 현재의 커서 위치에 다음의 함수 코드가 생성된다.

```
override fun onStop() {
    super.onStop()
}
```

8.8 코드 접어 감추기

소스 코드 파일이 꽤 커지면 아무리 잘 작성된 코드라 할지라도 코드를 이동하면서 작업하기가 무척 어려울 수 있다. 따라서 안드로이드 스튜디오 코드 편집기에서는 파일에는 있지만 편집기 창에서 항상 볼 필요가 없는 코드 블록을 숨기는 **코드 접기**code folding 기능을 제공한다. 이 기능을 사용하면 코드를 쉽게 이동하면서 작업할 수 있다. 코드 접기는 편집기 창의 거터에 나타나는 표식을 사용해서 제어되며, 접어서 감추고자 하는 코드 블록의 앞과 뒤에 나타난다. 예를 들어, 그림 8-13에서는 현재 접히지 않은 함수 선언 코드 블록을 보여 준다.

그림 8-13

이 표식 중 하나를 클릭하면 그림 8-14처럼 함수 시그니처만 보이고 나머지 부분은 접혀서 보이지 않게 된다.

그림 8-14

접힌 코드 블록을 펼치려면 편집기 거터에 있는 '+' 표식을 클릭하면 된다. 또는 접혀서 감춰진 코드를 펼치지 않고 보려면 그림 8-15와 같이 '{...}' 표식에 마우스 포인터를 갖다 대면 된다. 그러면 접힌 코드 블록을 포함하는 렌즈가 현재의 코드 위에 겹쳐서 나타난다.

그림 8-15

[Ctrl]+[Shift]+[+]([⌘]+[Shift]+[+])나 [Ctrl]+[Shift]+[-]([⌘]+[Shift]+[-]) 단축키를 사용하면 파일의 모든 코드 블록을 한꺼번에 펼치거나 접을 수 있다.

소스 코드 파일이 열릴 때 편집기는 자동으로 일부 코드를 접어서 보여 줄 수 있다. 이것을 우리가 원하는 대로 구성하려면 안드로이드 스튜디오 메인 메뉴의 File ➡ Settings...(맥OS에서는 Android Studio ➡ Preferences...)를 선택한 후 설정 대화상자에서 Editor ➡ General ➡ Code Folding을 클릭한다. 그리고 코드를 접고자 하는 대상을 선택하면 된다(그림 8-16).

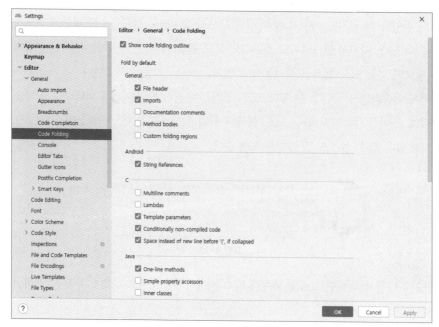

그림 8-16

8.9 빠른 문서 검색

코틀린이나 자바 및 안드로이드 API 문서를 볼 필요가 있는 항목에 커서를 갖다 놓고 ⌈Ctrl⌉+⌈Q⌉ [⌈Ctrl⌉+⌈J⌉] 단축키를 누르면 해당 항목과 연관된 API 문서가 팝업으로 나타난다. 예를 들어, 그림 8-17에서는 안드로이드 Bundle 클래스의 API 문서를 보여 준다.

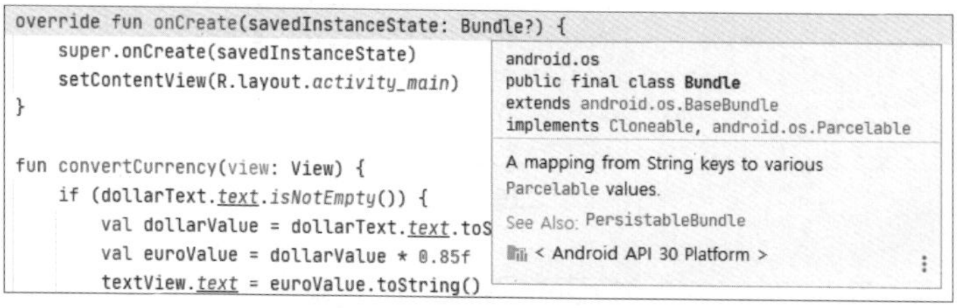

```
override fun onCreate(savedInstanceState: Bundle?) {
    super.onCreate(savedInstanceState)
    setContentView(R.layout.activity_main)
}

fun convertCurrency(view: View) {
    if (dollarText.text.isNotEmpty()) {
        val dollarValue = dollarText.text.toS
        val euroValue = dollarValue * 0.85f
        textView.text = euroValue.toString()
```

android.os
public final class **Bundle**
extends android.os.BaseBundle
implements Cloneable, android.os.Parcelable

A mapping from String keys to various Parcelable values.

See Also: PersistableBundle

< Android API 30 Platform >

그림 8-17

일단 팝업이 나타나면 이것을 화면 어디로든 이동할 수 있으며, 팝업 상자 테두리 선을 마우스로 끌어서 크기를 조정할 수 있다. 그리고 ⎡Esc⎤ 키를 누르거나 편집 영역의 아무 데나 클릭하면 사라진다.

8.10 소스 코드 형식 변경

안드로이드 스튜디오 코드 편집기는 자동으로 코드를 정형화한다. 즉, 문장과 코드 블록이 추가될 때 들여쓰기, 간격 띄우기, 둘러싸기의 형식을 적용한다. 그리고 작성된 코드의 형식이 변경될 필요가 있는 경우를 대비해서(흔한 예로, 웹사이트로부터 샘플 코드를 잘라 내어 붙일 때) 편집기가 소스 코드 형식 변경_{reformatting} 기능을 제공한다. 이 기능은 널리 사용되는 코드 스타일에 맞춰 자동으로 코드의 형식을 변경하는 것이다.

⎡Ctrl⎤+⎡Alt⎤+⎡L⎤[⎡⌘⎤+⎡Option⎤+⎡L⎤] 단축키를 누르면 현재 편집 중인 소스 코드의 형식을 일괄 변경한다. 이와는 달리 ⎡Ctrl⎤+⎡Alt⎤+⎡Shift⎤+⎡L⎤[⎡⌘⎤+⎡Option⎤+⎡Shift⎤+⎡L⎤] 단축키를 누르면 소스 코드의 형식을 변경하는 옵션을 선택하는 대화상자가 나타난다(그림 8-18). 이 대화상자에서는 현재 편집 중인 소스 코드 파일 전체 또는 선택된 부분의 코드 또는 버전 관리 시스템에서 변경된 코드의 형식을 변경하는 옵션 등을 제공한다.

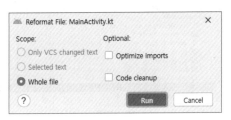

그림 8-18

자신이 선호하는 코드 스타일의 모든 것은 프로젝트 설정 대화상자에서 변경할 수 있다. 안드로이드 스튜디오 메인 메뉴에서 File ➡ Settings 메뉴 항목(맥OS에서는 Android Studio ➡ Preferences...)을 선택한 후 대화상자 왼쪽 패널의 Editor 밑에 있는 Code Style의 왼쪽 화살표를 클릭하여 확장하면 지원되는 언어 목록이 나타난다. 여기서 원하는 언어를 선택하면 오른쪽 패널에 다양한 형식 스타일 옵션을 볼 수 있으며, 거기에 있는 모든 것을 사용자가 원하는 대로 변경할 수 있다. 예를 들어, Code Style에서 Kotlin을 선택하고 오른쪽 패널 위쪽의 Tabs and Indents 탭을 클릭한 후 탭의 크기_{Tab size}와 들여쓰기_{Indent}를 변경하고 OK 버튼을 누르면, 그림 8-18 대화상자로 코드 형식을 변경할 때 이 설정이 반영된다.

8.11 라이브 템플릿

안드로이드 코드를 작성할 때 자주 사용하는 코드가 있다. 예를 들어, 안드로이드 Toast 클래스를 사용해서 사용자에게 팝업 메시지를 보여 주는 경우다. 이때 라이브 템플릿live template을 사용하면 편리하다. 라이브 템플릿은 흔히 사용하는 코드를 모아 둔 것이며, 템플릿 이름을 입력하고 특정 키 (기본적으로 Tab 키)를 누르면 해당 템플릿 코드가 자동으로 추가된다. 예를 들어, 소문자로 **toast** 를 입력하고 Tab 키를 누르면 안드로이드 스튜디오가 다음 코드를 추가해 준다.

```
Toast.makeText(, "", Toast.LENGTH_SHORT).show()
```

기존 템플릿의 조회 및 변경, 템플릿 코드를 추가해 주는 특정 키의 변경, 템플릿 추가를 할 때는 File ➡ Settings 메뉴 항목(맥OS에서는 Android Studio ➡ Preferences...)을 선택한 후 대화상자 왼쪽 패널의 Editor 밑에 있는 Live Templates를 선택하면 대화상자의 오른쪽 패널에 라이브 템플릿을 보여 준다(그림 8-19).

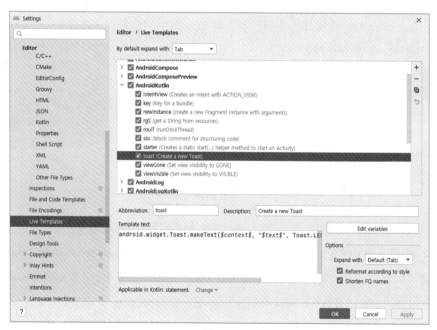

그림 8-19

여기서 오른쪽 위의 버튼을 사용하면 템플릿 추가, 삭제 등을 할 수 있다. 그리고 위의 패널에서 특정 템플릿을 선택하면 이 템플릿의 이름과 설명 및 설정을 변경할 수 있다.

8.12 요약

안드로이드 스튜디오 코드 편집기는 코드 작성에 필요한 입력 부담을 엄청나게 줄여 주며, 코드를 읽고 이동하면서 작업하기 쉽게 해준다. 이번 장에서는 코드 자동 완성, 코드 자동 생성, 편집기 창 분할하기, 코드 접어 감추기, 코드 형식 변경, 빠른 문서 검색과 라이브 템플릿 등 여러 가지 핵심적인 코드 편집기 기능을 알아보았다.

CHAPTER 9

안드로이드 아키텍처 개요

지금까지는 안드로이드 스튜디오를 사용하는 안드로이드 앱을 개발하는 데 적합한 환경을 설정하는 데 필수적인 사항을 알아보았다. 그리고 앱 개발의 첫발을 내딛는 의미에서 간단한 안드로이드 앱 프로젝트를 생성한 후 실행에 필요한 중요 사항을 알아보았다.

그러나 본격적인 안드로이드 앱 개발에 뛰어들기에 앞서 안드로이드 SDK와 안드로이드 시스템의 개념을 전반적으로 이해하는 것이 중요하다. 이 시점에서 그런 개념을 확실하게 이해하면 앞으로 배울 내용을 위한 기초를 튼튼하게 다질 수 있기 때문이다.

이 장에서는 안드로이드가 어떻게 생겼는지 그 아키텍처를 전반적으로 알아볼 것이다.

9.1 안드로이드 소프트웨어 스택

안드로이드 시스템은 소프트웨어 스택stack의 형태로 구성된다. 마치 레고Lego 블록을 조립해 층층이 쌓아 넣듯이 앱, 운영체제, 런타임 환경, 미들웨어, 각종 서비스와 라이브러리 등이 겹겹이 쌓여 구성된 것이라고 볼 수 있다. 이 아키텍처는 그림 9-1처럼 시각적으로 표현하면 가장 좋을 것이다. 스택의 각 계층과 그 요소는 모바일 장치를 위한 최적의 앱 개발과 실행 환경을 제공하기 위해 긴밀하게 통합되고 신중하게 조율되어 있다.

이 장의 나머지 부분에서는 안드로이드 스택의 각 계층에 대해 알아볼 것이다. 우선, 맨 아래 계층인 리눅스 커널부터 살펴보자.

9.2 리눅스 커널

리눅스 커널은 안드로이드 소프트웨어 스택의 맨 밑에 위치하며, 장치 하드웨어의 기반 운영체제 역할을 담당한다. 즉, 멀티태스킹을 지원하고 메모리 관리와 프로세스 관리 및 전원 관리 등을 처리하는 저수준의 핵심 시스템 서비스를 비롯해서 네트워크 스택과 각종 하드웨어(예를 들어, 장치 디스플레이, 와이파이, 오디오)의 장치 드라이버를 제공한다.

그림 9-1

원조 리눅스 커널은 1991년 리누스 토르발스Linus Torvalds가 개발하였으며, 자유 소프트웨어 재단Free Software Foundation, FSF의 리처드 스톨먼Richard Stallman이 개발한 각종 도구와 유틸리티 및 컴파일러 등과 결합되어 GNU/Linux라는 완전한 운영체제가 되었다. 그리고 이후에 우분투나 레드햇과 같은 다양한 리눅스 배포판이 이를 기반으로 파생되었다.

안드로이드는 리눅스의 커널만을 사용한다. 원래 리눅스는 데스크톱이나 서버의 컴퓨터에서 사용하기 위해 개발되었다. 실제로 지금은 리눅스가 엔터프라이즈 서버 환경에서 널리 사용된다. 그리고 리눅스 커널의 효율성과 성능이 좋으므로 안드로이드 소프트웨어 스택의 핵심으로 모바일 장치에서도 사용된다.

9.3 안드로이드 런타임 — ART

안드로이드 스튜디오에서 안드로이드 앱이 빌드될 때는 바이트 코드 형태Dalvik Executable, DEX로 컴파일된다. 그리고 장치에 앱이 설치될 때 안드로이드 런타임Android RunTime, ART이 AOTAhead-Of-Time 컴파일을 수행하여 바이트 코드를 장치의 프로세서CPU가 필요로 하는 네이티브 명령어(기계어)로 일괄 변환한다. 이렇게 변환된 형태를 ELFExecutable and Linkable Format라고 한다. 따라서 앱이 론칭될 때마다 ELF 버전으로 실행되므로 앱의 실행 속도가 더 빠르고 배터리 수명도 향상된다.

참고로, 5.x(롤리팝) 이전의 안드로이드 버전에서는 앱이 론칭될 때마다 JIT~Just-in-Time~ 컴파일 방법을 사용하여 달빅 가상머신~Virtual Machine, VM~에서 바이트 코드를 하나씩 기계어로 변환하면서 실행하였다.

9.4 안드로이드 라이브러리

안드로이드 개발 환경에는 문자열 처리, 네트워킹, 파일 처리와 같은 일반적인 작업을 지원하기 위해 제공되는 표준 자바 라이브러리에 추가하여 안드로이드 라이브러리도 포함된다. 이것은 안드로이드 앱 개발에 특화된 다양한 자바 기반 라이브러리다. 이 부류의 라이브러리 예로는 앱 프레임워크 라이브러리를 포함하여 사용자 인터페이스 생성, 그래픽 드로잉, 데이터베이스 사용 등을 가능하게 해주는 것이 있다.

안드로이드 개발자가 사용 가능한 핵심 안드로이드 라이브러리를 요약하면 다음과 같다.

- **android.app** — 앱 모델을 사용할 수 있게 해주며, 모든 안드로이드 앱의 초석이 되는 라이브러리다.
- **android.content** — 앱과 앱 컴포넌트 간의 콘텐츠 사용과 메시징을 가능하게 한다.
- **android.database** — 콘텐츠 제공자가 제공하는 데이터를 사용하게 해주며, SQLite 데이터베이스 관리 클래스를 포함한다.
- **android.graphics** — 색상, 포인트, 필터, 사각형, 캔버스를 포함하는 저수준의 2D 그래픽 드로잉 API다.
- **android.hardware** — 가속도 센서와 광 센서 같은 하드웨어를 사용하게 해주는 API를 나타낸다.
- **android.opengl** — OpenGL ES 3D 그래픽 렌더링 API의 자바 인터페이스다.
- **android.os** — 메시지, 시스템 서비스, 프로세스 간 통신을 포함하는 표준 운영체제 시스템 서비스를 앱에서 사용하게 해준다.
- **android.media** — 오디오와 비디오 재생을 할 수 있는 클래스를 제공한다.
- **android.net** — 네트워크 스택을 사용하게 해주는 API. 장치의 무선 네트워크를 사용하게 해주는 android.net.wifi를 포함한다.
- **android.print** — 안드로이드 앱에서 프린터로 콘텐츠를 전송할 수 있는 클래스를 포함한다.
- **android.provider** — 캘린더나 연락처 앱에서 유지하는 것과 같은 표준 안드로이드 콘텐츠 제공자 데이터베이스를 사용하게 해주는 클래스가 있다.
- **android.text** — 장치 화면에 텍스트를 나타내고 처리하는 데 사용된다.
- **android.util** — 문자열과 숫자 변환, XML 처리, 날짜와 시간 처리 등의 일을 수행하는 유틸리티 클래스가 있다.
- **android.view** — 앱의 사용자 인터페이스를 구성하는 뷰 클래스가 있다.
- **android.widget** — 버튼, 라벨, 리스트 뷰, 레이아웃 매니저, 라디오 버튼과 같은 사전 제작된 사용자 인터페이스 컴포넌트가 있다.

- **android.webkit** — 웹 콘텐츠를 보여 주는 WebView 객체를 관리하는 API가 있다.

지금까지 안드로이드 런타임의 자바 기반 라이브러리를 알아보았다. 이제는 C/C++ 기반의 라이브러리에 대해 살펴보자.

9.4.1 C/C++ 라이브러리

조금 전에 알아본 안드로이드 런타임 핵심 라이브러리는 자바 기반이며, 개발자가 안드로이드 앱을 작성하는 데 필요한 주요 API를 제공한다. 그러나 핵심 라이브러리는 대부분의 실제 작업을 직접 수행하지 않는다. 핵심 라이브러리는 C/C++ 기반 라이브러리의 코드를 감싸고 있는 자바 래퍼wrapper다. 예를 들어, 장치 화면에 3D 그래픽을 그리기 위해 android.opengl 라이브러리의 코드를 호출하면 이 코드에서는 OpenGL ES C++ 라이브러리의 코드를 호출한다. 결국, 이 코드는 그리는 작업을 수행하기 위해 내부의 리눅스 커널과 함께 작동하게 된다.

C/C++ 라이브러리에는 폭넓고 다양한 함수가 포함되어 있다. 예를 들어, 2D와 3D 그래픽 그리기, SSL Secure Sockets Layer 통신, SQLite 데이터베이스 관리 시스템, 오디오와 비디오 재생, 비트맵과 벡터 폰트 렌더링, 표준 C 시스템 라이브러리libc 등이다.

일반적인 안드로이드 앱 개발자는 자바 기반 안드로이드 핵심 라이브러리 API를 통해서만 C/C++ 라이브러리를 사용할 것이다. 그러나 이 라이브러리를 직접 사용할 필요가 있는 경우에는 안드로이드 NDK Native Development Kit를 사용하면 된다. 자바 코드에서 JNI Java Native Interface를 사용해서 자바나 코틀린이 아닌 다른 프로그래밍 언어(C나 C++ 등)의 네이티브 함수를 호출하는 것이 NDK의 목적이다.

9.5 앱 프레임워크

안드로이드 앱이 실행되고 관리되는 환경을 구성하는 서비스의 집합체가 앱 프레임워크다. 안드로이드 앱이 재사용과 상호 운용 및 교체 가능한 컴포넌트로 구성된다는 개념을 이 프레임워크가 구현한다.

안드로이드 프레임워크는 다음의 핵심 서비스를 포함한다.

- **액티비티 매니저**Activity Manager — 앱의 생명주기lifecycle와 액티비티 스택을 제어한다.
- **콘텐트 제공자**Content Provider — 앱이 다른 앱과 데이터를 공유할 수 있게 해준다.
- **리소스 매니저**Resource Manager — 코드에 포함되지 않는 리소스(문자열, 색상 설정, 사용자 인터페이스 레이아웃 등)를 사용하게 해준다.
- **알림 매니저**Notification Manager — 앱이 사용자에게 경고나 알림을 보여 줄 수 있게 해준다.

- **뷰 시스템**View System — 앱의 사용자 인터페이스 생성에 사용되는 확장 가능한 뷰의 집합이다.
- **패키지 매니저**Package Manager — 장치에 설치된 다른 앱에 관한 정보를 앱에서 알 수 있게 해준다.
- **윈도우 매니저**Window Manager — 장치의 화면에 나타나는 모든 앱의 창window을 관리한다(창의 이동/배치/겹침 등).
- **위치 매니저**Location Manager — 앱이 위치 변경 정보를 수신할 수 있게 해주는 위치 서비스를 사용하게 해준다.

9.6 앱

안드로이드 소프트웨어 스택의 맨 위에 있는 것이 앱 계층이다. 앱 계층은 특별히 안드로이드에 구현된 네이티브 앱(웹 브라우저와 이메일 앱 등)과 장치 구입 후 사용자가 설치한 앱 모두로 구성된다.

9.7 요약

안드로이드 앱 개발 지식의 기초를 튼튼히 하려면 안드로이드의 전체적인 아키텍처를 알 필요가 있다. 안드로이드는 소프트웨어 스택 아키텍처의 형태로 구현되었다. 즉, 리눅스 커널, 런타임 환경과 이에 부합하는 라이브러리, 앱 프레임워크, 앱 등이 스택을 구성한다. 앱은 자바나 코틀린으로 작성되고 안드로이드 스튜디오 빌드 환경에서 바이트 코드 형태로 컴파일된다. 그리고 나중에 앱이 장치에 설치될 때 안드로이드 런타임ART이 바이트 코드를 장치의 프로세서CPU가 필요로 하는 네이티브 명령어(기계어)로 일괄 변환한다. 앱 실행과 앱 디자인의 재사용 구현 관점 모두에서 안드로이드 아키텍처의 목표는 성능과 효율이다.

CHAPTER 10 안드로이드 앱의 핵심 요소

윈도우, 맥OS, 리눅스까지 여러분의 프로그래밍 경험이 무엇이건 안드로이드 앱 개발은 이전에 접해 봤던 어떤 것과도 다를 것이다.

그러므로 이번 장에서는 안드로이드 앱의 아키텍처에 깔려 있는 고수준의 개념을 이해하는 데 도움이 될 수 있는 내용을 설명할 것이다. 즉, 앱을 구성하는 데 사용될 수 있는 다양한 컴포넌트와 이 컴포넌트들이 함께 동작하여 앱을 생성해 주는 메커니즘을 살펴본다.

10.1 안드로이드 액티비티

자바, 코틀린, C++, C#과 같은 객체지향 프로그래밍 언어에 익숙한 사람은 앱의 기능을 캡슐화하여 클래스를 만들고, 이것을 객체로 생성하여 앱을 구성하는 개념을 잘 알고 있을 것이다. 안드로이드 앱은 자바와 코틀린으로 작성되므로 객체지향 프로그래밍을 해야 한다. 그러나 안드로이드는 재사용 가능한 컴포넌트의 개념을 더 높은 수준으로 끌어올렸다. 액티비티Activity가 바로 그것이다.

안드로이드 앱은 액티비티라는 컴포넌트가 하나 이상 결합되어 생성된다. 액티비티는 앱의 기능을 갖는 단일의 독립 실행형 모듈이다(리눅스의 프로세스로 실행된다). 그리고 하나의 사용자 인터페이스 화면 및 그 기능과 밀접하게 연관된다. 예를 들어, 일정 앱은 당일로 설정된 일정을 보여 주는 액티비티 화면을 가질 수 있다. 또한, 사용자가 새로운 일정을 입력할 수 있는 화면으로 된 두 번째 액티비티를 사용할 수도 있다.

액티비티는 재사용과 교체 가능한 구성 요소로 만들어져서 서로 다른 앱에서 공유할 수 있다. 예를 들어, 이메일email 메시지를 구성하고 전송하는 액티비티를 갖는 이메일 앱이 있을 수 있다. 그리고 이메일 메시지를 전송하는 요구 사항을 갖는 앱을 개발자가 작성할 수도 있을 것이다. 이때는 또 다시 새로운 이메일 액티비티를 작성하지 않고 기존 이메일 앱의 액티비티를 사용할 수 있다.

액티비티는 안드로이드 Activity 클래스의 서브 클래스로 생성되어야 하며, 앱의 다른 액티비티와 완전히 독립적으로 구현되어야 한다. 다시 말해서 액티비티는 다른 액티비티의 함수를 직접 호출할 수 없으며, 데이터도 직접 액세스할 수 없다. 대신에 인텐트Intent와 콘텐트 제공자Content Provider를 사용해서 액티비티를 공유할 수 있다.

기본적으로 액티비티는 자신을 실행한 액티비티에 결과를 반환할 수 없다. 따라서 이 기능이 필요하다면, 결과를 반환할 액티비티를 하위sub 액티비티로 시작해야 한다.

10.2 안드로이드 프래그먼트

이미 이야기했듯이, 액티비티는 앱의 단일 UI사용자 인터페이스 화면을 나타낸다. 그러나 하나의 액티비티에서 UI의 일부를 구성하는 여러 프래그먼트fragment를 사용하여 다수의 UI 화면을 구현할 수 있다. 이 경우 액티비티는 하나 이상의 프래그먼트를 포함하는 컨테이너가 된다. 따라서 서로 다른 앱화면을 나타내는 프래그먼트를 전환하여 사용하는 하나의 액티비티로 앱을 구성할 수 있다. (프래그먼트는 안드로이드 Fragment 클래스의 서브 클래스로 구현한다.)

10.3 안드로이드 인텐트

인텐트Intent는 하나의 액티비티가 다른 액티비티를 론칭(시작)할 수 있는 메커니즘이다. 이때 액티비티가 안드로이드 런타임에 인텐트를 요청하면 해당 인텐트에 부합되는 액티비티를 안드로이드 런타임이 찾아서 시작한다. 한 액티비티가 다른 액티비티를 직접 시작하는 것이 아니다. 인텐트에서는 수행될 오퍼레이션을 나타내며, 필요하다면 전달할 데이터도 포함할 수 있다.

인텐트에는 명시적explicit 인텐트와 암시적implicit 인텐트가 있다. 명시적 인텐트에서는 클래스 이름으로 액티비티를 참조하여 특정 액티비티의 시작을 안드로이드 런타임에 요청한다. 따라서 시작할 액티비티를 정확하게 알아야 한다. 반면에 암시적 인텐트에서는 우리가 하길 원하는 작업(액션 타입)을 안드로이드 런타임에 알려 준다. 그러면 그런 작업을 할 수 있다고 자신을 등록한 액티비티를 안드로이드 런타임이 찾아서 시작한다(이것을 인텐트 레졸루션Intent Resolution이라고 한다). 단, 그런 액티비티를 하나 이상 찾을 경우는 사용자가 선택할 수 있게 해준다.

10.4 브로드캐스트 인텐트

또 다른 타입의 인텐트로 브로드캐스트 인텐트Broadcast Intent가 있다. 이것은 브로드캐스트 수신자Broadcast Receiver로 등록된 모든 앱에 전송되는 시스템 차원의 인텐트다. 예를 들어, 안드로이드 시스템에서는 장치 상태의 변화를 알려 주기 위해 브로드캐스트 인텐트를 전송한다. 장치의 전원을 켜서 시스템이 부팅될 때, 충전 커넥터를 연결할 때, 화면을 켜거나 끌 때 등이다.

브로드캐스트 인텐트에는 일반normal과 순차ordered의 두 종류가 있다. 일반 브로드캐스트 인텐트는 관련 이벤트에 관심 있는 모든 브로드캐스트 수신자에 비동기 형태로 동시에 전송된다. 반면에 순차 브로드캐스트 인텐트는 한 번에 하나의 브로드캐스트 수신자에 전송된다. 그리고 그다음 차례의 브로드캐스트 수신자에 계속 전송되거나 또는 중단될 수 있다.

10.5 브로드캐스트 수신자

브로드캐스트 수신자Broadcast Receiver는 앱이 브로드캐스트 인텐트에 응답할 수 있는 메커니즘이다. 브로드캐스트 수신자는 앱에 등록되어야 하며, 관심 있는 브로드캐스트 타입을 나타내는 인텐트 필터Intent Filter를 사용해서 구성한다. 그리고 등록된 브로드캐스트 타입이 인텐트와 일치하면 수신자가 등록된 앱의 현재 실행 여부와 무관하게 안드로이드 런타임이 해당 수신자를 시작한다. 그다음에 수신자는 필요한 작업(예를 들어, 데이터 변경이나 사용자에게 알림을 전송)을 10초 이내에 수행해야 한다. 브로드캐스트 수신자는 백그라운드로 실행되며 사용자 인터페이스를 갖지 않는다.

10.6 안드로이드 서비스

안드로이드 서비스Service는 백그라운드로 실행되는 프로세스이며, 사용자 인터페이스를 갖지 않는다. 서비스는 액티비티나 브로드캐스트 수신자 또는 다른 서비스로부터 시작되고 관리될 수 있다. 앱에서 어떤 작업을 계속 수행할 필요가 있지만 사용자에게 보여 줄 수 있는 UI는 필요 없는 경우에 안드로이드 서비스가 이상적이다. 비록 UI를 갖고 있지는 않지만, 서비스에서는 알림notification과 토스트toast를 사용해서 여전히 사용자에게 메시지를 알려 줄 수 있다. 그리고 인텐트도 요청할 수 있다. (현재 화면에 보이는 액티비티를 방해하지 않고 화면에 나타낼 수 있는 짧막한 메시지가 토스트다. 토스트 기능은 안드로이드 Toast 클래스에 구현되어 있다.)

서비스는 안드로이드 런타임에 의해 다른 프로세스보다 더 높은 우선순위로 실행된다. 그리고 웬만해서는 종료되지 않지만, 장치의 메모리 부족 등으로 시스템이 리소스를 해제하다가 어쩔 수 없는 경우에 마지막 수단으로 종료된다. 그러나 런타임이 서비스 프로세스를 죽이더라도 리소스가 다시 사용 가능하게 되면 그 즉시 자동으로 다시 시작된다. 서비스는 자신이 포그라운드foreground에서 실행될 필요가 있다고 선언함으로써 중단의 위험을 줄일 수 있으며, 이때는 startForeground()를 호출한다. 그러나 서비스가 중단되면 사용자에게 해를 끼칠 수 있을 경우에만 그렇게 하는 것이 좋다 (예를 들어, 서비스로 스트리밍되는 오디오를 사용자가 듣고 있는 경우).

서비스가 실제적인 해결책이 될 수 있는 경우의 예를 들면 다음과 같다. 바로 앞에서 이야기했듯이, 계속 수행되어야 하는 오디오의 스트리밍, 주식이 지정된 가격이 될 때 사용자에게 알려 줄 필요가 있는 주식 앱 등이다.

10.7 콘텐트 제공자

콘텐트 제공자 Content Provider는 앱 간에 데이터를 공유하는 메커니즘을 구현한다. 어떤 앱도 자신의 내부 데이터 사용을 다른 앱에 제공할 수 있다. 이때 해당 데이터(퍼미션이 허용된)를 추가, 삭제, 조회하는 능력을 갖는 콘텐트 제공자를 구현한다. 그리고 데이터의 사용은 콘텐트 제공자가 정의한 **URI**Universal Resource Identifier를 통해 제공된다. 데이터는 파일 또는 **SQLite** 데이터베이스 형태로 공유될 수 있다.

네이티브 안드로이드 앱은 다른 앱에서 데이터(연락처나 미디어 파일 등)를 사용할 수 있는 표준 콘텐트 제공자를 많이 포함한다. 안드로이드 시스템에서 현재 사용 가능한 콘텐트 제공자는 **콘텐트 리졸버**Content Resolver를 사용해서 찾을 수 있다.

10.8 앱 매니페스트

앱을 구성하는 다양한 요소를 합치는 접착제의 역할을 하는 것이 안드로이드 **매니페스트**Manifest 파일이다. 이것은 XML 파일이며, 앱을 구성하는 액티비티, 서비스, 브로드캐스트 수신자, 데이터 제공자, 퍼미션permission 등이 정의되어 있다.

10.9 앱 리소스

안드로이드 앱은 **앱 패키지**APK로 빌드되어 장치에 설치 및 실행된다. 이때 APK에는 자바 실행 코드(dex 파일), 매니페스트 파일의 메타 데이터, 각종 리소스 파일이 포함된다. 그리고 리소스 파일에는 여러 종류의 리소스가 포함된다. 예를 들어, XML로 정의된 UI 레이아웃과 함께 화면에 나타나는 문자열, 이미지, 폰트와 색상 등이다. 안드로이드 스튜디오에서는 리소스 파일이 프로젝트의 **app/src/main/res** 서브 디렉터리에 저장된다.

10.10 앱 컨텍스트

앱에는 매니페스트 파일과 리소스가 결합되어 **앱 컨텍스트**Context가 생성된다. 컨텍스트는 안드로이드 Context 클래스로 나타내며, 런타임 시에 앱의 리소스를 사용하기 위해 앱 코드에서 사용될 수 있다. 또한, 런타임 시에 정보를 수집하고 앱의 환경을 변경하기 위해 앱의 컨텍스트에서 다양한 메서드가 호출될 수 있다.

10.11 요약

서로 다른 많은 요소가 합쳐져서 안드로이드 앱을 생성할 수 있다. 이번 장에서는 액티비티, 프래그먼트, 서비스, 인텐트, 브로드캐스트 수신자 및 매니페스트 파일과 앱 리소스의 개요를 알아보았다.

액티비티와 인텐트의 형태로 독립적으로 실행 가능한 모듈을 생성함으로써 재사용성과 상호 운용성이 극대화된다. 또한, 콘텐트 제공자를 구현하면 앱 간 데이터 공유가 가능하다.

액티비티에서는 사용자가 앱과 상호작용하는 데 초점을 두는 반면(기본적으로 액티비티는 하나의 사용자 인터페이스 화면과 연관되며 하나 이상의 프래그먼트로 구성될 수 있다), 백그라운드 작업 수행은 서비스와 브로드캐스트 수신자에 의해 처리된다.

앱을 구성하는 컴포넌트는 매니페스트 파일에 정의되어 안드로이드 런타임 시스템에 의해 참조된다. 그리고 앱 매니페스트 파일과 앱 리소스가 결합하여 앱의 컨텍스트를 나타낸다.

안드로이드 앱 개발은 주로 안드로이드 스튜디오(젯브레인스JetBrains사의 IntelliJ IDEA를 기반으로 함)를 사용해서 한다. 안드로이드 스튜디오 3.0 이전 버전에서는 모든 안드로이드 앱이 안드로이드 스튜디오와 자바 프로그래밍 언어(필요에 따라 C++ 코드도 같이)를 사용해서 작성되었다.

그러나 안드로이드 스튜디오 3.0부터는 또 다른 프로그래밍 언어인 **코틀린**Kotlin을 사용해서 앱을 개발할 수 있게 되었다. 코틀린의 모든 것을 자세히 다루는 것은 이 책의 범위를 벗어난다. 그러나 이 책에서는 11장부터 17장까지 코틀린을 처음 배우는 데 필요한 충분한 정보를 제공하여 빠른 시간 내에 안드로이드 앱 개발에 사용할 수 있게 하였다.

11.1 코틀린이란?

발트해의 섬 이름에서 유래된 코틀린은 젯브레인스사에서 개발한 프로그래밍 언어다. 코틀린은 다른 많은 프로그래밍 언어보다 배우기 쉽고 코드 작성이 쉬우며 안전하도록 만들어졌다. 그리고 언어 자체와 컴파일러 및 관련 도구는 모두 오픈 소스이며, 아파치Apache 2 라이선스에 따라 무상으로 사용할 수 있다.

코틀린 언어의 주목적은 간결하고 안전한 코드를 만드는 것이다. 코드가 간결하면 읽고 이해하기 쉬우며 더 빠르게 작성할 수 있고 효율성이 좋다. 그리고 안전성과 관련하여 코틀린은 많은 기능을 포함하므로 발생 가능한 문제를 코드 실행이 아닌 작성 시점에 알 수 있게 해준다. 이 외에도 코틀린은 자바Java와의 상호 운용이 가능하도록 설계 및 구현되었다.

11.2 코틀린과 자바

1995년에 선Sun사에서 개발한 자바는 지금도 여전히 가장 많이 사용하는 프로그래밍 언어다. 코틀린이 소개되기 전까지 모든 안드로이드 앱은 자바로 작성되었다. 구글은 안드로이드 운영체제를 인수한 이래로 안드로이드 장치에서 자바 기반 코드를 실행하기 위해 컴파일 및 런타임 환경을 최적화하는 데 많은 투자를 하였다.

코틀린 코드를 컴파일하면 자바 컴파일러가 생성하는 것과 동일한 **바이트코드**bytecode가 생성되므로 자바와 코틀린 코드를 함께 사용하여 프로젝트를 빌드할 수 있다. 또한, 이런 호환성으로 기존 자바 프레임워크와 라이브러리를 코틀린 코드에서 바로 사용할 수 있고, 자바 코드에서도 코틀린 코드를 직접 호출하여 사용할 수 있다.

코틀린은 기존 언어를 개선했지만 변경할 필요가 없는 자바의 많은 기능은 그대로 사용한다. 따라서 자바 프로그래밍의 경험과 기술을 코틀린 기반 개발 시에 그대로 활용할 수 있다.

11.3 자바 코드를 코틀린 코드로 변환하기

코틀린과 자바는 상호 운용이 가능하므로 기존 자바 코드를 반드시 코틀린 코드로 변환해야 하는 것은 아니다. 두 언어는 아무 문제 없이 동일한 프로젝트에 공존할 수 있기 때문이다. 그렇더라도 자바 코드는 안드로이드 스튜디오에서 코틀린 코드로 변환될 수 있다. 자바 소스 파일 전체를 코틀린으로 변환할 때는 자바 파일을 안드로이드 스튜디오 코드 편집기로 열고 메뉴의 **Code** ➡ '**Convert Java File to Kotlin File**'을 선택하면 된다. 또는 일부 자바 코드 블록만 코틀린으로 변환할 수 있다. 이때는 안드로이드 스튜디오 코드 편집기에서 해당 코드를 잘라내기cut 하여 기존의 코틀린 파일에 붙여넣기paste 하면 된다. 단, 자바 코드를 코틀린 코드로 변환할 때 항상 가장 최적의 코틀린 코드로 변환되는 것은 아니므로 변환된 코틀린 코드를 검토 및 조정해야 한다.

11.4 코틀린과 안드로이드 스튜디오

안드로이드 스튜디오에서는 코틀린 플러그인plug-in을 통해 코틀린을 지원한다. 안드로이드 스튜디오 3.0 이상 버전부터는 코틀린 플러그인이 기본으로 통합되어 있다.

11.5 코틀린 코드 테스트하기

새로운 프로그래밍 언어를 배울 때는 조각 코드를 입력하고 실행하여 결과를 보는 것이 유용하다.

코틀린으로 이렇게 하는 가장 좋은 방법 중 하나는 https://play.kotlinlang.org/에서 제공하는 온라인 플레이그라운드다(그림 11-1). (이전의 https://try.kotlinlang.org/에서 제공하는 온라인 플레이그라운드는 구버전이라 지금은 사용하지 않는다.)

코틀린 코드를 입력하고 실행할 수 있는 환경을 제공하는 것에 추가하여, 온라인 플레이그라운드에서는 코틀린의 핵심 기능을 보여 주는 각종 예를 제공한다.

온라인 플레이그라운드에 접속하면 그림 11-1의 화면이 나타난다. 화면 윗부분은 메인 패널이며, 소스 코드를 입력 및 수정할 수 있다. 그리고 코드 작성이 끝난 후 오른쪽 제일 위의 Run 아이콘(▶)을 누르면 실행되고 결과는 화면 아랫부분의 콘솔 패널에 나타난다. 화면 오른쪽 중간의 아이콘(✕)을 누르면 콘솔 패널의 출력 결과가 없어지므로 화면 전체를 메인 패널로 넓게 사용할 수 있다.

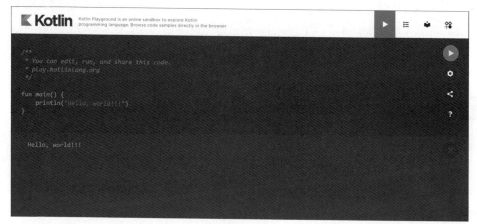

그림 11-1

화면 오른쪽 위에서 두 번째의 Settings 아이콘(⚙)을 누르면 그림 11-2의 실행 구성 대화상자가 나타난다.

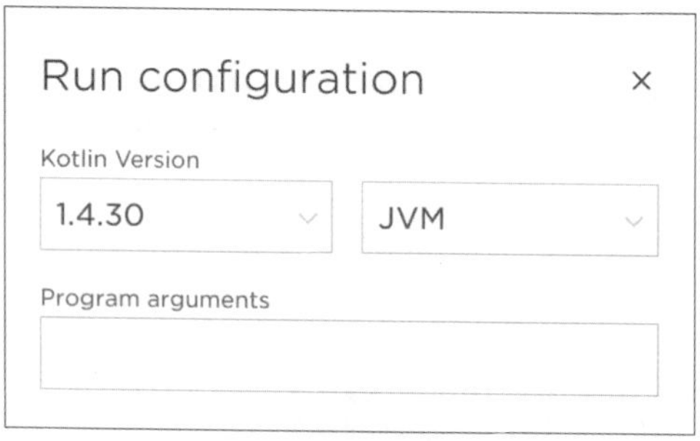

Run configuration ✕

Kotlin Version

1.4.30   JVM

Program arguments

그림 11-2

여기서는 코드 실행에 필요한 설정을 할 수 있다. 우선 왼쪽 위의 드롭다운에서 코틀린 버전을 제일 최신 버전으로 선택한다. 그리고 오른쪽 위의 드롭다운은 JVM이 선택된 상태로 둔다. 아래쪽의 Program arguments에는 main 함수의 인자가 필요할 때 입력하여 전달할 수 있다. 설정이 되었으면 오른쪽 위의 X를 눌러 대화상자를 닫는다.

온라인 플레이그라운드에 기본으로 나타난 main 함수 코드를 다음과 같이 변경해 보자.

```
fun main() {
    println("Welcome to Kotlin")
    for (i in 1..8) {
        println("i = $i")
    }
}
```

코드 입력이 다 되었으면 Run 버튼을 눌러 실행하자. 그러면 콘솔 패널에 그림 11-3의 결과가 출력될 것이다.

그림 11-3

온라인 플레이그라운드 화면 위의 Hands-on 메뉴 항목을 클릭하면 코틀린을 사용하여 여러 종류의 앱을 개발하는 실습을 할 수 있으며, Examples 메뉴 항목을 클릭하면 각종 예제 코드를 참고하면서 수정하고 테스트할 수 있다. 또한, 코틀린 Koans 메뉴 항목을 클릭하면 선문답 형태로 연습문제 코드를 풀어 볼 수 있다.

11.6 코틀린과 세미콜론

자바나 C++와 같은 프로그래밍 언어와 다르게 코틀린에서는 각 명령문이나 표현식의 끝에 세미콜론(;)을 붙이지 않아도 된다. 따라서 다음은 적합한 코틀린 코드다.

```
val mynumber = 10
println(mynumber)
```

세미콜론은 같은 줄에 두 개 이상의 명령문이 있을 때만 필요하다.

```
val mynumber = 10; println(mynumber)
```

11.7 요약

안드로이드 운영체제가 처음 나왔던 이래로 이제는 개발자가 자바 코드의 대안을 갖게 되었다. 코틀린은 젯브레인스사에서 개발한 프로그래밍 언어다(젯브레인스는 안드로이드 스튜디오의 기반이 되는 IntelliJ IDEA를 만든 회사다). 코틀린은 더 배우기 쉽고 코드 작성이 쉬우며 안전하도록 만들어졌다. 또한, 코틀린은 자바와 거의 완벽하게 호환된다. 따라서 자바와 코틀린 코드가 동일한 프로젝트에 공존할 수 있다. 그리고 이런 상호 운용성으로 대부분의 표준 자바와 자바 기반 안드로이드 라이브러리를 코틀린을 사용한 앱 개발에 사용할 수 있다.

안드로이드 3.0 이상 버전부터는 코틀린을 사용할 수 있는 플러그인이 함께 제공된다. 이 플러그인은 자바 코드를 코틀린 코드로 변환하는 변환기도 제공한다.

코틀린을 배울 때 온라인 플레이그라운드를 사용하면 코틀린 코드를 쉽고 빠르게 테스트할 수 있다.

코틀린 데이터 타입, 변수, Null 처리

이번 장부터 17장까지는 코틀린 프로그래밍 언어의 핵심을 배울 것이다. 이번 장은 코틀린 코드에서 사용할 수 있는 다양한 데이터 타입에 초점을 둔다. 또한, 상수, 변수, 타입 변환, 코틀린의 null 값 처리도 알아본다.

앞 장에서도 이야기했듯이, 코틀린 언어를 실습하면서 배우는 유용한 방법은 코틀린 온라인 플레이 그라운드를 사용하는 것이다. 따라서 우선, 웹브라우저에서 https://play.kotlinlang.org/를 접속하여 온라인 플레이그라운드에서 코드를 실습하자.

12.1 코틀린 데이터 타입

컴퓨터와 모바일 장치의 어떤 소프트웨어도 2진수binary 형태로 구성된다. 2진수는 0이나 1 또는 true 나 false의 두 가지 값을 갖는다. 따라서 RAM, 디스크, 전자 회로의 모든 데이터는 1과 0이 연속된 값을 갖는다. 이때 각각의 1과 0을 비트bit라고 하며, 8개의 비트를 바이트byte라고 한다.

우리가 32비트나 64비트 컴퓨터 시스템이라고 말할 때 이것은 CPU 버스에서 동시에 처리될 수 있는 비트 수를 의미한다. 예를 들어, 64비트 CPU는 64비트 단위로 데이터를 처리할 수 있으므로 32비트 CPU보다 더 빠른 성능을 갖는다.

당연하지만 인간은 2진수 형태가 아닌 10진수, 문자, 단어의 형태로 생각한다. 따라서 인간이 쉽게 컴퓨터 프로그램을 작성하려면 인간과 컴퓨터를 절충해 주는 것이 필요하다. 이것이 코틀린과 같은 프로그래밍 언어가 해주는 일이다. 프로그래밍 언어를 사용하면 우리가 생각하는 형태로 프로그램을 작성하여 컴퓨터에 지시할 수 있고, 프로그램을 컴파일하여 CPU가 실행할 수 있는 형식으로 만들 수 있다.

그리고 어떤 프로그램이건 데이터를 포함하므로 코틀린과 같은 프로그래밍 언어는 데이터 타입data type을 정의하고 있으며 그럼으로써 우리가 이해하는 형식으로 데이터를 사용할 수 있다. 예를 들어, 코틀린 프로그램에서 숫자를 저장하고 싶다면 다음과 같은 구문으로 할 수 있다.

```
val mynumber = 10
```

여기서는 mynumber라는 이름의 변수를 생성하고 이것의 값을 연산이 가능한 정수인 10으로 지정한다. 이 소스 코드를 CPU가 사용하는 기계어로 컴파일하면 10이라는 숫자(10진수)는 다음과 같은 2진수로 표현된다.

```
1010
```

이와 유사하게 데이터를 문자의 형태로 표현할 수 있다. 예를 들어, 0부터 9까지의 숫자는 '0'부터 '9'까지로 나타내며, 영문자는 'a', 한글은 '한' 등으로 나타낸다. 변수에 문자 값을 지정하는 예는 다음과 같다.

```
val myletter = 'c'
```

문자 값도 컴파일되면 2진수로 표현되며, 이때 전 세계적으로 표준화된 문자 코드를 사용한다. 대표적인 문자 코드에는 ASCII코드(8비트), 유니코드(16비트) 등이 있으며, 코틀린에서는 자바와 마찬가지로 유니코드를 사용한다.

데이터 타입이 무엇이고 왜 필요한지 알아보았으므로 지금부터는 코틀린이 지원하는 데이터 타입을 더 자세하게 알아보자.

12.1.1 정수 데이터 타입

코틀린의 정수integer 데이터 타입은 소수점이 없는 10진수를 저장하는 데 사용된다. 코틀린의 모든 정수는 양수, 음수를 나타내는 부호를 갖는다(제일 왼쪽의 1비트가 0이면 양수, 1이면 음수가 된다).

코틀린은 8, 16, 32, 64비트의 정수 타입을 지원하며, 8비트는 Byte, 16비트는 Short, 32비트는 Int, 64비트는 Long으로 나타낸다.

12.1.2 부동 소수점 데이터 타입

코틀린의 부동 소수점floating point 데이터 타입은 4353.1223처럼 소수점이 있는 10진수를 저장하는 데 사용된다. 코틀린은 Float와 Double의 두 가지 부동 소수점 데이터 타입을 지원하며, 저장되는 값의 크기와 정밀도에 따라 사용될 타입이 달라진다. Double 타입은 64비트의 부동 소수점 수를 저장할 수 있으며 Float 타입은 32비트의 부동 소수점 수를 저장할 수 있다.

12.1.3 Boolean 데이터 타입

코틀린은 true 또는 false 값을 갖는 Boolean 데이터 타입을 지원한다. 여기서 true와 false는

Boolean 데이터 타입에만 사용되는 상수이며 모두 소문자여야 한다.

12.1.4 문자 데이터 타입

코틀린 Char 데이터 타입은 하나의 문자를 저장하는 데 사용된다. 이미 언급했듯이, 내부적으로 코틀린의 문자는 16비트 유니코드Unicode로 저장된다.

다음 코드에서는 다양한 문자를 Char 타입 변수에 저장한다.

```
val myChar1 = 'f'
val myChar2 = ':'
val myChar3 = 'X'
```

또는 직접 유니코드를 지정해도 된다. 다음 코드에서는 유니코드를 사용해서 대문자 'X'를 변수에 저장한다.

```
val myChar4 = '\u0058'
```

문자를 변수에 지정할 때는 작은따옴표single quote를 사용한다.

12.1.5 String 데이터 타입

String 데이터 타입은 단어나 문장으로 구성되는 문자열이다. 그리고 문자열 검색, 비교, 결합, 변경 등을 해주는 함수를 포함한다. 소스 코드에 한 줄로 된 문자열 값을 지정할 때는 다음과 같이 큰따옴표double quote를 사용한다.

그리고 줄바꿈을 나타내는 \n과 같은 이스케이프 시퀀스escape sequence 문자를 포함할 수 있다.

```
val message = "10개의 메시지가 있습니다.\n"
```

이와는 달리 소스 코드에 여러 줄로 된 문자열 값을 지정할 때는 인용 부호가 세 개인 """을 사용한다. 이 경우 왼쪽 여백과 줄바꿈이 모두 반영되어 우리가 입력한 네 줄의 문자열 값이 그대로 저장된다. 그리고 왼쪽 여백 없이 저장하고 싶을 때는 다음과 같이 trimMargin() 함수를 사용할 수 있으며, 여백 제거를 나타내는 문자를 이 함수의 인자로 전달하면 된다. 인자를 전달하지 않으면 '|' 문자가 기본으로 사용된다. 예를 들면 다음과 같다.

```
val message = """
    >마음은 미래를 바라느니
    >현재는 한없이 우울한 것
    >모든 것 하염없이 사라지나
    >지나가 버린 것 그리움 되리니 - (푸쉬킨)
```

```
    """.trimMargin(">")
 println(message)
```

이 경우 String 데이터 타입의 trimMargin(">") 함수 호출로 맨 앞의 >가 제거된다.

또한, 문자열, 변수, 상수, 표현식, 함수 호출을 같이 사용해서 문자열을 구성(결합)할 수도 있다. 예를 들어, 다음 코드에서는 서로 다른 종류의 소스로부터 새로운 문자열을 생성하고 콘솔로 출력한다.

```
val username = "John"
val inboxCount = 25
val maxcount = 100
val message =
"$username has $inboxCount messages. Message remaining is ${maxcount - inboxCount} messages."
println(message)
```

이 코드가 실행되면 다음과 같이 결과가 출력된다.

```
John has 25 messages. Message remaining is 75 messages.
```

여기서 변수 이름 앞에 $ 기호를 붙인 것을 문자열 **템플릿**template이라고 한다. 단, 배열과 표현식의 경우는 ${maxcount - inboxCount}와 같이 중괄호({})를 앞뒤로 붙인다. 또한, $ 기호 앞에 역슬래시(\)를 붙이면 템플릿으로 인식되지 않으므로 일반 문자로 처리된다. 예를 들어, println("\$greeting")의 경우는 greeting을 변수로 인식하지 않으므로 $greeting이 출력된다.

12.1.6 이스케이프 시퀀스

표준 문자에 추가하여 이스케이프 시퀀스라고 하는 특수 문자도 있다. 예를 들어, 문자열에 포함되는 줄바꿈, 탭, 특별한 유니코드 등이다. 이런 특수 문자는 문자 앞에 역슬래시(\)를 붙여서 나타낸다. 예를 들어, 다음 코드에서는 줄바꿈 문자를 newline 변수에 지정한다.

```
var newline = '\n'
```

어떤 문자이든 역슬래시가 앞에 붙으면 특수 문자로 간주된다. 따라서 역슬래시 문자 자체가 필요할 때는 다음과 같이 두 개의 역슬래시로 나타내야 한다.

```
var backslash = '\\'
```

코틀린이 지원하는 특수 문자는 다음과 같다.

- **\n** — 줄바꿈_{New line}
- **\r** — 캐리지 리턴_{Carriage return}
- **\t** — 수평 탭_{Horizontal tab}
- **** — 역슬래시_{Backslash}
- **\"** — 큰따옴표_{Double quote}. 문자열 안에 큰따옴표를 넣을 때 사용된다.
- **\'** — 작은따옴표_{Single quote}. 문자열 안에 작은따옴표를 넣을 때 사용된다.
- **\$** — 문자열 템플릿으로 인식되지 않게 할 때 사용된다.
- **\unnnn** — 2바이트의 유니코드 문자를 나타낼 때 사용되며, 여기서 nnnn은 4개의 16진수다.

12.2 가변 변수

변수_{variable}는 기본적으로 컴퓨터 메모리에 위치하며 앱에서 사용되는 데이터를 저장한다. 각 변수는 프로그래머가 정해 준 이름을 가지며 값이 지정된다. 그리고 선언된 변수 이름을 코틀린 코드에서 사용하여 해당 변수에 지정된 값을 사용할 수 있다. 이때 변수의 값을 읽는 것은 물론 변경도 할 수 있는 것을 가변 변수_{mutable variable}라고 한다.

12.3 불변 변수

상수_{constant}라고도 하는 불변 변수_{immutable variable}는 데이터 값을 저장하는 메모리 위치를 제공한다는 점에서는 가변 변수와 유사하다. 그러나 일단 값이 지정되면 이후에 변경할 수 없다는 차이점이 있다.

불변 변수는 앱 코드에서 반복 사용되는 값을 저장할 때 특히 유용하다. 이 경우 직접 상숫값을 코드에 넣는 것보다 변수 이름으로 참조하는 게 코드를 이해하기 쉽기 때문이다. 예를 들어, 표현식에 5라는 숫자 값이 있다면 어째서 5를 사용했는지 알기 어려울 것이다. 그러나 5를 값으로 갖는 interestRate라는 이름의 불변 변수를 사용한다면 값의 의미를 훨씬 더 알기 쉬울 것이다. 불변 변수는 또 다른 장점이 있다. 앱 코드의 여기저기에서 많이 사용되는 값을 변경해야 할 경우 이 값이 불변 변수로 선언되어 있다면 해당 변수의 선언만 변경하면 되기 때문이다.

12.4 가변 변수와 불변 변수 선언하기

가변 변수는 var 키워드를 사용해서 선언하며 초깃값을 줄 수 있다. 예를 들면 다음과 같다.

```
var userCount = 10
```

이 코드에서는 변수 타입을 지정하지 않았다. 코틀린 컴파일러가 초깃값과 같은 타입(이 경우는 Int) 으로 변수 타입을 추론해 주기 때문이다. 그러나 만일 초깃값을 지정하지 않고 변수를 선언한다면 반 드시 변수 타입을 선언해야 한다(이 내용은 뒤에서 자세히 알아본다). 예를 들어, 변수를 선언한 후 초 깃값을 지정하는 코드는 다음과 같다.

```
var userCount: Int
userCount = 42
```

불변 변수는 val 키워드를 사용해서 선언한다.

```
val maxUserCount = 20
```

가변 변수와 마찬가지로 초깃값을 지정하지 않으면 반드시 변수 타입을 선언해야 한다.

```
val maxUserCount: Int
maxUserCount = 20
```

코틀린 코드를 작성할 때 가변 변수보다는 가능한 한 불변 변수를 사용하는 것이 좋다.

12.5 데이터 타입은 객체다

코틀린의 모든 데이터 타입은 **객체**이며, 해당 타입에 특화된 작업을 처리할 수 있는 다양한 함수와 속성을 제공한다. 이 함수와 속성은 점(.)을 사용해서 호출 및 참조할 수 있다. 즉, 변수 이름 다음 에 점(.)을 넣고 그다음에 함수나 속성 이름을 붙이면 된다.

예를 들어, String 클래스의 toUpperCase() 함수를 호출하여 String 타입 변수의 문자열 값을 대 문자로 변환할 수 있다.

```
val myString = "The quick brown fox"
val uppercase = myString.toUpperCase()
```

이와 유사하게 문자열의 길이(문자 수)는 length 속성을 사용하여 알 수 있다.

```
val length = myString.length
```

또한, 문자열 비교나 특정 단어의 존재 여부 검사와 같은 특정 작업을 처리하기 위해 String 클래 스에 있는 함수도 사용할 수 있다. 예를 들어, 다음 코드에서는 Boolean 값인 **true**를 반환한다. myString 변수에 지정된 문자열 안에 'fox'라는 단어가 있기 때문이다.

```
val myString = "The quick brown fox"
val result = myString.contains("fox")
```

모든 숫자 데이터 타입은 데이터 타입을 변환하는 함수를 포함한다. 예를 들어, Int 타입을 Float 타입으로 변환한다.

```
val myInt = 10
val myFloat = myInt.toFloat()
```

코틀린 데이터 타입 클래스의 속성과 함수는 굉장히 많아서 이 책에서 자세히 설명하기는 어렵다. 이 내용은 다음 웹 페이지의 코틀린 문서를 참고하기 바란다.

URL https://kotlinlang.org/api/latest/jvm/stdlib/kotlin/

12.6 타입 애노테이션과 타입 추론

코틀린은 정적 타입 프로그래밍 언어에 속한다. 즉, 일단 변수의 타입이 선언되면 이후에는 다른 타입의 데이터를 저장할 수 없다는 의미다. 이것은 타입 선언 이후에도 다른 타입의 데이터를 저장할 수 있는 동적 타입 프로그래밍 언어와 상반된다.

코틀린에서 변수의 타입이 지정되는 방법은 두 가지가 있다. 첫 번째, 변수를 선언할 때 **타입 애노테이션**type annotation으로 지정하는 방법이다. 이때는 변수 이름 다음에 콜론(:)을 붙이고 타입을 선언한다. 예를 들어, 다음 코드에서는 userCount 변수를 Int 타입으로 선언하고 초기화한다.

```
val userCount: Int = 10
```

두 번째, 변수를 선언할 때 타입 애노테이션을 지정하지 않으면 코틀린 컴파일러가 **타입 추론**type inference을 사용해서 해당 변수의 타입을 결정해 준다. 이때 컴파일러는 변수에 초기화되는 값의 타입을 해당 변수의 타입으로 간주한다. 예를 들어, 다음 코드를 보자.

```
var signalStrength = 2.231
val companyName = "My Company"
```

코틀린 컴파일러는 이 코드를 컴파일할 때 signalStrength 변수가 Double 타입이라고 추론한다. 모든 부동 소수점 수는 기본적으로 Double 타입으로 간주하기 때문이다. 그리고 불변 변수(상수)인 companyName은 String 타입으로 추론한다.

불변 변수가 타입 애노테이션 없이 선언될 때는 반드시 선언 시점에 초깃값이 지정되어야 한다.

```
val bookTitle = "Android Studio Development Essentials"
```

그러나 타입 애노테이션을 지정하여 불변 변수를 선언할 때는 초깃값을 나중에 지정할 수 있다. 예를 들면 다음과 같다.

```
val iosBookType = false
val bookTitle: String

if (iosBookType) {
    bookTitle = "iOS App Development Essentials"
} else {
    bookTitle = "Android Studio Development Essentials"
}
```

12.7 null 가능 타입

코틀린의 **null 가능 타입**nullable type은 대부분의 다른 프로그래밍 언어에는 없는 개념이다(Swift 언어에는 이와 유사한 optional 타입이 있다). Null 가능 타입의 목적은 변수가 null 값을 가질 수 있는 경우에 안전하고 일관된 처리를 하는 것이다. 달리 말해, 예기치 않던 null 값으로 인해 발생하는 null 포인터 예외(에러)에 의해 코드 실행이 중단되는 문제를 막기 위한 것이다.

기본적으로 코틀린의 변수는 null 값을 지정 및 저장할 수 없는 **null 불가능**non-null 타입이다. 예를 들어, 다음 코드를 보자.

```
val username: String = null
```

이 코드를 컴파일하면 다음의 컴파일 에러가 발생한다.

```
Error: Null cannot be a value of a non-null type String
```

따라서 변수에 null 값을 저장할 필요가 있다면 타입 선언에 물음표(?)를 붙여서 null 가능 타입으로 선언해야 한다.

```
val username: String? = null
```

이 경우 username 변수는 null 값을 지정하고 가질 수 있고 컴파일 에러도 생기지 않는다. 그리고 이처럼 null 가능 타입으로 변수가 선언되면 null 포인터 예외가 생길 수 있는 경우에 해당 변수를 사용할 수 없도록 컴파일러가 막는다. 예를 들어, null 가능 타입의 변숫값은 null 불가능 타입의 변수에 지정할 수 없다.

```
val username: String? = null
val firstname: String = username
```

이 코드는 다음의 컴파일 에러가 발생한다.

```
Error: Type mismatch: inferred type is String? but String was expected
```

firstname 변수는 null 불가능 String 타입인데 이 변수에 지정되는 값이 null 가능 타입인
String?이라서 안 된다는 이야기다.

따라서 이럴 때는 다음과 같이 null 가능 변수의 값이 null이 아닌지 확인하는 코드를 추가해야
한다.

```
val username: String? = null

if (username != null) {
    val firstname: String = username
}
```

이렇게 하면 username 변수의 값이 null이 아닐 때만 firstname 변수에 지정되므로 코드가 안전하
게 된다.

12.8 안전 호출 연산자

Null 가능 변수는 함수 호출이나 속성 참조 시에도 보통의 방법으로는 사용할 수 없다. 이번 장 앞
의 예에 나왔던 toUpperCase() 함수는 String 객체에서 호출되었다. 그러나 null 값으로 참조되는
다음의 String? 객체에서는 toUpperCase() 함수의 호출이 허용되지 않는다.

```
val username: String? = null
val uppercase = username.toUpperCase()
```

이 경우 발생하는 컴파일 에러 메시지는 다음과 같다.

```
Error: (Only safe (?.) or non-null asserted (!!.) calls are allowed on a nullable
receiver of type String?
```

이 코드의 경우 컴파일러가 함수 호출을 거부한다. String? 객체를 참조하는 username 변수가
null이 아니라는 것을 검사하지 않기 때문이다. 따라서 이때는 username 변수가 null이 아니라는
것을 함수 호출 전에 검사하는 코드를 다음과 같이 추가해야 한다.

```
if (username != null) {
    val uppercase = username.toUpperCase()
}
```

그러나 이것보다 훨씬 더 효율적인 방법이 있다. 다음과 같이 **안전 호출 연산자**safe call operator인 ?.을 사용하는 것이다.

```
val uppercase = username?.toUpperCase()
```

이 경우 username 변숫값이 null이면 toUpperCase() 함수는 호출되지 않으며 그다음 줄의 코드가 실행된다. 이와는 달리 null이 아닌 경우는 toUpperCase() 함수가 호출되고 결괏값이 uppercase 변수에 지정된다.

함수 호출에 추가하여 안전 호출 연산자는 속성을 참조할 때도 사용될 수 있다. 여기서 length는 문자열의 길이(문자 수)를 반환하는 String 객체의 속성이다.

```
val uppercase = username?.length
```

12.9 Not-null 어서션

Not-null 어서션assertion을 사용하면 null 가능 타입의 모든 제약을 받지 않는다. 따라서 null 불가능 타입과 동일한 방법으로 사용할 수 있다(null 값이 지정되어도 마찬가지다). Not-null 어서션은 변수 이름 끝에 두 개의 느낌표(!!)를 붙여서 나타내며 예를 들면 다음과 같다.

```
val username: String? = null
val length = username!!.length
```

이 코드는 에러 없이 컴파일된다. 그러나 null로 참조되는, 즉 존재하지 않는 String 객체의 속성을 참조했으므로 런타임 시에 다음의 null 포인터 예외가 발생한다.

```
Exception in thread "main" kotlin.KotlinNullPointerException
```

따라서 not-null 어서션은 변수(앞 코드에서는 username)의 값이 확실하게 null이 아닐 때만 사용해야 한다. 그러나 null 포인터 예외가 코드의 어디에서 생기는지 찾을 때 디버깅 목적으로 not-null 어서션을 사용할 수도 있다.

12.10 Null 가능 타입과 let 함수

12.8절에서는 null 가능 타입의 함수를 호출할 때 안전 호출 연산자를 사용하는 방법을 알아보았다. 이 방법을 사용하면 해당 변수를 사용할 때마다 if 문을 작성하지 않아도 null 값인지 쉽게 확인할 수 있다. null이 아닌 인자를 받는 함수에 null 가능 타입의 변숫값을 인자로 전달할 때도 그와 유사한 문제가 생긴다. 예를 들어, Int 데이터 타입의 times() 함수를 생각해 보자. Int 타입의 변수(실제로는 객체)에 times() 함수를 호출하면서 또 다른 정숫값을 인자로 전달하면 이 함수는 두 개의 값(변수의 값과 인자의 값)을 곱한 후 결과로 반환한다. 예를 들어, 다음 코드가 실행되면 콘솔에 200이 출력된다.

```
val firstNumber = 10
val secondNumber = 20

val result = firstNumber.times(secondNumber)
print(result)
```

이 코드에서는 secondNumber 변수가 null 불가능 타입이므로 별 문제 없이 실행된다. 그러나 secondNumber 변수가 null 가능 타입으로 선언된다면 문제가 발생한다.

```
val firstNumber = 10
val secondNumber: Int? = 20

val result = firstNumber.times(secondNumber)
print(result)
```

이 경우는 null 불가능 타입을 인자로 받는 함수에 null 가능 타입을 전달하므로 다음의 컴파일 에러가 발생한다.

```
Error: Type mismatch: inferred type is Int? but Int was expected
```

이 문제의 해결책은 times() 함수를 호출하기에 앞서, 인자로 전달되는 변수의 값이 null이 아님을 검사하는 if 문을 작성하는 것이다.

```
val firstNumber = 10
val secondNumber: Int? = 20

if (secondNumber != null) {
    val result = firstNumber.times(secondNumber)
    print(result)
}
```

그러나 이 경우는 let 함수를 사용하면 더 편리하다. 이 함수를 null 가능 타입의 객체에 대해 호출하면 null 가능 타입을 it라는 null 불가능 변수로 변환해 준다. 따라서 let 함수에 지정하는 람다식lambda expression에서 it를 사용하면 된다(람다식은 이후의 다른 장에서 배운다). 예를 들면 다음과 같다.

```
secondNumber?.let {
    val result = firstNumber.times(it)
    print(result)
}
```

이 코드를 보면 알 수 있듯이, secondNumber에 대해 let 함수를 호출할 때 안전 호출 연산자를 사용한다는 것에 유의하자. secondNumber의 값이 null이 아닐 때만 times() 함수를 호출해야 하기 때문이다.

12.11 늦초기화(lateinit)

이미 이야기했듯이, null 불가능 타입은 선언 시에 또는 사용에 앞서 초기화(초깃값 지정)되어야 한다. 그러나 초깃값을 선언 시점에는 알 수 없고 나중에 코드가 실행되어야 알 수 있다면 불편할 것이다. 이런 경우에 lateinit 키워드를 사용하면 된다. 이것은 해당 변수가 나중에 초기화된다는 것을 나타낸다. lateinit의 장점은 null 불가능 타입 변수가 선언된 후 나중에 초기화될 수 있다는 것이다. 그러나 해당 변수를 사용하기 전에 초기화하는 것은 전적으로 프로그래머의 책임이라는 것이 단점이다. 다음의 변수 선언을 보자.

```
var myName: String
```

이 코드에서는 null 불가능 타입인 myName 변수를 선언만 하고 초기화하지 않는다. 그러나 프로그램이 실행된 후에 초깃값이 지정된다고 한다면 다음과 같이 lateinit를 사용할 수 있다.

```
lateinit var myName: String
```

그리고 이렇게 하면 다음과 같이 나중에 값을 지정할 수 있다.

```
myName = "John Smith"
print("My Name is " + myName)
```

물론 myName 변수를 초기화하기 전에 사용한다면 예외가 발생한다.

```
lateinit var myName: String
print("My Name is " + myName)

Exception in thread "main" kotlin.UninitializedPropertyAccessException: lateinit property
myName has not been initialized
```

lateinit 변수가 초기화되었는지 확인하려면 해당 변수의 isInitialized 속성을 검사하면 된다.
그리고 이때는 변수 이름 앞에 '::' 연산자를 붙여서 이 속성을 사용해야 한다.

```
if (::myName.isInitialized) {
    print("My Name is " + myName)
}
```

12.12 엘비스 연산자

코틀린의 엘비스 연산자Elvis operator인 ?:은 null 가능 타입과 함께 사용될 수 있다('로큰롤의 왕'으로 유
명했던 엘비스 프레슬리의 이모티콘과 유사하다고 해서 엘비스 연산자라고 한다). 이 연산자의 왼쪽 피연산
자 값이 null이 아니면 왼쪽 피연산자의 결괏값을 반환하고, null이면 오른쪽 피연산자의 결괏값을
반환한다. 여기서 피연산자는 변수, 표현식, 함수 호출 모두 가능하며, 피연산자가 함수 호출일 때는
해당 함수가 실행되어 그 결괏값이 반환된다. 이 연산자는 null 값을 검사하는 if-else 문을 빨리
작성할 수 있는 방법이라고 생각할 수 있다. 예를 들어, 다음 코드를 보자.

```
val myString: String? = "Value"

if (myString != null) {
    println(myString)
} else {
    println("String is null")
}
```

엘비스 연산자를 사용하면 이 코드(if 문)를 다음과 같이 한 줄로 작성할 수 있다.

```
println(myString ?: "String is null")
```

12.13 타입 변환과 타입 검사

코틀린 코드를 컴파일할 때 컴파일러는 객체의 타입을 추론한다. 그러나 컴파일러가 타입을 알 수
없는 경우가 생긴다. 주로 값의 타입이 모호하거나 특정되지 않은 객체의 타입이 함수 호출로 반환
되는 경우다. 이때는 우리 코드에서 원하는 객체의 타입을 컴파일러에게 알려 주거나, 해당 객체가

특정 타입에 속하는지 검사하는 코드를 작성해야 한다.

코드에서 원하는 객체 타입을 컴파일러에게 알려 주는 것을 **타입 변환**_{type casting}이라고 하며, 이때 as 연산자를 사용한다. 예를 들어, 다음 코드에서는 getSystemService() 함수의 반환 결과가 KeyguardManager 타입의 객체라고 컴파일러에게 알려 준다.

```
val keyMgr = getSystemService(Context.KEYGUARD_SERVICE) as KeyguardManager
```

코틀린 언어에는 안전과 비안전 타입 변환 연산자가 모두 있다. 방금 전 코드의 타입 변환은 비안전 타입 변환이라서 만일 타입 변환이 수행될 수 없으면 예외가 발생한다. 반면에 안전 타입 변환의 경우는 as? 연산자를 사용하며, 타입 변환이 수행될 수 없을 때는 예외 발생 대신 null이 반환된다.

```
val keyMgr = getSystemService(Context.KEYGUARD_SERVICE) as? KeyguardManager
```

객체가 특정 타입인지 확인할 때는 is 연산자를 사용한다. 예를 들면 다음과 같다.

```
if (keyMgr is KeyguardManager) {
    // keyMgr은 KeyguardManager 객체다
}
```

12.14 요약

이번 장에서는 코틀린의 기본 데이터 타입 및 변수 선언 방법을 알아보았다. 또한, null 가능 타입, 엘비스 연산자, 타입 변환과 타입 검사 연산자 등의 개념도 살펴보았다. 이 모든 것은 코틀린 프로그래밍의 구성 요소이며 코드 작성의 에러가 없도록 설계된 것이다.

13

코틀린 연산자와 표현식

앞 장까지는 코틀린의 변수와 상수 및 데이터 타입에 관해 알아보았다. 다음으로 배워야 할 것은 코틀린 코드에서 변수를 사용하는 방법이다. 변수의 데이터는 표현식expression의 형태로 사용한다.

13.1 코틀린의 표현식 문법

가장 기본적인 표현식은 연산자operator와 두 개의 피연산자operand로 구성된다. 예를 들어, 다음 코드에서는 1 + 2가 표현식이다.

```
val myresult = 1 + 2
```

이 코드에서는 + 연산자를 사용하여 두 개의 피연산자 값(1과 2)을 더한다. 그리고 대입 연산자인 =에서 덧셈의 결과를 myresult 변수에 지정한다. 피연산자는 실제 값 대신 변수(또는 값과 변수가 섞인 형태)가 될 수도 있다.

이번 장의 나머지 부분에서는 코틀린에서 사용할 수 있는 기본적인 연산자를 알아볼 것이다.

13.2 기본적인 대입 연산자

가장 기본적인 연산자인 =은 앞에서 이미 사용했었다. 이 대입 연산자는 표현식의 결과를 변수에 지정하며 두 개의 피연산자를 갖는다.

왼쪽 피연산자는 값이 지정되는 변수이며, 오른쪽 피연산자는 지정되는 값이다. 대개 오른쪽 피연산자는 산술이나 논리 계산을 하거나 함수를 호출하는 표현식이며 이것의 결과가 변수에 지정된다. 대입 연산자의 올바른 사용 예는 다음과 같다.

```
var x: Int // 가변 Int 변수를 선언한다.
val y = 10 // 불변 Int 변수를 선언 및 초기화한다.
x = 10 // 값인 10을 x에 대입한다.
x = x + y // x + y의 결과를 x에 대입한다.
x = y // y의 값을 x에 대입한다.
```

13.3 코틀린 산술 연산자

코틀린은 산술 표현식을 만들기 위한 다양한 연산자를 제공한다. 이 연산자는 주로 두 개의 피연산자를 갖는 **이항 연산자**binary operator로 분류된다. 단, 음수 값을 나타내기 위해 사용되는 단항 음수 연산자unary negative operator인 –는 예외이며, 이 연산자는 두 개의 피연산자를 갖는 뺄셈 연산자와는 다르다. 예를 들면 다음과 같다.

```
var x = -10 // 음수를 나타내는 단항 - 연산자
x = x - 5 // 뺄셈 연산자이며 x 값에서 5를 뺀다.
```

표 13-1에서는 코틀린의 산술 연산자를 보여 준다.

표 13-1

연산자	설명
–(단항)	변수나 표현식 값의 음수 값을 나타낸다(값이 음수일 때는 양수가 됨).
*	곱셈
/	나눗셈
+	덧셈
–	뺄셈
%	나머지

하나의 표현식에는 다수의 산술 연산자가 사용될 수 있다. 예를 들면 다음과 같다.

```
x = y * 10 + z - 5 / 4
```

그리고 *, /, % 연산자의 연산 우선순위는 동일하지만 +, -보다는 높으므로 같은 표현식에 있을 때 먼저 연산되며, 우선순위가 같을 때는 왼쪽 연산자부터 연산된다.

13.4 복합 대입 연산자

앞에서는 기본 대입 연산자(=)를 알아보았다. 코틀린은 산술 연산자와 대입 연산자를 결합한 **복합 대입 연산자**를 제공한다. 이 연산자는 연산의 결과를 다시 피연산자에 저장할 때 사용된다. 예를 들어, 다음 표현식을 보자.

```
x = x + y
```

이 표현식에서는 변수 x와 y의 값을 더한 후 결괏값을 x에 저장한다. 이때 다음과 같이 덧셈 복합 대입 연산자를 사용하면 이 표현식을 더 간단하게 만들 수 있다.

```
x += y
```

여기서는 x = x + y와 똑같은 연산을 수행하지만 코드 입력을 줄여 준다.

코틀린에는 다양한 복합 대입 연산자가 있다. 표 13-2에서는 가장 많이 사용하는 복합 대입 연산자를 보여 준다.

표 13-2

연산자	설명
x += y	x와 y의 값을 더한 후 결괏값을 x에 저장한다.
x -= y	x 값에서 y 값을 뺀 후 결괏값을 x에 저장한다.
x *= y	x와 y의 값을 곱한 후 결괏값을 x에 저장한다.
x /= y	x 값을 y 값으로 나눈 후 결괏값을 x에 저장한다.
x %= y	x 값을 y 값으로 나눈 후 나머지 값을 x에 저장한다.

13.5 증가와 감소 연산자

코틀린의 증감 연산자 역시 코드 입력을 줄여 준다. 증감 연산자는 하나의 피연산자만 가지므로 단항 연산자라고도 한다. 다음 코드를 보자.

```
x = x + 1 // 변수 x의 값을 1만큼 증가시킨다.
x = x - 1 // 변수 x의 값을 1만큼 감소시킨다.
```

이 표현식에서는 변수 x의 값을 1만큼 증가 또는 감소시킨다. 그러나 이 방법 대신 증감 연산자인 ++나 --를 사용하면 더 빨리 코드를 작성할 수 있다. 이 코드와 똑같은 일을 수행하는 증감 연산자 사용 코드는 다음과 같다.

```
x++ // 변수 x의 값을 1만큼 증가시킨다.
x-- // 변수 x의 값을 1만큼 감소시킨다.
```

이 연산자는 변수 이름 앞이나 뒤에 나올 수 있다. 만일 변수 이름 앞에 나오면 증감 연산이 먼저 수행된 후 해당 변수가 포함된 같은 표현식의 다른 연산이 수행된다. 예를 들어, 다음 코드에서는 x 의 값이 증가된 후 y에 지정되므로 x와 y의 값은 모두 10이 된다.

```
var x = 9
val y = ++x
```

그러나 다음 코드에서는 현재 x의 값인 9가 y에 먼저 대입된 후 x의 값이 1만큼 감소한다. 따라서 최종 결과는 y의 값이 9, x의 값이 8이 된다.

```
var x = 9
val y = x--
```

13.6 동등 연산자

코틀린은 또한, 비교를 하는 데 유용한 비교 연산자를 갖고 있다. 이 연산자는 모두 Boolean 타입의 결괏값인 true나 false를 반환하며, 두 개의 피연산자를 가지므로 이항 연산자다.

비교 연산자 중 가장 많이 사용되는 것이 **동등 연산자**다. 예를 들어, 두 변수의 값이 같은지 비교하는 if 문은 다음과 같다.

```
if(x == y)
    // 두 값이 같을 때 실행되는 코드
}
```

비교의 결과는 Boolean 변수에 저장될 수 있다. 예를 들어, 다음 코드에서는 비교 결과가 result 변수에 저장된다.

```
var result: Boolean
val x = 10
val y = 20
result = x < y
```

10은 20보다 작으므로 x < y 표현식의 결과는 true다. 코틀린의 비교 연산자 내역은 표 13-3과 같다.

표 13-3

연산자	설명
x == y	x와 y가 같으면 true를 반환한다.
x > y	x가 y보다 크면 true를 반환한다.
x >= y	x가 y보다 크거나 같으면 true를 반환한다.
x < y	x가 y보다 작으면 true를 반환한다.
x <= y	x가 y보다 작거나 같으면 true를 반환한다.
x != y	x와 y가 같지 않으면 true를 반환한다.

13.7 논리 연산자

코틀린은 또한, 논리 연산자를 제공한다. 이 연산자는 피연산자와 결괏값 모두 Boolean 타입의 true 나 false다. 논리 연산자에는 NOT(!), AND(&&), OR(||)가 있다.

NOT(!) 연산자는 현재의 Boolean 변숫값 또는 표현식의 결괏값과 반대가 되는 값을 반환한다. 예를 들어, flag 변수의 값이 true라면 !flag는 false가 된다.

```
val flag = true // flag 변수의 값은 true가 된다.
val secondFlag = !flag // secondFlag 변수의 값은 false가 된다.
```

OR(||) 연산자는 두 개의 피연산자 중 하나가 true이면 결과는 true가 되며 그렇지 않으면 false가 된다. 예를 들어, 다음 if 문의 결과는 true가 된다. OR 연산자의 피연산자 중 하나가 true이기 때문이다. (|| 대신 or를 사용해도 된다.)

```
if ((10 < 20) || (20 < 10)) {
    print("표현식의 결과가 true임")
}
```

AND(&&) 연산자는 두 개의 피연산자 모두 true일 때만 결과가 true가 된다. 다음 if 문의 결과는 false가 된다. AND 연산자의 피연산자 중 하나만 true이기 때문이다. (&& 대신 and를 사용해도 된다.)

```
if ((10 < 20) && (20 < 10)) {
    print("표현식의 결과가 true임")
}
```

13.8 범위 연산자

코틀린은 값의 범위range를 선언할 수 있는 유용한 연산자를 갖고 있다. 다음 장에서 보겠지만, 이 연산자는 반복 수행하는 코드에서 사용하면 매우 유용하다.

범위 연산자는 ..을 사용해서 다음과 같이 나타낸다.

```
x..y
```

여기서는 x부터 y까지의 숫자 범위를 나타내며, x와 y 값도 범위에 포함된다(이것을 폐쇄 범위라고 한다). 예를 들어, 5..8은 5, 6, 7, 8을 나타낸다.

13.9 비트 연산자

이미 이야기했듯이, 컴퓨터 프로세서는 모든 것을 2진수로 처리하며 1 또는 0의 값을 갖는 8개의 비트가 모여서 한 바이트를 구성한다. 그리고 당연하지만 프로그래머는 비트 단위의 값을 처리할 수 있다. 이를 위해 코틀린은 다양한 비트 연산자_{bitwise operator}를 제공한다.

C, C++, C#, Objective-C, 자바 언어의 비트 연산자에 익숙한 사람은 코틀린의 비트 연산자가 특별히 새롭거나 어렵지 않을 것이다. 그러나 2진수에 익숙하지 않은 사람은 비트 연산자를 통해 비트에 대한 이해를 더할 수 있는 기회가 될 것이다.

우선, 10진수 171을 2진수로 나타내면 다음과 같다.

```
10101011
```

그리고 10진수 3을 2진수로 나타내면 다음과 같다.

```
00000011
```

지금부터는 두 개의 2진수를 사용해서 코틀린의 비트 연산자를 살펴보자.

13.9.1 비트 반전

NOT이라고도 하는 비트 반전_{inversion}은 inv() 함수를 사용해서 수행되며, 값의 모든 비트를 반대로 바꾼다(1은 0으로, 0은 1로).

따라서 다음과 같이 3에 NOT 연산을 하면 결과는 10진수 -4인 11111100이 된다.

```
00000011 NOT
========
11111100
```

이것을 코드로 작성하면 다음과 같으며, 결과로 -4가 출력된다.

```
val y = 3
val z = y.inv()
print("Result is $z")
```

13.9.2 비트 AND

비트 AND는 and() 함수를 사용한다. 두 값의 대응되는 각 비트를 비교하여 두 비트가 모두 1이면 결과 비트가 1이 되며, 둘 중 어느 하나라도 0이면 결과 비트는 0이 된다.

앞의 171과 3을 비트 AND 하면 다음과 같다.

```
10101011 AND
00000011
========
00000011
```

이것을 보면 알 수 있듯이, 오른쪽 끝의 두 비트만 1이 된다. 이것을 코드로 작성하면 다음과 같으며, 결과로 3이 출력된다.

```
val x = 171
val y = 3
val z = x.and(y)
print("Result is $z")
```

13.9.3 비트 OR

비트 OR는 or() 함수를 사용한다. 두 값의 대응되는 각 비트를 비교하여 둘 중 어느 하나라도 1이면 결과 비트는 1이 된다.

앞의 171과 3을 비트 OR 하면 다음과 같다.

```
10101011 OR
00000011
========
10101011
```

이것을 코드로 작성하면 다음과 같으며, 결과로 171이 출력된다.

```
val x = 171
val y = 3
val z = x.or(y)
print("Result is $z")
```

13.9.4 비트 XOR

비트 XOR은 xor() 함수를 사용한다. 두 값의 대응되는 각 비트를 비교하여 두 비트가 서로 다르면(둘 중 하나가 1) 결과 비트가 1이 되며, 두 비트가 모두 같으면(모두 1이거나 0) 결과 비트는 0이 된다.

앞의 171과 3을 비트 XOR 하면 다음과 같다.

```
10101011 XOR
00000011
========
10101000
```

결과는 10진수 168인 10101000이 된다. 이것을 코드로 작성하면 다음과 같으며, 결과로 168이 출력된다.

```
val x = 171
val y = 3
val z = x.xor(y)
print("Result is $z")
```

13.9.5 비트 왼쪽 이동

비트 왼쪽 이동shift left, shl은 shl() 함수를 사용하며, 부호 비트는 그대로 두고 왼쪽으로 비트가 이동한다(부호 비트는 제일 왼쪽에 있다). 정수의 경우 n비트 왼쪽 이동을 하면 2^n을 곱하는 효과가 생긴다.

왼쪽으로 비트를 이동한 후 남는 오른쪽 비트에는 0이 채워진다.

```
00101011 한 비트 왼쪽 이동
========
01010110
```

shl() 함수를 사용할 때는 이동할 비트 수를 인자로 전달할 수 있다. 예를 들어, 다음 코드에서는 왼쪽으로 1비트 이동한다.

```
val x = 43
val z = x.shl(1)
print("Result is $z")
```

이 코드를 실행하면 결과로 86(2진수로는 01010110)이 출력된다.

13.9.6 비트 오른쪽 이동

비트 오른쪽 이동shift right, shr은 shr() 함수를 사용하며, 부호 비트는 그대로 두고 오른쪽으로 비트가 이동한다(부호 비트는 제일 왼쪽에 있다). 정수의 경우 n비트 오른쪽 이동을 하면 2^n으로 나눈 후 나머지 값은 버리는 효과가 생긴다.

```
00101011 한 비트 오른쪽 이동
========
00010101
```

shr() 함수를 사용할 때는 이동할 비트 수를 인자로 전달할 수 있다. 예를 들어, 다음 코드에서는 오른쪽으로 1비트 이동한다.

```
val x = 43
val z = x.shr(1)
print("Result is $z")
```

이 코드를 실행하면 결과로 21(2진수로는 00010101)이 출력된다.

13.10 요약

연산자와 표현식은 변수와 상수를 사용하는 메커니즘을 제공한다. 그리고 표현식의 결과는 대입 연산자를 사용해서 변수에 저장된다. 이번 장에서 알아보았듯이 코틀린에는 다양한 부류의 연산자가 있다.

CHAPTER 14

코틀린 흐름 제어

어떤 프로그래밍 언어를 사용하든 앱에 포함된 실행 로직에서는 하나 이상의 조건에 기반하여 실행할 코드와 횟수를 결정해야 한다.

이것을 흐름 제어_{flow control}라고 한다. 프로그램 실행의 흐름을 제어하는 것이기 때문이다. 일반적으로 흐름 제어에는 루프_{loop} 흐름 제어(코드의 반복 실행)와 조건 흐름 제어(코드 실행 여부 결정)가 포함된다. 이번 장에서는 코틀린의 흐름 제어를 알아본다.

14.1 루프 흐름 제어

우선, 루프 형태의 흐름 제어부터 알아보자. 루프는 지정된 조건이 충족되는 동안 반복 실행되는 코틀린 코드다.

14.1.1 for-in 문

for-in 루프는 컬렉션_{collection}이나 숫자 범위에 포함된 항목을 반복 처리하는 데 사용된다. for-in 루프의 문법은 다음과 같다.

```
for (변수명 in '컬렉션이나 범위') {
    // 실행될 코드
}
```

여기서 **변수명**은 루프가 반복될 때 컬렉션이나 범위의 현재 항목을 참조하는 변수 이름이며 루프 내부의 코드에서 사용된다. 루프가 반복되는 동안 컬렉션이나 범위는 자신이 저장한 항목을 참조한다. 컬렉션의 예로는 문자열이나 숫자 또는 객체가 저장된 배열_{array}이나 List 등이 있으며, 범위의 예로는 range 연산자가 될 수 있다.

다음의 for-in 루프를 보자.

```
for (index in 1..5) {
    println("Value of index is $index")
}
```

이 루프는 숫자 범위의 현재 항목을 index 변수에 지정하면서 시작한다. 그리고 1부터 5까지의 숫자 범위 값을 반복 처리하면서 index 변수에 지정되는 값을 콘솔로 출력한다. 아래는 실행 결과다.

```
Value of index is 1
Value of index is 2
Value of index is 3
Value of index is 4
Value of index is 5
```

for-in 루프는 하나 이상의 항목을 포함하는 어떤 객체도 반복 처리할 수 있으며 배열과 같은 컬렉션에 사용하면 특히 유용하다. 예를 들어, 다음 루프에서는 지정된 문자열의 각 문자를 출력한다.

```
for (index in "Hello") {
    println("Value of index is $index")
}
```

for-in 루프에는 downTo와 until 함수를 사용할 수 있다. downTo 함수는 for-in 루프에서 지정된 컬렉션을 거꾸로 반복 처리하게 한다.

예를 들어, 다음 for-in 루프에서는 100부터 1씩 감소시키면서 90이 될 때까지 반복 처리한다.

```
for (index in 100 downTo 90) {
    print("$index.. ")
}
```

이 코드가 실행되면 다음 결과가 출력된다.

```
100.. 99.. 98.. 97.. 96.. 95.. 94.. 93.. 92.. 91.. 90..
```

반면에 until 함수는 for-in 루프에서 지정된 컬렉션을 처음부터 반복 처리하게 한다. 예를 들어, 다음 for-in 루프에서는 1부터 1씩 증가시키면서 10이 될 때까지 반복 실행한다. 단, until 함수에 지정된 마지막 숫자(범위)는 처리에서 제외된다.

```
for (index in 1 until 10) {
    print("$index.. ")
}
```

이 코드가 실행되면 10은 제외되고 다음 결과가 출력된다.

```
1.. 2.. 3.. 4.. 5.. 6.. 7.. 8.. 9..
```

step 함수를 사용하면 매 반복마다 증가될 값을 지정할 수 있다. 다음 for-in 루프에서는 0부터 10씩 증가시키면서 100이 될 때까지 반복 처리한다.

```
for (index in 0 until 100 step 10) {
    print("$index.. ")
}
```

이 코드가 실행되면 100은 제외되고 다음 결과가 출력된다.

```
0.. 10.. 20.. 30.. 40.. 50.. 60.. 70.. 80.. 90..
```

14.1.2 while 루프

for-in은 루프에서 몇 번을 반복 처리할지 아는 경우에 사용한다. 그러나 반복 처리 횟수는 모르고 특정 조건을 충족할 때까지 반복 처리해야 하는 경우가 있다. 이때는 while 루프를 사용한다.

while 루프는 지정된 조건이 충족될 동안만 루프를 반복 처리하며 문법은 다음과 같다.

```
while (조건식) {
    // 실행 코드
}
```

여기서 조건식은 true나 false 중 하나를 반환하는 표현식이 될 수 있으며, true인 경우에 루프 내부의 코드가 실행된다. 다음 예를 보자.

```
var myCount = 0

while (myCount < 100) {
    myCount++
    println(myCount)
}
```

여기서는 while 루프의 조건식에서 myCount 변숫값이 100보다 작은지 검사한다. 그리고 100보다 작지 않으면 while 루프 내부의 코드가 실행되지 않고 루프가 끝난다.

반면에 myCount 변숫값이 100보다 작으면 while 루프 내부의 코드가 실행된 후 다시 조건식에서 myCount 변숫값이 100보다 작은지 검사하면서 반복 실행된다. 따라서 이 while 루프는 myCount 변숫값이 100 이상이 될 때까지 반복 실행된다.

while 루프를 사용할 때는 알아 둘 것이 있다. 첫 번째 실행 시에 조건식이 false가 되면 while 루프가 한 번도 실행되지 않는다. 또한, while 루프의 조건식에서 검사하는 변수의 값을 루프 내부에서 증가 또는 감소시키지 않으면 **무한 루프**를 실행할 수 있으니 주의해야 한다.

14.1.3 do...while 루프

while 루프에서는 조건식의 결과를 먼저 검사하고 결과가 true일 때 루프 내부의 코드를 실행한다. 그러나 do...while 루프에서는 루프 내부의 코드를 먼저 실행한 후 조건식을 검사한다. 따라서 루프 내부의 코드는 최소한 한 번 실행된다. do...while 루프의 문법은 다음과 같다.

```
do {
    // 실행 코드
} while 조건식
```

다음의 do...while 루프는 변수 i의 값이 0보다 큰 동안에만 반복 실행된다.

```
var i = 10
do {
    i--
    println(i)
} while (i > 0)
```

while 루프와 마찬가지로 do...while 루프도 무한 루프를 수행하지 않게 주의해야 한다.

14.1.4 루프 벗어나기

루프가 실행 중일 때 특정 조건을 만나면 루프를 벗어나야 하는 경우가 있다. 무한 루프를 실행할 때가 특히 그렇다.

이를 위해 코틀린은 break 문을 제공한다. break를 만나면 현재 루프를 벗어나서 루프 바로 다음에 있는 코드를 실행한다. 다음 예를 보자.

```
var j = 10

for (i in 0..100)
{
    j += j
    if (j > 100) {
        break
    }
    println("j = $j")
}
```

이 코드에서는 j의 값이 100보다 크지 않으면 루프를 계속 실행하며 100보다 크면 루프를 벗어나서 루프 다음의 코드를 실행한다.

14.1.5 continue 문

continue 문은 루프 내부의 나머지 코드는 실행하지 않고 루프의 처음으로 돌아가서 다음 반복을
계속 실행하게 한다. 다음 예를 보자.

```
var i = 1

while (i < 20)
{
    i += 1
    if (i % 2 != 0) {
        continue
    }
    println("i = $i")
}
```

여기서는 i의 값을 2로 나눈 나머지가 있으면(즉, i가 홀수이면) continue 문이 실행되어 루프 내부
의 나머지 코드인 println 호출은 실행되지 않고 while 루프의 처음으로 돌아간다. 그리고 i 값이
20보다 작은 경우 계속해서 루프를 반복 실행한다. 따라서 i 값이 짝수일 때만 콘솔로 출력된다.

14.1.6 Break와 Continue 라벨

코틀린에서는 라벨명@를 사용해서 표현식 앞에 라벨을 붙일 수 있다. 그리고 라벨을 break와
continue 문에서 참조할 수 있다.

라벨은 중첩된 루프에서 사용하면 유용하다. 예를 들어, 다음 코드를 보자.

```
for (i in 1..100) {
    println("Outer loop i = $i")
    for (j in 1..100) {
        println("Inner loop j = $j")
        if (j == 10) break
    }
}
```

여기서는 j의 값이 10일 때 내부 루프를 벗어난 후 외부 루프의 처음으로 돌아간다. 그리고 외부 루
프가 계속 실행된다. 그러나 내부 루프는 물론이고 외부 루프도 벗어나고 싶다면 어떻게 해야 할
까? 이럴 때 외부 루프 문 앞에 라벨을 붙인 후 break 문에서 참조하면 된다.

```
outerloop@ for (i in 1..100) {
    println("Outer loop i = $i")
    for (j in 1..100) {
        println("Inner loop j = $j")
        if (j == 10) break@outerloop
```

```
        }
    }
    // 외부 루프 다음 코드
```

이 코드에서는 j의 값이 10일 때 내부 루프는 물론이고 외부 루프도 벗어나게 된다. 그리고 외부 루프 다음의 코드(주석으로 표시됨)를 실행한다.

14.2 조건 흐름 제어

프로그램에서는 하나 이상의 조건에 따라 코드를 다르게 실행해야 하는 경우가 흔하다. 이를 위해 코틀린은 if, if...else, if...else if..., when을 제공한다. 하나 알아 둘 것이 있다. 기존 언어와 다르게 코틀린에서는 if, if...else, if...else if..., when을 명령문 또는 표현식(true나 false 값을 반환하는)으로 사용할 수 있다(예를 들어, 대입문의 표현식으로 사용).

14.2.1 if 표현식 사용하기

if 표현식은 코틀린 프로그래머가 가장 많이 사용하는 제어 흐름일 것이다. if 표현식의 문법은 다음과 같다.

```
if (조건식) {
    // 조건식의 결과가 true일 때 실행될 코드
}
```

코틀린의 경우 if 표현식으로 실행되는 코드가 한 줄일 때는 열고 닫는 중괄호(⎨⎬)를 생략할 수 있으며 이때는 대개 해당 코드를 if 표현식과 같은 줄에 작성한다.

if 표현식에서는 조건식이 true이면 if 내부의 코드가 실행되며 false이면 실행되지 않는다. (조건식도 표현식이며 반드시 Boolean 값을 반환하는 것이어야 한다.)

다음 예를 보자.

```
val x = 10
if (x > 9) println("x is greater than 9!")
```

여기서는 x의 값이 9보다 크므로 지정된 문자열이 콘솔로 출력된다.

이미 이야기했듯이, 코틀린에서 if는 명령문이면서 표현식이다. 따라서 기존 프로그래밍 언어와 다르게 if는 true나 false를 값으로 반환하므로 다른 표현식 안에 사용할 수 있다. 예를 들어, 다음 코드를 보자.

```
if (x > y)
    largest = x
else
    largest = y
```

이 코드에서는 x 값이 y 값보다 크면 largest에 x 값을 지정하고 그렇지 않으면 y 값을 지정한다. 다음의 문법으로 if를 표현식으로 사용해도 이것과 동일한 결과를 얻을 수 있다.

```
변수 = if (조건식) 반환값1 else 반환값2
```

따라서 앞의 코드는 다음과 같이 간략하게 작성할 수 있다.

```
val largest = if (x > y) x else y
```

또한, 조건식에 있는 변숫값을 반환하는 것 외에 우리가 원하는 어떤 값도 반환할 수 있다. 예를 들어, 다음 코드에서는 if 표현식에서 문자열 값을 반환한다.

```
val largest = if (x > y) "x is greatest" else "y is greatest"
println(largest)
```

14.2.2 if...else... 표현식 사용하기

앞의 예에서 이미 보았듯이, if의 조건식이 false일 때는 else를 사용해서 코드를 실행하게 할 수 있다. 문법은 다음과 같다.

```
if (조건식) {
    // if 표현식의 결과가 true일 때 실행될 코드
} else {
    // if 표현식의 결과가 false일 때 실행될 코드
}
```

다시 말하지만, if와 else의 실행 코드가 한 줄일 때는 중괄호({})를 생략할 수 있다.

앞에 나왔던 예를 if...else로 작성하면 다음과 같다.

```
val x = 10
if (x > 9) println("x is greater than 9!")
else println("x is less than 9!")
```

여기서는 x 값이 9보다 크지 않으면 println("x is less than 9!")이 실행된다.

14.2.3 if...else if... 표현식 사용하기

지금까지는 단일의 if...else를 사용하였다. 그러나 때로는 여러 가지 조건에 따라 코드 실행을 결정해야 할 필요가 있다. 이때는 다음과 같이 if...else if...를 사용할 수 있다.

```
var x = 9
if (x == 10) println("x is 10")
else if (x == 9) println("x is 9")
else if (x == 8) println("x is 8")
else println("x is less than 8")
```

14.2.4 when 표현식 사용하기

when은 자바의 switch-case와 유사하지만 더 간결하고 기능도 다양하다. 그리고 검사할 조건이 많을 때는 if...else if 대신 when을 사용하면 편리하다. 문법은 다음과 같다.

```
when (value) {
    match1 -> // 값이 일치될 때 실행될 코드
    match2 -> // 값이 일치될 때 실행될 코드
    .
    .
    else -> // 모든 값이 일치되지 않을 때 실행될 코드
}
```

앞의 if...else if... 코드 예를 when을 사용해서 작성하면 다음과 같다.

```
var x = 9
when (x) {
    10 -> println ("x is 10")
    9 -> println("x is 9")
    8 -> println("x is 8")
    else -> println("x is less than 8")
}
```

when도 if처럼 명령문이나 표현식 모두의 형태로 사용할 수 있다. 그러나 표현식으로 할 때는 when에서 반드시 true나 false를 반환해야 하므로, 앞의 예와 같이 else를 추가해야 한다.

14.3 요약

어떤 프로그래밍 언어를 사용하든 앱에 포함된 실행 로직에서는 하나 이상의 조건에 기반하여 실행할 코드와 횟수를 결정해야 한다. 이때 흐름 제어가 사용된다. 프로그램 실행의 흐름을 제어하는 것이기 때문이다. 이번 장에서는 코틀린의 루프 흐름 제어와 조건 흐름 제어를 알아보았다.

코틀린의 **함수**function와 **람다**lambda는 잘 조직되고 효율적인 코드를 작성하는 데 필요한 필수 요소이며 코드의 중복을 피하면서 프로그램을 구성하는 방법을 제공한다. 이번 장에서는 함수와 람다를 선언하고 사용하는 방법을 알아본다.

15.1 함수란?

함수는 특정 작업을 수행하기 위해 호출될 수 있는 이름이 있는 코드 블록이다. 함수는 작업 수행에 필요한 데이터를 받으며 자신을 호출한 코드로 결과를 반환할 수 있다.

예를 들어, 코틀린 프로그램에서 특정 산술 연산을 수행할 필요가 있다면 이 작업을 수행하는 코드를 함수에 둘 수 있으며, 함수에서는 산술 연산이 수행될 값(매개변수parameter라고 함)을 받아서 연산 결괏값을 반환할 수 있다. 그리고 이런 연산이 필요한 프로그램의 어디서든 해당 함수를 호출만 하면 된다.

함수를 이야기할 때 매개변수와 인자는 같이 사용되지만 약간의 차이가 있다. 즉, 함수가 호출될 때 받을 수 있는 값을 정의한 것을 매개변수라고 하며, 실제로 함수가 호출되어 전달되는 값은 인자argument라고 한다.

15.2 코틀린 함수 선언하기

코틀린 함수는 다음의 문법으로 선언한다. [반환 타입은 제일 끝에 콜론(:)을 붙이고 선언한다.]

```
fun <함수명> (<매개변수명>: <매개변수 타입>, <매개변수명>: <매개변수 타입>,...):
<반환 타입> {
    // 함수 코드
}
```

이처럼 함수명, 매개변수, 반환 타입이 조합된 것을 함수 **시그니처**signature 또는 함수 **타입**type이라고 한다.

- **fun** — 이것이 함수임을 코틀린 컴파일러에게 알려 주는 키워드
- **<함수명>** — 함수에 지정된 이름이며 호출될 때 참조된다.
- **<매개변수명>** — 함수 내부 코드에서 참조하는 매개변수 이름
- **<매개변수 타입>** — 해당 매개변수의 타입
- **<반환 타입>** — 함수가 반환하는 결과의 데이터 타입. 만일 함수가 결과를 반환하지 않으면 반환 타입을 지정하지 않는다.
- **함수 코드** — 작업을 수행하는 함수 코드

예를 들어, 다음 함수는 매개변수가 없으며 결과도 반환하지 않고 메시지만 출력한다.

```
fun sayHello() {
    println("Hello")
}
```

반면에 다음 함수는 문자열 타입(String)과 정수 타입(Int)의 매개변수를 받으며 문자열을 결과로 반환한다.

```
fun buildMessageFor(name: String, count: Int): String {
    return("$name, you are customer number $count")
}
```

15.3 코틀린 함수 호출하기

선언된 함수는 다음 문법으로 호출할 수 있다.

```
<함수명> (<인자1>, <인자2>,...)
```

함수에 전달되는 각 인자는 함수 선언에 지정된 매개변수의 타입 및 개수와 일치해야 한다.

예를 들어, 매개변수를 받지 않고 결과도 반환하지 않는 앞의 sayHello 함수를 호출할 때는 다음과 같이 코드를 작성하면 된다.

```
sayHello()
```

반면에 두 개의 매개변수를 받는 앞의 buildMessageFor 함수는 다음과 같이 호출한다.

```
buildMessageFor("John", 10)
```

15.4   단일 표현식 함수

함수의 실행 코드에 하나의 표현식만 있을 때는 열고 닫는 중괄호(⟨⟩)가 필요 없다. 이때는 함수 선언 다음에 =과 실행될 표현식을 추가하면 된다.

예를 들어, 단일 표현식을 갖는 함수를 종전 방식으로 선언하면 다음과 같다.

```
fun multiply(x: Int, y: Int): Int {
    return x * y
}
```

이 함수는 다음과 같이 선언해도 된다.

```
fun multiply(x: Int, y: Int): Int = x * y
```

그리고 표현식의 반환 타입을 코틀린 컴파일러가 추론할 수 있는 경우에는 반환 타입을 생략할 수 있다. 따라서 이 함수는 다음과 같이 더 간략하게 선언할 수 있다.

```
fun multiply(x: Int, y: Int) = x * y
```

15.5   지역 함수

지역 함수local function는 다른 함수에 포함된 함수다. 지역 함수는 자신을 포함하는 함수의 모든 변수와 매개변수를 사용할 수 있다. 예를 들면 다음과 같다.

```
fun main(args: Array<String>) {
    val name = "John"
    val count = 5

    fun displayString() {
        for (index in 0..count) {
            println(name)
        }
    }

    displayString()
}
```

하나의 함수 내부에서 여러 번 사용되는 코드를 지역 함수로 정의하고 사용하면 코드의 중복을 방지하고 알기 쉬운 코드를 작성할 수 있다. 단, 지역 함수는 이 함수를 호출하는 코드 이전에 정의되어야 한다. 따라서 바로 앞의 예에서도 displayString() 함수 선언이 먼저 나오고 이후에 호출하였다.

하나의 함수에는 여러 개의 지역 함수가 포함될 수 있다. 그러나 지역 함수는 자신을 포함하는 함수 외부의 다른 코드에서는 사용할 수 없다.

15.6 지명 인자

앞에 나왔던 buildMessageFor 함수를 호출하고 반환 값을 받을 때는 다음과 같이 할 수 있다.

```
val message = buildMessageFor("John", 10)
```

이 경우 message 변수가 생성되면서 buildMessageFor 함수의 결괏값으로 초기화된다.

그리고 매개변수의 의미를 알기 쉽도록 다음과 같이 매개변수 이름을 지정하여 호출할 수도 있다.

```
val message = buildMessageFor(name = "John", count = 10)
```

이것을 **지명 인자**named argument라고 한다. 지명 인자를 사용해서 함수를 호출할 때는 다음과 같이 매개변수의 순서를 바꿔도 된다.

```
val message = buildMessageFor(count = 10, name = "John")
```

15.7 매개변수 기본값 선언하기

함수의 매개변수에는 **기본값**을 정의할 수 있으며, 기본값에는 특정 상수는 물론이고 표현식(연산식이나 다른 함수 호출 등)을 지정할 수도 있다. 그리고 함수를 호출할 때 인자를 생략하면 매개변수에 지정된 기본값이 사용된다.

예를 들어, buildMessageFor 함수를 다음과 같이 선언할 수 있다.

```
fun buildMessageFor(name: String = "Customer", count: Int = 0): String {
    return("$name, you are customer number $count")
}
```

여기서는 name과 count 매개변수 모두에 기본값을 지정하였다. 따라서 buildMessageFor 함수를 호출할 때 두 매개변수 모두 또는 둘 중 하나를 생략하면 해당 매개변수의 기본값이 인자로 전달된다. 이 함수는 다음과 같이 여러 가지 방법으로 호출할 수 있다.

```
val message1 = buildMessageFor("John", 10)
val message2 = buildMessageFor("John") // count에는 기본값 0이 전달된다.
val message3 = buildMessageFor() // 두 매개변수 모두 기본값이 전달된다.
```

```
val message4 = buildMessageFor(name = "John", count = 10)
val message5 = buildMessageFor(count = 10, name = "John")
val message6 = buildMessageFor(name = "John") // count에는 기본값 0이 전달된다.
val message7 = buildMessageFor(count = 10) // name에는 기본값 "Customer"가 전달된다.
```

이 예에서 보듯이, 지명 인자를 사용해서 함수를 호출할 때는 어떤 매개변수도 생략할 수 있다. 그러나 지명 인자를 사용하지 않을 때는 끝의 매개변수만 생략할 수 있다. 따라서 다음 호출은 컴파일 에러가 발생한다. 첫 번째 매개변수를 생략했기 때문이다.

```
val message8 = buildMessageFor(10) // 컴파일 에러
```

15.8 가변 인자

함수를 호출할 때 인자의 개수를 가변적으로 전달할 수 있다. 이때는 함수를 정의할 때 vararg 키워드를 사용해서 매개변수를 정의하며 이때 **가변 인자**는 배열 객체로 전달된다.

예를 들어, 다음 함수에서는 하나 이상의 문자열을 인자로 받아 콘솔로 출력한다.

```
fun displayStrings(vararg strings: String)
{
    for (string in strings) {
        println(string)
    }
}

displayStrings("one", "two", "three", "four")
```

한 함수의 가변 인자는 한 개만 지정할 수 있고 일반 인자(매개변수)와 같이 사용할 수도 있다. 단, 함수를 선언할 때 일반 인자를 먼저 선언하고 그다음에 가변 인자를 선언해야 한다. 예를 들면 다음과 같다.

```
fun displayStrings(name: String, vararg strings: String)
{
    for (string in strings) {
        println(string)
    }
}
```

여기서는 name 매개변수를 먼저 선언한 후 가변 인자를 선언하였다.

15.9 람다식

코틀린 함수의 기본적인 내용을 알아보았으므로 이제는 람다식을 살펴보자(람다식은 줄여서 람다라고도 한다).

기본적으로 람다식은 독립적인 코드 블록이다. 예를 들어, 다음 코드에서는 중괄호({}) 내부에 람다를 선언하고 이것을 sayHello 변수에 지정한 후 람다 참조를 통해 함수로 호출한다. 이 경우 sayHello 변수에는 람다식의 결괏값이 저장되는 것이 아니고 **참조**가 저장된다는 것을 알아 두자.

```
val sayHello = { println("Hello") }
sayHello() // 람다식의 println("Hello")가 실행된다.
```

람다식은 또한, 매개변수를 받거나 결과를 반환하도록 구성될 수 있다. 문법은 다음과 같다.

```
{<매개변수명> : <매개변수타입>, <매개변수명> : <매개변수타입>,...-> <값을 반환하는 표현식>
    // 람다 표현식
}
```

예를 들어, 다음 람다식에서는 두 개의 정수 타입 매개변수를 받아 곱한 후 결괏값으로 반환한다.

```
val multiply = { val1: Int, val2: Int -> val1 * val2 }
val result = multiply(10, 20)
println(result)
```

이 코드에서는 람다식 자체를 변수에 지정하고 함수의 형태로 호출한다. 이것은 다음 코드와 같이 함수의 결괏값을 변수에 지정하는 것과는 다르다.

```
val myvar = myfunction()
```

앞의 람다식처럼 일반 함수의 참조를 변수에 저장하고자 할 때는 함수 이름 앞에 두 개의 **콜론**(::)을 붙이고 괄호를 빼면 된다. 그다음에 변수를 함수처럼 호출할 수 있다.

```
val myvar = ::myfunction
myvar()
```

람다식의 끝에 인자를 포함하는 괄호를 추가하면 람다식이 선언됨과 동시에 바로 실행된다. 다음 예에서는 10과 20을 곱한 결괏값을 result 변수에 지정한다.

```
val result = { val1: Int, val2: Int -> val1 * val2 }(10, 20)
```

람다식에는 하나 이상의 표현식이 포함될 수 있으며 이때는 각 표현식 끝에 세미콜론(;)을 붙인다. 또한, 람다식에서는 중괄호 내부의 제일 마지막 표현식의 결과가 람다식의 결과로 반환된다. 앞 코드에서는 표현식이 하나이므로 이것의 결과인 200이 반환되어 result 변수에 지정된다. 함수와 다르게 람다는 return 문을 지원하지 않는다. 따라서 결과를 반환하는 표현식(예를 들어, 산술 연산이나 비교를 수행하는)이 람다식에 없을 때는 람다식의 제일 마지막 표현식으로 반환 값을 추가하면 된다. 예를 들어, 다음 람다식에서는 인자를 받지 않으며 "Hello"를 출력한 후 Boolean 타입의 true 값을 반환한다.

```
val result = { println("Hello"); true }()
println(result)
```

이와 유사하게 다음 람다식에서는 인자를 받지 않으며 문자열인 "Goodbye"를 결괏값으로 반환한다.

```
val nextmessage = { println("Hello"); "Goodbye" }()
println(nextmessage)
```

본래 함수는 이름, 매개변수, 반환 타입, 몸체(실행 코드)로 구성된다. 그러나 람다식을 사용하면 함수를 더 유연하게 표현할 수 있다. 즉, 함수를 따로 정의하지 않고 간결하게 나타낼 수 있으며 이름을 지정하지 않아도 된다. 또한, 람다식은 값처럼 처리되므로 변수에 지정하고 실행할 수 있다. 그리고 람다식은 다른 함수의 인자로 전달되어 실행되거나 반환될 수 있다. 지금부터는 이 내용을 알아본다.

15.10 고차 함수

얼핏 보기에는 람다식이나 함수의 참조를 사용하는 것이 평범한 것처럼 보인다. 그러나 람다식이나 함수의 참조를 다른 함수의 인자로 전달하거나 결과로 반환하면 더욱 강력한 기능으로 사용할 수 있다.

람다식이나 함수의 참조를 인자로 받거나 결과로 반환할 수 있는 함수를 **고차 함수**higher-order function라고 한다. 고차 함수를 이해하려면 우선 **함수 타입**function type의 개념을 알아야 한다. 함수 타입은 매개변수와 반환 결과의 타입으로 정의한다. 예를 들어, Int와 Double 타입의 매개변수를 받고 String 타입의 결과를 반환하는 함수의 타입은 다음과 같이 나타낼 수 있다.

```
(Int, Double) -> String
```

다른 함수를 매개변수로 받는 함수에서는 받고자 하는 함수의 타입을 선언하면 된다. 예를 들어, 길이의 단위를 변환하는 다음 함수를 보자.

```
fun inchesToFeet (inches: Double): Double {
    return inches * 0.0833333
}

fun inchesToYards (inches: Double): Double {
    return inches * 0.0277778
}
```

이 두 함수는 각각 Double 타입의 인치 값을 받아 Double 타입의 피트나 야드 단위의 값으로 반환한다. 따라서 두 함수의 함수 타입은 (Double) -> Double로 나타낼 수 있다. 그리고 두 함수를 따로 호출하지 않고 하나의 공통 함수를 사용해서 호출하도록 하면 편리할 것이다. 이때 다음과 같이 공통 함수를 선언할 수 있다.

```
fun outputConversion(converterFunc: (Double) -> Double, value: Double) {
    val result = converterFunc(value)
    println("Result of conversion is $result")
}
```

outputConversion은 고차 함수이며 두 개의 매개변수를 받는다. converterFunc와 value다. converterFunc는 (Double) -> Double 타입의 함수를 받는 매개변수이며, value는 변환할 값을 받는 매개변수다.

그리고 outputConversion 함수는 converterFunc로 받은 함수를 호출하여 결괏값을 콘솔로 출력한다. converterFunc 매개변수에는 실제 변환을 하는 함수의 참조가 인자로 전달되어야 한다. 따라서 다음과 같이 outputConversion 함수를 호출해야 한다.

```
outputConversion(::inchesToFeet, 22.45)
outputConversion(::inchesToYards, 22.45)
```

매개변수로 전달하는 것에 추가하여, 함수는 다른 함수의 반환 타입으로 선언될 수도 있다.

다음의 decideFunction 함수에서는 Boolean 타입의 매개변숫값에 따라 (Double) -> Double 타입의 함수(inchesToFeet나 inchesToYards)를 결과로 반환한다.

```
fun decideFunction(feet: Boolean): (Double) -> Double
{
    if (feet) {
        return ::inchesToFeet
```

```
    } else {
        return ::inchesToYards
    }
}
```

decideFunction 함수가 호출되면 단위를 변환하는 함수 참조가 결과로 반환되므로 이것을 변수에 지정하고 함수로 호출할 수 있다.

```
val converter = decideFunction(true)
val result = converter(22.4)
println(result)
```

이 코드에서는 decideFunction 함수의 인자로 true를 전달했으므로 inchesToFeet 함수의 참조가 반환되어 호출된다.

15.11 요약

함수와 람다식은 특정 작업을 수행할 수 있는 독립적인 코드 블록이며 코드를 구조화하고 재사용하는 메커니즘을 제공한다. 이번 장에서는 함수와 람다식의 선언 및 구현 방법을 알아보았다. 또한, 함수나 람다식을 인자로 전달하거나 결과로 반환할 수 있는 고차 함수도 알아보았다.

CHAPTER 16

코틀린 객체지향 프로그래밍

코틀린은 객체지향 앱을 폭넓게 지원한다. 그러나 객체지향 프로그래밍은 범위가 넓으므로 객체지향 소프트웨어 개발의 전반적인 것을 다루는 것은 이 책의 범위를 벗어난다. 대신에 이 책에서는 객체지향 프로그래밍의 기본 개념을 소개하고 코틀린 앱 개발과 관련된 중요한 내용을 알아볼 것이다.

16.1 객체란?

객체object는 클래스 인스턴스라고도 하며 독립적인 기능을 갖는 모듈이다. 객체는 재사용할 수 있는 소프트웨어 애플리케이션의 구성 요소다. 객체는 자신의 데이터를 갖는 속성과 특정 작업을 수행하는 메서드(함수)로 구성된다.

16.2 클래스란?

설계도가 제품이나 빌딩이 어떤 모습으로 만들어지는지를 정의하듯이, 클래스는 생성되는 객체가 어떤 모습인지, 즉, 어떤 속성을 가지며 어떤 일을 하는지를 정의한다.

16.3 코틀린 클래스 정의하기

객체를 생성하려면 우선 객체의 청사진인 클래스부터 정의해야 한다. 이번 장에서는 은행 계좌를 나타내는 BankAccount 클래스를 생성하여 코틀린 객체지향 프로그래밍의 기본 개념을 알려 줄 것이다.

코틀린 클래스를 선언할 때는 클래스의 인스턴스가 갖는 속성과 함수를 정의하며, 선택적으로 해당 클래스가 상속받는 부모 클래스를 지정할 수 있다. 기본 문법은 다음과 같다.

```
class 클래스명: 부모 클래스명 {
    // 속성
```

```
    // 함수
}
```

속성에는 클래스에 포함되는 변수와 상수를 정의하며, 함수에는 클래스 내부나 클래스 인스턴스에서 호출할 수 있는 함수를 정의한다.

이번 장에서 사용할 BankAccount 클래스는 다음과 같이 선언할 수 있다.

```
class BankAccount {
}
```

(코틀린 온라인 플레이그라운드에서 실습할 때 클래스 선언에 관련된 코드는 main() 함수 밖에 작성하자. 그리고 클래스를 사용하는 코드는 main() 함수 내부에 작성하면 된다.)

16.4 클래스에 속성 추가하기

객체지향 프로그래밍의 주목적은 데이터 캡슐화encapsulation에 있다. 즉, 클래스의 데이터는 클래스 내부에 저장되고 클래스에 정의된 함수를 통해서만 사용할 수 있어야 한다는 것이다. 클래스에 캡슐화된 데이터를 속성 또는 인스턴스 변수라고 한다.

BankAccount 클래스의 인스턴스는 은행 계좌 번호와 현재 잔액을 데이터로 저장해야 한다. 속성은 코틀린으로 선언되는 다른 변수와 동일한 방법으로 선언한다. 따라서 다음과 같이 BankAccount 클래스의 속성을 추가할 수 있다.

```
class BankAccount {
    var accountBalance: Double = 0.0
    var accountNumber: Int = 0
}
```

속성이 정의되었으므로 이제는 이 속성을 사용할 수 있게 해주는 함수를 정의할 것이다.

16.5 함수 정의하기

클래스의 함수는 특정 작업을 수행하기 위해 호출될 수 있는 코드다.

클래스의 함수는 코틀린의 표준 함수 선언 문법을 사용해서 클래스의 열고 닫는 중괄호({}) 내부에 선언한다.

예를 들어, 계좌 잔액을 출력하는 함수는 다음과 같이 선언할 수 있다.

```
class BankAccount {
    var accountBalance: Double = 0.0
    var accountNumber: Int = 0

    fun displayBalance()
    {
        println("Number $accountNumber")
        println("Current balance is $accountBalance")
    }
}
```

16.6 클래스 인스턴스 생성하고 초기화하기

지금까지는 클래스를 정의하였다. 그러나 클래스로 뭔가를 하려면 인스턴스를 생성해야 한다. 이때 제일 먼저 할 일은, 생성되는 인스턴스의 참조를 저장할 변수를 선언하는 것이다.

```
val account1: BankAccount = BankAccount()
```

이 코드가 실행되면 BankAccount 클래스의 인스턴스가 생성되어 account1 변수로 사용(참조)할 수 있다. 그리고 이 경우 account1 변수의 타입을 코틀린 컴파일러가 추론할 수 있으므로 다음과 같이 변수 타입을 생략해도 된다.

```
val account1 = BankAccount()
```

(이 코드는 코틀린 온라인 플레이그라운드에서 main() 함수 내부에 작성하고 실행하면 된다.)

16.7 기본과 보조 생성자

클래스 인스턴스를 생성할 때 초기화 작업을 해야 하는 경우가 자주 있다. 이 작업은 클래스 생성자constructor를 사용해서 구현할 수 있다. BankAccount 클래스의 경우는 인스턴스가 생성될 때 계좌 번호와 잔액 속성을 초기화하면 좋을 것이다. 이때는 다음과 같이 BankAccount 클래스 내부에 보조 생성자secondary constructor를 선언하면 된다.

```
class BankAccount {
    var accountBalance: Double = 0.0
    var accountNumber: Int = 0

    constructor(number: Int, balance: Double) {
        accountNumber = number
        accountBalance = balance
    }
```

```
        .
        .
}
```

이 경우 BankAccount 클래스 인스턴스를 생성할 때 다음과 같이 계좌 번호와 잔액의 초깃값을 생성자 인자로 전달해야 한다.

```
val account1: BankAccount = BankAccount(456456234, 342.98)
```

클래스는 여러 개의 보조 생성자를 가질 수 있다. 서로 다른 구성 값으로 인스턴스를 초기화하기 위해서다. 다음 코드에서는 고객 이름을 나타내는 lastName 속성을 BankAccount 클래스에 추가하고 이 속성을 초기화할 수 있는 보조 생성자도 추가한다.

```
class BankAccount {
    var accountBalance: Double = 0.0
    var accountNumber: Int = 0
    var lastName: String = ""

    constructor(number: Int,
                balance: Double) {
        accountNumber = number
        accountBalance = balance
    }

    constructor(number: Int,
                balance: Double,
                name: String ) {
        accountNumber = number
        accountBalance = balance
        lastName = name
    }
    .
    .
}
```

이 경우 BankAccount 인스턴스를 다음과 같이 생성할 수도 있다.

```
val account1: BankAccount = BankAccount(456456234, 342.98, "Smith")
```

그리고 이때는 새로 추가된 보조 생성자가 호출되어 실행된다.

보조 생성자 외에 **기본 생성자**primary constructor를 사용해서 기본적인 초기화 작업을 수행할 수도 있다. 기본 생성자는 다음과 같이 클래스의 헤더에 선언한다.

```
class BankAccount (val accountNumber: Int, var accountBalance: Double) {
    .
    .
}
```

이제는 accountNumber와 accountBalance 속성 모두 기본 생성자에 선언되었으므로, 더 이상 클래스 몸체에 선언할 필요가 없다. 기본 생성자에 선언된 변수는 자동으로 클래스 속성이 되기 때문이다. 또한, 인스턴스가 생성된 후에 accountNumber 속성의 값은 변경되지 않을 것이므로 val 키워드로 선언하였다.

클래스의 기본 생성자는 하나만 가질 수 있다. 반면에 보조 생성자는 기본 생성자에 추가하여 여러 개를 가질 수 있다. 다음의 BankAccount 클래스에는 계좌 번호와 잔액을 인자로 받는 기본 생성자와 계좌 번호와 잔액에 추가하여 고객 이름을 인자로 받는 보조 생성자가 선언되었다. (기본 생성자와 동일하게 계좌 번호와 잔액만 인자로 받는 보조 생성자는 필요 없으므로 삭제하였다.)

기본 생성자를 추가했을 때 최초 완성된 BankAccount 클래스 선언은 다음과 같다.

```
class BankAccount (val accountNumber: Int, var accountBalance: Double) {
    var lastName: String = ""

    constructor(accountNumber: Int,
                accountBalance: Double,
                name: String ) : this(accountNumber, accountBalance) {
        lastName = name
    }

    fun displayBalance()
    {
        println("Number $accountNumber")
        println("Current balance is $accountBalance")
    }
}
```

여기서는 두 가지 중요한 것이 있다. 첫째, lastName 속성은 보조 생성자에서 참조 및 초기화하고 기본 생성자에서 처리되지 않는다. 따라서 반드시 클래스 몸체에 따로 선언하고 보조 생성자에서 초기화해야 한다.

```
var lastName: String = ""
    .
    .
```

둘째, accountNumber와 accountBalance 속성은 보조 생성자에서도 인자로 받지만 선언은 기본 생성자에 되어 있으므로 val이나 var 키워드로 클래스 내부에 다시 선언할 필요가 없다. 그리고 보조 생성자에서 두 속성을 초기화하기 위해 this 키워드를 사용해서 기본 생성자를 호출한다.

```
: this(accountNumber, accountBalance)...
```

16.8 초기화 블록

기본과 보조 생성자에 추가하여 클래스는 **초기화 블록**initializer block도 가질 수 있다. 초기화 블록은 기본 생성자 다음에 자동 실행된다(단, 기본 생성자가 없고 보조 생성자만 있을 때는 실행되지 않는다). 기본 생성자는 실행 코드를 포함할 수 없으므로 클래스 인스턴스가 생성될 때 수행될 초기화 코드를 초기화 블록에 두면 좋다. 초기화 블록은 init 키워드를 사용해서 선언하며 열고 닫는 중괄호(⟨⟩) 내부에 실행할 코드를 넣는다.

```
class BankAccount (val accountNumber: Int, var accountBalance: Double) {
    init {
        // 초기화하는 코드
    }
    .
    .
}
```

16.9 함수 호출과 속성 사용하기

이번 장에서 지금까지 한 것을 요약하면 다음과 같다. BankAccount 클래스를 새로 생성했으며, 이 클래스에는 기본 생성자와 보조 생성자를 선언하였다. 생성자에서는 계좌 번호와 잔액 및 고객 이름 속성을 초기화한다. 그러면 클래스의 함수를 호출하거나 속성을 사용하려면 어떻게 해야 할까? 이때는 클래스 인스턴스 참조(변수 등)에 점(.)을 붙이고 그다음에 함수나 속성을 지정하면 된다.

```
클래스인스턴스.속성명
클래스인스턴스.함수명()
```

예를 들어, BankAccount 클래스 인스턴스인 account1의 현재 잔액(accountBalance 속성값)은 다음과 같이 얻을 수 있다.

```
val balance1 = account1.accountBalance
```

또한, 현재 잔액을 설정할 때는 다음과 같이 한다.

```
account1.accountBalance = 6789.98
```

클래스의 함수를 호출할 때도 같은 방법을 사용한다. 예를 들어, BankAccount 클래스 인스턴스인 account1의 displayBalance 함수는 다음과 같이 호출할 수 있다.

```
account1.displayBalance()
```

◦ 16.10 커스텀 접근자

방금 전과 같이 accountBalance 속성값을 가져오거나 설정하면 코틀린이 기본으로 제공하는 속성 접근자_{accessor}를 사용하게 된다. 그러나 이런 기본 접근자 대신 **커스텀 접근자**를 구현할 수도 있다. 이 경우 속성값이 반환되거나 설정되기 전에 원하는 로직을 실행하게 할 수 있다.

커스텀 접근자는 각 속성에 게터_{getter}나 세터_{setter}를 작성하여 구현한다(코틀린에서는 다른 처리를 하지 않고 속성값을 있는 그대로 반환 또는 변경만 하는 기본적인 게터나 세터가 자동 생성된다. 따라서 추가적인 처리가 필요할 때만 커스텀 접근자를 작성하면 된다). 그러면 속성값을 가져올 때는 게터가, 설정할 때는 세터가 **자동** 실행된다. 예를 들어, 은행 수수료를 공제한 현재 잔액 값을 갖는 속성을 BankAccount 클래스에 추가한다고 해보자. 이때는 커스텀 접근자를 사용해서 은행 수수료를 공제하게 하는 것이 바람직하다. 커스텀 접근자로 게터가 추가된 BankAccount 클래스는 다음과 같다.

```
class BankAccount (val accountNumber: Int, var accountBalance: Double) {
    var lastName: String = ""

    val fees: Double = 25.00

    val balanceLessFees: Double
        get() {
            return accountBalance - fees
        }

    constructor(accountNumber: Int,
                accountBalance: Double,
                name: String ) : this(accountNumber, accountBalance) {
        lastName = name
    }

    fun displayBalance()
    {
        println("Number $accountNumber")
        println("Current balance is $accountBalance")
    }
}
```

여기서는 balanceLessFees 속성과 이 속성의 게터를 추가하였다. 따라서 balanceLessFees 속성 값을 가져올 때 자동으로 게터가 실행되어 은행 수수료를 차감한 현재 잔액 값이 balanceLessFees 속성값으로 반환된다. 이처럼 클래스의 다른 속성값을 사용하여 자신의 값을 산출하는 속성을 연산 속성computed property이라고 한다.

세터도 게터와 동일한 방법으로 선언할 수 있다. 단, 세터를 선언하면 속성값을 변경한다는 것이 므로 해당 속성을 val이 아닌 var로 선언해야 한다. 예를 들어, balanceLessFees 속성값을 변경 할 때 은행 수수료를 차감한 현재 잔액 값을 accountBalance 속성값으로 설정하는 세터는 다음 과 같다.

```kotlin
class BankAccount (val accountNumber: Int, var accountBalance: Double) {
    var lastName: String = ""

    val fees: Double = 25.00

    var balanceLessFees: Double
        get() {
            return accountBalance - fees
        }
        set(value) {
            accountBalance = value - fees
        }
        .
        .
}
```

여기서 세터에 지정한 value는 키워드이며 balanceLessFees 속성값을 변경하는 코드에서 지정한 값을 의미한다.

BankAccount 클래스 인스턴스를 생성하고 게터와 세터를 모두 사용하는 예를 보면 다음과 같다.

(이 코드는 코틀린 온라인 플레이그라운드에서 main() 함수 내부에 작성하고 실행하면 된다.)

```kotlin
val account1 = BankAccount(1, 100.0)
println(account1.balanceLessFees)
account1.balanceLessFees = 200.0
println(account1.balanceLessFees)
println(account1.accountBalance)
```

이 코드에서는 우선 계좌 번호가 1이고 잔액이 100.0인 account1 인스턴스를 생성한다. 그리 고 balanceLessFees 속성값을 출력한다. 이때 balanceLessFees 속성의 게터가 자동 실행되므 로 출력된 결과는 75.0이 된다(100.0 - 25.0). 그다음에 balanceLessFees 속성값을 200.0으로 변경한다. 이때 balanceLessFees 속성의 세터가 자동 실행되면서 200.0이 세터의 value로 전달되어 accountBalance 속성값이 25.0을 차감한 175.0이 된다. 따라서 balanceLessFees 속성값을 출력하는 그다음 코드에서는 150.0을 출력하게 된다(175.0 - 25.0). 그리고 마지막 코드에서는 accountBalance 속성값인 175.0을 출력한다.

16.11 중첩 클래스와 내부 클래스

코틀린에서는 클래스 내부에 다른 클래스를 포함시킬 수 있다. 이것을 **중첩**nested 클래스라고 한다. 예를 들어, 다음 코드에서는 ClassB가 ClassA에 중첩되었다.

```
class ClassA {
    class ClassB {
    }
}
```

이 경우 ClassB는 외곽 클래스인 ClassA의 속성을 사용할 수 없다. 따라서 사용할 필요가 있다면 inner 키워드를 지정하여 **내부**inner 클래스로 선언해야 한다. 다음 코드에서는 내부 클래스인 ClassB에서 ClassA의 속성을 직접 사용한다.

```
class ClassA {
    var myProperty: Int = 10

    inner class ClassB {
        val result = myProperty + 20
    }
}
```

16.12 동반 객체

코틀린 클래스는 **동반 객체**companion object를 포함할 수도 있다. 동반 객체는 자신을 포함하는 클래스의 모든 인스턴스가 공유하는 속성과 함수를 포함한다. 동반 객체의 속성과 함수는 자신을 포함하는 클래스 인스턴스는 물론이고 클래스 이름으로도(인스턴스를 생성하지 않고) 사용할 수 있다.

동반 객체는 companion object 키워드를 사용해서 다음과 같이 선언한다.

```
class ClassName: ParentClass {
    // 속성
    // 함수

    companion object {
        // 속성
```

```
        // 함수
    }
}
```

동반 객체를 선언하고 사용하는 예를 보면 다음과 같다. 코틀린 플레이그라운드에 입력하고 테스트
해 보자.

```
class MyClass {

    fun showCount() {
        println("counter = " + counter)
    }

    companion object {
        var counter = 1

        fun counterUp() {
            counter += 1
        }
    }
}

fun main(args: Array<String>) {
    println(MyClass.counter)
}
```

여기서 MyClass는 동반 객체를 포함하며, 이 객체는 counter 변수와 counterUp() 함수를 갖고
있다.

MyClass는 또한, 동반 객체의 counter 변숫값을 출력하는 showCount() 함수도 갖고 있다. main()
에서는 counter 변숫값만 출력한다. 그러나 이때 MyClass의 인스턴스를 생성하지 않고 클래스 이
름으로 counter 변수를 참조할 수 있다.

```
println(MyClass.counter)
```

출력된 결과는 1이 된다.

이번에는 counter 변숫값을 증가시키고 출력하도록 다음과 같이 코드를 추가해 보자.

```
fun main(args: Array<String>) {
    println(MyClass.counter)
    MyClass.counterUp()
    println(MyClass.counter)
}
```

이 코드를 실행하면 다음 결과가 출력될 것이다.

```
1
2
```

다음은 MyClass 인스턴스를 생성하고 showCount() 함수를 호출하게 해보자.

```
fun main(args: Array<String>) {
    println(MyClass.counter)
    MyClass.counterUp()
    println(MyClass.counter)

    val instanceA = MyClass()
    instanceA.showCount()
}
```

이 코드를 실행하면 다음 결과가 출력될 것이다.

```
1
2
counter = 2
```

이 결과를 보면 알 수 있듯이, 동반 객체를 포함하는 클래스에서는 동반 객체의 변수와 함수를 바로 사용할 수 있다.

동반 객체에서 추가로 알아 둘 것이 있다. 동반 객체를 포함하는 클래스의 모든 인스턴스는 같은 동반 객체를 공유한다는 것이다. 동반 객체는 하나만 생성되기 때문이다. 정말 그런지 확인하기 위해 MyClass의 또 다른 인스턴스를 생성하고 showCount() 함수를 호출해 보자.

```
fun main(args: Array<String>) {
    println(MyClass.counter)
    MyClass.counterUp()
    println(MyClass.counter)

    val instanceA = MyClass()
    instanceA.showCount()

    val instanceB = MyClass()
    instanceB.showCount()
}
```

이 코드를 실행하면 다음 결과가 출력된다.

```
1
2
counter = 2
counter = 2
```

이 결과를 보면 MyClass의 두 인스턴스가 counter 변수의 값을 똑같이 2로 출력하는 것을 알 수 있다. 같은 동반 객체를 공유하기 때문이다.

16.13 요약

코틀린과 같은 객체지향 프로그래밍 언어는 클래스를 사용해서 코드를 재사용하고 캡슐화한다. 이번 장에서는 코틀린을 사용한 클래스와 인스턴스 개념 및 구현 방법을 알아보았다. 또한, 기본과 보조 생성자, 초기화 블록, 클래스 속성과 함수, 커스텀 접근자, 동반 객체도 살펴보았다.

CHAPTER
17
상속과 서브 클래스

16장에서는 객체지향 프로그래밍의 기본 개념과 코틀린에서 클래스를 생성하고 사용하는 방법을 알아보았다. 그리고 이때 생성했던 클래스는 다른 클래스로부터 상속받지 않는 것이었다(그렇더라도 코틀린에서는 모든 클래스가 Any 클래스를 부모 클래스로 갖는다). 이번 장에서는 코틀린의 **상속**inheritance 과 **서브 클래스**subclass에 관해 알아볼 것이다.

17.1 상속과 서브 클래스 개요

상속은 현실 세계의 관점을 프로그래밍에 반영한 것이라고 생각할 수 있다. 즉, 나름의 특성(속성과 메서드 등)을 갖는 클래스를 정의한 후 이 클래스로부터 파생되는 다른 클래스를 생성할 수 있게 해준다. 이때 파생된 클래스는 부모 클래스의 모든 특성을 상속받으며 자신만의 특성을 추가할 수 있다. 코틀린의 모든 클래스는 기본적으로 Any라는 클래스의 파생 클래스가 된다. Any 클래스는 모든 클래스의 기반이 되는 속성과 함수를 제공한다.

파생 클래스를 생성하면 클래스 간의 계층 구조가 형성된다. 이때 계층 구조의 제일 최상위 클래스를 **베이스**base 클래스 또는 **루트**root 클래스라고 하며, 파생된 클래스를 서브 클래스 또는 **자식**child 클래스라고 한다. 그리고 여러 계층으로 서브 클래스가 파생될 수 있으며, 이때 서브 클래스의 바로 위 계층 클래스를 **부모**parent 클래스 또는 **슈퍼**super 클래스라고 한다.

서브 클래스가 루트 클래스로부터만 파생되는 것은 아니다. 더 크고 복잡한 클래스 계층 구조를 만들기 위해 서브 클래스는 또 다른 서브 클래스로부터 파생(상속)될 수도 있다.

코틀린은 **다중 상속**multiple inheritance을 지원하지 않는다. 즉, 바로 위 계층의 부모 클래스는 하나만 될 수 있다.

17.2 서브 클래스 생성하기

클래스 상속 관련 코드의 오류나 착오가 생기지 않도록 코틀린에서는 부모 클래스에 open 키워드가 선언되어야 서브 클래스에서 상속받을 수 있다. 이때 다음과 같이 부모 클래스 헤더 맨 앞에 open 키워드를 추가하면 된다.

```kotlin
open class MyParentClass {
    var myProperty: Int = 0
}
```

그다음에 다음과 같이 서브 클래스를 생성할 수 있으며, 이때 MyParentClass의 myProperty 속성은 자동으로 상속된다.

```kotlin
class MySubClass : MyParentClass() {
}
```

기본이나 보조 생성자를 갖는 클래스의 경우에는 서브 클래스를 생성하는 방법이 약간 다르다. 기본 생성자를 갖는 다음의 부모 클래스가 있다고 해보자.

```kotlin
open class MyParentClass(var myProperty: Int) {
}
```

이 클래스의 서브 클래스를 생성하려면 다음과 같이 부모 클래스의 기본 생성자를 참조하도록 서브 클래스를 선언해야 한다.

```kotlin
class MySubClass(myProperty: Int) : MyParentClass(myProperty) {
}
```

이와는 달리, 부모 클래스가 하나 이상의 보조 생성자를 갖고 있다면, 서브 클래스 선언에서도 보조 생성자를 구현하고 super 키워드를 사용해서 부모 클래스의 보조 생성자를 호출하게 해야 한다. 보조 생성자를 갖는 부모 클래스의 예는 다음과 같다.

```kotlin
open class MyParentClass {
    var myProperty: Int = 0

    constructor(number: Int) {
        myProperty = number
    }
}
```

이 경우 서브 클래스는 다음과 같이 선언한다.

```
class MySubClass : MyParentClass {
    constructor(number: Int) : super(number)
}
```

그리고 서브 클래스의 보조 생성자에서 추가로 수행할 작업이 있다면 생성자의 중괄호({}) 내부에
실행 코드를 넣으면 된다.

```
class MySubClass : MyParentClass {
    constructor(number: Int) : super(number) {
        // 서브 클래스 생성자에서 실행할 코드
    }
}
```

17.3 상속 구현 예

대부분의 프로그래밍 개념이 그렇듯이, 코틀린의 클래스 상속도 예를 통해서 알아보는 것이 가장
좋다. 16장에서는 은행 계좌를 나타내는 BankAccount 클래스를 생성하였다. 이 클래스의 간단한
선언 코드는 다음과 같다.

```
class BankAccount {
    var accountNumber = 0
    var accountBalance = 0.0

    constructor(number: Int, balance: Double) {
        accountNumber = number
        accountBalance = balance
    }

    fun displayBalance()
    {
        println("Number $accountNumber")
        println("Current balance is $accountBalance")
    }
}
```

이것은 가장 기본적인 클래스이지만 계좌 번호와 잔액을 저장하는 것이 필요한 전부라면 이것으로
충분하다. 그러나 이 클래스에 추가하여 보통예금 계좌도 필요하다고 해보자. 보통예금 계좌 역시
계좌 번호와 잔액 및 관련 함수가 필요할 것이다. 이 경우 완전히 새로운 클래스를 생성하고 기존
BankAccount 클래스의 모든 특성과 보통예금 계좌만의 새로운 특성을 같이 갖도록 할 수 있을 것
이다. 그러나 이때는 BankAccount 클래스의 서브 클래스로 생성하는 것이 더 효율적이다. 그러면
BankAccount 클래스의 모든 것을 상속받고 보통예금 계좌만의 새로운 특성을 추가할 수 있기 때

문이다. BankAccount 클래스의 서브 클래스로 생성하려면 우선, BankAccount 클래스에 open 키워드를 추가해야 한다.

```
open class BankAccount {
```

그리고 보통예금 계좌를 나타내는 SavingsAccount 서브 클래스를 다음과 같이 생성하면 된다.

```
class SavingsAccount : BankAccount {
    constructor(accountNumber: Int, accountBalance: Double) :
        super(accountNumber, accountBalance)
}
```

아직 어떤 속성이나 함수도 추가하지 않았지만 SavingsAccount 클래스는 이미 BankAccount 클래스의 모든 속성과 함수를 상속받은 상태다. 따라서 BankAccount 클래스에 했던 것과 동일한 방법으로 SavingsAccount 클래스의 인스턴스를 생성하고 속성값을 설정하거나 함수를 호출할 수 있다. 만일 서브 클래스로 생성하지 않았다면 그렇게 할 수 없었을 것이다.

17.4 서브 클래스의 기능 확장하기

지금까지는 부모 클래스의 모든 기능을 갖는 서브 클래스를 생성하였다. 그러나 서브 클래스는 보통예금 계좌 특유의 정보를 저장하고 사용하도록 기능이 추가될 필요가 있다. 여기서는 이자율과 이자 금액 산출 함수를 추가할 것이다.

```
class SavingsAccount : BankAccount {
    var interestRate: Double = 0.02

    constructor(accountNumber: Int, accountBalance: Double) :
        super(accountNumber, accountBalance)

    fun calculateInterest(): Double
    {
        return interestRate * accountBalance
    }
}
```

17.5 상속받은 함수 오버라이딩하기

서브 클래스에서는 상속받은 부모 클래스 함수는 대개 그대로 사용하는 경우가 드물고 사용자 요구에 맞게 변경해서 사용하는 경우가 많다. 이 경우 상속받은 함수를 사용하지 않고 완전히 새로운 이름의 함수를 작성하는 방법이 있다. 그러나 이것은 상속을 통한 여러 가지 장점을 얻을 수 없으므로 바람직하지 않다. 가장 좋은 방법은 상속받은 함수의 새로운 버전을 작성하는 것이다. 이때 함수 시그니처(함수명, 매개변수의 개수 및 타입, 반환 타입)는 동일하게 하면서 함수 몸체의 실행 코드만 다르게 작성한다. 이것을 함수 오버라이딩overriding이라고 한다.

이에 추가하여 코틀린에서는 부모 클래스의 오버라이딩되는 함수에 open 키워드를 지정해야 하고, 서브 클래스의 오버라이딩 함수에는 override 키워드를 지정해야 한다.

현재 BankAccount 클래스에는 각 인스턴스의 계좌 번호와 잔액을 출력하는 displayBalance 함수가 있다. SavingsAccount 서브 클래스에서 오버라이딩하는 displayBalance 함수에서는 해당 계좌에 지정된 이자율을 추가로 출력할 것이다.

우선, SavingsAccount 서브 클래스를 다음과 같이 변경한다.

```kotlin
class SavingsAccount : BankAccount {
    var interestRate: Double = 0.02

    constructor(accountNumber: Int, accountBalance: Double) :
            super(accountNumber, accountBalance)

    fun calculateInterest(): Double
    {
        return interestRate * accountBalance
    }

    override fun displayBalance()
    {
        println("Number $accountNumber")
        println("Current balance is $accountBalance")
        println("Interest rate is $interestRate")
    }
}
```

그리고 BankAccount 클래스의 displayBalance 함수에 open 키워드를 지정해야 한다.

```kotlin
open fun displayBalance()
{
    println("Number $accountNumber")
    println("Current balance is $accountBalance")
}
```

이렇게 한 후 SavingsAccount 서브 클래스 인스턴스를 생성하고 displayBalance 함수를 호출하면 SavingsAccount에서 오버라이딩한 displayBalance 함수가 호출된다.

예를 들어, main()에 다음 코드를 추가하고 실행하면 된다.

```
SavingsAccount(1, 100.0).displayBalance()
```

그리고 흔하지는 않지만, 서브 클래스의 오버라이딩한 함수에서 부모 클래스의 오버라이딩된 함수를 호출할 때가 있다. 이때는 super 키워드를 사용한다. SavingsAccount 클래스의 예를 들면 다음과 같다.

```
override fun displayBalance()
{
    println("Number $accountNumber")
    println("Current balance is $accountBalance")
    super.displayBalance()
    println("Interest rate is $interestRate")
}
```

17.6 커스텀 보조 생성자 추가하기

현재 SavingsAccount 클래스는 부모 클래스인 BankAccount와 동일한 보조 생성자를 갖고 있다.

```
constructor(accountNumber: Int, accountBalance: Double) :
        super(accountNumber, accountBalance)
```

그러나 SavingsAccount 클래스에는 이자율 속성인 interestRate가 추가되었으므로 이 속성도 초기화하는 보조 생성자가 추가로 필요하다. 따라서 다음과 같이 보조 생성자를 추가해야 한다.

```
class SavingsAccount : BankAccount {
    var interestRate: Double = 0.0

    constructor(accountNumber: Int, accountBalance: Double) :
            super(accountNumber, accountBalance)

    constructor(accountNumber: Int, accountBalance: Double, rate: Double) :
            super(accountNumber, accountBalance) {
        interestRate = rate
    }
    .
    .
}
```

17.7 SavingsAccount 클래스 사용하기

이제는 SavingsAccount 클래스의 인스턴스를 다음과 같이 생성하고 사용할 수 있다.

```
val savings1 = SavingsAccount(12311, 600.00, 0.07)
println(savings1.calculateInterest())
savings1.displayBalance()
```

17.8 요약

상속은 코드를 재사용하게 해주는 객체지향 프로그래밍의 개념이다. 즉, 기존 클래스로부터 파생된 서브 클래스를 만들어서 기존 클래스의 속성과 함수를 재사용하는 것은 물론이고 서브 클래스에 새로운 속성과 함수를 추가할 수도 있다.

안드로이드 뷰 바인딩 개요

사용자 인터페이스 레이아웃을 구성하는 뷰와 코드 간의 상호작용은 안드로이드 앱을 개발할 때 중요한 부분이다. 이번 장에서는 코드에서 레이아웃 뷰를 사용할 수 있는 방법에 대해 알아볼 것이다. 특히 안드로이드 스튜디오의 **뷰 바인딩**view binding을 중점적으로 알아본다.

18.1 findViewById() 함수와 합성 속성

안드로이드 앱을 구성하는 모든 리소스는 R이라는 클래스로 컴파일된다. 그리고 레이아웃 리소스의 경우는 R 클래스 내부에 layout이라는 서브 클래스로 포함되며, 사용자 인터페이스를 구성하는 뷰를 포함한다. 대부분의 안드로이드 앱에서는 이 뷰와 코드 간의 상호작용을 구현해야 한다. 예를 들어, 사용자가 EditText 뷰에 입력한 값을 읽거나, TextView에 보여 줄 데이터를 변경할 때다.

이 경우 코드에서 레이아웃 뷰를 참조할 수 있어야 하며 그동안 여러 가지 방법이 사용되었다. 가장 오래전부터 사용하던 방법은 findViewById() 함수를 사용하여 R 클래스에 포함된 뷰의 참조를 얻는 코드를 작성하는 것이다. 예를 들면 다음과 같다.

```
val myTextView: TextView = findViewById(R.id.myTextView)
```

그리고 이렇게 뷰의 참조를 얻으면 다음과 같이 뷰의 속성을 사용할 수 있다.

```
myTextView.text = "Hello"
```

이 방법은 안드로이드 스튜디오에서 자바로 앱을 개발할 때 여전히 사용된다. 그러나 코틀린에서는 **합성 속성**synthetic property이 추가되었다. 그리고 안드로이드 스튜디오에서 이 기능을 사용하려면 3장 3.8절에서 설명한 대로 그래들 빌드 파일에 코틀린 확장 플러그인(kotlin-android-extensions)을 추가해야 한다.

```
plugins {
    id 'com.android.application'
    id 'kotlin-android'
    id 'kotlin-android-extensions'
}
```

이렇게 플러그인이 추가된 후에는 다음과 같이 import 문을 지정하여 레이아웃 뷰에 지정한 id로 해당 뷰를 바로 사용할 수 있다. (따라서 findViewById() 함수를 사용해서 뷰의 참조를 따로 얻을 필요가 없다.)

```
import kotlinx.android.synthetic.main.activity_main.*
```

findViewById() 함수와 합성 속성 모두 정상적으로 레이아웃 뷰를 사용할 수 있는 방법이지만 두 방법 모두 제약이 있다. 특히 findViewById() 함수의 경우는 레이아웃에 아직 생성되지 않은 뷰의 참조를 얻을 수 있어서(null이 됨) 해당 뷰의 속성을 사용하려 할 때 null 포인터 예외가 발생할 수 있다는 단점이 있다.

이에 따라 안드로이드 스튜디오에서는 뷰 바인딩이라는 형태로 앱 코드에서 레이아웃 뷰를 참조하여 사용하는 방법이 추가되었다.

코틀린의 합성 속성을 사용하기 위해 필요한 코틀린 확장 플러그인(kotlin-android-extensions)은 코드에서 레이아웃 뷰를 사용하는 편리한 방법을 제공했지만 향후는 사용되지 않는다. 따라서 가장 장점이 많은 뷰 바인딩을 사용해야 한다(안드로이드 스튜디오 4.2 버전부터는 프로젝트를 생성할 때 선택한 템플릿에 따라 뷰 바인딩을 사용하도록 코드를 자동 생성해 준다).

18.2 뷰 바인딩

우리 app 모듈에 뷰 바인딩이 활성화되면 안드로이드 스튜디오가 app 모듈에 있는 각 레이아웃 파일의 바인딩 클래스를 자동으로 생성한다. 그리고 코드에서는 findViewById() 함수나 코틀린 합성 속성을 사용하지 않고 바인딩 클래스를 사용해서 레이아웃 뷰를 사용할 수 있다.

안드로이드 스튜디오가 자동 생성하는 바인딩 클래스의 이름은 레이아웃 파일 이름을 기준으로 하되, 카멜 표기법(각 단어의 첫 글자를 대문자로 나타냄)으로 나타내고 제일 끝에 Binding을 붙인다. 예를 들어, 액티비티의 레이아웃 파일 이름이 activity_main.xml이면 바인딩 클래스의 이름은 ActivityMainBinding이 된다.

18.3 AndroidSample 프로젝트 변환하기

이번 장의 나머지 부분에서는 뷰 바인딩을 사용하는 방법을 보여 줄 것이다. 3장에서 작성한 AndroidSample 프로젝트는 현재 코틀린 합성 속성을 사용한다. 뷰 바인딩을 사용하도록 이것을 변환해 보자.

우선, 3장에서 작성한 AndroidSample 프로젝트를 안드로이드 스튜디오에서 열자.

18.4 뷰 바인딩 활성화하기

안드로이드 스튜디오에서 프로젝트를 생성할 때는 액티비티 템플릿을 선택해야 한다(3장의 그림 3-2 참고). 그리고 선택된 템플릿을 기준으로 프로젝트에 필요한 파일과 코드를 안드로이드 스튜디오가 자동 생성해 준다. 이때 대부분의 템플릿은 뷰 바인딩을 사용하는 데 필요한 코드가 자동 생성된다. 그러나 Empty Activity의 경우는 그렇지 않다. 따라서 이 템플릿으로 생성된 프로젝트에서 뷰 바인딩을 사용하려면, 우선 해당 모듈의 build.gradle 파일에서 뷰 바인딩을 활성화해야 한다. AndroidSample 프로젝트의 경우는 프로젝트 도구 창의 Gradle Scripts ➡ build.gradle (Module: AndroidSample.app) 파일을 변경할 필요가 있다. 이 파일을 더블클릭하여 편집기 창에 열고 다음과 같이 코틀린 확장 플러그인을 삭제하자. 이제는 이 플러그인이 필요 없기 때문이다.

```
plugins {
    id 'com.android.application'
    id 'kotlin-android'
    id 'kotlin-android-extensions'
}
.
.
```

그다음에 viewBinding 속성을 활성화하도록 다음과 같이 android 섹션에 추가한다.

```
.
.
android {
    buildFeatures {
        viewBinding true
    }
.
.
```

변경이 다 되었으면 편집기 창의 오른쪽 위에 있는 Sync Now를 눌러 그래들 빌드의 변경 사항을 프로젝트에 적용한다.

18.5 뷰 바인딩 사용하기

그다음에 레이아웃의 루트 뷰를 사용할 수 있도록 뷰 바인딩 클래스를 인플레이트해야 한다. 그리고 이 루트 뷰를 레이아웃의 콘텐트 뷰로 사용할 것이다.

이 작업은 레이아웃과 연관된 액티비티의 onCreate() 함수에서 하는 게 바람직하다. MainActivity.kt 파일에 기본으로 생성된 onCreate() 함수는 다음과 같다.

```
override fun onCreate(savedInstanceState: Bundle?) {
    super.onCreate(savedInstanceState)
    setContentView(R.layout.activity_main)
}
```

뷰 바인딩을 사용하도록 변환하려면 MainActivity 클래스를 변경해야 한다. 앞에서 이야기했듯이, 레이아웃 파일 이름이 activity_main.xml이므로 안드로이드 스튜디오가 자동 생성하는 뷰 바인딩 클래스의 이름은 ActivityMainBinding이 된다.

프로젝트 도구 창에 열린 MainActivity.kt 파일을 선택한 후 다음과 같이 뷰 바인딩 클래스를 import하고 onCreate() 함수를 변경하자. 만일 AndroidSample 프로젝트를 생성할 때 패키지 이름을 다르게 주었다면 com.ebookfrenzy.androidsample을 그 이름으로 변경한다.

```
.
.
import kotlinx.android.synthetic.main.activity_main.*
import com.ebookfrenzy.androidsample.databinding.ActivityMainBinding
.
.
class MainActivity : AppCompatActivity() {

    private lateinit var binding: ActivityMainBinding

    override fun onCreate(savedInstanceState: Bundle?) {
        super.onCreate(savedInstanceState)
        setContentView(R.layout.activity_main)
        binding = ActivityMainBinding.inflate(layoutInflater)
        setContentView(binding.root)
    }
.
.
```

이제는 binding 참조를 통해 레이아웃 뷰의 id를 사용할 수 있다. 다음과 같이 이미 작성했던 convertCurrency() 함수를 변경하자.

```
fun convertCurrency(view: View) {
    if (binding.dollarText.text.isNotEmpty()) {
        val dollarValue = binding.dollarText.text.toString().toFloat()
        val euroValue = dollarValue * 0.85f

        binding.textView.text = euroValue.toString()
    } else {
        binding.textView.text = getString(R.string.no_value_string)
    }
}
```

안드로이드 스튜디오 툴바의 Run 'app' 버튼(▶)을 클릭하여 AndroidSample 앱을 실행하고 종전과 같이 환전이 잘되는지 확인해 보자.

18.6 방법 선택하기

앞으로 코틀린 확장 플러그인은 더 이상 지원되지 않는다. 그리고 안드로이드 스튜디오에서 프로 젝트를 생성할 때 우리가 선택한 액티비티 유형(템플릿)에 따라 자동 생성되는 코드에서도 뷰 바인 딩을 사용하도록 바뀌고 있다. 따라서 앞으로 프로젝트를 개발할 때는 뷰 바인딩을 사용하는 것 이 좋다.

그러나 코틀린 확장 플러그인을 사용하는 기존 코드 또는 안드로이드 스튜디오에서 뷰 바인딩을 기 본으로 활성화하지 않은 경우는 프로젝트의 build.gradle 파일과 onCreate() 함수를 변경해야 한다. 참고로 이 책에 있는 대부분의 예제 프로젝트는 뷰 바인딩을 사용한다.

18.7 예제 프로젝트의 뷰 바인딩

이 책의 예제 프로젝트에서는 다양한 종류의 액티비티 템플릿을 사용해서 프로젝트를 생성한다. 그 러나 템플릿에 따라서는 뷰 바인딩을 사용하는 코드가 자동 생성되지 않을 수 있다. 따라서 이때는 뷰 바인딩을 사용할 수 있게 약간의 코드를 추가해야 한다. 이것은 그리 어렵지 않으며 자세한 내용 은 다음과 같다.

18.8 프로젝트에서 뷰 바인딩을 사용하도록 변경하기

1. 프로젝트 도구 창에서 앱 모듈의 그래들 빌드 파일을 더블클릭하여 편집기 창에 연다. 그래들 빌드 파일 은 Gradle Scripts ➡ build.gradle (Module: <프로젝트이름>.app)이며, 예를 들어, AndroidSample 프로젝트의 경우는 Gradle Scripts ➡ build.gradle (Module: AndroidSample.app)이다. 그리고 앞의 android 섹션에 다음과 같이 뷰 바인딩을 활성화하는 항목을 추가한다.

```
android {
    .
    .
    buildFeatures {
        viewBinding true
    }
}
```

추가가 되었으면 화면 오른쪽 위의 **Sync Now**를 클릭하여 그래들이 변경 설정을 프로젝트에 반영하도록 한다.

2. MainActivity.kt 파일을 다음과 같이 변경한다. 여기서 **<프로젝트패키지이름>**은 프로젝트 생성 대화상자(그림 3-3)에서 패키지 이름에 지정한 것이며, MainActivity.kt 파일의 package 문에 지정된 것과 같은 것으로 교체하면 된다. 그리고 **<바인딩이름>**은 MainActivity의 레이아웃 리소스 파일 이름에서 중간의 밑줄(_)을 빼고 각 단어의 첫 글자를 대문자로 바꾼 후 제일 끝에 Binding을 붙인 것이다. 기본적으로 자동 생성되는 MainActivity의 레이아웃 리소스 파일 이름은 activity_main.xml이므로 대개의 경우 바인딩 이름은 ActivityMainBinding이 된다.

```
.
.
import <프로젝트패키지이름>.databinding.<바인딩이름>
.
.
class MainActivity : AppCompatActivity() {

    private lateinit var binding: <바인딩이름>

    override fun onCreate(savedInstanceState: Bundle?) {
        super.onCreate(savedInstanceState)
        binding = <바인딩이름>.inflate(layoutInflater)
        setContentView(binding.root)
    }
    .
    .
}
```

3. 이렇게 하면 바인딩 객체의 속성을 사용해서 뷰를 참조하고 사용할 수 있다.

18.9 요약

이전 버전의 안드로이드 스튜디오에서는 코드에서 레이아웃 뷰를 사용하기 위해 findView ById() 함수나 코틀린 확장 플러그인을 사용하였다. 그러나 이제는 뷰 바인딩을 사용할 수 있다. 뷰 바인딩은 각 XML 레이아웃 파일에 대해 안드로이드 스튜디오가 자동으로 생성하는 클래스로 구성된다. 이 클래스는 대응되는 레이아웃의 각 뷰에 대한 참조를 포함하며, findViewById() 함수나 코틀린 확장 플러그인의 대안으로 사용한다.

CHAPTER 19

안드로이드 앱과 액티비티 생명주기

안드로이드 앱은 프로세스로 실행되며, 액티비티나 서비스 및 브로드캐스트 수신자 형태의 여러 컴포넌트로 구성된다는 것을 앞에서 배웠다. 이번 장에서는 안드로이드 런타임 시스템에서 실행되는 앱과 액티비티의 **생명주기**lifecycle를 살펴볼 것이다.

날이 갈수록 모바일 장치의 메모리나 컴퓨팅 능력이 향상되고 있다. 그러나 데스크톱 시스템에 비해 여전히 제한된 리소스를 고려해야 한다. 특히, 메모리가 그렇다. 따라서 안드로이드 시스템에서는 그런 제한된 리소스를 효율적으로 관리해야 한다. 운영체제와 앱 모두에서 그렇다. 그러면서 항상 사용자에게 응답할 수 있어야 한다. 따라서 안드로이드는 앱이 실행되는 프로세스와 앱을 구성하는 모든 컴포넌트의 생명주기와 상태를 전적으로 통제한다. 그러므로 안드로이드 앱을 개발할 때는 앱과 액티비티 생명주기 관리 모델을 이해하는 것이 중요하다. 또한, 앱이 실행되는 동안 생길 수 있는 상태 변경에 대처할 수 있는 방법도 알아야 한다.

19.1 안드로이드 앱과 리소스 관리

안드로이드 앱은 안드로이드 운영체제하에서 별개의 프로세스로 실행된다. 그리고 장치의 자원이 한계에 다다를 경우 시스템에서는 메모리 확보를 위해 프로세스를 중단하는 조치를 취하게 된다.

메모리 확보를 위해 어떤 프로세스를 중단할지 결정할 때 시스템에서는 현재 실행 중인 모든 프로세스의 **우선순위**priority와 **상태**state를 모두 고려한다. 그리고 이런 요소를 결합하여 구글에서 말하는 **중요도 서열**importance hierarchy이라는 것을 생성한다. 그다음에 가장 낮은 우선순위의 프로세스부터 중단을 시작해서 시스템이 기능을 수행하는 데 충분한 리소스가 확보될 때까지 중요도 서열을 따라 프로세스 중단 작업을 수행한다.

19.2 안드로이드 프로세스 상태

앱은 프로세스로 실행되고 컴포넌트로 구성된다. 안드로이드 시스템에서 프로세스의 현재 상태는 앱 내부에서 가장 높은 우선순위로 실행 중인 컴포넌트에 의해 정의된다. 그림 19-1처럼 프로세스는 언제든 다음 다섯 가지 중 하나의 상태가 될 수 있다.

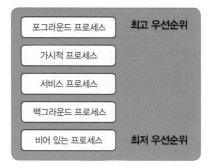

그림 19-1

19.2.1 포그라운드 프로세스

이 프로세스는 화면으로 볼 수 있고 사용자와 상호작용하므로 가장 높은 수준의 우선순위가 지정되며, 시스템에 의해 제일 마지막에 중단된다. 프로세스가 포그라운드foreground 상태로 되려면 다음 조건을 하나 이상 충족해야 한다.

- 사용자와 현재 상호작용 중인 액티비티를 호스팅(포함해서 실행)한다.
- 사용자와 현재 상호작용 중인 액티비티에 연결된 서비스를 호스팅한다.
- 중단되면 사용자에게 해를 끼칠 수 있다는 것을 startForeground() 함수를 호출하여 알려 준 서비스를 호스팅한다.
- 자신의 onCreate(), onResume(), onStart() 콜백 함수 중 하나를 실행하는 서비스를 호스팅한다.
- onReceive() 함수를 현재 실행 중인 브로드캐스트 수신자를 호스팅한다.

19.2.2 가시적 프로세스

화면으로 볼 수는 있지만 사용자와 상호작용은 하지 않는 액티비티를 포함하는 프로세스는 가시적 프로세스visible process로 분류된다. 프로세스의 액티비티를 사용자가 화면에서 볼 수 있지만, 이 액티비티의 화면 일부를 다른 액티비티(예를 들어, 대화상자)가 포그라운드로 실행하면서 가리는 경우다. 가시적이거나 포그라운드로 실행되는 액티비티와 결합된 서비스를 호스팅하는 프로세스도 가시적 상태가 될 수 있다.

19.2.3 서비스 프로세스

이미 시작되어 현재 실행 중인 서비스service를 포함하는 프로세스다.

19.2.4 백그라운드 프로세스

사용자가 화면으로 현재 볼 수 없는 하나 이상의 액티비티를 포함하는 프로세스다. 더 높은 우선순위의 프로세스에서 추가 메모리가 필요한 경우, 이 부류의 프로세스는 안드로이드 런타임에 의해 중단될 가능성이 크다. 안드로이드는 백그라운드 프로세스background process의 내역을 동적으로 유지 관리하면서 실행 순서에 따라 프로세스를 중단한다. 즉, 포그라운드에서 실행한 프로세스 중 가장 오래된 프로세스가 먼저 종료된다.

19.2.5 비어 있는 프로세스

비어 있는 프로세스empty process는 실행되는 앱을 포함하지 않으며, 새로 론칭되는 앱을 호스팅하기 위해 메모리에 남아 있는다. 문을 연 채로 엔진을 켜 놓고 승객의 탑승을 기다리는 버스와 유사하다. 이런 프로세스는 최저 우선순위를 가지며, 리소스 해제 시에 제일 먼저 중단된다.

19.3 액티비티 생명주기

안드로이드 프로세스의 상태는 자신이 호스팅하는 앱을 구성하는 액티비티와 컴포넌트의 상태에 의해 결정된다. 그러므로 앱이 실행되는 동안 액티비티도 서로 다른 상태로 전환된다는 것을 이해하는 것이 중요하다. 액티비티의 현재 상태는 **액티비티 스택**activity stack 안에서의 위치에 따라 결정된다.

19.4 액티비티 스택

안드로이드 런타임 시스템에서는 장치에서 실행 중인 각 앱에 대해 액티비티 스택을 유지 관리한다. 앱이 론칭되면 이 앱의 첫 번째 시작 액티비티가 스택에 놓인다. 그리고 두 번째 액티비티가 시작되면 이 액티비티가 스택의 맨 위에 위치하고 이전 액티비티는 **밑으로 내려간다**push. 스택의 맨 위에 있는 액티비티를 **활성화된**(또는 실행 중인) 액티비티라고 한다. 활성화된 액티비티가 종료되면 이 액티비티는 런타임에 의해 스택에서 **빠지고**pop 그 바로 밑에 있던 액티비티가 위로 올라오면서 현재 활성화된 액티비티가 된다. 예를 들어, 스택의 맨 위에 있는 액티비티의 할 일이 끝났을 경우나 이전 액티비티로 돌아가기 위해 사용자가 장치 화면의 백Back 버튼을 눌렀을 경우다. 이렇게 되면 현재 액티비티가 런타임 시스템에 의해 스택에서 빠지고 소멸된다. 그림 19-2에서는 안드로이드 액티비티 스택을 그림으로 보여 준다.

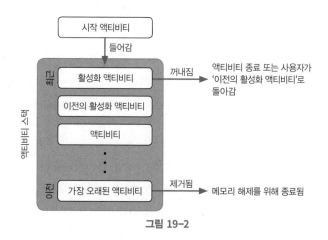

그림 19-2

이 그림에서 보듯이, 새로운 액티비티가 시작되면 스택의 맨 위로 들어간다. 그리고 현재 실행 중인 액티비티는 스택의 맨 위에 위치한다. 그러나 새로운 액티비티가 시작되면 현재의 액티비티는 그 밑으로 들어간다. 또한, 현재의 액티비티가 종료되거나 사용자가 백 버튼을 눌러 이전 액티비티로 돌아갔을 때는 현재의 액티비티가 스택에서 꺼내어진다. 시스템의 리소스(메모리 등)가 부족한 경우에는 스택의 제일 밑에 있는 액티비티부터 제거된다.

액티비티 스택은 프로그래밍 용어로 후입선출Last-In-First-Out, LIFO 스택이다. 즉, 마지막에 스택으로 들어간 항목이 제일 먼저 꺼내어진다.

19.5 액티비티 상태

앱에서 실행되는 동안 액티비티는 다음과 같이 서로 다른 상태 중 하나가 될 수 있다.

- **실행**Active/Running — 액티비티가 액티비티 스택의 맨 위에 있고, 장치 화면에서 볼 수 있는 포그라운드 태스크이며, 사용자와 현재 상호작용하고 있다. 이런 상태의 액티비티는 시스템 리소스가 부족할 때에도 거의 중단되지 않는다.

- **일시 중지**Paused — 사용자가 화면에서 볼 수 있지만 포커스를 갖고 있지 않는 경우다. 현재 실행 중인 다른 액티비티가 이 액티비티의 화면을 부분적으로 가리고 있기 때문이다. 일시 중지된 액티비티는 메모리에 보존되어 있고, 윈도우 매니저에 연결된 채로 있으며, 자신의 모든 상태 정보를 갖고 있다. 따라서 액티비티 스택의 맨 위로 이동하면 실행 상태로 빨리 복원될 수 있다.

- **중단**Stopped — 액티비티가 사용자에게 보이지 않는다. 달리 말해, 장치 화면에서 이 액티비티 화면 전체를 다른 액티비티가 가리고 있을 때다. 일시 중지 액티비티처럼 이 액티비티는 모든 상태 정보를 보존하고 있다. 그러나 시스템 메모리가 부족해지면 종료될 수 있다.

- **소멸**Killed — 메모리 확보를 위해 런타임 시스템에 의해 액티비티가 종료되었으며, 액티비티 스택에도 존재하지 않는다. 만일 앱에서 요청하면 이 상태의 액티비티는 새로 다시 시작되어야 한다.

19.6 구성 변경

지금까지 안드로이드 액티비티의 상태가 변하는 두 가지 요인을 알아보았다. 즉, 포그라운드와 백그라운드 간의 액티비티 이동과 메모리 확보를 위해 런타임 시스템이 액티비티를 종료시키는 것이다. 그러나 이 외에도 액티비티의 상태가 동적으로 변경되어 장치 구성이 변경될 수 있는 세 번째 경우가 있다.

화면에 나타나는 액티비티의 모습에 영향을 주는 모든 구성 변경(예를 들어, 장치의 방향을 가로 또는 세로로 바꾸거나 시스템 폰트 설정을 변경)은 액티비티 인스턴스를 소멸하고 새로 생성하게 만든다. 왜냐하면 사용자 인터페이스 레이아웃과 같은 리소스에 영향을 주는 구성 변경이 생길 때는 영향을 받는 액티비티 인스턴스를 소멸 및 재생성하여 구성 변경에 응답하는 것이 가장 빠른 방법이기 때문이다. 그러나 특정 구성 변경의 경우는 시스템에서 다시 시작하지 않도록 액티비티를 구성할 수 있다.

19.7 상태 변경 처리하기

앱에 포함된 컴포넌트(예를 들어, 액티비티나 서비스)는 앱의 생애 동안 여러 상태를 거친다. 그리고 이런 상태 변경은 사용자의 액션과 장치 자원의 가용성에 따라 안드로이드 런타임이 관리하며 앱에서 반응할 수 있게 알려 준다.

그리고 상태 변경이 생길 때는 앱의 내부 데이터 구조와 사용자 인터페이스 상태 모두 저장 또는 복원하는 것이 필요하다. 그래야만 사용자가 문제없이 서로 다른 앱을 전환하면서 사용할 수 있기 때문이다.

안드로이드는 앱에 포함된 객체의 생명주기 상태 변경을 처리하는 두 가지 방법을 제공한다. 첫 번째는, 안드로이드 운영체제가 호출해 주는 상태 변경 함수에서 응답하는 방법이며, 다음 장에서 자세히 알아볼 것이다.

두 번째는, 구글에서 권장하는 새로운 방법이며, Jetpack 안드로이드 아키텍처 컴포넌트에 포함된 생명주기 클래스를 사용하는 것이다. 이 내용은 39장과 45장에서 배울 것이다.

19.8 요약

안드로이드 앱은 프로세스로 실행되며, 액티비티나 서비스 형태의 컴포넌트로 구성된다.

안드로이드 런타임 시스템은 메모리를 확보하기 위해 프로세스와 액티비티 모두를 중단할 수 있다. 그리고 중단할 프로세스를 결정할 때 런타임 시스템이 프로세스의 상태를 고려한다. 프로세스의 상태는 해당 프로세스가 호스팅하는 액티비티의 상태에 따라 좌우된다.

안드로이드 앱은 실행되는 동안 다양한 상태를 거치며, 이런 상태 변경은 안드로이드 런타임에 의해 제어된다. 그리고 사용자와 직접 상호작용하지 않는 프로세스나 액티비티는 런타임 시스템에 의해 중단될 가능성이 크다.

그러므로 기본적으로 안드로이드 앱에서는 시스템이 상태 변경을 알려 줄 때 응답할 수 있어야 한다.

CHAPTER 20

액티비티 상태 변경 처리하기

앞의 19장을 읽으면서, 앱이 존속하는 동안 앱을 구성하는 액티비티와 프래그먼트가 여러 다른 상태를 거친다는 점을 알았을 것이다. 그리고 한 상태에서 다른 상태로의 변경은 안드로이드 런타임 시스템에 의해 수행되므로 액티비티 자신이 제어할 수 없다. 그렇다고 해서 앱이 상태 변경에 반응하여 적합한 조치를 취할 수 없다는 것을 의미하는 것은 아니다.

이번 장에서는 상태 변경이 생길 때 액티비티가 알 수 있는 방법과 상태 정보를 저장 및 복원하는 방법을 전반적으로 살펴본다. 그리고 액티비티 생애activity lifetime에 관해서도 간략히 알아본다.

20.1 최신과 종전의 생명주기 기법

최근까지도 앱에서 생명주기lifecycle를 인식하고 처리할 수 있는 표준화된 방법이 있었다. 이것은 이번 장에서 알아볼 방법이며, 이 방법을 사용할 때는 액티비티나 프래그먼트 인스턴스 내부에 각 생명주기 상태와 연관되는 함수를 구현한다. 그리고 이 함수는 액티비티나 프래그먼트 인스턴스의 생명주기 상태가 변경될 때 안드로이드 운영체제가 호출한다. 이 방법은 지금도 그대로 사용된다. 그러나 이번 장 뒤에서 설명할 몇 가지 제약을 갖는다.

근래에는 Jetpack 안드로이드 아키텍처 컴포넌트로 생명주기 클래스가 도입되면서 생명주기를 처리하는 더 좋은 방법을 사용할 수 있게 되었다. 이 방법은 Jetpack 컴포넌트 및 아키텍처 지침과 더불어 이 책의 다른 장에서 자세히 알아볼 것이다. 그러나 종전의 생명주기 함수를 이해하는 것이 여전히 중요하다. 왜냐하면 이러한 함수가 여전히 사용되고 있으며, 또한, 이러한 함수를 사용해서 생명주기를 처리하는 종전 방법을 이해하면 새로운 방법을 배우는 데 도움이 되기 때문이다.

20.2 Activity와 Fragment 클래스

거의 예외 없이 앱의 액티비티와 프래그먼트는 안드로이드 AppCompatActivity 클래스와 Fragment 클래스의 서브 클래스로 생성된다.

예를 들어, 3장에서 생성했던 AndroidSample 프로젝트를 생각해 보자. 안드로이드 스튜디오에서 이 프로젝트를 열고 MainActvity.kt 파일을 찾아서 더블클릭하여 편집기 창에 열자(이 파일은 프로젝트 도구 창에서 app ➡ Java ➡ com.ebookfrenzy.androidsample 밑에 있다. 도메인을 ebookfrenzy가 아닌 다른 것으로 지정한 경우에는 해당 이름으로 된 패키지를 찾는다). MainActvity.kt의 코드는 다음과 같다.

```kotlin
package com.ebookfrenzy.androidsample

import androidx.appcompat.app.AppCompatActivity
import android.os.Bundle
import android.view.View

import com.ebookfrenzy.androidsample.databinding.ActivityMainBinding

class MainActivity : AppCompatActivity() {
    override fun onCreate(savedInstanceState: Bundle?) {
        super.onCreate(savedInstanceState)
        binding = ActivityMainBinding.inflate(layoutInflater)
        setContentView(binding.root)
    }

    fun convertCurrency(view: View) {
        if (binding.dollarText.text.isNotEmpty()) {
            val dollarValue = binding.dollarText.text.toString().toFloat()
            val euroValue = dollarValue * 0.85f
            binding.textView.text = euroValue.toString()
        } else {
            binding.textView.text = getString(R.string.no_value_string)
        }
    }
}
```

이것은 3장에서 프로젝트를 생성했을 때 자동으로 생성된 코드를 변경한 것이다. 기본적으로 액티비티 클래스 이름은 MainActvity가 되며, AppCompatActivity 클래스의 서브 클래스로 지정된다.

그리고 안드로이드 API 문서를 보면 알 수 있지만, AppCompatActivity 클래스는 Activity 클래스의 서브 클래스다. 이것은 안드로이드 편집기에서 **계층 구조**Hierarchy 도구 창을 보면 쉽게 확인할 수 있다. 편집기에 MainActvity.kt 파일이 로드된 상태에서 AppCompatActivity를 클릭한 후 [Ctrl]+[H][⌘+[H] 단축키를 눌러 보자. 그림 20-1과 같이 계층 구조 도구 창이 나타나면서 선택된 클래스의 클래스 계층(상속) 구조를 보여 줄 것이다. 여기서 AppCompatActivity 클래스는 Activity의 서브 클래스인 FragmentActivity의 서브 클래스인 것을 알 수 있다. (AppCompatActivity 클래스는 과거 안드로이드 버전과의 호환성을 지원하기 위해 제공된 것이다.)

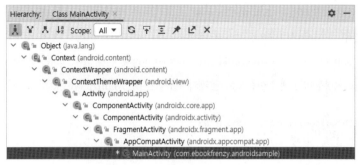

그림 20-1

(위에 있는 첫 번째 버튼은 MainActvity의 모든 슈퍼 클래스를 다 보여 준다. 사람에 비유하면 최초 조상부터 시작해서 해당 후손까지 모두 나타난 족보를 보여 주는 셈이다. 두 번째 버튼을 누르면 MainActvity의 바로 위 슈퍼 클래스, 즉 직계 부모만을 보여 준다. 세 번째 버튼을 클릭하면 서브 클래스를 보여 준다. 그러나 MainActvity는 서브 클래스가 없으므로 이 클래스만 나타난다.)

상태가 변경된다는 것을 알려 주기 위해 안드로이드 런타임이 자동으로 호출하는 함수가 Activity 와 Fragment 클래스에 많이 있다. 이러한 함수를 **생명주기 함수**라고 한다. 따라서 우리 액티비티나 프래그먼트 클래스에서는 상태 변경에 따라 반응하기 위해 이러한 함수를 오버라이드하여 필요한 기능을 구현하면 된다.

이 중에서 반드시 구현해야 하는 함수가 onCreate()이다. 앞의 코드를 다시 보면, MainActivity 클래스에 이 함수가 이미 오버라이드되어 구현되었음을 알 수 있다. Activity와 Fragment 클래스의 onCreate() 및 이 외의 다른 생명주기 함수는 잠시 후에 알아볼 것이다.

20.3 동적 상태 vs. 영속적 상태

생명주기를 관리하는 주목적은 적시에 액티비티 상태를 저장하거나 복원하는 것이다. 여기서 말하는 **상태**state는 액티비티가 현재 보존하고 있는 데이터와 사용자 인터페이스 데이터(일반적으로 폰이나 태블릿 등의 화면에 나타난 뷰 객체의 데이터)를 의미한다. 예를 들어, 액티비티는 데이터베이스, 콘텐트 제공자, 파일 등에 저장될 필요가 있는 메모리의 데이터 모델을 유지할 수 있다. 이런 상태 정보는 앱이 여러 번 실행되는 동안에도 지속적으로 유지되어야 하므로 이것을 **영속적 상태**persistent state라고 한다.

이와는 달리, 화면에 보이는 **사용자 인터페이스 상태**(예를 들어, 아직 앱의 내부 데이터 모델에는 저장되지 않은 텍스트 필드에 입력된 텍스트 또는 액티비티나 프래그먼트 인스턴스 내부에서 보존해야 하는 변수 데이터)는 **동적 상태**dynamic state라 한다. 왜냐하면 이것은 앱이 한 번 실행되는 동안만 보존되는 것이기 때문이다.

이 두 상태의 차이를 이해하는 것이 중요하다. 왜냐하면 이것이 저장되는 방법과 그렇게 하는 이유 모두가 다르기 때문이다.

액티비티가 백그라운드에 있는 동안 런타임 시스템에 의해 종료될 수 있어서 생기는 데이터 유실을 막는 것이 영속적 상태를 저장하는 목적이다. 반면에 동적 상태가 저장되고 복원되는 이유는 조금 더 복잡하다.

예를 들어, 하나의 텍스트 필드와 몇 개의 라디오 버튼을 갖는 액티비티(여기서는 액티비티 A라고 할 것이다.) 하나를 앱이 갖고 있다고 해보자. 앱을 사용하는 동안 사용자는 텍스트 필드에 텍스트를 입력하고 라디오 버튼을 선택한다. 그러나 사용자가 이런 상태 변경을 저장하는 액션을 수행하기 전에 다른 액티비티로 전환하면, 액티비티 A는 액티비티 스택으로 들어가고 백그라운드에 있게 된다. 그리고 이후 언젠가 장치의 메모리가 부족하게 되면 런타임 시스템이 리소스를 확보하기 위해 액티비티 A를 종료시킨다. 그러나 사용자는 액티비티 A가 그냥 백그라운드에 있다가 언제든지 포그라운드로 올 준비가 되어 있다고 생각한다. 따라서 액티비티 A가 포그라운드로 돌아오면 자신이 입력했던 텍스트와 선택한 라디오 버튼이 그대로 남아 있을 거라고 생각할 것이다. 그러나 이 경우 액티비티 A의 새로운 인스턴스가 생성되므로, 만일 동적 상태 데이터가 저장 및 복원되지 않는다면 사용자가 이전에 입력한 데이터는 유실된다.

그러므로 동적 상태를 저장하는 주목적은, 사용자가 모르게 액티비티가 종료되었다가 다시 시작되더라도 포그라운드와 백그라운드 액티비티 간의 단절되지 않는 전환을 제공하는 것이다.

영속적 상태와 동적 상태를 저장하는 메커니즘은 잠시 후에 더 자세히 알아볼 것이다.

20.4 안드로이드 생명주기 함수

앞에서 설명했듯이, Activity와 Fragment 클래스는 생명주기 함수를 많이 갖고 있으며, 이러한 함수는 액티비티나 프래그먼트의 상태가 변경될 때 이벤트 핸들러event handler처럼 동작한다. 안드로이드 Activity와 Fragment 클래스가 지원하는 주요 생명주기 함수는 다음과 같다.

- **onCreate(savedInstanceState: Bundle?)** — 이 함수는 액티비티 인스턴스가 최초 생성될 때 호출되며, 대부분의 초기화 작업을 하는 데 이상적인 곳이다. 함수 인자로는 동적 상태 정보를 포함할 수 있는 Bundle 객체가 전달된다. 동적 상태 정보는 직전에 생성되었다가 소멸된 동일 액티비티의 인스턴스로부터 전달되며, 일반적으로 사용자 인터페이스의 상태와 관련된다.
- **onRestart()** — 액티비티가 런타임 시스템에 의해 이전에 중단되었다가 바로 다시 시작될 때 호출된다.
- **onStart()** — onCreate()나 onRestart() 함수가 호출된 후 곧바로 호출된다. 그리고 (액티비티의 사용자 인터페이스를) 사용자가 곧 보게 된다고 액티비티에게 알려 준다. 만일 액티비티가 액티비티 스택의 맨 위로 이동하면 이 함수가 호출된 다음에 onResume()이 호출된다.

- **onResume()** — 액티비티가 액티비티 스택의 맨 위에 있으며, 사용자와 현재 상호작용하는 액티비티임을 나타낸다.

- **onPause()** — 이 함수 호출 다음에는 onResume() 또는 onStop() 함수 중 하나가 호출된다. 즉, 액티비티가 포그라운드로 돌아가는 경우는 (계속 실행하기 위해) onResume()이 호출되며, (액티비티의 사용자 인터페이스를) 사용자가 볼 수 없게 되면 중단되면서 onStop()이 호출된다. 이 함수 내부에서는 앱에서 아직 저장하지 않은 영속적 상태 데이터를 저장하는 작업을 하면 된다. 단, 액티비티 간의 전환에 따른 지연이 생기지 않도록 시간이 오래 걸리는 작업(데이터베이스에 데이터를 저장하거나 네트워크를 사용하는 작업 등)을 피해야 한다. 이 함수에서는 또한, 애니메이션과 같이 CPU를 지나치게 사용하는 작업도 중단해야 한다.

- **onStop()** — 이 함수가 호출될 때는 액티비티가 더 이상 사용자에게 보이지 않는다. 이 함수 호출 다음에는 onRestart() 또는 onDestroy()가 호출된다. 액티비티가 다시 포그라운드로 들어가면 onRestart()가 호출되며, 액티비티가 종료될 때는 onDestroy()가 호출된다.

- **onDestroy()** — 이 함수는 다음과 같은 이유로 액티비티가 곧 소멸될 때 호출된다. 첫 번째는 액티비티가 자신의 작업을 완료하고 finish() 함수를 호출했을 경우다. 두 번째는 메모리가 부족하거나 구성 변경(예를 들어, 장치의 가로 또는 세로 방향 변경 시)이 생겨서 런타임이 액티비티를 종료하는 경우다. 그러나 액티비티가 종료될 때 항상 onDestroy() 함수가 호출되는 것은 아니라는 것에 유의하자.

- **onConfigurationChanged()** — 매니페스트 파일의 android:configChanges 속성을 정의하면(20.7절 참고) 장치의 구성 변경이 생길 때 액티비티가 다시 시작되지 않는 대신 이 함수가 호출된다. 그리고 이때 새로운 장치 구성을 나타내는 Configuration 객체가 이 함수에 전달된다. 이런 경우에 액티비티에서는 onConfigurationChanged() 함수에서 구성 변경을 처리해야 한다. 그러나 android:configChanges 속성에 정의되지 않은 구성 변경이 발생할 때는 이 함수가 호출되지 않고 액티비티가 다시 시작된다.

그리고 다음의 생명주기 함수는 Fragment 클래스에만 적용된다.

- **onAttach()** — 프래그먼트가 액티비티에 지정될 때 호출된다.

- **onCreateView()** — 프래그먼트의 사용자 인터페이스 레이아웃 뷰 계층을 생성하고 반환하기 위해 호출된다.

- **onActivityCreated()** — 프래그먼트와 연관된 액티비티의 onCreate() 함수가 실행 완료되면 호출된다.

- **onViewStatusRestored()** — 프래그먼트의 저장된 뷰 계층이 복원될 때 호출된다.

지금까지 이야기한 생명주기 함수와 더불어 액티비티의 동적 상태를 저장하고 복원하기 위해 특별히 만들어진 두 개의 함수가 있다.

- **onRestoreInstanceState(savedInstanceState: Bundle?)** — 상태 정보가 저장되었던 이전 액티비티 인스턴스로부터 액티비티 인스턴스가 다시 생성되어 시작될 때 onStart() 함수가 호출된 후 곧바로 이 함수가 호출된다. onCreate() 함수처럼 이 함수도 이전 상태 데이터를 포함하는 Bundle 객체가 인자로 전달된다. onCreate()와 onStart()에서 액티비티의 초기화가 수행된 후에 이전 상태 데이터를 복원해야 할 때 이 함수가 호출된다. 이 함수에서는 Bundle 객체에 저장된 데이터를 사용해서 우리가 동적 데이

터를 복원하면 된다.

- **onSaveInstanceState(outState: Bundle?)** — 현재의 동적 상태 데이터가 저장될 수 있도록 액티비티가 소멸되기 전에 호출된다. 여기서 동적 상태 데이터는 대개 사용자 인터페이스와 관련되어 있다. 이 함수에는 저장되어야 하는 상태 데이터를 갖는 Bundle 객체가 인자로 전달되며, 이 Bundle 객체는 이후에 액티비티가 다시 시작될 때 onCreate()와 onRestoreInstanceState() 함수에 전달된다. 동적 상태 데이터가 저장될 필요가 있다고 런타임이 판단할 경우에만 이 함수가 호출된다는 것에 유의하자. 이 함수에서는 우리가 보존할 필요가 있는 동적 데이터를 Bundle 객체에 저장하면 된다.

액티비티에서 이러한 함수를 오버라이딩할 때는 꼭 기억할 것이 있다. onRestoreInstanceState()와 onSaveInstanceState() 두 함수를 제외한 나머지 함수에서는 자신의 구현 코드에서 반드시 슈퍼 클래스의 오버라이딩되는 함수를 제일 먼저 호출해 주어야 한다는 점이다. 예를 들어, 다음 함수는 onRestart() 함수를 오버라이딩한다. 그리고 이 함수 구현 코드에서 슈퍼 클래스 인스턴스의 오버라이딩되는 함수를 호출한다.

```
override fun onRestart() {
    super.onRestart()
    Log.i(TAG, "onRestart")
}
```

오버라이딩하는 함수에서 슈퍼 클래스의 오버라이딩되는 함수를 호출하지 않으면 액티비티 실행 중에 런타임이 예외를 발생시킨다. 단, onRestoreInstanceState()와 onSaveInstanceState() 함수의 경우는 슈퍼 클래스 함수 호출을 하지 않아도 된다. 그러나 호출하면 큰 장점이 생긴다. 이 내용은 22장에서 설명할 것이다.

`20.5` 액티비티/프래그먼트 생애

끝으로, 액티비티나 프래그먼트가 실행되는 동안 전환되는 생애에 대해 알아보자. 액티비티나 프래그먼트는 전체entire, 가시적visible, 포그라운드foreground의 세 가지 생애를 오간다.

- **전체 생애**Entire Lifetime — 액티비티나 프래그먼트의 인스턴스가 생성될 때 최초 호출되는 onCreate() 함수와 종료되기 전에 호출되는 onDestroy() 함수 사이에 액티비티에서 발생하는 모든 것을 나타내는 데 '전체 생애'라는 용어가 사용된다.
- **가시적 생애**Visible Lifetime — onStart()와 onStop() 호출 사이의 실행 시기를 나타낸다. 이 시기 동안 사용자는 액티비티나 프래그먼트를 화면에서 볼 수 있다.
- **포그라운드 생애**Foreground Lifetime — onResume()과 onPause() 호출 사이의 실행 시기를 나타낸다. 액티비티나 프래그먼트는 자신의 전체 생애 동안에 포그라운드 생애와 가시적 생애를 여러 번 거칠 수 있다는 것을 알아 두자.

그림 20-2에서는 액티비티나 프래그먼트의 생애와 생명주기 함수의 관계를 나타낸다.

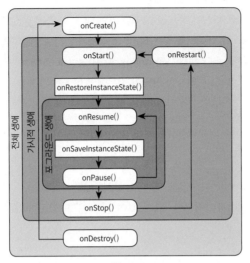

그림 20-2

20.6 폴더블 장치와 다중 실행 재개 상태

앞에서 보았듯이, 액티비티가 포그라운드로 이동하여 사용자와 상호작용하게 되면 실행 재개 상태 resumed state가 된다. 이 경우 앱에 포함된 액티비티 중에서 하나의 액티비티는 언제든 실행 재개 상태에서 상태 변화를 처리하며, 이 외의 다른 액티비티는 일시 중지paused나 중단stopped 상태가 된다.

이제는 안드로이드가 다중 창을 지원하므로 분할-화면split-screen이나 프리폼freeform의 형태로 다수의 액티비티가 동시에 화면에 나타날 수 있다. 이 기능은 원래 태블릿과 같이 화면이 큰 장치에서 사용되었지만 폴더블foldable 장치가 소개되면서 더 많이 사용되게 되었다.

안드로이드 10버전이 실행되면서 다중 창 지원이 활성화된 장치(대부분의 폴더블 장치)에서는 여러 앱의 액티비티가 동시에 실행 재개 상태가 되어(이것을 다중 실행 재개 상태라고 한다) 화면에 보이면서 작동될 수 있다(예를 들어, 스트리밍 콘텐츠 처리 또는 데이터 변경). 이 경우 다수의 액티비티가 실행 재개 상태가 될 수 있지만 어느 한 시점에서는 가장 최근에 사용자와 상호작용한 액티비티만이 실행 재개되며, 이것을 최상위 실행 재개topmost resumed 액티비티라고 한다.

이때 액티비티에 onTopResumedActivityChanged() 콜백 함수를 구현하면 최상위 실행 재개 상태인지 알 수 있다.

20.7 액티비티가 다시 시작되지 않게 하기

이미 설명했듯이, 특정 구성 변경이 생길 때 액티비티가 다시 시작되지 않게 할 수 있다. 이때는 프로젝트 매니페스트 파일의 해당 액티비티 요소에 android:configChanges 속성을 추가하면 된다. 예를 들어, 다음과 같이 지정하면 장치의 방향이나 글자 크기가 달라져서 구성 변경이 생기더라도 MainActivity가 다시 시작되지 않아야 한다는 것을 나타낸다. (이 속성에 지정할 수 있는 값에 관한 자세한 내용은 https://developer.android.com/guide/topics/manifest/activity-element?hl=ko를 참고하자.)

```
<activity android:name=".MainActivity"
          android:configChanges="orientation|fontScale"
          android:label="@string/app_name">
```

20.8 생명주기 함수의 제약

이번 장 앞부분에서 이야기했듯이, 생명주기 함수는 여러 해 동안 사용되었으며 최근까지도 액티비티와 프래그먼트의 생명주기 상태 변경을 처리하는 데 사용할 수 있는 유일한 메커니즘이었다. 그러나 이 방법에는 몇 가지 단점이 있다.

즉, 앱이 실행 중일 때 액티비티나 프래그먼트가 현재의 생명주기 상태를 알아내는 쉬운 방법을 제공하지 않는다는 것이다. 따라서 액티비티나 프래그먼트 자체에서 내부적으로 자신의 상태를 지속적으로 파악하거나 다음번 생명주기 함수가 호출될 때까지 기다려야 한다.

또한, 생명주기 함수에서는 앱 내부의 특정 객체가 다른 객체의 생명주기 상태를 쉽게 관찰할 수 있는 방법을 제공하지 않는다. 이것은 심각한 문제가 될 수 있다. 왜냐하면 앱의 많은 객체가 액티비티나 프래그먼트의 생명주기 상태 변경에 영향을 받을 수 있기 때문이다.

생명주기 함수는 또한, Activity나 Fragment 클래스의 서브 클래스에서만 사용할 수 있다. 따라서 생명주기를 인식하는 커스텀 클래스를 만드는 것은 불가능하다.

끝으로, 생명주기 함수를 사용할 때는 대부분의 생명주기 처리 코드를 액티비티나 프래그먼트 내부에 작성해야 하므로 코드가 복잡해지고 에러가 생기기 쉽다. 이상적으로 이런 코드의 대부분은 상태 변경에 영향을 받는 다른 클래스에 있어야 한다. 예를 들어, 비디오 스트리밍 앱에서는 입력되는 스트림을 관리하기 위해 특별히 설계된 클래스를 포함할 수 있다. 그리고 액티비티가 중단될 때 앱에서 해당 스트림을 일시 정지해야 한다면 이것을 처리하는 코드를 액티비티가 아닌 해당 스트리밍 클래스에 두어야 한다.

지금까지 이야기한 모든 문제점은 생명주기-인식lifecycle-aware 컴포넌트를 사용하여 해결할 수 있다. 이 내용은 39장부터 배울 것이다.

20.9 요약

모든 액티비티는 안드로이드 Activity 클래스로부터 상속된다. 그리고 액티비티의 상태가 변경될 때 런타임 시스템에 의해 호출되도록 설계된 생명주기 함수를 갖는다. Fragment 클래스도 이와 유사하다. 그리고 이러한 함수를 오버라이딩하면 액티비티와 프래그먼트가 상태 변경에 응답할 수 있으며 필요에 따라 액티비티와 앱 모두의 현재 상태 데이터를 저장 및 복원할 수 있다.

생명주기 상태는 두 가지 형태로 생각할 수 있다. 영속적 상태는 앱이 실행되는 동안 파일 또는 데이터베이스 등에 저장해야 하는 데이터를 말한다. 이와는 달리, 동적 상태는 현재 화면에 보이는 사용자 인터페이스와 관련된 데이터 및 액티비티나 프래그먼트 내부에서 보존해야 하는 변수의 데이터를 의미한다.

생명주기 함수는 많은 제약을 갖지만 생명주기를 인식하는 컴포넌트를 만들면 그런 제약을 피할 수 있다. 그렇지만 이 책의 다른 장에서 배울 새로운 방법의 생명주기 관리를 잘 이해하려면 생명주기 함수를 알아 두는 것이 중요하다.

이번 장에서는 액티비티나 프래그먼트에서 사용 가능한 생명주기 함수와 생애의 개념을 알아보았다. 다음 장에서는 이런 개념을 실제 코드로 구현하는 예제 앱을 구현할 것이다.

CHAPTER 21

액티비티 상태 변화 예제

앞 장에서는 안드로이드 앱을 구성하는 액티비티의 서로 다른 상태와 생명주기를 자세히 알아보았다. 이번 장에서는 예제 앱을 생성하여 액티비티 상태 변화를 처리하는 코드를 작성할 것이다. 즉, 안드로이드 런타임 안에서 액티비티가 서로 다른 상태를 거치는 동안 어떤 생명주기 함수가 호출되는지 보여 주려는 것이다. 다음 장에서는 이번 장에서 만든 예제 프로젝트를 더 확장하여 액티비티의 동적 상태를 저장하고 복원하는 것을 보여 줄 것이다.

21.1 상태 변화 예제 프로젝트 생성하기

우선, 새 프로젝트를 생성하자. 안드로이드 스튜디오 메인 메뉴의 File ➡ New ➡ New Project...를 선택하거나 웰컴 스크린에서 New Project 버튼을 클릭한다. '프로젝트 템플릿 선택' 대화상자가 나타나면 Phone and Tablet과 Empty Activity를 선택하고 Next 버튼을 누른다.

Name 필드에 StateChange를 입력하고 Package name에는 com.ebookfrenzy.statechange를 입력한다. 그리고 Language가 Kotlin인지 확인하고 Minimum SDK는 API 26: Android 8.0 (Oreo)를 선택한다. 또한, Use legacy android.support libraries가 체크 해제되어 있는지 확인하고 Finish 버튼을 누른다.

프로젝트 생성이 끝나면 StateChange 프로젝트가 프로젝트 도구 창에 나타난다. 우선, 18.8절을 참고하여 뷰 바인딩을 활성화하고 사용하도록 변경하자(안드로이드 스튜디오가 자동 생성한 코드에서 이미 뷰 바인딩을 사용한다면 할 필요 없다).

자동 생성되어 편집기 창에 열린 activity_main.xml을 선택하고 오른쪽 위의 디자인 버튼(Design)을 클릭하여 디자인 모드로 변경한다.

프로젝트를 생성하면 안드로이드 스튜디오가 자동으로 로드해 주지만, 우리가 직접 XML 레이아웃 파일을 로드할 수도 있다. 이때는 프로젝트 도구 창에서 app ➡ res ➡ layout 폴더를 찾은 후 그 밑에 있는 레이아웃 파일인 activity_main.xml을 마우스로 더블클릭하면 된다.

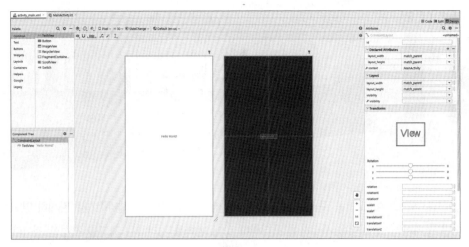

그림 21-1

21.2 사용자 인터페이스 디자인하기

사용자 인터페이스 레이아웃이 레이아웃 편집기에 로드되었으므로 이제는 예제 앱의 사용자 인터 페이스를 디자인해 보자. 여기서는 현재의 'Hello World!' TextView를 EditText 뷰로 변경할 것이 다. 우선, 컴포넌트 트리에서 TextView 객체를 선택하고 Delete 키를 눌러 삭제한다.

그다음에 레이아웃 편집기 창 왼쪽에 있는 팔레트에서 Text 부류 에 있는 Plain Text 컴포넌트를 마우스로 클릭하고 끌어서 레이 아웃의 중앙으로 이동한다(수직선과 수평선이 교차되어 나타나는 곳 이 중앙이다). 그림 21-2에서는 왼쪽의 레이아웃 디자인을 보여 준 다(오른쪽의 청사진은 사용하지 않는다).

EditText 위젯을 사용할 때는 **입력 타입**input type을 선언해야 한다. 이것은 사용자가 입력하는 텍스트나 데이터의 타입을 정의하는 것 이다. 예를 들어, 입력 타입이 Phone으로 설정되면 사용자는 숫자 만 입력할 수 있다. 또는 입력 타입이 TextCapCharacters로 설정 되면 영문 대문자로 입력을 받는다. 그리고 입력 타입은 결합해서 지정할 수 있다.

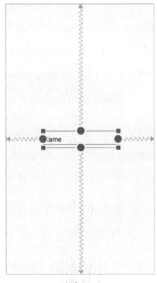

그림 21-2

여기서는 일반적인 텍스트 입력을 지원하는 입력 타입을 설정할 것이다. 방금 추가한 EditText 위젯이 선택된 상태로 편집기 오른쪽의 속성 창에서 Common Attributes 밑에 있는 inputType 속성을 찾는다. 그리고 오른쪽 필드의 버튼(▣)을 클릭하면 입력 타입을 선택할 수 있는 체크 상자가 나타난다. textPersonName의 체크 표시를 지우고 text만 선택한 후 Apply 버튼을 누른다. 여기서는 하나만 선택했지만 필요하다면 여러 개의 입력 타입을 같이 선택할 수 있다.

기본적으로 EditText의 text 속성값은 Name으로 지정된다. 레이아웃에 아무것도 나타나지 않도록 속성 창의 text 속성값을 지우자. 그리고 끝으로 속성 창의 제일 앞에 있는 EditText의 id를 editText로 변경하자(대화상자가 나오면 Refactor 버튼을 누른다).

21.3 액티비티 생명주기 함수 오버라이딩

현재 우리 프로젝트에는 MainActivity라는 이름의 액티비티 하나가 포함되어 있다. 그리고 이 액티비티는 안드로이드의 AppCompatActivity 클래스의 서브 클래스다. 액티비티 소스 코드는 MainActivity.kt 파일에 있으며, 안드로이드 편집기 창에 자동으로 열려 있다. 편집기의 MainActivity.kt 파일 탭을 클릭한다. (만일 이 파일이 열려 있지 않다면 프로젝트 도구 창에서 app ➡ java ➡ com.ebookfrenzy.statechange ➡ MainActivity를 더블클릭한다.) 코드를 보면 다음과 같다.

```
package com.ebookfrenzy.statechange

import androidx.appcompat.app.AppCompatActivity
import android.os.Bundle

import com.ebookfrenzy.statechange.databinding.ActivityMainBinding

class MainActivity : AppCompatActivity() {

    private lateinit var binding: ActivityMainBinding

    override fun onCreate(savedInstanceState: Bundle?) {
        super.onCreate(savedInstanceState)
        binding = ActivityMainBinding.inflate(layoutInflater)
        setContentView(binding.root)
    }
}
```

액티비티 생명주기 함수 중에서 지금까지는 onCreate()만 오버라이딩하였다. 이 함수에서는 제일 먼저 슈퍼 클래스 인스턴스의 오버라이딩되는 함수를 호출한다. 여기서는 이 함수를 수정하여 함수가 실행될 때마다 안드로이드 스튜디오 로그캣Logcat 도구 창에 메시지를 출력할 것이다. 이때 android.util 패키지에 있는 Log 클래스를 사용한다. 그리고 로그캣 패널에는 여러 가지 메시지가 많이 출력되므로 우리 메시지를 찾기 쉽게 태그_{tag}를 선언한다.

```
package com.ebookfrenzy.statechange

import androidx.appcompat.app.AppCompatActivity
import android.os.Bundle
import android.util.Log

import com.ebookfrenzy.statechange.databinding.ActivityMainBinding

class MainActivity : AppCompatActivity() {

    private lateinit var binding: ActivityMainBinding
    val TAG = "StateChange"

    override fun onCreate(savedInstanceState: Bundle?) {
        super.onCreate(savedInstanceState)
        binding = ActivityMainBinding.inflate(layoutInflater)
        setContentView(binding.root)
        Log.i(TAG, "onCreate")
    }
}
```

다음은 액티비티 생명주기 함수를 몇 개 더 오버라이딩하자. 각 함수는 하나의 Log 함수 호출을 포함한다. 이 함수는 우리가 직접 추가하거나 또는 8장에서 설명했던 [Alt]+[Insert][⌘+N] 단축키를 사용해서 자동 생성할 수도 있다. 단, 함수를 자동 생성하더라도 로그 함수 호출 코드는 우리가 추가해야 한다. 다음 코드를 MainActivity 클래스 내부의 맨 끝에 추가하자.

```
    override fun onStart() {
        super.onStart()
        Log.i(TAG, "onStart")
    }

    override fun onResume() {
        super.onResume()
        Log.i(TAG, "onResume")
    }

    override fun onPause() {
        super.onPause()
        Log.i(TAG, "onPause")
    }

    override fun onStop() {
        super.onStop()
        Log.i(TAG, "onStop")
    }
```

```
override fun onRestart() {
    super.onRestart()
    Log.i(TAG, "onRestart")
}

override fun onDestroy() {
    super.onDestroy()
    Log.i(TAG, "onDestroy")
}

override fun onSaveInstanceState(outState: Bundle) {
    super.onSaveInstanceState(outState)
    Log.i(TAG, "onSaveInstanceState")
}

override fun onRestoreInstanceState(savedInstanceState: Bundle) {
    super.onRestoreInstanceState(savedInstanceState)
    Log.i(TAG, "onRestoreInstanceState")
}
```

21.4 로그캣 패널의 메시지 필터링하기

MainActivity.kt의 오버라이딩 함수 각각에 추가한 코드의 목적은 로그캣 도구 창에 로그 정보를 출력하는 것이다. 로그캣 도구 창에는 실제 장치나 에뮬레이터에서 발생하는 모든 이벤트의 로그 메시지가 나타나므로 우리가 오버라이딩한 함수의 로그 메시지를 찾기 어렵다. 따라서 앱을 실행하기 전에 우리 메시지만 보여 주는 필터를 지정하는 것이 좋다.

실제 장치를 연결하거나 에뮬레이터를 실행한 후 로그캣 도구 창을 열자. 안드로이드 스튜디오 메인 창 밑의 Logcat 도구 창 버튼을 클릭한다.

그림 21-3

Logcat 도구 창의 왼쪽 위에 있는 장치 드롭다운에서는 현재 연결된 장치나 에뮬레이터를 선택할 수 있다. 그리고 바로 옆의 프로세스 드롭다운에서는 현재 디버그 모드로 실행 중인 프로세스(일반적으로 앱의 액티비티)를 선택할 수 있다. 또한, 제일 오른쪽에 있는 로그캣 필터 드롭다운에서는 필터 메뉴를 선택할 수 있다. 만일 Show only selected application을 선택하면 프로세스 드롭다운에서 선택된 앱에 관련된 메시지만 아래쪽 로그캣 패널에 보여 준다. 반면에 No Filters를 선택하면 장치나 에뮬레이터에서 생성된 모든 메시지가 나타난다. 또한, Edit Filter Configuration을 선택하면 우리가 보고자 하는 메시지 필터를 지정하여 조건에 맞는 메시지만 볼 수 있다.

필터 드롭다운에서 Edit Filter Configuration을 선택하자. 그리고 그림 21-4처럼 Create New Logcat Filter 대화상자에서 Filter Name에 Lifecycle을 입력하고, Log Tag 필드에는 MainActivity.kt에서 선언한 태그 값인 StateChange를 입력한다. 또한, Package Name에는 우리 앱 패키지 이름인 com.ebookfrenzy.statechange를 입력하자.

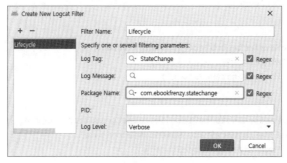

그림 21-4

변경이 끝나고 OK 버튼을 누르면 방금 생성한 StateChange 필터가 선택되어 필터 드롭다운에 나타날 것이다.

21.5 앱 실행하기

다음은 실제 장치나 에뮬레이터에서 앱을 실행하자. 안드로이드 스튜디오 툴바에 있는 초록색 삼각형의 실행 버튼을 클릭한다(그림 21-5). 또는 메인 메뉴의 Run ➡ Run 'app'을 선택하거나 Shift + F10 [ctrl+r] 단축키를 눌러도 된다.

그림 21-5

이제는 어떤 생명주기 함수가 호출되었는지 나타내는 우리 메시지만 로그캣 패널에 나타날 것이다. 물론, 앞에서 생성한 Lifecycle 필터가 선택되어 있어야 한다. 이처럼 필터를 사용하면 우리가 관심 있는 메시지만 쉽게 볼 수 있다.

그림 21-6

21.6 액티비티로 실험하기

지금부터는 액티비티 생명주기 상태 변경을 더 확실하게 이해하기 위해 간단한 실험을 해보자. 우선, 현재 로그캣 패널에 나타난 최초 로그 이벤트는 다음 순서로 발생한다.

```
onCreate
onStart
onResume
```

초기의 상태 변화는 20장의 그림 20-2에 있는 생명주기 함수 실행과 정확하게 일치한다. 그러나 onRestoreInstanceState() 함수는 호출되지 않았다. 이 상황에서는 복원할 상태 데이터가 없다는 것을 안드로이드 런타임이 알기 때문이다.

EditText 필드에 아무 값이나 입력하고 장치 화면의 아래쪽 가운데에 있는 홈Home 버튼을 눌러 보자. 그러면 로그 메시지에 나타나는 함수 호출 순서는 다음과 같이 된다.

```
onPause
onStop
onSaveInstanceState
```

이 경우 액티비티가 더 이상 포그라운드에 있지 않고 사용자가 볼 수 없다는 것을 런타임이 알고 액티비티를 중단한다. 그러나 이 액티비티가 동적 상태 데이터를 저장하기 위한 기회를 주기 위해 런타임이 onSaveInstanceState() 함수를 호출한 것이다.

그리고 이후에 런타임이 액티비티를 소멸 또는 다시 시작시키는 것에 따라 이와 연관된 액티비티 생명주기 함수가 호출된다.

20장에서 설명했듯이, 액티비티의 소멸과 재생성은 장치의 구성 변경(예를 들어, 장치를 세로 방향에서 가로 방향으로 회전했을 때)에 의해 생길 수 있다. 정말 그런지 알아보기 위해 오버뷰 화면에서(에뮬레이터에서는 홈 버튼 오른쪽의 사각형 버튼을 클릭) StateChange 앱을 선택하여 화면에 보이게 하자. 그러면 onRestart ➡ onStart ➡ onResume의 순서로 메시지가 출력될 것이다. 그다음에 왼쪽이나 오른쪽으로 90° 돌려 보자. (에뮬레이터에서는 Ctrl+←/→ [Control+←/→] 단축키를 누르거나 또는 툴바의 장치 회전 버튼을 클릭한다.) 이때는 함수 호출 순서가 다음의 로그 메시지로 나타난다.

```
onPause
onStop
onSaveInstanceState
onDestroy
onCreate
```

```
onStart
onRestoreInstanceState
onResume
```

이 결과를 보면 알 수 있듯이, 구성 변경이 생길 때는 현재의 액티비티 인스턴스가 소멸되기 전에 onSaveInstanceState()가 호출되어 상태 데이터를 저장할 기회를 런타임이 주며, 곧바로 새로운 액티비티 인스턴스가 생성되면서 onRestoreInstanceState()가 호출되어 이전 상태를 복원할 수 있게 해준다.

(에뮬레이터의 경우는 설정 앱을 실행하고 디스플레이 ➡ 화면 자동 회전을 켜야 한다.)

21.7 요약

새로운 프로그래밍 패러다임을 배울 때는 '백문불여일견'이라는 옛말이 진리인 것 같다. 이번 장에서는 액티비티가 거치는 서로 다른 생명주기 상태를 보여 주기 위해 간단한 예제 앱을 만들어 보았다. 또한, 액티비티 내부에서 로깅 정보를 생성하는 메커니즘도 살펴보았다.

다음 장에서는 StateChange 프로젝트를 확장하여 액티비티의 동적 상태 데이터를 저장하고 복원하는 방법을 보여 줄 것이다.

22

액티비티 상태를 저장하고 복원하기

앞의 여러 장에 걸쳐 액티비티 상태 변경에 따른 생명주기 함수 호출에 관해 알아보았다. 이제는 액티비티 생애의 특정 시점에서 사용자 인터페이스의 상태 데이터를 저장하고 복원하는 방법을 더 자세히 알아보자.

이번 장에서는 런타임 시스템에 의해 액티비티가 소멸되거나 재생성될 때 상태 데이터를 저장하거나 복원하는 방법을 보여 줄 것이다(앞 장에서 생성했던 앱을 사용한다). 동적 상태 데이터를 저장하고 복원하는 데 사용되는 핵심 컴포넌트가 안드로이드 SDK의 Bundle 클래스다. 이것도 같이 알아볼 것이다.

22.1 동적 상태 저장

이미 배웠듯이, 액티비티의 오버라이딩한 onSaveInstanceState() 함수가 런타임 시스템에서 호출됨으로써 액티비티는 동적 상태 정보를 저장할 수 있는 기회를 갖는다. 이때 이 함수의 인자로 전달되는 것이 Bundle 객체다. 그리고 저장될 필요가 있는 동적 데이터를 이 함수에서 Bundle 객체에 저장하면 된다. Bundle 객체는 런타임 시스템에 의해 보존되며, 향후에 해당 액티비티의 새로운 인스턴스가 생성되어 onCreate()와 onRestoreInstanceState() 함수가 호출될 때 인자로 전달된다. 따라서 이 함수 내부에서 Bundle 객체의 데이터를 읽어서 액티비티의 상태를 복원하는 데 사용할 수 있다.

22.2 사용자 인터페이스 상태의 자동 저장과 복원

앱이 실행되고 있는 장치가 회전하여 방향이 바뀔 때 액티비티가 많은 상태 변경을 거친다는 것을 앞 장의 StateChange 앱에서 출력된 로그 메시지가 보여 주었다.

앞 장에서 작성한 StateChange 프로젝트를 안드로이드 스튜디오에서 열고 로그캣Logcat 도구 창을 열자(안드로이드 스튜디오 메인 창 밑의 Logcat 도구 창 버튼을 클릭한다). 그리고 21장과 같이 로그캣을

설정하고 앱을 다시 실행한 후 EditText 필드에 텍스트를 입력하고 장치를 회전시켜 방향을 변경한
다. [에뮬레이터에서는 화면 맨 위의 상태 바를 마우스로 클릭하고 끌어내린 후 장치 회전 버튼(⟳)을 클릭하
여 장치 회전이 되도록 설정한 후 Ctrl+←/→/⌘+←/→ 단축키를 누르거나 장치 회전 툴바를 클릭한다.]
그러면 다음의 상태 변경 로그 메시지가 로그캣 패널에 나타날 것이다.

```
onPause
onStop
onSaveInstanceState
onDestroy
onCreate
onStart
onRestoreInstanceState
onResume
```

이 결과를 보면 액티비티가 소멸된destroyed 후 다시 생성됨을 알 수 있다. 그러나 해당 텍스트를 저장
했다가 복원하는 어떤 코드도 추가하지 않았는데도 EditText 필드에 입력되었던 텍스트가 자동으
로 보존되어 나타난다.

안드로이드 SDK에 포함된 대부분의 뷰 위젯view widget은 액티비티가 다시 시작될 때 자신의 상태 데
이터를 자동으로 저장하고 복원하도록 이미 구현되어 있다. 따라서 우리 액티비티에서 오버라이딩
하는 onSaveInstanceState()와 onRestoreInstanceState() 함수에서 슈퍼 클래스의 오버라이딩
되는 함수만 호출해 주면 된다(이 코드는 앞 장에서 이미 추가하였다).

```
override fun onSaveInstanceState(outState: Bundle) {
    super.onSaveInstanceState(outState)
    Log.i(TAG, "onSaveInstanceState")
}

override fun onRestoreInstanceState(savedInstanceState: Bundle) {
    super.onRestoreInstanceState(savedInstanceState)
    Log.i(TAG, "onRestoreInstanceState")
}
```

그러나 XML 레이아웃 파일에서 android:saveEnabled 속성을 false로 지정하면 이처럼 사용자 인
터페이스 뷰의 상태를 자동으로 저장하는 것을 막을 수 있다. 실제로 어떻게 되는지 알아보기 위
해 여기서는 레이아웃의 EditText 뷰에 android:saveEnabled 속성을 false로 지정한다. 그리고
EditText 뷰의 데이터를 수동으로 저장하고 복원하는 코드를 앱에 추가할 것이다.

액티비티가 다시 시작될 때 EditText 뷰의 상태 데이터가 자동으로 저장되어 복원되지 않도록 하
기 위해서는 activity_main.xml 파일을 편집기 창에 열어야 한다. 만일 이미 열려 있다면 편집기

창의 오른쪽 위에 있는 코드 버튼(≡ Code)을 클릭하여 XML이 보이게 한다. 그리고 다음과 같이 android:saveEnabled 속성을 추가하자.

```xml
<EditText
    android:id="@+id/editText"
    android:layout_width="wrap_content"
    android:layout_height="wrap_content"
    android:ems="10"
    android:inputType="text"
    android:saveEnabled="false"
    app:layout_constraintBottom_toBottomOf="parent"
    app:layout_constraintEnd_toEndOf="parent"
    app:layout_constraintStart_toStartOf="parent"
    app:layout_constraintTop_toTopOf="parent" />
```

변경되었으면 앱을 실행하고 텍스트를 입력한 후 장치를 90° 회전시켜 보자. 입력했던 텍스트가 더는 나타나지 않는 것을 알 수 있을 것이다. 자동 저장 메커니즘을 사용하지 않았기 때문이다.

22.3 Bundle 클래스

사용자 인터페이스 뷰 컴포넌트의 자동 저장 메커니즘 외의 상태 저장 기능이 필요한 경우 Bundle 클래스를 사용할 수 있다. Bundle 클래스는 키-값의 쌍key-value pair으로 구성되는 데이터를 저장하는 역할을 한다. 키는 문자열 값이며, 키와 연관된 값은 기본형 데이터 값이거나 또는 안드로이드 Parcelable 인터페이스를 구현하는 어떤 객체도 될 수 있다. 안드로이드의 많은 클래스가 이미 Parcelable 인터페이스를 구현하고 있다. 우리의 커스텀 클래스에서 Parcelable 인터페이스를 구현할 때는 이 인터페이스에 정의된 함수를 구현하면 된다(자세한 내용은 다음 문서를 참고한다. https://developer.android.com/reference/android/os/Parcelable.html).

또한, Bundle 클래스는 다양한 타입을 갖는 키-값 데이터를 읽거나 쓰는 함수를 갖고 있다. 이런 데이터 타입에는 코틀린의 기본형 타입(Byte, Short, Int, Long, Float, Double, Char, Boolean)과 객체(String 클래스와 CharSequence 인터페이스 구현 클래스 등)가 포함된다.

여기서는 EditText 뷰의 텍스트 자동 저장을 못하게 했으므로 사용자가 EditText에 입력한 텍스트를 Bundle 객체에 저장했다가 나중에 복원해야 한다. 이것은 안드로이드 앱에서 수동으로 상태 데이터를 저장 및 복원하는 방법을 보여 주는 사례가 될 것이다. 이때 Bundle 클래스의 getCharSequence()와 putCharSequence() 함수를 사용해서 Bundle 객체로부터 상태 데이터를 읽거나 저장할 것이다.

22.4 상태 데이터 저장하기

그러면 StateChange 앱의 기능 확장을 시작해 보자. 우선, 사용자가 입력한 EditText 뷰의 텍스트를 MainActivity의 onSaveInstanceState() 함수에서 추출한 후 키-값 데이터로 Bundle 객체에 저장한다.

EditText로부터 텍스트를 추출하려면 사용자 인터페이스 레이아웃에서 EditText 객체를 찾아서 참조를 얻어야 한다. 이때 레이아웃 XML에 정의된 EditText의 id를 사용한다.

사용자 인터페이스 레이아웃에 포함된 각 뷰는 고유 식별자$_{ID}$를 갖는다. 그리고 레이아웃에 새로운 뷰를 추가하면 이것의 id를 레이아웃 편집기가 기본적으로 지정해 주며, 만일 레이아웃에 같은 타입의 뷰가 하나 이상 포함되면 타입 이름 다음에 순번을 붙인다(예를 들어, editText1, editText2. 그러나 이 경우 우리가 의미 있는 이름으로 변경하는 것이 좋다). 편집기 창에 activity_main.xml 파일이 열린 상태에서 오른쪽 위에 있는 디자인 버튼(■ Design)을 클릭하자. 그리고 컴포넌트 트리 패널을 보면 EditText의 id가 editText로 되어 있음을 알 수 있다(EditText를 클릭하면 속성 창에서도 id 속성 값을 볼 수 있다).

그림 22-1

editText 뷰의 텍스트 값은 text 속성에 있으므로 다음과 같이 텍스트 값을 얻을 수 있다.

```
val userText = binding.editText.text
```

끝으로, Bundle 객체의 putCharSequence() 함수를 사용해서 텍스트 값을 Bundle 객체에 저장할 수 있다. 다음 코드에서 putCharSequence() 함수의 첫 번째 인자는 키-값 데이터의 키$_{key}$에 해당되며, 어떤 문자열 값도 가능하지만 여기서는 그냥 "savedText"로 지정하였다. 그리고 두 번째 인자는 값$_{value}$에 해당되며, 여기서는 문자열(String 객체)인 userText를 전달한다.

```
outState?.putCharSequence("savedText", userText)
```

지금까지 이야기한 내용을 MainActivity.kt 파일의 onSaveInstanceState() 함수에 추가하자.

```
class MainActivity : AppCompatActivity() {
    .
    .
```

```
override fun onSaveInstanceState(outState: Bundle) {
    super.onSaveInstanceState(outState)
    Log.i(TAG, "onSaveInstanceState")

    val userText = binding.editText.text
    outState.putCharSequence("savedText", userText)
}
```

이제는 상태 데이터를 저장할 수 있게 되었다. 그다음은 복원 방법을 알아보자.

22.5 상태 데이터 복원하기

저장된 동적 상태 데이터는 액티비티 생명주기 함수에서 복원될 수 있으며 이때 함수의 인자로 Bundle 객체가 전달된다. 그리고 onCreate()와 onRestoreInstanceState() 중 어떤 함수에서 복원할 것인지를 선택하면 된다. 복원할 함수의 선택은 액티비티의 특성에 달렸다. 예를 들어, 액티비티의 초기화 작업이 모두 수행된 후에 상태를 복원하는 것이 가장 좋다면 onRestoreInstanceState() 함수가 더 적합하다. 여기서는 저장된 상태를 Bundle 객체로부터 추출하기 위해(이때 "savedText"를 키로 사용) onRestoreInstanceState() 함수에 복원 코드를 추가할 것이다. 그다음에 추출된 텍스트를 editText 컴포넌트의 setText() 함수를 사용해서 이 객체에 보여 줄 수 있다. 다음 코드를 MainActivity.kt 파일의 onRestoreInstanceState() 함수에 추가하자.

```
override fun onRestoreInstanceState(savedInstanceState: Bundle) {
    super.onRestoreInstanceState(savedInstanceState)
    Log.i(TAG, "onRestoreInstanceState")

    val userText = savedInstanceState.getCharSequence("savedText")
    binding.editText.setText(userText)
}
```

22.6 앱 테스트하기

이제는 StateChange 앱을 다시 빌드하고 실행하는 일만 남았다. 앱이 실행되어 포그라운드에 있을 때(쉽게 말해 화면에 보일 때) 텍스트 필드를 터치(클릭)하고 아무 텍스트나 입력해 보자. 그리고 장치를 90° 회전시켜 보자. 이전에 입력했던 텍스트가 editText 컴포넌트에 그대로 나타날 것이다. 이게 다 우리가 추가한 코드 덕분이다.

22.7 요약

안드로이드 앱의 동적 상태 데이터를 저장하고 복원할 때는 적합한 생명주기 함수에 우리가 필요한 코드를 구현하면 된다. 대부분의 사용자 인터페이스 뷰의 경우는 이 작업이 우리 액티비티의 슈퍼 클래스에서 자동으로 처리되므로 신경 쓰지 않아도 된다. 그러나 이 외의 다른 동적 상태 데이터(예를 들어, 설정한 변수의 값)의 저장은 onSaveInstanceState() 함수에서 하면 된다. 이때 키-값 형태로 저장할 값을 액티비티에 전달된 Bundle 객체에 지정한다.

그리고 Bundle 객체에 저장된 동적 상태 데이터는 해당 액티비티의 onCreate() 또는 onRestore InstanceState() 함수 중 하나에서 Bundle 객체의 값을 추출하여 복원할 수 있다.

이번 장에서는 액티비티가 소멸되고 이후에 다시 생성될 때 이전의 상태 변경 데이터를 보존하기 위해 이런 기법을 사용해서 StateChange 앱을 변경하였다.

스트리밍 오디오를 듣는 것과 같은 경우를 제외하면 사용자는 주로 눈으로 보고 만지면서 안드로이드 장치를 조작한다. 그리고 이런 모든 상호작용은 장치에 설치된 앱의 사용자 인터페이스를 통해 일어난다. 그러므로 안드로이드 앱 개발의 핵심 요소는 사용자 인터페이스의 디자인과 생성이라고 해도 과언이 아닐 것이다.

이번 장에서는 안드로이드 사용자 인터페이스를 함께 구성하는 서로 다른 요소인 뷰View와 뷰 그룹View Group 그리고 레이아웃Layout의 개요를 알아볼 것이다.

23.1 서로 다른 안드로이드 장치를 위한 디자인

안드로이드 장치라고 하면 서로 다른 화면 크기와 해상도를 갖는 많은 종류의 스마트폰과 태블릿 등의 모바일 제품을 의미한다. 따라서 앱의 사용자 인터페이스는 가능한 한 많은 종류의 화면 크기에서 제대로 보일 수 있도록 신중하게 디자인되어야 한다. 이때 가장 중요한 것은 서로 다른 장치에서 앱이 실행될 때 사용자 인터페이스 레이아웃의 크기 조정이 올바르게 될 수 있게 하는 것이다. 그리고 이것은 이번 장에서 설명하는 레이아웃 매니저를 신중하게 계획하고 사용했을 때 가능하다.

그리고 또 하나 염두에 두어야 할 것이 있다. 안드로이드 기반의 스마트폰과 태블릿은 사용자가 세로portrait와 가로landscape 방향 모두를 사용할 수 있다는 것이다. 따라서 디자인이 잘된 사용자 인터페이스라면 방향 변경에 적응할 수 있어야 하고, 사용 가능한 화면 공간을 잘 활용하도록 레이아웃 조정을 할 수 있어야 한다.

23.2 뷰와 뷰 그룹

안드로이드에서 사용자 인터페이스의 모든 요소는 안드로이드 View 클래스(android.view.View)의 서브 클래스다. 안드로이드 SDK는 사용자 인터페이스를 구성하는 데 사용할 수 있는 여러 가지 뷰 클래스를 제공한다. 예를 들어, Button, CheckBox, ProgressBar, TextView 클래스 등이다. 이런 뷰를 위젯widget 또는 컴포넌트component라고 한다. SDK에서 제공하지 않는 위젯이 필요할 때는 기존 뷰 클래스의 서브 클래스를 만들거나, View 클래스로부터 직접 상속받는 새로운 컴포넌트를 생성하여 새로운 뷰를 만들 수 있다.

또한, 뷰는 여러 개의 다른 뷰로 구성될 수 있으며 이것을 복합 뷰composite view라고 한다. 이런 뷰는 안드로이드 ViewGroup 클래스(android.view.ViewGroup)로부터 상속받는다(ViewGroup 클래스 자신은 View의 서브 클래스다). 예를 들면, RadioGroup이 있다. 이것은 여러 개의 RadioButton 객체를 포함하여 항상 하나의 버튼만 선택될 수 있게 한 것이다. 구조적인 관점에서 복합 뷰는 다른 뷰를 자식 뷰child view로 포함할 수 있는 하나의 부모 뷰parent view로 구성된다. 그리고 부모 뷰는 ViewGroup 클래스로부터 상속받으며, 컨테이너 뷰container view 또는 루트 요소root element라고도 한다. 또 다른 부류의 ViewGroup 기반 컨테이너 뷰로 레이아웃 매니저layout manager가 있다.

23.3 안드로이드 레이아웃 매니저

앞에서 이야기한 위젯 형태의 뷰에 추가하여 안드로이드 SDK에서는 레이아웃layout이라고 하는 뷰도 제공한다. 레이아웃은 다른 뷰를 포함하는 컨테이너 뷰이므로 ViewGroup의 서브 클래스이며, 자식 뷰를 화면에 위치시키는 방법을 제어하는 목적으로 설계되었다.

안드로이드 SDK에는 다음의 레이아웃 뷰가 포함되어 있으며, 이것은 안드로이드 사용자 인터페이스 디자인에서 사용될 수 있다.

- **ConstraintLayout** — 안드로이드 7에서 소개되었으며, 안드로이드 스튜디오에서 새로운 프로젝트를 생성할 때 기본 레이아웃으로 지정된다. 대부분의 경우 이 레이아웃 매니저를 사용하는 것이 좋다. ConstraintLayout에서는 각 자식 뷰에 제약constraint을 설정하여 레이아웃에 뷰를 배치하고 작동시킬 수 있다. 그리고 서로 다른 타입의 레이아웃을 중첩하지 않고 쉽고 빠르게 복잡한 레이아웃을 만들 수 있으므로 유연성이 좋고 성능이 향상된다. ConstraintLayout은 또한, 안드로이드 스튜디오 레이아웃 편집기와 밀접하게 통합되어 있다. 이 책의 예제 프로젝트에서는 주로 이 레이아웃을 사용한다.

- **LinearLayout** — 선택된 방향(수직 또는 수평)에 따라 하나의 행이나 열에 자식 뷰를 배치한다. 각 자식 뷰에는 가중치weight value를 설정할 수 있다. 이것은 해당 자식 뷰가 다른 자식 뷰에 비해 얼마나 많은 레이아웃 공간을 차지할 것인지를 지정하는 값이다.

- **TableLayout** — 자식 뷰를 격자 형태의 행과 열로 배치한다. 하나의 테이블에 있는 각 행은 TableRow 객체로 나타내며, 각 셀의 뷰 객체를 포함한다.

- **FrameLayout** — 일반적으로 하나의 뷰를 보여 주기 위해 화면 영역을 할당하는 것이 FrameLayout의 목적이다. 다수의 자식 뷰가 추가될 때는 기본적으로 레이아웃 영역의 왼쪽 위 모서리에 각 자식 뷰가 겹쳐서 나타난다. 따라서 각 자식 뷰의 위치를 다르게 하기 위해 그래비티gravity 값을 각각 설정해야 한다. 예를 들어, 어떤 자식 뷰에 center_vertical 그래비티 값을 설정하면 해당 자식 뷰는 FrameLayout에서 수

직 방향의 중앙에 위치하게 된다.

- **RelativeLayout** — 이 레이아웃은 자식 뷰가 다른 자식 뷰 및 레이아웃에 상대적으로 배치될 수 있게 해 주며, 이때 자식 뷰에 지정된 마진margin 등에 따라 배치된다. 예를 들어, '자식 뷰 A'는 자신을 포함하는 RelativeLayout의 수직/수평 모두 중앙에 위치하도록 구성될 수 있다. 반면에 '자식 뷰 B'도 레이아웃의 수평 쪽 중앙에 있지만, '자식 뷰 A'의 위쪽으로 30픽셀 떨어진 곳에 위치시킬 수 있다. RelativeLayout은 다양한 화면 크기와 방향에서 작동해야 하는 사용자 인터페이스를 디자인할 때 사용될 수 있다.

- **AbsoluteLayout** — 자식 뷰가 레이아웃의 특정 XY 좌표에 위치할 수 있게 해준다. 이 레이아웃은 화면 크기나 방향의 변화에 대응하는 유연성이 부족하므로 사용하지 않는 것이 좋다.

- **GridLayout** — GridLayout은 행과 열이 교차되는 셀을 포함하는 격자grid로 구성되며, 자식 뷰는 셀에 위치한다. 자식 뷰는 수평과 수직 모두 여러 개의 셀을 차지하도록 구성될 수 있다. GridLayout에 포함 되는 컴포넌트의 간격은 Space 뷰라는 특별한 타입의 뷰를 인접 셀에 두어서 구현하거나 마진 매개변수 를 설정하여 구현할 수 있다.

- **CoordinatorLayout** — 이 레이아웃은 안드로이드 5.0의 안드로이드 디자인 지원 라이브러리의 일부로 소개되었으며, 앱 화면 위에 있는 앱 바app bar의 모습과 기능을 다른 뷰 요소와 함께 사용하기 위해 특별 히 설계되었다. 안드로이드 스튜디오에서 새로운 프로젝트를 생성할 때 Basic Activity 템플릿을 선택하 면 CoordinatorLayout을 사용해서 레이아웃의 부모 뷰가 구현된다. 이 레이아웃 매니저는 52장에서 자세히 알아볼 것이다.

바로 다음에 알아보겠지만, 레이아웃은 다른 레이아웃 내부에 중첩될 수 있어서 어떤 복잡한 수준 의 사용자 인터페이스 디자인도 생성할 수 있다.

23.4 뷰 계층 구조

사용자 인터페이스의 각 뷰는 화면의 직사각형 영역을 나타낸다. 뷰는 해당 직사각형 영역 안에 자신을 그리는 책임이 있으며, 해 당 영역에서 발생하는 이벤트(예를 들어, 터치 이벤트)에 응답하는 책임도 있다.

사용자 인터페이스 화면은 뷰 계층 구조로 구성된다. 뷰 계층 구 조는 계층 구조 트리tree의 맨 위에 위치한 루트root 뷰와 그 밑의 가 지에 위치한 자식 뷰로 이루어져 있다. 자식 뷰는 자신의 부모 뷰 위에 나타나되, 부모 뷰의 화면 영역 경계 안에 나타나도록 제한 된다. 예를 들어, 그림 23-1의 사용자 인터페이스를 보자.

그림 23-1

이 사용자 인터페이스에는 버튼과 체크 상자 뷰에 추가하여 이 뷰가 위치하는 방법을 제어하는 다수의 레이아웃도 포함된다. 그림 23-2에서는 그림 23-1과 동일한 사용자 인터페이스를 다른 관점으로 보여 준다. 즉, 자식 뷰와 관련된 레이아웃 뷰를 나타내고 있다.

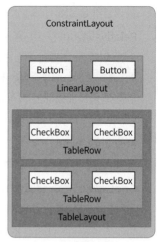

그림 23-2

앞에서 이야기했듯이, 사용자 인터페이스 화면은 맨 위에 루트 뷰를 갖는 뷰 계층 구조의 형태로 구성된다. 따라서 그림 23-2의 사용자 인터페이스는 그림 23-3의 뷰 트리 형태로도 나타낼 수 있다.

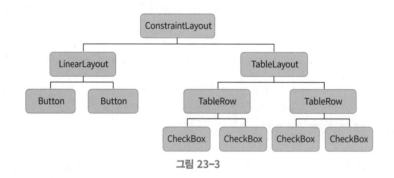

그림 23-3

그림 23-1의 사용자 인터페이스를 구성하는 다양한 뷰 간의 관계를 가장 분명하게 보여 주는 것이 그림 23-3의 뷰 계층 구조 다이어그램일 것이다. 사용자 인터페이스가 화면에 보일 때 안드로이드 런타임은 뷰 계층 구조를 순회한다. 이때 루트 뷰에서 시작해서 트리의 아래로 내려가면서 각 뷰를 화면에 나타낸다.

23.5 사용자 인터페이스 생성

뷰와 레이아웃 및 뷰 계층 구조의 개념을 알았으므로, 이후의 몇 개 장에서는 안드로이드 액티비티의 사용자 인터페이스를 생성하는 데 초점을 둘 것이다. 사용자 인터페이스를 디자인하는 방법에는 세 가지가 있다. 안드로이드 스튜디오 레이아웃 편집기를 사용하는 방법, XML 레이아웃 리소스 파일을 직접 작성하는 방법, 코틀린 코드로 작성하는 방법이다. 이 세 가지 방법 모두 이후의 다른 장에서 설명할 것이다.

23.6 요약

안드로이드 앱의 사용자 인터페이스 화면에 있는 각 요소는 뷰이며, 모든 뷰는 android.view.View 클래스의 서브 클래스다. 각 뷰는 장치 화면의 직사각형 영역을 나타내며, 해당 직사각형 안에 나타나는 것에 대한 책임이 있고 또한, 해당 뷰의 경계 안에서 발생하는 이벤트를 처리하는 책임도 있다. 여러 뷰를 결합하여 하나의 복합 뷰를 만들 수 있다. 복합 뷰 안에 있는 뷰는 컨테이너 뷰의 자식이다. 그리고 컨테이너 뷰는 android.view.ViewGroup 클래스의 서브 클래스다(ViewGroup 자신은 android.view.View의 서브 클래스다). 사용자 인터페이스는 뷰 계층 구조의 형태로 생성된 뷰로 구성된다.

안드로이드 SDK에는 사용자 인터페이스를 만드는 데 사용될 수 있는 미리 생성된 뷰가 많이 있다. 예를 들어, 텍스트 필드나 버튼과 같은 기본적인 컴포넌트, 그리고 자식 뷰의 위치를 제어하는 데 사용될 수 있는 다양한 종류의 레이아웃 매니저 등이다. 이처럼 미리 제공된 뷰가 우리의 특정 요구 사항을 충족하지 못할 때는 커스텀 뷰를 만들 수 있다. 이때는 기존 뷰에서 상속 및 결합하여 만들거나 android.view.View 클래스로부터 직접 상속받는 완전히 새로운 뷰 클래스를 생성하면 된다.

사용자 인터페이스를 디자인하는 방법은 세 가지가 있다. 안드로이드 스튜디오 레이아웃 편집기를 사용하는 방법, XML 레이아웃 리소스 파일을 직접 작성하는 방법, 코틀린 코드로 작성하는 방법이다. 이 세 가지 방법에 관해서는 이후의 다른 장에서 설명한다.

안드로이드 스튜디오 레이아웃 편집기 살펴보기

사용자 인터페이스가 필요하지 않은 안드로이드 앱은 생각하기 어렵다. 대부분의 안드로이드 장치는 터치스크린과 키보드(가상 또는 실제)를 장착하고 나오며, 손가락으로 두드리거나 미는 것은 사용자와 앱 간의 주된 상호작용이다. 그리고 이런 상호작용은 앱의 사용자 인터페이스를 통해 언제든지 발생한다.

잘 디자인되어 구현된 사용자 인터페이스는 성공적인 안드로이드 앱을 만드는 데 중요한 요소이며, 각 앱의 디자인 요구 사항에 따라 간단한 것부터 매우 복잡한 것까지 다양할 수 있다. 그러나 안드로이드 스튜디오 레이아웃 편집기Layout Editor는 복잡도와 무관하게 안드로이드 사용자 인터페이스의 디자인과 구현 작업을 굉장히 간단하게 해준다.

24.1 Basic vs. Empty 액티비티 템플릿

10장에서 이야기했듯이, 안드로이드 앱은 하나 이상의 액티비티로 구성된다. 액티비티는 앱의 기능을 수행하는 독립형 모듈이며, 하나의 사용자 인터페이스 화면과 직접 연관된다. 따라서 안드로이드 스튜디오 레이아웃 편집기에서는 항상 액티비티의 레이아웃으로 작업한다.

안드로이드 스튜디오 프로젝트를 생성할 때 여러 가지 서로 다른 액티비티 템플릿을 선택할 수 있으며, 이에 따라 메인 액티비티의 사용자 인터페이스가 자동 생성된다. 템플릿 중에서 가장 기본적인 것이 Basic 액티비티 템플릿과 Empty 액티비티 템플릿이다. 이 두 템플릿은 얼핏 보면 유사한 것 같지만 실제로는 꽤 차이가 있다. 두 템플릿의 사용자 인터페이스가 레이아웃 편집기에서 어떻게 다른지 알아보기 위해 그림 24-1과 같이 뷰 옵션 버튼(◉)을 클릭한 후 Show System UI를 선택하자. 그러면 앱이 실행되는 장치 화면처럼 앱 바app bar와 상태 바가 나타날 것이다.

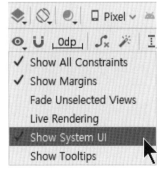

그림 24-1

Empty 액티비티 템플릿은 ConstraintLayout 매니저 인스턴스를 포함하는 하나의 레이아웃 파일을 생성하며, 레이아웃에는 하나의 TextView 객체가 포함된다(그림 24-2).

그림 24-2

이와는 달리, Basic 액티비티 템플릿은 여러 개의 레이아웃 파일로 구성된다. 최상위 레벨의 레이아웃 파일인 activity_main.xml은 CoordinatorLayout을 루트 뷰로 갖는다. 그리고 CoordinatorLayout에는 구성 가능한 앱 바(액션 바라고도 함)가 장치 화면의 제일 위에 있으며(그림 24-3의 A), 플로팅 액션 버튼(그림 24-3의 B)이 포함되어 있다. 또한, 콘텐츠를 보여 줄 레이아웃을 포함하는 content_main.xml 파일의 참조도 포함한다(그림 24-3의 C).

그림 24-3

이에 추가하여 Basic 액티비티 템플릿은 또 다른 두 개의 레이아웃 파일을 포함하며, 각 레이아웃에는 버튼과 텍스트 뷰가 하나씩 있다. Basic 액티비티 템플릿의 목적은 하나의 앱에서 여러 화면 간의 이동을 구현하는 방법을 보여 주는 것이다. 따라서 이 템플릿으로 프로젝트를 생성한 후 수정하지 않고 바로 실행하면 두 개의 레이아웃 중 첫 번째 것이 화면에 나타난다(그림 24-4의 왼쪽). 그리고 NEXT 버튼을 누르면 첫 번째 화면으로 돌아가는 PREVIOUS 버튼을 갖는 두 번째 레이아웃의 화면이 나타난다(그림 24-4의 오른쪽).

그림 24-4

이처럼 앱이 작동하는 것은 **프래그먼트**fragment와 **내비게이션**navigation(서로 다른 콘텐츠 화면 간의 이동)을 사용하기 때문이며, 자세한 내용은 37장과 47장에서 배울 것이다.

content_main.xml 파일은 내비게이션 호스트 프래그먼트라는 특별한 프래그먼트를 포함한다. 이 프래그먼트는 res ➡ navigation ➡ nav_graph.xml 파일에 구성된 설정에 따라 뷰의 서로 다른 콘텐츠 화면을 전환할 수 있게 해준다. Basic 액티비티 템플릿의 경우는 사용자가 NEXT와 PREVIOUS 버튼을 누를 때 fragment_first.xml과 fragment_second.xml 파일에 정의된 사용자 인터페이스 레이아웃 사이를 전환하도록 nav_graph.xml 파일이 구성되어 있다.

플로팅 액션 버튼, 메뉴, 그리고 CoordinatorLayout에 의해 제공되는 앱 바와 같은 기능이 필요 없다면 당연히 Empty 액티비티 템플릿을 선택하는 것이 좋다(플로팅 액션 버튼은 52장에서, 앱 바는 57장에서 설명할 것이다). 그러나 그런 기능 전체 또는 일부라도 필요하다면 Basic 액티비티 템플릿이 유용하다. 그리고 Empty 액티비티 템플릿으로 액티비티를 생성한 후 우리가 직접 그런 기능을 구현하는 것보다 Basic 액티비티 템플릿으로 액티비티 생성 후 필요 없는 기능만 삭제하는 것이 실제로 더 쉽고 빠르다. 그러나 이 책의 모든 예제 프로젝트에서 Basic 액티비티 템플릿의 기능이 필요한 것은 아니므로, 새로운 프로젝트 생성 시에 대부분 Empty 액티비티 템플릿을 사용할 것이다.

참고로, 메뉴는 필요하지만 플로팅 액션 버튼은 필요 없다면, Basic 액티비티 템플릿으로 액티비티를 생성한 후 다음과 같이 플로팅 액션 버튼을 삭제하면 된다.

1. 프로젝트 도구 창에서 **app ➡ res ➡ layout** 밑에 있는 activity_main.xml 레이아웃 파일을 더블클릭하여 편집기 창에 연다. 편집기 창의 오른쪽 위에 있는 디자인 버튼(🖼 Design)을 클릭하여 디자인 뷰로 전환한 후 밑의 플로팅 액션 버튼을 선택하고 [Delete] 키를 눌러 삭제한다.

2. 프로젝트 도구 창에서 **app ➡ java ➡ <패키지 이름>** 밑에 있는 액티비티 클래스 파일(MainActivity.kt)을 편집기에 로드하고 다음과 같이 onCreate() 함수의 플로팅 액션 버튼 코드를 삭제한다.

```
override fun onCreate(savedInstanceState: Bundle?) {
    super.onCreate(savedInstanceState)

    binding = ActivityMainBinding.inflate(layoutInflater)
    setContentView(binding.root)

    setSupportActionBar(binding.toolbar)

    val navController = findNavController(R.id.nav_host_fragment_content_main)
    appBarConfiguration = AppBarConfiguration(navController.graph)
    setupActionBarWithNavController(navController, appBarConfiguration)

    binding.fab.setOnClickListener { view ->
        Snackbar.make(view, "Replace with your own action", Snackbar.LENGTH_LONG)
            .setAction("Action", null).show()
    }
}
```

이와는 달리, 플로팅 액션 버튼은 필요하지만 메뉴는 필요 없다면, Basic 액티비티 템플릿으로 액티비티를 생성한 후 다음과 같이 메뉴를 삭제한다.

1. 액티비티 클래스 파일(MainActivity.kt)에서 onCreateOptionsMenu()와 onOptionsItemSelected() 함수를 삭제한다.

2. 프로젝트 도구 창에서 **res** 디렉터리 밑의 **menu** 폴더를 선택한 후 [Delete] 키를 눌러 삭제한다.

만일 Basic 액티비티 템플릿으로 액티비티를 생성할 필요는 있지만 내비게이션 및 두 번째 프래그먼트 화면이 필요 없다면 다음과 같이 한다.

1. 프로젝트 도구 창에서 **app ➡ res ➡ navigation ➡ nav_graph.xml** 파일을 찾아 더블클릭한 후 오른쪽 위에 있는 디자인 버튼(🖼 Design)을 클릭하면 내비게이션 편집기가 두 개의 프래그먼트 레이아웃을 그래프 형태로 보여 준다.

2. SecondFragment 레이아웃을 선택하고 [Delete] 키를 눌러 그래프에서 삭제한다.

3. 프로젝트 도구 창에서 **app ➡ java ➡ <패키지 이름>** 밑에 있는 **SecondFragment.kt** 파일을 삭제하고 **app ➡ res ➡ layout** 밑에 있는 **fragment_second.xml** 파일도 삭제한다. (삭제를 확인하는 대화상자가 나오면 **OK** 버튼과 **Delete Anyway** 버튼을 클릭한다.)

4. 마지막으로, FirstFragment 클래스의 일부 코드를 삭제한다. **NEXT** 버튼을 누를 때 두 번째 프래그먼트

트(이 프래그먼트는 바로 앞의 3번에서 이미 삭제하였다) 화면으로 이동하지 않도록 하기 위해서다. 프로젝트 도구 창에서 **app ➜ java ➜ <패키지 이름>** 밑에 있는 **FirstFragment.kt** 파일을 더블클릭하여 편집기 창에 열고 다음과 같이 onViewCreated()의 코드를 삭제한다.

```
override fun onViewCreated(view: View, savedInstanceState: Bundle?) {
    super.onViewCreated(view, savedInstanceState)

    binding.buttonFirst.setOnClickListener {
        findNavController().navigate(R.id.action_FirstFragment_to_SecondFragment)
    }
}
```

24.2 안드로이드 스튜디오 레이아웃 편집기

앞의 다른 장에서 보았듯이, 레이아웃 편집기는 그래픽 기반의 WYSIWYG_{What You See Is What You Get} 환경을 제공한다. 즉, 팔레트에서 뷰를 선택한 다음에 안드로이드 장치 화면을 나타내는 캔버스에 넣으면 된다. 그리고 뷰가 캔버스에 놓이면 부모 뷰의 제약에 맞춰 이동, 삭제, 크기 조정을 자유롭게 할 수 있다. 또한, 선택된 뷰와 관련된 다양한 속성값을 속성 창에서 쉽게 변경할 수 있다. 그리고 이런 모든 변경 사항은 XML 리소스 파일에 자동으로 적용된다.

레이아웃 편집기는 디자인_{design}과 코드_{code} 및 분할_{split}의 세 가지 모드로 사용할 수 있다.

24.3 디자인 모드

디자인 모드에서는 그래픽 형태의 레이아웃과 뷰 팔레트를 사용해서 사용자 인터페이스를 시각적으로 생성하고 변경할 수 있다. 그림 24-5에서는 안드로이드 스튜디오 레이아웃 편집기가 디자인 모드일 때 어떤 중요 영역이 있는지 보여 준다.

Ⓐ **팔레트**_{Palette} — 팔레트는 안드로이드 SDK가 제공하는 다양한 뷰 컴포넌트를 사용하게 해준다. 뷰 컴포넌트는 쉽게 찾을 수 있게 유형별로 분류되어 있다. 그리고 팔레트의 뷰 컴포넌트를 마우스로 끌어다 레이아웃의 원하는 위치에 놓으면 추가된다.

Ⓑ **장치 화면**_{Device Screen} — 장치 화면에서는 디자인하고 있는 사용자 인터페이스 레이아웃을 시각적으로 보여 준다. 여기서는 뷰의 선택, 삭제, 이동, 크기 조정을 할 수 있다. 레이아웃이 나타나는 장치 모델은 툴바에 있는 메뉴를 사용해서 언제든 변경할 수 있다.

Ⓒ **컴포넌트 트리**_{Component Tree} — 앞 장에서 이야기했듯이, 사용자 인터페이스는 뷰의 계층 구조를 사용해서 생성된다. 컴포넌트 트리는 사용자 인터페이스 디자인의 뷰 계층 구조를 시각적으로 보여 준다. 컴포넌트 트리의 요소를 선택하면 이것과 동일한 뷰가 레이아웃에서도 선택된다. 이와 유사하게 장치 화면 레이아웃에서 뷰를 선택하면 이것과 동일한 뷰가 컴포넌트 트리에서도 선택된다.

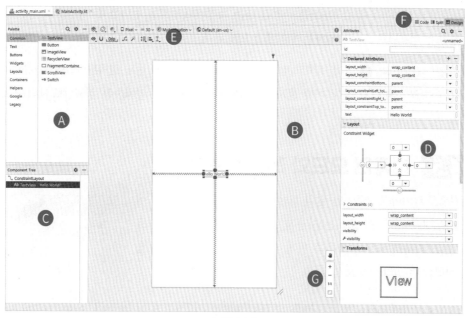

그림 24-5

D **속성**Attributes — 팔레트에 나타나 있는 모든 컴포넌트 뷰는 속성을 가지며, 이 속성은 해당 뷰의 동작과 모습을 조정하는 데 사용될 수 있다. 속성 창에서는 레이아웃에서 현재 선택된 뷰의 속성값을 변경할 수 있다.

E **툴바**Toolbar — 레이아웃 편집기의 툴바에서는 다양한 옵션을 빨리 사용할 수 있으며, 장치 화면 레이아웃의 줌인과 줌아웃, 현재 나타난 장치 모델 변경, 레이아웃의 세로와 가로 방향 전환, 안드로이드 SDK API 레벨 전환 등의 툴바가 있다. 또한, 툴바에는 장치 화면의 레이아웃에서 뷰 타입이 선택될 때 해당 타입과 관련해서 추가로 나타나는 버튼을 갖고 있다.

F **모드 전환 버튼**Mode Switching Button — 레이아웃 편집기 창의 오른쪽 위에 있는 버튼은 세 가지 모드(디자인, 코드, 분할)를 전환해 준다.

G **줌과 패닝 컨트롤**Zoom and Pan Control — 이 컨트롤 패널에서는 레이아웃 디자인을 줌인/줌아웃할 수 있으며, 줌인되어 레이아웃이 확대되어 보일 때 패닝(원하는 부분을 찾음)할 수 있다.

24.4 팔레트

레이아웃 편집기의 팔레트에서는 레이아웃 디자인에 추가할 뷰 컴포넌트를 쉽게 찾아서 사용할 수 있다. 컴포넌트 유형 패널(그림 24-6의 **A**)에서는 안드로이드 SDK에서 지원하는 뷰 컴포넌트의 유형을 보여 준다. 그리고 특정 유형을 선택하면 오른쪽 패널(그림 24-6의 **B**)에 해당 유형에 속하는 컴포넌트를 보여 준다.

그림 24-6

팔레트로부터 레이아웃에 컴포넌트를 추가할 때는 특정 컴포넌트를 선택한 후 마우스로 끌어다 레이아웃 또는 컴포넌트 트리의 원하는 위치에 놓으면 된다.

검색 버튼(그림 24-6의 ⓒ)을 클릭하고 컴포넌트 이름을 입력하면, 현재 선택된 컴포넌트 유형에서 특정 컴포넌트를 찾을 수 있다. 이때 문자가 입력될 때마다 이것과 일치하는 컴포넌트 내역을 보여 준다.

24.5 디자인 모드와 레이아웃 뷰

기본적으로 레이아웃 편집기는 앞의 그림 24-5처럼 디자인 모드로 레이아웃을 보여 준다. 이 모드는 사용자 인터페이스를 그래픽 형태로 보여 준다. 디자인 모드는 오른쪽 위에 있는 디자인 버튼(Design)을 눌러 선택할 수 있다(그림 24-7).

그림 24-7

레이아웃 편집기가 디자인 모드일 때는 두 가지 형태로 레이아웃을 볼 수 있다. 앞의 그림 24-5에서는 디자인 뷰로 레이아웃을 보여 준다. 디자인 뷰에서는 레이아웃과 위젯을 포함해서 앱이 실행될 때 나타나는 화면의 형태로 보여 준다. 이와는 달리, 청사진Blueprint 뷰에서는 레이아웃과 위젯만 보여 준다. 디자인 뷰와 청사진 뷰는 둘 중 하나만 보거나 또는 같이 볼 수 있으며(이때는 디자인 뷰가 왼쪽에, 청사진 뷰가 오른쪽에 나타난다), 그림 24-8의 툴바 버튼을 클릭하면 보이는 뷰를 선택할 수 있다. 여기서 네 번째 옵션인 Force Refresh Layout을 클릭하면 레이아웃을 다시 빌드하고 그려 준다.

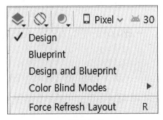

그림 24-8

디자인 뷰와 청사진 뷰를 어떤 형태로 볼 것인가는 각자 취향에 달렸다. 안드로이드 스튜디오에서는 기본적으로 두 가지 뷰를 같이 보여 준다(그림 24-9).

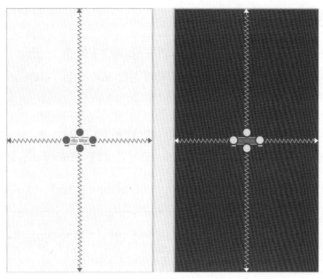

그림 24-9

24.6 코드 모드

레이아웃 편집기 패널의 오른쪽 위에 있는 코드 버튼(≡ Code)을 클릭하면 레이아웃의 XML을 보면서 직접 편집할 수 있다(그림 24-10).

그림 24-10

레이아웃 편집기가 코드 모드일 때는 직접 XML을 변경하여 사용자 인터페이스를 만들 수 있다(그림 24-11).

```xml
activity_main.xml

                                                                    ≡ Code ≣ Split ▲ Design
1   <?xml version="1.0" encoding="utf-8"?>
2   <androidx.constraintlayout.widget.ConstraintLayout xmlns:android="http://schemas.android.com/apk/res/android"
3       xmlns:app="http://schemas.android.com/apk/res-auto"
4       xmlns:tools="http://schemas.android.com/tools"
5       android:layout_width="match_parent"
6       android:layout_height="match_parent"
7       tools:context=".MainActivity">
8
9       <TextView
10          android:layout_width="wrap_content"
11          android:layout_height="wrap_content"
12          android:text="Hello World!"
13          app:layout_constraintBottom_toBottomOf="parent"
14          app:layout_constraintLeft_toLeftOf="parent"
15          app:layout_constraintRight_toRightOf="parent"
16          app:layout_constraintTop_toTopOf="parent" />
17
18  </androidx.constraintlayout.widget.ConstraintLayout>
```

그림 24-11

24.7 분할 모드

분할 모드에서는 디자인 뷰와 코드 뷰를 같이 보여 준다. 레이아웃 편집기 패널의 오른쪽 위에 있는 **Split** 버튼을 클릭하면 분할 모드가 된다(그림 24-12).

그림 24-12

왼쪽의 XML을 수정하면 그 즉시 오른쪽의 디자인에 반영되며, 이와
반대로 디자인을 변경하면 XML이 바로 수정되어 나타난다. 그림 24-13에서는 분할 모드일 때를 보여 준다.

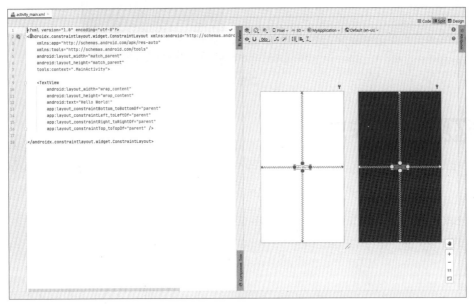

그림 24-13

24.8 속성 설정하기

속성 창에서는 현재 선택된 컴포넌트의 모든 속성값을 변경 및 조정할 수 있다. 예를 들어, 그림 24-14에서는 TextView 위젯의 속성을 보여 준다(레이아웃 편집기가 디자인 모드일 때).

속성 창은 다음의 여러 부분으로 구성된다.

- **id** — 현재 선택된 뷰 객체의 이름을 정의하는 id 속성을 나타내며, 이 속성은 앱의 소스 코드에서 참조한다.
- **Declared Attributes** — 이미 값이 지정된 속성을 포함한다.
- **Layout** — 현재 선택된 뷰 객체의 위치와 크기를 정의하는 속성이 있다.

- **Transforms** — 현재 선택된 객체를 회전시키거나 크기를 조정할 수 있는 컨트롤을 포함한다.
- **Common Attributes** — 현재 선택된 뷰 객체의 자주 사용되는 속성을 포함한다.
- **All Attributes** — 현재 선택된 뷰 객체의 모든 속성을 포함한다.

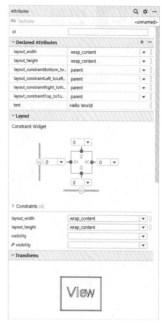

속성 창의 오른쪽 위에 있는 검색 버튼(🔍)을 클릭하고 필드에 속성 이름을 입력하면 원하는 속성을 바로 찾을 수 있다(⎋ Esc 키를 누르면 검색 필드가 없어진다).

속성값 필드의 오른쪽에 얇은 막대 모양의 버튼이 있는 속성이 많이 있다. 이 버튼을 누르면 속성값으로 지정할 리소스를 대화 상자에서 선택할 수 있다. 속성값이 직접 필드에 지정되어 있을 때는 속이 빈 형태의 얇은 버튼으로 나타나며, 리소스 파일에 저장된 값을 참조할 때는 속이 찬 얇은 막대 모양의 버튼으로 나타난다. 예를 들어, text 속성의 값으로 strings.xml 파일에 저장된 hello라는 문자열 리소스를 참조할 때는 그림 24-15처럼 @string/hello로 나타난다.

그림 24-14

그림 24-15

또한, 한정된 개수의 값 중 하나를 속성값으로 갖는 속성에서는 드롭다운에서 값을 선택하면 된다 (그림 24-16).

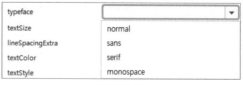

그림 24-16

이 외에도 background 등의 속성에는 필드에 아이콘(🔧)이 있으며, 이 아이콘을 클릭하면 색상 선택 팔레트가 나타나므로 원하는 색상 값을 쉽게 선택할 수 있다.

24.9　변형

속성 창의 변형_{Transforms} 패널(그림 24-17)에서는 현재 선택된 객체의 시각적인 관점을 제어하는 컨트롤과 속성을 제공한다. 즉, X나 Y축으로 회전_{rotation}, 뚜렷하게 또는 희미하게 보이는 데 사용되는 알파_{alpha}, X나 Y축의 크기 조정_{scale}, 현재 위치로부터의 이동_{translation}이다.

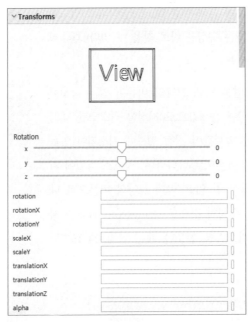

그림 24-17

이 패널의 속성값을 변경하면 런타임 시의 화면은 물론 레이아웃 디자인에도 반영된다.

24.10　Tools 속성 설정하기

안드로이드 스튜디오에서 코드 모드로 레이아웃 XML 파일을 보면 android:이 앞에 붙은 속성을 많이 볼 수 있다. 이 속성은 뷰의 모습과 동작을 정의하며, android 네임스페이스에 설정되므로 앱이 실행될 때 영향을 준다. 예를 들어, 다음 코드에서는 Button 뷰의 다양한 속성을 설정한다.

```
<Button
    android:id="@+id/button"
    android:layout_width="wrap_content"
    android:layout_height="wrap_content"
    android:text="Button"
    .
    .
```

android 네임스페이스에 추가하여 안드로이드 스튜디오는 tools 네임스페이스도 제공한다. tools 네임스페이스의 속성은 레이아웃 편집기에서 디자인할 때만 영향을 준다. 예를 들어, EditText의 경우에 디자인 시에는 텍스트를 보여 주지만 앱이 실행될 때는 보여 주지 않는 것이 유용할 때가 있다. 이럴 때 다음과 같이 tools 네임스페이스의 text 속성을 설정하면 된다.

```
<EditText
    android:id="@+id/editTextTextPersonName"
    android:layout_width="wrap_content"
    android:layout_height="wrap_content"
    android:ems="10"
    android:inputType="textPersonName"
    tools:text="Sample Text"
.
.
```

tools:text 속성은 속성 창에서도 값을 지정할 수 있다. 이때는 스패너 아이콘이 있는 text 필드에 값을 설정하면 된다(그림 24-18).

그림 24-18

Tools 속성은 디자인하는 동안 뷰의 가시성을 변경하는 데 특히 유용하다. 예를 들어, 앱이 실행될 때 사용자의 액션에 따라 코드에서 보여 주거나 감추는 뷰가 레이아웃에 포함될 수 있다.

뷰를 감추는 것을 시뮬레이션할 때는 가시성을 제어하는 tools:visibility 속성을 해당 뷰의 XML 선언에 설정하면 된다.

```
tools:visibility="invisible"
```

이렇게 하면 해당 뷰가 보이지 않더라도 볼 수 있을 때와 동일하게 레이아웃의 공간을 차지하고 남아 있는다. 만일 뷰가 더 이상 남아 있지 않게 하려면 다음과 같이 gone으로 설정하면 된다.

```
tools:visibility="gone"
```

앞의 두 가지 경우는 가시성 설정이 레이아웃 편집기에서만 적용되며 앱이 실행될 때는 영향을 주지 않는다. 레이아웃 편집기와 앱을 실행할 때 모두에서 가시성을 제어하려면 android 네임스페이스의 동일한 속성을 설정하면 된다.

```
android:visibility="gone"
```

가시성 속성을 XML에 직접 설정하는 것보다 더 편리한 방법이 있다. 레이아웃 편집기의 컴포넌트 트리에서 설정하는 것이다. 그림 24-19처럼 해당 뷰의 오른쪽 마진에 마우스 커서를 대면 컨트롤이 나타나며 이때 원하는 것을 선택하면 된다.

그림 24-19

그림 24-19에 나타난 가시성 컨트롤은 android와 tools 네임스페이스 모두의 가시성을 제어하며 왼쪽부터 not set, visible, invisible, gone 옵션을 제공한다. 만일 android와 tools 네임스페이스의 설정 값이 다르면 레이아웃 디자인 시에는 tools 네임스페이스의 것이 우선된다. 그리고 설정이 끝나면 안드로이드 스튜디오가 tools:visibility 속성을 해당 뷰의 XML 선언에 추가해 준다.

컴포넌트 트리에서 가시성을 전환하는 것에 추가하여 레이아웃 편집기에서는 디자인 시점에서 tools 속성의 적용 여부를 전환할 수 있다(그림 24-20). 따라서 앱을 실행할 때 알 수 있는 해당 위젯의 가시성이나 실제 위치를 디자인 시점에 미리 알 수 있다.

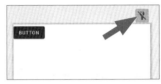

그림 24-20

버튼의 현재 모습이 🔑일 때는 tools 속성이 적용된 상태로 레이아웃에 나타난다. 그리고 버튼을 클릭해서 그림 24-20과 같은 모습으로 바뀌면 tools 속성이 적용되지 않은(앱을 실행할 때 보이는) 상태로 레이아웃에 나타난다. 따라서 tools:visibility 속성이 gone으로 설정되었더라도 버튼이 보이게 된다.

이 기능을 사용하면 레이아웃에 뷰가 추가 또는 삭제될 때 레이아웃이 어떻게 보이는지 빠리 확인할 수 있다. 또한, 뷰의 제약이 올바르게 연결되었는지 확인할 때도 유용하다(이 내용은 26장에서 알아본다).

24.11 뷰 변환하기

레이아웃 디자인이나 컴포넌트 트리에서 뷰를 선택한 후 마우스 오른쪽 버튼을 누르고 Convert view... 메뉴 옵션을 선택하면 해당 뷰의 타입을 쉽게 변환할 수 있다(그림 24-21). 예를 들어, TextView를 EditText로 변환할 때 사용하면 편리하다.

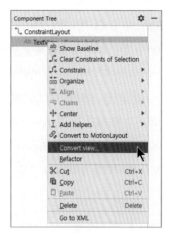

그림 24-21

이 메뉴 옵션을 선택하면 변환이 가능한 뷰 타입의 내역을 보여 준다. 예를 들어, 그림 24-22에서는 현재 선택된 TextView를 변환할 수 있는 뷰 타입을 보여 준다.

그림 24-22

이 방법은 레이아웃의 타입을 변환할 때도 유용하다(예를 들어, ConstraintLayout을 LinearLayout으로 변환할 때).

24.12 샘플 데이터 보여 주기

레이아웃 편집기에서 레이아웃을 디자인할 때 사용자 인터페이스가 어떻게 나타나는지 정확하게 알기 어려운 경우가 있다. 왜냐하면 앱이 설치되어 실행되어야 비로소 사용자 인터페이스에 나타나는 콘텐츠(예를 들어, CardView의 카드 데이터)를 가져오거나 생성하기 때문이다.

이 문제를 해결하기 위해 레이아웃 편집기는 샘플 데이터를 지정할 수 있게 해준다. 따라서 레이아웃 편집기의 뷰에 샘플 이미지와 데이터를 넣어서 볼 수 있다. 그리고 이 샘플 데이터는 레이아웃 편집기에서만 나타나고 앱이 실행될 때는 보이지 않는다. 샘플 데이터는 레이아웃 XML에 직접 추가하거나 해당 위젯에서 마우스 오른쪽 버튼을 클릭한 후 Set Sample Data 메뉴를 선택하여 구성할 수 있다. Set Sample Data 메뉴를 선택하면 샘플 데이터를 사전 구성할 수 있는 대화상자가 해당 위젯에 나타난다. 그러면 Item template에서 텍스트와 이미지가 조합된 원하는 형태의 샘플 데이터를 선택할 수 있으며, 선택할 때마다 레이아웃의 해당 뷰에 해당 샘플 데이터를 바꿔서 보여 준다. 예를 들어, 그림 24-23에서는 RecyclerView의 리스트에 나타날 샘플 데이터를 선택하는 것을 보여 준다.

또한, 우리 나름의 커스텀 텍스트와 이미지를 레이아웃 디자인 시에 보여 줄 수도 있다. 이 내용은 56장에서 알아볼 것이다. 그리고 샘플 데이터는 tools 속성으로 구현되므로 그림 24-20의 버튼을 사용해서 데이터의 가시성을 제어할 수 있다.

그림 24-23

24.13 커스텀 장치 정의 생성하기

레이아웃 편집기 툴바의 장치 미리보기 버튼(📱 Pixel ∨)을 클릭하면 사전 구성된 장치 타입의 목록을 보여 주며, 이 중 하나를 선택하면 해당 장치의 모습으로 레이아웃 디자인이 보이게 된다(그림 24-24). 사전 구성된 장치 타입과 더불어 미리 생성해 둔 AVD 인스턴스도 장치 목록에 나타난다. 장치 구성에 AVD를 추가하고자 할 때는 장치 메뉴에서 Add Device Definition... 옵션을 선택한다. 그러면 AVD 매니저가 나타나므로 이후로는 4장의 4.2절에서 했던 대로 새로운 AVD를 생성하면 된다.

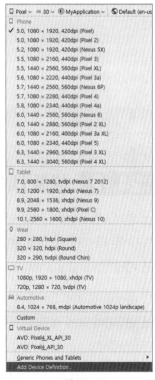

그림 24-24

24.14 현재 장치 변경하기

그림 24-24의 장치 선택 메뉴 외에 다른 방법으로도 현재 장치 형태를 변경할 수 있다. 그림 24-25처럼 레이아웃 디자인의 오른쪽 아래 모서리에 있는 장치 화면 크기 조정 핸들을 클릭한 후 끌면 서로 다른 장치의 이름이 나타난다. 이때 각 장치의 크기를 참고하면서 원하는 위치에서 마우스 버튼을 떼면 해당 크기의 커스텀 장치 형태로 레이아웃 디자인의 크기가 변경된다.

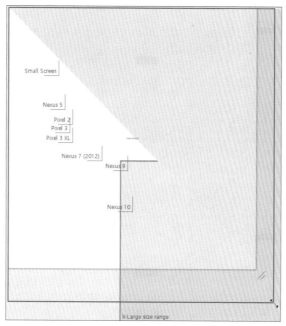

그림 24-25

24.15 레이아웃 확인(다중 레이아웃 미리보기)

다중 레이아웃 미리보기라고도 하는 레이아웃 확인Layout validation 도구 창을 사용하면 다양한 픽셀Pixel 장치 화면으로 사용자 인터페이스 레이아웃을 동시에 미리보기 할 수 있다. 이때는 안드로이드 스튜디오 메인 창의 오른쪽 위 테두리에 있는 Layout Validation 도구 창 버튼을 클릭하면 된다(그림 24-26).

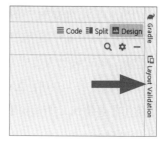

그림 24-26

그러면 그림 24-27과 같이 다수의 픽셀 장치 화면으로 그려진 레이아웃이 나타난다.

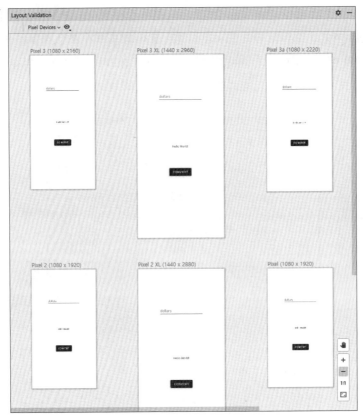

그림 24-27

24.16 요약

사용자 인터페이스 생성은 안드로이드 앱 개발의 핵심 부분이다. 안드로이드 스튜디오 환경에서는 세 가지 모드로 작동하는 레이아웃 편집기를 사용해서 사용자 인터페이스를 생성한다. 디자인 모드에서는 팔레트에서 뷰 컴포넌트를 선택하여 안드로이드 장치 화면을 나타내는 레이아웃에 위치시킨다. 그리고 속성 창에서 해당 뷰의 속성을 사용해서 구성한다. 코드 모드에서는 사용자 인터페이스 레이아웃을 나타내는 XML을 직접 편집할 수 있으며, 수정된 내용은 레이아웃 디자인에 즉시 반영된다. 분할 모드에서는 레이아웃 디자인과 XML 코드를 같이 보면서 레이아웃을 생성 및 변경할 수 있다.

레이아웃 확인 도구 창을 사용하면 다양한 픽셀 장치 화면으로 사용자 인터페이스 레이아웃을 동시에 미리보기 할 수 있다.

안드로이드 ConstraintLayout 개요

23장에서 설명했듯이, 안드로이드는 사용자 인터페이스 디자인을 위해 여러 가지 레이아웃 매니저를 제공한다. 그리고 안드로이드 7에서는 종전 레이아웃 매니저의 단점을 보완하고자 새로운 레이아웃 매니저를 추가하였다. 이것이 바로 ConstraintLayout이다. ConstraintLayout은 사용이 쉽고 표현력이 뛰어나며 유연한 레이아웃 시스템이다. 또한, 안드로이드 스튜디오 레이아웃 편집기에 내장된 강력한 기능과 밀접하게 통합되어 있다. 따라서 서로 다른 화면 크기와 장치의 방향 변경에 자동으로 적응하는 사용자 인터페이스를 쉽게 생성할 수 있다.

이번 장에서는 ConstraintLayout의 기본 개념을 알아본다. 그리고 다음 장에서는 안드로이드 스튜디오 레이아웃 편집기에서 ConstraintLayout을 사용해서 레이아웃을 생성하는 방법을 자세히 살펴볼 것이다.

25.1 ConstraintLayout의 핵심 개념

다른 레이아웃과 마찬가지로 ConstraintLayout도 자신이 포함하는 시각적인 컴포넌트(위젯)의 위치와 크기를 관리한다. 그리고 이때 각 자식 위젯에 설정되는 **제약 연결**constraint connection을 기반으로 처리한다.

ConstraintLayout을 잘 이해하고 사용하려면 핵심 개념인 제약, 마진, 상대 제약, 제약 바이어스, 체인, 체인 스타일, 지시선, 그룹, 베리어, 플로우를 알아야 한다.

25.1.1 제약

제약constraint은 한 위젯이 다른 것(이 위젯이 포함된 ConstraintLayout의 상하좌우 네 면과 다른 위젯 및 지시선guideline)과 관련하여 위치와 간격이 조정되는 방법을 나타내는 규칙을 말한다. 또한, 장치 회전에 따른 화면 크기 변화가 생기거나 서로 다른 크기의 화면을 갖는 장치에서 레이아웃이 나타날 때 액티비티의 사용자 인터페이스 레이아웃이 응답하는 방법도 나타낸다.

자식 위젯이 ConstraintLayout에 적합하게 구성(위치, 정렬, 크기 조정)되려면 수평과 수직 방향 모두에서 위치를 아는 데 필요한 제약 연결을 가져야 한다.

25.1.2 마진

마진margin은 고정된 간격을 지정하는 제약이다. 예를 들어, 장치 화면의 오른쪽 위 모서리 근처에 위치할 필요가 있는 Button 객체를 생각해 보자. 이때는 부모인 ConstraintLayout의 대응되는 면과 연결되는 마진 제약을 Button에 구현하면 된다(그림 25-1).

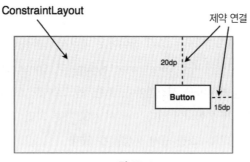

그림 25-1

이 그림에 있듯이, 각 제약 연결은 부모 레이아웃의 두 면과의 간격을 나타내는 마진 값과 연관된다. 따라서 이 경우 장치의 화면 크기나 방향과 무관하게 Button 객체는 항상 두 개의 제약 연결에 지정된 위치에 나타나게 된다(여기서는 부모인 ConstraintLayout의 오른쪽 위 모서리로부터 밑으로 20dp, 왼쪽으로 15dp 떨어진 곳이다. dp는 장치 독립적 픽셀device independent pixel이다).

그러나 화면 크기가 서로 다른 장치는 물론이고 장치 방향에 따른 화면 크기 변화가 생기더라도 ConstraintLayout이 항상 유연하게 자식 위젯(그림 25-1에서는 Button 객체)을 위치시키게 하려면 상대 제약opposing constraint이 필요하다.

25.1.3 상대 제약

하나의 위젯에 대해 같은 축(수평 또는 수직)을 따라 작동하는 두 개의 제약을 **상대 제약**이라고 한다. 달리 말해, 위젯의 좌우로는 수평 방향의 상대 제약을 가지며, 상하로는 수직 방향의 상대 제약을 갖는다. 예를 들어, 그림 25-2에서는 수평과 수직 양방향의 상대 제약이 추가된 것을 보여 준다.

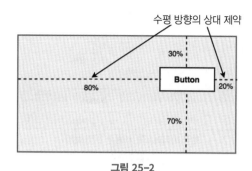

그림 25-2

수평과 수직 방향에 상대 제약이 추가되면 위젯의 위치는 좌표가 아닌 상대적인 비율percentage에 의해 결정된다. 예를 들어, 그림 25-2에서 Button은 ConstraintLayout의 위에서 20dp 대신 30% 떨어진 곳에 위치하게 된다. 따라서 화면 크기가 서로 다른 장치는 물론이고 장치 방향에 따른 화면 크기 변화가 생기더라도 Button은 항상 부모 레이아웃의 크기에 비례하여 일정한 위치에 나타나게 된다.

(그림 25-2는 상대 제약과 더불어 바로 다음에 설명하는 제약 바이어스constraint bias도 함께 적용된 경우다.)

25.1.4 제약 바이어스

기본적으로 ConstraintLayout에서는 동일한 상대 제약이 지정된다. 따라서 위젯이 수평과 수직 방향 모두 중앙에 위치하게 된다. 예를 들어, 그림 25-3에서는 수평과 수직 방향의 상대 제약을 사용했을 때 Button 위젯이 ConstraintLayout의 중앙에 위치한 것을 보여 준다.

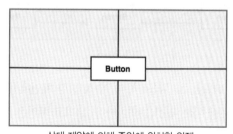

상대 제약에 의해 중앙에 위치한 위젯

그림 25-3

따라서 상대 제약을 사용하면서 위젯의 위치를 추가로 조정할 수 있게 하기 위해 ConstraintLayout에는 제약 바이어스 기능이 구현되었다. 제약 바이어스를 사용하면 하나의 제약에 지정된 비율을 기준으로 상대 제약을 갖도록 위젯을 위치시킬 수 있다. 예를 들어, 그림 25-3의 제약에서 수평으로 75%, 수직으로 10%의 제약 바이어스를 적용하면 그림 25-4와 같이 된다.

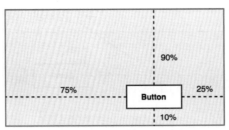

제약 바이어스를 사용한 위젯 배치

그림 25-4

다음 장에서는 이런 기능이 안드로이드 스튜디오 레이아웃 편집기에 어떻게 통합되어 있는지 자세히 알아볼 것이다. 그러나 그 전에 ConstraintLayout 클래스에 관해 추가로 알아야 할 것이 있다.

25.1.5 체인

ConstraintLayout에 포함된 두 개 이상의 위젯을 하나의 그룹으로 정의하여 작동할 수 있게 하는 개념이 체인_{chain}이다. 체인은 수직 또는 수평 축으로 구성될 수 있으며, 체인으로 연결된 위젯의 여백과 크기를 일괄 조정할 수 있다.

위젯이 **양방향 제약**_{bi-directional constraint}으로 연결되면 체인으로 간주된다. 예를 들어, 그림 25-5에서는 세 개의 위젯이 양방향 제약을 통해 체인으로 연결된 것을 보여 준다.

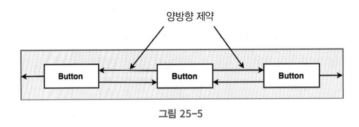

그림 25-5

체인의 첫 번째 요소를 체인 헤드_{chain head}라고 하며, 수직 방향 체인에서는 제일 위의 위젯을 의미하고, 수평 방향 체인에서는 제일 왼쪽 위젯을 의미한다. 그리고 체인은 체인 헤드 위젯에 설정된 속성에 의해 제어된다.

25.1.6 체인 스타일

ConstraintLayout 체인은 체인 헤드 위젯에 적용된 **체인 스타일**_{style} 설정(상숫값으로 정의됨)에 의해 작동한다. ConstraintLayout 클래스에서 지원하는 체인 스타일의 종류는 다음과 같다.

- **Spread 체인** — 체인에 포함된 위젯이 체인 내부의 사용 가능한 공간에 고르게 분산 배치되며 기본 스타일 값이다.

그림 25-6

- **Spread Inside 체인** — 체인에 포함된 위젯이 체인 헤드와 체인의 마지막 위젯 사이에 고르게 배치된다. 단, 헤드와 마지막 위젯은 체인 내부의 공간 분배에 포함되지 않는다.

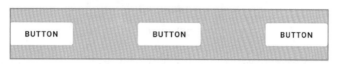

그림 25-7

- **Weighted 체인** — 체인의 각 위젯이 차지하는 공간(크기와 간격)을 각 위젯의 가중치 속성에 정의할 수 있다.

그림 25-8

- **Packed 체인** — 체인을 구성하는 위젯이 간격 없이 붙어서 배치된다. 그리고 부모 컨테이너와 관련하여 체인의 수평 또는 수직 위치를 제어하기 위해 바이어스가 적용될 수 있다.

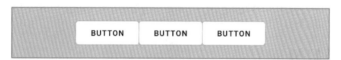

그림 25-9

25.2 기준선 정렬

지금까지는 위젯의 각 면과 관련한 정렬을 제어하는 제약에 관해서만 알아보았다. 그러나 위젯이 보여 주는 내부의 콘텐츠(예를 들어, 텍스트)와 관련된 정렬도 필요하다. 따라서 ConstraintLayout에서는 기준선 정렬baseline alignment 기능도 제공한다.

예를 들어, 앞의 그림 25-1에서 Button의 왼쪽으로부터 40dp 떨어진 곳에 TextView 위젯을 위치시킨다고 해보자. 이 경우 TextView는 Button에 맞춰 기준선 정렬을 할 필요가 있다. 즉, Button의 텍스트와 TextView의 텍스트가 수직 방향으로 기준선에 맞게 정렬되어야 한다는 의미다. 그러기 위해서는 그림 25-10처럼 제약을 추가해야 한다.

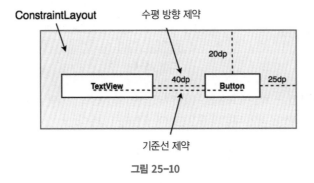

그림 25-10

이렇게 하면 Button의 왼쪽 끝에서 수평으로 40dp 떨어진 곳에 TextView가 위치하되, Button의 기준선에 맞춰 TextView의 텍스트가 수직으로 정렬된다.

25.3 위젯 크기 구성하기

위젯의 크기 제어는 사용자 인터페이스 디자인에서 중요한 요소다. ConstraintLayout에서는 각 위젯의 높이와 너비에 각각 설정할 수 있는 세 가지의 크기 제어 옵션을 제공한다.

- **Fixed** — 지정된 크기로 고정된다.
- **Match Constraint** — 제약에 맞추어 위젯의 크기가 조정된다. AnySize 또는 MATCH_CONSTRAINT 옵션이라고도 한다.
- **Wrap Content** — 포함하는 콘텐츠(텍스트나 그래픽 등)에 적합하게 위젯의 크기가 조정된다.

25.4 지시선

지시선guideline은 ConstraintLayout에서 사용할 수 있는 특별한 요소이며, 제약이 연결될 수 있는 목표 위치를 추가로 제공한다. 하나의 ConstraintLayout 인스턴스에는 다수의 지시선이 추가될 수 있으며, 수평이나 수직 방향으로 구성될 수 있다.

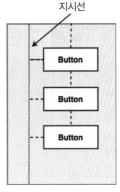

그림 25-11

그리고 지시선이 추가되면 레이아웃의 여러 위젯으로부터 제약이 연결될 수 있다. 다수의 위젯이 수평이나 수직 축을 따라서 함께 정렬될 필요가 있을 때 지시선을 사용하면 유용하다. 예를 들어, 그림 25-11에서는 ConstraintLayout의 Button 세 개가 수직 방향의 지시선에 맞춰 제약으로 연결된 것을 보여 준다.

25.5 그룹

ConstraintLayout의 그룹Group을 사용하면 위젯을 하나의 논리적인 그룹에 포함시켜 한 개체인 것처럼 가시성을 제어할 수 있다. 근본적으로 그룹은 레이아웃의 다른 위젯에 대한 참조를 갖는다. 그리고 일단 그룹이 정의되면 이 그룹 인스턴스의 visibility 속성(visible, invisible, gone 중 하나의 값을 가짐)이 모든 그룹 멤버(그룹에 포함된 위젯)에 적용된다. 따라서 visibility 속성 하나만 변경하면 다수의 위젯을 화면에 나타내거나 감출 수 있다. 하나의 레이아웃에는 다수의 그룹이 포함될 수 있으며, 한 위젯은 두 개 이상의 그룹에 속할 수 있다. 만일 그룹 간의 충돌이 발생하면 XML 파일에서 제일 끝에 선언된 그룹이 우선된다.

25.6 베리어

지시선과 유사하게 베리어barrier도 가상의 뷰(Barrier 클래스 인스턴스)이므로 앱을 실행할 때 화면에 나타나지 않으며, 다른 뷰(위젯)의 배치에 사용된다(베리어에 지정된 뷰의 크기가 달라져도 베리어를 넘지 못하게 함). 지시선처럼 베리어는 수평이나 수직 방향으로 존재할 수 있으며, 하나 이상의 뷰가 제약으로 연결될 수 있다. 그러나 레이아웃 내부의 고정된 위치에 존재하는 지시선과 다르게 베리어의 위치는 참조 뷰reference view에 의해 정의된다.

베리어는 뷰가 겹치는 문제를 해결하기 위해 추가되었다. 예를 들어, 그림 25-12의 레이아웃을 보자.

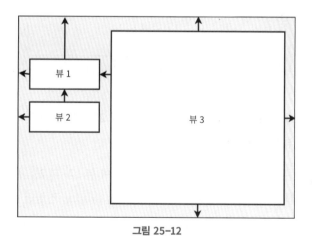

그림 25-12

여기서 뷰 3은 너비가 제약에 맞추어 조정되는 match constraint로 설정되어 있고, 왼쪽이 뷰 1의 오른쪽과 제약으로 연결되어 있다. 따라서 뷰 1의 너비가 커지면 뷰 3의 너비가 작아지게 된다(그림 25-13).

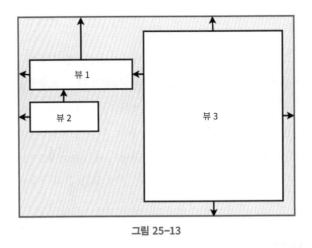

그림 25-13

그러나 뷰 1이 아닌 뷰 2의 너비가 커지면 문제가 생긴다(그림 25-14).

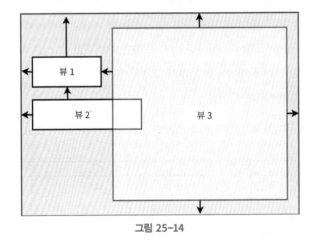

그림 25-14

왜냐하면 뷰 3은 뷰 1에만 제약으로 연결되어 있으므로, 뷰 2의 너비가 커질 때는 뷰 3의 너비가 조정되지 않아서 뷰 2와 뷰 3이 겹치기 때문이다.

이 문제를 해결하려면 우선, 수직 방향의 베리어를 추가하여 뷰 1과 뷰 2를 참조 뷰로 지정한다. 그다음에 뷰 3의 왼쪽 제약을 베리어에 연결하여 제약 뷰constrained view로 만들면 된다.

이렇게 하면 뷰 1이나 뷰 2의 너비가 커질 때 큰 너비의 뷰에 맞추어 베리어가 이동한다. 따라서 뷰 3의 너비는 변경된 베리어의 위치에 맞추어 조정된다(그림 25-15).

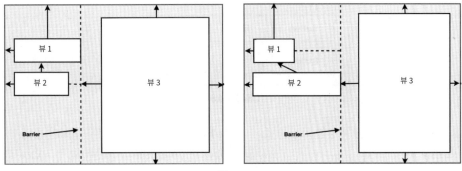

그림 25-15

하나의 베리어와 연관되는 참조 뷰와 제약 뷰의 개수는 제한이 없다.

25.7 플로우

ConstraintLayout의 플로우Flow를 사용하면 연속된 격자 형태의 레이아웃에 뷰를 보여 줄 수 있다. 그룹과 유사하게 플로우는 배치해야 하는 뷰의 참조를 포함하며, 배치 방향(수직이나 수평), 행바꿈 방식(행바꿈할 최대 위젯 수도 포함됨), 간격이나 맞춤 관련 속성과 같은 다양한 구성 옵션을 제공한다. spread, spread inside, packed 모드의 체인도 플로우 레이아웃에 적용될 수 있다. 그림 25-16 에서는 수평 모드이면서 행바꿈 설정이 안 된 플로우 인스턴스를 사용해서 균일한 크기를 갖는 다섯 개의 버튼을 배치한 레이아웃을 보여 준다.

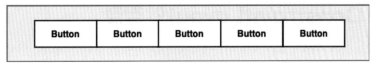

그림 25-16

그리고 그림 25-17에서는 세 개의 위젯마다 행바꿈하도록 설정된 수평 플로우 구성에 버튼이 배치된 것을 보여 준다.

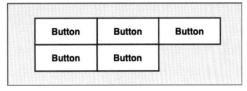

그림 25-17

이와는 달리, 그림 25-18에서는 spread inside의 체인 모드로 행바꿈이 설정된 플로우의 버튼을 보여 준다. 이 플로우 구성에는 버튼 간의 간격을 설정하는 gap 속성도 포함된다.

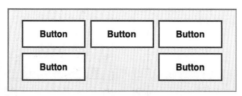

그림 25-18

끝으로, 그림 25-19에서는 다양한 크기를 갖는 다섯 개의 버튼이 포함된 플로우를 보여 준다. 이 플로우는 수평 방향이면서 packed 모드의 체인과 세 개의 위젯마다 행바꿈을 하도록 구성되어 있다.

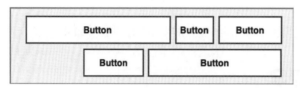

그림 25-19

25.8 비율

ConstraintLayout의 비율Ratio 속성을 사용하면 위젯의 한쪽 크기를 다른 쪽의 크기에 비례해서 조정할 수 있다. 예를 들어, 위젯의 크기 조정이 생기더라도 너비가 항상 높이의 2배가 되도록 설정하는 경우다.

25.9 ConstraintLayout의 장점

ConstraintLayout은 이전의 다른 레이아웃들의 다양한 기능을 하나의 레이아웃에서 처리할 수 있는 유연성을 제공한다. 따라서 서로 다른 종류의 레이아웃을 중첩할 필요가 없으므로 레이아웃이 복잡해지지 않으며, 런타임 시에 사용자 인터페이스를 화면에 보여 주는 성능도 향상된다.

ConstraintLayout은 또한, 다양한 안드로이드 장치의 화면 크기를 자동으로 처리해 주는 뷰로 구현되었다. 따라서 어떤 장치에서 앱이 실행되더라도 응답성과 적응성이 좋은 사용자 인터페이스를 더 쉽게 만들 수 있다.

안드로이드 스튜디오 레이아웃 편집기를 사용하면 ConstraintLayout 기반의 사용자 인터페이스 디자인을 쉽게 만들 수 있다. 이에 대해서는 다음 장에서 구체적으로 알아볼 것이다.

25.10 ConstraintLayout 가용성

ConstraintLayout은 안드로이드 7에 도입되었지만 안드로이드 SDK와는 별도의 지원 라이브러리로 제공되므로 안드로이드 구버전과 호환된다. 따라서 구버전의 안드로이드가 실행되는 장치에서 작동하는 앱에서도 ConstraintLayout을 사용할 수 있다.

25.11 요약

ConstraintLayout은 안드로이드 7에 추가된 레이아웃 매니저다. 그리고 화면 크기가 서로 다른 안드로이드 장치는 물론이고 장치 회전에 따른 화면 크기 변화에도 유연하게 대처하는 레이아웃을 쉽게 생성할 수 있게 설계되었다. ConstraintLayout에서는 제약을 사용해서 자식 위젯의 위치와 정렬을 제어한다. 새로 생성된 안드로이드 스튜디오 프로젝트에는 ConstraintLayout이 기본 레이아웃으로 사용되며, 사용자 인터페이스 레이아웃을 디자인할 때 권장되는 레이아웃이다.

ConstraintLayout은 유연한 방법으로 레이아웃을 관리하므로, 복잡하고 응답성이 좋은 사용자 인터페이스를 쉽게 구현할 수 있다.

CHAPTER 26

안드로이드 스튜디오에서 ConstraintLayout 사용하기

구글에서는 안드로이드 스튜디오 레이아웃 편집기에 괄목할 만한 변화를 주었다. 그리고 그중 대부분은 ConstraintLayout을 사용하는 사용자 인터페이스 레이아웃 디자인을 지원하는 기능이다. ConstraintLayout의 기본 개념은 25장에서 이미 알아보았으므로, 이번 장에서는 레이아웃 편집기에서 ConstraintLayout 기반의 사용자 인터페이스를 디자인하고 구현하는 방법을 살펴볼 것이다.

26.1 디자인 뷰와 레이아웃 뷰

24장에서 이야기했듯이, 안드로이드 스튜디오 레이아웃 편집기에서는 액티비티의 사용자 인터페이스 레이아웃을 두 가지 방법으로 볼 수 있다. 디자인Design 뷰와 레이아웃Layout 뷰다(레이아웃 뷰는 청사진blueprint 뷰라고도 한다). 그리고 이러한 뷰는 각각 따로 또는 그림 26-1처럼 같이 볼 수 있다.

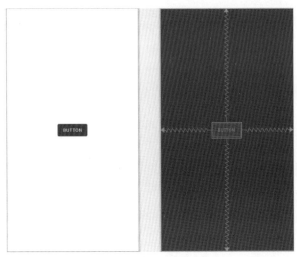

그림 26-1

이 그림의 왼쪽에 있는 디자인 뷰에서는 앱이 실행될 때 보이는 모습 그대로 레이아웃을 나타낸다. 반면에 레이아웃 뷰에서는 청사진의 형태로 위젯의 윤곽과 제약 연결을 같이 보여 준다. 그림 26-1

에서는 버튼이 레이아웃의 중앙에 위치하도록 상대 제약이 사용되었다. 레이아웃의 특정 위젯을 선택하면 디자인 뷰와 레이아웃 뷰 모두에서 해당 위젯의 제약 연결을 보여 준다. 또한, 디자인 뷰만 볼 때도 제약 연결이 나타난다(그림 26-2).

그림 26-2

그림 26-3에 화살표로 표시한 툴바 버튼의 Show All Constraints가 체크되어 있으면 위젯을 선택할 때 이 위젯의 모든 제약 연결이 디자인 뷰에 나타난다.

이와 더불어 레이아웃 편집기에서는 레이아웃에 필요한 제약을 생성하는 세 가지 방법(자동-연결, 제약 추론, 수동 연결)을 제공한다.

그림 26-3

26.2 자동-연결

자동-연결 Autoconnect은 위젯이 레이아웃에 추가될 때 제약 연결을 자동으로 추가해 주는 기능이며, 자석처럼 생긴 툴바 버튼을 사용해서 자동-연결을 활성화 또는 비활성화할 수 있다(그림 26-4).

그림 26-4

자동-연결 버튼의 모양이 ⓤ이면 자동-연결이 비활성화되었음을 나타내며, ⓤ이면 활성화되어 있음을 나타내고 클릭할 때마다 상호 전환된다.

자동-연결에서는 레이아웃에 추가되는 위젯과 인접한 부모 레이아웃 및 다른 요소의 위치를 기준으로 해당 위젯의 제약 연결을 생성한다(이때 내부적으로 알고리즘을 사용한다). 그러나 레이아웃 편집기에서 자동으로 제약 연결을 생성할 수 없는 경우가 생길 수 있다. 이때는 팔레트로부터 위젯을 끌어서 레이아웃에 놓아도 제약 연결이 추가되지 않는다(이런 경우에는 수동으로 추가할 수 있다. 이 내용은 조금 더 뒤에서 설명한다).

26.3 제약 추론

제약 추론 Inference constraint에서는 이미 레이아웃에 추가된 위젯을 대상으로 제약 연결을 추가 및 변경해 준다(이때 알고리즘과 확률이 수반된 경험적 방법이 사용된다). 자동-연결이 비활성화된 상태에서 레이아웃을 디자인(예를 들어, 위젯 추가)한 후 제약 추론 기능을 사용하면 편리하다.

그림 26-5의 툴바 버튼을 클릭하면 레이아웃의 모든 위젯을 대상으로 제약 추론 기능이 수행된다.

그림 26-5

그러나 자동-연결처럼 제약 추론 기능을 사용할 때도 레이아웃 편집기에서 부적합한 제약 연결을 추가할 수 있다. 이때는 우리가 수동으로 변경할 수 있다.

26.4 수동 연결

수동으로 제약 연결을 추가 및 변경하려면 레이아웃 편집기의 위젯 주변에 나타나는 여러 가지 핸들handle을 알아야 한다. 예를 들어, 그림 26-6의 버튼 위젯을 보자.

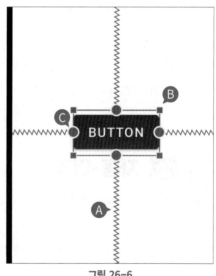

그림 26-6

용수철 모양의 선(Ⓐ)은 이 위젯의 제약 연결을 나타낸다. 그리고 네 모서리의 작은 사각형(Ⓑ)을 마우스로 클릭하고 끌면 위젯의 크기를 조정할 수 있다. 또한, 네 방향의 작은 원(Ⓒ)은 제약 연결점을 나타내며 제약 연결을 추가할 때 사용한다(그림 26-7). 즉, 이 연결점을 클릭하고 연결할 대상 요소(다른 위젯이나 부모 레이아웃 또는 지시선)의 연결점까지 끌어 준 후(이때 연결선이 나타난다) 마우스 버튼을 놓으면 된다.

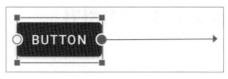

그림 26-7

만일 제약 연결선을 끌어서 위젯의 연결점에 놓지 않고 위젯 내부에 놓으면 제약이 연결될 수 있는 면을 보여 주는 메뉴가 나타난다. 예를 들어, 두 개의 버튼이 아래 위로 있을 때 위 버튼 밑의 연결점을 마우스로 클릭하고 끌어서 아래 버튼 내부에 놓으면 아래 버튼의 위쪽top이나 아래쪽bottom으로 연결할 수 있는 메뉴가 나타나고 아래쪽 연결을 선택하면 그림 26-8과 같이 제약이 연결된다.

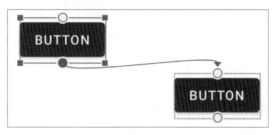

그림 26-8

위젯의 콘텐츠(예를 들어, 텍스트)를 기준으로 정렬해 주는 기준선 제약도 수동으로 추가할 수 있다. 예를 들어, 두 버튼이 옆으로 나란히 있을 때 왼쪽 버튼의 텍스트에 맞춰 오른쪽 버튼의 텍스트가 조정되게 하려면 다음과 같이 한다. 우선, 왼쪽 버튼에서 마우스 오른쪽 버튼을 클릭하고 Show Baseline 메뉴 항목을 선택하면 왼쪽 버튼에 기준선 제약을 나타내는 표식이 나타난다. 그다음에 이 표식을 마우스로 클릭하고 오른쪽 버튼으로 끌어서(이때 이 버튼에도 기준선 표식이 나타남) 놓으면 된다(그림 26-9).

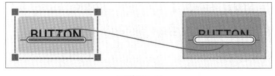

그림 26-9

26.5 속성 창에서 제약 추가하기

속성 창에서도 제약을 추가할 수 있다. 레이아웃의 특정 위젯을 선택한 후 속성 창에서 Layout을 확장하면 그림 26-10과 같이 해당 위젯의 네 방향 제약을 보여 준다.

이때 연결된 제약이 없는 쪽은 점선과 + 기호로 나타난다(그림 26-10의 경우는 위젯의 아래쪽). 그리고 + 기호를 클릭하면 가장 적합한 다른 위젯으로 제약이 자동-연결된다(레이아웃 편집기가

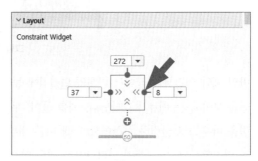

그림 26-10

스스로 판단한다). 그다음에 두 위젯 사이의 간격을 직접 입력하거나 선택할 수 있다. 제약이 지정된 쪽의 작은 원(그림 26-10에 화살표로 표시됨)을 클릭하면 제약과 마진이 삭제되고 + 기호로 변경된다.

26.6 속성 창에서 제약 보기

현재 선택된 위젯에 설정된 제약 내역은 그림 26-11과 같이 속성 창의 Constraints를 확장하면 볼 수 있다.

그림 26-11

그리고 제약 내역 중 하나를 클릭하면 이 제약을 레이아웃 디자인에서 선택하여 보여 준다.

26.7 제약 삭제하기

특정 제약을 삭제할 때는 위젯을 선택한 후 레이아웃 디자인이나 속성 창의 제약 내역에서 삭제할 제약을 클릭한다(그림 26-12). 그리고 키보드의 Del 키를 누르거나 마우스 오른쪽 버튼을 누른 후 Delete 메뉴 항목을 선택하면 된다.

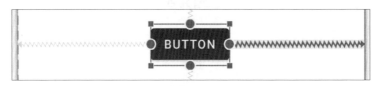

그림 26-12

또 다른 방법으로도 제약을 삭제할 수 있다. 이때는 위젯을 선택한 후 Ctrl [⌘] 키를 누른 채로

삭제하고자 하는 제약의 연결점에 마우스 커서를 대면 제약이 붉은색으로 표시되고 x가 연결점에 표시된다. 이때 연결점을 클릭하면 제약이 삭제된다(그림 26-13).

그림 26-13

위젯에 추가된 모든 제약을 한꺼번에 삭제하고자 할 때는 우선 컴포넌트 트리나 레이아웃 디자인에서 위젯을 선택한다. 그리고 마우스 오른쪽 버튼을 클릭한 후 Clear Constraints of Selection 메뉴 항목을 선택하면 된다.

또한, 그림 26-14의 툴바 버튼을 클릭하면 레이아웃에 있는 모든 위젯의 모든 제약을 삭제할 수 있다.

그림 26-14

26.8 제약 바이어스 조정하기

제약 바이어스constraint bias의 개념은 앞 장에서 알아보았다. 바이어스는 속성 창에서 조정할 수 있다. 위젯을 선택한 후 속성 창의 Layout을 확장하면 슬라이더를 볼 수 있다(그림 26-15에서 화살표로 표시한 부분). 이것을 마우스로 끌면 수평 또는 수직 방향의 제약 바이어스가 조정된다.

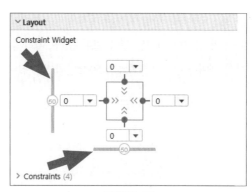

그림 26-15

26.9 ConstraintLayout 마진 이해하기

특정 위젯과 다른 요소(다른 위젯이나 지시선 또는 부모 레이아웃) 사이의 고정된 간격을 두기 위해 마진margin과 함께 제약을 사용할 수 있다. 예를 들어, 그림 26-16과 같이 버튼에 수평 방향 제약이 설정된 경우를 생각해 보자.

그림 26-16

여기서는 부모인 ConstraintLayout의 왼쪽과 오른쪽 끝으로 수평 방향 제약이 연결되어 있다. 즉, 버튼이 수평 방향의 상대 제약을 갖고 있으므로, 버튼의 실제 위치를 ConstraintLayout이 런타임 시에 결정한다. 따라서 장치 회전에 따른 화면 크기 변화가 생기거나 또는 서로 다른 크기의 화면을 갖는 장치에서도 버튼이 적합한 위치에 나타난다. 여기에 덧붙여 수평 방향의 바이어스를 설정하면 레이아웃의 오른쪽에 맞추어 버튼의 위치를 제어할 수 있다. 예를 들어, 그림 26-17에서는 버튼에 100%의 수평 방향 바이어스를 적용한 것을 보여 준다.

그림 26-17

또한, 위젯의 제약 연결 끝에는 고정된 간격을 나타내는 마진이 추가될 수 있다. 이때는 바이어스가 조정되더라도 항상 지정된 마진을 유지한다. 예를 들어, 그림 26-18에서는 버튼의 오른쪽 제약에 50dp의 마진이 지정된 것을 보여 준다. 따라서 이 버튼은 바이어스가 100%로 설정되어 있더라도 항상 레이아웃의 오른쪽에서 50dp만큼 떨어진다.

그림 26-18

위젯의 마진 값은 속성 창에서 변경할 수 있다. 예를 들어, 그림 26-19에서는 드롭다운을 사용해서 현재 선택된 위젯의 오른쪽 마진을 32dp로 변경하는 것을 보여 준다. 드롭다운의 값을 선택하는 대신 필드를 클릭하고 직접 숫자를 입력해도 된다.

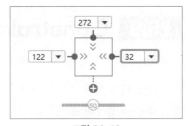

그림 26-19

새로 생성되는 제약의 기본 마진 값은 툴바에서 변경할
수 있다. 그림 26-20에 화살표로 표시된 툴바 버튼을 누
르면 그 밑에 대화상자가 나타나며, 직접 값을 입력하거
나 사전 표시된 값을 선택하면 된다.

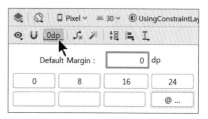

그림 26-20

26.10 상대 제약과 바이어스의 중요성

25장에서 이야기했듯이, ConstraintLayout을 사용할 때는
상대 제약과 마진 및 바이어스가 레이아웃 디자인의 초석이
된다. 만일 상대 제약 없이 위젯의 제약이 연결되면 기본적으
로 마진 제약이 설정된다. 그리고 레이아웃 편집기에서는 마
진 값을 갖는 직선으로 보여 준다(그림 26-21).

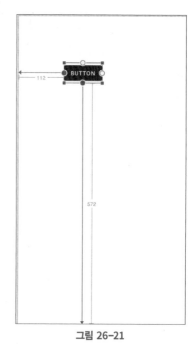

그림 26-21

마진 제약은 항상 지정된 간격을 띄운 후 위젯을 위치시킨다. 따라서 만일 장치가 가로 방향으로 회
전하여 화면의 높이가 작아지면 그림 26-21의 버튼 위젯을 볼 수 없게 된다. 수직 방향의 마진 제약
으로 인해 장치 화면의 제일 위쪽보다 더 올라간 곳에 버튼이 위치하기 때문이다(그림 26-22). 레이
아웃을 디자인할 때 사용된 것보다 더 작은 화면 크기를 갖는 장치에서 앱을 실행할 때도 이와 유
사한 문제가 발생한다.

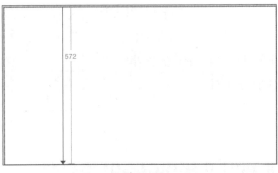

그림 26-22

이와는 달리, 상대 제약이 연결되어 있을 때는 용수철 모양의 직선으로 제약 연결이 나타난다(위젯의 위치가 절대적인 XY 좌표에 고정되지 않고 신축성이 있다는 의미로 용수철 모양을 사용한 것이다).

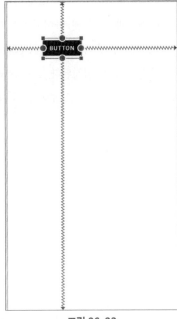

그림 26-23

그림 26-23의 레이아웃에서는 상대 제약으로 수평과 수직 방향의 바이어스가 설정되었다(그림에는 숫자가 나타나지 않았지만 부모 레이아웃의 제일 밑에서 90%, 제일 왼쪽에서 35%인 위치다). 따라서 장치 화면의 크기가 달라지더라도 해당 화면 크기에 비례하여 일정한 위치에 위젯이 나타날 수 있다(그림 26-24).

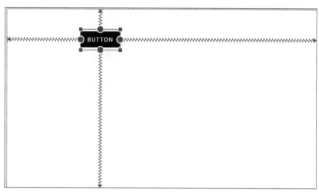

그림 26-24

결론적으로, 유연한 사용자 인터페이스 레이아웃을 생성하려면 상대 제약과 제약 바이어스를 모두 고려하는 것이 중요하다. 수동으로 레이아웃을 디자인하건, 레이아웃 편집기에서 자동으로 추가해 준 제약을 수정하건 어느 경우에도 마찬가지다.

26.11 위젯의 크기 구성하기

ConstraintLayout에 포함된 위젯의 크기는 속성 창에서 도 구성할 수 있다. 위젯의 크기는 Wrap Content, Fixed, Match Constraint 중 한 가지 모드로 설정할 수 있다. 현재 선택된 위젯에 설정된 수평과 수직 방향의 크기 모드는 그 림 26-25와 같이 사각형 내부에 나타난다.

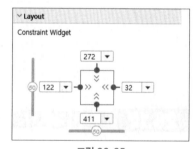

그림 26-25

그림 26-25에서는 수평과 수직 방향의 크기가 모두 Wrap Content(부등호 두 개가 붙은 형태)로 설정 되어 있다. 세 가지 크기 모드의 시각적인 표식과 의미는 다음과 같다.

- ⊢─┤ (Fixed Size: 크기가 고정됨)
- ⊢/W/⊣ (Match Constraint: 제약에 맞춰 크기가 조정됨)
- >>> (Wrap Content: 위젯의 콘텐츠에 맞게 크기가 조정됨)

현재의 설정을 변경할 때는 해당 표식을 클릭하면 되며, 연속적으로 클릭하면 세 가지 모드가 차례 대로 전환된다.

위젯의 크기(너비 또는 높이)가 Match Constraint로 설정되면 직선 대신 용수철 모양의 선으로 나타난다. 예를 들어, 그림 26-26에서는 TextView의 너비만 Match Constraint로 설정되었다.

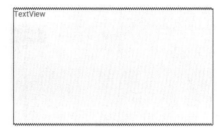

그림 26-26

또한, 위젯의 크기는 해당 위젯에 설정된 제약에서 허용하는 범위까지 확장될 수 있다. 레이아웃의 위젯을 선택하고 마우스 오른쪽 버튼을 클릭한 후 Organize 옵션에서 Expand Horizontally_{수평 확장}나 Expand Vertically_{수직 확장}를 선택하면 된다(그림 26-27). 그리고 이렇게 하면 위젯 주변의 사용 가능한 공간을 채우기 위해 현재 선택된 위젯의 크기가 수평 또는 수직으로 확장된다.

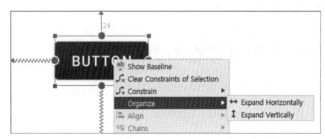

그림 26-27

26.12 디자인 시점의 Tools 속성 적용/미적용 전환하기

24장에서는 tools 네임스페이스의 개념과 이것을 사용해서 가시성 관련 속성을 설정하는 방법을 알아보았다. 이런 속성은 레이아웃 편집기에서 디자인할 때만 영향을 준다. 제약이 설정되지 않은 상태로 위젯이 레이아웃에 위치할 때 안드로이드 스튜디오는 내부적으로 tools 속성을 사용해서 위젯의 위치를 유지한다. 예를 들어, 자동-연결이 비활성화된 상태에서 버튼을 레이아웃에 추가하면 아무런 제약도 설정되지 않을 것이다. 이 경우 디자인 시점에서는 레이아웃에 추가된 위치에 보이겠지만 앱이 실행될 때는 화면의 왼쪽 위 모서리에 나타나게 된다. 왜냐하면 버튼에 설정된 제약이 없으므로 ConstraintLayout 부모가 해당 버튼을 레이아웃에 배치할 수 없기 때문이다.

해당 버튼이 레이아웃 편집기에서 올바른 위치에 나타날 수 있는 이유는 안드로이드 스튜디오가 XY축의 절대 좌표를 tools 속성에 설정했기 때문이다. 이것은 다음과 같이 XML 레이아웃 파일에 설정된다.

```
<Button
    android:id="@+id/button4"
    android:layout_width="wrap_content"
    android:layout_height="wrap_content"
    android:text="Button"
    tools:layout_editor_absoluteX="111dp"
    tools:layout_editor_absoluteY="88dp" />
```

그리고 이후에 해당 버튼에 제약이 설정되면 tools 속성은 레이아웃 편집기에서 자동으로 삭제된다.

그림 26-28의 버튼을 사용하면 디자인 시점에서 tools 속성의 적용 여부를 전환할 수 있다. 따라서 앱을 실행할 때 화면에 나타나는 위젯의 실제 위치를 디자인 시점에 미리 알 수 있다.

버튼의 현재 모습이 🔧일 때는 tools 속성이 적용된 상태로 레이아웃에 나타나며, 버튼을 클릭해서 그림 26-28과 같은 모습으로 바뀌면 tools 속성이 적용되지 않은(앱을 실행할 때 보이는) 상태로 레이아웃에 나타난다.

그림 26-28

26.13 지시선 추가하기

지시선_{guideline}은 제약이 연결될 수 있는 요소다. 레이아웃 편집기의 지시선 툴바 버튼을 클릭하거나(그림 26-29) 레이아웃의 빈 공간에서 마우스 오른쪽 버튼을 클릭한 후 Add helpers 메뉴 항목에서 Vertical Guideline이나 Horizontal Guideline을 선택하면 지시선을 추가할 수 있다.

그림 26-29

또는 팔레트의 Helpers 부류에 있는 **수평 지시선**_{Guideline (Horizontal)}이나 **수직 지시선**_{Guideline (Vertical)}을 마우스로 선택하고 끌어다 레이아웃 디자인이나 컴포넌트 트리에 놓아도 지시선을 추가할 수 있다.

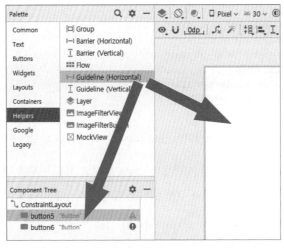

그림 26-30

지시선이 추가되면 점선이 레이아웃에 나타나며, 이 선을 클릭하고 끌어서 원하는 위치로 이동할 수 있다. 그리고 연결하려는 위젯의 제약 핸들러를 클릭하고 지시선까지 끌어 준 후 마우스 버튼을 놓으면 해당 지시선에 대한 위젯의 제약 연결이 생성된다. 그림 26-31에서는 수직 방향의 지시선에 대해 두 버튼의 왼쪽 면이 제약으로 연결된 것을 보여 준다.

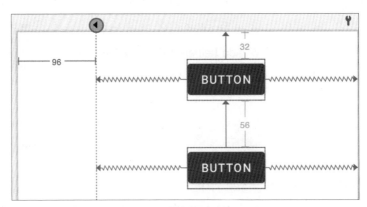

그림 26-31

수직 방향 지시선의 위치는 부모 레이아웃의 왼쪽이나 오른쪽으로부터 떨어진 값으로 지정될 수 있다(수평 방향의 지시선은 위나 아래쪽). 예를 들어, 그림 26-31에서는 수직 방향 지시선이 부모 레이아웃의 왼쪽으로부터 96dp만큼 떨어진 곳에 위치한다.

또한, 지시선은 부모 레이아웃의 전체 너비나 높이에 대한 비율을 기준으로 위치할 수도 있다. 이때는 지시선을 선택한 후 작은 원을 클릭하여 % 표시가 나오게 하면 된다(수직 방향 지시선은 작은 원이 제일 위에 나타나며, 수평 방향 지시선은 제일 왼쪽에 나타난다). 예를 들어, 그림 26-32에서는 수직 방향 지시선의 위치를 %로 정하는 것을 보여 준다. 지시선을 삭제할 때는 컴포넌트 트리 창에서 해당 지시선을 선택한 후(guideline으로 나타남) [Del] 키를 누르거나, 해당 지시선의 작은 원에서 마우스 오른쪽 버튼을 클릭한 후 Delete를 선택하면 된다.

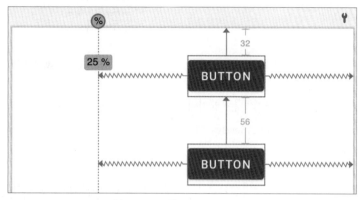

그림 26-32

26.14 베리어 추가하기

레이아웃 편집기의 지시선 툴바 버튼을 클릭하거나(그림 26-29) 레이아웃의 빈 공간에서 마우스 오른쪽 버튼을 클릭한 후 **Add helpers** 메뉴 항목에서 Vertical Barrier나 Horizontal Barrier를 선택하면 베리어_{Barrier}를 추가할 수 있다.

또는 팔레트의 **Helpers** 부류에 있는 수평 베리어_{Barrier (Horizontal)}나 수직 베리어_{Barrier (Vertical)}를 마우스로 선택하고 끌어다 레이아웃 디자인이나 컴포넌트 트리에 놓아도 베리어를 추가할 수 있다.

베리어가 추가되면 컴포넌트 트리에 나타난다. 예를 들어, 그림 26-33에서는 수직 방향의 베리어가 추가되어 컴포넌트 트리에 나타난 것을 보여 준다.

그림 26-33

컴포넌트 트리에서 원하는 위젯을 마우스로 끌어다 베리어 항목에 놓으면 해당 위젯이 베리어의 참조 뷰(베리어의 위치를 제어하는 뷰)로 추가된다. 예를 들어, 그림 26-34에서는 textView1과 textView2 위젯이 barrier1의 참조 뷰(위젯)로 지정되었다.

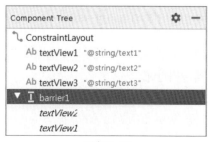

그림 26-34

참조 뷰가 추가된 후에는 해당 뷰와 관련된 베리어의
방향을 지정해야 한다. 이때는 컴포넌트 트리에서 베리
어를 선택한 후 속성 창에서 barrierDirection 속성
값을 설정한다(그림 26-35).

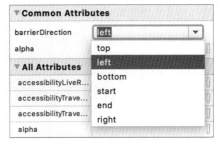

그림 26-35

그림 26-36에서는 베리어를 포함하는 레이아웃을 보여 준다. 여기서는 베리어의 참조 뷰가
textView1과 textView2이며, textView3는 이 베리어와 제약으로 연결되어 있다(barrierDirection
속성값은 end로 설정되었다).

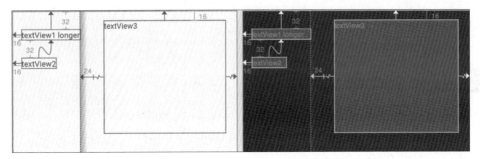

그림 26-36

26.15 그룹 추가하기

레이아웃에 **그룹**Group을 추가할 때는 컴포넌트 트리에서 레이아웃을 선택한다. 그리고 마우스 오른
쪽 버튼을 클릭한 후 Add helpers ➡ Group을 선택하거나 그림 26-29의 툴바 메뉴에서 Group을 선
택한다. 또는 팔레트의 Helpers 부류에서 Group을 클릭하고 끌어다 레이아웃 디자인이나 컴포넌트
트리에 놓으면 된다.

그리고 추가된 그룹에 원하는 위젯을 포함시킬 때는 컴포
넌트 트리에서 해당 위젯을 선택한 후 마우스로 끌어다 해
당 그룹 항목에 놓으면 된다.

예를 들어, 그림 26-37에서는 선택한 세 개의 위젯을 그룹
에 추가한다.

그림 26-37

그룹으로 참조되는 위젯은 컴포넌트 트리에서 해당 그룹 밑에 이탤릭체로 나타난다(그림 26-38). 위젯을 그룹에서 삭제할 때는 해당 위젯을 선택한 후 키보드의 Del 키를 누르면 된다.

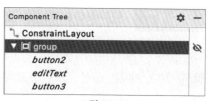

그림 26-38

위젯이 그룹에 지정되면 도구 창의 Constraints에서 가시성(화면에 보여 줄지 여부)을 설정할 수 있다(그림 26-39).

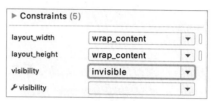

그림 26-39

26.16 플로우 사용하기

레이아웃에 플로우Flow를 추가할 때는 컴포넌트 트리에서 레이아웃을 선택한다(플로우는 이것에 포함된 위젯을 일괄 배치하는 개념이다). 그리고 마우스 오른쪽 버튼을 클릭한 후 Add helpers ➡ Flow를 선택하거나 그림 26-29의 툴바 메뉴에서 Flow를 선택한다. 또는 팔레트의 Helpers 부류에서 Flow를 클릭하고 끌어서 레이아웃 디자인이나 컴포넌트 트리에 놓으면 된다.

플로우가 추가된 후 이 플로우에 원하는 위젯을 포함시킬 때는 컴포넌트 트리에서 해당 위젯을 선택한 후 마우스로 끌어다 해당 플로우 항목에 놓으면 된다. 플로우가 추가되고 위젯이 포함된 후에는 컴포넌트 트리에서 해당 플로우를 선택하고 도구 창의 Common Attributes에서 플로우를 구성할 수 있다(포함된 위젯의 배치 방향, 간격 등).

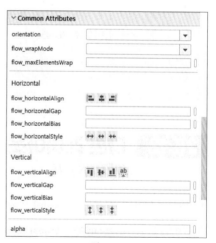

그림 26-40

26.17 위젯의 그룹 정렬

안드로이드 스튜디오 레이아웃 편집기에서는 선택한 두 개 이상의 위젯을 한꺼번에 정렬 및 배치할 수 있다. 이때는 우선 컴포넌트 트리나 레이아웃 디자인에서 shift 키를 누른 채로 정렬 및 배치할 위젯을 차례대로 클릭하여 선택한다. 그리고 마우스 오른쪽 버튼을 누르고 Align 메뉴에서 원하는 정렬 옵션을 선택하거나(그림 26-41), Align 툴바를 클릭하고 원하는 옵션을 선택한다(그림 26-42).

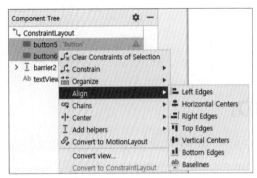

그림 26-41

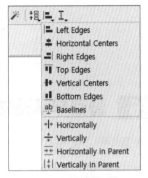

그림 26-42

또한, Pack 툴바를 사용하면 선택된 위젯이 수직 또는 수평으로 바짝 붙거나Pack 떨어지게Distribute 할 수 있으며 크기(너비나 높이)가 확장되게Expand 할 수도 있다(그림 26-43).

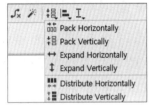

그림 26-43

26.18 다른 레이아웃을 ConstraintLayout으로 변환하기

종전의 사용자 인터페이스 레이아웃에서는 하나 이상의 다른 안드로이드 레이아웃 클래스(예를 들어, RelativeLayout이나 LinearLayout)를 사용해서 사용자 인터페이스를 구성한다. 그러나 ConstraintLayout에서는 서로 다른 종류의 레이아웃을 중첩시키지 않아도 복잡한 레이아웃을 만들 수 있다. 따라서 레이아웃 편집기에서는 종전의 다른 레이아웃을 ConstraintLayout으로 변환하는 옵션을 제공한다.

레이아웃 편집기에서 레이아웃 XML 파일을 열고 오른쪽 위의 디자인 버튼(![Design])을 클릭하여 디자인 뷰로 전환하면 왼쪽의 팔레트 밑에 컴포넌트 트리 창이 나타난다. 그리고 컴포넌트 트리의 레이아웃을 선택하고 마우스 오른쪽 버튼을 클릭한 후 **Convert view...** 메뉴 항목을 선택한다. 그리고 대화상자에서 ConstraintLayout을 선택하고 **Apply** 버튼을 누르면 된다.

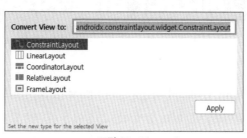

그림 26-44

이렇게 하면 ConstraintLayout으로 변환할 때 기존 레이아웃 타입과 동일하게 작동되도록 제약을 추론해서 추가해 준다.

26.19 요약

안드로이드 스튜디오 레이아웃 편집기에는 ConstraintLayout을 디자인하는 기능이 추가되었다. ConstraintLayout을 사용하면 복잡한 사용자 인터페이스 레이아웃을 빠르고 쉽게 디자인할 수 있다. 이번 장에서는 제약, 마진, 바이어스를 더 자세히 알아보았다. 또한, 레이아웃 편집기에서 ConstraintLayout을 디자인하는 데 필요한 주요 기능을 사용하는 방법도 살펴보았다.

안드로이드 스튜디오에서 ConstraintLayout 체인과 비율 사용하기

26장에서는 ConstraintLayout 클래스의 핵심 기능과 안드로이드 스튜디오 레이아웃 편집기에서 그 기능을 사용하는 방법을 알아보았다. 이번 장에서는 25장에서 개념만 알아본 ConstraintLayout의 체인chain과 비율ratio을 레이아웃 편집기에서 생성하고 사용하는 방법을 살펴본다.

27.1 체인 생성하기

ConstraintLayout의 체인은 액티비티의 XML 레이아웃 리소스 파일에 몇 줄만 추가하거나 레이아웃 편집기에 특화된 체인 관련 기능을 사용해서 구현할 수 있다.

우선, 새 프로젝트를 생성하자. 안드로이드 스튜디오 메인 메뉴의 File ➡ New ➡ New Project...를 선택하거나 웰컴 스크린에서 New Project 버튼을 클릭한다. '프로젝트 템플릿 선택' 대화상자가 나타나면 Phone and Tablet과 Empty Activity를 선택하고 Next 버튼을 누른다.

Name 필드에 ChainTest를 입력하고 Package name에는 com.ebookfrenzy.chaintest를 입력한다. 그리고 Language가 Kotlin인지 확인하고 Minimum SDK는 API 26: Android 8.0 (Oreo)를 선택한다. 또한, Use legacy android.support libraries가 체크 해제되어 있는지 확인하고 Finish 버튼을 누른다.

프로젝트 생성이 끝나면 ChainTest 프로젝트가 프로젝트 도구 창에 나타난다. 자동 생성되어 편집기 창에 열린 activity_main.xml을 선택하고 오른쪽 위의 코드 버튼(☰ Code)을 클릭하여 코드 모드로 변경한다.

여기서는 그림 27-1과 같이 레이아웃 위쪽에 세 개의 버튼 위젯을 수평으로 배치하고 체인으로 구성한 후 체인 스타일에 따라 어떻게 정렬되는지 알아본다.

그림 27-1

그림 27-1과 동일하게 되도록 activity_main.xml의 일부를 변경하자(기존의 TextView는 삭제하고 Button 세 개를 추가한다).

```xml
<?xml version="1.0" encoding="utf-8"?>
    <androidx.constraintlayout.widget.ConstraintLayout
    xmlns:android="http://schemas.android.com/apk/res/android"
    xmlns:app="http://schemas.android.com/apk/res-auto"
    xmlns:tools="http://schemas.android.com/tools"
    android:layout_width="match_parent"
    android:layout_height="match_parent"
    tools:context=".MainActivity">

    <TextView
        android:layout_width="wrap_content"
        android:layout_height="wrap_content"
        android:text="Hello World!"
        app:layout_constraintBottom_toBottomOf="parent"
        app:layout_constraintLeft_toLeftOf="parent"
        app:layout_constraintRight_toRightOf="parent"
        app:layout_constraintTop_toTopOf="parent" />

    <Button
        android:id="@+id/button1"
        android:layout_width="wrap_content"
        android:layout_height="wrap_content"
        android:layout_marginStart="8dp"
        android:layout_marginTop="16dp"
        android:text="Button"
        app:layout_constraintHorizontal_bias="0.5"
        app:layout_constraintStart_toStartOf="parent"
        app:layout_constraintTop_toTopOf="parent" />
    <Button
        android:id="@+id/button2"
        android:layout_width="wrap_content"
        android:layout_height="wrap_content"
        android:layout_marginEnd="8dp"
        android:layout_marginStart="8dp"
        android:layout_marginTop="16dp"
        android:text="Button"
        app:layout_constraintHorizontal_bias="0.5"
        app:layout_constraintEnd_toStartOf="@+id/button3"
        app:layout_constraintStart_toEndOf="@+id/button1"
        app:layout_constraintTop_toTopOf="parent" />
    <Button
        android:id="@+id/button3"
        android:layout_width="wrap_content"
        android:layout_height="wrap_content"
        android:layout_marginEnd="8dp"
        android:layout_marginTop="16dp"
        android:text="Button"
```

```
        app:layout_constraintHorizontal_bias="0.5"
        app:layout_constraintEnd_toEndOf="parent"
        app:layout_constraintTop_toTopOf="parent" />

</androidx.constraintlayout.widget.ConstraintLayout>
```

현재는 button2를 중심으로 한 방향의 수평 제약만 연결되어 있다. 따라서 체인을 구성하려면 button1의 오른쪽에서 button2의 왼쪽으로 제약 연결을 추가해야 하고, button3의 왼쪽에서 button2의 오른쪽으로도 제약 연결을 추가해야 한다. 각 위젯이 양방향의 제약 연결을 가져야만 체인으로 간주되기 때문이다. button1과 button3에 다음의 진한 글씨로 된 XML을 추가하자.

```
<Button
    android:id="@+id/button1"
    .
    .
    app:layout_constraintEnd_toStartOf="@+id/button2" />
<Button
    android:id="@+id/button2"
    .
    .
<Button
    android:id="@+id/button3"
    .
    .
    app:layout_constraintStart_toEndOf="@+id/button2" />
```

그림 27-2와 같이 이제는 버튼 위젯이 양방향의 수평 제약 연결을 갖게 되었으므로 체인이 구성되었다. 오른쪽 위의 디자인 버튼(Design)을 클릭하여 디자인 모드로 변경한다. 그리고 레이아웃 디자인에 나타난 것을 보면 알 수 있듯이, 기본적으로 spread 체인 스타일이 된다.

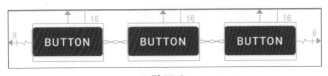

그림 27-2

양방향의 제약 연결을 추가할 때 이처럼 우리가 직접 XML로 추가해도 되지만 레이아웃 편집기의 디자인 모드에서도 쉽게 할 수 있다. 즉, 컴포넌트 트리에서 button1을 클릭한 후 [shift] 키를 누른 채로 나머지 두 버튼도 클릭하여 세 버튼 모두 선택되도록 한다. 그리고 [shift] 키를 떼고 마우스 오른쪽 버튼을 클릭한 후 Chains ➡ Horizontal Chain Style(수직 방향의 경우는 Chains ➡ Vertical Chain Style) ➡ spread 메뉴 항목을 선택하면 된다.

27.2 체인 스타일 변경하기

ConstraintLayout은 기본적으로 spread 체인 스타일로 설정된다. 그러나 두 가지 방법으로 체인 스타일을 변경할 수 있다.

첫 번째, 체인으로 연결된 위젯 중 하나에서 마우스 오른쪽 버튼을 클릭하고 Chains 메뉴 항목에서 Vertical Chain Style이나 Horizontal Chain Style을 선택한 후 원하는 체인 스타일을 클릭하면 된다(예를 들어, spread).

두 번째, 체인으로 연결된 위젯 중 하나를 선택한다. 그리고 속성 창에서 All Attributes 밑에 있는 layout_constraints를 확장하면 layout_constraintHorizontal_chainStyle 속성(수평 방향의 체인일 때)과 layout_constraintVertical_chainStyle 속성(수직 방향의 체인일 때)을 볼 수 있다. 이 속성의 드롭다운을 클릭하여 원하는 체인 스타일을 선택하면 된다(그림 27-3).

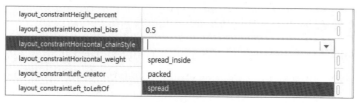

layout_constraintHeight_percent		
layout_constraintHorizontal_bias	0.5	
layout_constraintHorizontal_chainStyle		▼
layout_constraintHorizontal_weight	spread_inside	
layout_constraintLeft_creator	packed	
layout_constraintLeft_toLeftOf	spread	

그림 27-3

27.3 Spread inside 체인 스타일

방금 설명한 방법을 사용해서 체인 스타일을 spread_inside로 변경하면 그림 27-4와 같이 된다.

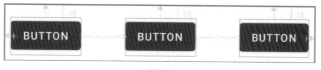

그림 27-4

27.4 Packed 체인 스타일

동일한 방법으로 체인 스타일을 packed로 변경하면 그림 27-5와 같이 된다. 체인 스타일을 packed로 변경하자.

그림 27-5

27.5 바이어스를 사용한 Packed 체인 스타일

Packed 체인 스타일에서는 체인 외부의 좌우 또는 상하의 남는 공간이 동일하게 설정된다. 그러나 그 공간의 크기를 바이어스 값을 적용하여 조정할 수 있다. 바이어스 값은 0.0과 1.0 사이 값이며, 0.5인 경우는 부모 레이아웃의 중앙을 나타낸다. 바이어스 값을 설정할 때는 우선, 체인 헤드 위젯 (수평 방향 체인은 제일 왼쪽 위젯이고, 수직 방향 체인은 제일 위쪽 위젯)을 선택한다. 그리고 속성 창에서 All Attributes 밑에 있는 layout_constraints를 확장하면 layout_constraintHorizontal_bias 속성(수평 방향의 체인일 때)과 layout_constraintVertical_bias 속성(수직 방향의 체인일 때)을 볼수 있다. 이 속성의 필드에 원하는 바이어스 값을 입력하면 된다.

체인 헤드 위젯인 button1을 클릭한 후 layout_constraintHorizontal_bias 속성의 값을 0.2로 입력해 보자. 그러면 그림 27-6처럼 수평 방향 바이어스가 설정된 상태로 버튼이 보이게 된다.

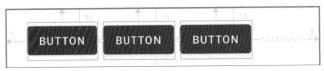

그림 27-6

27.6 Weighted 체인

Weighted 체인 스타일에서는 체인의 각 위젯이 차지하는 공간(크기와 간격)을 각 위젯의 가중치 속성으로 제어할 수 있다. Weighted 체인은 spread 체인 스타일을 사용할 때만 구현할 수 있으며, 체인에 포함된 모든 위젯의 크기 속성(수직 방향 체인은 높이, 수평 방향 체인은 너비)이 match constraint(제약에 맞춤)로 지정되어야 한다. 위젯의 크기를 match constraint로 지정할 때는 위젯을 선택한 후 속성 창의 크기 속성(수평 방향의 체인에서는 layout_width 속성이며, 수직 방향의 체인에서는 layout_height 속성)값을 0dp로 변경하면 된다. 위젯의 크기가 0dp라는 것은 크기가 없다는 것이 아니고, 위젯에 설정된 제약에 맞추어 해당 위젯의 크기가 자동 결정된다는 의미다.

그러면 실제로 어떻게 되는지 해보자. 우선, 제일 왼쪽의 button1을 선택한 후 속성 창에서 All Attributes 밑에 있는 layout_constraints를 확장하고 layout_constraintHorizontal_ chainStyle 속성의 값을 spread로 변경한다. 그리고 속성 창 제일 위쪽에 있는 layout_width 속성의 드롭다운을 클릭한 후 그림 27-7처럼 0dp (match constraint)를 선택한다. button2와 button3도 차례대로 선택하여 동일하게 변경한다.

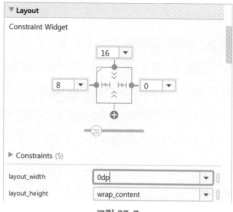

그림 27-7

이제는 체인이 위치한 부모 레이아웃의 수평 공간을 최대한 사용하도록 모든 버튼의 크기가 고르게 커졌을 것이다(그림 27-8).

그림 27-8

이렇게 한 후에는 체인 내부의 다른 위젯과 관련하여 각 위젯이 차지하는 공간의 양을 각 위젯의 가중치 속성값을 추가하여 제어할 수 있다. button1을 선택한 후 속성 창에서 All Attributes 밑에 있는 layout_constraints를 확장하고 layout_constraintHorizontal_weight 속성의 값을 4로 입력하고, 컴포넌트 트리에서 button2와 button3을 차례대로 선택하여 각각 2로 입력한다. 그 결과는 그림 27-9와 같다.

그림 27-9

세 버튼의 가중치 값 합계는 8이며, button1은 4이므로 절반의 공간(4/8)을 차지하며, button2와 button3은 각각 2이므로 1/4의 공간을 차지한다.

27.7 비율 사용하기

ConstraintLayout의 비율ratio 속성을 사용하면 위젯의 한쪽 크기를 다른 쪽의 크기에 비례해서 조정할 수 있다. 예를 들어, ImageView에서 너비가 항상 높이의 2배가 되도록 비율을 조정한다고 해보자.

비율 속성을 사용할 때는 우선, 제약에 맞추어 크기가 자동으로 조정되는 쪽(여기서는 너비)의 크기 속성값을 0dp로 변경해야 한다(그림 27-7 참고). 그리고 속성 창에서 **All Attributes** 밑에 있는 layout_constraints를 확장하고 layout_constraintDimensionRatio 속성의 값을 원하는 비율 값으로 지정하면 된다. 또는 직접 XML에 지정해도 된다. 비율 값은 실수이거나 또는 너비:높이 형태로 지정할 수 있다. 예를 들어, 다음 XML에서는 ImageView 위젯의 비율 속성을 2:1로 설정한다.

```
<ImageView
    android:layout_width="0dp"
    android:layout_height="100dp"
    android:id="@+id/imageView"
    app:layout_constraintDimensionRatio="2:1" />
```

이 예에서는 한쪽의 크기(여기서는 너비)만 0dp로 지정할 때 비율을 설정하는 방법을 보여 준다. 그러나 양쪽의 크기 모두 0dp로 지정하고 비율을 적용할 수도 있다. 이때는 비율 앞에 H(높이를 의미) 또는 W(너비를 의미)를 붙인다. H와 W는 제약에 맞춰 상대적으로 크기가 자동 조정되는 방향을 나타낸다.

ImageView에 설정한 예를 보면 다음과 같다.

```
<ImageView
    android:layout_width="0dp"
    android:layout_height="0dp"
    android:id="@+id/imageView"
    app:layout_constraintBottom_toBottomOf="parent"
    app:layout_constraintRight_toRightOf="parent"
    app:layout_constraintLeft_toLeftOf="parent"
    app:layout_constraintTop_toTopOf="parent"
    app:layout_constraintDimensionRatio="W,1:3" />
```

여기서는 ImageView가 부모 ConstraintLayout의 상하/좌우와 제약이 연결되어 있다. 그리고 ImageView의 너비가 높이의 1/3이 되도록 비율 속성이 추가되었다. 따라서 장치의 화면 크기나 화면 방향이 변경되더라도 ImageView의 너비는 항상 높이의 1/3 크기로 제한되어 나타난다(높이는 부모 레이아웃의 빈 공간을 모두 사용함).

27.8 요약

ConstraintLayout 클래스의 체인과 비율은 안드로이드 앱의 레이아웃 디자인을 유연하게 해주는 강력한 기능이다. 이번 장에서 알아보았듯이, 안드로이드 스튜디오의 레이아웃 편집기는 사용자 인터페이스를 디자인하는 동안 그런 기능을 더 쉽게 사용하게 해준다.

ConstraintLayout 예제 프로젝트

안드로이드 스튜디오 레이아웃 편집기를 사용하면 쉽고 생산성 높은 방법으로 안드로이드 앱의 사용자 인터페이스를 디자인할 수 있다. 이번 장에서는 예제 프로젝트를 통해서 ConstraintLayout 기반의 사용자 인터페이스를 생성하는 방법을 알아본다.

28.1 ConstraintLayout 예제 프로젝트 생성하기

우선, 새로운 안드로이드 스튜디오 프로젝트를 생성하자. 안드로이드 스튜디오 메인 메뉴의 File ➡ New ➡ New Project...를 선택하거나 웰컴 스크린에서 New Project 버튼을 클릭한다. 그러면 '프로젝트 템플릿 선택' 대화상자가 나타날 것이다.

앞의 다른 장에서는 Empty Activity와 같은 템플릿을 선택해서 프로젝트 액티비티를 자동 생성했었다. 그러나 여기서는 새로운 액티비티와 이것의 레이아웃 리소스 파일을 직접 생성하는 방법을 배울 것이므로 No Activity를 선택하고 Next 버튼을 누른다.

Name 필드에 LayoutSample을 입력하고 Package name에는 com.ebookfrenzy.layoutsample을 입력한다. 그리고 Language가 Kotlin인지 확인하고 Minimum SDK는 API 26: Android 8.0 (Oreo)를 선택한다. 또한, Use legacy android.support libraries가 체크 해제되어 있는지 확인하고 Finish 버튼을 누른다.

프로젝트 생성이 끝나면 LayoutSample 프로젝트가 프로젝트 도구 창에 나타난다.

28.2 새로운 액티비티 생성하기

새 프로젝트의 생성이 끝나면 안드로이드 스튜디오 메인 창이 텅 빈 공간으로 나타날 것이다. 다음으로 할 일은 새 액티비티를 생성하는 것이다. 안드로이드 앱을 개발할 때 아무 액티비티도 없는 상태에서 새로운 액티비티를 생성할 필요가 있는 경우가 더러 있다. 따라서 여기서 작성하는 예제가 도움이 될 것이다.

Alt + 1 [⌘ +1] 단축키를 눌러서 프로젝트 도구 창을 열자. 프로젝트 도구 창의 각 폴더를 다음과 같이 확장해서 app ➡ java ➡ com.ebookfrenzy.layoutsample 패키지를 찾자. 그리고 패키지 이름에서 마우스 오른쪽 버튼을 클릭한 후 New ➡ Activity ➡ Empty Activity를 선택한다(그림 28-1).

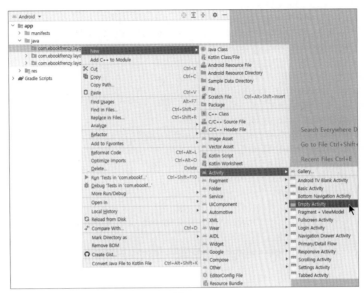

그림 28-1

새 액티비티 생성 대화상자가 나오면 Activity Name에 MainActivity를 입력하자. 또한, 자동으로 설정된 Layout Name인 activity_main은 그대로 두고 Generate a Layout File도 체크된 상태로 둔다. 레이아웃 리소스 파일은 자동 생성할 필요가 있기 때문이다.

앱이 장치에서 실행되기 위해서는 **론처 액티비티**launcher activity라는 액티비티를 갖고 있어야 한다. 론처 액티비티가 없으면 앱이 최초 시작될 때 어떤 액티비티를 시작해야 하는지 안드로이드 운영체제가 알 수 없으므로 앱이 시작될 수 없다. 여기서는 하나의 액티비티만 갖고 있으므로 이것을 우리 앱의 론처 액티비티로 지정해야 한다. 대화상자에서 Launcher Activity 옵션을 체크한 후 Finish 버튼을 누르자.

이제는 안드로이드 스튜디오가 두 개의 파일을 우리 프로젝트에 추가했을 것이다. 액티비티의 코틀린 소스 코드 파일(MainActivity.kt)은 app ➡ java ➡ com.ebookfrenzy.layoutsample 폴더에 있으며, 편집기 창에 이미 로드되었을 것이다.

또한, 사용자 인터페이스의 XML 레이아웃 파일(activity_main.xml)은 app ➡ res ➡ layout 폴더에 생성되었으며, 이것 역시 편집기 창에 이미 로드되었을 것이다.

끝으로, 새로 생성된 액티비티가 매니페스트 파일(AndroidManifest.xml)에 추가되어 론처 액티비티로 지정되어 있을 것이다. 매니페스트 파일은 프로젝트 도구 창의 **app ➡ manifests** 폴더 밑에 있으며 다음의 XML을 포함한다. 여기서 ⟨intent-filter⟩와 ⟨/intent-filter⟩ 태그 사이에 있는 category 요소에 MainActivity가 론처 액티비티로 지정된다.

```xml
<?xml version="1.0" encoding="utf-8"?>
<manifest xmlns:android="http://schemas.android.com/apk/res/android"
    package="com.ebookfrenzy.layoutsample">

    <application
        android:allowBackup="true"
        android:icon="@mipmap/ic_launcher"
        android:label="@string/app_name"
        android:roundIcon="@mipmap/ic_launcher_round"
        android:supportsRtl="true"
        android:theme="@style/Theme.LayoutSample">
        <activity android:name=".MainActivity"
            android:exported="true">
            <intent-filter>
                <action android:name="android.intent.action.MAIN" />

                <category android:name="android.intent.category.LAUNCHER" />
            </intent-filter>
        </activity>
    </application>

</manifest>
```

28.3 자동-연결 설정과 이미지 파일 추가하기

편집기 창의 activity_main.xml 레이아웃 파일 탭을 클릭하고 편집기 창의 오른쪽 위에 있는 디자인 버튼(🖾 Design)을 클릭하여 디자인 모드로 변경한다.

그리고 컴포넌트 트리에서 레이아웃(ConstraintLayout)을 클릭한 후 만일 레이아웃 편집기 왼쪽 위의 **자동-연결**Autoconnect 버튼 모양이 🔾(활성화된 상태)이면 클릭하여 🔾(비활성화된 상태)로 변경한다(그림 28-2). 이렇게 하는 이유는 나중에 우리가 직접 제약 연결을 추가하는 방법을 배우기 위해서다.

그림 28-2

그리고 그림 28-2에서 자동-연결 버튼 오른쪽에 있는 기본 마진default margins 값이 8dp가 아니면 그 버튼을 클릭하고 8dp를 선택한다.

여기서는 ImageView 객체를 사용해서 이미지를 보여 줄 것이다. 따라서 프로젝트에 이미지 파일을 추가해야 한다. 파일 이름은 galaxys6.png이며, 이 책의 프로젝트 파일을 다운로드받으면 project_icons 디렉터리 밑에 있다.

각자 컴퓨터 운영체제의 파일 시스템에서 이미지 파일을 찾은 후 클립보드로 복사한다. 그리고 프로젝트 도구 창의 app ➡ res ➡ drawable에서 마우스 오른쪽 버튼을 클릭한 후 Paste를 선택하고 복사할 디렉터리를 나타내는 대화상자에서 ₩app₩src₩main₩res₩drawable을 선택하고 OK 버튼을 누른다. 그다음에 복사 대화상자에서 OK 버튼을 누른다. 그리고 그림 28-3처럼 제대로 복사가 되었는지 확인한다.

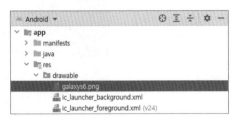

그림 28-3

28.4 사용자 인터페이스에 위젯 추가하기

팔레트의 Common 부류에 있는 ImageView를 마우스로 끌어다 레이아웃의 중앙에 놓으면(수직과 수평의 점선이 만나는 곳이 중앙이다) 이 뷰에 보여 줄 이미지를 선택하는 대화상자가 나타난다. 제일 왼쪽 위에 있는 Drawable을 클릭하고 LayoutSample.app 밑에 있는 galaxys6을 선택한다(그림 28-4).

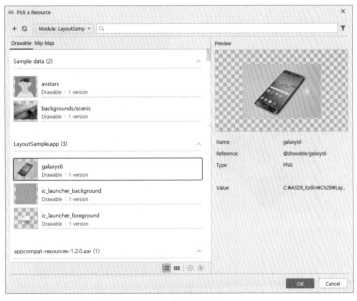

그림 28-4

OK 버튼을 누르면 이 이미지가 ImageView에 지정된다. 그리고 부모 레이아웃과 약간의 좌우 여백이 생기도록 ImageView의 크기를 조정한 후 마우스로 끌어서 레이아웃의 중앙으로 이동시킨다(ImageView의 네 꼭지점에 나타난 작은 사각형을 마우스로 끌면 크기를 조정할 수 있다).

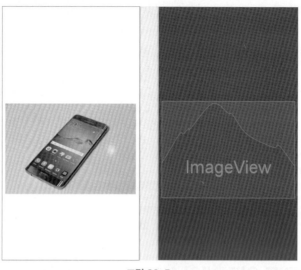

그림 28-5

그다음에 팔레트의 Common 부류에 있는 TextView를 끌어서 ImageView 위쪽에 놓는다. 그리고 속성 창에서 Common Attributes를 확장한 후 text 속성값을 Samsung Galaxy S6으로 변경한다. 또한, textAppearance를 확장한 후 textAlignment의 '중앙에 맞춤' 아이콘(≡)을 클릭하고 textSize 속성의 값을 24sp(dp 아님)로 입력한 후 TextView가 수평으로 중앙에 오도록 조정한다(그림 28-6).

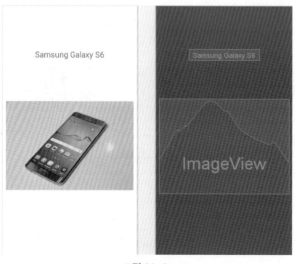

그림 28-6

그다음에 세 개의 버튼을 추가하고 각 버튼의 text 속성값을 Buy Now, Pricing, Details로 변경한다. 완성된 레이아웃은 그림 28-7과 같다.

그림 28-7

현재는 각 위젯의 위치와 크기를 제어하는 데 필요한 제약이 충분하게 추가되어 있지 않다. 따라서 이 상태로 앱을 실행한다면 모든 위젯이 화면의 왼쪽 위 모서리에 겹쳐서 나타날 것이다.

현재 상태에서 레이아웃 편집기 툴바의 화면 방향 전환 버튼(그림 28-8의 화살표로 표시됨)을 클릭한 후 Landscape를 선택하여 가로 방향으로 화면을 회전시키자.

그림 28-8

이 그림을 보면 알 수 있듯이, 이미지의 일부가 잘린 상태로 중앙에도 위치하지 않으며, 세 개의 버튼은 화면 영역을 벗어나서 아예 보이지도 않는다. 화면 크기 변화에 맞춰 레이아웃과 위젯을 적합하게 나타낼 제약이 지정되지 않았기 때문이다.

28.5 제약 추가하기

장치의 방향 변경이나 서로 다른 화면 크기에 적응 가능한 레이아웃을 생성하는 핵심 요소가 제약이다. 레이아웃을 다시 세로 방향_{Portrait}으로 돌려놓고 ImageView 위에 있는 TextView를 선택한다. 그리고 왼쪽과 오른쪽 및 위의 제약 핸들(작은 원)을 마우스로 끌어서 부모인 ConstraintLayout에 각각 연결한다(그림 28-9).

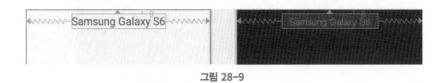

그림 28-9

같은 요령으로 ImageView를 선택하고 왼쪽과 오른쪽의 상대 제약을 부모 레이아웃에 연결한다. 그리고 위쪽은 TextView의 아래쪽으로, 아래쪽은 중앙 버튼의 위쪽과 연결한다.

그다음에 ImageView가 여전히 선택된 상태에서 속성 창에서 위쪽 마진을 24로, 아래쪽과 왼쪽 및 오른쪽 마진을 8로 변경한다. 또한, 높이와 너비를 0dp로 변경한다(그림 28-10). 이렇게 설정하면 화면 크기에 따라 레이아웃이 변경될 때 ImageView의 크기가 자동으로 조정된다.

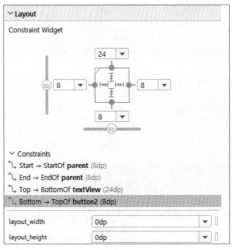

그림 28-10

그림 28-11에서는 현재 ImageView에 추가된 제약 연결을 보여 준다.

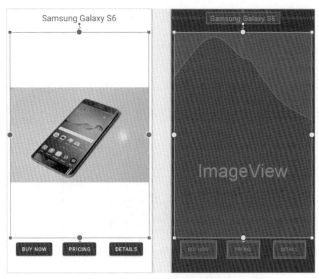

그림 28-11

이제는 세 개의 버튼 위젯에 제약을 추가하는 것만 남았다. 여기서는 세 개의 버튼을 하나의 체인으로 연결한다. 우선, 그림 28-2의 **자동-연결** 버튼을 클릭하여 ∪(활성화된 상태)로 바꾼다.

그다음에 shift 키를 누른 채로 Buy Now 버튼과 나머지 두 버튼을 클릭하여 세 버튼을 모두 선택한다. 그리고 shift 키를 떼고 Buy Now 버튼에서 마우스 오른쪽 버튼을 클릭하고 메뉴의 Chains ➡ Create Horizontal Chain을 선택한다. 앞 장에서 이야기했듯이, 이렇게 하면 선택된 위젯 간의 양방향 제약을 쉽게 추가하여 체인을 구성할 수 있다. 이제는 세 버튼이 체인으로 구성되었다. 기본적으로 체인 스타일은 spread 스타일이 된다. 여기서는 이 스타일이 적합하다.

끝으로, Buy Now 버튼의 아래쪽과 레이아웃의 아래쪽을 제약으로 연결한다. 또한, 나머지 두 버튼도 같은 방법으로 레이아웃의 아래쪽에 연결한다.

이 모든 작업이 끝나면 그림 28-12와 같이 세 버튼의 제약이 연결된다.

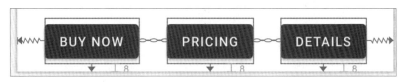

그림 28-12

28.6 레이아웃 테스트하기

모든 제약 연결이 추가되었으므로 레이아웃 편집기 툴바의 화면 방향 전환 버튼을 다시 클릭하여 가로 방향_{Landscape}으로 화면을 회전시키자. 이제는 변경된 화면 크기에 맞추어 레이아웃이 제대로 나타날 것이다(그림 28-13). 이로써 디자인 시점에서 레이아웃 편집기로 확인한 결과는 이상 없이 잘 된 것이다. 다음은 앱이 실제 실행될 때도 잘되는지 확인해 보자. 실제 장치나 에뮬레이터에서 우리 앱을 실행한 후 가로 방향으로 장치를 회전시켜 보자.

그림 28-13

이보다 더 복잡한 레이아웃을 디자인할 때도 마찬가지 방법으로 하면 된다. 즉, 팔레트로부터 위젯을 끌어다 레이아웃에 놓은 후 속성을 설정하고 제약을 추가하면 된다.

28.7 레이아웃 탐색기 사용하기

사용자 인터페이스 레이아웃을 구성하는 컴포넌트들의 계층 구조와 정보는 레이아웃 탐색기_{Layout Inspector}를 사용해서 언제든 볼 수 있다. 단, 이때는 실제 장치나 에뮬레이터에서 앱이 실행되고 있어야 한다. 앱이 실행 중일 때 안드로이드 스튜디오 메뉴의 **Tools → Layout Inspector**를 선택하면 아래쪽에 레이아웃 탐색기 창이 열린다. 그림 28-14에서는 레이아웃 탐색기 창이 열린 후 왼쪽의 컴포넌트 트리에서 ConstraintLayout을 확장한 후 TextView를 선택했을 때의 모습을 보여 준다.

위의 드롭다운(Ⓐ)에서는 현재 실행 중인 프로세스를 선택할 수 있다. 왼쪽 패널(Ⓑ)의 컴포넌트 트리에서는 사용자 인터페이스 레이아웃을 구성하는 컴포넌트들의 계층 구조를 보여 주며, 중앙의 패널(Ⓒ)에서는 레이아웃 디자인의 실제 모습을 보여 준다. 그리고 레이아웃 디자인의 특정 위젯을 클릭하면 해당 위젯이 전체 레이아웃 계층 구조의 어디에 있는지 알기 쉽도록 컴포넌트 트리에도 표시된다.

또한, 오른쪽 패널(D)에서는 현재 선택된 컴포넌트의 모든 속성 설정을 보여 준다. 따라서 해당 컴포넌트의 내부 구성 정보를 더 자세히 알 수 있다.

그림 28-14

끝으로, 중앙 패널 오른쪽 밑의 버튼(E)을 사용하면 레이아웃의 크기(+나 – 버튼)나 모드(2D나 3D)를 변경할 수 있다. 예를 들어, 레이아웃을 3D 모드로 볼 때는 모드 버튼(ⓘ)을 클릭하여 3D 모드로 변경한 후 원하는 컴포넌트를 마우스로 클릭하고 끌어서 3D 형태로 계층 구조를 알기 쉽게 파악할 수 있다. 이때 그림 28-15에 화살표로 표시된 슬라이드를 조정하면 각 컴포넌트 계층 간의 간격을 줄이거나 늘려서 볼 수 있다. 모드 버튼을 다시 누르면 2D 모드로 보여 준다.

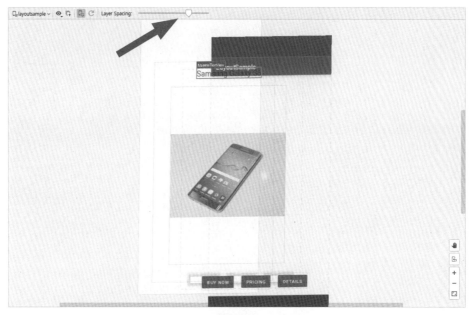

그림 28-15

그림 28-15에서는 TextView와 3D 모드를 선택한 것을 보여 준다.

28.8 요약

안드로이드 스튜디오의 레이아웃 편집기는 ConstraintLayout 클래스와 밀접하게 통합되어 있다. 이번 장에서는 레이아웃 편집기를 사용해서 ConstraintLayout 기반의 사용자 인터페이스를 생성하는 방법을 알아보았다. 이때 가장 중요한 것이 위젯을 추가하고 제약을 설정하는 것이다.

XML 레이아웃 직접 작성하기

안드로이드 스튜디오의 레이아웃 편집기를 사용해서 레이아웃을 디자인하면 생산성이 매우 높아진다. 그러나 XML을 우리가 직접 작성하여 레이아웃을 생성하는 것도 여전히 가능하다. 이번 장에서는 안드로이드 XML 레이아웃 파일의 기본적인 형식을 알아본다.

29.1 XML 레이아웃 직접 생성하기

XML 레이아웃 파일의 구조는 알기 쉽다. 그리고 레이아웃을 구성하는 각 뷰가 계층적인 형태의 XML 요소로 정의된다. 우선, 첫째 줄은 다음과 같다. 여기서는 XML 버전과 유니 코드 처리를 위한 문자 인코딩 방식으로 uft-8을 사용한다는 것을 나타낸다.

```
<?xml version="1.0" encoding="utf-8"?>
```

그다음 줄에는 레이아웃의 루트 요소를 정의한다. 루트 요소는 다른 뷰를 담는 그릇 역할을 하는 컨테이너 뷰이며, 대개는 레이아웃 매니저가 된다. 루트 요소는 XML의 여는 태그(⟨..⟩)와 닫는 태그(⟨/..⟩) 및 설정이 필요한 속성으로 정의된다. 예를 들어, 다음 XML에서는 루트 요소로 ConstraintLayout 뷰를 정의한다. 그리고 레이아웃의 너비와 높이 속성을 match_parent로 설정하여 장치 화면의 사용 가능한 공간을 모두 활용한다.

```
<?xml version="1.0" encoding="utf-8"?>
<androidx.constraintlayout.widget.ConstraintLayout
    xmlns:android="http://schemas.android.com/apk/res/android"
    xmlns:app="http://schemas.android.com/apk/res-auto"
    xmlns:tools="http://schemas.android.com/tools"
    android:layout_width="match_parent"
    android:layout_height="match_parent"
    android:paddingLeft="16dp"
    android:paddingRight="16dp"
    android:paddingTop="16dp"
    android:paddingBottom="16dp"
    tools:context=".MainActivity">
</androidx.constraintlayout.widget.ConstraintLayout>
```

이 예에서는 레이아웃의 네 면에 16dp만큼의 여백을 두도록 구성되었다. 안드로이드에서는 레이아웃의 여백을 지정할 때 다음 단위 중 하나를 사용하여 공간의 크기를 나타내야 한다.

- **in** — 인치_{inch}
- **mm** — 밀리미터(1/1000미터)
- **pt** — 포인트(1/72인치)

- **dp** — 밀도 독립적 픽셀_{density-independent pixel}. 1dp는 장치 화면의 1/160인치를 나타내며, 장치의 화면 밀도와 무관하게 일정한 크기를 갖는다. 따라서 장치의 화면 밀도가 서로 다르더라도 레이아웃이 일정하게 나타날 수 있으므로 가장 많이 사용된다.
- **sp** — 크기 독립적 픽셀_{scale-independent pixel}. 사용자가 선택한 폰트 크기를 고려한 dp다. 화면에 나타나는 텍스트 크기를 설정할 때 주로 사용한다.
- **px** — 물리적인 화면 픽셀을 나타낸다. 안드로이드의 각 장치는 화면의 인치당 픽셀 수가 다를 수 있다. 따라서 이 단위를 사용하면 장치마다 레이아웃이 다르게 나타날 수 있으므로 이것 대신 dp를 사용하는 것이 좋다.

부모 뷰(여기서는 ConstraintLayout)에 추가되는 자식 뷰는 부모 뷰의 열고 닫는 XML 태그(⟨..⟩) 안에 정의되어야 한다. 다음 예에서는 ConstraintLayout의 자식으로 Button 위젯(뷰)이 추가되었다.

```xml
<?xml version="1.0" encoding="utf-8"?>
<androidx.constraintlayout.widget.ConstraintLayout
    xmlns:android="http://schemas.android.com/apk/res/android"
    xmlns:app="http://schemas.android.com/apk/res-auto"
    xmlns:tools="http://schemas.android.com/tools"
    android:layout_width="match_parent"
    android:layout_height="match_parent"
    android:paddingLeft="16dp"
    android:paddingRight="16dp"
    android:paddingTop="16dp"
    android:paddingBottom="16dp"
    tools:context=".MainActivity">

    <Button
        android:text="@string/button_string"
        android:layout_width="wrap_content"
        android:layout_height="wrap_content"
        android:id="@+id/button" />
</androidx.constraintlayout.widget.ConstraintLayout>
```

ConstraintLayout에는 각 자식 뷰가 어떻게 부모 레이아웃과 연결되는지를 나타내는 제약_{constraint} 속성이 지정되어야 하지만, 여기서는 그런 속성이 버튼에 지정되지 않았다. 따라서 런타임 시에 이 버튼은 화면의 제일 왼쪽 위 모서리에 나타난다. 그러나 다음과 같이 상대 제약이 추가되면 레이아웃 중앙에 나타난다.

```
<Button
    android:text="@string/button_string"
    android:layout_width="wrap_content"
    android:layout_height="wrap_content"
    android:id="@+id/button"
    app:layout_constraintBottom_toBottomOf="parent"
    app:layout_constraintEnd_toEndOf="parent"
    app:layout_constraintStart_toStartOf="parent"
    app:layout_constraintTop_toTopOf="parent" />
```

레이아웃에 또 다른 자식 뷰를 추가할 때도 ConstraintLayout 요소 내부에 XML 요소로 정의하면 된다. 예를 들어, 다음 XML에서는 레이아웃에 TextView 위젯을 추가한다.

```
<?xml version="1.0" encoding="utf-8"?>
<androidx.constraintlayout.widget.ConstraintLayout
    xmlns:android="http://schemas.android.com/apk/res/android"
    xmlns:app="http://schemas.android.com/apk/res-auto"
    xmlns:tools="http://schemas.android.com/tools"
    android:layout_width="match_parent"
    android:layout_height="match_parent"
    android:paddingLeft="16dp"
    android:paddingRight="16dp"
    android:paddingTop="16dp"
    android:paddingBottom="16dp"
    tools:context=".MainActivity">

    <Button
        android:text="@string/button_string"
        android:layout_width="wrap_content"
        android:layout_height="wrap_content"
        android:id="@+id/button"
        app:layout_constraintBottom_toBottomOf="parent"
        app:layout_constraintEnd_toEndOf="parent"
        app:layout_constraintStart_toStartOf="parent"
        app:layout_constraintTop_toTopOf="parent" />

    <TextView
        android:text="@string/text_string"
        android:layout_width="wrap_content"
        android:layout_height="wrap_content"
        android:id="@+id/textView" />

</androidx.constraintlayout.widget.ConstraintLayout>
```

이번에도 TextView의 제약 속성이 정의되지 않았으므로 런타임 시에는 레이아웃의 제일 왼쪽 위에 나타난다. 다음 XML에서는 TextView가 부모 레이아웃의 중앙에 위치하도록 수평 방향으로 상대 제약을 추가하며, 수직 방향으로는 TextView의 밑이 Button 위에 연결되면서 Button 위로 72dp만큼 떨어진 곳에 위치하도록 제약을 추가한다.

```
<TextView
    android:text="@string/text_string"
    android:layout_width="wrap_content"
    android:layout_height="wrap_content"
    android:id="@+id/textView"
    app:layout_constraintBottom_toTopOf="@+id/button"
    app:layout_constraintEnd_toEndOf="parent"
    app:layout_constraintStart_toStartOf="parent"
    android:layout_marginBottom="72dp" />
```

여기서 Button과 TextView 뷰에는 여러 가지 속성이 정의되어 있다. 예를 들어, android:id로 지정된 각 뷰의 id 속성과 android:text로 지정된 text 속성(이 속성에 지정된 문자열 값은 문자열 리소스인 button_string과 text_string으로 정의되어 있다)이다. 또한, 너비와 높이를 나타내는 android:layout_width와 android:layout_height 속성은 wrap_content로 지정되었으므로 각 뷰는 자신의 콘텐츠(여기서는 문자열 리소스로 정의된 문자열 값)에 적합한 크기로 나타난다.

편집기 창의 오른쪽 위에 있는 디자인 버튼(Design)을 눌러서 디자인 뷰로 레이아웃을 보면 그림 29-1과 같이 나타난다.

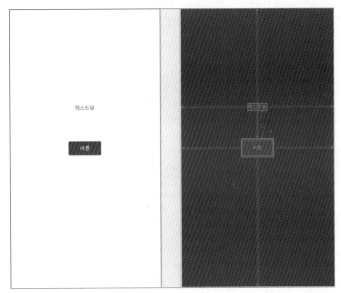

그림 29-1

29.2 XML 직접 작성 vs. 레이아웃 편집기의 디자인 뷰 사용

레이아웃을 생성할 때 레이아웃 편집기의 텍스트 뷰에서 XML을 직접 작성할 것인지, 아니면 레이아웃 편집기의 디자인 뷰를 사용할 것인지는 각자 취향에 달렸다. 그러나 레이아웃 편집기의 디자인 뷰를 사용하는 것이 장점이 많다.

우선, 디자인 뷰를 사용하면 XML을 자동 생성해 주므로 빠르고 편리하다. 또한, 안드로이드 SDK의 각종 뷰 클래스가 갖는 속성을 자세히 알 필요가 없다. 군이 안드로이드 문서를 일일이 찾지 않아도 속성 창에서 바로 볼 수 있기 때문이다.

그러나 레이아웃 편집기의 디자인 뷰와 텍스트 뷰는 상호 배타적이지 않다. 따라서 디자인 뷰에서 레이아웃을 그리듯이 작성하면 XML이 자동 생성되며, 텍스트 뷰에서는 해당 XML을 사용해서 우리가 직접 편집할 수 있다. 반대의 경우도 마찬가지다. 그러므로 두 가지 뷰를 번갈아 사용하면서 레이아웃을 디자인하는 것이 좋은 방법이다.

29.3 요약

안드로이드 스튜디오 레이아웃 편집기는 사용자 인터페이스를 쉽게 생성할 수 있는 방법을 제공하므로 개발자의 생산성을 높여 준다. 디자인 뷰에서는 레이아웃을 그리듯이 쉽게 작성할 수 있으며, 텍스트 뷰에서는 디자인 뷰에서 자동 생성된 XML을 직접 편집할 수 있다.

ConstraintSet으로 ConstraintLayout 사용하기

지금까지는 모든 사용자 인터페이스 디자인 작업을 안드로이드 스튜디오 레이아웃 편집기(코드 뷰 또는 디자인 뷰에서)를 사용해서 수행하였다. 이 방법 말고도 코틀린 코드를 사용하는 방법이 있다. 즉, 안드로이드 액티비티의 사용자 인터페이스를 구성하는 뷰 객체를 코틀린 코드로 직접 생성하고 구성하여 사용하는 방법이다.

이번 장에서는 코틀린 코드로 사용자 인터페이스를 생성할 때의 장점과 단점을 살펴볼 것이다. 그리고 코틀린 코드로 ConstraintLayout의 제약constraint을 생성하고 관리하는 중요 개념을 알아본다.

30.1 코틀린 코드 vs. XML 레이아웃 파일

사용자 인터페이스를 디자인할 때 XML 리소스 파일을 사용하면 코틀린 코드로 작성하는 것에 비해 많은 장점이 있다. 실제로 구글은 안드로이드 문서에서 코틀린 코드 대비 XML 리소스의 장점을 강조하고 있다. 앞 장에서도 이야기했듯이, XML을 사용하는 방법의 주된 장점은 XML 리소스를 생성해 주는 안드로이드 스튜디오 레이아웃 편집기를 사용할 수 있다는 것이다. 그리고 앱이 생성된 이후에 사용자 인터페이스 화면을 변경할 때는 XML 파일만 변경하면 되므로 앱을 다시 컴파일할 필요가 없다는 것이 두 번째 장점이다.

또한, 레이아웃의 XML을 직접 작성하더라도 안드로이드 스튜디오 레이아웃 편집기의 미리보기 기능을 사용해서 사용자 인터페이스의 모습을 그때그때 바로 알 수 있다는 장점도 있다. 이와는 달리, 코틀린 코드로 생성한 사용자 인터페이스가 제대로 보이는지 테스트하려면 코드 작성, 컴파일, 실행을 여러 번 반복해야 한다.

코틀린 코드로 레이아웃을 생성하는 방법의 유일한 장점이라면, 동적인 사용자 인터페이스를 처리할 수 있다는 것이다. XML 리소스 파일은 본질적으로 정적인 레이아웃을 정의할 때 가장 좋다. 달리 말해, 액티비티가 여러 차례 실행되는 동안 레이아웃의 변화가 거의 생기지 않는 경우다. 반면에 사용자 인터페이스가 런타임 시에 동적으로 생성될 때는 코틀린 코드로 하는 것이 적합하다. 즉,

액티비티가 실행될 때마다 외부 요인에 따라 사용자 인터페이스가 다르게 나타날 수 있는 경우다.

코틀린 코드로 사용자 인터페이스 컴포넌트를 작동하는 방법을 알아 두면 유용할 때가 있다. 특히, 액티비티가 실행 중일 때 정적인 XML 리소스 기반 레이아웃에 실시간으로 동적인 변경이 필요할 때다.

끝으로, 어떤 개발자는 레이아웃 도구와 XML을 사용하기보다는 무조건 코틀린 코드로 작성하는 것을 선호한다. 그러나 조금 전에 이야기한 코틀린 코드 작성의 장점을 살리기 위한 것이 아니라면 그다지 바람직하지 않다.

30.2 뷰 생성하기

안드로이드 SDK에는 많은 뷰 클래스가 있으며, 이러한 클래스는 기본적인 사용자 인터페이스 디자인에 필요한 것을 대부분 충족해 준다. 코틀린 코드로 뷰를 생성할 때는 그런 클래스의 인스턴스를 생성하면 된다. 이때 해당 뷰와 연관된 액티비티의 참조를 인자로 전달한다.

첫 번째 뷰(일반적으로 자식 뷰가 추가될 수 있는 컨테이너 뷰)는 액티비티의 setContentView() 함수를 호출하면 사용자에게 보인다. 그리고 이 뷰의 자식 뷰는 이 뷰 객체의 addView() 함수를 호출하여 추가될 수 있다.

코틀린 코드로 XML 레이아웃 리소스 파일에 있는 뷰를 사용할 때는 해당 뷰의 id가 필요하다. 코틀린 코드에서 직접 생성한 뷰의 경우도 마찬가지다. 안드로이드에서는 리소스 id를 통해서 리소스(여기서는 뷰 객체)를 참조하여 사용할 수 있기 때문이다. 이때 해당 뷰 객체의 setId() 함수를 호출하여 id를 지정한다. 그리고 이후에 해당 뷰 객체의 id 속성으로 id 값을 얻을 수 있다.

30.3 뷰 속성

각 뷰 클래스는 많은 속성attribute과 연관되어 있다. 이러한 속성은 뷰 인스턴스에 직접 설정되며, 뷰 객체의 모습과 작동 방법을 정의한다. 예를 들어, Button 객체에 나타나는 텍스트 또는 ConstraintLayout 뷰의 배경색과 같은 것이다. 안드로이드 SDK에 있는 각 뷰 클래스는 속성값을 설정set하거나 가져올get 수 있는 사전 정의된 함수를 갖고 있다. 예를 들어, Button 클래스는 setText() 함수를 갖는다. 이 함수는 버튼에 보이는 텍스트를 특정 문자열 값으로 설정하기 위해 코틀린 코드에서 호출할 수 있다. 이와는 달리, ConstraintLayout의 배경색은 setBackgroundColor() 함수를 호출하여 설정할 수 있다.

30.4 ConstraintSet

속성은 뷰 객체에 내부적으로 설정되며, 뷰 객체의 모습과 작동 방법을 나타낸다. 반면에 ConstraintLayout의 경우에는 각종 제약을 추가로 사용한다. 부모 뷰인 ConstraintLayout 에 포함된 특정 뷰가 부모 뷰나 다른 자식 뷰에 관련해서 보이는 방법을 제어하기 위해서다. 모든 ConstraintLayout 인스턴스는 자식 뷰의 위치와 제약을 정의하는 제약과 연관된다.

코틀린 코드로 제약을 설정하는 데 필요한 것이 ConstraintSet 클래스다. 이 클래스는 Constraint Layout 인스턴스에 제약을 생성하고 구성하며 적용하는 일을 할 수 있는 다양한 함수를 갖고 있다.

또한, ConstraintLayout 인스턴스가 갖고 있는 현재의 각종 제약은 ConstraintSet 객체에 복사 될 수 있으며, 복사된 제약은 변경되거나 또는 변경되지 않고 다른 ConstraintLayout 인스턴스에 적용될 수 있다.

ConstraintSet 인스턴스는 다음과 같이 코틀린 객체로 생성한다.

```
val set = ConstraintSet()
```

그리고 이후에는 이 객체의 함수를 호출하여 다양한 일을 처리할 수 있다.

30.4.1 제약 연결 생성하기

ConstraintSet 클래스의 connect() 함수는 뷰 간의 제약 연결을 생성하는 데 사용된다. 예를 들 어, 다음 코드에서는 Button 뷰의 왼쪽을 EditText 뷰의 오른쪽과 70dp의 마진을 두고 연결하도 록 제약을 설정한다.

```
set.connect(button1.id, ConstraintSet.LEFT,
        editText1.id, ConstraintSet.RIGHT, 70)
```

30.4.2 레이아웃에 제약 적용하기

제약 설정이 구성된 후에는 ConstraintLayout 인스턴스에 적용해야 효력이 발생한다. 이때는 제약 설정이 적용될 레이아웃 객체의 참조를 인자로 전달하여 applyTo() 함수를 호출하면 된다.

```
set.applyTo(myLayout)
```

30.4.3 부모 뷰에 제약 연결하기

ConstraintSet.PARENT_ID 상수를 지정하면 자식 뷰와 부모 ConstraintLayout 간의 제약 연결을 설정할 수 있다. 다음 코드에서는 Button 뷰의 위쪽을 부모 레이아웃의 위쪽에 100dp의 마진을 두고 연결하도록 제약을 설정한다.

```
set.connect(button1.id, ConstraintSet.TOP,
        ConstraintSet.PARENT_ID, ConstraintSet.TOP, 100)
```

30.4.4 크기 제약 설정하기

뷰의 크기를 조정하는 함수도 사용할 수 있다. 예를 들어, 다음 코드에서는 Button 뷰의 수평 방향 크기를 wrap_content로 설정하며, ImageView 인스턴스의 수직 방향 크기는 최대 250dp로 설정한다.

```
set.constrainWidth(button1.id, ConstraintSet.WRAP_CONTENT)
set.constrainMaxHeight(imageView1.id, 250)
```

30.4.5 제약 바이어스 설정하기

26장에서 알아보았듯이, 뷰가 상대 제약을 가질 때는 해당 제약의 축(수평 또는 수직)을 따라 중앙에 위치한다. 이때 해당 축의 제약에 바이어스를 적용하면 위치를 조정할 수 있다. 안드로이드 스튜디오 레이아웃 편집기를 사용할 때는 속성 창에서 바이어스 컨트롤을 사용해서 할 수 있다. 그러나 코틀린 코드로 조정할 때는 setHorizontalBias()나 setVerticalBias() 함수를 사용하면 된다. 그리고 이때 해당 뷰 id와 바이어스 값(0부터 1 사이의 실수)을 함수 인자로 전달한다.

예를 들어, 다음 코드에서는 Button 뷰의 왼쪽과 오른쪽을 부모 레이아웃에 연결하고 25%의 수평 바이어스 값을 적용한다.

```
set.connect(button1.id, ConstraintSet.LEFT,
        ConstraintSet.PARENT_ID, ConstraintSet.LEFT, 0)
set.connect(button1.id(), ConstraintSet.RIGHT,
        ConstraintSet.PARENT_ID, ConstraintSet.RIGHT, 0)
set.setHorizontalBias(button1.id, 0.25f)
```

30.4.6 정렬 제약 설정하기

제약 설정을 사용하면 정렬도 적용할 수 있다. 이때 centerVertically()와 centerHorizontally() 함수를 사용하면 안드로이드 스튜디오 레이아웃 편집기에서 사용 가능한 모든 정렬 옵션을 구성할 수 있다. 또한, center() 함수를 사용하면 두 개의 다른 뷰 중앙에 특정 뷰를 위치시킬 수 있다. 다음 코드에서는 button1과 수평으로 정렬되도록 button2를 위치시킨다.

```
set.centerHorizontally(button2.id, button1.id)
```

30.4.7 ConstraintSet을 복사하고 적용하기

clone() 함수를 사용하면 특정 ConstraintLayout 인스턴스의 현재 제약 설정을 ConstraintSet 객체에 복사할 수 있다. 예를 들어, 다음 코드에서는 myLayout이라는 ConstraintLayout 인스턴스의 제약 설정을 ConstraintSet 객체에 복사한다.

```
set.clone(myLayout)
```

그다음에 복사된 제약 설정을 다른 레이아웃에 적용할 수 있다. 또는 복사된 제약 설정을 다음 코드처럼 변경한 후(여기서는 뷰의 너비를 변경) 적용할 수도 있다.

```
val set = ConstraintSet()
set.clone(myLayout)
set.constrainWidth(button1.id, ConstraintSet.WRAP_CONTENT)
set.applyTo(mySecondLayout)
```

30.4.8 ConstraintLayout 체인 생성하기

createHorizontalChain()과 createVerticalChain() 함수를 사용하면 수평 체인과 수직 체인의 제약 설정을 생성할 수 있다. 이 함수의 기본 형식은 다음과 같다.

```
createHorizontalChain(int leftId, int leftSide, int rightId,
        int rightSide, int[] chainIds, float[] weights, int style)
createVerticalChain(int topId, int topSide, int bottomId,
        int bottomSide, int[] chainIds, float[] weights, int style)
```

다음 코드에서는 button1부터 button4까지의 수평 spread 체인을 생성한다. 그리고 button1과 button4 사이에 포함된 button2와 button3의 가중치를 0으로 설정한다(따라서 체인의 공간에 맞춰 각 버튼의 크기가 동일하게 조정된다).

```
val set = ConstraintSet()
val chainViews = intArrayOf( button2.id, button3.id )
val chainWeights = floatArrayOf(0f, 0f)

set.createHorizontalChain(button1.id, ConstraintSet.LEFT,
                          button4.id, ConstraintSet.RIGHT,
                          chainViews, chainWeights,
                          ConstraintSet.CHAIN_SPREAD)
```

removeFromHorizontalChain()이나 removeFromVerticalChain() 함수를 사용하면 체인에서 뷰를 제외시킬 수 있으며, 제외시킬 뷰의 id를 각 함수의 인자로 전달하면 된다. 또한,

addToHorizontalChain()이나 addToVerticalChain() 함수를 사용하면 기존 체인에 뷰를 추가할 수 있다. 그리고 이때 추가되는 뷰의 id와 이 뷰의 왼쪽 뷰 id 및 오른쪽 뷰 id를 인자로 전달한다.

```
set.addToHorizontalChain(newViewId, leftViewId, rightViewId)
```

30.4.9 지시선을 생성하고 설정하기

create() 함수를 사용하면 지시선_{guideline}을 제약 설정에 추가할 수 있으며, 그다음에 setGuideline Begin(), setGuidelineEnd(), setGuidelinePercent() 함수를 사용해서 지시선을 레이아웃에 위치시킬 수 있다. 다음 코드에서는 수직 방향의 지시선을 생성하되, 부모 레이아웃 너비의 50% 되는 지점에 위치시킨다. 그다음에 Button 뷰인 button의 왼쪽을 그 지시선에 마진 없이 연결한다.

```
val set = ConstraintSet()

set.create(R.id.myGuideline, ConstraintSet.VERTICAL_GUIDELINE)
set.setGuidelinePercent(R.id.myGuideline, 0.5f)

set.connect(button.id, ConstraintSet.LEFT,
        R.id.myGuideline, ConstraintSet.RIGHT, 0)

set.applyTo(layout)
```

30.4.10 제약 삭제하기

clear() 함수를 사용하면 제약이 설정된 뷰의 제약을 삭제할 수 있다. 이때 해당 뷰의 id와 이 뷰의 삭제할 제약 연결점을 함수 인자로 전달한다. 다음 코드에서는 button의 왼쪽 제약 연결을 삭제한다.

```
set.clear(button.id, ConstraintSet.LEFT)
```

이와 유사하게 해당 뷰의 모든 제약을 한꺼번에 삭제할 수도 있다. 이때는 다음과 같이 clear() 함수의 인자로 해당 뷰의 id만 전달하면 된다.

```
set.clear(button.id)
```

30.4.11 크기 조정하기

ConstraintSet 클래스의 setScaleX()와 setScaleY() 함수를 사용하면 레이아웃에 포함된 자식 뷰의 크기를 조정할 수 있다. 이때 크기를 조정할 자식 뷰의 id와 크기를 나타내는 실숫값을 함수 인자로 전달한다. 다음 코드에서는 myButton의 너비를 원래 크기의 2배로, 그리고 높이를 0.5배로 조정한다.

```
set.setScaleX(mybutton.id, 2f)
set.setScaleY(myButton.id, 0.5f)
```

30.4.12 뷰 회전시키기

setRotationX()와 setRotationY() 함수를 사용하면 X축이나 Y축으로 뷰를 회전시킬 수 있다. 이때 회전되는 뷰의 id와 회전각을 나타내는 실숫값을 함수 인자로 전달한다. 그리고 중심점은 setTransformPivot(), setTransformPivotX(), setTransformPivotY() 함수를 사용해서 정의한다. 다음 코드에서는 화면 좌표의 (500, 500)에 위치하는 중심점을 기준으로 button을 Y축으로 30° 회전시킨다.

```
set.setTransformPivot(button.id, 500, 500)
set.setRotationY(button.id, 30)
set.applyTo(layout)
```

지금까지 제약 설정의 기본 이론 및 코틀린 코드로 사용자 인터페이스를 생성하는 방법을 알아보았다. 다음 장에서는 이 내용으로 예제 앱을 만들 것이다. ConstraintSet 클래스의 더 자세한 내용은 다음 웹 페이지를 참고하자.

URL https://developer.android.com/reference/androidx/**constraintlayout**/widget/ConstraintSet

30.5 요약

XML을 직접 작성하거나 안드로이드 스튜디오 레이아웃 편집기를 사용하여 레이아웃 리소스 파일을 작성하는 대신 코틀린 코드를 사용해서 동적으로 사용자 인터페이스를 생성할 수 있다.

코틀린 코드로 레이아웃을 생성할 때는 뷰 클래스의 인스턴스를 생성하고 이것의 모습과 작동을 정의하는 속성을 설정한다.

ConstraintLayout 부모 뷰 및 다른 자식 뷰와 관련해서 특정 자식 뷰의 위치를 설정하고 크기를 조정하는 방법은 제약 설정을 사용해서 정의한다. 이러한 제약 설정은 ConstraintSet 클래스의 인스턴스로 나타내며, 이 인스턴스의 다양한 함수를 사용해서 구성될 수 있다. 예를 들어, 제약 연결을 생성하거나 해당 뷰의 크기를 조정할 수 있고 체인을 생성할 수 있다.

이번 장에서는 ConstraintSet 클래스의 기본 사항을 알아보았다. 다음 장에서는 예제 프로젝트를 생성하여 실제 어떻게 사용하는지 살펴볼 것이다.

앞 장에서는 ConstraintLayout과 ConstraintSet 클래스를 사용해서 코틀린 코드로 사용자 인터페이스 레이아웃을 생성하고 변경하는 방법을 알아보았다. 이번 장에서는 안드로이드 스튜디오 레이아웃 편집기를 사용하지 않고 코틀린 코드로 ConstraintLayout을 생성하는 방법을 예제 프로젝트를 통해서 해볼 것이다.

31.1 안드로이드 스튜디오로 예제 프로젝트 생성하기

우선, 새 프로젝트를 생성하자. 안드로이드 스튜디오 메인 메뉴의 File ➡ New ➡ New Project...를 선택하거나 웰컴 스크린에서 New Project 버튼을 클릭한다. '프로젝트 템플릿 선택' 대화상자가 나타나면 Phone and Tablet과 Empty Activity를 선택하고 Next 버튼을 누른다.

Name 필드에 KotlinLayout을 입력하고 Package name에는 com.ebookfrenzy.kotlinlayout을 입력한다. 그리고 Language가 Kotlin인지 확인하고 Minimum SDK는 API 26: Android 8.0 (Oreo)를 선택한다. 또한, Use legacy android.support libraries가 체크 해제되어 있는지 확인하고 Finish 버튼을 누른다.

프로젝트 생성이 끝나면 MainActivity.kt 파일이 자동 생성되어 편집기 창에 열릴 것이다. 사용자 인터페이스를 생성하는 코틀린 코드는 onCreate() 함수에서 추가하면 좋다.

31.2 액티비티에 뷰 추가하기

현재 onCreate() 함수에서는 자동 생성된 사용자 인터페이스 레이아웃 파일을 사용하게 되어 있다. 여기서는 코틀린 코드로 직접 생성할 것이므로 우선 다음 코드부터 삭제한다.

```kotlin
override fun onCreate(savedInstanceState: Bundle?) {
    super.onCreate(savedInstanceState)
    setContentView(R.layout.activity_main)
}
```

그다음은 하나의 Button 자식 뷰를 갖는 ConstraintLayout 객체를 액티비티에 추가하는 코틀린 코드를 작성한다. 우선, ConstraintLayout과 Button 클래스의 새로운 인스턴스를 생성해야 한다. 그리고 Button 뷰를 ConstraintLayout 뷰에 자식으로 추가해야 한다. 끝으로 액티비티 인스턴스의 setContentView() 함수를 호출하여 ConstraintLayout 뷰가 화면에 나타나게 하면 된다.

```kotlin
package com.ebookfrenzy.kotlinlayout

import androidx.appcompat.app.AppCompatActivity
import android.os.Bundle
import android.widget.Button
import android.widget.EditText
import androidx.constraintlayout.widget.ConstraintLayout

class MainActivity : AppCompatActivity() {
    override fun onCreate(savedInstanceState: Bundle?) {
        super.onCreate(savedInstanceState)

        configureLayout()
    }

    private fun configureLayout() {
        val myButton = Button(this)
        val myLayout = ConstraintLayout(this)
        myLayout.addView(myButton)
        setContentView(myLayout)
    }
}
```

레이아웃 XML에 정의하지 않고 이처럼 코틀린 코드로 사용자 인터페이스 뷰 객체를 생성할 때는 생성되는 뷰 객체의 생성자 인자로 컨텍스트 객체 참조를 전달해야 한다. 여기서는 현재의 액티비티 인스턴스가 컨텍스트 객체이므로 ConstraintLayout과 Button 객체를 생성할 때 다음과 같이 this 키워드를 사용하였다.

```kotlin
val myButton = Button(this)
```

코드 작성이 끝났으면 실제 장치나 에뮬레이터에서 툴바의 Run 버튼(▶)을 눌러 앱을 실행하자. 그림 31-1과 같이 ConstraintLayout 뷰의 왼쪽 위에 텍스트가 없는 버튼이 나타날 것이다.

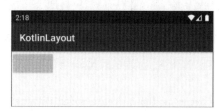

그림 31-1

31.3 뷰 속성 설정하기

여기서는 ConstraintLayout 뷰의 배경색을 파란색으로, Button 뷰는 노란색 배경에 'Press Me' 텍스트를 보여 줄 것이다. 우선, app ➡ res ➡ values ➡ strings.xml 파일을 편집기 창에 열고 "Press Me" 문자열 리소스를 추가하자.

```
<resources>
    <string name="app_name">KotlinLayout</string>
    <string name="press_me">Press Me</string>
</resources>
```

문자열을 직접 코드에 넣지 않고 이처럼 문자열 리소스로 추가한 후 참조하는 것이 바람직하다. 그러나 이 책의 다른 예제에서는 직접 코드에 넣는 경우도 있을 것이다.

문자열 리소스로 저장한 후에는 다음과 같이 코드에서 참조할 수 있다.

```
getString(R.string.press_me)
```

다음은 버튼의 텍스트와 배경색을 설정하는 코드를 configureLayout() 함수에 추가한다.

```
.
.
import android.graphics.Color
.
.
    private fun configureLayout() {
        val myButton = Button(this)
        myButton.text = getString(R.string.press_me)
        myButton.setBackgroundColor(Color.YELLOW)

        val myLayout = ConstraintLayout(this)
        myLayout.setBackgroundColor(Color.BLUE)

        myLayout.addView(myButton)
        setContentView(myLayout)
    }
}
```

앱을 다시 실행하면 속성 설정을 반영한 레이아웃이 보이게 될 것이다. 즉, 레이아웃은 파란색 배경으로 나타나고 버튼은 노란색 배경에 'Press Me' 텍스트가 보이게 된다.

31.4 뷰 id 생성하고 사용하기

여기서는 Button 외에 EditText 뷰를 추가할 것이다. 그리고 ConstraintSet 클래스의 함수에서 Button과 EditText를 참조해야 하므로 각 뷰에 고유한 id를 지정해야 한다.

우선, 두 뷰의 id 값을 갖는 새로운 리소스 파일을 생성하자. app ➡ res ➡ values 폴더에서 마우스 오른쪽 버튼을 클릭한 후 New ➡ Values Resource file을 선택한다. 그리고 대화상자에서 리소스 파일 이름에 id.xml을 입력하고 OK 버튼을 누르면 id.xml 파일이 생성되고 편집기 창에 열릴 것이다. 다음의 두 줄을 추가하자.

```xml
<?xml version="1.0" encoding="utf-8"?>
<resources>
    <item name="myButton" type="id" />
    <item name="myEditText" type="id" />
</resources>
```

현재는 Button만 생성되어 있으므로, Button의 id를 지정하도록 다음과 같이 MainActivity.kt의 configureLayout() 함수를 변경하자.

```kotlin
private fun configureLayout() {
    val myButton = Button(this)
    myButton.text = getString(R.string.press_me)
    myButton.setBackgroundColor(Color.YELLOW)
    myButton.id = R.id.myButton
    .
    .
}
```

31.5 제약 설정 구성하기

자식 뷰에 어떤 제약 연결도 없을 경우 ConstraintLayout에서는 해당 자식 뷰(여기서는 Button)를 화면의 제일 왼쪽 위에 위치시킨다. 따라서 Button을 다른 위치(여기서는 수평과 수직 모두 중앙)에 두려면 ConstraintSet 인스턴스를 생성하고 필요한 제약 설정을 지정한 후 부모 레이아웃인 ConstraintLayout에 적용해야 한다.

다음 예에서는 Button 자신이 보여 주는 텍스트에 맞게 크기(너비와 높이)를 조정하며, 위치는 부모 레이아웃의 정중앙에 오도록 제약 설정을 생성한다. 다음과 같이 configureLayout() 함수를 추가로 변경하자.

```
.
.
import androidx.constraintlayout.widget.ConstraintSet
.
.
private fun configureLayout() {
    val myButton = Button(this)
    myButton.text = getString(R.string.press_me)
    myButton.setBackgroundColor(Color.YELLOW)
    myButton.id = R.id.myButton

    val myLayout = ConstraintLayout(this)
    myLayout.setBackgroundColor(Color.BLUE)

    myLayout.addView(myButton)
    setContentView(myLayout)

    val set = ConstraintSet()

    set.constrainHeight(myButton.id,
        ConstraintSet.WRAP_CONTENT)
    set.constrainWidth(myButton.id,
        ConstraintSet.WRAP_CONTENT)

    set.connect(myButton.id, ConstraintSet.START,
        ConstraintSet.PARENT_ID, ConstraintSet.START, 0)
    set.connect(myButton.id, ConstraintSet.END,
        ConstraintSet.PARENT_ID, ConstraintSet.END, 0)
    set.connect(myButton.id, ConstraintSet.TOP,
        ConstraintSet.PARENT_ID, ConstraintSet.TOP, 0)
    set.connect(myButton.id, ConstraintSet.BOTTOM,
        ConstraintSet.PARENT_ID, ConstraintSet.BOTTOM, 0)

    set.applyTo(myLayout)
}
```

변경이 다 되었으면 앱을 다시 실행하자. 그림 31-2처럼 Button이 레이아웃의 정중앙에 나타날 것이다.

그림 31-2

31.6 EditText 뷰 추가하기

다음은 EditText 뷰를 레이아웃에 추가한다. 이때는 EditText 객체를 생성한 후 id.xml 리소스 파일에 정의한 id를 사용해서 부모 레이아웃에 추가하면 된다. 다음과 같이 configureLayout() 함수를 변경하자.

```kotlin
private fun configureLayout() {
    val myButton = Button(this)
    myButton.text = getString(R.string.press_me)
    myButton.setBackgroundColor(Color.YELLOW)
    myButton.id = R.id.myButton

    val myEditText = EditText(this)
    myEditText.id = R.id.myEditText

    val myLayout = ConstraintLayout(this)
    myLayout.setBackgroundColor(Color.BLUE)

    myLayout.addView(myButton)
    myLayout.addView(myEditText)

    setContentView(myLayout)
    .
    .
    .
}
```

여기서는 EditText가 갖는 값에 맞게 크기가 조정되도록 설정한다. 또한, 기존 Button의 **70dp** 위에 위치하며, 수평으로 레이아웃의 중앙에 오도록 구성한다. 다음과 같이 configureLayout() 함수에 추가하자.

```kotlin
.
.
set.connect(myButton.id, ConstraintSet.BOTTOM,
            ConstraintSet.PARENT_ID, ConstraintSet.BOTTOM, 0)

set.constrainHeight(myEditText.id,
    ConstraintSet.WRAP_CONTENT)
set.constrainWidth(myEditText.id,
    ConstraintSet.WRAP_CONTENT)

set.connect(myEditText.id, ConstraintSet.LEFT,
    ConstraintSet.PARENT_ID, ConstraintSet.LEFT, 0)
set.connect(myEditText.id, ConstraintSet.RIGHT,
    ConstraintSet.PARENT_ID, ConstraintSet.RIGHT, 0)
set.connect(myEditText.id, ConstraintSet.BOTTOM,
    myButton.getId(), ConstraintSet.TOP, 70)

set.applyTo(myLayout)
```

앱을 다시 실행하면 수평으로는 레이아웃의 중앙이면서 Button 위로 70dp 떨어진 곳에 EditText 가 나타날 것이다.

31.7 dp를 px로 변환하기

이 예제에서 마지막으로 할 일은 EditText 뷰의 너비를 200dp로 설정하는 것이다. 28장에서 이야 기했듯이, 사용자 인터페이스 레이아웃에서 뷰의 크기와 위치를 설정할 때는 픽셀pixel, px보다 밀도 독립적 픽셀density independent pixels, dp을 사용하는 것이 좋다. 그러나 장치 화면의 해상도를 고려하여 dp로 위치를 설정하기 위해서는 런타임 시에 dp 값을 px 값으로 변환할 필요가 있다. 그러므로 EditText 뷰의 너비를 200dp로 설정하려면 MainActivity 클래스에 다음의 변환 코드를 추가해 야 한다.

```kotlin
package com.ebookfrenzy.kotlinlayout
.
.
import android.util.TypedValue
.
.
class MainActivity : AppCompatActivity() {
    override fun onCreate(savedInstanceState: Bundle?) {
        super.onCreate(savedInstanceState)

        configureLayout()
    }

    private fun convertToPx(value: Int): Int {
        val r = resources
        val px = TypedValue.applyDimension(
            TypedValue.COMPLEX_UNIT_DIP, value.toFloat(),
            r.displayMetrics).toInt()
        return px
    }

    private fun configureLayout() {
        val myButton = Button(this)
        myButton.text = getString(R.string.press_me)
        myButton.setBackgroundColor(Color.YELLOW)
        myButton.id = R.id.myButton

        val myEditText = EditText(this)
        myEditText.id = R.id.myEditText

        myEditText.width = convertToPx(200)
        .
        .
```

앱을 다시 실행해 보자. EditText 뷰의 너비가 변경되었을 것이다(그림 31-3의 화면에는 버튼 위에 있는 EditText 뷰가 선으로 보인다. 그러나선 위에 마우스를 클릭 또는 터치해 보면 텍스트를 입력받는 필드로 되어있음을 알 수 있다).

그림 31-3

31.8 요약

이번 장에서 생성한 예제 액티비티는 안드로이드 스튜디오 레이아웃 편집기와 XML 리소스를 사용해서 29장에서 생성한 것과 동일한 사용자 인터페이스를 갖는다(배경색만 다를 뿐이다). 그러나 사용자 인터페이스를 코틀린 코드로 생성하는 것보다는 레이아웃 편집기와 XML 리소스를 사용하는것이 훨씬 쉽다는 것을 알았을 것이다. 레이아웃 편집기와 XML 리소스가 안드로이드 사용자 인터페이스 레이아웃의 복잡함을 가려 주기 때문이다.

그러나 사용자 인터페이스를 코틀린 코드로 생성하면 좋을 때가 있다. 예를 들어, 동적인 사용자인터페이스 레이아웃을 생성할 때다.

CHAPTER 32

안드로이드 스튜디오의 '변경 적용' 기능 사용하기

이번 장에서는 안드로이드 스튜디오의 **변경 적용**Apply Changes 기능을 알아볼 것이다. 이 기능을 사용하면 앱을 변경할 때마다 컴파일과 실행을 다시 하는 것을 줄일 수 있어서 개발자가 코드를 작성하는 데 더 많은 시간을 할애할 수 있다.

32.1 변경 적용 기능 개요

이전 버전의 안드로이드 스튜디오에서는 우리가 프로젝트를 변경할 때마다 안드로이드 스튜디오가 코드를 다시 컴파일하여 Dex 형식으로 변환한 후 APK 패키지 파일을 생성하고 실제 장치나 에뮬레이터에 설치하였다. 따라서 앱을 테스트하는 데 많은 시간이 소요되었다.

그러나 **변경 적용** 기능을 사용하면 실제 장치나 에뮬레이터에서 앱이 실행 중에 프로젝트의 코드나 리소스가 변경되더라도 그 부분만 즉시 반영되므로 앱을 다시 설치하지 않아도 된다. 예를 들어, 안드로이드 스튜디오에서 개발 중인 앱이 실제 장치나 에뮬레이터에서 실행 중인 경우를 생각해 보자. 이때 만일 특정 함수 내부의 리소스 설정이나 코드가 변경되면, **변경 적용** 기능이 해당 코드나 리소스를 실행 중인 앱에 동적으로 교체swap하여 반영한다. 따라서 앱 전체를 다시 빌드하거나 다시 설치 및 시작하지 않아도 된다.

32.2 변경 적용 옵션

실제 장치나 에뮬레이터에서 앱을 실행하면서 테스트하다가 일부 코드나 리소스를 변경하고 싶을 때가 있다. 이때는 실행 중인 앱을 종료하고 변경한 후 앱 전체를 다시 빌드해 설치 및 실행해야 한다. 그런데 코드나 리소스의 일부만 변경했는데도 앱 전체를 다시 빌드하고 설치 및 실행하는 것은 비효율적이고 시간도 많이 걸린다. 따라서 안드로이드 스튜디오에서는 변경 코드와 리소스만 새로 적용하여 앱 프로세스를 계속 실행할 수 있게 해주는 **변경 적용 옵션**을 제공한다. 이때는 다음 세 개의 안드로이드 스튜디오 툴바 버튼 중 하나를 클릭하면 된다.

- **'코드 변경 적용' 버튼(▤)** — 함수 내부 코드를 변경했거나 새로운 클래스나 함수를 추가했을 때 이 버튼을 클릭하면 현재 실행 중인 앱과 액티비티를 다시 시작하지 않고 변경된 코드만 적용해 계속 실행할 수 있다. 그러나 레이아웃 파일과 같은 프로젝트 리소스를 변경했을 때는 이 기능을 사용할 수 없다. 또한, 코드의 구조적인 변경(함수의 삭제, 함수 시그니처 변경, 클래스 이름이나 상속 구조 변경 등)과 프로젝트 매니페스트 파일 변경 시에도 사용될 수 없다.

- **'변경 적용과 액티비티 재시작' 버튼(⟳)** — 앱의 리소스(예를 들어, 레이아웃이나 문자열 리소스)가 변경되었다면 현재 실행 중인 앱은 다시 설치 및 실행되지 않아도 되지만 관련 액티비티는 다시 시작되어야 한다. 이때 이 버튼을 클릭하면 된다. 그러나 '코드 변경 적용' 버튼과 마찬가지로 코드의 구조적인 변경과 프로젝트 매니페스트 파일 변경 시에는 사용할 수 없다.

- **'앱 실행' 버튼(⟳)** — 이 버튼을 누르면 현재 실행 중인 앱을 중단하고 다시 시작한다. 단, 변경된 것이 없으면 앱을 바로 다시 시작한다. 반면에 프로젝트에 변경된 것이 있으면 다시 빌드 및 설치되어 앱이 시작된다[앱이 실행 중이지 않을 때는 이 버튼의 아이콘이 다른 형태(▶)로 나타난다].

지금까지 이야기한 버튼을 잘 사용하면 앱을 테스트하는 시간이 줄어든다. 그런데 만에 하나 기대와 다르게 앱이 실행될 때는 현재 실행 중인 앱을 종료하고 다시 빌드 및 설치하여 실행해야 한다.

32.3 '변경 적용' 기능 사용하기

프로젝트가 안드로이드 스튜디오에 로드되어 있지만 실제 장치나 에뮬레이터에서 아직 실행 중이 아닐 때는 툴바의 Run 'app' 버튼(그림 32-1의 Ⓐ)이나 Debug app 버튼(그림 32-1의 Ⓑ)을 클릭하여 실행할 수 있다.

그림 32-1

앱이 시작되어 실행 중일 때는 Run app 버튼이 '앱 실행' 버튼(⟳)으로 바뀌고 '변경 적용과 액티비티 재시작' 버튼(⟳)과 '코드 변경 적용' 버튼(▤)이 활성화된다(그림 32-2).

코드 변경 적용

변경 적용과 액티비티 재시작

그림 32-2

만일 **변경 적용** 관련 버튼 중 하나를 클릭할 때 변경을 적용할 수 없으면 안드로이드 스튜디오가 에러 메시지를 보여 준다. 예를 들어, 그림 32-3에서는 앱이 실행 중일 때 리소스 파일을 변경한 후 '코드 변경 적용' 버튼(📼)을 눌렀을 때 나타나는 에러 메시지를 보여 준다.

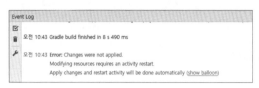

그림 32-3

이 경우에는 '변경 적용과 액티비티 재시작' 버튼(🔄)을 사용해야 한다. (메시지에 있듯이, 안드로이드 스튜디오가 자동으로 '변경 적용과 액티비티 재시작'을 해준다.)

이와는 달리, 함수를 추가 또는 삭제한 후 '코드 변경 적용' 버튼(📼)을 누르면 그림 32-4와 같이 정상 처리되었다는 메시지가 나타난다.

그림 32-4

32.4 변경 적용 설정하기

변경 적용을 설정할 때는 안드로이드 스튜디오 메뉴의 File ➡ Settings(맥OS에서는 Android Studio ➡ Preferences)를 선택한다. 그리고 설정 대화상자에서 왼쪽 패널의 Build, Execution, Deployment를 확장한 후 Deployment를 클릭하면 그림 32-5와 같이 오른쪽 패널에 선택 옵션이 나타난다.

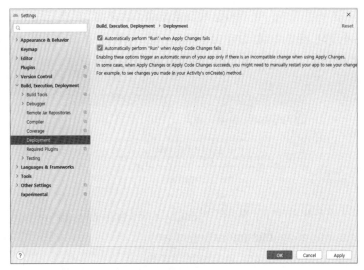

그림 32-5

그다음에 두 가지 옵션을 선택(체크)하고 Apply와 OK 버튼을 누르면 된다. 이렇게 설정하면 필요에 따라(변경 적용에 실패했을 때) 안드로이드 스튜디오가 자동으로 앱을 다시 설치 및 시작한다.

32.5 변경 적용 기능 연습 프로젝트 생성하기

새 프로젝트를 생성하여 변경 적용 기능을 실제 해보자. 안드로이드 스튜디오 메인 메뉴의 File ➡ New ➡ New Project...를 선택하거나 웰컴 스크린에서 New Project 버튼을 클릭한다. '프로젝트 템플릿 선택' 대화상자가 나타나면 Phone and Tablet과 Basic Activity를 선택하고 Next 버튼을 누른다.

Name 필드에 ApplyChanges를 입력하고 Package name에는 com.ebookfrenzy.applychanges를 입력한다. 그리고 Language가 Kotlin인지 확인하고 Minimum SDK는 API 26: Android 8.0 (Oreo)를 선택한다. 또한, Use legacy android.support libraries가 체크 해제되어 있는지 확인하고 Finish 버튼을 누른다.

32.6 '코드 변경 적용' 기능 사용하기

앱을 실행할 에뮬레이터나 장치를 툴바의 드롭다운에서 선택한 후 Run app 버튼(▶)을 클릭하여 앱을 시작한다.

그다음에 액션 버튼(화면 오른쪽 밑의 편지봉투처럼 생긴 아이콘)을 클릭하면 스낵바 인스턴스가 'Replace with your own action'이라는 텍스트를 보여 준다(그림 32-6).

그리고 그림 32-2와 같이 **변경 적용** 버튼이 활성화된다. 이 버튼이 제대로 작동하는지 확인해 보자. 앱이 실행 중인 상태에서 우선 편집기 창에 열려 있는 MainActivity.kt 파일의 onCreate 함수에 있는 코드를 다음과 같이 변경해 보자.

그림 32-6

```
binding.fab.setOnClickListener { view ->
    Snackbar.make(view, "Apply Changes is Amazing!", Snackbar.LENGTH_LONG)
            .setAction("Action", null).show()
}
```

그다음에 '코드 변경 적용' 버튼(📑)을 누르면 잠시 후 변경된 코드가 적용되었다는 메시지가 나타난다(Event Log 창을 보면 알 수 있다). 그리고 실행 중인 앱 화면의 액션 버튼을 클릭하면 변경된 메시지가 스낵바에 나타난다. 즉, 현재 실행 중인 앱과 액티비티를 다시 시작하지 않고 변경된 코드만 적용해 계속 실행할 수 있는 것이다.

32.7 '변경 적용과 액티비티 재시작' 기능 사용하기

리소스를 변경했을 때는 '변경 적용과 액티비티 재시작' 옵션을 사용해야 한다. 프로젝트 도구 창에서 app ➡ res ➡ layout 밑에 있는 fragment_first.xml 레이아웃 파일을 더블클릭하여 편집기 창에 열고 디자인 버튼(🎨 Design)을 클릭하여 디자인 뷰로 변경한다. 그리고 컴포넌트 트리에서 TextView(id가 textview_first)를 클릭한 후 속성 창에서 text 속성값을 Hello Android로 변경하자.

그림 32-5에 있는 두 가지 옵션의 체크를 지우고 Apply와 OK 버튼을 누르자. 이렇게 설정하면 '코드 변경 적용' 버튼(📑)을 눌렀을 때 그림 32-3과 같이 에러가 발생한다. 따라서 이처럼 리소스가 변경되었을 때는 '변경 적용과 액티비티 재시작' 버튼(🔄)을 클릭하여 액티비티를 다시 시작해야 한다. 그러면 TextView의 변경된 'Hello Android' 메시지가 나타날 것이다.

32.8 요약

변경 적용 기능은 앱을 개발할 때 변경 및 실행을 반복하는 시간을 줄이기 위해 고안된 안드로이드 스튜디오의 기능이다. **변경 적용** 기능을 사용하면 앱 전체를 매번 다시 빌드하고 설치하여 실행하지 않고 변경된 부분만 실행 중인 앱에 적용하여 빨리 테스트할 수 있다.

안드로이드 이벤트 처리 개요

앞의 여러 장에서는 안드로이드 앱의 사용자 인터페이스 디자인에 관련된 여러 가지 내용을 알아보았다. 그러나 아직 다루지 않은 내용이 있다. 바로 사용자가 사용자 인터페이스와 상호작용할 때 앱 내부의 액티비티에서 작업을 수행하는 방법이다. 예를 들어, 버튼 뷰를 포함하는 사용자 인터페이스를 생성하는 방법은 이미 알고 있다. 그러나 해당 버튼을 사용자가 터치했을 때 앱 내부에서 어떻게 해야 하는지는 모른다.

따라서 이번 장에서는 안드로이드 스튜디오 기반의 예제 프로젝트를 통해서 안드로이드 앱의 이벤트event를 처리하는 방법을 알려 줄 것이다.

33.1 안드로이드 이벤트 이해하기

안드로이드 이벤트는 다양한 형태로 생길 수 있다. 그러나 대개는 외부(주로 사용자) 액션에 대한 응답으로 발생된다. 가장 흔한 형태의 이벤트는 터치스크린과 상호작용할 때 발생한다. 특히, 태블릿이나 스마트폰과 같은 장치에서 그렇다. 이런 이벤트는 입력 이벤트input event로 분류된다.

안드로이드 프레임워크에서는 발생된 이벤트를 저장하는 이벤트 큐event queue를 유지 관리한다. 그리고 저장된 이벤트는 선입선출first-in first-out, FIFO 기반으로 큐에서 꺼내어 처리된다. 화면 터치와 같은 입력 이벤트는 터치가 된 화면 위치에 있는 뷰에 전달된다. 이때 이벤트의 알림과 더불어 이벤트의 본질에 관한 많은 정보(이벤트 타입에 따라 다름)도 뷰에 같이 전달된다. 예를 들어, 사용자의 손가락과 화면이 접촉된 곳(점)의 좌표와 같은 정보다.

전달된 이벤트를 처리하기 위해서는 뷰에서 이벤트 리스너event listener를 갖고 있어야 한다. 모든 사용자 인터페이스 컴포넌트가 상속받는 안드로이드 View 클래스는 많은 종류의 이벤트 리스너 인터페이스를 갖고 있다. 그리고 이것들 각각은 콜백callback 추상 함수를 포함한다. 따라서 특정 타입의 이벤트에 응답하려면 뷰가 필요한 이벤트 리스너를 등록하고 이 리스너의 콜백 함수를 해당 뷰에 구현해야 한다. 예를 들어, 만일 버튼이 클릭 이벤트에 응답하려면 View.OnClickListener 이벤트 리스너를 등록하고(이때 해당 버튼 객체의 setOnClickListener() 함수를 호출), 이 리스너에 추상 함수로
정의된 onClick() 콜백 함수를 구현해야 한다(여기서 클릭은 사용자가 손가락으로 버튼을 터치했다가 뗀
것으로 마치 물리적인 버튼을 클릭하는 것과 동일하다). 그리고 해당 버튼 뷰의 화면 위치에서 **클릭** 이벤
트가 감지되면 이벤트 큐에서 이 이벤트가 제거될 때 안드로이드 프레임워크가 이 이벤트 리스너를
등록한 뷰의 onClick() 함수를 호출한다. 당연한 것이지만, onClick() 콜백 함수의 구현 코드에서
는 버튼 클릭의 응답으로 어떤 작업도 수행할 수 있고 다른 함수를 호출할 수도 있다.

33.2 android:onClick 리소스 사용하기

이벤트 리스너를 더 자세히 살펴보기 전에 알아 두면 좋은 것이 있다. 사용자 인터페이스의 버튼 뷰
를 사용자가 **클릭**했을 때 콜백 함수가 호출되는 것이 필요한 것의 전부라면 간단한 방법이 있다. 예
를 들어, button1이라는 이름의 버튼 뷰를 포함하는 사용자 인터페이스 레이아웃이 있고 이 버튼
을 사용자가 터치했을 때 액티비티 클래스에 선언된 buttonClick() 함수가 호출될 필요가 있다고
해보자. 이것을 구현하려면 buttonClick() 함수만 작성하면 된다(이 함수는 클릭 이벤트가 발생된 뷰
객체의 참조를 인자로 받는다). 그리고 XML 파일에 있는 해당 버튼 뷰의 선언부에 다음과 같이 한 라
인만 추가하면 된다.

```
<Button
    android:id="@+id/button1"
    android:layout_width="wrap_content"
    android:layout_height="wrap_content"
    android:onClick="buttonClick"
    android:text="Click me" />
```

이것은 클릭 이벤트를 잡아내는 간단한 방법이다. 안드로이드 스튜디오 레이아웃 편집기에서 작업
할 때는 장치 화면 레이아웃에서 해당 버튼 뷰를 선택한 후 onClick 속성을 속성 창에서 찾는다.
그리고 속성값으로 buttonClick을 입력하면 된다(이 함수 이름은 우리가 원하는 것을 지정할 수 있다).
그러나 이 방법은 이번 장의 나머지 부분에서 설명할 이벤트 핸들러_{handler}처럼 다양한 옵션을 제공
하지는 못한다. 또한, 프래그먼트와 관련된 레이아웃에서는 사용상의 제약이 있다.

33.3 이벤트 리스너와 콜백 함수

잠시 후에 생성할 예제 액티비티에서는 이벤트 리스너를 등록하고 콜백 함수를 구현하는 작업을 자
세히 알아볼 것이다. 그러나 그 전에 안드로이드 프레임워크에서 사용 가능한 이벤트 리스너와 각
리스너에 관련된 콜백 함수를 알아 둘 필요가 있다.

- **OnClickListener** — 뷰가 점유하는 장치 화면의 영역을 사용자가 터치한 다음 바로 떼었을 때 발생하는 클릭 형태의 이벤트를 감지하는 데 사용된다. 이벤트가 수신된 뷰 객체가 인자로 전달되는 onClick() 콜백 함수와 대응되는 리스너다.

- **OnLongClickListener** — 사용자가 뷰를 길게 터치한 것을 감지하는 데 사용된다. 이벤트가 수신된 뷰 객체가 인자로 전달되는 onLongClick() 콜백 함수와 대응된다.

- **OnTouchListener** — 단일 또는 다중 터치와 제스처를 포함하는 터치스크린과의 모든 접촉을 감지하는 데 사용된다. 이벤트가 수신된 뷰 객체와 MotionEvent 객체가 함께 인자로 전달되는 onTouch() 콜백 함수와 대응되는 리스너다. 이 내용은 34장에서 상세하게 다룰 것이다.

- **OnCreateContextMenuListener** — 길게 클릭했을 때 나타나는 컨텍스트 메뉴의 생성을 리스닝한다. 이벤트가 수신된 뷰(즉, 메뉴) 객체와 메뉴 컨텍스트 객체가 인자로 전달되는 onCreateContextMenu() 와 대응되는 리스너다.

- **OnFocusChangeListener** — 트랙볼이나 내비게이션 키를 누름으로써 현재의 뷰에서 포커스가 빠져나가는 것을 감지한다. 이벤트가 수신된 뷰 객체와 Boolean 값(포커스를 받았는지 또는 잃었는지 여부를 나타냄)이 인자로 전달되는 onFocusChange() 콜백 함수와 대응되는 리스너다.

- **OnKeyListener** — 뷰가 포커스를 갖고 있을 때 장치의 키가 눌러진 것을 감지하는 데 사용된다. 이벤트가 수신된 뷰 객체, 눌러진 키의 KeyCode 객체, KeyEvent 객체 모두가 인자로 전달되는 onKey() 콜백 함수와 대응되는 리스너다.

33.4 이벤트 처리 예제

이 장의 나머지 부분에서는 간단한 안드로이드 스튜디오 프로젝트를 생성할 것이다. 이 프로젝트는 사용자가 버튼을 클릭했는지를 감지하기 위한 이벤트 리스너와 콜백 함수의 구현을 보여 주기 위해 설계된 것이다. 콜백 함수의 내부 코드에서는 이벤트가 처리되었음을 알리기 위해 텍스트 뷰의 텍스트를 변경하여 보여 줄 것이다.

우선, 새 프로젝트를 생성하자. 안드로이드 스튜디오 메인 메뉴의 File ➡ New ➡ New Project...를 선택하거나 웰컴 스크린에서 New Project 버튼을 클릭한다. '프로젝트 템플릿 선택' 대화상자가 나타나면 Phone and Tablet과 Empty Activity를 선택하고 Next 버튼을 누른다.

Name 필드에 EventExample을 입력하고 Package name에는 com.ebookfrenzy.eventexample을 입력한다. 그리고 Language가 Kotlin인지 확인하고 Minimum SDK는 API 26: Android 8.0 (Oreo)를 선택한다. 또한, Use legacy android.support libraries가 체크 해제되어 있는지 확인하고 Finish 버튼을 누른다.

프로젝트가 생성된 후 **18.8**절을 참고하여 뷰 바인딩을 활성화하고 사용하도록 변경하자(안드로이드 스튜디오가 자동 생성한 코드에서 이미 뷰 바인딩을 사용한다면 할 필요 없다).

33.5 사용자 인터페이스 디자인하기

MainActivity 클래스의 사용자 인터페이스 레이아웃은 각각 하나의 ConstraintLayout, Button, TextView로 구성할 것이다(그림 33-1).

편집기의 activity_main.xml 탭을 클릭하여 선택한 후 오른쪽 위의 디자인 버튼(🔳 Design)을 클릭하여 디자인 모드로 변경한다.

그림 33-1

그다음에 자동-연결Autoconnect이 활성화된 상태에서(26장의 26.2절 참고) 팔레트의 Button 위젯을 끌어서 TextView 밑에 놓는다(수평 방향으로는 중앙에 오도록 한다). 그리고 Button에서 마우스 오른쪽 버튼을 누른 후 메뉴의 Center ➡ Vertically를 선택한다. 이렇게 하면 Button에 적합한 제약constraints을 나타내는 속성이 자동으로 레이아웃 XML에 추가된다. 자동-연결이 활성화되어 있기 때문이다.

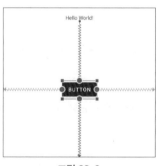

그림 33-2

버튼이 선택된 상태에서 속성 창의 text 속성값을 Press Me로 변경한다. 그리고 레이아웃 편집기 창의 오른쪽 위에 있는 버튼(그림 33-3)을 클릭하고 아래쪽에 새로 열린 메시지 패널의 Hardcoded text를 확장한 후 제일 밑의 Fix 버튼을 클릭하여 문자열을 리소스로 추출한다(리소스 이름은 press_me로 지정한다).

그림 33-3

그리고 속성 패널의 제일 위에 있는 버튼의 id를 myButton으로 변경한다(대화상자가 나오면 Refactor 버튼을 누른다). 또한, TextView인 Hello World!를 클릭한 후 id를 statusText로 변경하고 ⎡ Enter ⎤ 키를 누른다.

이제는 사용자 인터페이스 레이아웃이 완성되었으므로 이벤트 리스너를 등록하고 콜백 함수를 구현하는 코드를 작성해 보자.

33.6 이벤트 리스너와 콜백 함수

여기서는 OnClickListener를 myButton의 리스너로 등록해야 하므로 myButton의 setOnClickListener() 함수를 호출한다. 이때 OnClickListener의 onClick() 콜백 함수를 구현하는 새로운 버튼 객체를 인자로 전달한다. 그리고 이런 일은 액티비티가 생성될 때만 수행될 필요가 있으므로 이 코드를 추가하기 좋은 위치는 MainActivity 클래스의 onCreate() 함수다.

편집기 창에는 MainActivity.kt 소스 파일이 이미 로드되어 있을 것이다. 편집기 창의 이 파일 탭을 누르자. 만일 아직 로드되어 있지 않다면 프로젝트 도구 창에서 **app ➡ java ➡ com.ebookfrenzy. eventexample ➡ MainActivity** 파일을 더블클릭하여 편집기에 로드한다. 소스 코드에서 onCreate() 함수를 찾아서 다음의 굵은 글씨 라인을 추가한다. myButton의 객체 참조를 얻은 후 OnClickListener 이벤트 리스너를 등록하고 onClick() 콜백 함수를 구현하는 코드다.

```kotlin
package com.ebookfrenzy.eventexample

import androidx.appcompat.app.AppCompatActivity
import android.os.Bundle
import android.view.View

import com.ebookfrenzy.eventexample.databinding.ActivityMainBinding

class MainActivity : AppCompatActivity() {

    private lateinit var binding: ActivityMainBinding

    override fun onCreate(savedInstanceState: Bundle?) {
        super.onCreate(savedInstanceState)
        binding = ActivityMainBinding.inflate(layoutInflater)
        setContentView(binding.root)

        binding.myButton.setOnClickListener(object : View.OnClickListener {
            override fun onClick(v: View?) {
            }
        })
    }
}
```

앞의 추가된 코드에서는 버튼의 이벤트 리스너를 등록하고 onClick() 함수를 구현하고 있다. 그러나 다음과 같이 람다lambda를 사용하면 더 효율적으로 코드를 작성할 수 있다.

```
override fun onCreate(savedInstanceState: Bundle?) {
    super.onCreate(savedInstanceState)
    binding = ActivityMainBinding.inflate(layoutInflater)
    setContentView(binding.root)

    binding.myButton.setOnClickListener(object : View.OnClickListener {
        override fun onClick(v: View?) {
        }
    })
    binding.myButton.setOnClickListener {
    }
}
```

그러나 이 시점에서 앱을 실행한다면 버튼의 이벤트 리스너가 동작하는지 알 수 없을 것이다. 왜냐하면 람다의 몸체 내부에 구현된 실행 코드가 아무것도 없기 때문이다. 이 예제 코드에서는 버튼을 눌렀을 때 TextView의 메시지를 변경하여 보여 줄 것이다. 따라서 다음의 굵은 글씨 라인을 추가할 필요가 있다.

```
override fun onCreate(savedInstanceState: Bundle?) {
    super.onCreate(savedInstanceState)
    setContentView(R.layout.activity_main)

    binding.myButton.setOnClickListener {
        binding.statusText.text = "Button clicked"
    }
}
```

코드 변경이 다 되었으면 AVD 에뮬레이터나 실제 안드로이드 장치에서 앱을 실행하자. 버튼을 터치하면(클릭하면) 텍스트 뷰의 메시지가 'Button clicked'로 변경될 것이다.

33.7 이벤트 소비하기

길게 누르는 클릭long click과는 다르게 뷰의 표준 클릭을 감지하는 것은 매우 간단한 이벤트 처리에 속한다. 지금부터는 이 예제에서 긴 클릭 이벤트를 처리하게 할 것이다. 이 이벤트는 화면의 뷰를 사용자가 클릭한 채로 계속 누르고 있는 경우에 발생한다. 이것을 이벤트 소비consumption라 한다.

앞의 코드에서 OnClickListener의 람다 코드에서는 아무 값도 반환하지 않으며 그럴 필요도 없다.

이와는 달리 OnLongClickListener에서는 안드로이드 프레임워크에 Boolean 값을 반환해야 한다. 이 리스너의 콜백 함수가 해당 이벤트를 소비consume했는지 여부를 안드로이드 런타임에게 알려 주어야 하기 때문이다. 만일 콜백 함수가 true 값을 반환하면 이벤트 처리가 끝난 것으로 간주되어 해당 이벤트는 폐기된다. 반면에 콜백 함수가 false 값을 반환하면 안드로이드 프레임워크는 해당 이벤트가 여전히 처리되어야 한다고 여기고 해당 이벤트를 동일한 뷰에 등록한 그다음의 일치하는(같은 타입의 이벤트를 리스닝하는) 이벤트 리스너에 전달한다.

많은 프로그래밍 개념이 그렇듯이, 이것도 예를 통해 보는 것이 가장 좋을 것이다. 우선, 다음과 같이 버튼 뷰의 OnLongClickListener와 이벤트 처리 코드를 추가한다.

```kotlin
override fun onCreate(savedInstanceState: Bundle?) {
    super.onCreate(savedInstanceState)
    binding = ActivityMainBinding.inflate(layoutInflater)
    setContentView(binding.root)

    binding.myButton.setOnClickListener {
        statusText.text = "Button clicked"
    }

    binding.myButton.setOnLongClickListener {
        binding.statusText.text = "Long button click"
        true
    }
}
```

여기서는 OnLongClickListener의 콜백 함수(onLongClick())에서 이벤트를 소비했다는 것을 나타내는 true 값을 반환한다. 일단, 앱을 실행하고 'Long button click' 텍스트가 텍스트 뷰에 나타날 때까지 버튼을 눌러 보자(에뮬레이터에서는 마우스 클릭). 그리고 버튼에서 손을 떼자. 그런데 텍스트 뷰는 여전히 'Long button click' 텍스트를 보여 준다. 왜냐하면 true를 반환하여 해당 이벤트를 소비했다고 했으므로 안드로이드 런타임이 그 이벤트를 폐기하여 그다음의 일치하는(같은 타입의 이벤트를 리스닝하는) 이벤트 리스너인 OnClickListener의 콜백 함수(onClick())가 호출되지 않았기 때문이다.

이번에는 OnLongClickListener의 콜백 함수가 false 값을 반환하게 수정해 보자.

```kotlin
binding.myButton.setOnLongClickListener {
    binding.statusText.text = "Long button click"
    false
}
```

다시 한 번 앱을 실행하고 'Long button click' 텍스트가 나타날 때까지 버튼을 길게 눌러 보자. 그리고 버튼에서 손을 떼면 이번에는 OnClickListener의 콜백 함수(onClick())가 계속해서 호출되어 'Button clicked'로 변경된 텍스트가 나타나게 된다. 왜냐하면 OnLongClickListener의 콜백 함수에서 false 값이 반환되었으므로 이벤트가 해당 함수에서 완전히 소비되지 않은 것으로 안드로이드 프레임워크가 간주하여 해당 뷰에 등록된 그다음의 같은 타입 리스너에게 계속 전달했기 때문이다.

여기서는 동일한 버튼에 대해 같은 타입의 이벤트를 리스닝하는 리스너로 OnClickListener가 하나 더 있어서 이것의 콜백 함수가 호출된 것이다.

33.8 요약

만일 사용자 인터페이스가 포함하는 뷰가 사용자에게 아무것도 응답하지 않는다면 해당 사용자 인터페이스는 쓸모가 없다. 안드로이드는 이벤트 리스너와 콜백 함수를 통해서 사용자 인터페이스와 앱의 코드를 연결해 준다. 안드로이드 View 클래스는 뷰 객체에 등록될 수 있는 이벤트 리스너를 정의하고 있다. 또한, 각 이벤트 리스너는 자신과 관련된 콜백 함수를 갖고 있다.

사용자 인터페이스의 뷰에서 이벤트가 발생하면 해당 이벤트는 이벤트 큐에 저장되고 안드로이드 런타임에 의해 선입선출FIFO 기반으로 처리된다. 만일 이벤트가 발생한 뷰가 해당 이벤트를 리스닝하는 리스너를 등록했다면 이 리스너와 관련된 콜백 함수나 람다가 호출된다. 그다음에 콜백 함수나 람다의 코드에서는 액티비티에서 필요로 하는 작업을 처리하면 된다. 일부 콜백 함수는 Boolean 값을 반환할 필요가 있다. 발생한 이벤트를 동일한 뷰에 등록된 그다음의 일치하는(같은 타입의 이벤트를 리스닝하는) 이벤트 리스너에 계속 전달할 필요가 있는지 또는 시스템이 폐기할 것인지를 나타내야 하기 때문이다.

이번 장에서는 이벤트 처리의 기본적인 내용을 알아보았다. 다음 장에서는 다중 터치 처리에 중점을 두고 터치 이벤트를 더 자세히 살펴볼 것이다.

CHAPTER
34 터치와 다중 터치 이벤트 처리하기

대부분의 안드로이드 기반 장치는 사용자와 장치 간의 주된 인터페이스로 터치스크린touch screen을 사용한다. 앞 장에서는 실행 중인 안드로이드 앱에서 화면 터치를 처리하는 메커니즘을 소개하였다. 그러나 뷰 객체의 한 손가락 터치에 대한 응답 외에 터치 이벤트 처리에는 할 것이 많다. 예를 들어, 대부분의 안드로이드 장치는 한 번에 하나 이상의 터치를 감지할 수 있으며, 터치는 장치 화면의 한 지점으로 제한되지 않는다. 물론, 사용자가 화면을 가로질러 하나 이상의 지점을 미끄러지듯 움직이면 터치가 동적으로 일어날 수 있다.

터치는 또한, 앱에서 제스처gesture로 해석될 수 있다. 예를 들어, 수평으로 미는 동작은 일반적으로 전자책의 페이지를 넘기는 데 사용된다. 또는 두 손가락으로 좁히거나 벌리는 동작은 화면에 나타난 이미지를 줌인 또는 줌아웃하는 데 사용될 수 있다.

이번 장에서는 움직임motion이 수반되는 터치와 다중multiple 터치를 감지하고 처리하는 개념과 방법을 살펴볼 것이다. 그리고 서로 다른 제스처를 식별하는 방법은 다음 장에서 알아볼 것이다.

34.1 터치 이벤트 처리하기

이벤트 리스너인 OnTouchListener를 등록하고 onTouch() 콜백 함수나 람다를 구현하면 뷰 객체에서 터치 이벤트를 감지하고 처리할 수 있다. 예를 들어, 다음 코드에서는 ConstraintLayout 뷰 인스턴스인 myLayout에 터치 이벤트가 발생하면 람다식이 호출된다.

```
binding.myLayout.setOnTouchListener {v: View, m: MotionEvent ->
    // 필요한 작업을 여기에서 처리한다
    true
}
```

이처럼 람다식을 사용하는 것이 코드도 간결하고 알기 쉽지만 다음과 같이 람다식 대신 함수를 사용해서 구현할 수도 있다.

```
binding.myLayout.setOnTouchListener(object : View.OnTouchListener {
    override fun onTouch(v: View, m: MotionEvent): Boolean {
        // 필요한 작업을 여기에서 처리한다
        return true
    }
})
```

이 코드를 보면 알 수 있듯이, 람다식 또는 onTouch() 콜백 함수에서는 Boolean 값을 반환할 필요가 있다. 발생한 이벤트를 동일한 뷰에 등록된 그다음의 일치하는(같은 타입의 이벤트를 리스닝하는) 이벤트 리스너에 전달할 필요가 있는지 또는 시스템이 폐기할 것인지를 나타내야 하기 때문이다. 람다식이나 onTouch() 콜백 함수에는 이벤트가 발생한 뷰 객체 참조와 MotionEvent 타입의 객체가 전달된다.

34.2 MotionEvent 객체

onTouch() 콜백 함수의 인자로 전달되는 MotionEvent 객체는 이벤트의 정보를 얻는 열쇠다. 이 객체에 포함된 정보에는 뷰 안의 터치 위치와 수행된 액션 타입이 들어 있다. MotionEvent 객체는 또한, 다중 터치를 처리하는 데도 매우 중요하다.

34.3 터치 액션 이해하기

터치 이벤트를 처리하는 데 중요한 것이 있다. 그것은 사용자가 수행한 액션$_{action}$ 타입을 식별할 수 있다는 것이다. 이벤트와 관련된 액션 타입은 onTouch() 콜백 함수의 인자로 전달된 MotionEvent 객체의 getActionMasked() 함수를 호출하여 얻을 수 있다. 첫 번째 터치가 뷰에 발생하면 MotionEvent 객체는 터치의 좌표와 함께 ACTION_DOWN 액션 타입을 포함한다. 그리고 터치가 화면에서 떨어지면 ACTION_UP 액션 타입의 이벤트가 생성된다. ACTION_DOWN과 ACTION_UP 액션 타입의 이벤트 사이에 발생하는 터치의 모든 움직임은 ACTION_MOVE 액션 타입의 이벤트로 나타난다.

뷰에서 하나 이상의 터치가 동시에 발생할 때 그 터치를 포인터$_{pointer}$라고 한다. 다중 터치의 경우에 포인터의 시작은 ACTION_POINTER_DOWN 액션 타입이며, 끝은 ACTION_POINTER_UP 액션 타입이 된다. 이벤트를 발생시킨 포인터의 인덱스(몇 번째 발생한 포인터인지를 나타냄)를 알아낼 때는 MotionEvent 객체의 getActionIndex() 함수를 호출하면 된다.

34.4 다중 터치 처리하기

33장에서는 한 번의 터치로 발생하는 이벤트 관점에서만 이벤트를 처리하는 방법을 알아보았다. 그러나 실제로는 대부분의 안드로이드 장치가 연이어 일어나는 다중 터치에 응답할 수 있는 능력을 갖고 있다(단, 동시에 발생하는 여러 번의 터치는 장치에 따라 다르게 감지될 수 있다).

이미 이야기했듯이, 안드로이드 프레임워크는 다중 터치 상황의 각 터치를 포인터로 간주한다. 그리고 각 포인터는 인덱스$_{index}$ 값과 지정된 id로 참조된다. 그 시점의 포인터 개수는 MotionEvent 객체의 getPointerCount() 함수를 호출하여 얻을 수 있다. 또한, 그 시점의 포인터 목록에서 특정 인덱스 위치에 있는 포인터 id는 MotionEvent 객체의 getPointerId() 함수를 호출하여 얻을 수 있다. 예를 들어, 다음 코드에서는 포인터 개수 및 인덱스 0의 포인터 id를 얻는다.

```
binding.myLayout.setOnTouchListener {v: View, m: MotionEvent ->
    val pointerCount = m.pointerCount
    val pointerId = m.getPointerId(0)
    true
}
```

OnTouchListener의 onTouch() 콜백 함수가 호출될 때는 포인터 개수가 항상 1 이상이라는 것에 유의하자. 왜냐하면 최소한 한 개의 터치가 발생하여 그 콜백 함수가 호출된 것이기 때문이다.

화면을 가로지르는 동작이 수반되는 터치는 화면과의 접촉이 끊어지기 전까지 연속된 이벤트를 발생시킨다. 따라서 이때는 앱에서 각 터치를 다중 터치 이벤트로 추적할 필요가 있다. 이 경우 특정 터치 제스처의 id는 하나의 터치 이벤트에서 다음 터치 이벤트까지(해당 터치 제스처가 끝날 때까지) 변경되지 않지만, 인덱스 값은 다른 터치 이벤트로 옮겨 가면서 변경된다는 것에 유의하자. 그러므로 다중 터치 이벤트로 발생하는 터치 제스처를 처리할 때는 그런 연속된 터치가 동일한 터치로 추적될 수 있도록 터치 id 값을 터치 참조로 사용해야 한다. 그리고 인덱스 값이 필요한 함수를 호출할 때는 MotionEvent 객체의 findPointerIndex() 함수를 호출하여 해당 터치의 id와 부합하는 인덱스 값을 얻을 수 있다.

34.5 다중 터치 앱 생성하기

이 장의 나머지 부분에서 생성하는 예제 앱에서는 레이아웃 뷰를 가로질러 이동하는 두 개의 터치 제스처를 추적할 것이다. 이때 각 터치 제스처의 이벤트가 발생하는 동안 각 터치의 좌표와 인덱스 및 id를 화면에 보여 줄 것이다.

우선, 새 프로젝트를 생성하자. 안드로이드 스튜디오 메인 메뉴의 File ➡ New ➡ New Project...를 선택하거나 웰컴 스크린에서 New Project 버튼을 클릭한다.

'프로젝트 템플릿 선택' 대화상자가 나타나면 Phone and Tablet과 Empty Activity를 선택하고 Next 버튼을 누른다.

Name 필드에 MotionEvent를 입력하고 Package name에는 com.ebookfrenzy.motionevent를 입력한다. 그리고 Language가 Kotlin인지 확인하고 Minimum SDK는 API 26: Android 8.0 (Oreo)를 선택한다. 또한, Use legacy android.support libraries가 체크 해제되어 있는지 확인하고 Finish 버튼을 누른다.

프로젝트가 생성된 후 **18.8**절을 참고하여 뷰 바인딩을 활성화하고 사용하도록 변경하자(안드로이드 스튜디오가 자동 생성한 코드에서 이미 뷰 바인딩을 사용한다면 할 필요 없다).

34.6 액티비티 사용자 인터페이스 디자인하기

이 앱의 사용자 인터페이스는 두 개의 TextView 객체를 갖는 하나의 ConstraintLayout 뷰로 구성할 것이다. 편집기의 activity_main.xml 파일 탭을 클릭한다. 그리고 오른쪽 위의 디자인 버튼 (█ Design)을 클릭하여 디자인 모드로 변경하자. 장치 화면의 레이아웃에서 'Hello World!' 텍스트 값을 갖는 TextView 위젯을 선택하고, 키보드의 Delete 키를 눌러서 삭제한다.

그리고 자동-연결Autoconnect이 활성화된 상태에서(26장의 26.2절 참고) 팔레트의 TextView 위젯을 마우스로 끌어서 레이아웃에 놓는다. 이때 수평으로는 레이아웃의 중앙에 오도록 하고, 수직으로는 레이아웃 맨 위에서 16dp 떨어진 곳(수평 점선이 나타남)에 위치시킨다(그림 34-1).

그림 34-1

또 다른 TextView 위젯을 마우스로 끌어서 수평으로 중앙에 위치하도록 레이아웃에 놓는다. 그리고 마우스 오른쪽 버튼을 누르고 메뉴의 Center ➡ Vertically를 선택한 후 마우스로 끌어서 첫 번째 TextView의 약간 밑으로 이동시킨다(그림 34-2).

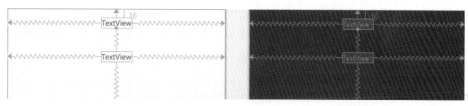

그림 34-2

컴포넌트 트리에서 제일 위의 ConstraintLayout을 클릭한 후 속성 창의 id 필드에 activity_main
을 입력한다.

끝으로, 컴포넌트 트리에서 첫 번째 TextView를 선택한 후 속성 창에서 id를 textView1로 변경하
고 text는 Touch One Status로 변경한다. 그리고 두 번째 TextView를 선택한 후 id를 textView2
로 변경하고 text는 Touch Two Status로 변경한다. 또한, 두 문자열을 문자열 리소스로 추출한다(3
장의 그림 3-13부터 3-15 참고).

34.7 터치 이벤트 리스너 구현하기

터치 이벤트의 알림를 받으려면 MainActivity 클래스의 onCreate() 함수에서 ConstraintLayout
의 터치 이벤트 리스너를 등록해야 한다. 안드로이드 스튜디오 편집기 창에서 MainActivity.kt 탭을
선택하자. 그리고 터치 이벤트 리스너를 등록하고 구현하는 코드를 onCreate() 함수 내부에 추가하
자. 구현 코드에서는 MotionEvent 객체가 인자로 전달되는 handleTouch() 함수를 호출할 것이다.

```kotlin
package com.ebookfrenzy.motionevent

import androidx.appcompat.app.AppCompatActivity
import android.os.Bundle
import android.view.MotionEvent
import com.ebookfrenzy.motionevent.databinding.ActivityMainBinding

class MainActivity : AppCompatActivity() {

    private lateinit var binding: ActivityMainBinding

    override fun onCreate(savedInstanceState: Bundle?) {
        super.onCreate(savedInstanceState)
        binding = ActivityMainBinding.inflate(layoutInflater)
        setContentView(binding.root)

        binding.activityMain.setOnTouchListener {_, m: MotionEvent ->
            handleTouch(m)
            true
        }
    }
}
```

이제는 리스너에서 호출하는 handleTouch() 함수를 구현하는 것만 남았다. 이 함수의 코드는 다음
과 같다. 이 코드를 MainActivity 클래스 내부의 onCreate() 함수 다음에 추가하자.

```kotlin
private fun handleTouch(m: MotionEvent)
{
```

```
    val pointerCount = m.pointerCount
    for (i in 0 until pointerCount)
    {
        val x = m.getX(i)
        val y = m.getY(i)
        val id = m.getPointerId(i)
        val action = m.actionMasked
        val actionIndex = m.actionIndex
        var actionString: String
        when (action)
        {
            MotionEvent.ACTION_DOWN -> actionString = "DOWN"
            MotionEvent.ACTION_UP -> actionString = "UP"
            MotionEvent.ACTION_POINTER_DOWN -> actionString = "PNTR DOWN"
            MotionEvent.ACTION_POINTER_UP -> actionString = "PNTR UP"
            MotionEvent.ACTION_MOVE -> actionString = "MOVE"
            else -> actionString = ""
        }
        val touchStatus =
            "Action: $actionString Index: $actionIndex ID: $id X: $x Y: $y"
        if (id == 0)
            binding.textView1.text = touchStatus
        else
            binding.textView2.text = touchStatus
    }
}
```

앱을 실행하기 전에 이 코드에서 무슨 일을 하는지 살펴보면 도움이 될 것이다.

우선, 터치 이벤트가 발생한 뷰의 포인터 개수를 알아낸다.

```
val pointerCount = m.pointerCount
```

그다음에 각 포인터에 대해 작업을 수행하는 for 루프를 초기화하기 위해 pointerCount 변수가 사용된다. 루프의 처음 몇 라인에서는 터치의 X와 Y 좌표, 이벤트 id, 액션 타입과 액션 인덱스를 얻고, 끝으로 String 객체 참조 변수를 선언한다.

```
for (i in 0 until pointerCount)
{
    val x = m.getX(i)
    val y = m.getY(i)
    val id = m.getPointerId(i)
    val action = m.actionMasked
    val actionIndex = m.actionIndex
    var actionString: String
```

그리고 액션 타입이 정숫값으로 되어 있으므로, when 문을 사용해서 액션 타입을 확인한 후 각 액션 타입을 나타내는 문자열 값을 actionString 변수에 저장한다.

```
when (action)
{
    MotionEvent.ACTION_DOWN -> actionString = "DOWN"
    MotionEvent.ACTION_UP -> actionString = "UP"
    MotionEvent.ACTION_POINTER_DOWN -> actionString = "PNTR DOWN"
    MotionEvent.ACTION_POINTER_UP -> actionString = "PNTR UP"
    MotionEvent.ACTION_MOVE -> actionString = "MOVE"
    else -> actionString = ""
}
```

마지막으로, actionString 값, 액션 인덱스, 터치 id와 XY 좌표를 사용해서 문자열 메시지를 구성한다. 그리고 구성된 문자열 메시지를 어떤 TextView 객체에 보여 줄 것인지를 결정하기 위해 id 값을 사용한다.

```
val touchStatus =
    "Action: $actionString Index: $actionIndex ID: $id X: $x Y: $y"
if (id == 0)
    binding.textView1.text = touchStatus
else
    binding.textView2.text = touchStatus
```

34.8 앱 실행하기

앱을 실행하자. 앱이 론칭되어 실행되면 화면에서 단일 터치나 다중 터치를 해보자. 터치를 할 때마다 텍스트 뷰의 텍스트가 변경될 것이다(그림 34-3). 에뮬레이터에서 실행할 때는 Ctrl (맥OS에서는 ⌘) 키를 누른 채로 두 개의 큰 원 중에 하나를 왼쪽 버튼으로 클릭하고 끌면 다중 터치를 할 수 있다.

그림 34-3

34.9 요약

액티비티에서는 OnTouchListner 이벤트 리스너를 등록하고 onTouch() 콜백 함수를 구현하여 터치 이벤트를 처리한다. 이때 안드로이드 런타임이 onTouch() 함수를 호출하며, 이 함수의 인자로 MotionEvent 객체가 전달된다. 이 객체는 뷰와 접촉된 시점의 터치 이벤트 타입, 터치 좌표, 터치 개수를 터치에 관한 정보로 포함한다.

다중 터치의 경우에는 화면의 각 접촉점을 포인터라고 하며, 포인터에는 인덱스와 id가 지정된다. 터치 인덱스는 하나의 이벤트에서 다른 이벤트까지 변경될 수 있지만, id는 터치가 끝날 때까지 변경되지 않는다.

이번 장에서는 안드로이드 앱을 생성하여 장치 화면에서 두 개까지 동시 터치가 되었을 때 이것의 좌표와 액션 타입을 보여 주었다.

지금까지는 일반적인 터치와 터치 이벤트 처리를 알아보았다. 다음 장에서는 제스처를 인식하여 터치 이벤트를 처리하는 방법에 대해 더 자세히 살펴볼 것이다.

CHAPTER

35

안드로이드 제스처 감지 클래스로 일반 제스처 처리하기

제스처gesture라는 용어는 터치스크린과 사용자 간의 연속적인 상호작용을 정의하는 데 사용된다. 제스처는 화면이 최초 터치되는 지점에서 시작하고 손가락이나 포인팅 장치가 화면에서 떨어졌을 때 끝난다. 제대로 연결된다면 제스처는 사용자와 앱 간의 의사소통 형태로 구현될 수 있다. 앱과 상호작용하기 위해 제스처가 사용될 수 있는 방법의 좋은 예가 있다. 전자책의 페이지를 밀어서 넘기거나 이미지를 두 손가락으로 좁히거나 벌려서 줌인/줌아웃하는 것이다.

안드로이드 SDK에서는 일반 제스처와 커스텀 제스처 모두를 앱에서 감지하고 처리하기 위한 메커니즘을 제공한다. 일반 제스처는 공통적으로 많이 사용되며, 이것의 예로는 탭tap: 한 번 두드림, 더블 탭double tap: 두 번 두드림, 길게 누름, 수평 또는 수직 방향으로 밀기(안드로이드에서는 플링fling이라고 함) 등이 있다.

이번 장에서는 안드로이드 장치의 화면에서 일어나는 일반 제스처를 감지하고 처리하기 위해 안드로이드 GestureDetector 클래스의 사용법을 살펴볼 것이다. 그리고 다음 장에서는 더 복잡한 커스텀 제스처(예를 들어, 돌리기)의 감지와 처리 방법을 다룰 것이다.

35.1 일반 제스처 감지와 처리하기

사용자가 안드로이드 장치의 화면과 상호작용할 때는 현재 실행 중인 앱의 onTouchEvent() 함수가 시스템에 의해 호출되고, 사용자와 화면의 접촉에 관한 데이터를 포함하는 MotionEvent 객체가 함수 인자로 전달된다. 그리고 화면의 모션motion, 움직임이 두드림이나 밀기와 같은 일반 제스처와 일치하는지 확인하기 위해 이 데이터를 분석할 수 있다. 이때 안드로이드의 GestureDetectorCompat 클래스를 사용하면 그리 어렵지 않게 가능하다. 이 클래스는 앱으로부터 모션 관련 이벤트 정보를 받으며, 감지된 일반 제스처 타입을 기반으로 관련 함수를 호출하기 위해 특별히 설계되었다.

일반 제스처를 감지하는 절차는 다음과 같다.

1. onFling(), onDown(), onScroll(), onShowPress(), onSingleTapUp(), onLongPress() 콜백 함수

를 포함하는 GestureDetector.OnGestureListener 인터페이스를 구현하는 클래스를 정의한다. 이 클래스는 완전히 새로운 클래스이거나 액티비티 클래스일 수 있다. 그러나 더블 탭 제스처를 감지할 필요가 있을 때는 이 클래스에서 GestureDetector.OnDoubleTapListener 인터페이스와 onDoubleTap() 함수도 함께 구현해야 한다.

2. 1번에서 생성된 클래스의 인스턴스를 인자로 전달하면서 안드로이드 GestureDetectorCompat 클래스의 인스턴스를 생성한다.

3. 더블 탭 제스처의 감지가 필요하다면 GestureDetectorCompat 인스턴스의 setOnDoubleTap Listener() 함수를 호출한다.

4. 액티비티에 onTouchEvent() 콜백 함수를 구현한다. 이때 현재 시점의 MotionEvent 객체를 인자로 전달하여 GestureDetectorCompat 인스턴스의 onTouchEvent() 함수를 호출해야 한다.

이 모든 것이 구현되면 특정 타입의 제스처가 감지될 때 호출되는 함수가 앱 코드에 존재하게 될 것이다. 그리고 각 함수의 내부 코드에서는 자신과 관련된 제스처에 대한 응답으로 어떤 작업도 수행할 수 있다.

이 장의 나머지 부분에서는 예제 프로젝트를 생성하여 위에서 설명한 절차를 실제로 해볼 것이다.

35.2 제스처 처리 프로젝트 생성하기

이 프로젝트에서는 현재 GestureDetectorCompat 클래스에서 지원되는 모든 일반 제스처를 감지하고 처리할 것이다. 그리고 감지된 제스처 타입을 나타내는 상태 정보를 사용자에게 보여 줄 것이다.

우선, 새 프로젝트를 생성하자. 안드로이드 스튜디오 메인 메뉴의 File ➡ New ➡ New Project...를 선택하거나 웰컴 스크린에서 New Project 버튼을 클릭한다. '프로젝트 템플릿 선택' 대화상자가 나타나면 Phone and Tablet과 Empty Activity를 선택하고 Next 버튼을 누른다.

Name 필드에 CommonGestures를 입력하고 Package name에는 com.ebookfrenzy.commongestures를 입력한다. 그리고 Language가 Kotlin인지 확인하고 Minimum SDK는 API 26: Android 8.0 (Oreo)를 선택한다. 또한, Use legacy android.support libraries가 체크 해제되어 있는지 확인하고 Finish 버튼을 누른다.

프로젝트가 생성된 후 **18.8**절을 참고하여 뷰 바인딩을 활성화하고 사용하도록 변경하자(안드로이드 스튜디오가 자동 생성한 코드에서 이미 뷰 바인딩을 사용한다면 할 필요 없다).

레이아웃 편집기에 자동으로 열린 activity_main.xml 파일 탭을 클릭하고 오른쪽 위의 디자인 버튼 (**□ Design**)을 클릭하여 디자인 모드로 변경하자. 장치 화면의 레이아웃에서 'Hello World!' 텍스트 값을 갖는 TextView 컴포넌트를 클릭한 후 속성 창에서 id에 **gestureStatusText**를 입력한다.

35.3 리스너 클래스 구현하기

앞에서 이야기했듯이, `GestureDetector.OnGestureListener` 인터페이스를 구현하는 클래스를 생성해야 한다. 그리고 더블 탭의 감지가 필요하다면 `GestureDetector.OnDoubleTapListener` 인터페이스도 같이 구현해야 한다. 이런 인터페이스를 구현하는 클래스는 완전히 새로운 클래스가 될 수 있지만, 현재의 액티비티 클래스에 구현해도 전혀 문제가 없다. 그러므로 여기서는 MainActivity 클래스를 변경하여 그런 리스너 인터페이스를 구현할 것이다. 편집기에 자동으로 열린 MainActivity.kt 파일의 코드를 다음과 같이 변경하자.

```kotlin
package com.ebookfrenzy.commongestures

import androidx.appcompat.app.AppCompatActivity
import android.os.Bundle
import android.view.GestureDetector
import android.view.MotionEvent

import com.ebookfrenzy.commongestures.databinding.ActivityMainBinding

class MainActivity : AppCompatActivity(),
        GestureDetector.OnGestureListener, GestureDetector.OnDoubleTapListener
{
    .
    .
}
```

다음은 아래의 진한 글씨 라인을 추가하자. 이 코드는 두 가지 리스너 인터페이스의 콜백 함수를 구현한다.

```kotlin
class MainActivity : AppCompatActivity(),
        GestureDetector.OnGestureListener, GestureDetector.OnDoubleTapListener {

    private lateinit var binding: ActivityMainBinding

    override fun onCreate(savedInstanceState: Bundle?) {
        super.onCreate(savedInstanceState)
        binding = ActivityMainBinding.inflate(layoutInflater)
        setContentView(binding.root)
    }

    override fun onDown(event: MotionEvent): Boolean {
        binding.gestureStatusText.text = "onDown"
        return true
    }

    override fun onFling(event1: MotionEvent, event2: MotionEvent,
```

```
                            velocityX: Float, velocityY: Float): Boolean {
        binding.gestureStatusText.text = "onFling"
        return true
    }

    override fun onLongPress(event: MotionEvent) {
        binding.gestureStatusText.text = "onLongPress"
    }

    override fun onScroll(e1: MotionEvent, e2: MotionEvent,
                          distanceX: Float, distanceY: Float): Boolean {
        binding.gestureStatusText.text = "onScroll"
        return true
    }

    override fun onShowPress(event: MotionEvent) {
        binding.gestureStatusText.text = "onShowPress"
    }

    override fun onSingleTapUp(event: MotionEvent): Boolean {
        binding.gestureStatusText.text = "onSingleTapUp"
        return true
    }

    override fun onDoubleTap(event: MotionEvent): Boolean {
        binding.gestureStatusText.text = "onDoubleTap"
        return true
    }

    override fun onDoubleTapEvent(event: MotionEvent): Boolean {
        binding.gestureStatusText.text = "onDoubleTapEvent"
        return true
    }

    override fun onSingleTapConfirmed(event: MotionEvent): Boolean {
        binding.gestureStatusText.text = "onSingleTapConfirmed"
        return true
    }
}
```

모든 함수가 true 값을 반환한다는 것에 주목하자. 그 의미는 이렇다. 해당 이벤트가 해당 함수에서 소비되었으므로 스택에 있는 그다음 이벤트 핸들러에 전달할 필요가 없다는 것을 안드로이드 프레임워크에게 알려 주는 것이다.

35.4 GestureDetectorCompat 인스턴스 생성하기

이제는 액티비티 클래스가 리스너 인터페이스를 구현하도록 변경되었다. 그다음에 할 일은 GestureDetectorCompat 클래스의 인스턴스를 생성하는 것이다. 이것은 액티비티가 생성될 때 한 번만 수행하면 되므로 이 코드를 넣기에 가장 좋은 곳은 onCreate() 함수다. 또한, 여기서는 더블 탭 이벤트를 감지하고자 하므로 GestureDetectorCompat 인스턴스의 setOnDoubleTapListener() 함수도 호출해야 한다. 다음의 굵은 글씨 라인 코드를 추가하자.

```
package com.ebookfrenzy.commongestures
.
.
import androidx.core.view.GestureDetectorCompat

import com.ebookfrenzy.commongestures.databinding.ActivityMainBinding

class MainActivity : AppCompatActivity(),
        GestureDetector.OnGestureListener, GestureDetector.OnDoubleTapListener {
    private lateinit var binding: ActivityMainBinding
    var gDetector: GestureDetectorCompat? = null

    override fun onCreate(savedInstanceState: Bundle?) {
        super.onCreate(savedInstanceState)
        .
        .
        this.gDetector = GestureDetectorCompat(this, this)
        gDetector?.setOnDoubleTapListener(this)
    }
    .
    .
}
```

35.5 onTouchEvent() 함수 구현하기

만일 이 앱을 지금 실행한다면 장치 화면에서 제스처가 발생할 때 아무런 일도 일어나지 않는다. 터치 이벤트를 감지하여 GestureDetectorCompat 인스턴스에 전달하는 코드를 추가하지 않았기 때문이다. 따라서 액티비티 클래스에서 onTouchEvent() 함수를 오버라이딩하여 GestureDetectorCompat 인스턴스의 onTouchEvent() 함수를 호출하는 코드를 구현해야 한다. 다음 코드를 MainActivity 클래스에 추가하자.

```
override fun onTouchEvent(event: MotionEvent): Boolean {
    this.gDetector?.onTouchEvent(event)
    // 슈퍼 클래스의 오버라이딩되는 함수를 호출해야 한다
```

```
        return super.onTouchEvent(event)
    }
```

35.6 앱 테스트하기

AVD 에뮬레이터 또는 실제 안드로이드 장치에서 앱을 실행
하자. 그리고 앱이 론칭된 후 여러 가지 제스처를 해보자. 밀
기, 길게 누르기, 스크롤하기, 한 번 또는 두 번 두드리기 등이
다. 그러면 해당 이벤트를 반영하는 메시지가 텍스트 뷰에 변경
되어 나타날 것이다. 그림 35-1에서는 화면을 두 번 두드렸을 때
'onDoubleTapEvent' 메시지가 나타난 것을 보여 준다.

그림 35-1

35.7 요약

사용자와 장치의 터치스크린 화면 간의 모든 물리적인 접촉은 제스처로 간주될 수 있다. 폰이나 태
블릿 등의 안드로이드 장치에서는 전통적인 컴퓨터 시스템의 물리적 키보드와 마우스가 없으므로
사용자와 앱 간의 상호작용 수단으로 제스처가 널리 사용된다. 제스처는 연속적인 모션으로만 구성
되지만, 터치스크린 장치의 사용자에게 친숙한 제스처가 많이 사용된다. 일반 제스처라고 하는 이런
제스처는 안드로이드의 제스처 감지 클래스를 사용하면 앱에서 쉽게 처리할 수 있다. 이번 장에서는
이론과 예제 프로젝트 모두를 통해서 그런 기법을 사용하는 방법을 알아보았다.

일반 제스처를 알아보았으므로 다음 장에서는 더 넓은 범위의 제스처 타입을 살펴볼 것이다. 그런
제스처 타입은 사용자 특유의 제스처를 설계하고 감지하는 능력을 갖는다.

CHAPTER
36 커스텀 제스처와 핀치 인식 구현하기

앞 장에서는 안드로이드 앱에서 일반 제스처를 감지하는 절차와 방법을 살펴보았다. 그러나 실제로 제스처에는 안드로이드 장치의 화면에서 수행되는 어떤 연속된 터치 동작도 포함될 수 있다. 따라서 안드로이드 SDK에서는 어떤 종류의 커스텀 제스처도 앱 개발자가 정의할 수 있게 해주며, 사용자가 그런 제스처를 할 때 이벤트가 발생하도록 할 수 있다. 이것이 이번 장에서 알아볼 내용이다.

36.1 안드로이드 제스처 빌더 앱

안드로이드 SDK에서는 개발자가 커스텀 제스처를 디자인한 후 앱 패키지의 제스처 파일에 저장할 수 있게 해준다. 이런 커스텀 제스처 파일은 제스처 빌더Gesture Builder 앱을 사용해서 쉽게 생성된다. 제스처 파일을 생성할 때는 실제 장치나 에뮬레이터에서 제스처 빌더 앱을 론칭한 후 이 앱이 감지할 필요가 있는 제스처를 그리기drawing 하면 된다. 그리고 제스처의 디자인이 끝나면 해당 제스처 데이터를 포함하는 파일이 실제 장치나 에뮬레이터의 SD 카드로 저장되어 앱 프로젝트에 추가될 수 있다. 앱 코드에서는 해당 파일을 GestureLibrary 클래스의 인스턴스로 로드하면 된다. 그리고 장치 화면에 사용자가 수행한 제스처와 일치하는지 검색하기 위해 사용할 수 있다.

36.2 GestureOverlayView 클래스

앱에서 제스처를 감지할 수 있게 안드로이드 SDK는 GestureOverlayView 클래스를 제공한다. 이 것은 투명transparent 뷰이므로 사용자 인터페이스의 다른 뷰 위에 겹쳐서 나타날 수 있으며, 제스처를 감지하는 것이 유일한 목적이다.

36.3 제스처 감지하기

제스처 빌더 앱을 사용해서 생성된 제스처 파일을 프로젝트 리소스로 추가하여 로드한 후 Gesture OverlayView 클래스의 인스턴스에 이벤트 리스너인 OnGesturePerformedListener 객체를 등록 하면 제스처를 감지할 수 있다. 그다음에 OnGesturePerformedListener 인터페이스와 onGesture

Performed 콜백 함수 모두를 구현한다. 그리고 제스처 파일에서 로드했던 제스처가 리스너에 의해 감지되면 안드로이드 런타임 시스템에서 onGesturePerformed 콜백 함수를 호출해 준다.

36.4 제스처 확인하기

제스처가 감지되면 onGesturePerformed 콜백 함수가 호출된다. 이때 해당 제스처가 감지된 GestureOverlayView 객체의 참조와 해당 제스처에 관한 정보를 포함하는 Gesture 객체가 함께 인자로 전달된다.

그다음에 GestureLibrary를 사용하여 Gesture 객체의 제스처 데이터와 앱에 로드된 제스처 파일의 데이터를 비교할 수 있다. GestureLibrary는 사용자에 의해 수행된 제스처가 제스처 파일의 데이터와 일치할 확률을 알려 준다. 이때 각 제스처의 예측 점수prediction score를 계산한다. 그리고 예측 점수가 1.0 이상이면 일치한 것으로 간주한다.

36.5 제스처 빌더 앱의 설치와 실행

원래 제스처 빌더 앱은 구글에서 제공했지만 지금은 구글에서 지원하지 않는다. 그러나 마난 간디 Manan Gandhi가 개발한 제스처 빌더 앱을 구글 플레이 스토어에서 다운로드 및 설치하여 사용할 수 있다('gesture builder'로 검색하거나 https://play.google.com/store/apps/details?id=pack.GestureApp에 접속). 이 앱은 안드로이드 9.0(API 28) 이하에서 잘 실행된다.

36.6 제스처 파일 생성하기

설치된 제스처 빌더 앱을 실행하자. 그리고 새로운 제스처를 생성하기 위해 장치 화면 밑에 있는 Add 버튼을 클릭한 후 빈 화면이 나타나면 그림 36-1과 같이 원을 그리는 동작으로 화면에 제스처를 그린다. 실제 장치에서는 손가락으로 화면을 터치한 후 끌어서, 그리고 에뮬레이터에서 할 때는 마우스 왼쪽 버튼을 클릭한 채로 끌어서 원을 그린다(화면에는 노란색 선으로 나타난다). 화면 오른쪽 위에 있는 저장save 버튼(💾)을 누른 후 제스처 이름에 Circle Gesture를 입력하고 Save를 클릭하면 이 제스처가 제스처 파일에 추가된다.

그림 36-1

제스처가 저장된 후 백Back 버튼을 누르면 메인 화면으로 돌아오며 제스처 빌더 앱에서 현재 정의된 제스처들의 내역을 보여 준다. 이 시점에서는 방금 새로 추가한 Circle Gesture만 나타날 것이다(그림 36-2).

Test 버튼을 눌러서 방금 추가한 Circle Gesture를 테스트해 보자. 이 버튼을 누르면 빈 화면이 나오며, 원을 그리면 이 제스처가 Circle Gesture와 일치한다는 토스트 메시지인 'Circle Gesture'를 보여 준다.

그림 36-2

36.7 예제 프로젝트 생성하기

안드로이드 스튜디오 메인 메뉴의 File ➡ New ➡ New Project...를 선택하거나 웰컴 스크린에서 New Project 버튼을 클릭한다. '프로젝트 템플릿 선택' 대화상자가 나타나면 Phone and Tablet과 Empty Activity를 선택하고 Next 버튼을 누른다.

Name 필드에 CustomGestures를 입력하고 Package name에는 com.ebookfrenzy.customgestures를 입력한다. 그리고 Language가 Kotlin인지 확인하고 Minimum SDK는 API 26: Android 8.0 (Oreo)를 선택한다. 또한, Use legacy android.support libraries가 체크 해제되어 있는지 확인하고 Finish 버튼을 누른다.

프로젝트가 생성된 후 **18.8**절을 참고하여 뷰 바인딩을 활성화하고 사용하도록 변경하자(안드로이드 스튜디오가 자동 생성한 코드에서 이미 뷰 바인딩을 사용한다면 할 필요 없다).

36.8 SD 카드 영역에서 제스처 파일 추출하기

제스처 빌더 앱에서 우리가 생성한 각 제스처는 제스처 빌더 앱이 실행 중인 에뮬레이터나 실제 장치의 메모리에 위치하는 gesture.txt라는 이름의 파일에 추가된다. 따라서 이 파일을 안드로이드 스튜디오 프로젝트에 추가하려면 로컬 파일 시스템에 복사해야 한다. 이때 안드로이드 스튜디오 장치 파일 탐색기를 사용하면 쉽게 할 수 있다.

안드로이드 스튜디오 메뉴의 View ➡ Tool Windows ➡ Device File Explorer를 선택하면 장치 파일 탐색기 창이 열린다. 제일 위의 드롭다운에서 제스처 파일이 생성된 장치나 에뮬레이터를 선택한 후 다음 폴더를 찾는다.

sdcard/Android/data/pack.GestureApp/files

그리고 이 폴더에 있는 gesture.txt 파일에서(그림 36-3) 마우스 오른쪽 버튼을 클릭한 후 메뉴의
Save as...를 클릭하고 각자 원하는 위치에 gestures라는 이름으로 저장한다.

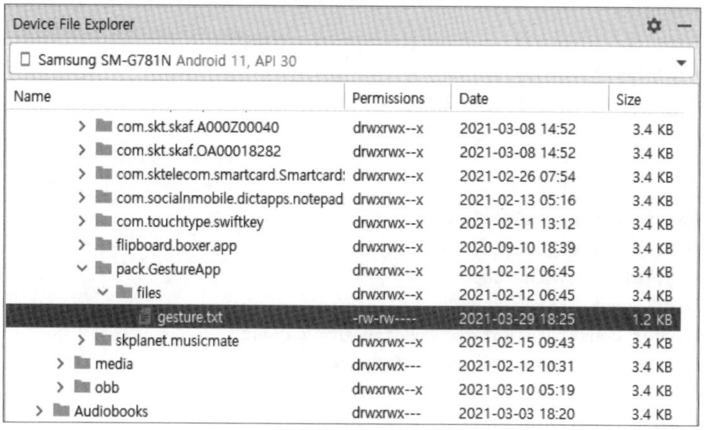

그림 36-3

제스처 파일을 생성하고 SD 카드 영역에서 컴퓨터 파일 시스템으로 복사했으므로, 이제는 안드로
이드 스튜디오 프로젝트에 리소스 파일로 추가할 준비가 된 것이다.

36.9 제스처 파일을 프로젝트에 추가하기

안드로이드 스튜디오 프로젝트 도구 창의 app ➡ res 폴더에서 마우스 오른쪽 버튼을 클릭한 후 메
뉴의 New ➡ Directory를 선택한다. New Directory 대화상자가 나오면 폴더 이름에 raw를 입력하
고 Enter Return 키를 누른다. 그리고 각자 사용 중인 운영체제의 파일 탐색기를 사용해서 앞에
서 복사한 gestures 파일을 프로젝트 도구 창의 raw 폴더에 복사한다. 윈도우 시스템의 예를 들면
다음과 같다. 컴퓨터에서 gestures 파일을 찾아 복사를 선택한다. 그리고 안드로이드 스튜디오 프로
젝트 도구 창의 raw 폴더에서 마우스 오른쪽 버튼을 누른 후 메뉴의 Paste를 선택하면 Copy 대화
상자가 나온다. 이때 파일 경로가 맞는지 확인하고 OK 버튼을 누르면 된다.

36.10 사용자 인터페이스 디자인하기

이 예제 앱에서는 간단한 사용자 인터페이스를 사용할 것이다. 즉, 하나의 ConstraintLayout 뷰와
이 뷰 위에 겹치는 GestureOverlayView다. 이 뷰는 사용자가 수행하는 모든 제스처를 감지하기 위
해 필요하다.

편집기 창에 열려 있는 activity_main.xml 파일 탭을 클릭하고 오른쪽 위에 있는 코드 버튼
(☰ Code)을 클릭하여 코드 모드로 변경한 후 기본으로 추가된 TextView 위젯을 삭제하고 다음의
XML을 추가하자.

```xml
<?xml version="1.0" encoding="utf-8"?>
<androidx.constraintlayout.widget.ConstraintLayout xmlns:android="http://schemas.android.
com/apk/res/android"
    xmlns:app="http://schemas.android.com/apk/res-auto"
    xmlns:tools="http://schemas.android.com/tools"
    android:layout_width="match_parent"
    android:layout_height="match_parent"
    tools:context=".MainActivity">

    <android.gesture.GestureOverlayView
        android:id="@+id/gOverlay"
        android:layout_width="0dp"
        android:layout_height="0dp"
        app:layout_constraintBottom_toBottomOf="parent"
        app:layout_constraintEnd_toEndOf="parent"
        app:layout_constraintStart_toStartOf="parent"
        app:layout_constraintTop_toTopOf="parent" />

</androidx.constraintlayout.widget.ConstraintLayout>
```

36.11 제스처 파일 로드하기

제스처 파일이 프로젝트에 추가되었으므로 액티비티가 시작될 때 그 파일을 로드하기 위한 코드를
작성해야 한다. 여기서는 그 코드를 MainActivity 클래스에 추가할 것이다. 편집기 창에 열려 있는
MainActivity.kt 파일을 선택한 후 굵은 글씨 라인을 추가하자.

```kotlin
package com.ebookfrenzy.customgestures

import androidx.appcompat.app.AppCompatActivity
import android.os.Bundle
import android.gesture.GestureLibraries
import android.gesture.GestureLibrary
import android.gesture.GestureOverlayView
import android.gesture.GestureOverlayView.OnGesturePerformedListener

import com.ebookfrenzy.customgestures.databinding.ActivityMainBinding

class MainActivity : AppCompatActivity(), OnGesturePerformedListener {

    private lateinit var binding: ActivityMainBinding
    var gLibrary: GestureLibrary? = null
```

```
    override fun onCreate(savedInstanceState: Bundle?) {
        super.onCreate(savedInstanceState)
        binding = ActivityMainBinding.inflate(layoutInflater)
        setContentView(binding.root)

        gestureSetup()
    }

    private fun gestureSetup() {
        gLibrary = GestureLibraries.fromRawResource(this,
                            R.raw.gestures)
        if (gLibrary?.load() == false) {
            finish()
        }
    }
}
```

앞 코드에서는 필수적인 import 문의 추가와 더불어 GestureLibrary 인스턴스인 gLibrary를 생성한다. 그리고 raw 리소스 폴더에 있는 제스처 파일의 내용을 gLibrary에 로드한다. 또한, OnGesturePerformedListener 인터페이스를 구현하도록 액티비티 클래스가 변경되었다. 이때 onGesturePerformed 콜백 함수를 구현해야 한다(이 함수는 잠시 후에 생성할 것이다).

36.12 이벤트 리스너 등록하기

사용자가 화면에서 제스처를 수행했을 때 액티비티가 처리할 수 있게 하려면 gOverlay 뷰에 OnGesturePerformedListener를 등록해야 한다. 다음 코드의 굵은 글씨 라인을 추가하자.

```
private fun gestureSetup() {
    gLibrary = GestureLibraries.fromRawResource(this,
            R.raw.gestures)
    if (gLibrary?.load() == false) {
        finish()
    }

    binding.gOverlay.addOnGesturePerformedListener(this)
}
```

36.13 onGesturePerformed 함수 구현하기

앱의 최초 테스트 실행에 앞서 이제는 onGesturePerformed 콜백 함수를 구현하는 것만 남았다. 이 함수는 GestureOverlayView 인스턴스에서 제스처가 수행될 때 자동 호출된다. 다음 코드의 굵은 글씨 라인을 추가하자.

```
package com.ebookfrenzy.customgestures
.
.
import android.widget.Toast
import android.gesture.Gesture

class MainActivity : AppCompatActivity(), OnGesturePerformedListener {
    .
    .
    override fun onGesturePerformed(overlay: GestureOverlayView,
                                    gesture: Gesture) {
        val predictions = gLibrary?.recognize(gesture)
        predictions?.let {
            if (it.size > 0 && it[0].score > 1.0) {
                val action = it[0].name
                Toast.makeText(this, action, Toast.LENGTH_SHORT).show()
            }
        }
    }
}
```

GestureOverlayView 객체에서 안드로이드 런타임에 의해 제스처가 감지되면 onGesturePerformed 함수가 호출된다. 이때 이 함수의 인자로는 제스처가 감지된 GestureOverlayView 객체의 참조와 Gesture 타입 객체가 함께 전달된다. Gesture 클래스는 특정 제스처를 정의하는 정보를 갖도록 설계되었다. 이 정보는 제스처를 구성하는 스트로크의 경로를 나타내는 화면상의 연속된 점에 관한 것이다.

Gesture 객체는 우리 gLibrary 인스턴스의 recognize() 함수로 전달된다. 이 함수는 현재의 제스처를 제스처 파일에서 로드된 각 제스처와 비교하는 목적을 갖는다. 비교 작업이 끝나면 recognize() 함수는 ArrayList 객체를 반환하는데, 이 ArrayList에는 수행된 각 비교의 결과를 갖는 Prediction 객체가 저장된다. 이때 가장 잘 일치하는 것(배열의 0번째)부터 차례대로 저장된다. 각 Prediction 객체에는 제스처 파일에 있는 제스처 이름과 예측 점수가 포함된다. 이 점수는 제스처 파일의 제스처가 현재의 제스처와 얼마나 가깝게 일치하는지를 나타낸다.

따라서 위의 함수 코드에서는 인덱스 0(가장 가깝게 일치)에 있는 예측(점수가 1.0 이상이 확실한)을 취한다. 그런 다음 일치하는 제스처의 이름을 알려 주는 Toast 메시지를 보여 준다(Toast 클래스는 사용자에게 팝업 형태로 메시지를 보여 주기 위해 설계된 안드로이드 클래스다).

36.14 앱 테스트하기

에뮬레이터나 실제 안드로이드 장치에서 앱을 실행한 후 화면에서 원을 그리는 제스처를 해보자. 이런 제스처가 수행되면 수행된 제스처의 이름을 포함하는 토스트 메시지가 나타날 것이다. 그러나 인식이 되지 않는 제스처를 하면 아무런 메시지도 나타나지 않는다. 또한, 제스처가 인식될 때는 해당 제스처가 밝은 노란색 줄로 화면에 나타난다. 이것은 앱 개발 시에는 유용하지만 실제 상황에는 부적합할 것이다. 그러므로 추가적인 구성 작업이 필요하다.

36.15 GestureOverlayView 구성하기

기본적으로 GestureOverlayView는 제스처를 수행할 때 노란색 줄로 보여 준다. 이처럼 인식된 제스처를 그릴 때 사용되는 색상은 android:gestureColor 속성으로 정의할 수 있으며, 인식되지 않는 제스처를 그릴 때 사용되는 색상은 android:uncertainGestureColor 속성으로 정의할 수 있다. 예를 들어, 제스처 선을 감추면서 다중 스트로크 제스처를 인식하게 하려면 다음과 같이 activity_main.xml 파일을 변경하면 된다.

```
<android.gesture.GestureOverlayView
    android:id="@+id/gOverlay"
    android:layout_width="0dp"
    android:layout_height="0dp"
    app:layout_constraintBottom_toBottomOf="parent"
    app:layout_constraintEnd_toEndOf="parent"
    app:layout_constraintStart_toStartOf="parent"
    app:layout_constraintTop_toTopOf="parent"
    android:gestureColor="#00000000"
    android:uncertainGestureColor="#00000000" />
```

그런 다음, 앱을 다시 실행해 보면 이제는 제스처를 수행할 때 선이 보이지 않게 될 것이다. 왜냐하면 ConstraintLayout 뷰의 흰색 배경에 흰색으로 선을 그리기 때문이다.

36.16 제스처 가로채기

앞에서도 이야기했듯이, GestureOverlayView는 투명한 오버레이 뷰라서 다른 뷰 위에 위치할 수 있다. 그렇다면 제스처가 인식되었을 때 이 뷰에서 가로챈 제스처 이벤트가 이 뷰의 밑에 있는 뷰에 전달되지 않게 할 수 없을까? 바로 이럴 때 필요한 것이 GestureOverlayView 인스턴스의 android:eventsInterceptionEnabled 속성이다. 이 속성값이 true로 설정되면 제스처가 인식될 때 가로챈 제스처 이벤트가 그 밑의 뷰에게 전달되지 않는다. 이것은 특정 제스처의 응답으로 화면이 스크롤되게 구성된 뷰의 위에서 제스처가 수행되고 있을 때 특히 유용할 수 있다. 인식된 제스처가 밑의 뷰에 영향을 주지 않기 때문이다. 예를 들어, 화면을 미는 것과 같은 제스처를 할 때 밑의 뷰에서 화면이 스크롤되는 것을 막아 준다.

36.17 핀치 제스처 처리하기

이번 장에서 마지막으로 설명할 내용은 핀치pinch 제스처의 처리다. 앞에서 설명했던 방법을 사용하면 다양한 제스처의 생성과 처리를 할 수 있다. 그러나 핀치 제스처를 처리하는 것은 불가능하다(핀치 제스처는 두 손가락을 오므리거나 벌리는 동작이며, 일반적으로 뷰나 이미지를 줌인/줌아웃하기 위해 사용한다).

핀치 제스처를 감지하고 처리하는 가장 간단한 방법은 안드로이드 ScaleGestureDetector 클래스를 사용하는 것이다. 일반적으로 핀치 제스처의 처리는 다음 절차대로 진행한다.

1. SimpleOnScaleGestureListener 인터페이스와 이 인터페이스의 onScale(), onScaleBegin(), onScaleEnd() 콜백 함수를 구현하는 새로운 클래스를 선언한다.
2. ScaleGestureDetector 클래스의 인스턴스를 생성한다. 이때 1번에서 생성된 클래스의 인스턴스를 생성자 인자로 전달한다.
3. 위 코드를 포함하는 액티비티에 onTouchEvent() 콜백 함수를 구현한다. 이 함수에서는 Scale GestureDetector 클래스의 onTouchEvent() 함수를 호출한다.

이번 장의 나머지 부분에서는 간단한 예제 앱을 생성해서 핀치 제스처 인식을 구현하는 방법을 보여 줄 것이다.

36.18 핀치 제스처 예제 프로젝트

안드로이드 스튜디오 메인 메뉴의 File ➡ New ➡ New Project...를 선택하거나, 또는 앞의 CustomGestures 프로젝트를 닫고(File ➡ Close Project) 웰컴 스크린에서 New Project 버튼을 클릭한다. '프로젝트 템플릿 선택' 대화상자가 나타나면 Phone and Tablet과 Empty Activity를 선택하고 Next 버튼을 누른다.

Name 필드에 PinchExample을 입력하고 Package name에는 com.ebookfrenzy.pinchexample을 입력한다. 그리고 Language가 Kotlin인지 확인하고 Minimum SDK는 API 26: Android 8.0 (Oreo)를 선택한다. 또한, Use legacy android.support libraries가 체크 해제되어 있는지 확인하고 Finish 버튼을 누른다.

프로젝트가 생성된 후 18.8절을 참고하여 뷰 바인딩을 활성화하고 사용하도록 변경하자(안드로이드 스튜디오가 자동 생성한 코드에서 이미 뷰 바인딩을 사용한다면 할 필요 없다).

편집기 위쪽의 activity_main.xml 탭을 클릭하여 선택한 후 오른쪽 위의 디자인 버튼(▣ Design)을 눌러서 디자인 모드로 변경하자. 레이아웃에서 'Hello World!' 텍스트 값을 갖는 TextView를 클릭한 후 id를 myTextView로 변경한다.

그다음에 편집기에서 MainActivity.kt 탭을 클릭하여 선택한 후 다음의 굵은 글씨 라인을 추가한다.

```kotlin
package com.ebookfrenzy.pinchexample

import androidx.appcompat.app.AppCompatActivity
import android.os.Bundle
import android.view.MotionEvent
import android.view.ScaleGestureDetector
import android.view.ScaleGestureDetector.SimpleOnScaleGestureListener

import com.ebookfrenzy.pinchexample.databinding.ActivityMainBinding

class MainActivity : AppCompatActivity() {

    private lateinit var binding: ActivityMainBinding
    var scaleGestureDetector: ScaleGestureDetector? = null

    override fun onCreate(savedInstanceState: Bundle?) {
        super.onCreate(savedInstanceState)
        binding = ActivityMainBinding.inflate(layoutInflater)
        setContentView(binding.root)

        scaleGestureDetector = ScaleGestureDetector(this,
            MyOnScaleGestureListener())
    }

    override fun onTouchEvent(event: MotionEvent): Boolean {
        scaleGestureDetector?.onTouchEvent(event)
        return true
    }

    inner class MyOnScaleGestureListener : SimpleOnScaleGestureListener() {
        override fun onScale(detector: ScaleGestureDetector): Boolean {
            val scaleFactor = detector.scaleFactor
            if (scaleFactor > 1) {
                binding.myTextView.text = "Zooming Out"
            } else {
                binding.myTextView.text = "Zooming In"
            }
            return true
        }
```

```
        override fun onScaleBegin(detector: ScaleGestureDetector): Boolean {
            return true
        }

        override fun onScaleEnd(detector: ScaleGestureDetector) {
        }
    }
}
```

이 코드의 새로운 내부 클래스인 MyOnScaleGestureListener는 안드로이드의 SimpleOnScale
GestureListener 추상 클래스의 서브 클래스다. 따라서 SimpleOnScaleGestureListener의
onScale(), onScaleBegin(), onScaleEnd() 함수를 구현해야 한다. 여기서는 onScale() 함수에서
축척 계수scale factor를 확인한 후 감지된 핀치 제스처의 타입을 나타내는 메시지를 텍스트 뷰에 보여
준다. 축척 계수가 1보다 크면 줌아웃이고, 그렇지 않으면 줌인으로 간주한다.

onCreate() 함수에서는 새로운 ScaleGestureDetector 인스턴스를 생성한다. 이때 포함하는 액
티비티의 참조와 우리가 새로 만든 MyOnScaleGestureListener 클래스의 인스턴스를 생성자 인
자로 전달한다. 끝으로 onTouchEvent() 콜백 함수가 액티비티에 구현되어 있으며, 이 함수에서는
ScaleGestureDetector 객체의 onTouchEvent() 함수를 호출한다. 이때 MotionEvent 객체를 인자
로 전달한다.

실제 안드로이드 장치나 에뮬레이터에서 앱을 실행하자. 그리고 화면에서 핀치 제스처(두 손가락
을 오므렸다 벌렸다 함)를 해보자. 핀치 동작에 따라 줌인 또는 줌아웃 메시지가 텍스트 뷰에 나타
날 것이다. 핀치 제스처를 에뮬레이터에서 수행할 때는 장치 화면의 빈 곳에 마우스 커서를 대고
Ctrl ⌘ 키를 누른다. 그러면 그림 36-4와 같이 원이 나타나며, Ctrl ⌘ 키를 누른 상태에서
마우스를 클릭하고 끌어서 좁히거나 넓힌 후 버튼을 놓으면 된다.

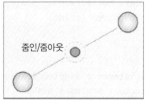

그림 36-4

36.19 요약

제스처는 근본적으로 터치스크린에서 하나 이상의 스트로크가 수반되는 접촉점의 움직임이며, 사용자와 앱 간의 의사소통 수단으로 사용될 수 있다. 안드로이드에서는 제스처 빌더 앱을 사용해서 제스처를 디자인할 수 있다. 그리고 제스처가 생성되면 제스처 파일로 저장할 수 있으며, GestureLibrary 클래스를 사용해서 런타임 시에 액티비티로 로드할 수 있다.

제스처는 투명 뷰 클래스인 GestureOverlayView의 인스턴스를 기존 뷰 위에 겹쳐서 감지할 수 있다. 그리고 이벤트 리스너인 OnGesturePerformedListener를 구현하여 처리할 수 있다.

GestureLibrary를 사용하면 사용자의 제스처와 제스처 파일에 저장된 제스처가 비교된 후 그 결과가 Prediction 객체로 생성되며, 가장 잘 일치하는 것(배열의 0번째)부터 ArrayList에 저장된다. 각 Prediction 객체에는 제스처 파일에 있는 제스처 이름과 예측 점수가 포함된다. 이 점수는 제스처 파일의 제스처가 현재의 제스처와 얼마나 가깝게 일치하는지를 나타낸다.

핀치 제스처는 ScaleGestureDetector 클래스의 구현을 통해서 처리할 수 있다.

안드로이드 프래그먼트 개요

여러분이 이 책으로 공부하는 동안 안드로이드 시스템의 많은 설계 개념이 앱 구성 요소의 재사용과 상호작용을 촉진하기 위해 고안되었다는 것을 더 분명히 알게 될 것이다. 그중 하나가 이번 장에서 살펴볼 프래그먼트_{Fragment}의 사용이다.

이번 장에서는 프래그먼트가 무엇이고, 앱에서 어떻게 생성하고 사용하는지의 관점에서 프래그먼트의 기본적인 내용을 알아볼 것이다. 그리고 다음 장에서는 프래그먼트 간의 통신을 구현하는 앱을 안드로이드 스튜디오로 작성하면서 실제로 프래그먼트를 사용하는 방법을 보여 줄 것이다.

37.1 프래그먼트란?

프래그먼트는 액티비티 내부에서 독립적으로 앱의 UI_{사용자 인터페이스}를 처리한다. 앱의 설계 단계에서는 프래그먼트를 조립하여 액티비티를 생성할 수 있다. 그리고 앱이 실행되는 런타임 시에는 UI를 동적으로 변경하기 위해 프래그먼트를 액티비티에 추가하거나 제거할 수 있다.

프래그먼트는 액티비티의 일부로만 사용될 수 있으며, 혼자서 독립적으로 실행되는 앱 요소로는 생성될 수 없다. 그러므로 프래그먼트는 액티비티와 유사하게 자신의 생명주기를 갖는 '부속 액티비티'로 생각할 수 있다.

프래그먼트는 XML 레이아웃 파일 형태로 저장되어 액티비티에 추가될 수 있다. 이때 액티비티 레이아웃 파일의 〈fragment〉 요소로 정의하거나 액티비티 클래스 내부에서 직접 코드로 정의할 수 있다.

37.2 프래그먼트 생성하기

프래그먼트를 구성하는 두 가지 요소는 XML 레이아웃 파일 및 이와 관련된 코틀린 클래스다. 프래그먼트의 XML 레이아웃 파일은 여타의 액티비티 레이아웃과 동일한 형태를 가지므로 레이아웃 매니저와 뷰를 어떤 식으로든 조합해서 포함할 수 있다. 예를 들어, 다음의 XML 레이아웃은 프래그먼트에서 사용하며, 흰색 배경의 TextView 하나를 포함하는 빨간색 배경의 ConstraintLayout으로 구성된다.

```xml
<?xml version="1.0" encoding="utf-8"?>
<androidx.constraintlayout.widget.ConstraintLayout
    xmlns:android="http://schemas.android.com/apk/res/android"
    xmlns:app="http://schemas.android.com/apk/res-auto"
    xmlns:tools="http://schemas.android.com/tools"
    android:id="@+id/constraintLayout"
    android:layout_width="match_parent"
    android:layout_height="match_parent"
    android:background="@android:color/holo_red_dark"
    tools:context=".FragmentOne">

    <TextView
        android:id="@+id/textView1"
        android:layout_width="wrap_content"
        android:layout_height="wrap_content"
        android:text="My First Fragment"
        android:textAppearance="@style/TextAppearance.AppCompat.Large"
        android:textColor="@color/white"
        app:layout_constraintBottom_toBottomOf="parent"
        app:layout_constraintEnd_toEndOf="parent"
        app:layout_constraintStart_toStartOf="parent"
        app:layout_constraintTop_toTopOf="parent" />
</androidx.constraintlayout.widget.ConstraintLayout>
```

이 레이아웃을 사용하는 프래그먼트 클래스는 반드시 안드로이드 Fragment 클래스의 서브 클래스라야 한다. 그리고 프래그먼트 클래스에서는 프래그먼트 레이아웃을 로드하기 위해 onCreateView() 함수를 오버라이딩해야 한다. 예를 들면, 다음과 같다.

```kotlin
package com.example.myfragmentdemo

import android.os.Bundle
import android.view.LayoutInflater
import android.view.View
import android.view.ViewGroup
import androidx.fragment.app.Fragment

class FragmentOne : Fragment() {

    private var _binding: FragmentTextBinding? = null
    private val binding get() = _binding!!

    override fun onCreateView(
        inflater: LayoutInflater, container: ViewGroup?,
        savedInstanceState: Bundle?
    ): View? {
```

```
        _binding = FragmentTextBinding.inflate(inflater, container, false)
        return binding.root
    }
}
```

그리고 onCreateView() 함수와 더불어 이 클래스에서는 프래그먼트의 생명주기 함수도 오버라이딩할 수 있다.

이처럼 프래그먼트 레이아웃과 클래스가 생성되면 이 프래그먼트를 앱의 액티비티에서 사용할 준비가 된 것이다.

37.3 레이아웃 XML 파일을 사용하여 액티비티에 프래그먼트 추가하기

프래그먼트는 코틀린 코드를 작성하거나 액티비티의 XML 레이아웃 파일에 넣어서 액티비티에 포함시킬 수 있다. 그리고 어떤 방법을 사용하든 과거 안드로이드 버전과의 호환성 유지를 위해서 지원 라이브러리를 사용할 경우, 프래그먼트를 사용하는 액티비티는 AppCompatActivity 클래스 대신 FragmentActivity의 서브 클래스가 되어야 한다.

```
package com.example.myFragmentDemo

import androidx.fragment.app.FragmentActivity
import android.os.Bundle

class MainActivity : FragmentActivity() {
    .
    .
}
```

프래그먼트를 액티비티의 XML 레이아웃 파일에 포함시킬 때는 FragmentContainerView 클래스를 사용한다. 이 클래스는 액티비티의 XML 레이아웃 파일에 설정한다. 다음 예에서는 앞에서 생성한 프래그먼트인 FragmentOne을 액티비티 레이아웃에 포함시킨다.

```
<?xml version="1.0" encoding="utf-8"?>
<androidx.constraintlayout.widget.ConstraintLayout
    xmlns:android="http://schemas.android.com/apk/res/android"
    xmlns:app="http://schemas.android.com/apk/res-auto"
    xmlns:tools="http://schemas.android.com/tools"
    android:layout_width="match_parent"
    android:layout_height="match_parent"
    tools:context=".MainActivity">
```

```
    <androidx.fragment.app.FragmentContainerView
        android:id="@+id/fragment2"
        android:name="com.ebookfrenzy.myfragmentdemo.FragmentOne"
        android:layout_width="0dp"
        android:layout_height="wrap_content"
        android:layout_marginStart="32dp"
        android:layout_marginEnd="32dp"
        app:layout_constraintBottom_toBottomOf="parent"
        app:layout_constraintEnd_toEndOf="parent"
        app:layout_constraintStart_toStartOf="parent"
        app:layout_constraintTop_toTopOf="parent"
        tools:layout="@layout/fragment_one" />
</androidx.constraintlayout.widget.ConstraintLayout>
```

FragmentContainerView를 선언할 때 중요한 속성으로는 android:name과 tools:layout이 있다.

android:name은 레이아웃에 포함되는 프래그먼트의 클래스를 참조해야 하며, tools:layout은 프래그먼트의 레이아웃을 포함하는 XML 리소스 파일을 참조해야 한다.

일단, 프래그먼트가 액티비티의 레이아웃에 추가되면 안드로이드 스튜디오 레이아웃 편집기에서 그것을 보면서 작업할 수 있다. 예를 들어, 그림 37-1에서는 액티비티에 포함된 프래그먼트를 갖는 위의 레이아웃을 안드로이드 스튜디오 레이아웃 편집기에서 보여 준다.

그림 37-1

37.4 코드에서 프래그먼트 추가하고 관리하기

액티비티의 XML 레이아웃 파일을 사용해서 프래그먼트를 액티비티에 추가하는 것은 쉽다. 그러나 액티비티에서 런타임 시에 해당 프래그먼트를 제거할 수 없다는 단점이 생긴다. 따라서 런타임 시에 프래그먼트를 동적으로 제어하기 위해서는 프래그먼트를 코드에서 추가해야 한다. 그리고 이렇게 하면 앱이 실행되는 동안 프래그먼트를 동적으로 추가, 제거, 심지어는 다른 것으로 교체할 수 있다.

코드를 사용해서 프래그먼트를 관리할 경우에도 해당 프래그먼트 자신은 여전히 XML 레이아웃 파일과 이에 연관되는 클래스로 구성된다. 그러나 호스팅hosting(프래그먼트를 포함하는) 액티비티에서 프래그먼트가 작동하는 방법이 XML 레이아웃 파일을 사용하는 방법과 다르다. 코드를 사용해서 프래그먼트를 액티비티에 추가하는 표준 절차는 다음과 같다.

1. 프래그먼트 클래스의 인스턴스를 생성한다.
2. 추가적인 인텐트intent 인자를 그 인스턴스에 전달한다.
3. 프래그먼트 매니저fragment manager 인스턴스의 객체 참조를 얻는다.
4. 프래그먼트 매니저 인스턴스의 beginTransaction() 함수를 호출한다. 그러면 이 함수에서 프래그먼트 트랜잭션fragment transaction 인스턴스를 반환한다.
5. 프래그먼트 트랜잭션 인스턴스의 add() 함수를 호출한다. 이때 프래그먼트를 포함하는 뷰의 리소스 ID와 프래그먼트 클래스 인스턴스를 인자로 전달한다.
6. 프래그먼트 트랜잭션의 commit() 함수를 호출한다.

예를 들어, 다음 코드에서는 FragmentOne 클래스로 정의된 프래그먼트를 액티비티에 추가한다. 그럼으로써 LinearLayout1의 id를 갖는 컨테이너 뷰에 해당 프래그먼트가 나타나게 된다(프래그먼트의 UI가 화면에 나타날 수 있다는 의미다).

```
val firstFragment = FragmentOne()
firstFragment.arguments = intent.extras
val transaction = fragmentManager.beginTransaction()
transaction.add(R.id.LinearLayout1, firstFragment)
transaction.commit()
```

이 코드의 각 라인을 바로 앞의 표준 절차 문장과 하나씩 일치시켜 보면 이해하기 쉬울 것이다. 그리고 마지막 세 라인은 다음과 같이 한 라인의 코드로 줄일 수 있다.

```
supportFragmentManager.beginTransaction().add(
    R.id.LinearLayout1, firstFragment).commit()
```

이처럼 프래그먼트가 컨테이너 뷰에 추가된 다음에는 나중에 언제든지 프래그먼트 트랜잭션 인스턴스의 remove() 함수를 호출하여 제거할 수 있다. 이때 제거될 프래그먼트 인스턴스의 참조를 함수 인자로 전달한다.

```
transaction.remove(firstFragment)
```

이와 유사하게, 프래그먼트 트랜잭션 인스턴스의 replace() 함수를 호출하면 하나의 프래그먼트를 다른 것으로 교체할 수 있다(이 경우 화면에는 교체된 프래그먼트의 UI가 보이게 된다). 이때는 해당 프래그먼트를 포함하는 뷰의 **id**와 새로운 프래그먼트의 인스턴스를 함수 인자로 전달한다. 또한, 교체된 프래그먼트는 백~back~ 스택이라고 하는 곳에 위치할 수 있다.

사용자가 해당 프래그먼트 화면으로 돌아왔을 때 빠르게 복원될 수 있도록 하기 위해서다. 이렇게 하려면 commit() 함수를 호출하기 전에 프래그먼트 트랜잭션 객체의 **addToBackStack()** 함수를 호출하면 된다.

```
val secondFragment = FragmentTwo()
transaction.replace(R.id.LinearLayout1, secondFragment)
transaction.addToBackStack(null)
transaction.commit()
```

37.5 프래그먼트 이벤트 처리하기

앞에서 이야기했듯이, 프래그먼트는 자신의 레이아웃과 클래스 및 생명주기를 갖는 부속 액티비티와 매우 흡사하다. 프래그먼트에 있는 뷰 컴포넌트(예를 들어, 버튼이나 텍스트 뷰)는 보통의 액티비티에서처럼 이벤트를 발생시킬 수 있다. 그렇다면 프래그먼트의 뷰로부터 이벤트가 발생했을 때 어떤 클래스가 받는 것일까? 프래그먼트 자신일까, 아니면 해당 프래그먼트를 포함하는 액티비티일까? 이것은 이벤트 핸들러가 선언되는 방법에 달렸다.

33장에서 이벤트를 처리하는 두 가지 방법을 알아보았다. 첫 번째 방법은 액티비티의 코드에서 이벤트 리스너와 콜백 함수를 구성하는 것이다. 예를 들면, 다음과 같다.

```
binding.button.setOnClickListener { // 버튼을 클릭했을 때 실행될 코드 }
```

이벤트 리스너를 구현하지 않고 간단하게 클릭 이벤트만을 감지하고 처리하고자 할 때는 XML 레이아웃 파일에 android:onClick 속성을 설정하는 것이 두 번째 방법이다.

```
<Button
    android:id="@+id/button1"
    android:layout_width="wrap_content"
    android:layout_height="wrap_content"
    android:onClick="onClick"
    android:text="Click me" />
```

이벤트 리스너와 콜백 함수 방식을 사용해서 프래그먼트 클래스에 이벤트 리스너가 선언되었다면 프래그먼트의 뷰에서 발생한 이벤트는 프래그먼트에 의해 우선적으로 처리된다. 그렇지 않고 android:onClick이 사용되면 해당 이벤트는 프래그먼트를 포함하는 액티비티에 직접 전달된다.

37.6 프래그먼트 간의 통신 구현하기

하나의 액티비티에 하나 이상의 프래그먼트가 포함되면 프래그먼트와 액티비티 간에, 그리고 프래그먼트끼리의 통신이 어떤 형태로든 필요하다. 실제로는 프래그먼트끼리 직접 통신하지 않는다. 모든 통신은 프래그먼트를 포함하는 액티비티를 통해 이루어져야 한다.

액티비티가 프래그먼트와 통신하려면 액티비티는 프래그먼트에 지정된 id로 프래그먼트 객체를 확인해야 한다. 그리고 프래그먼트 객체의 참조를 얻으면 액티비티는 해당 프래그먼트 객체의 public 함수를 호출할 수 있다.

다른 방향의 통신(프래그먼트로부터 액티비티로의 통신)은 약간 더 복잡하다. 프래그먼트는 자신의 리스너 인터페이스를 정의해야 하며, 이 인터페이스를 액티비티 클래스에 구현하면 된다. 예를 들어, 다음 코드에서는 ToolbarListener라는 인터페이스를 ToolbarFragment라는 프래그먼트 클래스에 선언한다. 또한, 나중에 값이 저장될 액티비티 참조 변수도 선언한다.

```
class ToolbarFragment : Fragment() {

    var activityCallback: ToolbarFragment.ToolbarListener? = null

    interface ToolbarListener {
        fun onButtonClick(fontsize: Int, text: String)
    }
    .
    .
}
```

이 코드를 보면 ToolbarListener 인터페이스를 구현하는 액티비티 클래스에서는 onButtonClick 콜백 함수를 반드시 구현해야 한다는 것을 알 수 있다. 이때 이 함수에서는 정숫값 하나와 String 객체 하나를 인자로 받는다.

그다음에 Fragment의 서브 클래스(여기서는 ToolbarFragment)에서는 Fragment 클래스의 onAttach() 함수를 오버라이딩하여 구현해야 한다. 이 함수는 프래그먼트가 초기화되고 액티비티와 연관될 때 안드로이드 시스템에 의해 자동으로 호출된다. 이 함수는 프래그먼트가 포함된 액티비티의 참조를 인자로 받는다. 그리고 해당 참조를 자신의 참조 변수에 저장해야 하는데, 이때 호스팅 액티비티가 ToolbarListener 인터페이스를 구현하고 있는지 확인해야 한다.

```
override fun onAttach(context: Context?) {
    super.onAttach(context)
    try {
        activityCallback = context as ToolbarListener
```

```
    } catch (e: ClassCastException) {
        throw ClassCastException(context?.toString()
            + " must implement ToolbarListener")
    }
}
```

이 코드가 실행되면 액티비티의 객체 참조가 activityCallback 지역 변수에 저장될 것이다. 그리고 만일 액티비티에서 ToolbarListener 인터페이스를 구현하지 않았다면 ClassCastException 예외가 발생하여 catch 문에서 처리된다.

그다음으로 할 일은 프래그먼트 내부에서 액티비티의 콜백 함수를 호출하는 것이다. 이런 호출은 프래그먼트가 액티비티를 접속할 필요가 있는 상황에서 이루어진다. 예를 들어, 다음 코드에서는 버튼이 클릭되었을 때 액티비티의 콜백 함수를 호출한다.

```
override fun onButtonClick(arg1: Int, arg2: String) {
    activityCallback.onButtonClick(arg1, arg2)
}
```

이제 남은 일은 액티비티 클래스에서 ToolbarListener 인터페이스를 구현하게 하는 것이다. 예를 들면, 다음과 같다.

```
class MainActivity : FragmentActivity(),
        ToolbarFragment.ToolbarListener {

    override fun onButtonClick(arg1: Int, arg2: String) {
        // 콜백 함수의 코드를 구현한다
    }
    .
    .
}
```

이 코드에서 알 수 있듯이, ToolbarFragment 클래스의 ToolbarListener 인터페이스를 구현한다는 것을 액티비티에 선언하고 있다. 그리고 이 인터페이스에서 필요로 하는 onButtonClick() 함수를 구현한다.

37.7 요약

프래그먼트는 사용자 인터페이스 레이아웃과 앱의 기능을 재사용 가능한 모듈로 생성하는 강력한 메커니즘을 제공한다. 그리고 일단 프래그먼트가 생성되면 액티비티에 포함될 수 있다. 프래그먼트는 하나의 사용자 인터페이스 레이아웃 파일과 하나의 클래스로 구성된다. 그리고 액티비티의 레이아웃 파일에 프래그먼트를 추가하거나 런타임 시에 프래그먼트를 관리하는 코드를 작성하여 여러 개의 프래그먼트를 하나의 액티비티에서 사용할 수 있다. 코드에서 액티비티에 추가된 프래그먼트는 런타임 시에 동적으로 제거되거나 다른 것으로 교체될 수 있다. 모든 프래그먼트끼리의 통신은 자신이 포함된 액티비티를 통해 수행되어야 한다.

이번 장에서는 프래그먼트의 기본 사항을 알아보았다. 다음 장에서는 예제 앱을 만들어 이번 장에서 설명한 기법을 실제 구현해 볼 것이다.

38

프래그먼트 사용 예제 프로젝트

앞 장에서 설명했듯이, 프래그먼트는 앱의 재사용 가능한 (사용자 인터페이스 및 이와 관련된 처리 모두로 구성되는) 모듈을 생성하는 편리한 메커니즘을 제공한다. 일단 생성되면 프래그먼트는 액티비티에 포함될 수 있다.

프래그먼트의 전반적인 이론은 앞 장에서 알아보았으므로, 이번 장에서는 안드로이드 스튜디오를 사용해서 예제 안드로이드 앱을 생성할 것이다. 이 앱은 프래그먼트를 생성하고 사용하는 데 필요한 실제 작업을 보여 주기 위해 설계된 것이다. 또한, 액티비티에 포함된 프래그먼트 간의 통신을 구현하는 것도 보여 줄 것이다.

38.1 예제 프래그먼트 앱 개요

이번 장에서 생성할 앱은 하나의 액티비티와 두 개의 프래그먼트로 구성된다. 첫 번째 프래그먼트의 사용자 인터페이스는 EditText, SeekBar, Button을 포함하는 ConstraintLayout 뷰로 구성된다. 두 번째 프래그먼트는 TextView만 포함하는 ConstraintLayout 뷰로 구성된다.

두 개의 프래그먼트는 앱의 메인 액티비티에 포함되어 상호 간의 통신을 구현할 것이다. 즉, 첫 번째 프래그먼트의 Button을 누르면 EditText에 입력된 텍스트가 두 번째 프래그먼트의 TextView에 나타난다. 이때 첫 번째 프래그먼트에 있는 SeekBar의 값을 TextView에 나타나는 텍스트의 폰트 크기로 사용한다.

38.2 예제 프로젝트 생성하기

우선, 새 프로젝트를 생성하자. 안드로이드 스튜디오 메인 메뉴의 File ➡ New ➡ New Project...를 선택하거나 웰컴 스크린에서 New Project 버튼을 클릭한다. '프로젝트 템플릿 선택' 대화상자가 나타나면 Phone and Tablet과 Empty Activity를 선택하고 Next 버튼을 누른다.

Name 필드에 FragmentExample을 입력하고 Package name에는 com.ebookfrenzy.fragment example을 입력한다. 그리고 Language가 Kotlin인지 확인하고 Minimum SDK는 API 26: Android 8.0 (Oreo)를 선택한다. 또한, Use legacy android.support libraries가 체크 해제되어 있는지 확인하고 Finish 버튼을 누른다.

프로젝트가 생성된 후 **18.8**절을 참고하여 뷰 바인딩을 활성화하고 사용하도록 변경하자(안드로이드 스튜디오가 자동 생성한 코드에서 이미 뷰 바인딩을 사용한다면 할 필요 없다).

또한, 프로젝트 도구 창의 **Gradle Scripts** ➡ **build.gradle** (Module: FragmentExample.app) 파일을 더블클릭하여 편집기 창에 열고 다음과 같이 dependencies 섹션에 추가한다(라이브러리 버전 번호는 달라질 수 있다). 그리고 변경이 다 되었으면 편집기 창의 오른쪽 위에 있는 Sync Now를 눌러 그래들 빌드의 변경 사항을 프로젝트에 적용한다.

```
implementation 'androidx.navigation:navigation-fragment-ktx:2.3.5'
```

38.3 첫 번째 프래그먼트 레이아웃 생성하기

그다음에 할 일은 우리 액티비티에서 사용될 첫 번째 프래그먼트의 사용자 인터페이스를 생성하는 것이다. 물론 이것은 XML 레이아웃 파일과 프래그먼트 클래스로 구성된다.

프로젝트 도구 창의 app ➡ java ➡ com.ebookfrenzy.fragmentexample에서 마우스 오른쪽 버튼을 눌러 New ➡ Fragment ➡ Gallery... 메뉴 옵션을 선택하면 그림 38-1의 프래그먼트 추가 대화상자가 나타난다.

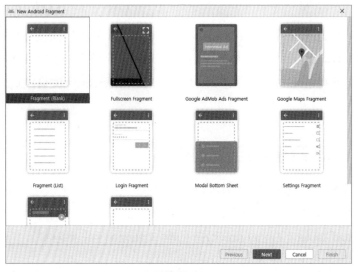

그림 38-1

Fragment(Blank)를 선택하고 Next 버튼을 누른다. 그다음에 나타나는 프래그먼트 구성 대화상자에서 프래그먼트 이름에 ToolbarFragment를 입력하고 레이아웃 이름에는 fragment_toolbar를 입력한 후 Finish 버튼을 누른다(그림 38-2).

그림 38-2

편집기 창에 열려 있는 fragment_toolbar.xml 파일 탭을 클릭하고 오른쪽 위에 있는 디자인 버튼(■ Design)을 클릭하여 디자인 모드로 변경한다. 그리고 컴포넌트 트리 패널의 FrameLayout에서 마우스 오른쪽 버튼을 클릭한 후 Convert FrameLayout to ConstraintLayout을 선택하고 다음 대화상자에서 OK 버튼을 누른다. 또한, 컴포넌트 트리의 frameLayout이 선택된 상태에서 속성 창에서 id를 constraintLayout으로 변경한다(만일 대화상자가 나오면 Refactor 버튼을 누른다). 그다음에 컴포넌트 트리의 textView를 선택 후 Del 키를 눌러서 삭제한다.

그림 38-3과 같이 Plain EditText(팔레트에서 Text 부류의 Plain Text를 클릭하고 끌어서 레이아웃에 놓음), Seekbar(팔레트에서 Widgets 부류의 Seekbar를 클릭하고 끌어서 레이아웃에 놓음), Button(팔레트에서 Buttons 부류의 Button을 클릭하고 끌어서 레이아웃에 놓음)을 레이아웃에 추가하고 속성 창에서 각각의 id를 editText1, seekBar1, button1로 지정한다.

레이아웃에서 버튼(button1)을 선택한 후 속성 창에서 text를 Change Text로 변경하고 change_text라는 이름의 문자열 리소스로 추출한다(3장의 그림 3-13부터 3-15 참고). 또한, EditText를 선택한 후 속성 창의 text 값인 Name을 지운다. 끝으로 Seekbar를 선택한 후 layout_width 속성값을 0dp (match constraint)로 변경하고 왼쪽과 오른쪽 마진을 8dp로 변경한다(26장의 그림 26-10 참고).

제약 추론 툴바 버튼(26장의 그림 26-5 참고)을 눌러서 누락된 제약이 추가되도록 하고 필요하다면 제약을 직접 추가한다(26장의 그림 26-6 참고). 완성된 레이아웃은 그림 38-3과 같다.

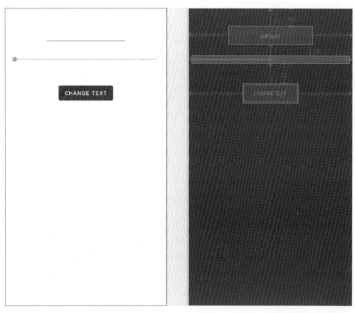

그림 38-3

38.4 뷰 바인딩을 사용하도록 프래그먼트 변경하기

뷰 바인딩을 활성화하고 사용하도록 변경하자(안드로이드 스튜디오가 자동 생성한 코드에서 이미 뷰 바인딩을 사용한다면 할 필요 없다). 편집기 창에 열린 ToolbarFragment.kt 파일을 선택하고 다음과 같이 import 문을 추가하자.

```
import com.ebookfrenzy.fragmentexample.databinding.FragmentToolbarBinding
```

또한, ToolbarFragment 클래스 내부와 onCreateView() 함수에 다음 코드를 추가한다.

```
.
.
private var _binding: FragmentToolbarBinding? = null
private val binding get() = _binding!!
.
.
override fun onCreateView(
    inflater: LayoutInflater, container: ViewGroup?,
    savedInstanceState: Bundle?
): View? {
    return inflater.inflate(R.layout.fragment_toolbar, container, false)
    _binding = FragmentToolbarBinding.inflate(inflater, container, false)
    return binding.root
}
```

변경이 완료되면 이제는 뷰 바인딩을 ToolbarFragment 프래그먼트에 사용할 수 있다.

38.5 두 번째 프래그먼트 추가하기

첫 번째 프래그먼트(ToolbarFragment) 레이아웃을 생성할 때와 같은 방법으로 두 번째 프래그먼트를 생성하자. 이름은 TextFragment로, 그리고 레이아웃 파일은 fragment_text로 지정한다. 또한, fragment_text.xml이 선택된 상태에서 FrameLayout을 ConstraintLayout으로 변환하고(속성 창에서 id를 constraintLayout2로 변경) 기본으로 추가된 TextView를 삭제한다.

팔레트에서 Common 부류의 TextView를 끌어서 레이아웃의 중앙에 놓고 제약 추론 툴바 버튼을 눌러서 누락된 제약이 추가되게 한다. 그리고 TextView가 선택된 상태에서 속성 창의 id를 textView2로 변경하고 text를 'Fragment Two'로 변경한다. 또한, textAppearance 속성값을 Large로 변경한다.

완성된 레이아웃은 그림 38-4와 같다.

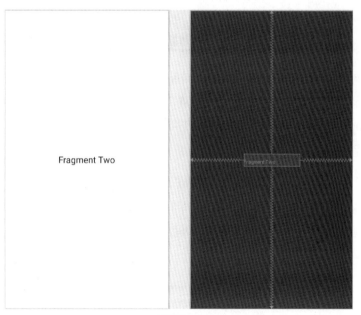

그림 38-4

앞에서 했던 대로 TextFragment에서도 뷰 바인딩을 사용하도록 변경하자(안드로이드 스튜디오가 자동 생성한 코드에서 이미 뷰 바인딩을 사용한다면 할 필요 없다). 편집기 창에 열린 TextFragment.kt 파일을 선택하고 import 문을 추가하자.

```
import com.ebookfrenzy.fragmentexample.databinding.FragmentTextBinding
```

또한, TextFragment 클래스 내부와 onCreateView() 함수에 다음 코드를 추가한다.

```
.
.
private var _binding: FragmentTextBinding? = null
private val binding get() = _binding!!
.
.
override fun onCreateView(
    inflater: LayoutInflater, container: ViewGroup?,
    savedInstanceState: Bundle?
): View? {
    return inflater.inflate(R.layout.fragment_text, container, false)
    _binding = FragmentTextBinding.inflate(inflater, container, false)
    return binding.root
}
```

변경이 완료되면 이제는 TextFragment에도 뷰 바인딩을 사용할 수 있다.

38.6 액티비티에 프래그먼트 추가하기

앱의 메인 액티비티와 연관된 XML 레이아웃 파일은 activity_main.xml이다. 여기서는 Fragment ContainerView 클래스를 사용해서 두 개의 프래그먼트를 activity_main.xml 파일에 추가할 것이다. activity_main.xml 파일은 레이아웃 편집기에 이미 로드되었을 것이다. 편집기 창 위의 activity_main.xml 탭을 선택하자.

편집기 창의 오른쪽 위에 있는 디자인 버튼(▣ Design)을 클릭하여 디자인 모드로 변경하고 TextView를 선택하고 Del 키를 눌러 삭제한다. 그리고 팔레트의 Common 부류에 있는 FragmentContainerView를 끌어서 제일 위의 레이아웃 마진(여백)을 의미하는 점선이 나타나는 곳에 놓는다(수평으로는 중앙에 오게 한다).

그림 38-5

그러면 현재 프로젝트에서 사용 가능한 프래그먼트 클래스의 내역이 대화상자에 나타난다(그림 38-6).

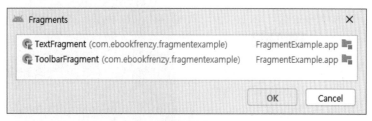

그림 38-6

ToolbarFragment를 선택하고 OK 버튼을 누른다. 그러면 이 프래그먼트가 액티비티 레이아웃에 추가되면서 레이아웃 편집기 창의 제일 오른쪽 위의 버튼(🛑)이 빨간색으로 변할 것이다. 에러가 생겼기 때문이다. 그 버튼을 클릭한 후 아래쪽 패널의 'Unknown fragments' 에러 메시지를 확장하면(메시지 제목 왼쪽의 작은 삼각형을 클릭) 그림 38-7과 같이 자세한 내역을 볼 수 있다. 현재 우리 앱에는 두 개의 프래그먼트가 있으며, 액티비티 레이아웃에 〈fragment〉로 지정한 영역을 같이 사용한다. 따라서 디자인 시점에 미리보기에서 어떤 프래그먼트를 보여 줄지 레이아웃 편집기가 알 수 없기 때문에 그런 것이다. 그림 38-7의 화살표가 가리키는 Pick Layout 링크를 클릭하면 레이아웃을 선택할 수 있는 대화상자가 나타난다. 여기서 fragment_toolbar를 선택하고 OK 버튼을 누른다.

그림 38-7

ToolbarFragment가 선택된 상태에서 속성 창의 layout_width 속성값을 0dp (match constraint)로 변경하여 화면의 너비 영역을 전부 사용하게 한다. 그다음에 다시 한 번 팔레트의 Fragment ContainerView를 마우스로 끌어서 첫 번째 프래그먼트의 아래쪽에 놓고(수평으로는 중앙에 오게 한다) 그림 38-6의 대화상자가 나오면 TextFragment를 선택하고 OK 버튼을 누른다. 그리고 편집기 창 제일 오른쪽 위의 버튼(🛑)을 눌러 'Unknown fragments' 에러 메시지를 확장한 후 Pick Layout 링크를 클릭하면 레이아웃을 선택할 수 있는 대화상자가 나타난다. 여기서 fragment_text를 선택하고 OK 버튼을 누른다. 끝으로 제약 추론 툴바 버튼을 눌러서 누락된 제약이 추가되도록 한다. 프래그먼트가 보이는 완성된 레이아웃은 그림 38-8과 같다.

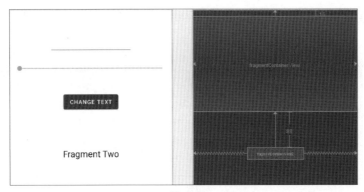

그림 38-8

레이아웃에서 TextFragment를 선택한 후 속성 창의 id를 text_fragment로 변경하자. 액티비티에 서 이 프래그먼트 레이아웃을 참조할 필요가 있기 때문이다.

38.7 ToolbarFragment가 액티비티와 통신하게 만들기

사용자가 ToolbarFragment의 버튼을 터치할 때 이 프래그먼트 클래스에서는 EditText 뷰의 텍스 트와 SeekBar의 현재 값을 TextFragment에 전달할 필요가 있다. 37장에서 설명했듯이, 프래그먼 트는 자기들끼리 직접 통신할 수 없고 자신이 포함된 액티비티를 사용해서 해야 한다.

이렇게 하기 위해 제일 먼저 할 일은 버튼이 클릭될 때 ToolbarFragment가 응답하게 하는 것이다. 또한, SeekBar 뷰의 값을 추적하기 위한 코드도 구현해야 한다. 여기서는 ToolbarFragment 클래 스에서 그런 리스너를 구현할 것이다. 편집기 창에서 ToolbarFragment.kt 탭을 눌러 선택한 후 다 음과 같이 코드를 변경하자.

```
package com.ebookfrenzy.fragmentexample
import android.os.Bundle
import androidx.fragment.app.Fragment
import android.view.LayoutInflater
import android.view.View
import android.view.ViewGroup
import android.widget.SeekBar
import android.content.Context
.
.
class ToolbarFragment : Fragment(), SeekBar.OnSeekBarChangeListener {
    .
    .
    var seekvalue = 10
    .
    .
```

```kotlin
    override fun onViewCreated(view: View, savedInstanceState: Bundle?) {
        super.onViewCreated(view, savedInstanceState)

        binding.seekBar1.setOnSeekBarChangeListener(this)
        binding.button1.setOnClickListener { v: View -> buttonClicked(v) }
    }

    private fun buttonClicked(view: View) {
    }

    override fun onProgressChanged(seekBar: SeekBar, progress: Int,
                                   fromUser: Boolean) {
        seekvalue = progress
    }

    override fun onStartTrackingTouch(arg0: SeekBar) {
    }

    override fun onStopTrackingTouch(arg0: SeekBar) {
    }
    .
    .
    .
}
```

잠시 이 코드의 변경 사항을 살펴보자. 우선, 이 프래그먼트 클래스에서는 OnSeekBarChange Listener 인터페이스를 구현한다고 선언하고 있다. 사용자 인터페이스에 SeekBar 인스턴스가 포함되어 있어서 사용자가 바$_{bar}$를 밀어서 폰트 크기로 사용될 값을 변경할 때 프래그먼트에서 이벤트를 처리해야 하기 때문이다. OnSeekBarChangeListener 인터페이스를 구현할 때는 onProgressChanged(), onStartTrackingTouch(), onStopTrackingTouch() 함수를 구현해야 한다. 그러므로 이 함수를 모두 구현해야 하지만 여기서는 onProgressChanged() 함수만 필요하다. 이 함수는 사용자가 바를 밀 때마다 호출되어 프래그먼트 클래스에 선언된 seekvalue 변수에 SeekBar의 현재 값을 저장한다. 그리고 앞의 코드에는 EditText 객체의 참조를 저장하는 변수도 선언되어 있다.

onViewCreated() 함수는 버튼의 OnClickListener를 설정하기 위해 추가되었으며, 이 리스너에는 클릭 이벤트가 발생하면 호출되는 buttonClicked() 함수가 있다. 이 함수도 구현되어 있지만 현재는 아무것도 처리하지 않는다.

다음으로 할 일은 버튼이 클릭될 때 프래그먼트가 액티비티를 호출할 수 있게 해주는 리스너를 설정하는 것이다. 이것은 37장에서 설명했던 메커니즘을 따른다. 다음과 같이 ToolbarFragment.kt의 코드를 변경하자.

```
class ToolbarFragment : Fragment(), SeekBar.OnSeekBarChangeListener {
    .
    .
    var seekvalue = 10

    var activityCallback: ToolbarFragment.ToolbarListener? = null
    .
    .
    interface ToolbarListener {
        fun onButtonClick(position: Int, text: String)
    }

    override fun onAttach(context: Context) {
        super.onAttach(context)
        try {
            activityCallback = context as ToolbarListener
        } catch (e: ClassCastException) {
            throw ClassCastException(context.toString()
                                    + " must implement ToolbarListener")
        }
    }
    .
    .
    private fun buttonClicked(view: View) {
        activityCallback?.onButtonClick(seekvalue,
                binding.editText1.text.toString())
    }
    .
    .
}
```

여기서는 사용자가 버튼을 클릭했을 때 액티비티 클래스의 onButtonClick() 함수를 호출한다. 따라서 액티비티 클래스에서는 이 프래그먼트 클래스에 새로 정의된 ToolbarListener 인터페이스를 구현한다는 것을 선언하고, 이 인터페이스의 onButtonClick() 함수를 구현해야 한다.

더 이전 버전의 안드로이드에서 프래그먼트를 지원하기 위해 안드로이드 지원 라이브러리가 사용되므로 액티비티도 AppCompatActivity 대신 FragmentActivity의 서브 클래스가 되도록 변경해야 한다.

MainActivity.kt 파일을 다음과 같이 수정하자(취소선이 그어진 코드는 삭제한다).

```
package com.ebookfrenzy.fragmentexample

import androidx.appcompat.app.AppCompatActivity
import androidx.fragment.app.FragmentActivity
import android.os.Bundle

class MainActivity : FragmentActivity(),
                    ToolbarFragment.ToolbarListener {
```

```
        .
        .
    override fun onButtonClick(fontsize: Int, text: String) {
    }
}
```

지금까지 변경한 내용은 다음과 같다. 사용자가 버튼을 클릭하면 ToolbarFragment에서 이벤트를 감지하고 액티비티의 onButtonClick() 함수를 호출한다. 이때 EditText 필드와 SeekBar 뷰의 현재 값을 함수 인자로 전달한다. 이제는 액티비티가 TextFragment와 통신하는 일만 남았다. TextFragment에서 그 값을 받아서 TextView 객체를 변경하기 위해서다.

38.8 액티비티에서 TextFragment로 통신하기

37장에서 설명했듯이, 액티비티는 프래그먼트 객체의 참조를 얻은 후 이 객체의 public 함수를 호출하여 프래그먼트와 통신할 수 있다. 여기서는 TextFragment 클래스에서 changeTextProperties() 라는 이름의 public 함수를 구현할 것이다. 이 함수는 폰트 크기를 나타내는 정숫값과 텍스트로 보여 줄 문자열을 인자로 받아서 TextView 객체를 변경한다. 안드로이드 스튜디오 편집기 창에서 TextFragment.kt 파일 탭을 클릭하여 선택한 후 다음의 changeTextProperties() 함수를 추가하자.

```
package com.ebookfrenzy.fragmentexample
.
.
class TextFragment : Fragment() {
    .
    .
    fun changeTextProperties(fontsize: Int, text: String)
    {
        binding.textView2.textSize = fontsize.toFloat()
        binding.textView2.text = text
    }
    .
    .
}
```

앞에서 액티비티의 레이아웃에 TextFragment를 위치시킬 때 이 프래그먼트의 id를 text_fragment 로 지정했었다. 이 id를 사용하면 액티비티가 TextFragment 객체의 참조를 얻어서 이 객체의 changeTextProperties() 함수를 호출할 수 있다.

MainActivity.kt 파일에서 onButtonClick() 함수에 다음 코드를 추가하자.

```
override fun onButtonClick(fontsize: Int, text: String) {
    val textFragment = supportFragmentManager.findFragmentById(
```

```
                      R.id.text_fragment) as TextFragment
    textFragment.changeTextProperties(fontsize, text)
}
```

38.9 앱 테스트하기

이제는 프로젝트 작성이 다 되었으므로 앱을 실행하는 일만 남았
다. 실제 장치나 에뮬레이터에서 앱을 실행해 보자. 앱이 론칭되면
메인 액티비티가 시작되면서 두 개의 프래그먼트를 생성하고 보여
줄 것이다. 그리고 사용자가 ToolbarFragment의 텍스트를 입력하
고 SeekBar를 움직인 후 Change Text 버튼을 터치하면 액티비티의
onButtonClick() 함수가 ToolbarFragment에 의해 호출된다. 그리
고 이때 EditText 뷰의 텍스트와 SeekBar의 현재 값이 인자로 전
달된다.

그다음에 두 번째 프래그먼트인 TextFragment의 changeText
Properties() 함수를 액티비티가 호출하면서 그 두 가지 값을 인
자로 전달한다. 그러면 이 함수에서는 새로운 텍스트와 폰트 크기
를 반영하여 TextView의 텍스트를 변경하고 보여 줄 것이다(그림
38-9).

그림 38-9

38.10 요약

이번 장에서는 예제 프로젝트를 만들어서 안드로이드 앱에서 프래그먼트를 사용하는 방법을 보여
주었다. 여기에는 프래그먼트가 소개되기 전의 안드로이드 버전과 호환되도록 안드로이드 지원 라
이브러리를 사용하는 방법, 그리고 액티비티 레이아웃에 프래그먼트를 포함시키는 방법, 프래그먼
트 간의 통신을 구현하는 방법 등이 포함된다.

39

최신 안드로이드 앱 아키텍처: Jetpack

그동안 구글은 안드로이드 앱을 만드는 특별한 방법을 권장하지 않았으며 단지 개발 도구만 제공하고 프로젝트나 프로그래밍 스타일은 개발자가 알아서 결정하게 하였다. 그러나 안드로이드 아키텍처 컴포넌트가 2017년에 소개되고 2018년에 릴리스된 안드로이드 Jetpack의 일부가 되면서 변화가 생기게 되었다.

이번 장에서는 안드로이드 앱 아키텍처 권장안이면서 핵심 아키텍처 컴포넌트의 일부인 Jetpack의 개념을 알아본다. 그리고 이후의 여러 장에서는 예제 프로젝트를 통해 더 자세한 내용을 살펴볼 것이다.

39.1 안드로이드 Jetpack이란?

안드로이드 Jetpack은 안드로이드 앱 구성의 권장사항 지침과 더불어 안드로이드 스튜디오, 안드로이드 아키텍처 컴포넌트와 안드로이드 지원 라이브러리로 구성된다. 안드로이드 아키텍처 컴포넌트는 아키텍처 지침의 핵심 원리를 준수하면서 안드로이드 앱을 개발할 때 더 빠르고 쉽게 공통 작업을 수행할 수 있도록 설계되었다.

안드로이드 아키텍처 컴포넌트는 이 책 전반에 걸쳐 알아보겠지만, 이번 장에서는 특히 ViewModel, LiveData, 생명주기lifecycle 컴포넌트의 개념을 살펴본다.

39.2 종전 아키텍처

3장에서 생성했던 안드로이드 프로젝트는 하나의 액티비티로 구성되며, 이 액티비티는 UI사용자 인터페이스를 보여 주고 관리하는 것과 더불어 앱의 로직을 처리하는 모든 코드를 포함한다. Jetpack이 등장하기 전까지는 그런 아키텍처로 앱을 생성하였다. 즉, 각 액티비티가 UI와 앱의 로직을 같이 가지며 필요에 따라 다수의 액티비티(한 화면당 하나의 액티비티)로 앱을 구성하는 식이다.

그러나 이 방법은 앱의 생명주기와 관련된 다양한 문제(예를 들어, 사용자가 장치를 회전할 때마다 액티비티가 소멸 및 재생성됨으로 해서 저장되지 않은 앱 데이터가 유실됨)를 야기하는 것은 물론이고, 앱의 각 화면마다 새로운 액티비티를 시작하는 데 따른 비효율적인 화면 이동 문제도 초래한다.

39.3 최신 안드로이드 아키텍처

이제 구글에서는 동일 액티비티 내부에서 서로 다른 화면이 콘텐츠로 로드되는 단일 액티비티 앱을 권장한다.

최신 아키텍처 지침에서는 또한, 앱 내부의 서로 다른 기능을 별도의 모듈로 분리하는 것을 권장한다. 이런 방법의 핵심 요소 중 하나가 ViewModel 컴포넌트다.

39.4 ViewModel 컴포넌트

ViewModel의 목적은 앱의 UI 관련 데이터 모델과 로직을 코드(실제로 UI를 보여 주고 관리하며 운영체제와 상호작용하는)와 분리하는 것이다.

이 방법으로 설계된 앱은 액티비티와 같은 하나 이상의 UI 컨트롤러controller, 그리고 컨트롤러가 필요로 하는 데이터를 처리하는 ViewModel 인스턴스로 구성된다.

실제로 ViewModel은 데이터 모델 및 이와 관련된 로직만 안다. 그리고 UI에 관해서는 전혀 모르며, UI의 뷰와 관련된 이벤트에 대한 응답이나 직접적인 사용은 하지 않는다. 화면에 보여 줄 데이터를 UI 컨트롤러가 필요로 할 때는 ViewModel에 요청하면 된다. 이와 유사하게 UI의 뷰에 사용자가 데이터를 입력할 때는 이 데이터를 UI 컨트롤러가 ViewModel에 전달하여 처리하게 하면 된다.

이런 책임 분담은 UI 컨트롤러의 생명주기와 관련된 문제점을 해결해 준다. 즉, 앱의 생명주기 동안 UI 컨트롤러(예를 들어, 액티비티)가 여러 번 재생성되더라도 ViewModel 인스턴스는 메모리에 남아 있으므로 데이터의 일관성을 유지할 수 있다. 예를 들어, 액티비티에서 사용하는 ViewModel은 해당 액티비티가 완전히 끝날 때까지 메모리에 남아 있다.

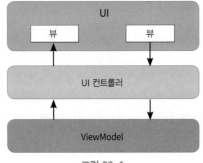

그림 39-1

39.5 LiveData 컴포넌트

주식의 현재가와 같은 실시간 데이터를 화면에 보여 주는 앱을 생각해 보자. 이 경우 앱에서는 어떤 형태로든 주식 관련 웹 서비스를 사용해서 지속적으로 ViewModel의 데이터 모델을 최신 정보로 변경할 것이다. 당연하지만 이런 실시간 데이터는 적시에 사용자에게 보여 주어야 쓸모가 있다. 이 경우 최신 데이터가 UI에 나타나도록 UI 컨트롤러가 할 수 있는 방법은 두 가지가 있다. 첫 번째는, 가장 최근에 UI에 나타난 이래로 데이터가 변경되었는지 알기 위해 UI 컨트롤러가 지속적으로 ViewModel을 확인하는 것이다. 그러나 이 방법은 비효율적이라는 것이 문제다. 실시간 데이터는 수시로 공급되므로 UI 컨트롤러는 루프를 반복 실행하면서 끊임없이 데이터 변경을 확인해야 하기 때문이다.

두 번째로 더 좋은 방법이 있다. 즉, ViewModel의 특정 데이터 항목이 변경될 때 UI 컨트롤러가 통보를 받는 것이다. 이것은 LiveData 컴포넌트를 사용하면 가능하다. LiveData는 데이터 홀더이며 저장된 데이터를 관찰할 수 있게observable 해준다. 기본적으로 관찰 가능한 객체는 자신의 데이터가 변경될 때 다른 객체에게 알려 줄 수 있는 기능을 갖는다. 따라서 LiveData를 사용하면 UI가 ViewModel의 데이터와 항상 일치되게 할 수 있다.

즉, ViewModel 데이터에 관심 있는 UI 컨트롤러가 옵저버observer를 설정하고 해당 데이터가 변경될 때 통보를 받을 수 있다는 의미다. 예를 들어, 주식 앱에서는 주가가 ViewModel의 LiveData 객체에 포함될 것이고, UI 컨트롤러는 해당 값이 변경될 때 호출되는 함수를 선언하면서 해당 값의 옵저버를 지정할 것이다. 그리고 데이터 변경에 의해 이 함수가 호출되면 ViewModel로부터 변경 데이터를 읽어서 UI를 변경하는 데 사용하면 된다.

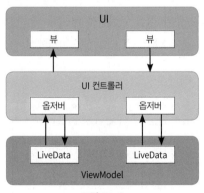

그림 39-2

LiveData 인스턴스는 또한, 변경 가능하도록 선언될 수 있으며 이 경우 데이터 변경을 관찰하는 개체가 LiveData에 저장된 값을 변경할 수 있다. 예를 들어, ViewModel에 저장된 값을 사용자가 UI에 입력한 값으로 변경할 수 있다.

LiveData를 사용할 때는 또 다른 장점이 있다. LiveData는 자신을 관찰하는 옵저버의 생명주기 상태를 안다는 것이다. 예를 들어, 어떤 액티비티가 LiveData 옵저버를 포함한다면, 이 LiveData 객체는 해당 액티비티의 생명주기 상태가 변경되는 것을 알고 이에 맞춰 대응할 수 있다. 따라서 만일 해당 액티비티가 일시 중지 상태이면(앱이 백그라운드로 진입 시) LiveData 객체는 옵저버에게 통지(이벤트 전송)하는 것을 중단할 것이다. 그리고 액티비티가 다시 실행을 재개하면 액티비티가 최신 데이터 값을 갖도록 하기 위해 LiveData 객체는 옵저버에게 LiveData 이벤트를 전송할 것이다. 이와 유사하게 LiveData 객체는 액티비티가 소멸되어 옵저버가 제거되는 것을 안다.

지금까지는 옵저버를 사용하는 UI 컨트롤러에 관해서만 알아보았다. 그러나 실제로는 Jetpack을 사용해서 생명주기 관리를 하는 어떤 객체에서도 옵저버가 사용될 수 있다.

39.6 ViewModel의 상태 저장

안드로이드에서는 사용자가 다른 앱을 사용하면 직전에 사용하던 앱은 백그라운드에 놓이게 된다. 그리고 백그라운드의 앱은 사용자가 다시 사용할 때 복원되어 재실행된다. 그러나 이때 백그라운드에 놓이기 직전과 동일한 상태로 나타나야 하므로 상태 데이터를 저장 및 복원해야 한다. ViewModel의 경우는 상태 저장 모듈을 사용해서 저장 및 복원을 구현한다. 이 내용은 44장에서 추가로 알아볼 것이다.

39.7 LiveData와 데이터 바인딩

안드로이드 Jetpack은 데이터 바인딩 라이브러리를 포함한다. 이 라이브러리는 ViewModel의 데이터를 XML UI 레이아웃 파일의 뷰와 직접 연결되게 해준다. 즉, 별도의 코드 작성을 하지 않아도 ViewModel에 저장된 LiveData 값이 XML UI 레이아웃 파일에서 직접 참조될 수 있다.

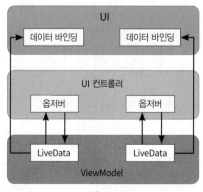

그림 39-3

데이터 바인딩은 42장부터 자세히 알아볼 것이다.

39.8 안드로이드 생명주기

안드로이드 컴포넌트가 생성될 때부터 소멸되는 시점까지의 기간을 **생명주기**lifecycle라고 한다. 생명주기 동안 컴포넌트는 운영체제의 제어하에 그리고 사용자 액션의 응답에 따라 생명주기 상태가 바뀐다. 예를 들어, 액티비티는 초기화 상태에서 시작되어 **생성** 상태로 전환된다. 그리고 실행이 되면 시작 상태로 전환되며, 다양한 상태(생성, 시작, 실행 재개, 소멸 등)를 순환한다.

많은 안드로이드 프레임워크 클래스와 컴포넌트가 자신의 현재 상태를 다른 객체가 알 수 있게 해준다. 또한, 다른 객체의 생명주기 상태가 변경될 때 통보를 받을 수 있게 생명주기를 관찰하는 옵저버도 사용될 수 있다. 옵저버가 다시 시작되거나 소멸되는 때를 알기 위해 ViewModel 컴포넌트가 내부적으로 사용하는 것이 바로 그런 방법이다. 아키텍처 컴포넌트에 포함된 생명주기 컴포넌트를 사용하면 이런 기능을 안드로이드 프레임워크와 아키텍처 컴포넌트에만 국한되지 않고 어떤 다른 클래스에도 적용할 수 있다.

다른 객체의 생명주기 상태를 알아내고 대응할 수 있는 객체를 **생명주기-인식**lifecycle-aware 객체라고 하며, 자신의 생명주기 상태를 제공하는 객체를 **생명주기-소유자**lifecycle-owner라고 한다. 생명주기에 관한 내용은 45장에서 자세하게 알아본다.

39.9 리포지터리 모듈

ViewModel이 하나 이상의 외부 소스(예를 들어, 데이터베이스나 웹 서비스)로부터 데이터를 얻는다면 그런 데이터 소스를 처리하는 코드를 ViewModel 클래스와 분리하는 것이 중요하다. 이를 위해 구글의 아키텍처 지침에서는 그런 코드를 별도의 **리포지터리**Repository 모듈에 둘 것을 권장한다.

리포지터리는 안드로이드 아키텍처 컴포넌트가 아니며, 앱 개발자가 생성한 자바 클래스다. 리포지터리는 다양한 데이터 소스와의 인터페이스를 담당하며 또한, 데이터가 모델에 저장될 수 있도록 ViewModel에도 인터페이스를 제공한다.

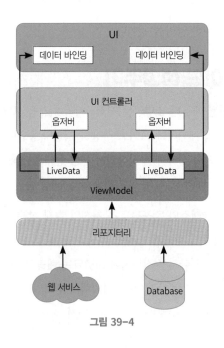

그림 39-4

39.10 요약

그동안 구글은 안드로이드 앱을 만드는 어떤 특별한 방법도 권장하지 않았다.

그러나 안드로이드 Jetpack이 도입되면서 이제는 변화가 생겼다. Jetpack은 각종 도구, 컴포넌트, 라이브러리, 아키텍처 지침으로 구성된다. 이제 구글에서는 특정 기능을 수행하는 별도의 모듈로 앱 프로젝트를 분리할 것을 권장한다.

지침에서는 특히 앱의 뷰 데이터 모델을 UI 처리 코드와 분리할 것을 권장한다. 또한, 웹 서비스나 데이터베이스와 같은 데이터 소스로부터 데이터를 가져오는 코드는 뷰 모델에 같이 두지 말고 별도의 리포지터리 모듈에 생성해야 한다.

안드로이드 Jetpack은 안드로이드 아키텍처 컴포넌트를 포함한다. 안드로이드 아키텍처 컴포넌트는 권장 지침을 따라서 앱을 더 쉽게 개발하기 위해 특별히 설계되었다. 이번 장에서는 ViewModel과 LiveData 및 생명주기 컴포넌트를 알아보았다. 이 내용은 다음 장부터 더 자세히 살펴볼 것이다. 그리고 이번 장에서 이야기하지 않은 다른 아키텍처 컴포넌트는 이 책 후반부에서 다룰 것이다.

Jetpack ViewModel 예제 프로젝트

앞 장에서는 안드로이드 Jetpack과 최신 안드로이드 앱 아키텍처의 핵심 개념을 알아보았다. Jetpack 은 코드 작성과 에러를 줄이면서 신뢰성 있는 앱을 개발하게 해주는 라이브러리와 컴포넌트를 제공 한다.

이번 장에서는 ViewModel 컴포넌트를 사용하는 예제 앱 프로젝트를 만들 것이다. 그리고 이 프로 젝트는 다음 장에서 LiveData와 데이터 바인딩을 추가하여 더 개선할 것이다.

40.1 프로젝트 개요

3장에서 작성했던 AndroidSample 프로젝트에서는 MainActivity 클래스에 앱의 모든 코드가 포함 된다. 그러나 앞 장에서 이야기했듯이, 이런 방식으로 앱을 만들면 액티비티 생명주기의 변화, 특히 장치 회전 등으로 인해 액티비티 인스턴스가 소멸되었다가 다시 생성될 때 상태(데이터)를 저장 및 복원하는 코드를 우리가 작성해야 한다.

이번 장에서는 ViewModel 컴포넌트를 사용하고 구글 앱 아키텍처 지침을 따라서 AndroidSample 프로젝트와 동일한 앱을 구현할 것이다. 이렇게 하면 데이터 처리 코드를 UI 관련 코드와 분리할 수 있는 것은 물론이고, 액티비티 생명주기 변화에 따른 상태 저장 및 복원 코드를 우리가 작성하 지 않아도 된다.

40.2 ViewModel 예제 앱 생성하기

우선, 새 프로젝트를 생성하자. 안드로이드 스튜디오 메인 메뉴의 File ➡ New ➡ New Project...를 선택하거나 웰컴 스크린에서 New Project 버튼을 클릭한다. '프로젝트 템플릿 선택' 대화상자가 나 타나면 Phone and Tablet과 **'Fragment + ViewModel'**을 선택하고 Next 버튼을 누른다. (이 템플릿 은 안드로이드 아키텍처 지침에 따라 Fragment와 ViewModel을 사용하는 프로젝트를 자동 생성해 준다.)

Name 필드에 ViewModelDemo를 입력하고 Package name에는 com.ebookfrenzy.viewmodeldemo

를 입력한다. 그리고 Language가 Kotlin인지 확인하고 Minimum SDK는 API 26: Android 8.0 (Oreo)를 선택한다. 또한, Use legacy android.support libraries가 체크 해제되어 있는지 확인하고 Finish 버튼을 누른다.

프로젝트 도구 창에서 app ➡ Gradle Scripts ➡ build.gradle (Module: ViewModelDemo.app) 파일을 더블클릭하여 편집기 창에 열고 android 섹션에 다음을 추가한다. 이것은 뷰 바인딩을 사용할 수 있게 활성화한다.

```
android {
    .
    .
    buildFeatures {
        viewBinding true
    }
}
```

그리고 편집기 창의 오른쪽 위에 있는 Sync Now를 눌러 그래들 빌드의 변경 사항을 프로젝트에 적용한다.

40.3 프로젝트 살펴보기

'Fragment + ViewModel' 템플릿을 사용해서 프로젝트를 생성하면 프로젝트 구조가 Empty Activity 템플릿을 사용할 때와 여러 면에서 다르다. ViewModelDemo 프로젝트의 핵심 컴포넌트는 다음과 같다.

40.3.1 메인 액티비티

제일 먼저 눈여겨봐야 할 것은, 메인 액티비티의 UI사용자 인터페이스가 구조화되어 있다는 것이다. 즉, 메인 액티비티는 하나이며 이 액티비티가 앱의 모든 화면을 담는 컨테이너 역할을 한다. 메인 액티비티의 UI 레이아웃은 app ➡ res ➡ layout ➡ main_activity.xml 파일에 있으며, 여기에는 앱의 모든 화면을 수용하는 FrameLayout의 형태로 빈 공간을 제공한다(그림 40-1).

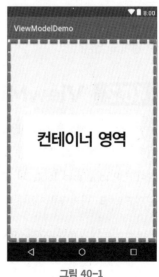

그림 40-1

40.3.2 콘텐츠 프래그먼트

FrameLayout 컨테이너는 플레이스 홀더의 역할만 한다. 따라서 앱이 시작되면 첫 번째 화면의 콘텐츠로 교체된다. 이 콘텐츠는 XML 레이아웃 리소스 파일과 관련 클래스 파일을 포함하는 프래그먼트의 형태이며, 프로젝트를 생성할 때 안드로이드 스튜디오가 생성해 준다. 그리고 이 프래그먼트의 레이아웃 리소스 파일은 app ➡ res ➡ layout ➡ main_fragment.xml이며(그림 40-2) 레이아웃 편집기에 열려 있을 것이다.

그림 40-2

기본적으로 이 프래그먼트는 'MainFragment'라는 텍스트를 보여 주는 TextView 하나만 포함한다. 그러나 첫 번째 앱 화면의 레이아웃을 포함하도록 변경할 수 있다. 메인 액티비티의 컨테이너 영역에 이 프래그먼트를 보여 주는 코드는 안드로이드 스튜디오가 자동으로 생성해 준다. 지금부터는 이 코드를 살펴보자.

이 코드, 즉 FrameLayout 플레이스 홀더를 프래그먼트로 교체하는 코드는 MainActivity 클래스 파일(app ➡ java ➡ com.ebookfrenzy.viewmodeldemo ➡ MainActivity)에 있다. 이 클래스의 onCreate() 함수를 보면 앱이 최초 시작될 때 다음과 같이 컨테이너의 id(앞에서 이야기한 FrameLayout 플레이스 홀더 뷰에 이미 지정되어 있음)를 MainFragment 클래스로 교체하는 것을 알 수 있다.

```kotlin
override fun onCreate(savedInstanceState: Bundle?) {
    super.onCreate(savedInstanceState)
    setContentView(R.layout.main_activity)
    if (savedInstanceState == null) {
        supportFragmentManager.beginTransaction()
                .replace(R.id.container, MainFragment.newInstance())
                .commitNow()
    }
}
```

교체되는 프래그먼트인 MainFragment 클래스의 코드는 app ➡ com.ebookfrenzy.viewmodeldemo ➡ ui.main ➡ MainFragment.kt 파일에 있으며 편집기에 열려 있을 것이다. MainFragment 클래스의 onCreateView() 함수는 이 프래그먼트 클래스의 인스턴스가 생성될 때 호출된다. 이 함수에서는 메인 액티비티 레이아웃의 컨테이너 영역에 나타날 수 있도록 main_fragment.xml 레이아웃 파일을 인플레이트한다.

```
override fun onCreateView(inflater: LayoutInflater, container: ViewGroup?,
                          savedInstanceState: Bundle?): View {
    return inflater.inflate(R.layout.main_fragment, container, false)
}
```

40.3.3 ViewModel

액티비티의 ViewModel은 app ➡ java ➡ ui.main ➡ MainViewModel.kt 파일에 있으며, 안드로이드 아키텍처 컴포넌트 클래스인 ViewModel의 서브 클래스로 선언되어 있다. 앱의 데이터 모델을 저장하도록 우리가 이 클래스를 변경할 수 있다.

```
package com.ebookfrenzy.viewmodeldemo.ui.main

import androidx.lifecycle.ViewModel

class MainViewModel : ViewModel() {
    // TODO: Implement the ViewModel
}
```

40.4 프래그먼트 레이아웃 디자인하기

이제는 자동 생성된 ViewModelDemo 프로젝트의 핵심 컴포넌트를 알았을 것이다. 지금부터는 프래그먼트의 레이아웃을 디자인할 것이다. 레이아웃 편집기 창에 열린 main_fragment.xml 파일을 선택하고 디자인 모드로 변경한다. 컴포넌트 트리에서 기존의 TextView를 선택한 후 속성 창에서 id 속성을 resultText로 변경하고 [Enter] 키를 누른다(그리고 대화상자가 나타나면 Refactor 버튼을 클릭).

팔레트의 Text 부류에 있는 'Number (Decimal)'을 마우스로 끌어서 레이아웃의 TextView 위쪽에 놓는다. 그리고 속성 창의 id 속성을 dollarText로 변경한다(그리고 대화상자가 나타나면 Refactor 버튼을 클릭).

다음은 팔레트의 Buttons 부류에 있는 Button을 끌어서 TextView 밑에 놓는다. 그리고 속성 창의 text 속성을 Convert로 변경하고 id 속성을 convertButton으로 변경한다(그리고 대화상자가 나타나면 Refactor 버튼을 클릭). 이 시점에서 레이아웃은 그림 40-3과 같을 것이다.

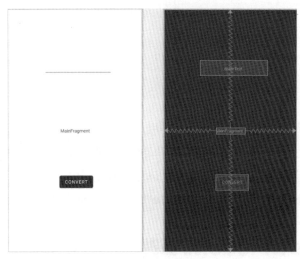

그림 40-3

툴바의 제약 추론 버튼을 클릭하여 누락된 제약이 자동으로 추가
되게 한다(그림 40-4).

그림 40-4

끝으로, 레이아웃 편집기의 오른쪽 위에 있는 아이콘을 클릭하여
각 뷰에 직접 입력한 텍스트_{Hardcoded text}를 문자열 리소스로 추출
한다(3장의 그림 3-13부터 3-15 참고).

40.5 ViewModel 구현하기

UI 레이아웃이 완성되었으므로, 지금부터는 앱의 데이터 모델을 ViewModel에 생성할 것이다.

프로젝트 도구 창에서 app ➡ java ➡ ui.main ➡ MainViewModel.kt 파일을 더블클릭하여 편집기
창에 열고 다음과 같이 변경하자.

```kotlin
package com.ebookfrenzy.viewmodeldemo.ui.main

import androidx.lifecycle.ViewModel

class MainViewModel : ViewModel() {
    // TODO: Implement the ViewModel
    private val usd_to_eu_rate = 0.74f
    private var dollarText = ""
    private var result: Float = 0f

    fun setAmount(value: String) {
        this.dollarText = value
        result = value.toFloat() * usd_to_eu_rate
```

```
    }

    fun getResult(): Float? {
        return result
    }
}
```

이 클래스에서는 환전에 필요한 변수와 데이터 값을 사용하는 데 필요한 함수를 선언한다.
setAmount() 함수는 현재의 달러 금액을 인자로 받아서 지역 변수인 dollarText에 저장한다. 그리
고 달러 금액 문자열을 부동 소수점으로 변환하고 환율을 곱하여 유로 금액을 구한 후 result 변
수에 저장한다. 반면에 getResult() 함수는 result 변수에 저장된 값만 반환한다.

40.6 ViewModel에 프래그먼트 연결하기

당연한 이야기이지만, 데이터 모델을 사용하면서 데이터 변경을 관찰하려면 프래그먼트에
서 ViewModel의 참조를 얻어야 한다. 프래그먼트나 액티비티에서 필요한 ViewModel의 참조는
ViewModelProvider 인스턴스를 사용해서 얻는다.

ViewModelProvider 인스턴스는 프래그먼트 내부에서 ViewModelProvider 클래스를 사용해서 생
성하며, 이때 이 클래스의 생성자에는 현재의 프래그먼트나 액티비티 참조를 전달한다. 예를 들면
다음과 같다.

```
val viewModelProvider = ViewModelProvider(this)
```

그리고 ViewModelProvider 인스턴스가 생성되면 이 인스턴스의 get() 함수를 호출하며, 이때 우
리가 필요한 ViewModel 클래스를 인자로 전달한다. 그러면 해당 ViewModel 클래스의 새로운 인스
턴스가 반환된다. 단, 해당 ViewModel 인스턴스가 이미 있을 때는 기존 인스턴스가 반환된다. 다음
코드는 바로 앞 코드와 get() 함수 호출을 한 줄의 코드로 작성한 것이다.

```
val viewModel = ViewModelProvider(this).get(MyViewModel::class.java)
```

프로젝트 도구 창에서 app ➡ com.ebookfrenzy.viewmodeldemo ➡ ui.main ➡ MainFragment.kt
파일을 열고 onActivityCreated() 함수를 보면 다음과 같이 안드로이드 스튜디오가 이미 추가해
준 것을 알 수 있을 것이다.

```
viewModel = ViewModelProvider(this).get(MainViewModel::class.java)
```

ViewModel의 참조를 얻었으므로 이제는 ViewModel을 사용하는 프래그먼트 코드를 변경할 것이다.

40.7 프래그먼트 변경하기

버튼이 클릭될 때 ViewModel에 저장된 데이터 값을 가져오도록 이제는 프래그먼트 클래스를 변경해야 한다. 이 클래스에서는 또한, UI의 세 개 뷰에 대한 참조를 사용해서 버튼이 클릭될 때 현재의 달러 값을 추출하고 환전된 금액을 보여 주어야 한다.

3장의 AndroidSample 프로젝트에서는 사용자가 버튼을 클릭할 때 호출될 함수를 버튼의 onClick 속성에 지정하였다. 그러나 onClick 속성의 함수는 액티비티에서만 호출되고 프래그먼트에서는 호출될 수 없다. 따라서 버튼의 OnClick 리스너를 설정하는 코드를 프래그먼트 클래스에 추가해야 한다. MainFragment.kt 파일의 onCreateView()와 onActivityCreated() 함수에 다음 코드를 추가하자.

```
.
.
import com.ebookfrenzy.viewmodeldemo.databinding.MainFragmentBinding

class MainFragment : Fragment() {

    .
    .
    private var _binding: MainFragmentBinding? = null
    private val binding get() = _binding!!

    override fun onCreateView(
        inflater: LayoutInflater, container: ViewGroup?,
        savedInstanceState: Bundle?
    ): View {
        return inflater.inflate(R.layout.main_fragment, container, false)
        _binding = MainFragmentBinding.inflate(inflater, container, false)
        return binding.root
    }

    override fun onActivityCreated(savedInstanceState: Bundle?) {
        super.onActivityCreated(savedInstanceState)
        viewModel = ViewModelProvider(this).get(MainViewModel::class.java)
        // TODO: Use the ViewModel
        binding.convertButton.setOnClickListener {
        }
    }
}
```

이제는 사용자가 버튼을 누를 때마다 방금 설정한 OnClick 리스너의 코드(구체적으로는 onClick 함수)가 실행된다(현재는 아무 코드도 없지만 바로 다음에 추가할 것이다).

40.8 ViewModel 데이터 사용하기

사용자가 버튼을 누르면 onClick 함수가 실행되며 이 함수는 다음을 수행한다. 우선 EditText 뷰의 현재 값이 있는지 확인한 후 있으면 ViewModel 인스턴스의 setAmount() 함수를 호출한다. 그다음에 ViewModel 인스턴스의 getResult() 함수를 호출하여 환전된 금액을 얻은 후 resultText TextView에 지정하여 보여 준다.

이 프로젝트에서는 아직 LiveData를 사용하지 않았으므로 프래그먼트가 매번 생성될 때마다 ViewModel로부터 가장 최근 결괏값을 가져와야 한다(LiveData는 다음 장에서 추가한다).

다음과 같이 MainFragment.kt 파일의 onActivityCreated() 함수를 변경하자.

```kotlin
.
.
class MainFragment : Fragment() {
    .
    .
    override fun onActivityCreated(savedInstanceState: Bundle?) {
        super.onActivityCreated(savedInstanceState)
        viewModel = ViewModelProvider(this).get(MainViewModel::class.java)
        binding.resultText.text = viewModel.getResult().toString()

        binding.convertButton.setOnClickListener {
            if (binding.dollarText.text.isNotEmpty()) {
                viewModel.setAmount(binding.dollarText.text.toString())
                binding.resultText.text = viewModel.getResult().toString()
            } else {
                binding.resultText.text = "No Value"
            }
        }
    }
}
```

40.9 프로젝트 테스트하기

여기까지 작성이 다 되었으면 실제 장치나 에뮬레이터에서 앱을 실행해 보자. 그리고 달러 금액을 입력하고 Convert 버튼을 눌러 보자. 환전된 금액이 resultText TextView에 나타날 것이다. 이것은 UI 컨트롤러(여기서는 MainFragment)와 ViewModel이 예상대로 잘 작동한다는 것을 나타낸다.

3장의 AndroidSample 앱에서는 장치를 회전했을 때 resultText TextView의 값이 직전 값으로 보존되지 않고 초기화된다. 그러나 ViewModelDemo 앱에서는 장치를 회전해도 결괏값인 유로 금액이 보존된다. 왜냐하면 프래그먼트가 소멸되었다가 재생성되더라도 ViewModel은 메모리에 남아 있기 때문이다. 그리고 프래그먼트가 재생성되어 다시 시작될 때마다 onActivityCreated() 함수에 추가한 코드에서 ViewModel의 결과 데이터로 resultText TextView를 변경하기 때문이다.

이 정도로도 ViewModelDemo는 AndroidSample 앱보다 개선된 앱이지만, 추가로 LiveData와 데이터 바인딩을 사용하면 프로젝트를 더욱더 개선할 수 있다. 이 내용은 다음 장에서 알아본다.

40.10 요약

이번 장에서는 안드로이드 Jetpack 아키텍처 지침을 따라 구조화된 프로젝트를 생성하였으며, 'Fragment + ViewModel' 프로젝트 템플릿으로 생성된 프로젝트의 구조를 알아보았다. 그리고 단일 액티비티에서 프래그먼트를 사용해서 하나의 액티비티 레이아웃에 서로 다른 앱 화면을 보여 주는 방법과 개념도 살펴보았다. 또한, ViewModel을 사용해서 데이터 처리 코드를 UI 관련 코드와 분리시키는 예제 프로젝트도 작성해 보았다.

41

Jetpack LiveData 예제 프로젝트

앞 장에서는 Jetpack 아키텍처 지침을 따라 앱 개발을 시작하였다. 즉, 프로젝트를 생성할 때 'Fragment + ViewModel' 템플릿을 사용하여 앱 UI_{사용자 인터페이스}의 데이터 모델을 ViewModel 인스턴스로 구현하였다.

이번 장에서는 앞 장의 ViewModelDemo 프로젝트에 LiveData 아키텍처 컴포넌트를 추가하여 더욱 개선된 프로젝트를 만들 것이다. 그리고 다음 장부터는 Jetpack 데이터 바인딩 라이브러리를 사용하여 프로젝트 코드를 더욱 간소화하고 개선할 것이다.

41.1 LiveData 핵심 요약

39장에서 이미 이야기했듯이, LiveData 컴포넌트는 ViewModel의 데이터 값을 포함한다. LiveData 인스턴스에 포함된 데이터(변수)는 앱의 다른 객체(일반적으로 액티비티나 프래그먼트와 같은 UI 컨트롤러)가 관찰할 수 있다. 따라서 LiveData의 데이터 값이 변경되면 언제든지 UI 컨트롤러가 통보를 받을 수 있다.

데이터 변경을 관찰하는 옵저버는 Observer 인터페이스를 구현하는 객체를 생성하며 이 객체는 LiveData의 데이터 값이 변경될 때 호출되는 onChanged() 함수를 구현한다.

생성된 Observer 인스턴스는 LiveData의 observe() 함수 호출을 통해 LiveData 인스턴스에 연결된다. LiveData 인스턴스는 MutableLiveData 클래스를 사용해서 데이터 변경이 가능하게 선언될 수 있으므로, ViewModel과 UI 컨트롤러 모두 LiveData의 데이터 값을 변경할 수 있다 (MutableLiveData는 LiveData의 서브 클래스다).

41.2 ViewModel에 LiveData 추가하기

우선, 40장에서 생성한 ViewModelDemo 프로젝트를 안드로이드 스튜디오에서 열자(안드로이드 스튜디오 메인 메뉴의 File ➡ Open... 또는 웰컴 스크린에서 Open 버튼을 클릭한 후 대화상자에서

ViewModelDemo 디렉터리를 찾아 선택하고 OK 버튼 누름).

현재 MainViewModel.kt 파일(app ➡ java ➡ com.ebookfrenzy.viewmodeldemo ➡ ui.main ➡ MainViewModel)은 다음과 같다.

```kotlin
package com.ebookfrenzy.viewmodeldemo.ui.main

import androidx.lifecycle.ViewModel

class MainViewModel : ViewModel() {

    private val usd_to_eu_rate = 0.74f
    private var dollarText = ""
    private var result: Float = 0f

    fun setAmount(value: String) {
        this.dollarText = value
        result = value.toFloat() * usd_to_eu_rate
    }

    fun getResult(): Float? {
        return result
    }
}
```

이번 장에서는 달러를 유로로 환전한 결과를 갖는 result 변수를 MutableLiveData 인스턴스에 포함시키고 이 변숫값의 변경을 관찰하는 옵저버observer를 설정할 것이다. 데이터 변경이 가능한 MutableLiveData를 선택한 이유는, 사용자가 버튼을 눌러 환전을 요청할 때마다 결과 데이터 값을 변경할 수 있어야 하기 때문이다.

MainViewModel.kt 파일을 다음과 같이 변경하자.

```kotlin
package com.ebookfrenzy.viewmodeldemo.ui.main

import androidx.lifecycle.ViewModel
import androidx.lifecycle.MutableLiveData

class MainViewModel : ViewModel() {

    private val usd_to_eu_rate = 0.74f
    private var dollarText = ""
    private var result: Float = 0f
    private var result: MutableLiveData<Float> = MutableLiveData()

    fun setAmount(value: String) {
        this.dollarText = value
        result = value.toFloat() * usd_to_eu_rate
```

```
    }

    fun getResult(): Float? {
        return result
    }
}
```

이제는 result 변수가 MutableLiveData 인스턴스이므로 setAmount()와 getResult() 함수도 수정해야 한다. setAmount() 함수의 경우는 result 변수에 값을 지정할 때 단순히 대입 연산자(=)를 사용할 수 없다. 대신에 환전된 결괏값을 인자로 전달하여 LiveData의 setValue() 함수를 호출해야 한다. 그리고 현재 getResult() 함수는 Float 값을 반환하므로 MutableLiveData 객체를 반환하도록 수정해야 한다. 다음과 같이 MainViewModel.kt 파일을 변경하자.

```
package com.ebookfrenzy.viewmodeldemo.ui.main

import androidx.lifecycle.ViewModel
import androidx.lifecycle.MutableLiveData

class MainViewModel : ViewModel() {

    private val usd_to_eu_rate = 0.74f
    private var dollarText = ""
    private var result: MutableLiveData<Float> = MutableLiveData()

    fun setAmount(value: String) {
        this.dollarText = value
        result = value.toFloat() * usd_to_eu_rate
        result.setValue(value.toFloat() * usd_to_eu_rate)
    }

    fun getResult(): MutableLiveData<Float> {
        return result
    }
}
```

41.3 옵저버 구현하기

이제는 환전 결과가 MutableLiveData 인스턴스에 포함된다. 다음으로 할 일은 UI 컨트롤러(여기서는 MainFragment 클래스) 내부에 옵저버를 구성하는 것이다. 프로젝트 도구 창에서 app ➡ java ➡ com.ebookfrenzy.viewmodeldemo ➡ ui.main ➡ MainFragment.kt 파일을 더블클릭하여 편집기 창에 열자. 그리고 새로운 옵저버 인스턴스인 resultObserver를 생성하도록 onActivityCreated() 함수를 변경하자.

```
    .
    .
import androidx.lifecycle.Observer

class MainFragment : Fragment() {
    .
    .
    override fun onActivityCreated(savedInstanceState: Bundle?) {
        super.onActivityCreated(savedInstanceState)
        viewModel = ViewModelProvider(this).get(MainViewModel::class.java)

        binding.resultText.text = viewModel.getResult().toString()

        val resultObserver = Observer<Float> {
            result -> binding.resultText.text = result.toString() }
        .
        .
    }
}
```

resultObserver 인스턴스는 람다 코드를 선언하고 있으며, 이 코드에서는 현재의 결괏값을 받아서
문자열로 변환한 후 resultText TextView 객체에 지정한다. (resultObserver 인스턴스는 Observer 인
터페이스를 구현하는 객체이며, 람다 코드는 Observer 인터페이스의 유일한 함수인 onChanged()를 구현하고
있다. 이 함수는 LiveData의 데이터 값이 변경될 때 자동 호출된다.)

다음으로 할 일은 아래 코드와 같이 결괏값을 갖는 LiveData 객체에 resultObserver를 추가하는
것이다. 이 LiveData 객체의 참조는 ViewModel 객체의 getResult() 함수를 호출하여 얻을 수 있
다. 그리고 observe() 함수를 호출하면 LiveData 객체의 옵저버로 resultObserver가 설정된다.

아래 코드를 추가하면 LiveData 객체의 환전 결과 데이터가 변경될 때 바로 앞에서 구현한
resultObserver의 onChanged() 콜백 함수가 실행되어 resultText TextView의 값이 변경된다. 다
음과 같이 onActivityCreated() 함수를 변경하자(삭제 코드도 있다).

```
override fun onActivityCreated(savedInstanceState: Bundle?) {
    super.onActivityCreated(savedInstanceState)
    viewModel = ViewModelProvider(this).get(MainViewModel::class.java)

    binding.resultText.text = viewModel.getResult().toString()

    val resultObserver = Observer<Float> {
        result -> resultText.text = result.toString() }

    viewModel.getResult().observe(viewLifecycleOwner, resultObserver)

    convertButton.setOnClickListener {
        if (dollarText.text.isNotEmpty()) {
```

```
            viewModel.setAmount(dollarText.text.toString())
            binding.resultText.text = viewModel.getResult().toString()
        } else {
            binding.resultText.text = "No Value"
        }
    }
}
```

실제 장치나 에뮬레이터에서 앱을 실행해 보자. 그리고 달러 금액을 입력하고 Convert 버튼을 눌러 보자. 환전된 금액이 resultText TextView에 나타날 것이다. 이것은 결괏값이 변경되었다는 통보가 옵저버에게 전달되면서 최신 데이터를 보여 주기 위해 onChanged() 함수가 정상적으로 호출되었다는 것을 나타낸다.

방금 변경한 onActivityCreated() 함수에서 기존에 ViewModel로부터 결괏값을 가져오던 코드는 더 이상 필요 없으므로 삭제되었다는 것에 주목하자. 왜냐하면 프래그먼트가 어떤 이유로든 소멸 및 재생성될 때 또는 사용자가 버튼을 클릭할 때 결괏값을 보여 주기 위해 삭제된 코드가 필요했지만 옵저버가 추가되어 이제는 필요 없기 때문이다.

여기서 LiveData는 자신을 관찰하는 옵저버(UI 컨트롤러인 MainFragment)의 생명주기 상태를 살핀다. 그리고 옵저버가 재생성되면 자동으로 모든 관련 옵저버에게 통보하고(onChanged() 함수 호출) 최신 데이터를 제공한다. 정말 그런지 확인해 보기 위해 resultText TextView에 환전 결괏값이 나온 상태에서 장치를 회전시켜 보자. 값이 유실되지 않고 원래대로 나타날 것이다.

ViewModelDemo 프로젝트는 43장과 44장에서도 계속 사용할 것이다. 따라서 ViewModelDemo 프로젝트를 닫은 후 이 프로젝트 디렉터리를 다른 이름의 디렉터리로 복사해 두자.

41.4 요약

이번 장에서는 안드로이드 LiveData 컴포넌트를 사용하는 방법을 알아보았다. LiveData 객체는 ViewModel의 데이터 값을 포함한다. 그리고 UI 컨트롤러 내부에서 LiveData의 옵저버를 설정하면 LiveData 값이 변경될 때마다 변경된 값이 인자로 전달되면서 옵저버의 onChanged() 함수가 호출된다.

LiveData를 추가하면 프로젝트 설계를 더 쉽게 할 수 있다. 이와 더불어 데이터 바인딩 라이브러리를 사용하면 프로젝트를 추가로 개선할 수 있다. 이 내용은 다음 장부터 알아볼 것이다.

42

Jetpack 데이터 바인딩 개요

39장에서는 안드로이드 데이터 바인딩Data Binding의 개념을 알아보았다. 이번 장에서는 안드로이드 스튜디오 프로젝트에 어떻게 데이터 바인딩이 구현되는지에 중점을 두고 데이터 바인딩을 더 자세히 살펴볼 것이다. 그리고 다음 장에서는 데이터 바인딩을 예제 프로젝트로 구현할 것이다.

42.1 데이터 바인딩 개요

데이터 바인딩은 안드로이드 Jetpack 데이터 바인딩 라이브러리로 지원된다. 데이터 바인딩의 주목적은 UI사용자 인터페이스 레이아웃의 뷰를 앱 코드에 저장된 데이터(대개 ViewModel 인스턴스)와 연결하는 간단한 방법을 제공하는 것이다. 데이터 바인딩은 또한, 버튼과 같은 UI 컨트롤을 UI 컨트롤러(액티비티나 프래그먼트) 또는 ViewModel 인스턴스와 같은 다른 객체의 이벤트나 리스너 함수에 연결시키는 편리한 방법도 제공한다.

데이터 바인딩은 LiveData 컴포넌트와 같이 사용될 때 특히 강력하다. 예를 들어, 데이터 바인딩을 사용해서 UI의 EditText 뷰를 ViewModel의 LiveData 변수와 바인딩(연결)한다고 해보자. 이 경우 ViewModel의 데이터 값이 변경되면 자동으로 EditText에 나타나게 된다. 이것은 단방향one-way 바인딩이다. 그리고 양방향two-way 바인딩을 사용하면 EditText에 입력된 데이터가 자동으로 LiveData 값을 변경할 수도 있다. 데이터 바인딩은 초기의 바인딩 설정 외에 우리가 추가로 작성할 코드가 필요 없다는 것이 큰 장점이다.

지금까지는 Button 위젯과 같은 뷰를 UI 컨트롤러의 함수에 연결할 때 필요한 코드(버튼을 눌렀을 때 호출될 리스너 함수를 구현하는)를 개발자가 작성해야 했다. 그러나 데이터 바인딩을 사용하면 레이아웃 XML 파일의 Button 요소에 호출 함수의 참조만 지정하면 된다.

42.2 데이터 바인딩의 핵심 구성요소

기본적으로 안드로이드 스튜디오 프로젝트는 데이터 바인딩을 지원하도록 구성되지 않는다. 그러나 앱에서 데이터 바인딩을 사용하려면 여러 가지 요소가 결합되어야 한다. 여기에는 프로젝트 빌드 구성, 레이아웃 XML 파일, 데이터 바인딩 클래스와 데이터 바인딩 표현식 언어가 포함된다.

처음에는 데이터 바인딩이 어렵게 보일 수 있지만 그런 요소를 하나씩 파악한 후에는 코드 작성의 수고를 덜어 주므로 충분한 가치가 있다. 이번 장의 나머지 부분에서는 그런 요소의 각각에 관해 자세히 알아볼 것이다.

42.2.1 프로젝트 빌드 구성

프로젝트에서 데이터 바인딩을 사용하려면 우선, 안드로이드 데이터 바인딩 라이브러리를 사용하고 데이터 바인딩 클래스와 바인딩 표현식 구문의 지원을 활성화하도록 구성해야 한다. 이것은 간단하다. 안드로이드 스튜디오 프로젝트의 Gradle Scripts 밑에 있는 app 모듈 빌드 파일인 'build. gradle (Module: 앱이름.app)'에 다음을 추가하면 된다.

```
android {
    .
    .
    buildFeatures {
        dataBinding true
    }
}
```

여기서 dataBinding true는 데이터 바인딩을 사용한다는 것을 나타낸다.

42.2.2 데이터 바인딩 레이아웃 파일

앱의 UI는 XML 레이아웃 파일에 포함된다. 데이터 바인딩을 사용하려면 기존 XML 레이아웃 파일을 데이터 바인딩 레이아웃 파일로 변환해야 한다.

기존 XML 레이아웃 파일은 루트 뷰root view부터 시작하여 레이아웃에 포함된 컴포넌트의 계층 구조를 정의한다. 그리고 루트 뷰는 ConstraintLayout, FrameLayout, LinearLayout 등의 레이아웃 컨테이너의 형태를 갖는다. 예를 들어, 앞 장에서 작성한 ViewModelDemo 프로젝트의 main_fragment.xml 파일을 보면 다음과 같다.

```
<?xml version="1.0" encoding="utf-8"?>
<androidx.constraintlayout.widget.ConstraintLayout
    xmlns:android="http://schemas.android.com/apk/res/android"
    xmlns:app="http://schemas.android.com/apk/res-auto"
    xmlns:tools="http://schemas.android.com/tools"
    android:id="@+id/main"
    android:layout_width="match_parent"
    android:layout_height="match_parent"
    tools:context=".ui.main.MainFragment">
    .
```

```
          .
</androidx.constraintlayout.widget.ConstraintLayout>
```

여기서는 ConstraintLayout이 루트 뷰다. 그러나 데이터 바인딩을 사용하려면 layout 컴포넌트가 루트 뷰가 되어야 하며 이것이 현재 루트 뷰의 부모가 되어야 한다.

따라서 앞의 레이아웃은 다음과 같이 변경해야 한다.

```
<?xml version="1.0" encoding="utf-8"?>
<layout xmlns:app="http://schemas.android.com/apk/res-auto"
    xmlns:tools="http://schemas.android.com/tools"
    xmlns:android="http://schemas.android.com/apk/res/android">

    <androidx.constraintlayout.widget.ConstraintLayout
        xmlns:android="http://schemas.android.com/apk/res/android"
        xmlns:app="http://schemas.android.com/apk/res-auto"
        xmlns:tools="http://schemas.android.com/tools"
        android:id="@+id/main"
        android:layout_width="match_parent"
        android:layout_height="match_parent"
        tools:context=".ui.main.MainFragment">
        .
        .
    </androidx.constraintlayout.widget.ConstraintLayout>
</layout>
```

42.2.3 레이아웃 파일 Data 요소

데이터 바인딩 레이아웃 파일의 뷰는 프로젝트 내부의 클래스(예를 들어, ViewModel 또는 액티비티나 프래그먼트 등의 UI 컨트롤러)와 바인딩되어야 하며, 이 클래스의 이름이 데이터 바인딩 레이아웃 파일에 선언되어야 한다. 또한, 이 클래스의 인스턴스를 참조하는 변수 이름도 필요하다.

이때 다음과 같이 data 요소를 사용한다.

```
<?xml version="1.0" encoding="utf-8"?>
<layout xmlns:app="http://schemas.android.com/apk/res-auto"
    xmlns:tools="http://schemas.android.com/tools"
    xmlns:android="http://schemas.android.com/apk/res/android">

    <data>
        <variable
            name="myViewModel"
            type="com.ebookfrenzy.myapp.ui.main.MainViewModel" />
    </data>

    <androidx.constraintlayout.widget.ConstraintLayout
        android:id="@+id/main"
```

```
        android:layout_width="match_parent"
        android:layout_height="match_parent"
        tools:context=".ui.main.MainFragment">
        .
        .
    </androidx.constraintlayout.widget.ConstraintLayout>
</layout>
```

여기서는 data 요소에서 MainViewModel 타입의 myViewModel 변수를 선언한다(이때 MainView Model 클래스는 전체 패키지 이름을 지정해야 한다).

data 요소는 또한, 다른 클래스를 import할 수 있으며, 이 클래스는 레이아웃 파일의 어디서든 바인딩 표현식에서 참조할 수 있다. 예를 들어, 사용자에게 보여 주기 전의 값에 대해 호출될 필요가 있는 함수를 갖는 클래스가 있다면 이 클래스를 다음과 같이 import하면 된다.

```
<data>
    <import type="com.ebookfrenzy.MyFormattingTools" />
    <variable
        name="viewModel"
        type="com.ebookfrenzy.myapp.ui.main.MainViewModel" />
</data>
```

42.2.4 바인딩 클래스

바인딩 레이아웃 파일의 data 요소에서 참조하는 각 클래스에 대응되는 바인딩 클래스_{binding class}는 안드로이드 스튜디오가 자동으로 생성해 준다. 이 클래스는 안드로이드 ViewDataBinding 클래스의 서브 클래스이며, 클래스 이름은 레이아웃 파일 이름을 대문자로 바꾸고 제일 뒤에 Binding을 붙인다. 따라서 main_fragment.xml 레이아웃 파일의 바인딩 클래스 이름은 MainFragmentBinding이 된다. 바인딩 클래스는 레이아웃 파일에 지정된 바인딩 정보를 포함하며 이것을 바인딩되는 객체의 변수와 함수에 연결한다.

바인딩 클래스는 자동 생성된다. 그러나 대응되는 데이터 바인딩 레이아웃 파일에 대해 바인딩 클래스의 인스턴스를 생성하는 코드는 우리가 여전히 작성해야 한다. 이때 DataBindingUtil 클래스를 사용한다.

일반적으로 액티비티나 프래그먼트의 초기화 코드에서는 콘텐츠 뷰를 설정하거나 UI 레이아웃 파일을 인플레이트한다. 이것은 해당 레이아웃 파일을 열고 XML을 파싱한 후 모든 뷰 객체를 메모리에 생성하고 구성한다는 의미다. 기존 액티비티 클래스의 onCreate() 함수를 보면 다음 코드가 있다.

```
setContentView(R.layout.activity_main)
```

프래그먼트의 경우는 onCreateView() 함수에서 다음 코드를 볼 수 있다.

```
return inflater.inflate(R.layout.main_fragment, container, false)
```

액티비티 클래스에서 바인딩 클래스 인스턴스를 생성할 때는 앞의 액티비티 초기화 코드를 다음과 같이 변경하면 된다.

```
lateinit var binding: ActivityMainBinding

binding = DataBindingUtil.inflate(
        inflater, R.layout.activity_main, container, false)
```

프래그먼트의 경우는 다음과 같이 변경한다.

```
lateinit var binding: MainFragmentBinding

binding = DataBindingUtil.inflate(
        inflater, R.layout.main_fragment, container, false)

binding.setLifecycleOwner(this)

return binding.root
```

42.2.5 데이터 바인딩 변수 구성

앞에서 이야기했듯이, 데이터 바인딩 레이아웃 파일은 data 요소를 포함하며, 이 요소에는 variable 요소가 포함된다. 그리고 variable 요소는 변수 이름과 바인딩할 클래스 타입을 포함한다. 예를 들면 다음과 같다.

```
<data>
    <variable
        name="viewModel"
        type="com.ebookfrenzy.viewmodeldemo.ui.main.MainViewModel" />
    <variable
        name="uiController"
        type="com.ebookfrenzy.viewmodeldemo_databinding.ui.main.MainFragment" />
</data>
```

여기서 첫 번째 변수는 MainViewModel 타입의 인스턴스와 바인딩된다는 것을 안다(41장에서 작성한 프로젝트에서 MainViewModel은 ViewModel 클래스의 서브 클래스임). 그러나 아직 실제 MainViewModel

인스턴스와 연결된 것은 아니다. 따라서 앱의 코드에서 MainViewModel 인스턴스를 레이아웃 파일에 선언된 변수에 지정해 주어야 한다. 이때 데이터 바인딩 인스턴스의 setVariable() 함수를 사용한다. 예를 들면 다음과 같다.

```
var MainViewModel myViewModel =
        ViewModelProvider(this).get(MainViewModel::class.java)
binding.setVariable(myViewModel, viewModel)
```

두 번째 변수는 UI 컨트롤러 클래스인 MainFragment를 참조한다. 이때는 해당 UI 컨트롤러의 코드에서 UI 컨트롤러 인스턴스 자신을 레이아웃 파일에 선언된 변수에 지정해 주면 된다. 예를 들면 다음과 같다.

```
binding.setVariable(uiController, this)
```

42.2.6 바인딩 표현식(단방향)

바인딩 표현식binding expression은 특정 뷰가 바인딩 객체와 어떻게 상호작용하는지를 정의한다. 예를 들어, Button의 바인딩 표현식에는 버튼을 눌렀을 때의 응답으로 호출될 함수를 선언할 수 있다. 또한, 바인딩 표현식에는 ViewModel에 저장된 어떤 데이터 값이 어떤 형식으로 TextView에 나타나는지도 정의할 수 있다.

바인딩 표현식은 선언 언어declarative language를 사용하여 여러 가지 일을 할 수 있다. 예를 들어, 바인딩 표현식은 산술 표현식, 함수 호출, 문자열 결합, 배열 요소 사용, 비교 연산 등을 수행할 수 있다. 또한, 모든 표준 자바 언어 라이브러리가 기본적으로 import되므로 자바나 코틀린으로 할 수 있는 많은 일(클래스와 함수 사용 포함)을 바인딩 표현식에서 수행할 수 있다.

바인딩 표현식은 @로 시작하며 중괄호({}) 안에 표현식을 넣는다.

예를 들어, result 변수를 포함하는 ViewModel 인스턴스가 있고, 이 인스턴스의 클래스가 데이터 바인딩 레이아웃 파일의 viewModel 변수에 지정되어 있으며, 항상 최신 결괏값을 보여 주기 위해 TextView 객체에 바인딩된다고 해보자. 만일 이 값이 String 객체로 저장되어 있다면 다음과 같이 바인딩 레이아웃 파일에 선언할 수 있다.

```
<TextView
    android:id="@+id/resultText"
    android:layout_width="wrap_content"
    android:layout_height="wrap_content"
    android:text="@{viewModel.result}"
    app:layout_constraintBottom_toBottomOf="parent"
```

```
    app:layout_constraintEnd_toEndOf="parent"
    app:layout_constraintStart_toStartOf="parent"
    app:layout_constraintTop_toTopOf="parent" />
```

여기서 text 속성은 viewModel 객체의 LiveData 속성인 result에 저장된 값으로 설정된다.

그러나 result에 저장된 값이 String이 아닌 Float 타입의 값이라면 이 표현식은 컴파일 에러가
될 것이다. 따라서 TextView에 보여 주기 전에 문자열로 변환해야 한다. 이 경우 표준 자바 언어의
String 클래스를 사용해서 다음과 같이 변환할 수 있다.

```
android:text="@{String.valueOf(viewModel.result)}"
```

이렇게 변경하고 앱을 실행하면 안드로이드 스튜디오 콘솔에 다음과 같은 경고 메시지가 나타날 것
이다.

```
warning: myViewModel.result.getValue() is a boxed field but needs to be un-boxed
to execute String.valueOf(viewModel.result.getValue()).
```

자바에는 boolean과 같은 기본 타입(unboxed 타입이라고 함) 또는 기본 타입 데이터를 포함하는
Boolean과 같은 객체 타입(boxed 타입이라고 함)으로 값을 가질 수 있다. 그리고 valueOf() 함수는
기본 타입을 인자로 받으므로 safeUnbox() 함수를 사용해서 객체 타입의 값을 안전하게 기본 타입
의 값으로 추출해야 한다. 예를 들면 다음과 같다.

```
android:text="@{String.valueOf(safeUnbox(myViewModel.result))}"
```

문자열 결합도 바인딩 표현식에 사용할 수 있다. 예를 들어, 결과 문자열 값 다음에 " dollars"를 포
함시킨다면 다음과 같이 할 수 있다.

```
android:text='@{String.valueOf(safeUnbox(myViewModel.result)) + " dollars"}'
```

단, 여기서는 끝에 추가된 문자열이 큰따옴표로 둘러싸여 있으므로 이제는 표현식을 작은따옴표로
둘러싸야만 에러가 생기지 않는다.

바인딩 표현식에는 삼항 연산자도 사용할 수 있다. 다음 표현식에서는 result의 값이 10보다 큰지
에 따라 보여 줄 텍스트가 결정된다.

```
@{myViewModel.result > 10 ? "Out of range" : "In range"}
```

바인딩 표현식에서는 또한, 배열의 특정 요소도 사용할 수 있다.

```
@{myViewModel.resultsArray[3]}
```

42.2.7 바인딩 표현식(양방향)

지금까지 알아본 바인딩 표현식은 단방향 바인딩이다. 달리 말해, 대응되는 데이터 모델 값이 변경되면 레이아웃 뷰의 값도 변경되지만 그 반대로는 안 된다는 의미다.

이와는 달리, 양방향 바인딩은 레이아웃 뷰의 값이 변경될 때 이것과 대응되는 데이터 모델 값이 변경될 수 있다.

예를 들어, EditText 뷰는 양방향 바인딩으로 구성될 수 있다. 즉, 사용자가 다른 값을 입력하면 이것과 대응되는 데이터 모델의 값이 입력 값으로 변경된다. 양방향 바인딩의 선언 방법은 단방향 바인딩과 유사하며, 맨 앞의 @ 대신 @=을 붙이면 된다. 예를 들면 다음과 같다.

```
android:text="@={myViewModel.result}"
```

42.2.8 이벤트와 리스너 바인딩

바인딩 표현식에서는 또한, 뷰의 이벤트에 대한 응답으로 함수를 호출할 수 있다. 예를 들어, Button 뷰는 클릭될 때 함수를 호출하도록 구성될 수 있다. 3장의 프로젝트에서는 앱의 메인 액티비티에 있는 convertCurrency() 함수를 호출하도록 버튼의 onClick 속성에 지정하였다. 이것은 다음과 같이 XML 레이아웃 파일에 선언되었다.

```
android:onClick="convertCurrency"
```

그리고 convertCurrency() 함수는 메인 액티비티에 다음과 같이 선언되었다.

```
fun convertCurrency(view: View) {
    .
    .
}
```

이런 식의 함수 호출에서는 이벤트가 발생된 뷰의 참조가 인자로 전달된다. 다음 바인딩 표현식을 사용하면 데이터 바인딩에서도 이와 동일한 효과를 낼 수 있다(여기서는 레이아웃의 uiController 바인딩 변수가 UI 컨트롤러 클래스와 바인딩되었다고 가정한다).

```
android:onClick="@{uiController::convertCurrency}"
```

이것은 uiController 바인딩 변수가 갖는 UI 컨트롤러(액티비티나 프래그먼트)의 참조를 통해서, 이 컨트롤러의 convertCurrency() 함수를 호출하라는 의미다. 여기서 두 개의 콜론(::)은 함수 참조를 나타낸다.

또 다른 방법으로 리스너 바인딩listener binding이 있으며, 이것은 인자를 전달하면서 함수를 호출할 수 있다. 예를 들어, 다음 바인딩 표현식에서는 ViewModel 인스턴스인 myViewModel의 methodOne() 함수를 인자 전달 없이 호출한다.

```
android:onClick='@{() -> myViewModel.methodOne()}'
```

다음 바인딩 표현식에서는 세 개의 인자를 전달하면서 myViewModel의 methodTwo() 함수를 호출한다.

```
android:onClick='@{() -> myViewModel.methodTwo(viewModel.result, 10, "A String")}'
```

바인딩 표현식은 유연하고 기능이 풍부한 언어이며 UI 뷰를 다른 객체의 데이터나 함수에 바인딩할 수 있다. 바인딩 표현식의 더 자세한 내용은 다음 웹 페이지의 안드로이드 문서를 참고하기 바란다.

URL https://developer.android.com/topic/libraries/data-binding/expressions

42.3 요약

안드로이드 데이터 바인딩은 UI 레이아웃의 뷰와 앱의 다른 객체의 데이터나 함수 간의 연결을 생성하는 시스템을 제공한다. 그리고 최초에 필요한 구성을 해주면, 레이아웃의 뷰에 바인딩 표현식을 사용할 수 있다. 바인딩 표현식은 단방향 또는 양방향으로 구성될 수 있으며, UI의 버튼 클릭과 같은 이벤트의 응답으로 호출될 함수를 바인딩하는 데도 사용될 수 있다.

Jetpack 데이터 바인딩 예제 프로젝트

지금까지는 최신 안드로이드 앱 아키텍처의 기본 개념을 알아보았고 ViewModel과 LiveData 컴포 넌트를 더 자세히 살펴보았다. 이번 장에서는 앞 장에서 알아본 데이터 바인딩의 개념을 예제 앱 프 로젝트에 적용해 볼 것이다.

43.1 중복 코드 제거하기

이번 장과 다음 장에서는 41장까지 작성했던 ViewModelDemo 프로젝트를 변경할 것이다. 그러므 로 41장의 ViewModelDemo 프로젝트를 다른 이름의 디렉터리로 복사해 두기 바란다.

41장에서 생성한 ViewModelDemo 프로젝트를 안드로이드 스튜디오에서 열자(안드로이드 스튜디오 메인 메뉴의 File ➡ Open... 또는 웰컴 스크린에서 Open 버튼을 클릭한 후 대화상자에서 ViewModelDemo 디렉터리를 찾아 선택하고 OK 버튼 누름).

우선, ViewModelDemo 앱에 데이터 바인딩을 구현하기에 앞서 더 이상 필요 없게 된 코드를 먼저 삭제할 것이다.

편집기 창에 MainFragment.kt 파일을 열고 다음과 같이 변경한다.

```
.
.
import androidx.lifecycle.Observer

class MainFragment : Fragment() {

    .
    .
    override fun onActivityCreated(savedInstanceState: Bundle?) {
        super.onActivityCreated(savedInstanceState)
        viewModel = ViewModelProvider(this).get(MainViewModel::class.java)

        val resultObserver = Observer<Float> {
            result -> binding.resultText.text = result.toString() }
```

```
        viewModel.getResult().observe(viewLifecycleOwner, resultObserver)

        binding.convertButton.setOnClickListener {
            if (binding.dollarText.text.isNotEmpty()) {
                viewModel.setAmount(dollarText.text.toString())
            } else {
                binding.resultText.text = "No Value"
            }
        }
    }
}
```

다음은 편집기 창에 MainViewModel.kt 파일을 열고 다음과 같이 변경한다.

```
package com.ebookfrenzy.viewmodeldemo.ui.main

import androidx.lifecycle.ViewModel
import androidx.lifecycle.MutableLiveData

class MainViewModel : ViewModel() {
    private val usd_to_eu_rate = 0.74f
    private var dollarText = ""
    var dollarValue: MutableLiveData<String> = MutableLiveData()
    private var result: MutableLiveData<Float> = MutableLiveData()

    fun setAmount(value: String) {
        this.dollarText = value
        result.setValue(value.toFloat() * usd_to_eu_rate)
    }

    fun getResult(): MutableLiveData<Float> {
        return result
    }
}
```

데이터 바인딩을 구현하면서 약간의 코드가 추가되지만 그렇더라도 데이터 바인딩을 사용하면 우리가 작성할 코드를 획기적으로 줄여 준다.

43.2 데이터 바인딩 활성화하기

데이터 바인딩을 사용할 때 제일 먼저 할 일은 안드로이드 스튜디오 프로젝트에서 데이터 바인딩을 활성화하는 것이다. 이때는 모듈 수준의 그래들 빌드 파일에 새로운 속성을 추가하면 된다. 프로젝트 도구 창에서 app ➡ Gradle Scripts ➡ build.gradle (Module: ViewModelDemo.app) 파일을 더블클릭하여 편집기 창에 열고 다음과 같이 변경하자.

```
plugins {
    .
    .
    id 'kotlin-kapt'
}

android {
    .
    .
    buildFeatures {
        viewBinding true
        dataBinding true
    }
}
```

여기서 dataBinding true는 데이터 바인딩을 사용한다는 것을 나타낸다. 그리고 코틀린의 kotlin-kapt 플러그인은 이번 장 뒤에서 프래그먼트 XML 레이아웃 파일에 추가되는 데이터 바인딩 애노테이션을 처리하는 데 필요하다.

변경이 끝났으면 편집기 창의 오른쪽 위에 있는 Sync Now를 눌러 그래들 빌드의 변경 사항을 프로젝트에 적용한다.

43.3 레이아웃 요소 추가하기

42장에서 이야기했듯이, 데이터 바인딩을 사용하려면 layout 컴포넌트가 루트 뷰가 되어야 한다. 프로젝트 도구 창에서 app ➡ res ➡ layout ➡ main_fragment.xml 파일을 열고 코드 모드로 전환한 후 다음과 같이 변경하자.

```
<?xml version="1.0" encoding="utf-8"?>
<layout xmlns:app="http://schemas.android.com/apk/res-auto"
    xmlns:tools="http://schemas.android.com/tools"
    xmlns:android="http://schemas.android.com/apk/res/android">

    <androidx.constraintlayout.widget.ConstraintLayout
        xmlns:android="http://schemas.android.com/apk/res/android"
        xmlns:app="http://schemas.android.com/apk/res-auto"
        xmlns:tools="http://schemas.android.com/tools"
        android:id="@+id/main"
        android:layout_width="match_parent"
        android:layout_height="match_parent"
        tools:context=".ui.main.MainFragment">
        .
        .
    </androidx.constraintlayout.widget.ConstraintLayout>
</layout>
```

변경이 다 되었으면 디자인 모드로 전환한 후 그림 43-1과 같이 컴포넌트 트리에 layout이 루트 뷰로 나타나는지 확인해 보자(레이아웃 디자인에는 보이지 않는다).

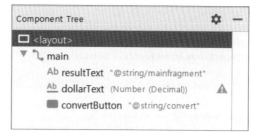

그림 43-1

실제 장치나 에뮬레이터에서 앱을 실행해 보자. layout 요소가 추가되었지만 UI사용자 인터페이스는 달라지지 않았을 것이다(현재는 앞에서 삭제한 코드로 인해 버튼을 눌러도 환전이 되지 않는다).

43.4 레이아웃 파일에 데이터 요소 추가하기

다음은 데이터 바인딩 레이아웃 파일에 data 요소를 추가한다. 여기서는 레이아웃을 MainViewModel과 바인딩할 것이다. main_fragment.xml 파일에 다음과 같이 data 요소를 추가하자.

```xml
<?xml version="1.0" encoding="utf-8"?>
<layout xmlns:app="http://schemas.android.com/apk/res-auto"
    xmlns:tools="http://schemas.android.com/tools"
    xmlns:android="http://schemas.android.com/apk/res/android">


    <data>
        <variable
            name="myViewModel"
            type="com.ebookfrenzy.viewmodeldemo.ui.main.MainViewModel" />
    </data>

    <androidx.constraintlayout.widget.ConstraintLayout
        android:id="@+id/main"
        android:layout_width="match_parent"
        android:layout_height="match_parent"
        tools:context=".ui.main.MainFragment">
        .
        .
    </androidx.constraintlayout.widget.ConstraintLayout>
</layout>
```

앱을 다시 실행해 보면 아직까지는 변화가 없음을 알 수 있을 것이다.

43.5 바인딩 클래스 사용하기

다음은 바인딩 클래스 인스턴스의 참조를 얻기 위해 MainFragment.kt 파일의 코드를 변경할 것이다. 다음과 같이 변경하자.

```
.
.
import androidx.databinding.DataBindingUtil
import com.ebookfrenzy.viewmodeldemo.R

class MainFragment : Fragment() {

    companion object {
        fun newInstance() = MainFragment()
    }

    private lateinit var viewModel: MainViewModel
    private var _binding: MainFragmentBinding? = null
    private val binding get() = _binding!!
    lateinit var binding: MainFragmentBinding

    override fun onCreateView(inflater: LayoutInflater, container: ViewGroup?,
                              savedInstanceState: Bundle?): View {
        _binding = MainFragmentBinding.inflate(inflater, container, false)
        binding = DataBindingUtil.inflate(
                inflater, R.layout.main_fragment, container, false)
        binding.setLifecycleOwner(this)
        return binding.root
    }
    .
    .
}
```

여기서 제일 끝의 삭제된 종전 코드에서는 main_fragment.xml 레이아웃 파일을 인플레이트(달리 말해, 모든 뷰 객체를 포함하는 레이아웃을 생성함)한 후 루트 뷰(최상위 수준의 컨테이너)의 참조를 반환한다. 이와는 달리, 데이터 바인딩 라이브러리는 유틸리티 클래스인 DataBindingUtil을 포함하며, 이 클래스는 특별한 inflate 함수를 제공한다. 이 함수에서는 UI를 구성하고 레이아웃의 데이터 바인딩 클래스 인스턴스를 생성 및 반환한다. 새로 추가된 코드에서는 이 함수를 호출하여 바인딩 클래스 인스턴스의 참조를 변수에 저장한다.

```
binding = DataBindingUtil.inflate(
        inflater, R.layout.main_fragment, container, false)
```

바인딩 객체는 프래그먼트(여기서는 MainFragment)가 존재하는 동안만 메모리에 남아 있어야 한다. 따라서 프래그먼트가 소멸될 때 바인딩 객체도 소멸되도록 바인딩 객체의 생명주기 소유자lifecycle owner를 현재 프래그먼트로 선언하였다.

```
binding.setLifecycleOwner(this)
```

43.6 데이터 바인딩 변수에 ViewModel 인스턴스 지정하기

이 시점에서는 MainViewModel 타입의 클래스 인스턴스에 바인딩한다는 것을 데이터 바인딩이 안다(MainViewModel은 ViewModel의 서브 클래스임). 그러나 아직 실제 MainViewModel 객체와 는 연결되지 않았다. 이렇게 하려면 앱에서 사용되는 MainViewModel 인스턴스를 레이아웃 파일 에 선언된 viewModel 변수에 지정해야 한다. MainViewModel의 참조는 onActivityCreated() 함수에서 얻으므로 이 함수에서 지정하는 것이 바람직하다. 다음과 같이 MainFragment.kt의 onActivityCreated() 함수를 변경하자.

```
.
.
import com.ebookfrenzy.viewmodeldemo.BR.myViewModel

class MainFragment : Fragment() {
    .
    .
    override fun onActivityCreated(savedInstanceState: Bundle?) {
        super.onActivityCreated(savedInstanceState)
        viewModel = ViewModelProvider(this).get(MainViewModel::class.java)

        binding.setVariable(myViewModel, viewModel)
    }
}
```

(만일 import 문의 myViewModel에 빨간색의 에러 표시가 생길 때는 안드로이드 스튜디오 메뉴의 Build ➡ Rebuild Project를 선택하여 프로젝트를 빌드하면 에러가 없어질 것이다.)

다음은 데이터 바인딩 레이아웃 파일의 뷰 요소에 바인딩 표현식을 추가할 것이다.

43.7 바인딩 표현식 추가하기

첫 번째 바인딩 표현식에서는 레이아웃의 resultText TextView를 뷰 모델의 result 값에 바인딩 할 것이다. main_fragment.xml 파일을 열고 resultText TextView의 text 속성을 다음과 같이 변 경하자(책에는 두 줄처럼 보이지만 한 줄로 작성해야 한다).

```
<TextView
    android:id="@+id/resultText"
    android:layout_width="wrap_content"
    android:layout_height="wrap_content"
    android:text="@string/mainfragment"
    android:text='@{safeUnbox(myViewModel.result) == 0.0 ? "Enter value" :
```

```
String.valueOf(safeUnbox(myViewModel.result)) + " euros"}'
    app:layout_constraintBottom_toBottomOf="parent"
    app:layout_constraintEnd_toEndOf="parent"
    app:layout_constraintStart_toStartOf="parent"
    app:layout_constraintTop_toTopOf="parent" />
```

이 바인딩 표현식에서는 다음을 수행한다. 만일 현재의 result 값이 0이면 값을 입력하라고 사용자에게 알려 준다. 그러나 0이 아니면 이 값을 문자열로 변환한 후 끝에 " euros"를 붙여서 사용자에게 보여 준다.

result 값의 경우 값이 저장된 ViewModel의 값은 변경될 필요 없고 레이아웃에만 값이 변경되는 단방향 바인딩이 필요하다. 이와는 달리, 사용자가 직전에 입력한 값으로 ViewModel의 값이 변경될 수 있도록 하기 위해 dollarValue EditText 뷰는 양방향 바인딩이 필요하다. 왜냐하면 장치 회전 등으로 인한 생명주기 변동 시 현재 값을 dollarValue EditText 뷰에 보여 줄 수 있어야 하기 때문이다. 다음과 같이 dollarValue EditText 뷰를 변경하자.

```
<EditText
    android:id="@+id/dollarText"
    android:layout_width="wrap_content"
    android:layout_height="wrap_content"
    android:layout_marginTop="96dp"
    android:ems="10"
    android:importantForAutofill="no"
    android:inputType="numberDecimal"
    android:text="@={myViewModel.dollarValue}"
    app:layout_constraintEnd_toEndOf="parent"
    app:layout_constraintHorizontal_bias="0.502"
    app:layout_constraintStart_toStartOf="parent"
    app:layout_constraintTop_toTopOf="parent" />
```

다음은 사용자가 버튼을 클릭할 때 입력 값에 환율을 곱해서 환전 결괏값을 산출하는 함수를 작성해야 한다.

43.8 환전 함수 추가하기

사용자가 Convert 버튼을 클릭하면 뷰 모델의 함수를 호출하여 유로로 환전된 값을 구하고 이 값을 LiveData 변수인 result에 넣도록 할 것이다. MainViewModel.kt 파일에 다음 함수를 추가하자.

```
.
.
class MainViewModel : ViewModel() {
    private val usd_to_eu_rate = 0.74f
    var dollarValue: MutableLiveData<String> = MutableLiveData()
```

```
    var result: MutableLiveData<Float> = MutableLiveData()

    fun convertValue() {
        dollarValue.let {
            if (!it.value.equals("")) {
                result.value = it.value?.toFloat()?.times(usd_to_eu_rate)
            } else {
                result.value = 0f
            }
        }
    }
}
```

여기서는 달러 값을 입력하지 않고 버튼을 클릭할 때 LiveData 변수인 result에 0을 지정한다. 따라서 이때는 resultText TextView에 지정된 바인딩 표현식에서 "Enter value" 메시지를 보여 줄 것이다.

43.9 리스너 바인딩 추가하기

마지막으로, 버튼을 눌렀을 때 convertValue() 함수를 호출하기 위해 레이아웃 파일의 Button 요소에 리스너 바인딩을 추가해야 한다. 편집기 창에서 main_fragment.xml 파일을 선택한 후 코드 모드로 전환하고 Button 요소에 다음의 onClick 속성을 추가하자.

```
<Button
    android:id="@+id/convertButton"
    android:layout_width="wrap_content"
    android:layout_height="wrap_content"
    android:layout_marginTop="162dp"
    android:onClick="@{() -> myViewModel.convertValue()}"
    android:text="Convert"
    app:layout_constraintEnd_toEndOf="parent"
    app:layout_constraintStart_toStartOf="parent"
    app:layout_constraintTop_toBottomOf="@+id/resultText" />
```

43.10 앱 테스트하기

앱을 실행하고 달러 값을 입력하는 EditText 필드에 값을 입력하고 Convert 버튼을 눌러서 올바른 결괏값(제일 끝에 " euros"가 붙은)이 TextView에 나타나는지 확인해 보자. 그리고 EditText 필드의 값을 지우고 Convert 버튼을 눌러서 "Enter value" 메시지가 나타나는지도 확인해 보자. 또한, 장치를 회전시켰을 때 UI에 나타난 값이 그대로 보존되는지 확인해 보자.

43.11 요약

이번 장에서는 데이터 바인딩을 사용하기 위해 프로젝트 설정에 필요한 절차나 방법을 살펴보았다. 또한, 단방향, 양방향, 리스너 바인딩 표현식을 사용하는 방법도 알아보았다.

ViewModel 상태 저장 예제 프로젝트

안드로이드에서는 사용자가 다른 앱을 사용하면 직전에 사용하던 앱은 백그라운드에 놓이게 된다. 그러나 백그라운드의 앱은 시스템 리소스가 부족하게 될 때 운영체제에 의해 종료될 수 있다. 그리고 사용자가 종료된 앱을 포그라운드로 복귀시키려 할 때 안드로이드는 해당 앱을 새로운 프로세스로 다시 시작한다. 이때 앱은 처음 실행할 때의 상태가 아닌 백그라운드에 있을 때와 동일한 상태가 되어야 하므로 상태 데이터를 저장 및 복원해야 한다. ViewModel을 사용하는 앱의 경우는 ViewModel 상태 저장 모듈을 사용해서 그렇게 할 수 있다.

44.1 ViewModel 상태 저장 이해하기

39장부터 41장까지 알아보았듯이, ViewModel은 앱 개발 시에 많은 장점을 제공한다. 이런 장점 중 하나가 장치 회전 등과 같은 구성 변경 시에 UI사용자 인터페이스 상태 복원을 해주는 것이다. 실제로 그런지 알아보기 위해 41장에서 작성했던 ViewModelDemo 프로젝트를 안드로이드 스튜디오에서 열자(안드로이드 스튜디오 메인 메뉴의 File ➡ Open... 또는 웰컴 스크린에서 Open 버튼을 클릭한 후 대화상자에서 ViewModelDemo 디렉터리를 찾아 선택하고 OK 버튼 누름).

실제 장치나 에뮬레이터에서 ViewModelDemo 앱을 실행하고 달러 금액을 입력한 후 Convert 버튼을 클릭하여 유로로 환전한다. 그리고 세로 방향으로 장치를 회전해도 원래의 값이 그대로 보일 것이다. 앱에서 현재 상태(데이터)를 저장했다가 복원했기 때문이다.

그러나 앱이 백그라운드에 있는 동안 종료될 경우는 그렇게 되지 않는다. 앱이 실행 중인 상태에서 장치의 홈home 버튼을 눌러서 백그라운드로 들어가자. 그다음에 안드로이드 스튜디오 메인 창 밑의 Logcat 도구 창 버튼을 눌러 로그캣 창을 열고 그림 44-1의 앱 종료 버튼을 클릭하자(로그캣 창의 크기를 늘리면 왼쪽 밑에 나타난다). (안드로이드 스튜디오의 Stop 'app' 툴바 버튼은 누르지 않는다.)

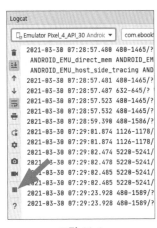

그림 44-1

385

앱이 종료된 후에 실제 장치나 에뮬레이터의 홈 버튼 옆에 있는 오버뷰 버튼(최근 실행했던 앱을 보여 주는)을 눌러 ViewModelDemo 앱을 다시 선택한다. 그러면 입력했던 달러 금액은 그대로 나타나지만 환전된 유로 금액은 없어졌을 것이다. 레이아웃의 EditText 값은 자동 복구되었지만 ViewModel에 저장되었던 값은 유실되었기 때문이다(ViewModel은 자신과 연관된 UI 컨트롤러와 같이 소멸된다). 그러나 사용자 관점에서는 앱이 백그라운드에 있을 때와 동일한 상태로 복원되어야 한다.

44.2 ViewModel 상태 저장 구현하기

기본적인 ViewModel 상태 저장은 ViewModel 상태 저장 라이브러리를 사용해서 할 수 있다. 이 라이브러리는 ViewModel 클래스를 확장하여 백그라운드 프로세스의 종료와 이후 다시 시작될 때 상태를 유지하게 지원해 준다.

상태 저장의 핵심 클래스는 SavedStateHandle이며, 이 클래스는 ViewModel 인스턴스의 상태를 저장하고 복원하는 데 사용된다. SavedStateHandle 객체는 저장 및 복원에 필요한 데이터를 키와 값으로 저장하는 **Map**을 포함한다.

ViewModel의 상태 저장을 위해 다양한 형태로 ViewModel 서브 클래스를 선언할 수 있지만 여기서는 ViewModel 서브 클래스의 생성자에서 SavedStateHandle 인스턴스를 인자로 받을 것이다. 이 경우 ViewModel 서브 클래스의 인스턴스는 SavedStateViewModelFactory 객체를 사용해서 생성한다. 일반적인 형태의 ViewModel을 선언하는 코드의 예는 다음과 같다.

```
package com.ebookfrenzy.viewmodeldemo.ui.main

import androidx.lifecycle.ViewModel
import androidx.lifecycle.MutableLiveData

class MainViewModel : ViewModel() {
    .
    .
}
```

그리고 이 클래스의 인스턴스는 다음과 같이 생성한다.

```
private lateinit var viewModel: MainViewModel

viewModel = ViewModelProvider(this).get(MainViewModel::class.java)
```

이와는 달리, 상태 저장을 지원하려면 다음과 같이 ViewModel 서브 클래스를 선언해야 한다.

```
package com.ebookfrenzy.viewmodeldemo.ui.main

import androidx.lifecycle.ViewModel
import androidx.lifecycle.MutableLiveData
import androidx.lifecycle.SavedStateHandle

class MainViewModel(private val savedStateHandle: SavedStateHandle) : ViewModel()
{
    .
    .
    .
}
```

그리고 이 ViewModel 서브 클래스의 인스턴스를 생성할 때는 ViewModelProvider 클래스 생성자
에 SavedStateViewModelFactory 인스턴스를 전달해야 한다.

```
private lateinit var viewModel: MainViewModel

val factory = SavedStateViewModelFactory(activity.application, this)
viewModel = ViewModelProvider(this, factory).get(MainViewModel::class.java)
```

44.3 상태 저장 및 복원하기

객체나 값은 ViewModel 내부에서 SavedStateHandle 인스턴스의 **set()** 함수 인자로 전달하여 저
장할 수 있다. 이때 해당 값을 가져올 때 참조할 키 문자열을 인자로 같이 전달한다.

```
val NAME_KEY = "Customer Name"
savedStateHandle.set(NAME_KEY, customerName)
```

LiveData 객체를 같이 사용할 때는 SavedStateHandle 인스턴스의 getLiveData() 함수를 사용해
서 이전에 저장한 값을 복원할 수 있다. 이때 저장한 값의 키를 인자로 전달해야 한다.

```
var restoredName: LiveData<String> = savedStateHandle.getLiveData(NAME_KEY)
```

LiveData가 아닌 일반 객체를 복원할 때는 SavedStateHandle 인스턴스의 get() 함수를 사용한다.

```
var restoredName: String? = savedStateHandle.get(NAME_KEY)
```

SavedStateHandle 인스턴스의 또 다른 유용한 함수에는 다음과 같은 것이 있다.

- **contains(String key)** — 저장된 상태가 특정 키의 값을 갖는지를 나타내는 boolean 값을 반환한다.
- **remove(String key)** — 저장된 상태로부터 값과 키를 삭제하고 삭제된 값을 반환한다.
- **keys()** — 저장된 상태에 포함된 모든 키의 문자열을 반환한다.

44.4 ViewModelDemo 프로젝트에 상태 저장 지원 추가하기

ViewModel의 상태 저장에 관해 알아보았으므로, 이것을 지원하도록 ViewModelDemo 앱을 개선해 보자. 안드로이드 스튜디오에 현재 열려 있는 ViewModelDemo 프로젝트의 도구 창에서 app ➡ Gradle Scripts ➡ build.gradle (Module: ViewModelDemo.app) 파일을 더블클릭하여 편집기 창에 열고 dependencies 섹션에 상태 저장 라이브러리를 추가한다(제일 끝의 숫자는 버전 번호이며 최신 버전이 있을 때는 해당 줄에 마우스를 대면 안드로이드 스튜디오가 알려 준다).

```
 .
 .
dependencies {
    .
    .
    implementation "androidx.savedstate:savedstate:1.1.0"
    implementation "androidx.lifecycle:lifecycle-viewmodel-savedstate:2.3.1"
}
```

그리고 편집기 창의 오른쪽 위에 있는 Sync Now를 눌러 그래들 빌드의 변경 사항을 프로젝트에 적용한다.

다음은 MainViewModel 클래스 생성자에서 SavedStateHandle 인스턴스를 받도록 MainViewModel.kt 파일을 변경한다. 또한, androidx.lifecycle.SavedStateHandle의 import 문을 추가하고 키로 사용할 상수도 정의한다. 그리고 저장된 상태로부터 값을 가져오도록 result 변수도 변경한다.

```
package com.ebookfrenzy.viewmodeldemo.ui.main

import androidx.lifecycle.ViewModel
import androidx.lifecycle.MutableLiveData

import androidx.lifecycle.SavedStateHandle

const val RESULT_KEY = "Euro Value"

class MainViewModel (private val savedStateHandle: SavedStateHandle) : ViewModel() {
    private val usd_to_eu_rate = 0.74f
    private var dollarText = ""
    private var result: MutableLiveData<Float> =
            savedStateHandle.getLiveData(RESULT_KEY)
    .
    .
}
```

또한, 새로운 유로 금액이 산출될 때마다 값을 저장하도록 setAmount() 함수를 변경한다.

```
fun setAmount(value: String) {
    this.dollarText = value
    result.setValue(value.toFloat() * usd_to_eu_rate)
    this.dollarText = value
    val convertedValue = value.toFloat() * usd_to_eu_rate
    result.value = convertedValue
    savedStateHandle.set(RESULT_KEY, convertedValue)
}
```

ViewModel의 변경이 끝났으므로 이제는 다음과 같이 MainFragment.kt 파일을 변경하자. 여기서는
ViewModel 인스턴스를 생성할 때 SavedStateViewModelFactory 인스턴스를 포함시킨다.

```
.
.
import androidx.lifecycle.SavedStateViewModelFactory

class MainFragment : Fragment() {
    .
    .
    override fun onActivityCreated(savedInstanceState: Bundle?) {
        super.onActivityCreated(savedInstanceState)

        activity?.application?.let {
            val factory = SavedStateViewModelFactory(it, this)
            viewModel = ViewModelProvider(this, factory).get(MainViewModel::class.java)

            val resultObserver = Observer<Float> {
                result -> resultText.text = result.toString() }
            .
            .
        }
    }
}
```

변경이 다 되었으면 앱을 실행하고 달러 금액을 입력한 후 Convert 버튼을 눌러 환전된 유로 금액
이 나오는지 확인해 보자. 그리고 이번 장 앞부분에서 했던 대로 장치의 홈 버튼을 눌러서 백그라운
드로 들어가자. 그다음에 로그캣 창을 열고 앱 종료 버튼을 클릭하여 앱이 종료된 후에 실제 장치
나 에뮬레이터의 오버뷰 버튼을 눌러 ViewModelDemo 앱을 선택하여 다시 시작되게 한다. 이번에
는 입력했던 달러 금액은 물론이고 환전된 유로 금액도 이전 값으로 나타날 것이다. ViewModel의
상태 저장과 복원이 잘되었기 때문이다.

44.5 요약

잘 설계된 앱은 백그라운드에 있다가 포그라운드로 나오더라도 데이터 유실 없이 항상 사용자에게
동일한 상태를 보여 준다. 앱을 포함하는 프로세스가 백그라운드에 있는 동안 운영체제에 의해 종
료되었더라도 마찬가지다. ViewModel을 사용할 때는 ViewModel 상태 저장 모듈을 사용해서 그렇게
할 수 있다. 단, 이때는 ViewModel 서브 클래스의 생성자에서 SavedStateHandle 인스턴스를 받아
서 이 인스턴스의 여러 함수 호출을 통해 상태 데이터를 저장하고 복원하는 데 사용할 수 있다. 그
리고 ViewModel 서브 클래스의 인스턴스가 생성될 때 SavedStateViewModelFactory 인스턴스를
전달해야 한다. 이런 모든 것이 구현되면 앱이 백그라운드에서 종료되더라도 자동으로 ViewModel
의 상태 데이터를 저장 및 복원할 수 있다.

45 안드로이드 생명주기-인식 컴포넌트 사용하기

지금까지 안드로이드에서는 액티비티나 프래그먼트와 같은 UI 컨트롤러에서 **생명주기**Lifecycle 함수를 사용해서 생명주기 상태 변화를 처리한다. 그러나 이 방법은 생명주기 변화를 처리하는 부담을 UI 컨트롤러에 가져다준다. 외견상으로는 이 방법이 논리적인 것처럼 보일 수 있다. 궁극적으로 상태 변화를 거치는 객체는 UI 컨트롤러이기 때문이다. 그러나 상태 변화로 영향을 받는 코드는 앱의 다른 클래스에 있는 것이 사실이다. 따라서 생명주기 상태의 변화에 대한 응답으로 다른 객체를 관리할 필요가 있는 복잡한 코드가 UI 컨트롤러에 나타나게 된다. 바로 이것이 최신 안드로이드 아키텍처 지침을 따를 때 가장 피해야 할 사항이다.

이보다 훨씬 더 명쾌하고 논리적인 방법이 있다. 즉, 앱의 객체가 다른 객체의 생명주기 상태를 관찰하고 생명주기 변화에 대한 응답으로 필요한 액션을 취할 수 있는 책임을 갖도록 하는 것이다. 예를 들어, 사용자의 위치를 추적하는 책임을 갖는 클래스는 UI 컨트롤러의 생명주기 상태를 관찰하다가 UI 컨트롤러가 일시 중지 상태가 될 때는 위치 변경을 중지할 수 있다. 그다음에 UI 컨트롤러가 실행 재개 상태가 되면 위치 추적을 다시 시작하면 된다. 이것은 안드로이드 아키텍처 컴포넌트에 포함된 생명주기 패키지의 클래스와 인터페이스를 사용해서 할 수 있다.

이번 장에서는 **생명주기-인식**lifecycle awareness 기능을 안드로이드 앱에 넣을 수 있는 개념과 핵심 컴포넌트를 알아볼 것이다.

45.1 생명주기-인식

앱에 있는 다른 객체의 생명주기 상태 변화를 관찰하고 응답할 수 있는 객체를 **생명주기-인식**lifecycle-aware 객체라고 한다. 아주 좋은 예로 LiveData와 같은 안드로이드 컴포넌트는 이미 생명주기-인식을 한다.

또한, LifecycleObserver 인터페이스만 구현한다면 어떤 클래스도 생명주기-인식을 하도록 구성할 수 있다.

45.2 생명주기 소유자

생명주기-인식 컴포넌트는 **생명주기 소유자**lifecycle owner 객체의 상태만 관찰할 수 있다. 생명주기 소유자는 LifecycleOwner 인터페이스를 구현하며, 짝을 이루는 Lifecycle 객체에 지정된다. 그리고 Lifecycle 객체는 컴포넌트의 현재 상태를 저장하며, 생명주기를 관찰하는 **생명주기 옵저버**lifecycle observer에게 상태 정보를 제공하는 책임을 갖는다. 액티비티나 프래그먼트와 같은 대부분의 표준 안드로이드 프레임워크 컴포넌트는 생명주기 소유자다. LifecycleRegistry 클래스를 사용하고 LifecycleObserver 인터페이스를 구현하면 커스텀 클래스도 생명주기 소유자로 구성될 수 있다. 예를 들면 다음과 같다.

```
class SampleOwner: LifecycleOwner {
    private val lifecycleRegistry: LifecycleRegistry

    init {
        lifecycleRegistry = LifecycleRegistry(this)
        lifecycle.addObserver(DemoObserver())
    }

    override fun getLifecycle(): Lifecycle {
        return lifecycleRegistry
    }
}
```

생명주기 소유자가 다른 생명주기-인식 컴포넌트의 서브 클래스가 아니라면, 해당 생명주기 소유자 클래스는 LifecycleRegistry 클래스의 함수를 호출하여 스스로 생명주기 상태 변화를 일으켜야 한다. 이때 새로운 상태 값을 인자로 전달하면서 markState() 함수를 호출하여 생명주기 상태 변화를 유발할 수 있다.

```
fun resuming() {
    lifecycleRegistry.markState(Lifecycle.State.RESUMED)
}
```

이 함수를 호출하면 이것과 대응되는 이벤트 핸들러가 호출된다. 또한, 발생시킬 생명주기 이벤트를 인자로 전달하여 LifecycleRegistry의 handleLifecycleEvent() 함수를 호출할 수도 있다(이 함수는 생명주기 상태 변화도 초래한다). 예를 들면 다음과 같다.

```
lifecycleRegistry.handleLifecycleEvent(Lifecycle.Event.ON_START)
```

45.3 생명주기 옵저버

생명주기-인식 컴포넌트가 생명주기 소유자의 상태를 관찰하려면 LifecycleObserver 인터페이스를 구현하고 관찰할 필요가 있는 생명주기 상태를 처리하는 이벤트 리스너 핸들러를 포함해야 한다.

```
class DemoObserver: LifecycleObserver {
    // 생명주기 함수를 여기에 추가한다
}
```

그다음에 이 옵저버 클래스의 인스턴스를 생성하고 Lifecycle 객체가 유지하는 옵저버 리스트에 추가한다.

```
lifecycle.addObserver(DemoObserver())
```

더 이상 생명주기 상태를 관찰할 필요가 없다면 언제든 옵저버를 Lifecycle 객체에서 제거할 수도 있다.

그림 45-1에서는 생명주기-인식 기능을 제공하는 핵심 요소 간의 관계를 보여 준다.

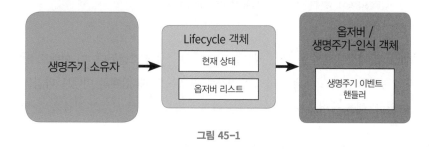

그림 45-1

45.4 생명주기 상태와 이벤트

생명주기 소유자의 상태가 변하면 이것에 지정된 Lifecycle 객체가 새로운 상태로 변경된다.

언제든 생명주기 소유자는 다음 다섯 개 중 하나의 상태가 된다.

- Lifecycle.State.INITIALIZED
- Lifecycle.State.CREATED
- Lifecycle.State.STARTED
- Lifecycle.State.RESUMED
- Lifecycle.State.DESTROYED

컴포넌트가 서로 다른 상태를 오가는 동안 Lifecycle 객체는 리스트에 추가된 모든 옵저버에 이벤트를 발생시킨다. 생명주기 옵저버 내부에서 구현할 수 있는 이벤트는 다음과 같다.

- Lifecycle.Event.ON_CREATE
- Lifecycle.Event.ON_START
- Lifecycle.Event.ON_RESUME
- Lifecycle.Event.ON_PAUSE
- Lifecycle.Event.ON_STOP
- Lifecycle.Event.ON_DESTROY
- Lifecycle.Event.ON_ANY

옵저버 클래스 내부에서는 애노테이션annotation을 사용해서 함수와 생명주기 이벤트를 연관시킨다. 예를 들어, 다음 코드에서는 ON_RESUME 생명주기 이벤트의 응답으로 호출되는 함수를 옵저버 내부에 구성한다.

```
@OnLifecycleEvent(Lifecycle.Event.ON_RESUME)
fun onResume() {
    // 실행 재개(Resumed) 상태로 바뀌는 응답으로 작업을 수행하는 코드
}
```

ON_ANY 이벤트에 지정된 함수는 모든 생명주기 이벤트에 대해 호출된다. 이 이벤트 타입의 함수는 생명주기 소유자와 이벤트 객체의 참조를 인자로 받으며, 현재 상태와 이벤트 타입을 알아내는데 사용될 수 있다. 예를 들어, 다음 함수에서는 현재 상태와 이벤트 모두의 이름을 추출한다.

```
@OnLifecycleEvent(Lifecycle.Event.ON_ANY)
fun onAny(owner: LifecycleOwner, event: Lifecycle.Event) {
    var currentState = owner.lifecycle.currentState.name
    var eventName = event.name
}
```

생명주기 소유자가 특정 생명주기 단계가 되었는지 확인할 때는 현재 상태 객체의 isAtLeast() 함수를 사용할 수도 있다.

```
if (owner.lifecycle.currentState.isAtLeast(Lifecycle.State.STARTED)) {

}
```

그림 45-2의 흐름도에서는 각 상태 이동 간에 옵저버에서 유발되는 생명주기 이벤트와 생명주기 소유자의 상태 변화 흐름을 보여 준다.

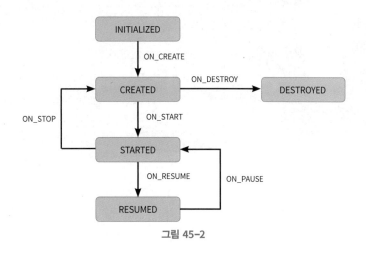

그림 45-2

45.5 요약

이번 장에서는 생명주기-인식 및 안드로이드 Jetpack에 포함된 안드로이드 생명주기 패키지의 클래스와 인터페이스에 관한 주요 내용을 알아보았다. 안드로이드 생명주기 패키지에는 많은 클래스와 인터페이스가 포함되어 있으며, 이것은 생명주기 소유자, 생명주기 옵저버, 생명주기-인식 컴포넌트를 생성하는 데 사용된다. 생명주기 소유자는 Lifecycle 객체에 지정된다. Lifecycle 객체는 생명주기 소유자 상태의 기록과 옵저버 리스트를 유지 관리한다. 생명주기 소유자의 상태가 바뀌면 옵저버가 상태 변화에 대한 응답을 할 수 있도록 생명주기 함수가 호출된다.

다음 장에서는 생명주기-인식 컴포넌트를 생성 및 사용하는 방법을 보여 주는 안드로이드 스튜디오 프로젝트를 만들 것이다. 또한, 생명주기 옵저버 및 소유자 생성과 생명주기 상태 변화, 이벤트 처리도 다룬다.

CHAPTER 46

Jetpack 생명주기-인식 예제 프로젝트

앞 장에서는 생명주기-인식의 개념을 알아보았다. 또한, 안드로이드 앱 프로젝트에 생명주기-인식 기능을 구현해 주는 핵심 클래스와 인터페이스도 살펴보았다. 이 내용을 기반으로 이번 장에서는 안드로이드 스튜디오 프로젝트를 생성하여 생명주기-인식 기능을 구현해 볼 것이다.

46.1 생명주기 예제 프로젝트 생성하기

새 프로젝트를 생성하자. 안드로이드 스튜디오 메인 메뉴의 File ➡ New ➡ New Project...를 선택하거나 웰컴 스크린에서 New Project 버튼을 클릭한다. '프로젝트 템플릿 선택' 대화상자가 나타나면 Phone and Tablet과 'Fragment + ViewModel'을 선택하고 Next 버튼을 누른다. (이 템플릿은 안드로이드 아키텍처 지침에 따라 Fragment와 ViewModel을 사용하는 프로젝트를 자동 생성해 준다.)

Name 필드에 LifecycleDemo를 입력하고 Package name에는 com.ebookfrenzy.lifecycledemo를 입력한다. 그리고 Language가 Kotlin인지 확인하고 Minimum SDK는 API 26: Android 8.0 (Oreo)를 선택한다. 또한, Use legacy android.support libraries가 체크 해제되어 있는지 확인하고 Finish 버튼을 누른다.

46.2 생명주기 옵저버 생성하기

앞 장에서 이미 이야기했듯이, 액티비티와 프래그먼트는 이미 LifecycleOwner 인터페이스를 구현하고 다른 객체가 생명주기 상태를 관찰할 수 있게 구현되어 있다. 정말 그런지 알아보기 위해 MainFragment 인스턴스를 관찰할 수 있는 새로운 클래스를 프로젝트에 추가할 것이다.

프로젝트 도구 창의 app ➡ java ➡ com.ebookfrenzy.lifecycledemo에서 마우스 오른쪽 버튼을 클릭한 후 New ➡ Kotlin Class/File을 선택한다. 그리고 대화상자에서 Name 필드에 DemoObserver를 입력하고 Class를 선택한 후 Enter [Return] 키를 누른다. 방금 생성되어 편집기 창에 열린 DemoObserver.kt 파일의 내용은 다음과 같다.

```
package com.ebookfrenzy.lifecycledemo

class DemoObserver {
}
```

LifecycleObserver 인터페이스를 구현하도록 다음과 같이 DemoObserver 클래스를 변경하자.

```
package com.ebookfrenzy.lifecycledemo

import androidx.lifecycle.LifecycleObserver

class DemoObserver : LifecycleObserver {
}
```

다음으로 할 일은 생명주기 함수를 추가하고 이 함수를 생명주기 이벤트 핸들러로 지정하는 것이다. 여기서는 모든 이벤트를 처리하고 이벤트 타입을 보여 주는 로그 메시지를 출력할 것이다. 다음과 같이 DemoObserver 클래스를 변경하자.

```
package com.ebookfrenzy.lifecycledemo

import android.util.Log
import androidx.lifecycle.LifecycleObserver
import androidx.lifecycle.Lifecycle
import androidx.lifecycle.OnLifecycleEvent
import androidx.lifecycle.LifecycleOwner

class DemoObserver: LifecycleObserver {
    private val LOG_TAG = "DemoObserver"

    @OnLifecycleEvent(Lifecycle.Event.ON_RESUME)
    fun onResume() {
        Log.i(LOG_TAG, "onResume")
    }

    @OnLifecycleEvent(Lifecycle.Event.ON_PAUSE)
    fun onPause() {
        Log.i(LOG_TAG, "onPause")
    }

    @OnLifecycleEvent(Lifecycle.Event.ON_CREATE)
    fun onCreate() {
        Log.i(LOG_TAG, "onCreate")
    }

    @OnLifecycleEvent(Lifecycle.Event.ON_START)
    fun onStart() {
        Log.i(LOG_TAG, "onStart")
    }
```

```
    @OnLifecycleEvent(Lifecycle.Event.ON_STOP)
    fun onStop() {
        Log.i(LOG_TAG, "onStop")
    }

    @OnLifecycleEvent(Lifecycle.Event.ON_DESTROY)
    fun onDestroy() {
        Log.i(LOG_TAG, "onDestroy")
    }
}
```

프래그먼트(여기서는 MainFragment)의 현재 상태와 관련된 이벤트를 추적하기 위해 ON_ANY 이벤트 핸들러도 추가할 것이다. 이 이벤트가 생길 때 호출되는 onAny 함수에는 생명주기 소유자가 인자로 전달되므로 현재 상태를 얻는 코드를 추가할 수 있다. 방금 전에 변경한 DemoObserver.kt 파일에 다음 함수를 추가하자.

```
@OnLifecycleEvent(Lifecycle.Event.ON_ANY)
fun onAny(owner: LifecycleOwner, event: Lifecycle.Event) {
    Log.i(LOG_TAG, owner.lifecycle.currentState.name)
}
```

옵저버 클래스인 DemoObserver가 작성되었으므로 다음은 이 클래스를 MainFragment 클래스의 옵저버로 추가할 것이다.

46.3 옵저버 추가하기

생명주기 소유자의 Lifecycle 객체의 addObserver() 함수를 호출하면 생명주기 소유자에 옵저버를 추가할 수 있다. Lifecycle 객체의 참조는 다음 코드처럼 lifecycle 속성을 참조하거나 getLifecycle() 함수를 호출하여 얻을 수 있다. 편집기 창에 열린 MainFragment.kt 파일을 선택한 후 onActivityCreated() 함수에 다음 코드를 추가하자.

```
.
.
.
import com.ebookfrenzy.lifecycledemo.DemoObserver

class MainFragment : Fragment() {
    .
    .
    override fun onActivityCreated(savedInstanceState: Bundle?) {
        super.onActivityCreated(savedInstanceState)
        viewModel = ViewModelProvider(this).get(MainViewModel::class.java)
        // TODO: Use the ViewModel
```

```
        lifecycle.addObserver(DemoObserver())
    }
}
```

옵저버 클래스를 생성하고 생명주기 소유자의 Lifecycle 객체에 추가했으므로 이제는 앱을 테스트
할 준비가 되었다.

46.4 옵저버 테스트하기

DemoObserver 클래스에서 출력하는 로그 메시지는 로그캣 창에서 볼 수 있다. 안드로이드 스튜디
오 메인 창 밑의 Logcat 도구 창 버튼을 눌러 로그캣 창을 열자. 그리고 메시지 확인을 쉽게 할 수
있도록 중앙 위쪽의 검색 필드에 DemoObserver를 입력하자. 또한, 오른쪽 위의 드롭다운에서 'No
Filters'를 선택한다.

실제 장치나 에뮬레이터에서 앱을 실행하자. 생명주기 상태 변화와 이벤트를 나타내는 다음 메시지
가 출력될 것이다.

```
onCreate
CREATED
onStart
STARTED
onResume
RESUMED
```

그다음에 로그캣 창의 왼쪽 위에 있는 휴지통 버튼(🗑)을 눌러 출력된 메시지를 지우자. 그리고 장
치를 세로 방향으로 회전시키면 프래그먼트의 소멸과 재생성을 나타내는 다음 메시지가 출력된다.

```
onPause
STARTED
onStop
CREATED
onDestroy
DESTROYED
onCreate
CREATED
onStart
STARTED
onResume
RESUMED
```

끝으로, 출력된 메시지와 45장의 그림 45-2의 흐름도를 비교해 보자.

46.5 생명주기 소유자 생성하기

이번 장에서 마지막으로 할 일은 커스텀 생명주기 소유자 클래스를 생성하는 것이다. 그리고 이 클래스에서 이벤트를 발생시키고 생명주기 상태를 변경하는 방법을 알아본다.

프로젝트 도구 창의 app ➡ java ➡ com.ebookfrenzy.lifecycledemo에서 마우스 오른쪽 버튼을 클릭한 후 New ➡ Kotlin Class/File을 선택한다. 그리고 대화상자에서 Name 필드에 DemoOwner를 입력하고 Class를 선택한 후 〔Enter〕〔〔Return〕〕 키를 누른다. 방금 생성되어 편집기 창에 열린 DemoOwner.kt 파일을 다음과 같이 변경하자.

```kotlin
package com.ebookfrenzy.lifecycledemo;

import androidx.lifecycle.Lifecycle
import androidx.lifecycle.LifecycleOwner
import androidx.lifecycle.LifecycleRegistry

public class DemoOwner : LifecycleOwner {
}
```

DemoOwner 클래스는 자신의 인스턴스 참조로 초기화된 LifecycleRegistry 인스턴스가 필요하다. 또한, LifecycleRegistry 인스턴스를 반환하는 getLifecycle() 함수도 있어야 한다. Lifecycle Registry 인스턴스 참조를 저장하는 변수를 선언하고 초기화하는 코드와 getLifecycle() 함수를 추가하자.

```kotlin
package com.ebookfrenzy.lifecycledemo;

import androidx.lifecycle.Lifecycle
import androidx.lifecycle.LifecycleOwner
import androidx.lifecycle.LifecycleRegistry

public class DemoOwner : LifecycleOwner {
    private val lifecycleRegistry: LifecycleRegistry

    init {
        lifecycleRegistry = LifecycleRegistry(this)
    }

    override fun getLifecycle(): Lifecycle {
        return lifecycleRegistry
    }
}
```

그다음에 이 클래스는 자신의 생명주기 상태 변화를 알려 주어야 한다. 이것은 LifecycleRegistry

객체의 markState() 함수를 호출하거나, 또는 handleLifecycleEvent() 함수를 사용해서 생명주기 이벤트를 발생시키면 된다. 커스텀 클래스에 어떤 상태 변화를 구성할 것인지는 해당 클래스의 목적에 달려 있다. 여기서는 호출될 때 단순히 생명주기 이벤트를 발생시키는 함수를 추가할 것이다.

```kotlin
.
.
public class DemoOwner : LifecycleOwner {
    .
    .
    fun startOwner() {
        lifecycleRegistry.handleLifecycleEvent(Lifecycle.Event.ON_START)
    }

    fun stopOwner() {
        lifecycleRegistry.handleLifecycleEvent(Lifecycle.Event.ON_STOP)
    }
}
```

그리고 DemoObserver 클래스를 옵저버로 추가할 것이다. init 초기화 블록에 다음 코드를 추가하자.

```kotlin
init {
    lifecycleRegistry = LifecycleRegistry(this)
    lifecycle.addObserver(DemoObserver())
}
```

편집기 창에 열린 MainFragment.kt 파일을 선택하고 onActivityCreated() 함수에 다음 코드를 추가하자. 이 코드에서는 DemoOwner 클래스의 인스턴스를 생성하고 startOwner()와 stopOwner() 함수를 호출한다.

DemoObserver를 옵저버로 추가하는 코드는 삭제한다. 하나의 옵저버를 다수의 생명주기 소유자에 사용할 수 있지만 여기서는 삭제하였다. 중복된 메시지가 로그캣 창에 출력되지 않도록 하기 위함이다. (DemoObserver는 바로 앞의 DemoOwner에서 옵저버로 추가되었다.)

```kotlin
.
.
import com.ebookfrenzy.lifecycledemo.DemoOwner

private lateinit var demoOwner: DemoOwner

class MainFragment : Fragment() {
    .
    override fun onActivityCreated(savedInstanceState: Bundle?) {
        super.onActivityCreated(savedInstanceState)
```

```
        viewModel = ViewModelProvider(this).get(MainViewModel::class.java)

        demoOwner = DemoOwner()
        demoOwner.startOwner()
        demoOwner.stopOwner()
        lifecycle.addObserver(DemoObserver())
    }
}
```

46.6 커스텀 생명주기 소유자 테스트하기

앱을 다시 실행하자. 그리고 커스텀 생명주기 소유자의 생명주기 이벤트를 옵저버가 제대로 처리하는지 로그캣 창의 메시지를 확인해 보자. 출력된 메시지의 순서와 내용은 다음과 같다.

```
onCreate
STARTED
onStart
STARTED
onStop
CREATED
```

DemoOwner 클래스에는 CREATED 상태 변화를 발생시키는 코드를 추가하지 않았다. 그러나 CREATED 상태 변화 생명주기 이벤트는 생명주기 소유자의 인스턴스가 최초 생성될 때와 이후의 ON_STOP 이벤트가 처리될 때 자동으로 발생된다.

46.7 요약

이번 장에서는 안드로이드 앱에서 생명주기-인식을 구현하는 데 필요한 방법을 예제 프로젝트를 통해 알아보았다.

47

내비게이션 아키텍처 컴포넌트 개요

오늘날 하나의 화면만으로 구성되는 안드로이드 앱은 거의 없다. 실제로 대부분의 앱은 다수의 화면으로 구성되며, 사용자는 화면 제스처, 버튼 클릭, 메뉴 선택을 사용해서 화면 사이를 이동한다. 안드로이드 Jetpack이 등장하기 이전에는 매우 복잡한 이동 경로를 보면서 구성하는 쉬운 방법이 없었으므로 앱에서 많은 코드를 작성해서 화면 이동을 구현해야 했다. 그러나 안드로이드 스튜디오의 내비게이션 그래프 지원과 함께 안드로이드 내비게이션 아키텍처 컴포넌트가 소개되면서 그런 상황은 개선되었다.

47.1 내비게이션 이해하기

모든 앱은 앱이 시작되거나 스플래시 화면(앱을 시작할 때, 로딩 중에 표시되는 대형 이미지)이 나타난 후 보이는 홈 화면을 갖는다. 그리고 홈 화면에서 사용자는 다른 화면을 나타나게 하는 작업을 수행하며, 이 화면은 대개 앱의 다른 액티비티나 프래그먼트의 형태를 갖는다. 예를 들어, 메시징 앱은 현재 메시지를 보여 주는 홈 화면을 가질 수 있으며, 여기서 사용자는 연락처 리스트를 사용하는 다른 화면 또는 설정 화면으로 이동할 수 있다. 그다음에 연락처 리스트 화면에서는 새로운 연락처를 추가하거나 기존 연락처를 변경하는 다른 화면으로 사용자가 이동할 수 있게 해준다. 이것을 앱의 **내비게이션 그래프**navigation graph로 나타내면 그림 47-1과 같다.

홈 화면을 포함해서 앱을 구성하는 각 화면을 **목적지**destination라고 하며 대개 프래그먼트나 액티비티가 된다. 안드로이드 내비게이션 아키텍처는 **내비게이션 스택**navigation stack을 사용해서 사용자의 앱 내부 목적지 경로를 추적한다. 앱이 최초 시작될 때는 홈 화면이 스택에 위치하는 첫 번째 목적지이면서 현재 목적지가 된다. 그리고 사용자가 다른 목적지로 이동하면 해당 화면이 현재 목적지가 되면서 스택의 홈 목적지 위로 들어간다pushed. 또한, 이후에 사용자가 이동하는 다른 화면도 스택에 계속 쌓인다. 예를 들어, 그림 47-2에서는 메시징 앱에 대한 내비게이션 스택의 현재 상태를 보여 준다. 여기서는 사용자가 앱을 시작하고 '연락처 추가' 화면으로 이동한 경우다.

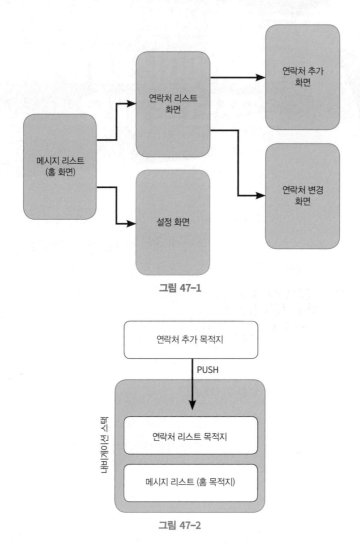

그림 47-1

연락처 추가 목적지

PUSH

연락처 리스트 목적지

메시지 리스트 (홈 목적지)

내비게이션 스택

그림 47-2

사용자가 장치의 백back 버튼을 사용해서 이전 화면으로 이동할 때 각 목적지는 스택에 홈 화면만 남아서 보이게 될 때까지 스택에서 꺼내어진다popped. 그림 47-3에서는 사용자가 '연락처 추가' 화면에서 이전 화면으로 이동할 때 '연락처 추가' 목적지가 스택에서 꺼내어지고 '연락처 리스트' 화면이 현재 목적지가 되는 것을 보여 준다.

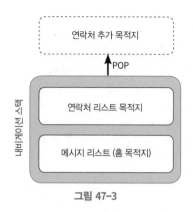

그림 47-3

목적지 이동과 내비게이션 스택 관리의 모든 작업은 내비게이션 컨트롤러(NavController 클래스)가 처리한다.

내비게이션 아키텍처 컴포넌트를 사용해서 안드로이드 프로젝트에 내비게이션을 추가하는 것은 쉬우며, 이때 필요한 것은 다음과 같다. 내비게이션 호스트, 내비게이션 그래프, 내비게이션 액션, 그리고 내비게이션 컨트롤러 인스턴스의 참조를 얻고 상호작용하기 위한 최소한의 코드다.

47.2 내비게이션 호스트 선언하기

내비게이션 호스트는 특별한 프래그먼트(NavHostFragment 클래스)이며, 액티비티의 UI에 포함되어 사용자가 이동하는 목적지의 플레이스 홀더로 사용된다. 예를 들어, 그림 47-4에서는 일반적인 액티비티 화면에 강조 표시한 내비게이션 호스트 프래그먼트의 영역을 보여 준다.

그림 47-4

NavHostFragment를 안드로이드 스튜디오 레이아웃 편집기의 액티비티 레이아웃에 추가하는 방법
은 다음과 같다. 팔레트의 Containers 섹션에 있는 **NavHostFragment**를 끌어서 액티비티 레이아웃
에 놓거나 또는 다음과 같이 레이아웃의 XML을 직접 변경하면 된다.

```xml
<?xml version="1.0" encoding="utf-8"?>
<FrameLayout xmlns:android="http://schemas.android.com/apk/res/android"
    xmlns:app="http://schemas.android.com/apk/res-auto"
    xmlns:tools="http://schemas.android.com/tools"
    android:id="@+id/container"
    android:layout_width="match_parent"
    android:layout_height="match_parent"
    tools:context=".MainActivity" >

    <androidx.fragment.app.FragmentContainerView
        android:id="@+id/demo_nav_host_fragment"
        android:name="androidx.navigation.fragment.NavHostFragment"
        android:layout_width="match_parent"
        android:layout_height="match_parent"
        app:defaultNavHost="true"
        app:navGraph="@navigation/navigation_graph" />
</FrameLayout>
```

여기서 name 속성은 NavHostFragment의 참조이며, defaultNavHost 속성은 true로 설정해야 한다.
또한, navGraph 속성에는 내비게이션 그래프를 포함하는 파일을 지정한다.

이 내비게이션 호스트 프래그먼트는 액티비티가 시작될 때 내비게이션 그래프에 지정된 홈 목적지
로 교체되며, 사용자가 앱 화면을 이동할 때는 해당 목적지의 프래그먼트로 교체된다.

47.3 내비게이션 그래프

내비게이션 그래프는 앱 화면 이동에 포함되는 목적지를 갖는 XML 파일이다. 이 파일은 또한, 목
적지 외에도 내비게이션 액션을 포함한다. 내비게이션 액션은 목적지 간의 이동과 한 목적지에서 다
른 목적지로 데이터를 전달하기 위한 생략 가능한 인자를 정의한다. 안드로이드 스튜디오에는 내비
게이션 그래프 편집기가 있어서 시각적으로 또는 직접 XML을 작성하여 내비게이션 그래프를 디자
인하고 액션을 구현하는 데 사용할 수 있다.

그림 47-5에서는 디자인 모드의 안드로이드 스튜디오 내비게이션 그래프 편집기를 보여 준다.

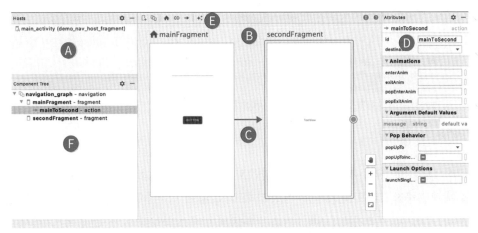

그림 47-5

내비게이션 호스트 리스트(Ⓐ)는 현재 그래프에 포함된 내비게이션 호스트(NavHostFragment 인스턴스)를 보여 준다. 내비게이션 그래프 패널(Ⓑ)은 각 목적지의 UI 레이아웃을 보여 준다. 그림 47-5에서는 두 개의 목적지로 mainFragment와 secondFragment가 포함되어 있다. 목적지 사이의 화살표(Ⓒ)는 내비게이션 액션의 연결을 나타낸다. 목적지의 경계선에 마우스 커서를 대면 원이 나타나며 이 원을 클릭하고 끌어서 원하는 목적지에 놓으면 액션이 추가된다. 속성 패널(Ⓓ)에서는 현재 선택된 목적지나 액션 연결의 속성값을 보거나 변경할 수 있다. 그림 47-5에는 현재 선택된 액션의 속성이 나타나 있다. Ⓔ로 표시된 버튼을 클릭하고 메뉴의 옵션을 선택하면 새로운 목적지가 추가된다. 이때 기존 프래그먼트나 액티비티를 목적지로 추가하거나 새로운 빈 프래그먼트 목적지를 추가할 수 있다. 컴포넌트 트리 패널(Ⓕ)은 내비게이션 그래프의 계층 구조와 모든 목적지 및 액션을 보여 주며, 그래프의 특정 목적지나 액션을 선택할 수 있다.

내비게이션 그래프의 내부 XML은 편집기를 코드 모드로 전환하여 보거나 변경할 수 있다. 그림 47-5의 목적지와 액션 연결을 갖는 내비게이션 그래프의 XML은 다음과 같다.

```
<?xml version="1.0" encoding="utf-8"?>
<navigation xmlns:android="http://schemas.android.com/apk/res/android"
    xmlns:app="http://schemas.android.com/apk/res-auto"
    xmlns:tools="http://schemas.android.com/tools"
    android:id="@+id/navigation_graph"
    app:startDestination="@id/mainFragment">

    <fragment
        android:id="@+id/mainFragment"
        android:name="com.ebookfrenzy.navigationdemo.ui.main.MainFragment"
        android:label="main_fragment"
        tools:layout="@layout/main_fragment" >
        <action
            android:id="@+id/mainToSecond"
```

```
                app:destination="@id/secondFragment" />
    </fragment>
    <fragment
        android:id="@+id/secondFragment"
        android:name="com.ebookfrenzy.navigationdemo.SecondFragment"
        android:label="fragment_second"
        tools:layout="@layout/fragment_second" >
    </fragment>
</navigation>
```

구조화와 재사용을 좋게 하기 위해 필요하다면 내비게이션 그래프를 여러 개의 파일로 분할할 수 있다. 이 경우 중첩 그래프_{nested graph}는 루트 그래프_{root graph}에 포함된다. 중첩 그래프는 다음과 같이 생성한다. 중첩시킬 목적지를 ⌈shift⌋ 키를 누른 채로 마우스 클릭한 후 첫 번째 목적지에서 마우스 오른쪽 버튼을 클릭하고 **Move to Nested Graph ➡ New Graph** 메뉴 옵션을 선택한다. 그러면 중첩된 그래프가 현재 그래프의 새로운 노드로 나타난다. 그리고 중첩 그래프 노드를 더블클릭하면 해당 중첩 그래프 파일이 편집기로 로드된다.

47.4 내비게이션 컨트롤러 사용하기

내비게이션 액션이 실행될 수 있으려면 우선 코드에서 내비게이션 컨트롤러 인스턴스의 참조를 얻어야 한다. 이때 Navigation 클래스나 NavHostFragment 클래스의 findNavController() 함수를 호출한다. 액티비티의 내비게이션 컨트롤러를 사용하기 위해 이것의 인스턴스 참조를 얻는 예는 다음과 같다. 단, 이 코드가 제대로 실행되려면 activity로 참조되는 액티비티가 내비게이션 호스트 프래그먼트를 포함하고 있어야 한다.

```
val controller: NavController =
        Navigation.findNavController(activity, R.id.demo_nav_host_fragment)
```

여기서는 findNavController() 함수를 호출할 때 액티비티의 참조와 액티비티의 레이아웃에 포함된 NavHostFragment의 id가 인자로 전달된다.

이와는 달리, 뷰와 연관된 내비게이션 컨트롤러의 경우는 해당 뷰만 인자로 전달하면 된다.

```
val controller: NavController = Navigation.findNavController(button)
```

또한, 프래그먼트의 내비게이션 컨트롤러 인스턴스 참조를 얻을 때는 NavHostFragment 클래스의 findNavController() 함수를 호출하며, 이때 해당 프래그먼트의 참조를 인자로 전달한다.

```
val controller: NavController = NavHostFragment.findNavController(fragment)
```

47.5 내비게이션 액션 실행하기

내비게이션 컨트롤러 인스턴스 참조를 얻은 다음에는 해당 컨트롤러의 navigate() 함수를 호출하여 내비게이션 액션을 실행할 수 있다. 이때 실행될 액션의 리소스 id를 인자로 전달한다. 예를 들면 다음과 같다.

```
controller.navigate(R.id.goToContactsList)
```

내비게이션 그래프 편집기에서 액션 연결을 선택하면 이 액션의 id를 속성 패널에서 지정 또는 변경할 수 있다.

47.6 인자 전달

내비게이션 그래프 파일에 선언되는 인자argument를 사용하면 내비게이션 액션을 수행할 때 한 목적지에서 다른 목적지로 데이터를 전달할 수 있다. 인자는 이름, 타입, 기본값(생략 가능함)으로 구성된다. 그리고 우리가 XML에 직접 추가하거나 또는 그래프의 액션 화살표나 목적지를 선택한 후 속성 창에서 추가할 수 있다. 예를 들어, 그림 47-6에서는 기본값이 0인 contactsCount라는 이름의 정수 인자가 선언된 것을 보여 준다.

그림 47-6

인자가 추가된 후에는 인자를 받는 수신 목적지의 XML 요소에 지정할 수 있다. 예를 들면 다음과 같다.

```
<fragment
    android:id="@+id/secondFragment"
    android:name="com.ebookfrenzy.navigationdemo.SecondFragment"
    android:label="fragment_second"
    tools:layout="@layout/fragment_second" >
    <argument
        android:name="contactsCount"
        android:defaultValue=0
        app:type="integer" />
</fragment>
```

내비게이션 아키텍처 컴포넌트는 목적지 간에 인자(데이터)를 전달하는 두 가지 방법을 제공한다. 첫 번째 방법은 액션이 수행될 때 목적지에 전달되는 Bundle 객체에 인자를 넣는 것이다. 그리고 이후에 Bundle 객체로부터 인자를 추출하면 된다.

그러나 이 방법은 타입에 안전하지 않다는 단점이 있다. 달리 말해, 선언되었던 것과 다른 타입으로 수신 목적지에서 인자를 처리하면(예를 들어, 문자열을 정수 타입으로), 이 에러는 컴파일러가 잡아낼 수 없어서 런타임 에러를 유발한다.

두 번째로 더 좋은 방법이 있다. safeargs를 사용하는 것이다. Safeargs는 안드로이드 스튜디오 그래들 빌드 시스템의 플러그인이다. Safeargs는 타입에 안전한 방법으로 인자가 전달될 수 있게 해주는 특별한 클래스를 자동 생성한다. Safeargs를 사용해서 인자를 전달하는 방법은 다음 장에서 알아볼 것이다.

47.7 요약

안드로이드 앱 UI에서 내비게이션은 사용자가 서로 다른 화면 사이를 이리저리 이동할 수 있는 것을 의미한다. 종전에는 내비게이션을 구현하는 데 시간도 많이 소요되고 구조화하기 어려웠지만 이제는 안드로이드 스튜디오와 내비게이션 아키텍처 컴포넌트가 쉽게 구현하고 관리하게 해준다.

앱의 서로 다른 화면을 목적지라고 하며, 대개 프래그먼트나 액티비티에 의해 나타난다. 모든 앱은 최초 시작될 때 보이는 화면을 포함하는 홈 목적지를 갖는다. 레이아웃의 콘텐츠 영역은 내비게이션 호스트 프래그먼트로 교체되며, 이 프래그먼트는 사용자가 앱 화면을 이동하면 다른 목적지 프래그먼트로 교체된다.

내비게이션 경로는 내비게이션 그래프로 정의된다. 내비게이션 그래프는 목적지와 액션으로 구성되며 목적지 간에 인자를 전달할 수 있다.

내비게이션은 내비게이션 컨트롤러에 의해 처리된다. 내비게이션 컨트롤러는 내비게이션 스택을 관리하며, 앱 코드에서 내비게이션 액션을 실행하는 함수도 제공한다.

Jetpack 내비게이션 컴포넌트 예제 프로젝트

앞 장에서는 안드로이드 Jetpack 내비게이션 컴포넌트와 이것이 안드로이드 스튜디오의 내비게이션 그래프 편집기에 어떻게 통합되어 안드로이드 앱 화면 간의 이동을 구현하는 쉬운 방법을 제공하는지 알아보았다. 이번 장에서는 이런 내비게이션 기능을 사용해서 여러 화면의 예제 앱을 구현하는 새로운 안드로이드 스튜디오 예제 프로젝트를 생성할 것이다. 그리고 안드로이드 스튜디오 내비게이션 그래프 편집기 사용 방법에 추가하여, 타입 안전 인자를 사용해서 목적지destination 화면 간에 데이터를 전달하는 것도 예제 프로젝트에 구현할 것이다.

48.1 NavigationDemo 프로젝트 생성하기

새 프로젝트를 생성하자. 안드로이드 스튜디오 메인 메뉴의 File ➡ New ➡ New Project...를 선택하거나 웰컴 스크린에서 New Project 버튼을 클릭한다. '프로젝트 템플릿 선택' 대화상자가 나타나면 Phone and Tablet과 'Fragment + ViewModel'을 선택하고 Next 버튼을 누른다. (이 템플릿은 안드로이드 아키텍처 지침에 따라 Fragment와 ViewModel을 사용하는 프로젝트를 자동 생성해 준다.)

Name 필드에 NavigationDemo를 입력하고 Package name에는 com.ebookfrenzy.navigation demo를 입력한다. 그리고 Language가 Kotlin인지 확인하고 Minimum SDK는 API 26: Android 8.0 (Oreo)를 선택한다. 또한, Use legacy android.support libraries가 체크 해제되어 있는지 확인하고 Finish 버튼을 누른다.

48.2 빌드 구성에 내비게이션 라이브러리 추가하기

새로운 안드로이드 스튜디오 프로젝트에는 내비게이션 컴포넌트 라이브러리가 그래들 빌드 구성 파일에 기본적으로 포함되지 않는다. 따라서 제일 먼저 app 모듈의 build.gradle 파일을 변경해야 한다. 프로젝트 도구 창에서 app ➡ Gradle Scripts ➡ build.gradle (Module: NavigationDemo.app) 파일을 더블클릭하여 편집기 창에 열고 android 섹션과 dependencies 섹션에 다음을 추가한다. android

섹션에서는 뷰 바인딩을 활성화하며, dependencies 섹션에는 내비게이션 컴포넌트 라이브러리를 추가한다.

```
android {
    .
    .
    buildFeatures {
        viewBinding true
    }
}
.
.
dependencies {
    implementation 'androidx.navigation:navigation-fragment-ktx:2.3.5'
    implementation 'androidx.navigation:navigation-ui-ktx:2.3.5'
    .
    .
}
```

그리고 편집기 창의 오른쪽 위에 있는 Sync Now를 눌러 그래들 빌드의 변경 사항을 프로젝트에 적용한다.

dependencies 섹션에 추가한 내비게이션 컴포넌트 라이브러리는 지속적으로 새 버전이 나오므로 제일 끝의 릴리스 번호가 달라질 수 있다. 이때는 안드로이드 스튜디오가 해당 라이브러리 줄을 강조 표시해 준다. 그리고 그 줄에 마우스 커서를 대면 새로운 릴리스 번호를 알려 주므로 해당 번호로 수정하면 된다.

48.3 내비게이션 그래프 리소스 파일 생성하기

다음은 내비게이션 그래프 리소스 파일을 프로젝트에 추가할 것이다. 47장에서 알아보았듯이, 이 파일은 사용자가 이동할 수 있는 프래그먼트나 액티비티를 포함하는 XML 파일이며, 또한, 이동을 수행하는 액션_{action}과 목적지 간에 전달되는 데이터도 포함한다.

프로젝트 도구 창의 res 폴더(app ➡ res)에서 마우스 오른쪽 버튼을 클릭한 후 New ➡ Android Resource File을 선택한다.

'새 리소스 파일' 대화상자가 나타나면 파일 이름에 navigation_graph를 입력하고 리소스 타입을 Navigation으로 변경하고 OK 버튼을 클릭한다(그림 48-1).

그림에서 보이는 대화상자의 내용은 다음과 같다:

New Resource File

File name: navigation_graph

Resource type: Navigation

Root element: navigation

Source set: main *src/main/res*

Directory name: navigation

Available qualifiers:
- Country Code
- Network Code
- Locale
- Layout Direction
- Smallest Screen Width
- Screen Width
- Screen Height
- Size
- Ratio
- Orientation

Chosen qualifiers:

Nothing to show

OK   Cancel

그림 48-1

그러면 내비게이션 그래프 리소스 파일이 프로젝트에 추가되면서 내비게이션 그래프 편집기의 메인 패널이 나타난다. 편집기 오른쪽 위의 코드 버튼(≡ Code)을 눌러 코드 모드로 변경하고 자동 생성된 XML을 보면 다음과 같을 것이다.

```xml
<?xml version="1.0" encoding="utf-8"?>
<navigation xmlns:android="http://schemas.android.com/apk/res/android"
    xmlns:app="http://schemas.android.com/apk/res-auto"
    android:id="@+id/navigation_graph">

</navigation>
```

편집기 오른쪽 위의 디자인 버튼(🖼 Design)을 눌러 디자인 모드로 변경하고 편집기 왼쪽의 Hosts 패널을 보면 내비게이션 호스트 프래그먼트가 프로젝트에 없다고 알려 줄 것이다. 아직 지정하지 않았기 때문이다(그림 48-2).

다음으로 할 일은 내비게이션 호스트 프래그먼트를 프로젝트에 추가하는 것이다.

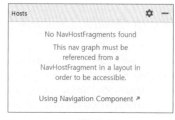

Hosts

No NavHostFragments found
This nav graph must be referenced from a NavHostFragment in a layout in order to be accessible.

Using Navigation Component ↗

그림 48-2

48.4 내비게이션 호스트 선언하기

우리 프로젝트에서는 내비게이션 호스트 프래그먼트가 메인 액티비티MainActivity의 UI사용자 인터페이스에 포함될 것이다. 이것은 내비게이션 그래프에 포함되는 목적지 프래그먼트가 메인 액티비티의 콘텐츠 영역에 나타난다는 것을 의미한다(현재는 메인 액티비티의 콘텐츠 영역에 main_fragment.xml 레이아웃이 지정되어 있다). 프로젝트 도구 창에서 메인 액티비티 레이아웃 파일(app ➡ res ➡ layout ➡ main_activity.xml)을 더블클릭하여 레이아웃 편집기 창에 열고 디자인 모드로 변경하자.

그리고 팔레트의 Containers 부류에 있는 NavHostFragment를 마우스로 끌어서 화살표로 표시한 것처럼 액티비티 레이아웃의 컨테이너 영역에 놓자(그림 48-3).

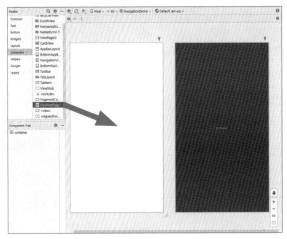

그림 48-3

그다음에 나타나는 내비게이션 그래프 대화상자에서 navigation_graph.xml 파일(그림 48-1에서 생성 했음)을 선택하고 OK 버튼을 누른다.

그러면 NavHostFragment 인스턴스가 레이아웃에 추가되고 선택된 상태가 된다. 오른쪽의 속성 창 에서 id를 demo_nav_host_fragment로 변경하고 [Enter][[Return]] 키를 누른다. 그리고 Raname 대화상자가 나타나면 Refactor 버튼을 누른다.

레이아웃 편집기를 코드 모드로 변경하고 XML 파일을 보면 다음과 같다.

```xml
<?xml version="1.0" encoding="utf-8"?>
<FrameLayout xmlns:android="http://schemas.android.com/apk/res/android"
    xmlns:app="http://schemas.android.com/apk/res-auto"
    xmlns:tools="http://schemas.android.com/tools"
    android:id="@+id/container"
    android:layout_width="match_parent"
    android:layout_height="match_parent"
    tools:context=".MainActivity" >

    <androidx.fragment.app.FragmentContainerView
        android:id="@+id/demo_nav_host_fragment"
        android:name="androidx.navigation.fragment.NavHostFragment"
        android:layout_width="match_parent"
        android:layout_height="match_parent"
        app:defaultNavHost="true"
        app:navGraph="@navigation/navigation_graph" />
</FrameLayout>
```

이 XML을 보면 레이아웃 편집기가 내비게이션 그래프 속성(app:navGraph)을 추가했음을 알 수 있다. 이 속성에서는 navigation_graph.xml 파일을 참조한다. 또한, defaultNavHost 속성은 true로 설정되었다.

메인 액티비티 레이아웃 파일에 NavHostFragment가 구성되었으므로, 앱이 실행될 때 메인 액티비티가 main_fragment.xml 파일을 로딩하지 않도록 MainActivity.kt 파일에서 일부 코드를 삭제해야 한다.

프로젝트 도구 창에서 app ➡ java ➡ com.ebookfrenzy.navigationdemo ➡ MainActivity.kt 파일을 더블클릭하여 편집기 창에 열고 다음과 같이 onCreate() 함수의 일부 코드를 삭제하자.

```
override fun onCreate(savedInstanceState: Bundle?) {
    .
    .
    if (savedInstanceState == null) {
        supportFragmentManager.beginTransaction()
                .replace(R.id.container, MainFragment.newInstance())
                .commitNow()
    }
}
```

그다음에 편집기 창에서 navigation_graph.xml 파일을 선택하면 NavHostFragment 인스턴스인 demo_nav_host_fragment 가 Hosts 패널에 나타날 것이다.

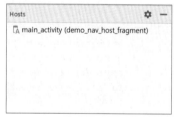

그림 48-4

48.5 내비게이션 목적지 추가하기

편집기 창에 navigation_graph.xml 파일이 선택된 상태에서 이제는 내비게이션 그래프에 목적지를 추가할 것이다. 프로젝트에 자동 생성된 첫 번째 화면(main_fragment.xml)을 다음과 같이 내비게이션 그래프의 첫 번째 목적지로 추가한다. 우선, 그림 48-5와 같이 새 목적지를 선택 또는 추가하는 버튼을 클릭하자.

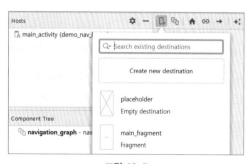

그림 48-5

그리고 main_fragment를 목적지로 선택하여 내
비게이션 그래프에 나타나게 한다(그래프의 목적
지를 선택 후 마우스로 끌면 위치를 변경할 수 있다).

목적지 위의 홈 아이콘(🏠)은 이 목적지 노드가
시작 목적지start destination라는 것을 나타내며, 이
것은 NavHostFragment를 포함하는 액티비티가
생성될 때 첫 번째로 화면에 나타나는 목적지를
의미한다. (시작 목적지를 다른 목적지로 변경할 때
는 그래프의 원하는 목적지 노드를 선택하고 툴바의
홈 버튼(🏠)을 클릭하면 된다.)

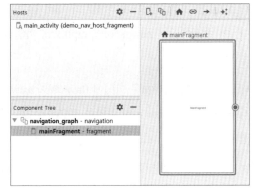

그림 48-6

편집기를 코드 모드로 전환하고 내비게이션 그래프의 XML을 보면 다음과 같다.

```xml
<?xml version="1.0" encoding="utf-8"?>
<navigation xmlns:android="http://schemas.android.com/apk/res/android"
    xmlns:app="http://schemas.android.com/apk/res-auto"
    xmlns:tools="http://schemas.android.com/tools"
    android:id="@+id/navigation_graph"
    app:startDestination="@id/mainFragment">

    <fragment
        android:id="@+id/mainFragment"
        android:name="com.ebookfrenzy.navigationdemo.ui.main.MainFragment"
        android:label="main_fragment"
        tools:layout="@layout/main_fragment" />
</navigation>
```

목적지 화면 간의 이동이 수행되려면 최소한 두 개 이상의 목적지가 그래프에 있어야 한다. 이번에
는 새로운 빈 목적지를 생성할 것이다. 내비게이션 그래프 편집기를 디자인 모드로 전환한 후 그
림 48-5와 같이 새 목적지를 선택 또는 추가하는 버튼을 누르고 이번에는 Create new destination
을 선택한다. 그리고 New Android Fragment 대화상자에서 Fragment (Blank) 템플릿을 선택한 후
Next 버튼을 누른다. 그다음 대화상자에서 프래그먼트 이름을 SecondFragment로 변경하고, 프래
그먼트 레이아웃 이름을 fragment_second로 변경한 후 Finish 버튼을 누른다. 그리고 잠시 프로젝
트가 다시 빌드된 후 지금 생성된 프래그먼트가 또 다른 목적지로 그래프에 나타날 것이다(그림 48-
7). (그래프의 목적지를 선택 후 마우스로 끌면 위치를 변경할 수 있다.)

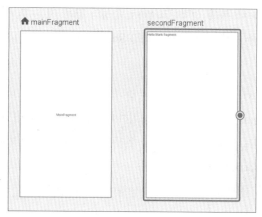

그림 48-7

48.6 목적지 프래그먼트 레이아웃 디자인하기

목적지 사이를 이동하기 위한 액션을 추가하기에 앞서, 지금부터는 그래프의 두 목적지 프래그먼
트에 UI 컴포넌트를 추가할 것이다. 우선, mainFragment 목적지를 더블클릭하여 main_fragment.
xml 파일을 레이아웃 편집기에 로드한다. 그리고 중앙에 위치한 TextView 위젯을 컴포넌트 트
리에서 선택하고 [Del] 키를 눌러 삭제한다. 그다음에 그림 48-8과 같이 Plain Text EditText와
Button을 팔레트에서 끌어서 레이아웃에 추가하고 툴바의 제약 추론 버튼을 클릭하여 적합한 제
약이 자동으로 추가되게 한다(26장의 26.3절 참고).

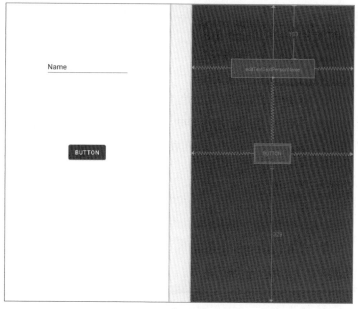

그림 48-8

컴포넌트 트리에서 EditText 뷰를 선택하고 text 속성의 값을 지운 후 id 속성의 값을 userText
로 변경하고 [Enter][Return] 키를 누른다. 그리고 Raname 대화상자가 나타나면 Refactor 버튼을
누른다.

다음은 편집기 위쪽의 navigation_graph.xml 파일 탭을 선택하여 다시 내비게이션 편집기로 돌아
간다. 그리고 secondFragment 목적지를 더블클릭하여 fragment_second.xml 파일을 레이아웃 편
집기에 로드한 후 컴포넌트 트리에서 TextView 위젯을 선택하고 [Del] 키를 눌러 삭제한다. 그다
음에 컴포넌트 트리의 FrameLayout에서 마우스 오른쪽 버튼을 클릭한 후 Convert FrameLayout
to ConstraintLayout을 선택하고 다음 대화상자에서 OK 버튼을 클릭하여 FrameLayout을
ConstraintLayout으로 변환한다.

변환된 레이아웃을 컴포넌트 트리에서 선택한 후 속성 창에서 id를 constraintLayout으로 변경하
고 [Enter][Return] 키를 누른다. 그리고 Raname 대화상자가 나타나면 Refactor 버튼을 누른다. 이
제는 이 프래그먼트의 부모 레이아웃 매니저가 유연성이 좋은 ConstraintLayout으로 변환되었다.
다음은 팔레트의 TextView를 마우스로 끌어서 레이아웃의 정중앙(수평과 수직 점선이 교차되는 지점)
에 놓고 속성 창에서 id를 argText로 변경한다. 그리고 툴바의 제약 추론 버튼을 클릭하여 적합한
제약이 자동으로 추가되게 한다(26장의 26.3절 참고).

48.7 내비게이션 그래프에 액션 추가하기

이제는 두 개의 목적지가 내비게이션 그래프에 추가되고 각 목적지의 UI 레이아웃을 디자인했으
므로 사용자가 첫 번째 목적지 프래그먼트에서 두 번째 목적지 프래그먼트로 이동할 수 있는 방법
을 제공해야 한다. 이것은 앱 코드에서 참조할 수 있는 액션을 내비게이션 그래프에 추가하여 할
수 있다.

편집기 위쪽의 navigation_graph.xml 파일 탭을 선택하여 다시 내비
게이션 편집기로 돌아간다. 그리고 mainFragment 목적지를 선택하고
오른쪽 경계에 마우스 커서를 대면 그림 48-9처럼 원이 크게 나타날
것이다.

그림 48-9

이 원을 클릭하고 끌어서 secondFragment 목적
지의 왼쪽 경계를 살짝 넘어(선이 강조 표시됨) 놓
으면 그림 48-10처럼 화살표로 바뀌면서 두 목
적지 간의 액션 연결이 생성된다.

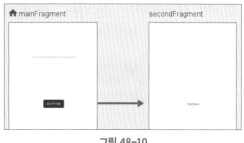

그림 48-10

액션 연결은 선택한 후 Del 키를 눌러 언제든 삭제할 수 있다. 화살표를 클릭하여 액션 연결을 선
택한 후 속성 창에서 id를 mainToSecond로 변경하자. 이것은 코드에서 참조하는 액션의 id다. 이
상태에서 편집기를 코드 모드로 전환하면 방금 추가한 액션이 내비게이션 그래프 XML에 포함된
것을 알 수 있다.

```xml
<?xml version="1.0" encoding="utf-8"?>
<navigation xmlns:android="http://schemas.android.com/apk/res/android"
    xmlns:app="http://schemas.android.com/apk/res-auto"
    xmlns:tools="http://schemas.android.com/tools"
    android:id="@+id/navigation_graph"
    app:startDestination="@id/mainFragment">

    <fragment
        android:id="@+id/mainFragment"
        android:name="com.ebookfrenzy.navigationdemo.ui.main.MainFragment"
        android:label="main_fragment"
        tools:layout="@layout/main_fragment" >
        <action
            android:id="@+id/mainToSecond"
            app:destination="@id/secondFragment" />
    </fragment>
    <fragment
        android:id="@+id/secondFragment"
        android:name="com.ebookfrenzy.navigationdemo.SecondFragment"
        android:label="fragment_second"
        tools:layout="@layout/fragment_second" />
</navigation>
```

48.8 OnFragmentInteractionListener 구현하기

액션을 실행하는 코드를 추가하기에 앞서, MainActivity 클래스를 변경하여 OnFragment
InteractionListener 인터페이스를 구현해야 한다. 이것은 내비게이션 그래프에 빈 프래그먼트를
생성할 때 SecondFragment 클래스에 자동 생성된 인터페이스다. 이 인터페이스를 구현하려면 액티

비티에서 onFragmentInteraction() 함수를 구현해야 한다. 이 함수는 프래그먼트와 액티비티 간의 통신을 구현하는 데 사용된다.

편집기 창에서 MainActivity.kt 파일을 선택한 후 다음과 같이 변경하자.

```
.
.
import android.net.Uri

class MainActivity : AppCompatActivity(),
    SecondFragment.OnFragmentInteractionListener {

    override fun onCreate(savedInstanceState: Bundle?) {
        super.onCreate(savedInstanceState)
        setContentView(R.layout.main_activity)
    }

    override fun onFragmentInteraction(uri: Uri) {
    }
}
```

만일 안드로이드 스튜디오가 OnFragmentInteractionListener를 빨간색으로 강조하여 에러로 표시할 때는(안드로이드 스튜디오 버전에 따라 다를 수 있다), 편집기에 app ➡ java ➡ com.ebookfrenzy. navigationdemo ➡ SecondFragment.kt 파일을 열고 다음과 같이 변경한다.

```
.
.
import android.net.Uri
.
.
class SecondFragment : Fragment() {

    .
    .
    interface OnFragmentInteractionListener {
        // TODO: 인자 타입과 이름을 변경함
        fun onFragmentInteraction(uri: Uri)
    }
}
```

48.9 목적지 프래그먼트에 뷰 바인딩 지원 추가하기

프래그먼트 레이아웃의 뷰를 코드에서 참조할 것이므로 뷰 바인딩을 사용할 수 있게 코드를 수정할 것이다. 편집기 창에 열린 MainFragment.kt 파일을 선택하고 다음과 같이 변경한다.

```
.
.
import com.ebookfrenzy.navigationdemo.databinding.MainFragmentBinding

class MainFragment : Fragment() {
    .
    .
    private var _binding: MainFragmentBinding? = null
    private val binding get() = _binding!!

    override fun onCreateView(
        inflater: LayoutInflater, container: ViewGroup?,
        savedInstanceState: Bundle?
    ): View {
        return inflater.inflate(R.layout.main_fragment, container, false)
        _binding = MainFragmentBinding.inflate(inflater, container, false)
        return binding.root
    }
    .
    .
    .
}
```

SecondFragment.kt 파일도 이와 동일하게 변경하자. 단, MainFragmentBinding을 Fragment
SecondBinding으로 변경해야 한다.

48.10 액션 실행하기

이제는 액션이 내비게이션 그래프에 추가되었으므로, 다음으로 할 일은 Button 위젯이 클릭될 때
액션을 실행하는 코드를 메인 프래그먼트에 추가하는 것이다. 편집기 창에서 MainFragment.kt 파
일을 선택한 후 onActivityCreated() 함수를 변경하자.

```
.
.
import androidx.navigation.Navigation

class MainFragment : Fragment() {
    .
    .
    override fun onActivityCreated(savedInstanceState: Bundle?) {
        super.onActivityCreated(savedInstanceState)
        viewModel = ViewModelProvider(this).get(MainViewModel::class.java)
        // TODO: Use the ViewModel
        binding.button.setOnClickListener {
            Navigation.findNavController(it).navigate(
                R.id.mainToSecond)
        }
    }
```

```
    }
```

이 코드에서는 내비게이션 컨트롤러 인스턴스의 참조를 얻어서 navigate() 함수를 호출한다. 이때 내비게이션 액션의 리소스 id를 인자로 전달한다.

앱을 실행하고 메인 프래그먼트 화면의 버튼을 눌러서 두 번째 프래그먼트 화면으로 이동하는지 확인해 보자.

이처럼 리스너를 설정하는 방법 외에 Navigation 클래스의 createNavigateOnClickListener() 함수를 사용할 수도 있다. 이것은 리스너를 설정하고 목적지로 이동하는 더 효율적인 방법을 제공한다. 이때는 다음과 같이 한 줄의 코드로 이동을 구현한다.

```
binding.button.setOnClickListener(Navigation.createNavigateOnClickListener(
        R.id.mainToSecond, null))
```

48.11 Safeargs를 사용한 데이터 전달

다음은 메인 프래그먼트의 EditText 뷰에 입력된 텍스트를 두 번째 프래그먼트에 전달하여 이 프래그먼트의 TextView에 보여 주도록 할 것이다. 앞 장에서 알아보았듯이, 안드로이드 내비게이션 컴포넌트는 데이터를 전달하는 두 가지 방법을 지원한다. 이번 장에서는 타입에 안전한 인자 전달 방법인 safeargs를 사용할 것이다.

Safeargs를 사용하려면 우선 프로젝트 그래들 빌드 구성 파일에 safeargs 플러그인을 추가해야 한다. 프로젝트 도구 창에서 app ➡ Gradle Scripts ➡ build.gradle (Project: NavigationDemo) 파일을 더블클릭하여 편집기 창에 열고 dependencies 섹션에 플러그인의 경로를 추가한다(릴리스 번호는 달라질 수 있다).

```
// Top-level build file where you can add configuration options common to all sub-
projects/modules.
buildscript {
    repositories {
        google()
        mavenCentral()
    }
    dependencies {
        classpath "androidx.navigation:navigation-safe-args-gradle-plugin:2.3.5"
        .
        .
    }
```

```
    .
    .
```

그리고 편집기 창의 오른쪽 위에 있는 Sync Now를 눌러 그래들 빌드의 변경 사항을 프로젝트에 적용한다.

다음은 app 모듈의 그래들 빌드 파일을 변경하자. 프로젝트 도구 창에서 app ➡ Gradle Scripts ➡ build.gradle (Module: NavigationDemo.app) 파일을 더블클릭하여 편집기 창에 열고 plugins 섹션에 플러그인을 추가한다.

```
plugins {
    id 'com.android.application'
    id 'androidx.navigation.safeargs'
    .
    .
}
    .
    .
```

그리고 편집기 창의 오른쪽 위에 있는 Sync Now를 눌러 그래들 빌드의 변경 사항을 프로젝트에 적용한다.

다음은 secondFragment 목적지에서 받을 인자를 정의할 것이다. 편집기 위쪽의 navigation_graph.xml 파일 탭을 선택하여 다시 내비게이션 편집기로 돌아가서 디자인 모드로 전환하자. 그리고 컴포넌트 트리에서 secondFragment 목적지를 선택한 후 인자를 추가하기 위해 속성 창에서 Arguments 섹션의 + 버튼을 클릭한다(그림 48-11).

그림 48-11

그러면 인자 추가 대화상자가 나타난다. 이름에는 message를 입력하고 타입은 String으로 선택하며 제일 밑의 기본값에는 No Message를 입력한 후 Add 버튼을 누른다(그림 48-12).

그림 48-12

이렇게 새로 구성된 인자는 navigation_graph.xml 파일의 secondFragment 요소에 다음과 같이 추가된다. (내비게이션 편집기를 코드 모드로 전환하면 볼 수 있다.)

```
<fragment
    android:id="@+id/secondFragment"
    android:name="com.ebookfrenzy.navigationdemo.SecondFragment"
    android:label="fragment_second"
    tools:layout="@layout/fragment_second" >
    <argument
        android:name="message"
        app:argType="string"
        android:defaultValue="No Message" />
</fragment>
```

다음은 내비게이션 액션이 실행될 때 메인 프레그먼트의 EditText 뷰에서 텍스트를 추출하여 두 번째 프래그먼트에 전달하는 코드를 Mainfragment.kt 파일에 추가해야 한다. 이렇게 하려면 safeargs 플러그인이 자동으로 생성해 준 특별한 내비게이션 클래스를 사용해야 한다. 현재는 MainFragment 클래스, SecondFragment 클래스, 내비게이션 액션인 mainToSecond, 인자인 message가 내비게이션에 포함되어 있다.

프로젝트가 빌드될 때 safeargs 플러그인은 다음 클래스를 추가로 생성하며, 이러한 클래스는 목적지 화면 이동이 생길 때 인자를 전달 및 수신하는 데 사용될 수 있다.

- **MainFragmentDirections** — 이 클래스는 내비게이션 액션의 시작점을 나타내며 액션 객체의 참조를 제공한다. (이 클래스의 이름은 화면 이동이 시작되는 클래스 이름 끝에 Directions를 붙인 것이다.)

- **ActionMainToSecond** — 이 클래스는 이동을 수행하는 데 사용되는 액션을 나타낸다. (이 클래스의 이름은 내비게이션 그래프 파일의 액션에 지정된 id 앞에 Action을 붙인 것이다.) 이 클래스는 목적지에 구성된 각 인자의 세터_{setter}를 포함한다. 예를 들어, secondFragment 목적지는 message 인자를 포함하므로 ActionMainToSecond 클래스는 setMessage()라는 이름의 함수를 포함한다. ActionMainToSecond 클래스의 인스턴스는 내비게이션 컨트롤러의 navigate() 함수 인자로 전달된다.

- **SecondFragmentArgs** — 이동이 시작되는 목적지 클래스로부터 전달된 인자를 사용하기 위해 수신 목적지 프래그먼트에서 사용되는 클래스다. (이 클래스의 이름은 이동하는 목적지 클래스 이름 끝에 Args를 붙인 것이다.) SecondFragmentArgs 클래스는 목적지에 전달되는 각 인자의 게터_{getter}를 포함한다(예를 들어, getMessage()).

이러한 클래스를 사용해서 MainFragment.kt 파일의 onActivityCreated() 함수에 있는 OnClickListener 구현 코드를 다음과 같이 변경할 수 있다. 이 코드에서는 EditText 뷰의 현재 텍스트를 추출한 후 액션에 인자로 설정하고 secondFragment로의 이동을 시작한다. 편집기에서 MainFragment.kt 파일을 선택하고 다음과 같이 변경하자.

```
binding.button.setOnClickListener {
    Navigation.findNavController(it).navigate(
        R.id.mainToSecond)
    var action: MainFragmentDirections.MainToSecond =
                        MainFragmentDirections.mainToSecond()

    action.setMessage(binding.userText.text.toString())
    Navigation.findNavController(it).navigate(action)
}
```

이 코드에서는 액션 객체의 참조를 얻는다. 그리고 setMessage() 함수를 사용해서 message 인자의 문자열을 설정한 후 내비게이션 컨트롤러의 navigate() 함수를 호출한다. 이때 액션 객체를 인자로 전달한다.

만일 안드로이드 스튜디오가 MainFragmentDirections를 빨간색으로 강조하여 에러로 표시할 때는 안드로이드 스튜디오 메인 메뉴의 Build ➡ Make Project를 선택하여 프로젝트를 다시 빌드한다.

이제는 SecondFragment.kt 파일을 변경하는 것만 남았다. 즉, 이동이 수행된 후 인자를 받아 TextView에 보여 주는 것이다. 여기서는 이런 일을 수행하는 코드를 onStart() 생명주기 함수에 추가할 것이다. 편집기 창에 SecondFragment.kt 파일을 로드한 후 다음과 같이 onStart() 함수를 추가하자.

```
class SecondFragment : Fragment() {
    .
    .
    override fun onStart() {
        super.onStart()
        arguments?.let {
            val args = SecondFragmentArgs.fromBundle(it)
            binding.argText.text = args.message
        }
    }
}
```

onStart() 함수의 코드에서는 우선 TextView의 참조를 얻는다. 그리고 SecondFragmentArgs 클래스의 fromBundle() 함수를 호출하여 이동이 시작된 목적지로부터 받은 SecondFragmentArgs 객체를 추출한다. 여기서는 navigation_graph.xml 파일에 정의된 인자의 이름이 message이므로 args 객체의 message 속성을 참조하여(또는 getMessage() 함수를 직접 호출해도 됨) 문자열 값을 얻는다. 그리고 이 문자열을 TextView에 지정하므로 이 값이 화면에 나타난다.

실제 장치나 에뮬레이터에서 앱을 실행하고 텍스트를 입력한 후 버튼을 눌러 보자. secondFragment 목적지 화면이 나타날 때 메인 프래그먼트에서 입력했던 텍스트가 TextView에 나타날 것이다. 이것은 내비게이션 목적지 간에 데이터가 성공적으로 전달되었다는 것을 나타낸다.

48.12 요약

이번 장에서는 안드로이드 스튜디오 내비게이션 그래프 편집기와 함께 내비게이션 아키텍처 컴포넌트를 사용해서 안드로이드 앱의 화면 이동을 구현하는 방법을 예제 프로젝트로 해보았다. 즉, 기존 또는 새로운 목적지 프래그먼트를 포함하는 내비게이션 그래프를 생성하고, 액티비티 레이아웃에 내비게이션 호스트 프래그먼트를 포함시키고, 내비게이션 이벤트를 유발하는 코드를 작성하고, 그래들 플러그인을 사용해서 목적지 간에 인자를 전달하는 것에 관한 내용이다.

49

MotionLayout 개요

MotionLayout 클래스는 UI사용자 인터페이스 레이아웃의 뷰에 애니메이션 효과를 쉽게 추가하는 방법을 제공한다. 이번 장에서는 MotionLayout의 개요 및 중요한 개념을 알아볼 것이다. 그리고 다음 두 장에서는 예제 프로젝트를 생성하여 MotionLayout 애니메이션(생동감 있게 움직임)을 실제 구현해 볼 것이다.

49.1 MotionLayout이란?

MotionLayout은 레이아웃 컨테이너이며, 레이아웃에 있는 뷰를 한 상태에서 다른 상태로 생동감 있게 전환하는 것이 주목적이다. 예를 들어, MotionLayout은 ImageView 인스턴스가 지정된 시간을 따라 화면의 왼쪽 위 모서리로부터 오른쪽 밑 모서리로 생동감 있게 움직이도록 할 수 있다. 또한, 위치에 추가하여 색상, 크기, 회전 각도 등의 다른 속성을 변경해도 애니메이션을 구현할 수 있다.

MotionLayout을 사용하면 뷰가 두 지점 사이의 직선을 따라 움직이게 하거나 또는 서로 다른 위치에 있는 중간 점으로 구성되는 경로를 따라 움직이게 구현할 수 있다. MotionLayout은 또한, 터치와 밀기 동작을 사용해서 애니메이션을 시작하고 제어하는 것을 지원한다.

MotionLayout의 애니메이션은 XML로 선언되므로 코드 작성이 필요 없다. 그리고 이 XML은 안드로이드 스튜디오 코드 편집기에서 직접 구현하거나 MotionLayout 편집기를 사용해서 시각적으로 생성하거나 또는 두 가지를 같이 사용해서 작성할 수 있다.

49.2 MotionLayout 클래스

애니메이션을 구현하려면 우선, UI에 주로 사용하는 ConstraintLayout 컨테이너를 MotionLayout 인스턴스로 변환해야 한다(레이아웃 편집기의 ConstraintLayout에서 마우스 오른쪽 버튼을 클릭한 후 Convert to MotionLayout 메뉴 항목을 선택하면 자동으로 변환됨). 단, MotionLayout을 사용하려면 ConstraintLayout 라이브러리 버전이 2.0.0 이상이어야 한다.

MotionLayout은 ConstraintLayout의 서브 클래스이므로 ConstraintLayout의 모든 레이아웃 특성을 지원한다. 따라서 애니메이션이 필요 없는 뷰에 MotionLayout을 사용할 때는 ConstraintLayout과 동일한 방법으로 UI 레이아웃을 디자인할 수 있다.

애니메이션이 필요한 뷰의 경우는 애니메이션의 시작과 끝 시점에서 해당 뷰의 모습과 위치를 정의하는 두 개의 ConstraintSet을 선언한다. 그리고 부수적인 효과를 적용하기 위해 Transition 요소를 선언할 때 키 프레임key frame을 정의한다. 또한, OnClick과 OnSwipe 핸들러를 사용해서 애니메이션을 시작하고 제어할 수 있다.

49.3 MotionScene

이전의 다른 장에서 보았듯이, XML 레이아웃 파일은 사용자에게 보여 줄 정적인 레이아웃과 뷰를 구성하는 데 필요한 정보를 포함한다. 이것은 MotionLayout을 사용할 때도 마찬가지다. 그러나 MotionLayout에서는 동적인 뷰(달리 말해, 애니메이션이 수행되는 뷰)도 레이아웃 파일에 선언한다. 그러나 이런 뷰와 관련된 선언은 MotionScene 파일이라고 하는 별도의 XML 파일에 저장된다 (MotionScene 파일이라고 하는 이유는 모든 선언이 하나의 MotionScene 요소 안에 정의되기 때문이다). 이 파일은 레이아웃 XML 파일로 import되며, 시작과 끝 ConstraintSet 및 Transition 선언을 포함한다. MotionScene 파일은 다수의 ConstraintSet과 Transition 선언을 포함할 수 있으므로 UI 레이아웃의 특정 뷰를 대상으로 서로 다른 애니메이션이 수행될 수 있다.

(MotionScene 파일은 app ➡ res ➡ xml 밑에 안드로이드 스튜디오가 자동으로 생성해 주며 파일 이름은 activity_main_scene.xml이다.)

MotionScene 파일의 예를 보면 다음과 같다.

```xml
<?xml version="1.0" encoding="utf-8"?>
<MotionScene
    xmlns:android="http://schemas.android.com/apk/res/android"
    xmlns:motion="http://schemas.android.com/apk/res-auto">

    <Transition
        motion:constraintSetEnd="@+id/end"
        motion:constraintSetStart="@id/start"
        motion:duration="1000">
        <KeyFrameSet>
        </KeyFrameSet>
    </Transition>

    <ConstraintSet android:id="@+id/start">
    </ConstraintSet>
```

```
    <ConstraintSet android:id="@+id/end">
    </ConstraintSet>
</MotionScene>
```

여기서는 start와 end라는 ConstraintSet이 선언되었다(ConstraintSet 이름은 임의로 지정할 수 있다). 그러나 아직 Constraint 요소는 갖고 있지 않다. 그리고 Transition 요소에는 애니메이션의 시작과 끝을 나타내는 ConstraintSet과 내용이 없는 KeyFrameSet 요소를 정의하고 있다. 또한, 애니메이션의 실행 시간(1/1000초 단위)을 제어하는 duration 속성도 포함한다.

시작과 끝 ConstraintSet이 선언되었다고 해서 뷰가 반드시 움직인다는 것은 아니다. 예를 들어, 시작과 끝 ConstraintSet에 화면의 동일한 위치를 선언하고 Transition에서 다른 속성(예를 들어, 크기나 회전 각도)을 변경하여 애니메이션을 수행할 수도 있다.

49.4 ConstraintSet 구성하기

MotionScene 파일의 ConstraintSet은 모든 ConstraintLayout 설정을 뷰에 적용할 수 있게 해준다. 예를 들어, 위치 선정, 크기 조정, 부모 뷰나 다른 뷰와의 연결 등이다. 이와 더불어 다음 속성도 ConstraintSet 선언에 포함될 수 있다.

* alpha
* visibility
* elevation
* rotation
* rotationX
* rotationY
* translationX
* translationY
* translationZ
* scaleX
* scaleY

예를 들어, 애니메이션이 수행될 때 뷰를 180° 회전하려면 시작과 끝 ConstraintSet에 다음과 같이 Constraint 요소를 선언할 수 있다.

```
<ConstraintSet android:id="@+id/start">
    <Constraint
```

```
             .
        motion:layout_constraintStart_toStartOf="parent"
        android:rotation="0">
    </Constraint>
</ConstraintSet>

<ConstraintSet android:id="@+id/end">
    <Constraint
          .
          .
          .
        motion:layout_constraintBottom_toBottomOf="parent"
        android:rotation="180">
    </Constraint>
</ConstraintSet>
```

이렇게 하면 애니메이션이 수행될 때 해당 뷰가 0°에서 시작하여 180° 회전한다는 것을 Motion Layout에 알려 준다.

49.5 커스텀 속성

방금 이야기한 표준 속성에 추가하여 커스텀 속성도 지정할 수 있다(커스텀 속성은 CustomAttribute 요소를 사용해서 선언한다). 실제로 해당 뷰 타입에 사용 가능한 어떤 속성도 애니메이션에 포함시키기 위해 커스텀 속성으로 지정할 수 있다. 이때 속성의 이름은 안드로이드 API 문서에서 해당 뷰 클래스의 게터/세터 이름을 찾은 후 앞의 get/set을 빼고 첫 글자를 소문자로 바꾸면 된다. 예를 들어, 코드에서 Button 뷰의 배경색을 변경할 때는 세터 함수인 setBackgroundColor()를 다음과 같이 호출한다.

```
myButton.setBackgroundColor(Color.RED)
```

이것을 ConstraintSet이나 KeyFrame에 속성으로 설정할 때는 이름이 backgroundColor가 된다. 그리고 속성 이름과 더불어 속성값의 타입도 다음 중 하나의 타입으로 올바르게 선언해야 한다.

- **motion:customBoolean** — Boolean 속성값
- **motion:customColorValue** — Color 속성값
- **motion:customDimension** — Dimension 속성값
- **motion:customFloatValue** — 부동 소수점 속성값
- **motion:customIntegerValue** — Integer 속성값
- **motion:customStringValue** — String 속성값

예를 들어, 색상 설정은 customColorValue 타입을 사용해서 지정한다.

```
<CustomAttribute
    motion:attributeName="backgroundColor"
    motion:customColorValue="#43CC76" />
```

MotionScene 파일에서 발췌한 다음 XML에서는 해당 뷰의 시작과 끝 ConstraintSet을 선언한다. 그리고 배경색을 초록색에서 빨간색으로 변경하도록 선언하였다.

```
.
.
<ConstraintSet android:id="@+id/start">
    <Constraint
        android:layout_width="wrap_content"
        android:layout_height="wrap_content"
        motion:layout_editor_absoluteX="21dp"
        android:id="@+id/button"
        motion:layout_constraintTop_toTopOf="parent"
        motion:layout_constraintStart_toStartOf="parent" >
        <CustomAttribute
            motion:attributeName="backgroundColor"
            motion:customColorValue="#33CC33" />
    </Constraint>
</ConstraintSet>

<ConstraintSet android:id="@+id/end">
    <Constraint
        android:layout_width="wrap_content"
        android:layout_height="wrap_content"
        motion:layout_editor_absoluteY="21dp"
        android:id="@+id/button"
        motion:layout_constraintEnd_toEndOf="parent"
        motion:layout_constraintBottom_toBottomOf="parent" >
        <CustomAttribute
            motion:attributeName="backgroundColor"
            motion:customColorValue="#F80A1F" />
    </Constraint>
</ConstraintSet>
.
.
```

49.6 애니메이션 시작하기

MotionLayout에 애니메이션을 시작하는 이벤트 핸들러를 선언하지 않으면 MotionScene 파일의 어떤 설정도 이 파일이 포함되는 레이아웃에 영향을 주지 못한다(단, 해당 뷰의 위치는 시작 ConstraintSet의 설정에 따라 정해진다).

애니메이션은 화면 탭하기(OnClick) 또는 밀기(OnSwipe) 제스처의 응답으로 시작되게 구성될 수 있다. OnClick 핸들러는 애니메이션이 시작되어 완료될 때까지 실행되게 한다. 반면에 OnSwipe 핸들러는 미는 동작에 맞춰 애니메이션을 수행하며, 플링flinging 동작에도 응답한다(swipe는 화면 터치 후 끌면서 미는 것이고 플링은 화면 터치 후 튕기듯이 미는 동작이다). OnSwipe 핸들러는 또한, 서로 다른 방향에서 끌거나 대상 뷰 쪽으로 끄는 동작에 대해 어떻게 애니메이션이 반응할지를 구성하는 옵션도 제공한다. 예를 들어, 위로 끌었을 때는 뷰가 옆으로 이동하지 못하게 막지만 왼쪽으로 끌면 이동하게 해준다.

OnSwipe와 OnClick은 MotionScene 파일의 Transition 요소에 선언하며 이때 해당 뷰의 id를 지정해야 한다. 예를 들어, 다음 XML의 Transition 요소에서는 button 뷰의 아래쪽까지 밑으로 끄는 동작에 응답하는 OnSwipe 핸들러를 구현한다.

```
    .
    .
<Transition
    motion:constraintSetEnd="@+id/end"
    motion:constraintSetStart="@id/start"
    motion:duration="1000">
    <KeyFrameSet>
    </KeyFrameSet>
    <OnSwipe
        motion:touchAnchorId="@+id/button"
        motion:dragDirection="dragDown"
        motion:touchAnchorSide="bottom" />
</Transition>
    .
    .
```

동일한 버튼에 OnClick 핸들러를 추가하는 방법도 있다.

```
<OnClick motion:targetId="@id/button"
    motion:clickAction="toggle" />
```

여기서는 액션이 toggle 모드로 설정되었다. 이 모드를 포함해서 사용 가능한 옵션을 요약하면 다음과 같다.

- **toggle** — 정반대 상태로 애니메이션을 수행한다. 예를 들어, 뷰가 끝 지점에 있다면 시작 지점으로 이동한다.
- **jumpToStart** — 애니메이션을 수행하지 않고 즉시 시작 상태로 변경한다.
- **jumpToEnd** — 애니메이션을 수행하지 않고 즉시 끝 상태로 변경한다.
- **transitionToStart** — 애니메이션을 수행하면서 시작 상태로 전환한다.
- **transitionToEnd** — 애니메이션을 수행하면서 끝 상태로 전환한다.

49.7 호 형태의 이동

기본적으로 뷰 위치의 이동은 시작과 끝 지점 사이의 직선을 따라 수행된다. 그러나 시작 ConstraintSet의 Constraint에 pathMotionArc 속성을 선언하면 호$_{arc}$의 경로를 따라 이동하도록 변경할 수 있다. 이때 속성값으로 startHorizontal 또는 startVertical을 설정한다(startHorizontal은 볼록한 호를, startVertical은 오목한 호를 나타낸다). 예를 들면 다음과 같다.

```
<ConstraintSet android:id="@+id/start">
    <Constraint
        android:layout_width="wrap_content"
        android:layout_height="wrap_content"
        motion:layout_editor_absoluteX="21dp"
        android:id="@+id/button"
        motion:layout_constraintTop_toTopOf="parent"
        motion:layout_constraintStart_toStartOf="parent"
        motion:pathMotionArc="startVertical" >
```

그림 49-1에서는 기본값인 직선 이동과 startHorizontal 호 및 startVertical 호를 대비해서 보여 준다.

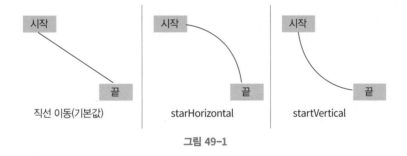

직선 이동(기본값)   starHorizontal   startVertical

그림 49-1

49.8 키 프레임

지금까지 알아본 모든 ConstraintSet 속성은 애니메이션의 시작과 끝 지점에만 적용된다. 즉, rotation 속성이 끝 지점에 180°로 설정되었다면 애니메이션이 시작되어 완료되는 동안 끝 지점에 도달할 때 회전이 시작된다는 의미다. 따라서 애니메이션이 50% 진행되는 시점에서 완전히 180° 회전하도록 한 후 끝 지점에서 다시 원래 방향으로 돌아가도록 rotation 속성을 구성할 수는 없다. 그러나 이런 유형의 효과는 키 프레임을 사용하면 가능하다.

키 프레임은 애니메이션 도중의 중간 지점(상태 변경이 생기는)을 정의하는 데 사용된다. 예를 들어, 애니메이션의 50% 진행 시점에서 뷰의 배경색이 파란색으로 바뀌고 75% 시점에서 초록색으로 바뀐 후 끝 지점에서 다시 원래 색상으로 되돌리도록 키 프레임을 선언할 수 있다. 키 프레임은 MotionScene 파일의 Transition 요소 내부에 KeyFrameSet 요소로 선언한다.

MotionLayout은 여러 유형의 키 프레임을 지원하며 요약하면 다음과 같다.

49.8.1 속성 키 프레임

KeyAttribute를 사용해서 선언하는 속성 키 프레임attribute keyframe은 뷰 속성이 애니메이션의 중간 지점에서 바뀌게 해준다. KeyAttribute는 앞에 나왔던 ConstraintSet의 속성과 동일한 속성을 지원하며 추가로 애니메이션의 어떤 지점에서 변경이 적용될지도 지정할 수 있다. 예를 들어, 다음의 키 프레임에서는 애니메이션의 50% 진행 시점에서 button 뷰가 수평(scaleX)과 수직(scaleY) 모두 2배의 크기가 되도록 선언한다. 그리고 이후에는 원래의 크기로 줄어든다.

```
<Transition
    motion:constraintSetEnd="@+id/end"
    motion:constraintSetStart="@id/start"
    motion:duration="1000">
    <KeyFrameSet>
        <KeyAttribute
            motion:motionTarget="@+id/button"
            motion:framePosition="50"
            android:scaleX="2.0" />
        <KeyAttribute
            motion:motionTarget="@+id/button"
            motion:framePosition="50"
            android:scaleY="2.0" />
    </KeyFrameSet>
```

49.8.2 위치 키 프레임

KeyPosition을 사용해서 선언하는 위치 키 프레임position keyframe은 뷰가 시작과 끝 위치 사이를 이동하는 동안 따라가는 경로를 변경하는 데 사용된다. 서로 다른 위치로 위치 키 프레임을 선언하면 어떤 복잡한 경로도 애니메이션에 적용할 수 있다. 위치는 이동 진행 시점과 함께 x와 y 좌표를 사용해서 선언한다. 이때 x와 y 좌표는 다음의 좌표 시스템 중 하나와 관련된 것을 선언해야 한다.

- **parentRelative** — 부모 컨테이너에 상대적인 x와 y 좌표이며, 백분율로 지정한다(0.0과 1.0 사이 값으로 나타냄).

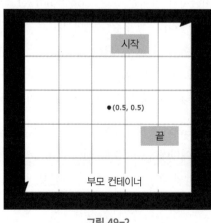

그림 49-2

- **deltaRelative** — 부모 컨테이너가 아닌 시작과 끝 위치에 상대적인 x와 y 좌표다. 예를 들어, 시작 지점은 (0, 0)이고 끝 지점은 (1, 1)이다. 이때 x와 y 좌표가 음수 값이 될 수 있다는 것을 알아 두자.

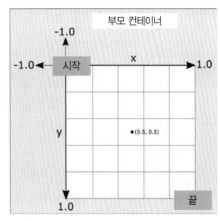

그림 49-3

- **pathRelative** — 경로에 상대적인 x와 y 좌표이며, 시작과 끝 지점 간의 직선이 그래프의 X축이 된다. 좌표는 백분율로 나타낸다(0.0과 1.0 사이 값). 이것은 deltaRelative 좌표와 유사하지만 경로의 각도가 참작된다. 이것 역시 좌푯값이 음수가 될 수 있다.

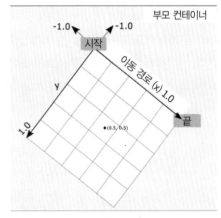

그림 49-4

예를 들어, 다음의 ConstraintSet은 장치 화면의 양편에 시작과 끝 지점을 선언한다. 이때 뷰는 기본적으로 화면을 가로지르는 직선을 따라 이동한다(그림 49-5).

그림 49-5

그러나 그림 49-6과 같은 경로를 따라 뷰를 이동할 필요가 있다고 가정해 보자.

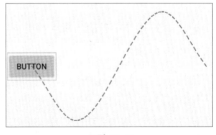

그림 49-6

이렇게 하기 위해 다음과 같이 위치 키 프레임을 선언할 수 있다.

```
<KeyPosition
    motion:motionTarget="@+id/button"
    motion:framePosition="25"
    motion:keyPositionType="pathRelative"
    motion:percentY="0.3"
    motion:percentX="0.25"/>

<KeyPosition
    motion:motionTarget="@+id/button"
    motion:framePosition="75"
    motion:keyPositionType="pathRelative"
    motion:percentY="-0.3"
    motion:percentX="0.75"/>
```

여기서는 pathRelative 좌표 시스템을 사용해서
경로의 25%와 75%에서 위치 키 프레임을 생성
한다. 첫 번째 위치는 좌표의 (0.25, 0.3)이 되며
두 번째 위치는 (0.75, -0.3)이 된다. 그림 49-7에
서는 이 위치 키 프레임을 보여 준다.

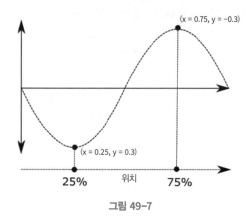

그림 49-7

49.9 애니메이션 속도 변경

지금까지 알아본 애니메이션은 일정한 속도로 수행된다. 그러나 ConstraintSet이나 키 프레임에
transitionEasing 속성을 사용하면 애니메이션의 속도를 변경할 수 있다(예를 들어, 가속 또는 감속
하기 위해).

복잡한 속도 변경이 필요할 때는 큐빅 베지어 곡선cubic Bezier curve상에 점으로 나타낼 수 있다. 예를
들면 다음과 같다.

```
.
.
motion:layout_constraintBottom_toBottomOf="parent"
motion:transitionEasing="cubic(0.2, 0.7, 0.3, 1)"
android:rotation="360">
.
```

.

베지어 곡선의 자세한 내용은 다음 웹 페이지를 참고한다.

URL https://cubic-bezier.com/

그러나 대부분의 경우는 내장된 표준화 값인 accelerate(가속 시)와 decelerate(감속 시)를 사용하여 지정할 수 있다.

```
.
.
motion:layout_constraintBottom_toBottomOf="parent"
motion:transitionEasing="decelerate"
android:rotation="360">
.
.
```

49.10 KeyTrigger

KeyTrigger로 선언하는 트리거 키 프레임을 사용하면 애니메이션이 진행되면서 지정된 프레임 위치에 도달할 때 뷰의 함수를 호출할 수 있다. 이때 애니메이션의 실행 방향(앞 또는 뒤)도 고려한다. 예를 들어, 애니메이션이 앞으로 또는 반대로 실행되는지의 여부에 따라 서로 다른 함수를 호출할 수 있다. 애니메이션이 20% 이상 진행될 때 버튼을 볼 수 있게 하는 경우를 생각해 보자. 이 경우 onPositiveCross 속성을 사용해서 Transition 요소의 KeyFrameSet에 KeyTrigger를 선언하면 된다.

```
.
.
<KeyFrameSet>
    <KeyTrigger
        motion:framePosition="20"
        motion:onPositiveCross="show"
        motion:motionTarget="@id/button"/>
.
.
```

이와 유사하게 애니메이션이 거꾸로 실행되어 진행률이 10% 미만이 될 때 앞의 버튼을 감추고자 한다면 onNegativeCross 속성을 사용해서 두 번째 KeyTrigger를 추가한다.

```
<KeyTrigger
    motion:framePosition="20"
    motion:onNegativeCross="show"
    motion:motionTarget="@id/button2"/>
```

애니메이션에서 두 상태를 상호 전환하는 토글toggle 액션을 사용 중일 때는 onCross 속성을 사용한다.

```
<KeyTrigger
    motion:framePosition="20"
    motion:onCross="show"
    motion:motionTarget="@id/button2"/>
```

49.11 사이클 키 프레임과 시간 사이클 키 프레임

위치 키 프레임은 중간의 상태 변화를 애니메이션에 추가하는 데 사용할 수 있다. 그러나 많은 수의 반복적인 위치와 상태 변경을 구현해야 할 때는 복잡하고 어렵게 된다. 예측 가능한 상태 변경이 반복적으로 수행되는 경우를 위해서 MotionLayout은 KeyCycle로 선언하는 사이클 키 프레임cycle keyframe과 KeyTimeCycle로 선언하는 시간 사이클 키 프레임time cycle keyframe을 포함한다. 이 내용은 51장에서 자세히 알아볼 것이다.

49.12 코드에서 애니메이션 시작하기

지금까지는 OnSwipe와 OnClick 핸들러만 사용해서 애니메이션을 제어하는 방법을 알아보았다. 그러나 MotionLayout 인스턴스의 함수를 호출하면 코드에서 애니메이션을 시작할 수 있다. 예를 들어, 다음 코드에서는 motionLayout이라는 이름의 레이아웃(MotionLayout 인스턴스)에서 시작부터 끝 지점까지 2초(2000밀리초) 동안 이동을 수행한다.

```
motionLayout.setTransitionDuration(2000)
motionLayout.transitionToEnd()
```

이 경우 추가적인 설정이 없다면 애니메이션에 사용되는 시작과 끝 상태는 MotionScene 파일의 Transition 요소에 선언된 대로 될 것이다.

따라서 시작과 끝 상태를 지정하기 위해 ConstraintSet을 사용할 때는 MotionLayout 인스턴스의 setTransition() 함수를 호출한다. 그리고 이때 해당 ConstraintSet의 id 참조를 인자로 전달한다.

```
motionLayout.setTransition(R.id.myStart, R.id.myEnd)
motionLayout.transitionToEnd()
```

실행 중인 애니메이션의 상태를 모니터링할 때는 다음과 같이 TransitionListener를 MotionLayout 인스턴스에 추가하면 된다.

```
motionLayout.setTransitionListener(
        object: MotionLayout.TransitionListener {

    override fun onTransitionTrigger(motionLayout: MotionLayout?,
            triggerId: Int, positive: Boolean, progress: Float) {
        // 트리거 키 프레임이 작동되어야 할 때 호출된다.
    }

    override fun onTransitionStarted(motionLayout: MotionLayout?,
            startId: Int, endId: Int) {
        // 전환(transition)이 시작될 때 호출된다.
    }

    override fun onTransitionChange(motionLayout: MotionLayout?,
            startId: Int, endId: Int, progress: Float) {
        // 속성 변경이 생길 때마다 호출된다.
        // 진척률로 현재 위치를 알아낸다.
    }

    override fun onTransitionCompleted(motionLayout: MotionLayout?,
            currentId: Int) {
        // 전환이 완료될 때 호출된다.
    }
})
```

49.13 요약

MotionLayout은 UI 레이아웃의 뷰에 애니메이션 효과를 추가하기 위해 특별히 ConstraintLayout 의 서브 클래스로 설계되었다. MotionLayout은 시작과 끝 ConstraintSet에 정의된 뷰의 두 상태 간 전환을 수행하여 작동한다. 또한, 부수적인 애니메이션 효과는 시작과 끝 지점 간에 키 프레임 을 사용해서 추가할 수 있다.

애니메이션은 OnClick이나 OnSwipe 핸들러를 통해 시작할 수 있으며, 코드에서 MotionLayout 인스 턴스의 함수를 호출해서 시작할 수도 있다.

50

MotionLayout 편집기 예제 프로젝트

앞 장에서는 MotionLayout의 개념과 핵심 사항을 알아보았다. 이번 장에서는 MotionLayout의 예제 프로젝트를 생성하고 MotionLayout 편집기를 사용해서 시각적으로 MotionLayout 애니메이션을 만들고 변경하는 방법을 알려 줄 것이다.

50.1 MotionLayoutDemo 프로젝트 생성하기

새 프로젝트를 생성하자. 안드로이드 스튜디오 메인 메뉴의 File ➡ New ➡ New Project...를 선택하거나 웰컴 스크린에서 New Project 버튼을 클릭한다. '프로젝트 템플릿 선택' 대화상자가 나타나면 Phone and Tablet과 Empty Activity를 선택하고 Next 버튼을 누른다.

Name 필드에 MotionLayoutDemo를 입력하고 Package name에는 com.ebookfrenzy.motion layoutdemo를 입력한다. 그리고 Language가 Kotlin인지 확인하고 Minimum SDK는 API 26: Android 8.0 (Oreo)를 선택한다. 또한, Use legacy android.support libraries가 체크 해제되어 있는지 확인하고 Finish 버튼을 누른다.

50.2 ConstraintLayout을 MotionLayout으로 변환하기

통상적으로 안드로이드 스튜디오는 activity_main.xml 레이아웃 파일 내부에 ConstraintLayout을 부모 뷰로 생성한다. 따라서 우선 이것을 MotionLayout 인스턴스로 변환해야 한다. 편집기에 열려 있는 activity_main.xml을 선택하고 디자인 모드로 변경한다. 그리고 컴포넌트 트리에서 ConstraintLayout을 클릭하고 마우스 오른쪽 버튼을 누른 후 Convert to MotionLayout을 선택한다.

그림 50-1

그리고 대화상자에서 Convert 버튼을 누른다. 변환이 끝나면 그림 50-2와 같이 MotionLayout 편집기가 나타날 것이다.

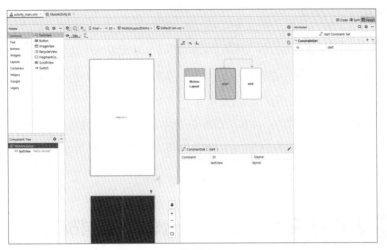

그림 50-2

MotionLayout으로 변환을 하면서 안드로이드 스튜디오가 res 폴더 밑에 xml 폴더를 만들고 여기에 MotionLayout 파일인 activity_main_scene.xml을 생성했을 것이다(앞 장에서 이야기했듯이, 이것을 MotionScene 파일이라고도 한다).

이 파일은 ConstraintSet과 Transition 항목을 포함하는 최상위의 MotionScene 요소로 구성되며, 메인 레이아웃

그림 50-3

에서 수행되는 애니메이션을 따로 정의한다. 기본적으로 activity_main_scene.xml 파일에는 선언된 요소가 없는 시작과 끝 ConstraintSet 및 Transition이 포함되며 그 내용은 다음과 같다.

```xml
<?xml version="1.0" encoding="utf-8"?>
<MotionScene
    xmlns:android="http://schemas.android.com/apk/res/android"
    xmlns:motion="http://schemas.android.com/apk/res-auto">

    <Transition
        motion:constraintSetEnd="@+id/end"
        motion:constraintSetStart="@id/start"
        motion:duration="1000">
        <KeyFrameSet>
        </KeyFrameSet>
    </Transition>

    <ConstraintSet android:id="@+id/start">
```

```
    </ConstraintSet>

    <ConstraintSet android:id="@+id/end">
    </ConstraintSet>
</MotionScene>
```

MotionLayout 편집기에서 변경하는 모든 내용은 이 파일에 저장된다. 또한, MotionLayout 편집기 외부에서 직접 이 파일을 수정하여 애니메이션 설정을 구현하거나 변경할 수도 있다. 이번 장에서는 주로 MotionLayout 편집기를 사용해서 애니메이션을 구현한다. 그러나 각 단계마다 변경 내용이 어떻게 반영되었는지 이 파일을 살펴볼 것이다. 이번 장의 예제 프로젝트를 작성해 보면 MotionScene 요소의 XML 구문이 매우 간단하고 배우기 쉽다는 것을 알게 될 것이다.

우선, 애니메이션을 적용할 Button부터 레이아웃에 추가한다.

50.3 시작과 끝 ConstraintSet 구성하기

편집기 창에 열린 activity_main.xml 파일이 선택된 상태에서 MotionLayout 상자(그림 50-5의 🇪로 표시됨)를 클릭한 후 컴포넌트 트리에서 TextView를 선택하고 Del 키를 눌러 삭제한다. 그리고 팔레트의 Buttons 부류에 있는 Button을 마우스로 끌어서 레이아웃의 왼쪽 위 모서리에 놓자(그림 50-4).

그림 50-4

컴포넌트 트리에서 이 버튼을 선택한 후 속성 창에서 id 속성값을 myButton으로 변경하고 대화상자가 나오면 Refactor 버튼을 클릭한다.

앞 장에서 보았듯이, MotionLayout의 애니메이션에서는 주로 뷰가 두 상태 간에 어떻게 전환되는지를 지정한다. 따라서 애니메이션을 구현하는 첫 번째 단계는 두 상태를 정의하는 시작과 끝 ConstraintSet을 지정하는 것이다. 여기서는 시작 지점이 레이아웃 뷰의 왼쪽 위 모서리가 된다. 우선, 편집기 창의 start 상자(시작 ConstraintSet을 나타냄)를 선택하자(그림 50-5의 🇦).

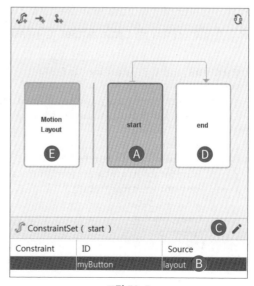

그림 50-5

start 상자를 클릭한 후에 Constraint를 변경하면 이 내용이 모두 시작 ConstraintSet에 반영된다. [MotionLayout 상자(그림 50-5의 **E**)는 레이아웃 전체의 표준 Constraint와 속성을 변경할 때 클릭한다.]

다음은 ConstraintSet 리스트(그림 50-5의 **B**)에 있는 myButton 항목을 선택하자. 현재는 Source 열이 layout으로 되어 있다. 이것은 레이아웃 파일에 있는 Constraint를 기준으로 이 버튼이 위

치하게 된다는 것을 의미한다. 따라서 시작 ConstraintSet을 기준으로 위치하도록 변경해야 한다. myButton 항목이 선택된 상태에서 변경 버튼(그림 50-5의 **C**)을 클릭하고 Create Constraint를 선택한다. 그러면 Source 열이 start로 변경된다(그림 50-6).

그림 50-6

시작 ConstraintSet에서는 버튼을 레이아웃 위에서 8dp 떨어진 곳이면서 수평으로 중앙에 위치하도록 할 것이다. myButton 항목이 선택된 상태에서 속성 창의 Constraint를 그림 50-7과 같이 변경한다.

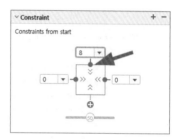

그림 50-7

다음은 end 상자(끝 ConstraintSet을 나타냄)를 선택하고(그림 50-5의 **D**) 시작 ConstraintSet과 같은 방법으로 Constraint를 생성하고(그림 50-6 참고) 속성 창의 Constraint를 그림 50-8과 같이 변경한다. 이번에는 레이아웃 밑에서 8dp 떨어진 곳이면서 수평으로 중앙에 위치하도록 할 것이다. (만일 그림 50-8처럼 위쪽 제약에 + 표시가 나타나지 않을 때는 그림 50-7의 화살표가 가리키는 작은 원을 클릭하면 된다.)

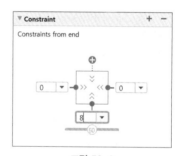

그림 50-8

이제는 시작과 끝 ConstraintSet이 구성되었다. 프로젝트 도구 창에서 app ➡ res ➡ xml ➡ activity_main_scene.xml 파일을 더블클릭하여 편집기 창에 열면 다음과 같이 시작과 끝 ConstraintSet이 추가된 것을 볼 수 있다.

```xml
<?xml version="1.0" encoding="utf-8"?>
<MotionScene
    xmlns:android="http://schemas.android.com/apk/res/android"
    xmlns:motion="http://schemas.android.com/apk/res-auto">
```

```
<Transition
    motion:constraintSetEnd="@+id/end"
    motion:constraintSetStart="@id/start"
    motion:duration="1000">
  <KeyFrameSet>
  </KeyFrameSet>
</Transition>

<ConstraintSet android:id="@+id/start">
    <Constraint
        android:id="@+id/myButton"
        android:layout_width="wrap_content"
        android:layout_height="wrap_content"
        motion:layout_constraintTop_toTopOf="parent"
        android:layout_marginTop="8dp"
        motion:layout_constraintStart_toStartOf="parent"
        motion:layout_constraintEnd_toEndOf="parent" />
</ConstraintSet>

<ConstraintSet android:id="@+id/end">
    <Constraint
        android:id="@+id/myButton"
        android:layout_width="wrap_content"
        android:layout_height="wrap_content"
        motion:layout_editor_absoluteY="22dp"
        motion:layout_constraintStart_toStartOf="parent"
        motion:layout_constraintEnd_toEndOf="parent"
        motion:layout_constraintBottom_toBottomOf="parent"
        android:layout_marginBottom="8dp" />
</ConstraintSet>
</MotionScene>
```

이것을 보면 1초(1000밀리초) 동안 시작과 끝 지점 간에 애니메이션을 수행(Button 뷰를 이동)하도록 Transition 요소가 이미 추가되어 있는 것을 알 수 있다. 따라서 아직 애니메이션을 시작하는 액션을 추가하지 않았지만 MotionLayout 편집기에서 애니메이션을 미리보기 할 수 있다. 지금부터는 이 내용을 알아본다.

50.4 MotionLayout 애니메이션 미리보기

앱을 빌드 및 실행하지 않고 애니메이션을 미리보기 하기 위해 편집기 창에서 activity_main.xml 파일을 선택하자. 그리고 편집기의 전환 화살표(그림 50-9의 Ⓐ)를 클릭하면 애니메이션 시간선 패널(그림 50-9의 Ⓑ)이 밑에 보일 것이다.

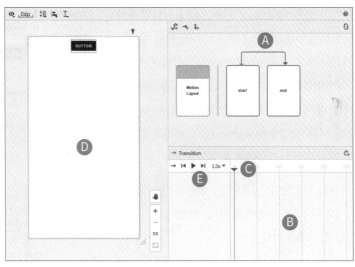

그림 50-9

애니메이션을 테스트해 보자. 우선, 툴바 버튼(그림 50-9의 **E**)에서 실행 버튼(▶)을 클릭하면 버튼이 경로(그림 50-9의 **D**)를 따라 움직일 것이다. 그리고 중단 버튼(**||**)을 클릭하면 실행이 중단된다. 또한, 속도 조정 드롭다운(**1.0x ▼**)을 클릭하여 실행 속도도 조정할 수 있다.

화살표 모양의 슬라이더(그림 50-9의 **C**)를 클릭하여 바로 위에 숫자가 나타날 때 시간선을 따라 끌어서 애니메이션을 테스트할 수도 있다.

50.5 OnClick 제스처 추가하기

생성된 애니메이션은 앱을 실행할 때 시작할 필요가 있다. 이것은 OnClick이나 OnSwipe 핸들러를 지정하여 할 수 있다. 여기서는 사용자가 버튼을 클릭할 때 애니메이션이 시작되도록 구성할 것이다. MotionLayout 편집기에서 아직 애니메이션이 실행 중이면 중단하자. 그리고 전환 화살표(그림 50-9의 **A**)를 클릭하고 속성 창에서 OnClick 속성을 찾은 후 + 버튼(그림 50-10의 화살표로 표시됨)을 클릭한다.

그림 50-10

그러면 OnClick의 첫 번째 속성을 지정하는 줄이 나타난다. 왼쪽의 속성 이름 필드에 **targetId**를 입력하고 오른쪽의 값 필드를 클릭한 후 버튼의 id인 **@id/myButton**을 드롭다운에서 선택하거나 또는 직접 입력한다. 그러면 두 번째 속성을 지정하는 줄이 추가로 나타난다(자동으로 나타나지 않으면 다시 + 버튼을 클릭). 이번에는 속성 이름 필드에 **clickAction**을 입력하고 값 필드에서는 드롭다운 화살표를 누른다(그림 50-11).

그림 50-11

그리고 **toggle** 액션을 선택한다. 이 액션은 버튼을 클릭했을 때 반대 위치로 애니메이션을 수행하게 한다. 설정이 다 되었으면 그림 50-12와 일치해야 한다.

그림 50-12

그리고 편집기 창에서 activity_main_scene.xml 파일을 보면 다음과 같이 Transition 요소 내부에 OnClick 속성 선언이 추가된 것을 볼 수 있다.

```
.
.
    <Transition
        motion:constraintSetEnd="@+id/end"
        motion:constraintSetStart="@id/start"
        motion:duration="1000">
        <KeyFrameSet>
        </KeyFrameSet>
        <OnClick motion:targetId="@id/myButton"
            motion:clickAction="toggle" />
    </Transition>
.
.
```

실제 장치나 에뮬레이터에서 앱을 실행하고 버튼을 눌러서 애니메이션이 실행되는지 확인해 보자. 버튼을 누를 때마다 위 또는 아래로 버튼이 이동할 것이다.

50.6 속성 키 프레임 추가하기

지금까지 예제 프로젝트에서는 화면의 한 위치에서 다른 위치로만 버튼 뷰의 애니메이션을 수행하였다. 그러나 KeyAttribute 요소로 선언하는 속성 키 프레임attribute keyframe을 사용하면 애니메이션이 진행 중인 지점(다른 속성의 변경에 영향을 주는)을 지정하는 방법을 제공한다.

예를 들어, 애니메이션이 30% 진행되는 동안 뷰의 크기가 50% 커지도록 속성 키 프레임을 정의할 수 있다. 우리 프로젝트에서는 애니메이션의 중간 지점에 도달할 때 회전 효과를 추가할 것이다.

MotionLayout 편집기에 열린 activity_main. xml 파일을 선택한다. 그리고 전환 화살표(그림 50-9의 Ⓐ)를 선택하고 그림 50-13에 화살표로 표시된 버튼을 클릭한다.

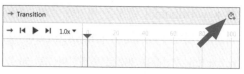

그림 50-13

그리고 메뉴에서 KeyAttribute를 선택하자(그림 50-14).

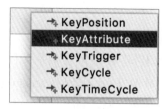

그림 50-14

그러면 그림 50-15의 대화상자가 나타날 것이다. 대화상자에서 ID 옵션과 myButton이 선택되었는지 확인한다. 그리고 position 필드에 50을 입력한다(이것은 백분율 값이며, 시작 지점은 0이고 끝 지점은 100이다). 끝으로, Attribute 드롭다운에서 rotation을 선택하고 Add 버튼을 누른다(그림 50-15).

그림 50-15

KeyAttribute가 추가되면 이 속성의 시간선이 한 줄로 나타난다. 이 줄을 클릭하고 Att 왼쪽의 작은 화살표를 클릭하여 속성 전환 그래프가 나타나게 하자. 이때 키 프레임의 위치를 나타내는 작은 다이아몬드 모양의 표시가 시간선에 나타날 것이다(그림 50-16). 이 그래프는 선형적인 효과를 나타낸다. 여기서는 버튼이 지정된 각도까지 꾸준히 회전하며 키 프레임의 위치에서 최대로 회전하게 된다. 그다음에 끝 지점에 도달하는 동안 0°가 될 때까지 버튼이 거꾸로 회전한다.

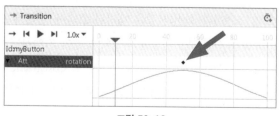

그림 50-16

이 KeyAttribute의 속성을 변경해 보자. Att 속성이 선택된 상태에서 속성 창의 KeyAttribute 패널에 있는 rotation 속성값을 360°로 변경한다(그림 50-17).

그림 50-17

그리고 슬라이더를 좌우로 움직여서 레이아웃의 경로를 따라 버튼이 회전하면서 이동하는지 확인해 보자. 이 시점에서 activity_main_scene.xml 파일을 보면 다음과 같이 KeyAttribute가 추가되었을 것이다.

```
<Transition
    motion:constraintSetEnd="@+id/end"
    motion:constraintSetStart="@id/start"
    motion:duration="1000">
    <KeyFrameSet>
        <KeyAttribute
            motion:motionTarget="@+id/myButton"
            motion:framePosition="50"
            android:rotation="360" />
    </KeyFrameSet>
    <OnClick motion:targetId="@id/myButton"
        motion:clickAction="toggle" />
</Transition>
```

MotionLayout 편집기에서 슬라이더를 사용하거나, 앱을 실행하고 버튼을 눌러 애니메이션이 진행될 때 버튼이 회전하는지 확인해 보자.

50.7 CustomAttribute 추가하기

KeyAttribute 속성은 크기 조정이나 회전과 같은 내장된 효과에 한해서 사용된다. 그러나 커스텀 속성인 CustomAttribute를 선언하면 다양한 속성의 변경이 가능하다. Transition 요소에 포함되는 KeyAttribute와 다르게 CustomAttribute는 시작과 끝 ConstraintSet에 위치한다. 따라서 CustomAttribute의 속성은 시작과 끝 지점에서만 효과를 주기 위해 선언될 수 있다(달리 말해, 애니메이션이 진행되는 중간 위치에 지정할 수 없다).

여기서는 버튼의 색이 빨간색에서 초록색으로
서서히 바뀌도록 구성할 것이다. MotionLayout
편집기에 열린 activity_main.xml 파일을 선택
한다. 그리고 start 상자(그림 50-18의 Ⓐ)를 클릭
한 후 myButton 뷰의 ConstraintSet을 선택한
다(그림 50-18의 Ⓑ).

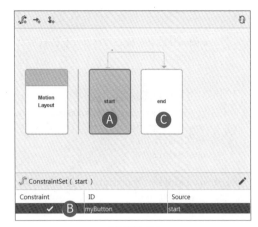

그림 50-18

그리고 속성 창에서 CustomAttributes의 + 버튼을 클
릭하자(그림 50-19).

그림 50-19

대화상자가 나타나면 데이터 타입을 Color로 선택하고
속성 이름에 backgroundColor를 입력한다. 그리고 값
필드에는 #F80A1F를 입력한다(그림 50-20).

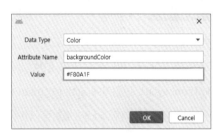

그림 50-20

OK 버튼을 눌러서 변경을 끝낸 후 end 상자(그림 50-18의 Ⓑ)를 클릭하고 앞의 start 상자와 동일한
방법으로 CustomAttribute를 추가한다. 데이터 타입과 속성 이름은 같으며 대화상자의 값_{Value} 필드
에는 #33CC33을 입력한다.

MotionLayout 편집기에서 전환 화살표(그림 50-9의 Ⓐ)를 클릭하고 슬라이더를 사용하거나, 앱을
실행하고 버튼을 눌러 애니메이션이 진행되면서 버튼의 색이 바뀌는지 확인해 보자.

그리고 편집기 창에서 activity_main_scene.xml 파일을 다시 보면 다음과 같이 CustomAttribute가
추가된 것을 볼 수 있다.

```
        .
        .
    <ConstraintSet android:id="@+id/start">
        <Constraint
            .
            .
            <CustomAttribute
                motion:attributeName="backgroundColor"
                motion:customColorValue="#F80A1F" />
        </Constraint>
    </ConstraintSet>

    <ConstraintSet android:id="@+id/end">
        <Constraint
            .
            .
            <CustomAttribute
                motion:attributeName="backgroundColor"
                motion:customColorValue="#33CC33" />
        </Constraint>
    </ConstraintSet>
        .
        .
```

50.8 위치 키 프레임 추가하기

마지막으로, 두 개의 위치 키 프레임position keyframe을 애니메이션 경로에 추가할 것이다(위치 키 프레임은 KeyPosition 요소로 선언한다). MotionLayout 편집기에 activity_main.xml 파일이 선택된 상태에서 전환 화살표(그림 50-9의 Ⓐ)를 선택하고 그림 50-13의 버튼을 클릭한다. 그리고 메뉴에서 KeyPosition을 선택하자(그림 50-21).

그림 50-21

그다음에 대화상자에서 그림 50-22와 동일하게 속성을 설정하고 Add 버튼을 누른다.

그리고 방금 했던 대로 그림 50-13의 버튼을 다시 클릭하고 다음과 같이 두 번째 위치 키 프레임을 추가하자.

- **Position**: 75
- **Type**: parentRelative
- **PercentX**: 0.85
- **PercentY**: 0.75

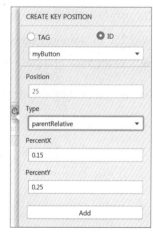

그림 50-22

두 개의 위치 키 프레임 추가가 끝났으면, 편집기 창에서 activity_main_scene.xml 파일을 다시 확인해 보자. 다음과 같이 KeyPosition이 추가된 것을 볼 수 있을 것이다.

```
<Transition
    .
    .
    <KeyFrameSet>
        .
        .
        <KeyPosition
            motion:motionTarget="@+id/myButton"
            motion:framePosition="25"
            motion:keyPositionType="parentRelative"
            motion:percentX="0.15"
            motion:percentY="0.25" />
        <KeyPosition
            motion:motionTarget="@+id/myButton"
            motion:framePosition="75"
            motion:keyPositionType="parentRelative"
            motion:percentX="0.85"
            motion:percentY="0.75" />
    </KeyFrameSet>
    .
    .
</Transition>
```

앱을 실행하고 버튼을 눌러 보자. 이제는 버튼이 그림 50-23과 같이 경로를 따라 이동하면서 회전하고 색이 바뀔 것이다. (밑으로 이동된 버튼을 누르면 경로를 따라 거꾸로 올라간다.)

그림 50-23

그리고 MotionLayout 편집기에 activity_main.xml 파일이 선택된
상태에서 전환 화살표(그림 50-9의 Ⓐ)를 선택하고 왼쪽의 미리보
기에서 Button 뷰를 클릭하여 선택하면 다이아몬드 모양 표시가
보일 것이다. 이 표시가 위치 키 프레임을 나타낸다.

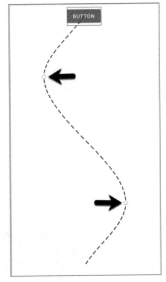

그림 50-24

다이아몬드 모양의 표시를 클릭하고 끌어서 원하는 위치
로 이동하면 MotionLayout 편집기가 현재의 x와 y 좌표
를 같이 보여 주며(그림 50-25) x와 y 좌표 속성값이 변경된
다(이 외의 다른 위치 키 프레임 속성은 속성 창에서 변경할 수
있다). 그리고 앱을 다시 실행하고 버튼을 누르면 변경된
좌표를 따라 버튼이 이동한다.

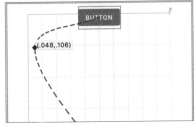

그림 50-25

50.9 요약

이번 장에서는 안드로이드 스튜디오에 내장된 MotionLayout 편집기를 사용해서 직접 XML을 작성
하지 않고 안드로이드 앱 UI에 애니메이션을 추가하는 방법을 알아보았다. 이번 장의 예제 프로젝
트를 생성하면서 실제 해본 내용은 다음과 같다. ConstraintLayout을 MotionLayout으로 변환하
기, MotionScene 파일에 시작과 끝 ConstraintSet 및 Transition 생성하기, OnClick 핸들러 추가하
기, 애니메이션 미리보기, 커스텀 속성과 속성 및 위치 키 프레임 생성하기 등이다.

CHAPTER 51

MotionLayout KeyCycle

49장과 50장에서는 MotionLayout의 개념과 이것을 사용해서 안드로이드 앱 UI_{사용자 인터페이스}에 애니메이션을 구현하는 방법을 알아보았으며, 이때 안드로이드 스튜디오 MotionLayout 편집기를 사용하는 방법도 살펴보았다.

이번 장에서는 49장에서 잠깐 소개했던 **사이클 키 프레임**_{cycle keyframe}과 **시간 사이클 키 프레임**_{time cycle keyframe}을 더 자세히 알아본 뒤에 안드로이드 스튜디오를 사용해서 예제 프로젝트로 구현해 볼 것이다.

51.1 사이클 키 프레임 개요

49장과 50장에서 알아본 위치 키 프레임_{position keyframe}은 애니메이션 도중의 상태 변경을 추가하는 데 사용될 수 있다. 그러나 많은 수의 상태 변경을 구현할 때는 적합하지 않다. 예를 들어, 버튼을 눌렀을 때 에러가 생겼음을 나타내기 위해 버튼을 50번 진동하게 하려면 100개의 위치 키 프레임을 생성해야 한다. 시계 방향과 반시계 방향으로 회전하는 애니메이션을 수행하기 위해서다. 이와 유사하게 뷰가 화면을 가로질러 이동할 때 튀어 오르는 효과를 구현하려면 많은 시간이 소요된다.

애니메이션이 실행 중일 때 상태 변경을 반복적으로 수행하기 위해서 MotionLayout에는 KeyCycle로 선언하는 사이클 키 프레임과 KeyTimeCycle로 선언하는 시간 사이클 키 프레임이 포함되어 있다. 두 가지 키 프레임 모두 동일한 작업을 수행한다. 단, KeyCycle은 애니메이션 경로의 프레임 위치를 기준으로 수행되고 KeyTimeCycle은 초당 시간 사이클(헤르츠, Hz)을 기준으로 수행된다.

KeyCycle과 KeyTimeCycle을 사용하면 애니메이션의 시간선이 **사이클**_{cycle, 주기}이라는 세부항목으로 나뉘며 각 사이클은 하나 이상의 **파동**_{wave}을 포함한다. 또한, 파동은 애니메이션의 시간선을 따라 뷰의 속성이 어떻게 변경되는지를 정의한다.

KeyCycle이나 KeyTimeCycle의 사이클을 생성하려면 다음 속성을 설정해야 한다.

- **motionTarget** — 변경이 되는 뷰의 id

- **framePosition** — 사이클이 시작되는 시간선상의 위치
- **wavePeriod** — 사이클에 포함되는 파동의 수
- **waveOffset** — 키 프레임 기준선과의 간격
- **waveShape** — 파형(sin, cos, sawtooth, square, triangle, bounce, reverse sawtooth)

이에 추가하여, 파동에 의해 변경되는 뷰의 속성도 같이 지정할 수 있다. 이러한 속성은 시스템에서 지원하는 것이며, android:visibility, android:alpha, android:elevation, android:rotation, android:rotationX, android:rotation, android:scaleX, android:scaleY, android:translationX, android:translationY, android:translationZ가 있다.

예를 들어, 다음의 KeyFrameSet 선언을 보자.

```
<KeyFrameSet>
    <KeyCycle
        motion:framePosition="0"
        motion:motionTarget="@+id/button"
        motion:wavePeriod="1"
        motion:waveOffset="0dp"
        motion:waveShape="sin"
        android:translationY="50dp"/>

    <KeyCycle
        motion:framePosition="25"
        motion:motionTarget="@+id/button"
        motion:wavePeriod="1"
        motion:waveOffset="0dp"
        motion:waveShape="sin"
        android:translationY="50dp"/>

    <KeyCycle
        motion:framePosition="50"
        motion:motionTarget="@+id/button"
        motion:wavePeriod="1"
        motion:waveOffset="0dp"
        motion:waveShape="sin"
        android:translationY="50dp"/>

    <KeyCycle
        motion:framePosition="75"
        motion:motionTarget="@+id/button"
        motion:wavePeriod="1"
        motion:waveOffset="0dp"
        motion:waveShape="sin"
        android:translationY="50dp"/>

    <KeyCycle
        motion:framePosition="100"
```

```
        motion:motionTarget="@+id/button"
        motion:wavePeriod="1"
        motion:waveOffset="0dp"
        motion:waveShape="sin"
        android:translationY="50dp"/>
</KeyFrameSet>
```

이 KeyFrameSet은 네 개의 동일한 사이클로 시간선을 분할한다(첫 번째 KeyCycle은 사이클의 시작을 나타낸다). 그리고 각 사이클은 버튼의 translationY 속성이 50dp로 조정된 사인파$_{\text{sine wave}}$를 포함하도록 구성되었다. 이 애니메이션이 실행되면 지정된 범위 내에서 버튼이 수직으로 여러 번 진동하게 된다. 시각적으로 보면 그림 51-1과 같으며 첫 번째를 제외한 네 개의 점이 키 프레임 위치를 나타낸다.

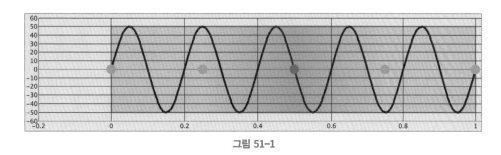

그림 51-1

여기서 각 사이클은 하나의 파동을 포함한다. 이런 균일한 파동 대신 마지막 사이클에 네 개의 파동이 필요하다고 가정해 보자. 이때는 다음과 같이 마지막 KeyCycle 요소의 wavePeriod 속성값을 증가시키면 된다.

```
    .
    .
    <KeyCycle
        motion:framePosition="75"
        motion:motionTarget="@+id/button"
        motion:wavePeriod="4"
        motion:waveOffset="0dp"
        motion:waveShape="sin"
        android:translationY="50dp"/>
    .
    .
```

이렇게 하면 파형이 다음과 같이 된다.

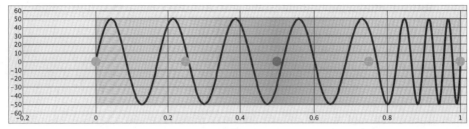

그림 51-2

지금까지의 예에서는 사인파를 사용하였다. 그러나 `MotionLayout`의 KeyCycle에는 다양한 파형을 사용할 수 있다. 예를 들어, 그림 51-3에서는 모든 KeyCycle의 **waveshape** 속성을 톱니파_{sawtooth wave}로 변경한 효과를 보여 준다.

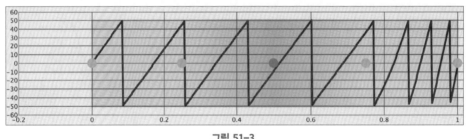

그림 51-3

이 외에도 `MotionLayout`은 triangle, square, bounce, reverse sawtooth 파형도 지원한다.

앞의 각 KeyCycle에서는 Y축을 따라 동일한 범위로 버튼이 이동한다. 그러나 두 번째 KeyCycle에서는 양수의 Y축을 따라 더 멀리 버튼을 이동시켜야 한다고 가정해 보자. 이때는 두 번째 KeyCycle의 **waveOffset** 속성을 다음과 같이 조정해야 한다.

```
<KeyCycle
    motion:framePosition="25"
    motion:target="@+id/button"
    motion:wavePeriod="1"
    motion:waveOffset="100dp"
    motion:waveShape="sin"
    android:translationY="50dp"/>
```

이렇게 변경하면 그림 51-4와 같은 시간선이 된다.

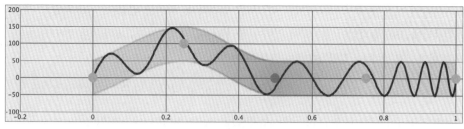

그림 51-4

이제 버튼은 두 번째 KeyCycle 동안 Y축의 0dp와 150dp 사이의 범위로 이동한다. 그리고 이 상태에서 두 번째 KeyCycle의 아래쪽 범위를 다른 KeyCycle과 일치시켜야 한다면 translationY 속성 값에 100dp를 더하면 된다.

```
<KeyCycle
    motion:framePosition="25"
    motion:target="@+id/button"
    motion:wavePeriod="1"motion:waveOffset="100dp"
    motion:waveShape="sin"
    android:translationY="150dp"/>
```

이렇게 하면 파형이 다음과 같이 된다.

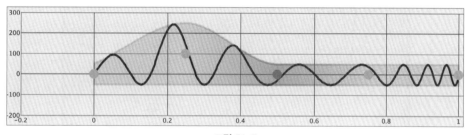

그림 51-5

51.2 사이클 편집기 사용하기

그리 복잡하지는 않지만 MotionScene 파일의 KeyCycle XML 요소를 직접 작성하면 정확한 KeyCycle을 구성하는 데 시간이 걸릴 수 있다. 이를 해결하기 위해 구글의 안드로이드 엔지니어가 사이클 편집기cycle editor를 개발하였다. 이것은 별도의 자바 기반 유틸리티이며 아직 안드로이드 스튜디오에는 통합되지 않았다. 사이클 편집기를 사용하면 KeyFrameSet에 포함되는 KeyCycle을 시각적으로 설계 및 테스트할 수 있다.

이번 장에서는 KeyCycle 애니메이션 XML을 사이클 편집기에서 작성한 후 안드로이드 예제 프로젝트에 복사하여 사용할 것이므로 사이클 편집기를 설치하자. 사이클 편집기는 jar 파일로 제공되며, 개발 컴퓨터에 자바 런타임이 설치되어 있어야 한다(대부분의 개발자가 JDK와 자바 런타임을 이미 설치했겠지만 만일 아직 설치하지 않았다면 각자 설치하자).

자바 런타임을 설치하고 다음 웹 페이지에서 CycleEditor.jar 파일을 다운로드한다.

URL https://github.com/googlesamples/android-ConstraintLayoutExamples/releases/download/1.0/
CycleEditor.jar

그리고 다운로드가 되면 명령 프롬프트(윈도우 시스템)나 터미널 창(맥OS나 리눅스)에서 다운로드된 jar 파일이 있는 디렉터리로 이동한 후 다음과 같이 실행한다.

```
java -jar CycleEditor.jar
```

그러면 그림 51-6의 화면이 나타날 것이다.

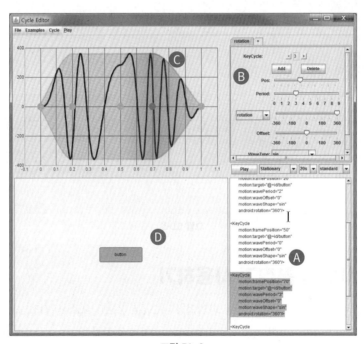

그림 51-6

그림 51-6의 Ⓐ로 표시된 패널에서는 KeyFrameSet의 XML을 보면서 직접 또는 패널 Ⓑ의 컨트롤을 사용해서 작성 및 변경할 수 있다. 패널 Ⓒ에서는 KeyCycle의 파형을 보여 준다. 그러나 변경된 것을 실시간으로 반영하여 그려 주지는 않으므로 이때는 메뉴의 File ➡ Parse XML을 선택해야 한다. 패널 Ⓑ의 아래쪽 play 버튼을 누르면 패널 Ⓓ에서 KeyCycle의 애니메이션을 실행하여 보여

준다. 그리고 Examples 메뉴에서는 여러 가지 KeyFrameSet의 사용 예를 보여 주므로 학습을 목적으로 또는 우리가 작성할 애니메이션의 기반으로 사용할 수 있다.

지금부터는 안드로이드 스튜디오 예제 프로젝트를 생성하여 KeyCycle 기반의 애니메이션 효과를 구현할 것이다. KeyCycle 애니메이션 XML은 사이클 편집기에서 작성할 것이므로 사이클 편집기는 실행 상태로 두자.

51.3 KeyCycleDemo 프로젝트 생성하기

새 프로젝트를 생성하자. 안드로이드 스튜디오 메인 메뉴의 File ➡ New ➡ New Project...를 선택하거나 웰컴 스크린에서 New Project 버튼을 클릭한다. '프로젝트 템플릿 선택' 대화상자가 나타나면 Phone and Tablet과 Empty Activity를 선택하고 Next 버튼을 누른다.

Name 필드에 KeyCycleDemo를 입력하고 Package name에는 com.ebookfrenzy.keycycledemo를 입력한다. 그리고 Language가 Kotlin인지 확인하고 Minimum SDK는 API 26: Android 8.0 (Oreo)를 선택한다. 또한, Use legacy android.support libraries가 체크 해제되어 있는지 확인하고 Finish 버튼을 누른다.

통상적으로 안드로이드 스튜디오는 activity_main.xml 레이아웃 파일 내부에 ConstraintLayout을 부모 뷰로 생성한다. 따라서 우선 이것을 MotionLayout 인스턴스로 변환해야 한다. 편집기에 열려 있는 activity_main.xml을 선택하고 디자인 모드로 변경한다. 그리고 컴포넌트 트리에서 ConstraintLayout을 클릭하고 마우스 오른쪽 버튼을 누른 후 Convert to MotionLayout을 선택한다.

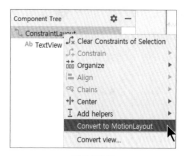

그림 51-7

그리고 대화상자에서 Convert 버튼을 누른다. 변환이 끝나면 MotionLayout 편집기가 나타날 것이다.

51.4 시작과 끝 ConstraintSet 구성하기

이번 장에서는 장치 화면의 한쪽에서 다른 쪽으로 버튼을 이동하는 애니메이션을 작성해 보려고 한다. 이때 Y축을 따라 오르락내리락하도록 KeyCycle 효과도 추가한다. 우선 시작과 끝 ConstraintSet부터 구성할 것이다.

편집기 창에 열린 activity_main.xml 파일이 선택된 상태에서 MotionLayout 상자(그림 51-9의 **E**로 표시됨)를 클릭한 후 컴포넌트 트리에서 TextView를 선택하고 [Del] 키를 눌러 삭제한다. 그리고 팔레트의 Buttons 부류에 있는 Button을 마우스로 끌어서 레이아웃의 왼쪽 끝 중앙에 놓자(왼쪽 끝의 수직 점선과 중앙의 수평 점선이 같이 나타나는 지점).

그림 51-8

애니메이션 시작 지점의 Constraint를 구성하기 위해 우선, 편집기 창의 start 상자(시작 ConstraintSet을 나타냄)를 선택하자(그림 51-9의 **A**).

다음은 ConstraintSet 리스트(그림 51-9의 **B**)에 있는 button 항목을 선택하자. 그리고 변경 버튼(그림 51-9의 **C**)을 클릭하고 Create Constraint를 선택한다. 그러면 Source 열이 start로 변경된다.

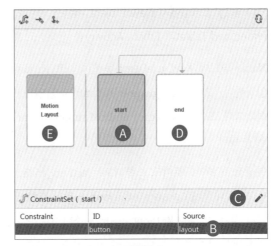

그림 51-9

button 항목이 선택된 상태에서 속성 창의 Constraint를 그림 51-10과 같이 변경한다.

다음은 end 상자(끝 ConstraintSet을 나타냄)를 선택하고 (그림 51-9의 **D**) ConstraintSet 리스트(그림 51-9의 **B**)에 있는 button 항목을 선택하자. 그리고 변경 버튼(그림 51-9의 **C**)을 클릭하고 Create Constraint를 선택한다. 그러면 Source 열이 end로 변경된다.

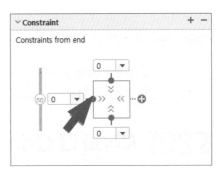

그림 51-10

button 항목이 선택된 상태에서 속성 창의 Constraint를 그림 51-11과 같이 변경한다. (만일 그림 51-11처럼 왼쪽 제약에 + 표시가 나타나지 않을 때는 그림 51-10의 화살표가 가리키는 작은 원을 클릭하면 된다.)

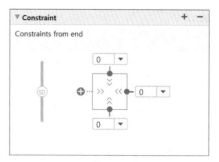

그림 51-11

51.5 KeyCycle 생성하기

다음은 사이클 편집기를 사용해서 KeyCycle 프레임을 생성할 것이다. 사이클 편집기가 실행 중인 상태에서 그림 51-12의 제어 패널을 보자.

우선, Ⓐ로 표시된 드롭다운에서 rotation을 translationY로 변경하자.

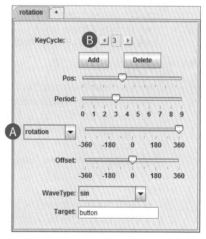

그림 51-12

그리고 이 패널에서 변경한 내용이 첫 번째 KeyCycle에 적용되도록 Ⓑ로 표시된 KeyCycle 컨트롤을 0으로 변경한다. 그다음에 Period 슬라이더를 1로 맞추고 translationY 슬라이더를 60에 놓는다(그림 51-13). [슬라이더를 움직이면서 이 패널 밑의 XML 패널(그림 51-6의 Ⓐ)에 나타난 두 속성값이 맞게 설정되는지 확인한다.]

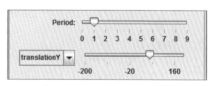

그림 51-13

지금까지 변경한 것을 그래프로 보기 위해 메뉴의 File ➡ parse xml을 선택하자. 그리고 표 51-1에 있는 값을 사용해서 KeyCycle 프레임 1부터 4까지의 속성값을 변경한다. 조금 전에 했던 대로 변경하거나 직접 XML을 수정해도 된다. (XML에서 제일 앞에 있는 것이 KeyCycle 프레임 0이며 이것은 조금 전에 이미 설정하였다.)

표 51-1

	KeyCycle 0	KeyCycle 1	KeyCycle 2	KeyCycle 3	KeyCycle 4
framePosition	0	25	50	75	100
wavePeriod	1	2	3	2	1
translationY	60dp	60dp	150dp	60dp	60dp

변경이 끝났으면 XML이 다음과 같이 되어야 한다.

```xml
<KeyFrameSet>
    <KeyCycle
        motion:framePosition="0"
        motion:target="@+id/button"
        motion:wavePeriod="1"
        motion:waveOffset="0dp"
        motion:waveShape="sin"
        android:translationY="60dp"/>

    <KeyCycle
        motion:framePosition="25"
        motion:target="@+id/button"
        motion:wavePeriod="2"
        motion:waveOffset="0dp"
        motion:waveShape="sin"
        android:translationY="60dp"/>

    <KeyCycle
        motion:framePosition="50"
        motion:target="@+id/button"
        motion:wavePeriod="3"
        motion:waveOffset="0dp"
        motion:waveShape="sin"
        android:translationY="150dp"/>

    <KeyCycle
        motion:framePosition="75"
        motion:target="@+id/button"
        motion:wavePeriod="2"
        motion:waveOffset="0dp"
        motion:waveShape="sin"
        android:translationY="60dp"/>

    <KeyCycle
        motion:framePosition="100"
        motion:target="@+id/button"
        motion:wavePeriod="1"
        motion:waveOffset="0dp"
        motion:waveShape="sin"
        android:translationY="60dp"/>
</KeyFrameSet>
```

변경된 KeyCycle의 그래프를 보기 위해 메뉴의 File ➡ parse xml을 선택하자. 그러면 그림 51-14와 같이 그래프가 나타날 것이다.

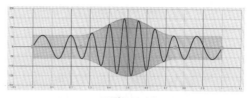

그림 51-14

51.6 애니메이션 미리보기

이제는 사이클 편집기에서 KeyCycle 기반의 애니메이션을 미리보기 할 수 있다. play 버튼(그림 51-15의 Ⓐ)을 눌러 애니메이션을 시작시키자. 그리고 KeyCycle과 수평 이동을 결합하기 위해 드롭다운(그림 51-15의 Ⓑ)에서 West to East로 변경한다. 또한, 시간(그림 51-15의 Ⓒ)과 속도(그림 51-15의 Ⓓ)도 변경해 보자.

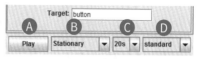

그림 51-15

51.7 MotionScene 파일에 KeyFrameSet 추가하기

사이클 편집기의 XML 패널에서 KeyCycle 요소를 클립보드로 복사한 후 안드로이드 스튜디오의 res ➡ xml ➡ activity_main_scene.xml 파일에 있는 Transition 섹션에 붙여넣기 하자. <KeyFrameSet>과 </KeyFrameSet> 사이에 추가해야 한다. 또한, 애니메이션 시간을 7초(7000밀리초)로 변경하고 애니메이션을 시작시키는 OnClick 핸들러도 추가한다.

```xml
<?xml version="1.0" encoding="utf-8"?>
<MotionScene
    xmlns:android="http://schemas.android.com/apk/res/android"
    xmlns:motion="http://schemas.android.com/apk/res-auto">

    <Transition
        motion:constraintSetEnd="@+id/end"
        motion:constraintSetStart="@id/start"
        motion:duration="7000">
      <KeyFrameSet>
          <KeyCycle
              motion:framePosition="0"
              motion:motionTarget="@+id/button"
              motion:wavePeriod="1"
              motion:waveOffset="0dp"
              motion:waveShape="sin"
              android:translationY="60dp"/>

          <KeyCycle
```

```
                motion:framePosition="25"
                       .
                       .
        </KeyFrameSet>

        <OnClick motion:targetId="@id/button"
            motion:clickAction="toggle" />
    </Transition>
        .
        .
</MotionScene>
```

잠깐! 각 KeyCycle 선언에서 target 속성이 제대로 지정되었는지 확인해 보자. 이 책을 저술하는 시점에서는 사이클 편집기가 다음과 같이 이전의 motion:target을 사용하였다.

```
motion:target="@+id/button"
```

그러나 이것을 다음과 같이 변경해야 한다. 다섯 개의 KeyCycle에 선언된 것을 모두 변경하자.

```
motion:motionTarget="@+id/button"
```

변경이 다 되었으면 실제 장치나 에뮬레이터에서 앱을 실행하자. 그리고 버튼을 클릭하여 애니메이션을 시작시키고 잘되는지 보자.

KeyCycle의 파형은 그림 51-16과 같이 안드로이드 스튜디오의 MotionLayout 편집기에서도 볼수 있다. [50장의 50.4절을 참고하되, 그림 50-9의 전환 화살표(A)를 선택한 후 B 패널에 있는 Cyc translationY를 클릭하고 E의 실행 버튼(화살표)을 클릭한다.]

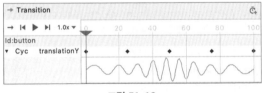

그림 51-16

하나의 애니메이션에는 KeyCycle이 선언된 KeyFrameSet이 여러 개 포함될 수 있다. 예를 들어, 다음의 KeyFrameSet을 activity_main_scene.xml 파일의 Transition 섹션에 추가해 보자. 그러면 버튼이 이동할 때 회전하는 효과가 추가될 것이다.

```
<KeyFrameSet>
    <KeyCycle
        motion:framePosition="0"
        motion:motionTarget="@+id/button"
        motion:wavePeriod="1"
        motion:waveOffset="0dp"
        motion:waveShape="sin"
        android:translationY="60dp"
        android:rotation="45"/>
    <KeyCycle
        motion:framePosition="25"
        motion:motionTarget="@+id/button"
        motion:wavePeriod="2"
        motion:waveOffset="0dp"
        motion:waveShape="sin"
        android:translationY="60dp"
        android:rotation="80"/>
    <KeyCycle
        motion:framePosition="50"
        motion:motionTarget="@+id/button"
        motion:wavePeriod="3"
        motion:waveOffset="0dp"
        motion:waveShape="sin"
        android:translationY="150dp"
        android:rotation="45"/>
    <KeyCycle
        motion:framePosition="75"
        motion:motionTarget="@+id/button"
        motion:wavePeriod="2"
        motion:waveOffset="0dp"
        motion:waveShape="sin"
        android:translationY="60dp"
        android:rotation="80"/>
    <KeyCycle
        motion:framePosition="100"
        motion:motionTarget="@+id/button"
        motion:wavePeriod="1"
        motion:waveOffset="0dp"
        motion:waveShape="sin"
        android:translationY="60dp"
        android:rotation="45"/>
</KeyFrameSet>
```

51.8 요약

사이클 키 프레임은 상태 변경이 매우 많이 생기는 키 프레임 애니메이션을 만드는 유용한 방법을 제공한다. 이번 장에서 보았듯이, 사이클 편집기를 사용하면 사이클 키 프레임을 쉽게 생성할 수 있다.

CHAPTER 52 플로팅 액션 버튼과 스낵바 사용하기

이번 장의 목표 중 하나는 머티리얼material 디자인의 개념을 알려 주는 것이다. 원래 안드로이드 5.0에서 소개되었던 머티리얼 디자인은 안드로이드 앱의 사용자 인터페이스 형태와 작동 방법을 나타내는 디자인 지침이다.

머티리얼 디자인 개념을 구현하면서 구글에서는 안드로이드 디자인 지원 라이브러리Design Support Library도 발표하였다. 이 라이브러리는 서로 다른 많은 컴포넌트를 포함하며, 이것을 사용하면 머티리얼 디자인의 주요 기능을 안드로이드 앱에 구현할 수 있다. 이번 장에서는 그중에서 플로팅 액션 버튼Floating Action Button과 스낵바Snackbar를 알아볼 것이다. 그리고 다른 컴포넌트는 이후의 다른 장에서 추가로 살펴본다.

52.1 머티리얼 디자인

우선, 머티리얼은 우리말로 다양하게 번역될 수 있지만 여기서는 소재로 생각하는 것이 가장 적합할 것이다. 머티리얼 디자인에서는 안드로이드 사용자 인터페이스를 구성하는 요소의 모습과 동작을 규정한다. 그러나 x, y, z축을 가진 3D3차원 공간의 개념을 도입하여 평면적인 화면에 3차원 공간의 입체감을 부여하는 메타포(은유적 설계)를 만들었다는 것이 특징이다. 이때 디자이너의 실제 실험과 노력으로 빛과 그림자를 적용하는 원칙(방향, 높이, 두께 등)을 만들어서 3차원 효과를 구현하였다. 그리고 사진, 이미지, 텍스트를 갖는 머티리얼 서피스surface, 표면가 z축 방향으로 레이어를 이루어 정렬될 수 있고 이동할 수 있다.

또한, 머티리얼 디자인은 사용자에 대한 응답으로 앱이 생동감 있게 움직이는 애니메이션animation 개념을 갖는다. 예를 들어, 버튼은 그림자 효과를 사용해서 자신이 속한 레이아웃 면의 위로 떠서 보일 수 있다. 그리고 버튼을 누르면 실제 사물처럼 튀어나오듯이 동작한다.

이뿐만 아니라, 머티리얼 디자인에서는 사용자 인터페이스 요소의 색상 대비나 스타일 외에도 표준 사용자 인터페이스 요소의 레이아웃과 동작을 규정하고 있다. 중요한 예로 앱 바app bar가 있다. 앱

바는 화면의 제일 위에 나타나야 하며, 액티비티의 콘텐트가 스크롤되는 것과 연관되어 동작해야 한다.

머티리얼 디자인에서는 색상 스타일에서부터 객체의 애니메이션까지 넓은 범위를 다룬다. 머티리얼 디자인의 개념과 지침에 관한 자세한 내용은 다음 웹 페이지에서 볼 수 있다.

URL https://developer.android.com/guide/topics/ui/look-and-feel?hl=ko

52.2 디자인 라이브러리

안드로이드 앱을 구현하는 데 필요한 많은 구성 요소가 머티리얼 디자인의 원리를 채택하고 있으며, 이것은 안드로이드 디자인 지원 라이브러리Design Support Library에 포함되어 있다. 이 라이브러리는 안드로이드 앱에 포함될 수 있는 사용자 인터페이스 컴포넌트를 가지며, 이러한 컴포넌트는 머티리얼 디자인의 시각적인 형태와 동작을 구현한다.

52.3 플로팅 액션 버튼(FAB)

플로팅 액션 버튼은 앱의 사용자 인터페이스 화면 위에 떠다니는 버튼이다. 그리고 사용자 인터페이스 화면에서 흔히 사용되는 액션을 보여 주고 처리하는 데 사용된다. 예를 들어, 플로팅 액션 버튼을 앱 화면에 두면 사용자가 언제든지 연락처 데이터를 추가하거나 이메일을 전송할 수 있다. 일례로, 그림 52-1에서는 표준 안드로이드 연락처 앱에서 새로운 연락처를 추가할 수 있게 해주는 플로팅 액션 버튼을 보여 준다.

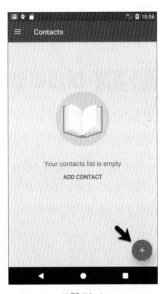

그림 52-1

머티리얼 디자인 지침에는 플로팅 액션 버튼을 사용할 때 준수해야 하는 규칙이 많이 있다. 플로팅 액션 버튼은 반드시 원형이면서 56 × 56dp 또는 40 × 40dp의 크기가 될 수 있다. 그리고 폰 화면의 가장자리에서는 최소한 16dp만큼 떨어진 곳에 위치해야 하며, 데스크톱이나 태블릿 장치의 경우는 24dp만큼 떨어져야 한다. 또한, 버튼의 크기와는 무관하게 24 × 24dp 크기의 아이콘을 포함해야 한다. 그리고 각 사용자 인터페이스 화면에는 하나의 플로팅 액션 버튼만 둘 것을 권장한다.

플로팅 액션 버튼은 터치될 때 애니메이션되거나(예를 들어, 회전됨) 또는 다른 요소(예를 들어, 툴바)로 바뀌도록 할 수 있다.

52.4 스낵바

스낵바 컴포넌트는 사용자에게 패널 형태로 정보를 보여 주는 방법을 제공하며, 그림 52-2처럼 화면 아래에 나타난다. 스낵바 인스턴스는 간단한 텍스트 메시지를 포함하며, 사용자가 터치할 때 작업을 수행하는 액션 버튼도 선택적으로 가

그림 52-2

질 수 있다. 그리고 화면에 나타난 후 자동으로 없어지게 하거나 사용자가 밀어서 제거하도록 할 수 있다. 스낵바가 나타나더라도 앱은 원래의 기능을 계속할 수 있다.

이번 장의 나머지 부분에서는 리스트 항목에 새로운 항목을 추가하기 위해 플로팅 액션 버튼과 스낵바의 기본적인 기능을 사용하는 예제 앱을 생성할 것이다.

52.5 예제 프로젝트 생성하기

새 프로젝트를 생성하자. 안드로이드 스튜디오 메인 메뉴의 File ➡ New ➡ New Project...를 선택하거나 웰컴 스크린에서 New Project 버튼을 클릭한다. '프로젝트 템플릿 선택' 대화상자가 나타나면 Phone and Tablet과 Basic Activity를 선택하고 Next 버튼을 누른다.

Name 필드에 FabExample을 입력하고 Package name에는 com.ebookfrenzy.fabexample을 입력한다. 그리고 Language가 Kotlin인지 확인하고 Minimum SDK는 API 26: Android 8.0 (Oreo)를 선택한다. 또한, Use legacy android.support libraries가 체크 해제되어 있는지 확인하고 Finish 버튼을 누른다.

52.6 프로젝트 살펴보기

Basic Activity 템플릿으로 생성된 우리 프로젝트는 두 개의 레이아웃 파일을 포함한다. activity_main.xml 파일과 content_main.xml 파일이다. activity_main.xml 파일은 앱 바~app bar~와 툴바 및 플로팅 액션 버튼을 포함하는 `CoordinatorLayout` 매니저로 구성된다.

content_main.xml 파일은 액티비티의 콘텐츠 영역 레이아웃이며, 하나의 `NavHostFragment` 인스턴스를 포함한다. 이 파일은 다음의 include 태그를 통해서 activity_main.xml 파일에 포함된다.

```
<include layout="@layout/content_main" />
```

activity_main.xml 파일에 있는 플로팅 액션 버튼 요소는 다음과 같다.

```
<com.google.android.material.floatingactionbutton.FloatingActionButton
    android:id="@+id/fab"
    android:layout_width="wrap_content"
    android:layout_height="wrap_content"
    android:layout_gravity="bottom|end"
    android:layout_margin="@dimen/fab_margin"
    app:srcCompat="@android:drawable/ic_dialog_email" />
```

여기서는 버튼이 화면의 오른쪽 밑 모서리에 나타나도록 선언되어 있으며, values/dimens.xml 파일에 정의된 fab_margin 값만큼 여백을 갖는다(이 값은 16dp로 설정되어 있다). 또한, 버튼의 아이콘이 안드로이드에 내장된 이메일 아이콘으로 지정되어 있다.

그리고 사용자가 플로팅 액션 버튼을 눌렀을 때 스낵바 인스턴스를 보여 주는 코드를 Basic Activity 템플릿이 자동으로 생성해 준다. 이 코드는 MainActivity.kt 파일의 onCreate() 함수에 있으며, 다음과 같다.

```
binding.fab.setOnClickListener { view ->
    Snackbar.make(view, "Replace with your own action", Snackbar.LENGTH_LONG)
            .setAction("Action", null).show()
}
```

이 코드에서는 뷰 바인딩을 통해서 플로팅 액션 버튼의 참조를 얻고 OnClickListener를 설정하여 버튼이 터치될 때 호출되게 한다. 여기서는 액션을 갖지 않는 Snackbar 인스턴스의 메시지만 보여 준다.

앱을 실행하면 플로팅 액션 버튼이 화면의 오른쪽 아래 모서리에 나타날 것이다(그림 52-3).

그림 52-3

그리고 이 플로팅 액션 버튼을 탭하면 OnClick Listener의 함수가 호출되어 스낵바가 화면 아래에 나타난다(그림 52-4).

그림 52-4

그림 52-4와 같이 화면 폭이 좁은 장치에서 스낵바가 나타날 때는 플로팅 액션 버튼이 위로 이동한다. 스낵바가 나타날 공간을 만들기 위해서다. 이것은 activity_main.xml 레이아웃 리소스 파일에 있는 CoordinatorLayout 컨테이너에 의해 자동으로 처리된다.

52.7 프래그먼트 간의 이동 코드 삭제하기

24장에서 설명했듯이, Basic Activity 템플릿은 한 프래그먼트에서 다른 프래그먼트로 이동하기 위한 다수의 프래그먼트와 버튼을 포함한다. 그러나 여기서는 그런 기능이 필요 없으므로 삭제하지 않으면 문제가 생길 수 있다. 다음과 같이 프로젝트를 변경하자.

1. 프로젝트 도구 창에서 **app ➡ res ➡ navigation ➡ nav_graph.xml** 파일을 더블클릭하여 내비게이션 편집기navigation editor로 로드한다.

2. **SecondFragment**를 클릭하여 선택한 후 ⌈Del⌋ 키를 눌러 그래프에서 삭제한다.

3. 프로젝트 도구 창에서 SecondFragment.kt(**app ➡ java ➡ com.ebookfrenzy.fabexample ➡ SecondFragment**) 파일과 fragment_second.xml(**app ➡ res ➡ layout ➡ fragment_second.xml**) 파일을 삭제한다. (각 파일에서 ⌈Del⌋ 키를 누른 후 대화상자의 **OK** 버튼을 클릭하고 그다음 대화상자에서 **Delete Anyway** 버튼을 클릭.)

4. **app ➡ java ➡ com.ebookfrenzy.fabexample ➡ FirstFragment** 파일을 더블클릭하여 편집기 창에 열자. 그리고 다음과 같이 onViewCreated() 함수의 코드를 삭제한다.

```
override fun onViewCreated(view: View, savedInstanceState: Bundle?) {
    super.onViewCreated(view, savedInstanceState)

    binding.buttonFirst.setOnClickListener {
        findNavController().navigate(R.id.action_FirstFragment_to_SecondFragment)
    }
}
```

52.8 플로팅 액션 버튼 변경하기

우리 프로젝트의 목적은 리스트의 항목을 추가하기 위해 플로팅 액션 버튼을 구성하는 것이므로 수행될 액션을 더 잘 나타내는 아이콘으로 버튼 아이콘을 변경할 필요가 있다. 이 아이콘의 파일 이름은 ic_add_entry.png이며, 이 책의 프로젝트 파일을 다운로드받으면 project_icons 디렉터리 밑에 있다.

다운로드받은 이미지 파일을 컴퓨터 운영체제의 파일 시스템에서 찾은 후 클립보드로 복사한다. 그리고 프로젝트 도구 창의 app ➡ res ➡ drawable에서 마우스 오른쪽 버튼을 클릭한 후 Paste를 선택한다. 그다음 대화상자에서 \app\src\main\res\drawable이 선택되었는지 확

그림 52-5

인하고 OK 버튼을 누른 후 다음 대화상자에서 다시 OK 버튼을 누른다. 그림 52-5처럼 제대로 복사가 되었는지 확인하자.

프로젝트 도구 창에서 app ➡ res ➡ layout 밑에 있는 activity_main.xml 파일을 더블클릭하여 편집기에 열자. 그리고 오른쪽 위의 코드 버튼(☰ Code)을 눌러 코드 모드로 전환한 후 아이콘의 이미지 소스를 @android:drawable/ic_dialog_email에서 @drawable/ic_add_entry로 변경한다.

```
<com.google.android.material.floatingactionbutton.FloatingActionButton
    android:id="@+id/fab"
    android:layout_width="wrap_content"
    android:layout_height="wrap_content"
    android:layout_gravity="bottom|end"
    android:layout_margin="@dimen/fab_margin"
    app:srcCompat="@drawable/ic_add_entry" />
```

오른쪽 위의 디자인 버튼(▣ Design)을 눌러 디자인 모드로 전환하면 버튼의 아이콘이 + 표시로 변경된 것을 확인할 수 있다.

또한, 플로팅 액션 버튼의 OnClickListener에 코드를 추가하면 이 버튼이 클릭될 때 작업이 수행되게 할 수 있다. 예를 들어, 다음 코드에서는 플로팅 액션 버튼이 클릭될 때 displayMessage() 함수를 호출하여 토스트 메시지를 보여 준다.

```
binding.fab.setOnClickListener { view ->
    displayMessage("FAB Clicked")
    Snackbar.make(view, "Replace with your own action", Snackbar.LENGTH_LONG)
        .setAction("Action", null).show()
```

```
}
.
.
fun displayMessage(message: String) {
    Toast.makeText(this@MainActivity, message, Toast.LENGTH_SHORT).show()
}
```

52.9 스낵바에 액션 추가하기

스낵바에 액션을 추가하면 사용자가 탭할 때 특정 작업을 수행하도록 할 수도 있다. 편집기 창에 열린 MainActivity.kt 파일을 다음과 같이 변경하자. onCreate() 함수에 있는 스낵바 생성 코드에서는 액션을 변경하며, 제목은 My Action이고 토스트 메시지를 보여 주는 actionOnClickListener라는 이름의 OnClickListener를 지정한다. 그리고 이 리스너 처리 코드는 onCreate() 함수 정의 코드가 나오기 전에 설정한다.

```
.
.
import android.view.View
import android.widget.Toast

class MainActivity : AppCompatActivity() {
    .
    .
    var actionOnClickListener: View.OnClickListener = View.OnClickListener { view ->
        displayMessage("Action clicked")
        Snackbar.make(view, "Action complete", Snackbar.LENGTH_LONG)
            .setAction("My Action", null).show()
    }

    fun displayMessage(message: String) {
        Toast.makeText(this@MainActivity, message, Toast.LENGTH_SHORT).show()
    }

    override fun onCreate(savedInstanceState: Bundle?) {
        .
        .
        binding.fab.setOnClickListener { view ->
            displayMessage("FAB Clicked")
            Snackbar.make(view, "FAB complete", Snackbar.LENGTH_LONG)
                    .setAction("My Action", actionOnClickListener).show()
        }
    }
    .
    .
}
```

앱을 실행하고 플로팅 액션 버튼을 눌러서 토스트 메시지와 스낵바가 나타나는지 확인하자(그림 52-6의 왼쪽 이미지). 그리고 스낵바의 **My Action** 버튼을 눌러서 'Action clicked' 토스트 메시지가 나타나고 또한 스낵바의 텍스트가 'Action complete'로 변경되는지 확인해 보자(그림 52-6의 오른쪽 이미지).

그림 52-6

52.10 요약

이번 장에서는 머티리얼 디자인 개요와 플로팅 액션 버튼 및 스낵바에 관해 알아보았다. 그리고 이 기능을 사용하는 예제 프로젝트를 작성해 보았다.

플로팅 액션 버튼과 스낵바는 머티리얼 디자인 기반의 사용자 인터페이스 구현 방법이다. 플로팅 액션 버튼은 안드로이드 앱의 특정 화면에서 흔히 사용되는 액션을 보여 주고 처리하는 방법을 제공한다. 그리고 스낵바는 사용자에게 정보를 보여 주는 방법을 제공하며, 사용자가 액션을 수행하게 할 수도 있다.

CHAPTER
53

탭 인터페이스 생성하기

앞 장에서는 머티리얼 디자인의 개념과 디자인 지원 라이브러리의 컴포넌트인 플로팅 액션 버튼과 스낵바를 알아보았다. 이번 장에서는 또 다른 디자인 지원 라이브러리 컴포넌트인 TabLayout의 사용법을 보여 줄 것이다. TabLayout은 ViewPager2 클래스와 함께 사용되어 안드로이드 액티비티의 탭 기반_{tabbed} 인터페이스를 생성할 수 있다.

53.1 ViewPager2 개요

디자인 지원 라이브러리에 포함되지는 않지만, ViewPager2는 탭 사용자 인터페이스를 구현하기 위해 TabLayout 컴포넌트와 함께 사용하면 유용한 클래스다. ViewPager2를 사용하면 서로 다른 정보를 갖는 페이지(화면)를 사용자가 넘겨 가면서 볼 수 있다. 이때 각 페이지는 레이아웃 프래그먼트에 의해 나타난다. 그리고 ViewPager2 인스턴스와 연관된 프래그먼트는 FragmentStateAdapter 클래스 인스턴스에 의해 관리된다. (ViewPager2는 종전 ViewPager의 개선된 버전으로 더 향상된 기능을 제공하며 사용 시 발생하는 일반적인 문제를 해결해 준다.)

ViewPager2에 지정된 페이지 어댑터에서는 최소한 두 개의 함수를 구현해야 한다. 첫 번째는 getItemCount() 함수로, 이 함수는 사용자에게 보여 줄 수 있는 페이지 프래그먼트의 전체 개수를 반환해야 한다. 두 번째 함수인 createFragment()는 페이지 번호를 인자로 받아서 이것과 연관된 프래그먼트 객체(사용자에게 보여 줄 준비가 된)를 반환해야 한다.

53.2 TabLayout 컴포넌트 개요

앞에서 이야기했듯이, TabLayout은 머티리얼 디자인의 일부로 소개된 컴포넌트이며 디자인 지원 라이브러리에 포함되어 있다. 다른 페이지를 보여 주기 위해 선택될 수 있는 탭을 사용자에게 보여 주는 것이 TabLayout의 목적이다. TabLayout의 각 탭은 위치가 고정되거나 스크롤될 수 있다. 스크롤이 가능한 경우에 사용자는 왼쪽 또는

그림 53-1

오른쪽으로 밀어서 더 많은 탭을 볼 수 있다. 그리고 탭에 나타나는 정보는 텍스트나 이미지 또는 두 가지의 조합이 될 수 있다. 예를 들어, 그림 53-1에서는 네 개의 이미지 탭으로 구성된 안드로이드 앱의 TabLayout을 보여 준다.

이와는 달리, 그림 53-2에서는 스크롤이 가능하면서 텍스트를 보여 주는 네 개의 탭으로 구성된 TabLayout을 보여 준다.

그림 53-2

이번 장의 나머지 부분에서는 예제 프로젝트를 생성하여 더 자세히 알아볼 것이다. 이 프로젝트에서는 ViewPager2와 네 개의 프래그먼트를 함께 사용하는 TabLayout 컴포넌트 사용법을 보여 준다.

53.3 TabLayoutDemo 프로젝트 생성하기

새 프로젝트를 생성하자. 안드로이드 스튜디오 메인 메뉴의 File ➡ New ➡ New Project...를 선택하거나 웰컴 스크린에서 New Project 버튼을 클릭한다. '프로젝트 템플릿 선택' 대화상자가 나타나면 Phone and Tablet과 Basic Activity를 선택하고 Next 버튼을 누른다.

Name 필드에 TabLayoutDemo를 입력하고 Package name에는 com.ebookfrenzy.tablayoutdemo 를 입력한다. 그리고 Language가 Kotlin인지 확인하고 Minimum SDK는 API 26: Android 8.0 (Oreo) 를 선택한다. 또한, Use legacy android.support libraries가 체크 해제되어 있는지 확인하고 Finish 버튼을 누른다.

프로젝트가 생성되었으면 app ➡ res ➡ layout 밑에 있는 content_main.xml 파일을 편집기 창에 열고 컴포넌트 트리에서 NavHostFragment 객체(id가 nav_host_fragment_content_main)를 선택한 후 삭제하자. 그리고 여기서는 Basic Activity 템플릿에서 자동 생성한 화면 이동 코드를 사용하지 않을 것이므로 다음과 같이 MainActivity.kt 파일의 onCreate() 함수에서 해당 코드를 삭제한다.

```
override fun onCreate(savedInstanceState: Bundle?) {
    super.onCreate(savedInstanceState)

    binding = ActivityMainBinding.inflate(layoutInflater)
    setContentView(binding.root)

    setSupportActionBar(binding.toolbar)

    val navController = findNavController(R.id.nav_host_fragment_content_main)
    appBarConfiguration = AppBarConfiguration(navController.graph)
    setupActionBarWithNavController(navController, appBarConfiguration)

    binding.fab.setOnClickListener { view ->
        Snackbar.make(view, "Replace with your own action", Snackbar.LENGTH_LONG)
```

```
                .setAction("Action", null).show()
    }
}
```

또한, onSupportNavigateUp() 함수도 삭제하자.

```
override fun onSupportNavigateUp(): Boolean {
    val navController = findNavController(R.id.nav_host_fragment_content_main)
    return navController.navigateUp(appBarConfiguration)
            || super.onSupportNavigateUp()
}
```

53.4 첫 번째 프래그먼트 생성하기

TabLayout의 각 탭이 선택되면 서로 다른 프래그먼트를 보여 줄 것이다. 첫 번째 프래그먼트를 생
성하자. 프로젝트 도구 창의 app ➡ java ➡ com.ebookfrenzy.tablayoutdemo에서 마우스 오른
쪽 버튼을 클릭한 후 New ➡ Fragment ➡ Fragment (Blank)를 선택한다. 그리고 대화상자에서
Fragment Name 필드에 Tab1Fragment를 입력하고 Fragment Layout Name 필드에는 fragment_
tab1을 입력한다(그림 53-3). Finish 버튼을 누르면 새로운 프래그먼트가 생성된다.

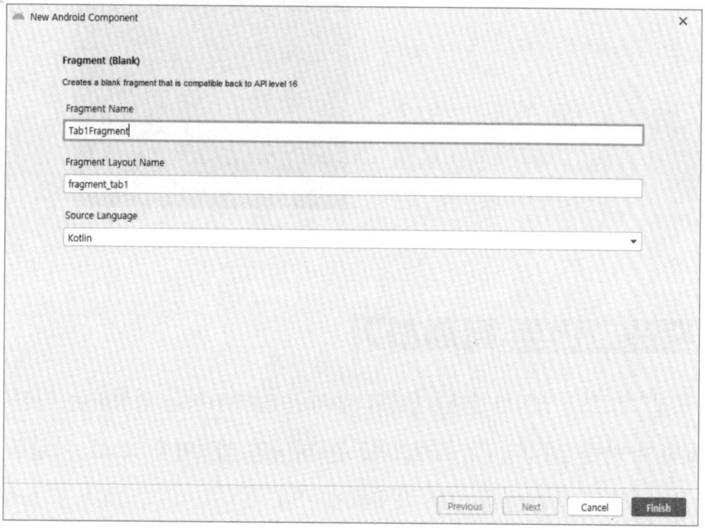

그림 53-3

그다음에 자동 생성되어 편집기 창에 열려 있는 fragment_tab1.xml 파일을 선택하고 오른쪽 위의
디자인 버튼(🖼 Design)을 눌러 디자인 모드로 전환한다. 그리고 컴포넌트 트리의 FrameLayout에서
마우스 오른쪽 버튼을 클릭한 후 Convert FrameLayout to ConstraintLayout 메뉴 항목을 선택한

다. 그다음 대화상자에서 모든 옵션이 선택되어 있는지 확인하고 OK 버튼을 누른다. 이렇게 하면 레이아웃이 ConstraintLayout으로 변경된다. 컴포넌트 트리의 제일 위에 있는 이 레이아웃을 선택하고 속성 창의 id를 constraintLayout으로 변경하고 대화상자에서 Refactor 버튼을 누른다.

그다음에 컴포넌트 트리의 **textView**를 선택하고 [Del] 키를 눌러 삭제한다. 그리고 팔레트의 Text 부류에 있는 TextView를 끌어서 레이아웃의 중앙에 놓은 후 속성 창의 id를 **textView**로 변경한다. 또한, text 속성에 Tab 1 Fragment를 입력하고 문자열 리소스로 추출한다(컴포넌트 트리에서 이 항목 오른쪽에 나타난 경고 아이콘을 클릭하고 메시지 패널에서 Hardcoded text를 확장한 후 스크롤하여 제일 밑의 Fix 버튼을 누른다. 그리고 대화상자에서 OK 버튼을 누른다). 제약 추론 툴바 버튼(26장의 그림 26-5 참고)을 눌러서 제약을 추가한다. 완성된 레이아웃은 그림 53-4와 같다.

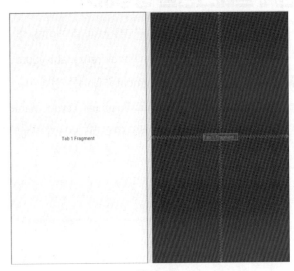

그림 53-4

53.5 프래그먼트 복제하기

현재는 하나의 프래그먼트만 생성하였다. 나머지 세 개는 앞에서처럼 생성하는 대신 이미 생성된 프래그먼트를 복제하여 만들 것이다. 각 프래그먼트는 하나의 레이아웃 XML 파일과 하나의 코틀린 클래스 파일로 구성되므로 두 파일을 모두 복제해야 한다.

프로젝트 도구 창의 res ➡ layout ➡ fragment_tab1.xml 파일에서 마우스 오른쪽 버튼을 클릭한 후 Copy를 선택한다. 그리고 res ➡ layout에서 마우스 오른쪽 버튼을 클릭한 후 Paste를 선택한다. 대화상자에서 New name 필드의 파일 이름을 fragment_tab2.xml로 변경하고 OK 버튼을 누른다. fragment_tab2.xml 파일이 편집기 창에 열렸을 것이다. 디자인 모드로 변경하고 컴포넌트 트리에서

textView를 선택한다. 그리고 속성 창의 text 속성을 Tab 2 Fragment로 변경한 후 문자열 리소스로 추출한다(리소스 이름은 tab_2_fragment).

다음은 Tab1Fragment 클래스 파일을 복제한다. app ➡ java ➡ com.ebookfrenzy.tablayoutdemo 밑에 있는 Tab1Fragment에서 마우스 오른쪽 버튼을 클릭한 후 Copy를 선택한다. 그리고 app ➡ java ➡ com.ebookfrenzy.tablayoutdemo에서 마우스 오른쪽 버튼을 클릭한 후 Paste를 선택한다. 대화상자에서 New name 필드에 Tab2Fragment를 입력하고 OK 버튼을 누른다. Tab2Fragment.kt 파일이 편집기에 열렸을 것이다. fragment_tab2 레이아웃 파일을 인플레이트하도록 다음과 같이 클래스 이름과 onCreateView() 함수를 수정하자.

```kotlin
.
.
class Tab2Fragment : Fragment() {
    .
    .
    override fun onCreateView(inflater: LayoutInflater?, container: ViewGroup?,
        savedInstanceState: Bundle?): View? {
        // Inflate the layout for this fragment
        return inflater.inflate(R.layout.fragment_tab2, container, false)
    }
    .
    .
}
```

앞의 복제 과정을 두 번 더 반복하여 나머지 두 개의 프래그먼트인 Tab3Fragment와 Tab4Fragment 도 생성한다. 작업이 끝나면 그림 53-5와 같이 되어야 한다.

그림 53-5

53.6 TabLayout과 ViewPager2 추가하기

프래그먼트의 생성이 끝났으므로 이제는 TabLayout과 ViewPager2를 메인 액티비티 레이아웃 파일에 추가할 것이다. 프로젝트 도구 창의 app ➡ res ➡ layout에 있는 activity_main.xml 파일을 더블클릭하여 편집기에 연다. 오른쪽 위의 코드 버튼(☰ Code)을 클릭하여 코드 모드로 전환한다. 그리고 다음의 XML에 있는 대로 두 요소를 추가한다. 여기서 TabLayout은 AppBarLayout 요소에 포함되며, ViewPager2는 AppBarLayout 다음에 위치한다.

```xml
<?xml version="1.0" encoding="utf-8"?>
<androidx.coordinatorlayout.widget.CoordinatorLayout xmlns:android="http://schemas.
android.com/apk/res/android"
    xmlns:app="http://schemas.android.com/apk/res-auto"
    xmlns:tools="http://schemas.android.com/tools"
    android:layout_width="match_parent"
    android:layout_height="match_parent"
    tools:context=".MainActivity">

    <com.google.android.material.appbar.AppBarLayout
        android:layout_width="match_parent"
        android:layout_height="wrap_content"
        android:theme="@style/Theme.TabLayoutDemo.AppBarOverlay">

        <androidx.appcompat.widget.Toolbar
            android:id="@+id/toolbar"
            android:layout_width="match_parent"
            android:layout_height="?attr/actionBarSize"
            android:background="?attr/colorPrimary"
            app:popupTheme="@style/Theme.TabLayoutDemo.PopupOverlay" />

        <com.google.android.material.tabs.TabLayout
            android:id="@+id/tabLayout"
            android:layout_width="match_parent"
            android:layout_height="wrap_content"
            app:tabMode="fixed"
            app:tabGravity="fill"/>

    </com.google.android.material.appbar.AppBarLayout>

    <androidx.viewpager2.widget.ViewPager2
        android:id="@+id/view_pager"
        android:layout_width="match_parent"
        android:layout_height="match_parent"
        app:layout_behavior="@string/appbar_scrolling_view_behavior" />

    <include layout="@layout/content_main" />

    <com.google.android.material.floatingactionbutton.FloatingActionButton
        android:id="@+id/fab"
```

```
            android:layout_width="wrap_content"
            android:layout_height="wrap_content"
            android:layout_gravity="bottom|end"
            android:layout_margin="@dimen/fab_margin"
            app:srcCompat="@android:drawable/ic_dialog_email" />

</androidx.coordinatorlayout.widget.CoordinatorLayout>
```

53.7 FragmentStateAdapter 생성하기

여기서는 TabLayout의 각 탭에 지정된 프래그먼트를 처리하기 위해 ViewPager2를 사용한다. 방금 ViewPager2를 레이아웃 리소스 파일에 추가했으므로 FragmentPagerAdapter의 새로운 서브 클래스를 프로젝트에 추가해야 한다. 사용자가 탭 항목을 선택할 때 화면에 보여 줄 프래그먼트를 관리하기 위해서다.

app ➡ java ➡ com.ebookfrenzy.tablayoutdemo에서 마우스 오른쪽 버튼을 클릭한 후 New ➡ Kotlin Class/File을 선택한다. 그리고 대화상자에서 Name 필드에 TabPagerAdapter를 입력하고 Class를 선택한 후 ⎡Enter⎤⎡Return⎤ 키를 누른다.

다음과 같이 TabPagerAdapter.kt 파일을 변경하자.

```
package com.ebookfrenzy.tablayoutdemo

import androidx.fragment.app.*
import androidx.viewpager2.adapter.FragmentStateAdapter

class TabPagerAdapter(fa: FragmentActivity, private var tabCount: Int) :
    FragmentStateAdapter(fa) {

    override fun createFragment(position: Int): Fragment {

        when (position) {
            0 -> return Tab1Fragment()
            1 -> return Tab2Fragment()
            2 -> return Tab3Fragment()
            3 -> return Tab4Fragment()
            else -> return Tab1Fragment()
        }
    }

    override fun getItemCount(): Int {
        return tabCount
    }
}
```

TabPagerAdapter 클래스는 FragmentStateAdapter의 서브 클래스다. 그리고 인스턴스가 생성될 때 기본 생성자에서는 페이지 개수를 인자로 받아서 클래스 속성에 설정한다. 특정 페이지가 필요하면 createFragment() 함수가 호출되며, 이 함수에서는 when 문을 사용해서 요청 페이지 번호를 식별하고 해당 프래그먼트 인스턴스를 반환한다. 끝으로, getItemCount() 함수에서는 TabPagerAdapter 클래스 인스턴스가 생성될 때 전달된 페이지 개수를 반환한다.

53.8 초기화 작업하기

이제는 TabLayout, ViewPager2, TabPagerAdapter 인스턴스를 초기화하는 작업이 필요하다. 이 작업은 모두 다 MainActivity.kt 파일의 onCreate() 함수에서 처리할 것이다. app ➡ java ➡ com.ebookfrenzy.tablayoutdemo 밑의 MainActivity.kt 파일을 편집기 창에 로드하고 다음 코드를 추가하자.

```
package com.ebookfrenzy.tablayoutdemo
.
.
import com.google.android.material.tabs.TabLayoutMediator

class MainActivity : AppCompatActivity() {

    override fun onCreate(savedInstanceState: Bundle?) {
        .
        .
        configureTabLayout()
    }

    private fun configureTabLayout() {

        repeat (4) {

            binding.tabLayout.addTab(binding.tabLayout.newTab())
        }

        val adapter = TabPagerAdapter(this, binding.tabLayout.tabCount)
        binding.viewPager.adapter = adapter

        TabLayoutMediator(binding.tabLayout, binding.viewPager) { tab, position ->
            tab.text = "Tab ${(position + 1)} Item"
        }.attach()
    }
    .
    .
}
```

새로 추가한 코드에서는 우선 네 개의 탭을 생성하면서 각 탭의 텍스트를 지정한다.

```
repeat (4) {
    binding.tabLayout.addTab(binding.tabLayout.newTab())
}
```

그다음에 TabPagerAdapter 클래스의 인스턴스를 생성한다. 이때 TabLayout 컴포넌트에 지정된 탭의 개수를 TabPagerAdapter 클래스의 생성자 인자로 전달한다. 그리고 TabPagerAdapter 인스턴스를 ViewPager2 인스턴스의 어댑터로 지정한다.

```
val adapter = TabPagerAdapter(this, binding.tabLayout.tabCount)
binding.viewPager.adapter = adapter
```

끝으로, TabLayoutMediator 클래스의 인스턴스를 사용해서 TabLayout을 ViewPager2 인스턴스와 연결한다.

```
TabLayoutMediator(binding.tabLayout, binding.viewPager) { tab, position ->
    tab.text = "Tab ${(position + 1)} Item"
}.attach()
```

TabLayoutMediator 클래스는 TabLayout의 탭들이 현재 선택된 프래그먼트와 동기화되어 각 탭의 텍스트가 올바르게 보이도록 해준다. 이때 각 탭의 텍스트는 "Tab 〈n〉 Item"으로 나타난다(여기서 〈n〉은 현재 선택된 탭의 번호로 교체된다).

53.9 앱 테스트하기

실제 장치나 에뮬레이터에서 앱을 실행해 보자. 그리고 탭을 선택하여 그 탭과 연관된 프래그먼트가 화면에 나타나는지 확인해 보자.

그림 53-6

53.10 TabLayout 커스터마이징

여기서는 TabLayout이 고정$_{fixed}$ 모드로 구성되어 있다. 이 모드는 탭의 개수가 몇 개 안 되고 제목이 짧을 때 적합하다. 그러나 탭의 개수가 많거나 제목이 길면 고정 모드를 사용했을 때 그림 53-7처럼 된다.

사용 가능한 화면의 너비에 탭 제목을 맞춰 넣기 위해 TabLayout에서는 그림 53-7처럼 여러 줄에 걸쳐 제목을 보여 준다. 그러나 이렇게 하더라도 두 번째 줄의 텍스트는 절삭되어 전체 제목을 알기 어렵다. 따라서 이런 경우에는 TabLayout을 스크롤 가능한 모드로 변경하는 것이 좋다. 이 모드에서는 사용자가 탭 항목을 수평으로 밀어서 보고 선택할 수 있으므로 탭 제목이 한 줄로 모두 나타날 수 있다(그림 53-8).

그림 53-7

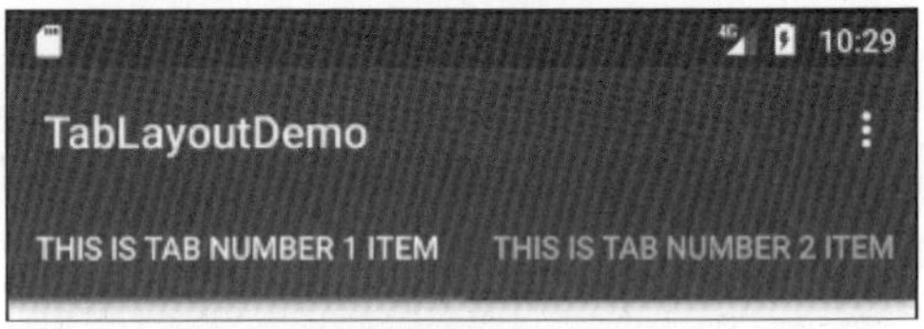

그림 53-8

TabLayout을 스크롤 모드로 변경할 때는 activity_main.xml 레이아웃 리소스 파일의 app:tabMode 속성값만 fixed에서 scrollable로 변경하면 된다.

```
<android.support.design.widget.TabLayout
    android:id="@+id/tablayout "
    android:layout_width="match_parent"
    android:layout_height="wrap_content"
    app:tabMode="scrollable"
    app:tabGravity="fill"/>
</android.support.design.widget.AppBarLayout>
```

고정 모드에서는 화면의 사용 가능한 공간에 탭 항목을 보여 주는 방법을 제어하도록 TabLayout을 구성할 수 있다. 이때 app:tabGravity 속성을 사용한다. 태블릿의 가로 방향과 같이 넓은 화면에서는 이 방법이 좋다. 예를 들어, app:tabGravity 속성의 값을 fill로 설정하면 그림 53-9와 같이 화면의 너비에 맞춰 탭 항목이 고르게 배치된다.

그림 53-9

그리고 app:tabGravity 속성의 값을 center로 설정하면 탭 항목이 중앙 부분에 위치한다.

그림 53-10

만일 activity_main.xml 파일의 tabMode와 tabGravity 속성값을 변경했다면 원래 값인 fixed와 fill로 돌려놓자.

53.11 요약

TabLayout은 안드로이드 머티리얼 디자인을 구현하는 컴포넌트 중 하나다. 탭 항목을 보여 주고 그 중 하나가 선택되면 사용자에게 다른 내용을 보여 주는 것이 TabLayout의 목적이다. 탭 항목은 텍스트나 이미지 또는 둘 다의 조합으로 보여 줄 수 있다. 또한, ViewPager 클래스와 프래그먼트를 함께 사용하면 TabLayout을 더 쉽게 생성할 수 있으며, 각 탭 항목을 선택했을 때 서로 다른 프래그먼트를 화면에 보여 줄 수 있다.

54
RecyclerView와 CardView 사용하기

RecyclerView와 CardView는 함께 동작하여 스크롤 가능한 데이터 리스트를 사용자에게 제공한다. 이때 데이터는 개별적인 카드 형태로 나타난다. 이번 장에서는 RecyclerView와 CardView 클래스의 개요를 먼저 알아보고, 다음 장에서는 예제 프로젝트를 디자인하고 구현할 것이다.

54.1 RecyclerView 개요

RecyclerView는 스크롤 가능한 리스트 형태로 사용자에게 정보를 보여 준다. 그러나 RecyclerView는 ListView보다 더 많은 장점을 제공한다. 특히, RecyclerView는 리스트를 구성하는 뷰를 관리하는 방법이 훨씬 더 효율적이다. 즉, 리스트 항목을 구성하는 기존 뷰가 스크롤되어 화면에서 벗어났을 때 새로운 뷰를 생성하는 대신 그것을 재사용한다(그래서 이름이 'recycler'다). 이것은 성능 향상은 물론이고 리스트에서 사용되는 리소스도 줄여 주므로 많은 양의 데이터를 사용자에게 보여 줄 때 특히 유용한 기능이다.

ListView와 다르게 RecyclerView에서는 다음의 세 가지 레이아웃 매니저를 선택할 수 있다. 따라서 리스트 항목이 사용자에게 보이는 방법을 더 다양하게 제어할 수 있다.

- **LinearLayoutManager** — 리스트 항목이 수평 또는 수직의 스크롤 가능한 리스트로 나타난다.

그림 54-1

- **GridLayoutManager** — 리스트 항목이 격자grid 형태로 나타난다. 리스트 항목이 균일한 크기일 때는 이 레이아웃 매니저를 사용하는 것이 가장 좋다.

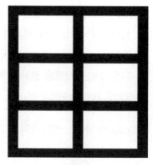

그림 54-2

- **StaggeredGridLayoutManager** — 리스트 항목이 일정하지 않은 크기의 격자 형태로 나타난다. 리스트 항목의 크기가 동일하지 않을 때는 이 레이아웃 매니저를 사용하는 것이 가장 좋다.

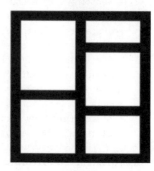

그림 54-3

앞의 세 가지 레이아웃 매니저를 사용해서 우리가 필요한 레이아웃을 만들 수 없을 때는 커스텀 레이아웃 매니저를 구현할 수 있다. 이때는 RecyclerView.LayoutManager 클래스의 서브 클래스를 생성하면 된다.

RecyclerView에 나타나는 각 리스트 항목은 ViewHolder 클래스의 인스턴스로 생성된다. ViewHolder 인스턴스는 RecyclerView에서 리스트 항목을 보여 주는 데 필요한 모든 것을 포함한다. 예를 들어, 보여 줄 정보 그리고 항목을 보여 주는 데 사용할 뷰 레이아웃이다.

ListView와 마찬가지로 RecyclerView도 어댑터가 필요하다. 어댑터는 사용자에게 보여 줄 데이터와 RecyclerView 인스턴스 간의 중개자 역할을 한다. 그리고 RecyclerView.Adapter 클래스의 서브 클래스로 생성되며, 최소한 다음 함수를 구현해야 한다. 이러한 함수는 어댑터가 지정된 RecyclerView 객체에 의해 다양한 시점에 호출된다.

- **getItemCount()** — 이 함수에서는 리스트에 보여 줄 항목의 개수를 반환해야 한다.
- **onCreateViewHolder()** — 이 함수는 데이터를 보여 주는 데 사용되는 뷰를 갖도록 초기화된 ViewHolder 객체를 생성하고 반환한다. 이때 해당 뷰는 XML 레이아웃 파일을 인플레이트하여 생성된다.

- **onBindViewHolder()** — 이 함수에서는 두 개의 인자를 받는다. onCreateViewHolder() 함수에서 생성된 ViewHolder 객체와 보여 줄 리스트 항목의 인덱스를 나타내는 정숫값이다. 이때 ViewHolder 객체에는 onCreateViewHolder() 함수에서 지정한 레이아웃이 포함된다. onBindViewHolder() 함수에서는 지정된 항목의 텍스트와 그래픽 데이터를 레이아웃의 뷰에 넣은 후 ViewHolder 객체를 RecyclerView에 반환한다. 그럼으로써 RecyclerView가 사용자에게 보여 줄 수 있다.

RecyclerView는 액티비티의 XML 콘텐츠 레이아웃 파일에 간단하게 추가할 수 있다. 예를 들면, 다음과 같다.

```xml
<?xml version="1.0" encoding="utf-8"?>
<androidx.constraintlayout.widget.ConstraintLayout
    xmlns:android="http://schemas.android.com/apk/res/android"
    xmlns:app="http://schemas.android.com/apk/res-auto"
    xmlns:tools="http://schemas.android.com/tools"
    android:layout_width="match_parent"
    android:layout_height="match_parent"
    app:layout_behavior="@string/appbar_scrolling_view_behavior"
    tools:context=".MainActivity"
    tools:showIn="@layout/activity_card_demo">

<androidx.recyclerview.widget.RecyclerView
    android:id="@+id/recycler_view"
    android:layout_width="0dp"
    android:layout_height="0dp"
    app:layout_constraintBottom_toBottomOf="parent"
    app:layout_constraintEnd_toEndOf="parent"
    app:layout_constraintStart_toStartOf="parent"
    app:layout_constraintTop_toTopOf="parent"
    tools:listItem="@layout/card_layout" />
</androidx.constraintlayout.widget.ConstraintLayout>
.
.
```

여기서는 메인 액티비티 레이아웃 파일의 ConstraintLayout에 RecyclerView를 포함시켰다. 그러나 ConstraintLayout 대신 CoordinatorLayout에 AppBar와 Toolbar 및 RecyclerView를 같이 넣으면 부가 기능이 제공된다. 예를 들어, 사용자가 RecyclerView의 리스트 항목을 스크롤할 때 Toolbar와 AppBar가 화면에 보이지 않도록 구성할 수 있다(이 내용은 57장에서 설명한다).

54.2 CardView 개요

CardView 클래스는 연관된 데이터를 카드 형태로 보여줄 수 있는 사용자 인터페이스 뷰다. 그리고 일반적으로 RecyclerView 인스턴스를 같이 사용해서 리스트 형태로 보여 준다. 이때 각 카드가 그림자 효과와 둥근 모서리를 갖도록 구성할 수 있다. 예를 들어, 그림 54-4에서는 하나의 ImageView와 두 개의 TextView를 포함하는 세 개의 CardView 인스턴스를 보여 준다.

CardView 인스턴스에 보여 주는 사용자 인터페이스 레이아웃은 XML 레이아웃 리소스 파일에 정의되며, 런타임 시에 CardView로 로드된다. CardView 레이아웃은 표준 레이아웃 매니저(RelativeLayout, LinearLayout 등)

그림 54-4

를 사용하는 어떤 복잡한 레이아웃도 포함할 수 있다. 다음의 XML 레이아웃 파일에서는 하나의 ImageView를 갖는 RelativeLayout으로 구성된 CardView를 나타낸다. 여기서는 카드에 그림자 효과를 주어서 약간 떠 있는 듯한 입체감을 주었으며, 모서리를 둥근 형태로 구성하고 있다.

```xml
<?xml version="1.0" encoding="utf-8"?>
    <androidx.cardview.widget.CardView
        xmlns:card_view="http://schemas.android.com/apk/res-auto"
        xmlns:android="http://schemas.android.com/apk/res/android"
        android:id="@+id/card_view"
        android:layout_width="match_parent"
        android:layout_height="wrap_content"
        android:layout_margin="5dp"
        card_view:cardCornerRadius="12dp"
        card_view:cardElevation="3dp"
        card_view:contentPadding="4dp">

        <RelativeLayout
            android:layout_width="match_parent"
            android:layout_height="wrap_content"
            android:padding="16dp" >

            <ImageView
                android:layout_width="100dp"
                android:layout_height="100dp"
                android:id="@+id/item_image"
                android:layout_alignParentLeft="true"
                android:layout_alignParentTop="true"
                android:layout_marginRight="16dp" />
```

```
        </RelativeLayout>
</androidx.cardview.widget.CardView>
```

스크롤이 가능한 카드 리스트를 생성하기 위해 RecyclerView와 CardView를 같이 사용할 때는
RecyclerView의 onCreateViewHolder() 함수에서 카드의 레이아웃 리소스 파일을 인플레이트한
다. 그리고 인플레이트된 객체를 ViewHolder 인스턴스에 지정한 후 이것을 RecyclerView 인스턴스
에 반환한다.

54.3 요약

이번 장에서는 RecyclerView와 CardView 컴포넌트의 개요를 알아보았다. RecyclerView는 안드로
이드 앱에서 스크롤이 가능한 뷰 리스트를 보여 주는 효율적인 방법을 제공한다. CardView는 연관
된 데이터(예를 들어, 이름과 주소)를 카드 형태로 함께 보여 줄 때 유용하다. 그리고 앞에서 이야기했
듯이, RecyclerView와 CardView를 같이 사용하면 좋다.

RecyclerView와 CardView 예제 프로젝트

이번 장에서는 CardView와 RecyclerView 컴포넌트를 같이 사용해서 스크롤 가능한 카드 리스트를 만드는 예제 프로젝트를 생성할 것이다. 완성된 앱에서는 이미지와 텍스트를 포함하는 카드 리스트를 보여 준다. 또한, 사용자가 선택한 카드를 메시지로 보여 주는 코드도 프로젝트에서 구현할 것이다.

55.1 CardDemo 프로젝트 생성하기

새 프로젝트를 생성하자. 안드로이드 스튜디오 메인 메뉴의 File ➡ New ➡ New Project...를 선택하거나 웰컴 스크린에서 New Project 버튼을 클릭한다. '프로젝트 템플릿 선택' 대화상자가 나타나면 Phone and Tablet과 Basic Activity를 선택하고 Next 버튼을 누른다.

Name 필드에 CardDemo를 입력하고 Package name에는 com.ebookfrenzy.carddemo를 입력한다. 그리고 Language가 Kotlin인지 확인하고 Minimum SDK는 API 26: Android 8.0 (Oreo)를 선택한다. 또한, Use legacy android.support libraries가 체크 해제되어 있는지 확인하고 Finish 버튼을 누른다.

55.2 Basic Activity 프로젝트 변경하기

Basic Activity 템플릿을 선택했으므로 레이아웃에는 플로팅 액션 버튼과 화면 이동 코드가 포함된다. 이것들은 우리 프로젝트에서 필요하지 않으므로 삭제할 것이다. 프로젝트 도구 창의 app ➡ res ➡ layout에 있는 activity_main.xml 레이아웃 파일을 더블클릭하여 편집기에 로드한다. 그리고 디자인 모드로 전환한 후 컴포넌트 트리에서 플로팅 액션 버튼(id가 fab)을 선택하고 Del 키를 눌러 삭제하자. 또한, 편집기에 로드된 MainActivity.kt 파일을 선택한 후 다음과 같이 불필요한 코드를 삭제하자.

```
override fun onCreate(savedInstanceState: Bundle?) {
    super.onCreate(savedInstanceState)
    .
    .
```

```
val navController = findNavController(R.id.nav_host_fragment_content_main)
appBarConfiguration = AppBarConfiguration(navController.graph)
setupActionBarWithNavController(navController, appBarConfiguration)

binding.fab.setOnClickListener { view ->
    Snackbar.make(view, "Replace with your own action", Snackbar.LENGTH_LONG)
            .setAction("Action", null).show()
}
}
```

또한, onSupportNavigateUp 함수도 삭제하자. 그다음에 app ➡ res ➡ layout에 있는 content_main.xml 파일을 편집기 창에 열고 컴포넌트 트리에서 nav_host_fragment_content_main 객체를 선택한 후 삭제한다. 그러면 부모 레이아웃인 ConstraintLayout만 남게 된다.

55.3 CardView 레이아웃 디자인하기

카드에 포함되는 뷰의 레이아웃은 별도의 XML 레이아웃 파일에 정의된다. 프로젝트 도구 창의 app ➡ res ➡ layout에서 마우스 오른쪽 버튼을 클릭한 후 New ➡ Layout Resource File을 선택한다. 그리고 대화상자에서 File name 필드에 card_layout을 입력하고, Root element 필드에 androidx.cardview.widget.CardView를 입력한 후 OK 버튼을 누른다.

편집기에 로드된 card_layout.xml 파일을 선택한다. 그리고 편집기 창 오른쪽 위의 코드 버튼 (≡ Code)을 눌러서 코드 모드로 전환하고 다음과 같이 XML을 추가 및 변경한다.

```
<?xml version="1.0" encoding="utf-8"?>
<androidx.cardview.widget.CardView
    xmlns:android="http://schemas.android.com/apk/res/android"
    xmlns:app="http://schemas.android.com/apk/res-auto"
    android:layout_width="match_parent"
    android:layout_height="wrap_content"
    android:id="@+id/card_view"
    android:layout_margin="5dp"
    app:cardBackgroundColor="#81C784"
    app:cardCornerRadius="12dp"
    app:cardElevation="3dp"
    app:contentPadding="4dp" >

    <androidx.constraintlayout.widget.ConstraintLayout
        android:id="@+id/relativeLayout"
        android:layout_width="match_parent"
        android:layout_height="wrap_content"
        android:padding="16dp">

        <ImageView
```

```
            android:id="@+id/itemImage"
            android:layout_width="100dp"
            android:layout_height="100dp"
            app:layout_constraintLeft_toLeftOf="parent"
            app:layout_constraintStart_toStartOf="parent"
            app:layout_constraintTop_toTopOf="parent" />

        <TextView
            android:id="@+id/itemTitle"
            android:layout_width="236dp"
            android:layout_height="39dp"
            android:layout_marginStart="16dp"
            android:textSize="30sp"
            app:layout_constraintLeft_toRightOf="@+id/itemImage"
            app:layout_constraintStart_toEndOf="@+id/itemImage"
            app:layout_constraintTop_toTopOf="parent" />

        <TextView
            android:id="@+id/itemDetail"
            android:layout_width="236dp"
            android:layout_height="16dp"
            android:layout_marginStart="16dp"
            android:layout_marginTop="8dp"
            app:layout_constraintLeft_toRightOf="@+id/itemImage"
            app:layout_constraintStart_toEndOf="@+id/itemImage"
            app:layout_constraintTop_toBottomOf="@+id/itemTitle" />
    </androidx.constraintlayout.widget.ConstraintLayout>

</androidx.cardview.widget.CardView>
```

55.4 RecyclerView 추가하기

프로젝트 도구 창의 app ➡ res ➡ layout에 있는 content_main.xml 레이아웃 파일을 편집기로 로드하고 디자인 모드로 전환한 후 팔레트의 Containers 부류에 있는 RecyclerView 객체를 마우스로 끌어서 레이아웃의 중앙(수평과 수직 점선이 교차하는 곳)에 놓는다. 그리고 제약 추론 툴바 버튼(26장의 그림 26-5 참고)을 눌러서 빠진 제약이 자동으로 추가되게 한다. 또한, 속성 창에서 RecyclerView 인스턴스의 ID를 recyclerView로 변경하고 layout_width와 layout_height 속성은 0dp (match_constraint)로 변경한다. 그러면 화면 전체를 채우도록 크기가 자동 조정된다.

55.5 이미지 파일 추가하기

두 개의 TextView와 더불어 카드 레이아웃에서는 하나의 ImageView도 포함한다. 이 ImageView는 RecyclerView 어댑터가 이미지를 보여 주는 데 사용한다. 따라서 프로젝트를 테스트하기 전에 이미지 파일을 추가해야 한다. 여기서 사용할 이미지의 파일 이름은 android_image_1.jpg부터 android_image_8.jpg까지 8개다. 이 책의 프로젝트 파일을 다운로드받으면 project_icons 디렉터리 밑에 있다.

다운로드받은 8개의 이미지 파일을 각자 컴퓨터 운영체제의 파일 시스템에서 찾은 후 클립보드로 복사한다. 그리고 프로젝트 도구 창의 app ➡ res ➡ drawable에서 마우스 오른쪽 버튼을 클릭한 후 Paste를 선택하고 대화상자에서 ₩app₩src₩main₩res₩drawable이 선택되었는지 확인한 후 OK ➡ OK 버튼을 누른다. 그림 55-1처럼 제대로 복사가 되었는지 확인한다.

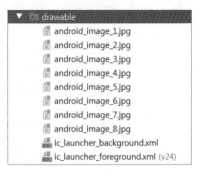

그림 55-1

55.6 RecyclerView 어댑터 생성하기

앞 장에서 이야기했듯이, RecyclerView는 리스트 항목의 생성을 처리하기 위해 어댑터가 필요하다. 프로젝트 도구 창의 app ➡ java ➡ com.ebookfrenzy.carddemo에서 마우스 오른쪽 버튼을 클릭한 후 New ➡ Kotlin Class/File을 선택한다. 그리고 대화상자에서 Name 필드에 RecyclerAdapter를 입력하고 Class를 선택한 후 [Enter][Return] 키를 눌러서 새로운 코틀린 클래스 파일을 생성한다.

편집기에 로드된 RecyclerAdapter.kt 파일에서 RecyclerAdapter 클래스를 RecyclerView.Adapter의 서브 클래스로 변경한다. 그리고 화면에 보여 줄 데이터를 제공하는 별도의 클래스를 생성하는 대신에 데이터로 사용할 배열을 추가하자.

```kotlin
package com.ebookfrenzy.carddemo

import android.widget.ImageView
import android.widget.TextView
import android.view.View
import android.view.ViewGroup
import androidx.recyclerview.widget.RecyclerView
import android.view.LayoutInflater
import com.ebookfrenzy.carddemo.R

class RecyclerAdapter : RecyclerView.Adapter<RecyclerAdapter.ViewHolder>() {
    private val titles = arrayOf("Chapter One",
        "Chapter Two", "Chapter Three", "Chapter Four",
        "Chapter Five", "Chapter Six", "Chapter Seven",
        "Chapter Eight")
```

```
    private val details = arrayOf("Item one details", "Item two details",
        "Item three details", "Item four details",
        "Item five details", "Item six details",
        "Item seven details", "Item eight details")

    private val images = intArrayOf(R.drawable.android_image_1,
        R.drawable.android_image_2, R.drawable.android_image_3,
        R.drawable.android_image_4, R.drawable.android_image_5,
        R.drawable.android_image_6, R.drawable.android_image_7,
        R.drawable.android_image_8)
}
```

그리고 RecyclerAdapter 클래스에서는 card_layout.xml 파일의 뷰 요소를 참조하도록 구성된 ViewHolder 클래스를 구현해야 한다. RecyclerAdapter.kt 파일에서 RecyclerAdapter 클래스의 내부 클래스로 다음과 같이 ViewHolder를 추가한다.

```
.
.
.
class RecyclerAdapter : RecyclerView.Adapter<RecyclerAdapter.ViewHolder>() {
    .
    .
    inner class ViewHolder(itemView: View) : RecyclerView.ViewHolder(itemView) {
        var itemImage: ImageView
        var itemTitle: TextView
        var itemDetail: TextView

        init {
            itemImage = itemView.findViewById(R.id.itemImage)
            itemTitle = itemView.findViewById(R.id.itemTitle)
            itemDetail = itemView.findViewById(R.id.itemDetail)
        }
    }
}
```

여기서는 ViewHolder 클래스에서 하나의 ImageView와 두 개의 TextView 변수를 갖는다. 또한, card_layout.xml 파일에 있는 세 개의 뷰 항목의 참조를 갖는 변수를 초기화하는 생성자 함수도 갖고 있다.

다음은 onCreateViewHolder() 함수를 구현하는 코드를 RecyclerAdapter.kt 파일에 추가한다.

```
override fun onCreateViewHolder(viewGroup: ViewGroup, i: Int): ViewHolder {
    val v = LayoutInflater.from(viewGroup.context)
            .inflate(R.layout.card_layout, viewGroup, false)
    return ViewHolder(v)
}
```

이 함수는 ViewHolder 객체를 얻기 위해 RecyclerView에서 호출하며, card_layout.xml 파일의 뷰를 인플레이트한다. 그리고 앞에서 우리가 구현한 ViewHolder 클래스의 인스턴스를 생성한 후 RecyclerView에 반환한다.

onBindViewHolder() 함수의 목적은 보여 줄 데이터를 ViewHolder 객체의 뷰에 넣는 것이다. 이 함수에서는 ViewHolder 객체 및 화면에 보여 줄 리스트 항목을 나타내는 정숫값을 인자로 받는다. 여기서는 데이터 배열의 인덱스를 항목 번호로 사용하도록 onBindViewHolder() 함수를 추가할 것이다. 그러면 배열의 데이터가 레이아웃의 뷰에 나타나게 된다. 그리고 이때 ViewHolder 클래스의 생성자 함수에서 생성된 뷰의 참조를 사용한다. 다음 코드를 RecyclerAdapter.kt 파일에 추가하자.

```kotlin
override fun onBindViewHolder(viewHolder: ViewHolder, i: Int) {
    viewHolder.itemTitle.text = titles[i]
    viewHolder.itemDetail.text = details[i]
    viewHolder.itemImage.setImageResource(images[i])
}
```

어댑터 클래스에서 마지막으로 할 일은 getItem() 함수를 구현하는 것이다. 여기서는 이 함수에서 titles 배열의 요소 개수만 반환하면 된다. 다음 코드를 RecyclerAdapter.kt 파일에 추가하자.

```kotlin
override fun getItemCount(): Int {
    return titles.size
}
```

55.7 RecyclerView 컴포넌트 초기화하기

이 시점에서는 프로젝트가 각각 하나의 RecyclerView 인스턴스와 CardView 인스턴스의 XML 레이아웃 파일 및 RecyclerView 어댑터로 구성된다. 그러나 앱이 제대로 실행되려면 RecyclerView가 레이아웃 매니저를 갖도록 초기화하고, 어댑터 인스턴스를 생성한 후 이것을 RecyclerView 객체에 지정해야 한다. 여기서는 RecyclerView가 LinearLayoutManager를 사용하도록 구성할 것이다.

그러나 MainActivity 클래스에서 뷰 바인딩을 통해 RecyclerView(여기서는 id가 recyclerView)를 사용하려면 약간 복잡하다. RecyclerView가 content_main.xml 레이아웃 파일에 포함되어 있는데, content_main.xml은 다시 activity_main.xml 파일에 포함되기 때문이다.

따라서 content_main.xml 파일을 참조하려면 이 파일의 id를 activity_main.xml 파일에 포함될 때 지정해야 한다. activity_main.xml 파일을 편집기 창에 열고 코드 모드로 전환한 후 다음과 같이 include 요소를 변경하자.

```
        .
        .
    <include
        android:id="@+id/contentMain"
        layout="@layout/content_main" />
        .
        .
```

이렇게 하면 activity_main.xml의 뷰 바인딩을 통해 content_main.xml에 포함된 recyclerView 컴포넌트를 사용할 수 있다.

```
binding.contentMain.recyclerView
```

그다음에 편집기의 MainActivity.kt 파일을 선택한 후 다음과 같이 코드를 추가하자.

```
package com.ebookfrenzy.carddemo
    .
    .
import androidx.recyclerview.widget.LinearLayoutManager
import androidx.recyclerview.widget.RecyclerView

class MainActivity : AppCompatActivity() {
    .
    .
    private var layoutManager: RecyclerView.LayoutManager? = null
    private var adapter: RecyclerView.Adapter<RecyclerAdapter.ViewHolder>? = null

    override fun onCreate(savedInstanceState: Bundle?) {
        super.onCreate(savedInstanceState)
        .
        .
        layoutManager = LinearLayoutManager(this)
        binding.contentMain.recyclerView.layoutManager = layoutManager
        adapter = RecyclerAdapter()
        binding.contentMain.recyclerView.adapter = adapter
    }
    .
    .
}
```

55.8 앱 테스트하기

실제 장치나 에뮬레이터에서 앱을 실행하자. 그리고 리스트의 카
드 항목을 스크롤해 보자.

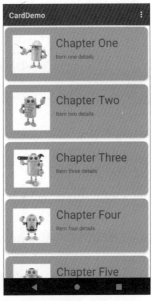

그림 55-2

55.9 카드 선택에 응답하기

끝으로, 리스트의 카드를 선택할 수 있게 만들자. 여기서는 사용자가 카드를 클릭(터치)하면 메시지
를 보여 주도록 구성할 것이다. 클릭에 응답하려면 리스트 항목의 뷰에 OnClickListener를 지정하
도록 ViewHolder 클래스를 변경할 필요가 있다. 편집기의 RecyclerAdapter.kt 파일을 선택하고 다
음과 같이 ViewHolder 내부 클래스의 init 블록에 코드를 추가한다.

```
      .
      .
inner class ViewHolder(itemView: View) : RecyclerView.ViewHolder(itemView) {
    var itemImage: ImageView
    var itemTitle: TextView
    var itemDetail: TextView

    init {
        itemImage = itemView.findViewById(R.id.item_image)
        itemTitle = itemView.findViewById(R.id.item_title)
        itemDetail = itemView.findViewById(R.id.item_detail)

        itemView.setOnClickListener { v: View ->
        }
    }
}
      .
      .
```

다음은 방금 추가한 setOnClickListener의 onClick() 함수(여기서 이 함수는 setOnClickListener의 람다로 구현되었다)에 카드가 클릭되었다는 메시지를 보여 주는 코드를 추가하자. 이때는 어떤 카드가 선택되었는지 식별하는 것이 중요하다. 그리고 이 정보는 RecyclerView.ViewHolder 클래스의 getAdapterPosition() 함수를 호출하면 얻을 수 있다.

```
.
import com.google.android.material.snackbar.Snackbar
.
.
itemView.setOnClickListener { v: View ->
    var position: Int = getAdapterPosition()

    Snackbar.make(v, "Click detected on item $position",
            Snackbar.LENGTH_LONG).setAction("Action", null).show()
}
```

끝으로, 항목이 클릭될 때 머티리얼 디자인의 리플(잔물결) 효과가 나타나도록 할 것이다. 이때는 다음과 같이 card_layout.xml 파일에 CardView 인스턴스 속성을 추가하면 된다.

```
<?xml version="1.0" encoding="utf-8"?>
<androidx.cardview.widget.CardView
    xmlns:android="http://schemas.android.com/apk/res/android"
    xmlns:app="http://schemas.android.com/apk/res-auto"
    android:layout_width="match_parent"
    android:layout_height="wrap_content"
    android:id="@+id/card_view"
    .
    .
    android:foreground="?selectableItemBackground"
    android:clickable="true" >
```

앱을 다시 실행해 보자. 그리고 리스트의 카드를 클릭했을 때 접촉점에서 리플 효과가 나타나는지 확인해 보자. 또한, 선택된 카드 항목의 번호를 보여 주는 스낵바 메시지가 나타나는지도 확인해 보자. (첫 번째 카드 번호는 0부터 시작한다.)

55.10 요약

이번 장에서는 스크롤 가능한 카드 형태의 리스트 항목을 보여 주기 위해 CardView와 RecyclerView 컴포넌트를 같이 사용하였으며, 이때 필요한 내용을 살펴보았다. 또한, 리스트 항목의 클릭을 알아내는 코드도 구현해 보았다.

56

레이아웃 편집기에서 샘플 데이터 사용하기

55장에서 생성했던 CardDemo 프로젝트에서 알 수 있듯이, RecyclerView 컴포넌트를 사용하는 경우에 레이아웃 편집기에서는 사용자 인터페이스가 어떻게 나타나는지 정확하게 알기 어렵다. 왜냐하면 앱이 설치되어 실행되어야 비로소 사용자 인터페이스에 나타나는 콘텐츠(예를 들어, CardView의 카드 데이터)를 가져오거나 생성하기 때문이다.

지금까지는 안드로이드 스튜디오 레이아웃 편집기에서 레이아웃을 디자인할 때만 활성화되는 속성을 제공하였다. 예를 들어, 디자인 시에만 보이고 런타임 시에는 나타나지 않는 문자열 리소스를 TextView에 지정할 수 있다. 이제는 이 기능이 더욱 확장되어 디자인 시에 샘플 데이터를 볼 수 있게 되었다. 이번 장에서는 CardDemo 프로젝트에 이 기능을 사용할 것이다. 55장에서 작성한 CardDemo 프로젝트를 열자.

56.1 프로젝트에 샘플 데이터 추가하기

CardDemo 프로젝트의 사용자 인터페이스인 content_main.xml을 디자인하는 동안에는 앱을 실행했을 때와 전혀 다른 데이터를 RecyclerView 인스턴스가 보여 준다(그림 56-1).

그림 56-1

샘플 데이터의 개념은 39장에서 알아보았다. 여기서는 샘플 데이터를 어떻게 사용하는지 보여 주기 위해 프로젝트를 변경할 것이다. 레이아웃 편집기에서 데이터가 채워진 카드가 RecyclerView에 나타나게 하기 위함이다. 그러나 이에 앞서 알아 둘 것이 있다. 레이아웃 편집기는 사용자 인터페이스를 디자인할 때 사용할 수 있는 사전 구성된 샘플 데이터 템플릿template을 갖고 있다는 것이다. 레이아웃 편집기에 열려 있는 content_main.xml 파일을 선택하고 컴포넌트 트리에서 RecyclerView 인스턴스(id가 recyclerView)를 선택한다. 그리고 마우스 오른쪽 버튼을 클릭한 후 Set Sample Data를 선택하면 Design-time View Attributes 패널이 나타난다(그림 56-2).

그림 56-2

템플릿을 E-mail Client로 변경하고 항목 수는 12로 변경하면 RecyclerView가 이 템플릿의 데이터를 보여 줄 것이다(그림 56-3).

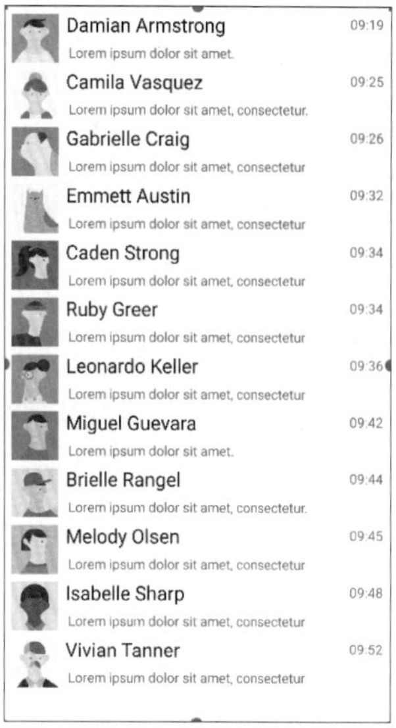

그림 56-3

이처럼 템플릿을 사용하면 우리가 추가 작업 없이 레이아웃을 디자인하는 데 충분한 샘플 데이터를 보는 데 유용하다. 그러나 CardDemo 프로젝트에서는 앱을 실행할 때 나타나는 것처럼 카드 데이터를 RecyclerView에 보여 주도록 샘플 데이터를 사용할 것이다. 레이아웃 편집기 오른쪽 위의 코드 버튼(☰ Code)을 클릭하여 코드 모드로 전환하고 RecyclerView 요소를 보면 다음과 같이 보일 것이다.

```
<androidx.recyclerview.widget.RecyclerView
    android:id="@+id/recyclerView"
    android:layout_width="0dp"
    android:layout_height="0dp"
    app:layout_constraintBottom_toBottomOf="parent"
    app:layout_constraintEnd_toEndOf="parent"
    app:layout_constraintStart_toStartOf="parent"
    app:layout_constraintTop_toTopOf="parent"
```

```
        tools:itemCount="12"
        tools:listitem="@layout/recycler_view_item" />
```

여기서 제일 끝의 tools 속성은 12개의 항목을 보여 주게 구성되어 있으며, 각 항목은 recycler_
view_item.xml 파일에 포함된 레이아웃을 사용한다. 레이아웃 편집기는 레이아웃 파일에 구성될
수 있는 다양한 tools 속성을 제공한다. 이에 관한 자세한 내용은 다음 웹 페이지를 참고하자.

URL https://developer.android.com/studio/write/tool-attributes#toolssample_resources

recycler_view_item.xml 파일은 샘플 데이터 템플릿을 선택할 때 레이아웃 편집기가 자동으로 생성
해 주며 프로젝트 도구 창에서 볼 수 있다.

레이아웃 편집기 오른쪽 위의 디자인 버튼(🔜 Design)을 클릭하여 디자인 모드로 전환한다. 그리고
RecyclerView가 선택된 상태에서 다시 Design-time View Attributes 패널이 나타나게 한 후 템플
릿을 Default로 변경하자.

이제는 샘플 데이터를 카드 레이아웃으로 사용
하도록 변경하자. RecyclerView가 선택된 상
태에서 속성 창을 스크롤하여 listitem 속성
을 찾는다. 그리고 오른쪽의 작은 사각형 모양
의 버튼을 클릭한 후 리소스 선택 대화상자에서
card_layout을 선택(또는 @layout/card_layout을

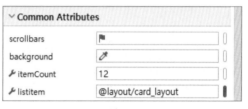

그림 56-4

직접 입력)한 후 OK 버튼을 클릭한다. 그러면 그림 56-4와 같이 속성값이 변경된다.

그리고 레이아웃 디자인에는 카드 레이아웃이 나타날 것이다(그림
56-5).

그림 56-5

다음은 카드 레이아웃의 뷰에 이미지와 텍스트가 나타나게 할 것이다. 이때는 레이아웃 편집기가 제공하는 템플릿 데이터 형태 또는 커스텀 샘플 데이터 형태 중 하나를 사용할 수 있다.

레이아웃 편집기에 열린 card_layout.xml 파일을 선택(만일 열려 있지 않으면 res ➡ layout ➡ card_layout.xml을 더블클릭)한 후 디자인 모드로 전환하고 컴포넌트 트리에서 ImageView(id가 itemImage)를 클릭한다. 그리고 마우스 오른쪽 버튼을 클릭한 후 Set Sample Data를 선택하고 Design-time View Attributes 패널이 나타나면 srcCompat 속성을 backgrounds/scenic으로 선택한다(그림 56-6).

그림 56-6

다음은 컴포넌트 트리에서 TextView(id가 itemTitle)를 클릭한다. 그리고 마우스 오른쪽 버튼을 클릭한 후 Set Sample Data를 선택하고 Design-time View Attributes 패널이 나타나면 text 속성을 cities로 선택한다. 같은 방법으로 itemDetail 뷰의 text 속성을 full_names로 선택한다(그림 56-7).

그림 56-7

레이아웃 편집기에 열려 있는 content_main.xml 파일을 선택한 후 디자인 모드로 전환하면 이제는 그림 56-8과 같이 샘플 이미지와 텍스트 데이터가 RecyclerView에 보일 것이다.

그림 56-8

56.2 커스텀 샘플 데이터 사용하기

다음은 레이아웃 편집기에서 커스텀 샘플 데이터를 사용하는 방법을 알아보자. 이때는 샘플 데이터 디렉터리를 생성하고 이 디렉터리에 이미지 파일과 텍스트 파일을 추가해야 한다.

프로젝트 도구 창의 app에서 마우스 오른쪽 버튼을 클릭한 후 New ➡ Sample Data Directory를 선택한다. 그리고 프로젝트 도구 창을 Project 모드로 변경하고 CardDemo ➡ app을 확장하면 밑에 sampledata 디렉터리가 생성된 것을 볼 수 있다.

sampledata 디렉터리에서 마우스 오른쪽 버튼을 누르고 New ➡ Directory를 선택한 후 이름을 images로 입력하고 [Enter][Return] 키를 누른다. 그리고 55장에서 했던 것처럼 8개의 이미지 파일을 images 디렉터리로 복사/붙여넣기 한다.

레이아웃 편집기에 열린 card_layout.xml 파일을 다시 선택한 후 디자인 모드로 전환하고 컴포넌트 트리에서 ImageView(id가 itemImage)를 클릭한다. 그리고 마우스 오른쪽 버튼을 클릭한 후 Set Sample Data를 선택하고 Design-time View Attributes 패널이 나타나면 srcCompat 속성을 images로 선택한다. 또는 밑의 Browse를 클릭하고 대화상자에서 images를 선택한 후 OK 버튼을 누른다(그림 56-9).

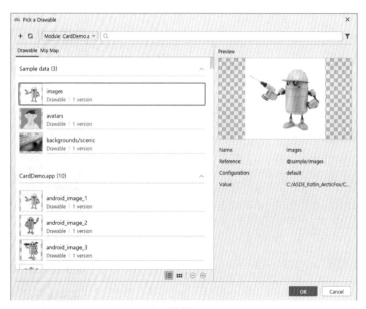

그림 56-9

다음은 텍스트 파일을 추가한다. 프로젝트 도구 창의 sampledata 디렉터리에서 마우스 오른쪽 버튼을 클릭하고 New ➡ File을 선택한 후 파일 이름에 chapters를 입력하고 ⌐Enter⌐⌐Return⌐ 키를 누른다. sampledata 디렉터리 밑에 생성된 chapters 파일이 편집기 창에 열렸을 것이다. 다음을 입력하자.

```
Chapter One
Chapter Two
Chapter Three
Chapter Four
Chapter Five
Chapter Six
Chapter Seven
Chapter Eight
```

그다음에 방금 했던 것과 같은 방법으로 두 번째 텍스트 파일인 items를 생성한다. 그리고 다음을 입력한다.

```
Item one details
Item two details
Item three details
Item four details
Item five details
Item six details
Item seven details
Item eight details
```

이제는 샘플 데이터의 텍스트 파일이 준비되었다. 프로젝트 도구 창을 Android 모드로 변경하자. 다음은 card_layout.xml 파일의 해당 뷰에서 샘플 데이터를 참조하게 해야 한다. 레이아웃 편집기에서 card_layout.xml 파일을 선택한 후 코드 모드로 전환하고 다음을 변경한다.

```
<TextView
    android:id="@+id/itemTitle"
    .
    .
    tools:text="@sample/chapters" />

<TextView
    android:id="@+id/itemDetail"
    .
    .
    tools:text="@sample/items" />
```

레이아웃 편집기에서 content_main.xml 파일을 선택한 후 디자인
모드로 전환하면 그림 56-10과 같이 RecyclerView의 샘플 데이
터 이미지와 텍스트가 보일 것이다.

CardDemo 앱을 실행하여 지금까지 변경한 내용이 제대로 반영
되었는지 확인해 보자.

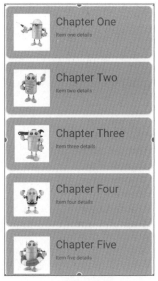

그림 56-10

샘플 데이터의 이미지 파일 참조와 두 개의 텍스트 파일 데이터를 별도로 유지하는 대신 하나의
JSON 파일에 선언하는 방법도 있다. 이때는 다음과 같이 JSON 파일을 생성하면 된다.

```json
{
  "mydata": [
    {
      "chapter" : "Chapter One",
      "details": "Item one details",
      "image": "@sample/images"
    },
    {
      "chapter" : "Chapter Two",
      "details": "Item two details",
      "image": "@sample/images"
    },
    .
    .
    .
}
```

이 내용이 chapterdata.json 파일에 있다고 가정한다면, card_layout.xml 파일의 각 뷰 요소에서 다
음과 같이 참조하면 된다.

```xml
.
.
<ImageView
    .
    .
```

```
        tools:src="@sample/chapterdata.json/mydata/image" />

<TextView
    .
    .
        tools:text="@sample/chapterdata.json/mydata/chapter" />

<TextView
    .
    .
        tools:text="@sample/chapterdata.json/mydata/details" />
    .
    .
```

56.3 요약

이번 장에서는 레이아웃을 디자인할 때 레이아웃 편집기에서 샘플 데이터를 사용하는 방법을 배웠
다. 또한, 샘플 데이터 템플릿을 사용하거나 커스텀 샘플 데이터를 사용하는 방법 모두를 같이 알아
보았다.

앱 바와 컬랩싱 툴바 레이아웃 사용하기

이번 장에서는 화면의 다른 뷰에서 발생한 스크롤 이벤트에 응답하기 위해 액티비티 레이아웃의 앱 바app bar를 변경하는 방법을 알아볼 것이다. AppBarLayout과 CollapsingToolbarLayout 컨테이너를 CoordinatorLayout과 함께 사용하면 앱 바에서 이미지를 보여 주거나 또는 앱 바의 요소가 사라지거나 나타나게 앱 바를 구성할 수 있다. 예를 들어, 리스트를 위로 스크롤할 때 앱 바가 사라졌다가 아래로 스크롤할 때 다시 나타나게 할 수 있다.

우선 앱 바에 포함되는 요소를 알아본 후 앱 바를 구성하는 여러 가지 예를 살펴본다.

57.1 AppBar 개요

앱 바는 앱이 실행 중일 때 화면의 제일 위에 나타나는 영역이다. 또한, 상태 바status bar, 툴바toolbar, 탭 바tab bar 등의 다양한 항목을 포함하도록 구성될 수 있다. 예를 들어, 그림 57-1에서는 상태 바와 툴바 및 탭 바를 포함하는 앱 바를 보여 준다.

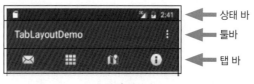

그림 57-1

또한, 유연 공간 영역flexible space area을 배경색으로 채우거나 그림 57-2처럼 이미지가 ImageView 객체에 나타나게 할 수 있다.

상태 바

툴바

유연 공간

CardDemo

그림 57-2

이번 장에서 보여 주겠지만, 만일 액티비티 사용자 인터페이스 레이아웃의 메인 콘텐츠 영역에 스크롤이 가능한 콘텐츠가 포함된다면, 화면의 콘텐츠가 스크롤될 때 확장 또는 축소될 수 있도록 앱바의 요소를 구성할 수 있다.

57.2 예제 프로젝트

여기서는 앞의 56장에서 생성한 CardDemo 프로젝트를 변경할 것이다. 안드로이드 스튜디오에서 CardDemo 프로젝트를 열자. 그리고 앱을 실행하고 화면 위의 툴바 쪽으로 리스트를 스크롤해 보자. 그림 57-3처럼 툴바가 없어지지 않고 그대로 보일 것이다.

여기서는 우선 RecyclerView의 리스트를 위쪽으로 스크롤할 때 툴바가 사라지고 아래쪽으로 스크롤할 때는 나타나도록 일부 구성을 변경할 것이다.

그림 57-3

57.3 RecyclerView와 Toolbar 연동시키기

activity_main.xml 파일을 레이아웃 편집기에 로드하고 편집기 오른쪽 위의 코드 버튼(≡ Code)을 눌러 코드 모드로 전환한다. 그리고 XML 레이아웃을 살펴보면 그림 57-4와 같은 계층 구조로 되어 있음을 알 수 있다. (ConstraintLayout과 RecyclerView는 content_main.xml 파일에 있다.)

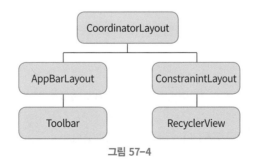

그림 57-4

계층 구조의 최상위 수준에는 CoordinatorLayout이 있다. 이것은 이름이 나타내듯이, 자신이 포함하는 다양한 자식 뷰 요소 간의 상호작용을 조정한다. 예를 들어, 52장에서 설명했듯이 CoordinatorLayout은 화면 아래쪽에 스낵바_{Snackbar}가 나타나면 플로팅 액션 버튼을 위로 올려 주며 스낵바가 사라지면 다시 내려 준다.

이와 유사하게 CoordinatorLayout의 뷰 계층 구조에 속한 특정 뷰의 스크롤 액션을 기준으로 앱바의 요소가 사라지거나 나타나게 하기 위해 CoordinatorLayout을 사용할 수 있다. 예를 들어, 그림 57-4에 있는 ConstraintLayout의 RecyclerView 리스트 항목을 스크롤할 때 그렇게 할 수 있다. 단, 이때는 스크롤이 생기는 요소와 이로 인해 연동되는 다른 요소의 속성을 설정해야 한다.

스크롤이 생기는 요소(여기서는 RecyclerView)의 경우에는 android:layout_behavior 속성을 appbar_scrolling_view_behavior로 설정해야 한다. content_main.xml 파일에서 ConstraintLayout 요소를 보면 이 속성이 이미 다음과 같이 설정되어 있는 것을 알 수 있다. (화면에 보이는 속성값이 @string이 아닌 경우는 그 값을 클릭하면 @string 참조로 바꿔서 보여 주며, 다시 상숫값의 형태로 보려면 Ctrl+- 키를 누르면 된다. 또한, Ctrl+= 키를 누르면 다시 @string 참조로 보여 준다.)

```
<androidx.constraintlayout.widget.ConstraintLayout
    xmlns:android="http://schemas.android.com/apk/res/android"
    xmlns:app="http://schemas.android.com/apk/res-auto"
    xmlns:tools="http://schemas.android.com/tools"
    android:layout_width="match_parent"
    android:layout_height="match_parent"
    app:layout_behavior="@string/appbar_scrolling_view_behavior">
```

그다음에 activity_main.xml 파일의 XML 레이아웃에서 AppBarLayout을 보면 Toolbar가 유일한 자식 뷰인 것을 알 수 있다. 따라서 RecyclerView에서 리스트가 스크롤될 때 Toolbar가 연동되게 (사라지거나 나타나게) 하려면 Toolbar의 app:layout_scrollFlags 속성을 설정해야 한다. 이때 우리가 필요한 값으로 지정할 수 있고, 이 값은 다음 중 하나 이상으로 구성될 수 있다.

- **scroll** — 이 뷰가 화면에서 사라질 수 있음을 나타낸다. 이 값이 설정되지 않으면 이 뷰는 화면 위쪽에 항상 남아 있는다.
- **enterAlways** — scroll 옵션과 같이 사용될 때 위쪽으로 스크롤하는 경우는 사라지고 아래쪽으로 스크롤하는 경우는 다시 나타난다.
- **enterAlwaysCollapsed** — enterAlways와 유사하지만 아래쪽으로 스크롤하는 경우만 다르다. 즉, 아래쪽으로 스크롤할 때 스크롤되는 리스트의 끝에 도달했을 때만 이 뷰가 다시 나타난다. 만일 minHeight 속성값을 설정하면 이 값에 도달했을 때만 이 뷰가 다시 나타난다. 이 옵션은 enterAlways와 scroll을 같이 지정할 때만 작동한다. 예를 들면, 다음과 같다.

```
app:layout_scrollFlags="scroll|enterAlways|enterAlwaysCollapsed"
android:minHeight="20dp"
```

- **exitUntilCollapsed** — 이 값이 설정되면 위쪽으로 스크롤하는 동안 minHeight에 도달할 때까지만 이 뷰가 사라진다. 그리고 스크롤 방향이 변경될 때까지는 minHeight 지점에 남아 있는다.

여기서는 Toolbar에 scroll과 enterAlways 옵션을 설정할 것이다. activity_main.xml 파일의 Toolbar에 다음을 추가하자.

```
<androidx.appcompat.widget.Toolbar
    android:id="@+id/toolbar"
    android:layout_width="match_parent"
    android:layout_height="?attr/actionBarSize"
    android:background="?attr/colorPrimary"
    app:popupTheme="@style/Theme.CardDemo.PopupOverlay"
    app:layout_scrollFlags="scroll|enterAlways" />
```

앱을 다시 실행해 보자. 그리고 RecyclerView 리스트에서 위쪽으로 스크롤해 보면 툴바가 사라질 것이다(그림 57-5). 그다음에 아래쪽으로 스크롤하면 툴바가 다시 나타난다.

그림 57-5

57.4 컬랩싱 툴바 레이아웃 개요

CollapsingToolbarLayout 컨테이너는 표준 툴바를 개선한 것으로서, 스크롤 액션과 연동하여 앱 바와 그 자식이 보이거나 사라지게 하는 광범위한 옵션과 제어 수준을 제공한다(여기서 컬랩싱은 상황에 따라 화면에 보이거나 사라지게 하는 것을 의미한다). 레이아웃 파일에서 Collapsing ToolbarLayout은 AppBarLayout의 자식으로 추가되며, 툴바가 화면에서 사라지거나 나타날 때 툴바 제목의 폰트 크기를 자동으로 조정하는 것과 같은 기능을 제공한다. 이때 컬랩싱 모드를 parallax로 지정하면 앱 바가 사라질 때 이것의 콘텐츠가 뷰에서 사라진다. 반면에 pin으로 지정하면 앱 바의 요소가 항상 고정 위치에 남아 있게 된다. 또한, scrim으로 지정하면 사라지는 동안 전환되는 색상을 지정할 수 있다.

이 기능을 실제로 알아보기 위해 activity_main.xml 파일에 포함된 앱 바에서 CollapsingToolbar Layout을 사용하도록 변경하자. 이때 parallax 컬랩싱 모드의 효과를 더 잘 볼 수 있도록 Image View를 추가한다. CollapsingToolbarLayout을 사용하는 뷰의 계층 구조는 그림 57-6과 같다.

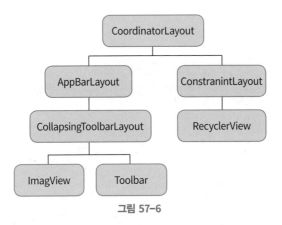

그림 57-6

activity_main.xml 파일을 다음과 같이 변경하자. 삭제할 코드도 한 줄 있다. (코드의 들여쓰기를 조정할 때는 원하는 코드 블록을 마우스로 끌어서 선택한 후 안드로이드 스튜디오 메뉴의 Code ➡ Auto-Indent Lines를 선택하면 된다.)

```xml
<?xml version="1.0" encoding="utf-8"?>
<androidx.coordinatorlayout.widget.CoordinatorLayout
xmlns:android="http://schemas.android.com/apk/res/android"
    xmlns:app="http://schemas.android.com/apk/res-auto"
    xmlns:tools="http://schemas.android.com/tools"
    android:layout_width="match_parent"
    android:layout_height="match_parent"
    tools:context=".MainActivity">

    <com.google.android.material.appbar.AppBarLayout
        android:layout_width="match_parent"
        android:layout_height="wrap_content"
        android:theme="@style/Theme.CardDemo.AppBarOverlay">

        <com.google.android.material.appbar.CollapsingToolbarLayout
            android:id="@+id/collapsing_toolbar"
            android:layout_width="match_parent"
            android:layout_height="match_parent"
            app:layout_scrollFlags="scroll|enterAlways"
            android:fitsSystemWindows="true"
            app:contentScrim="?attr/colorPrimary"
            app:expandedTitleMarginStart="48dp"
            app:expandedTitleMarginEnd="64dp">
            <ImageView
                android:id="@+id/backdrop"
                android:layout_width="match_parent"
                android:layout_height="200dp"
                android:scaleType="centerCrop"
                android:fitsSystemWindows="true"
                app:layout_collapseMode="parallax"
                android:src="@drawable/appbar_image" />
```

```
        <androidx.appcompat.widget.Toolbar
            android:id="@+id/toolbar"
            android:layout_width="match_parent"
            android:layout_height="?attr/actionBarSize"
            android:background="?attr/colorPrimary"
            app:popupTheme="@style/Theme.CardDemo.PopupOverlay"
            app:layout_scrollFlags="scroll|enterAlways"
            app:layout_collapseMode="pin" />
        </com.google.android.material.appbar.CollapsingToolbarLayout>

    </com.google.android.material.appbar.AppBarLayout>

    <include
        android:id="@+id/contentMain"
        layout="@layout/content_main" />

</androidx.coordinatorlayout.widget.CoordinatorLayout>
```

여기서는 새로운 요소를 추가하는 것과 더불어 배경색(android:background) 설정을 삭제한다. 이렇게 하면 앱 바에 더 많은 이미지가 보일 수 있도록 해주는 투명한 툴바를 제공할 수 있다.

방금 전에 추가한 android:src 속성이 붉은색의 에러로 표시되어 있을 것이다. 따라서 ImageView에 보여 주는 이미지 파일을 프로젝트에 복사할 필요가 있다. 파일 이름은 appbar_image.jpg이며, 이 책의 프로젝트 파일을 다운로드받으면 project_icons 디렉터리 밑에 있다. 이 이미지 파일을 컴퓨터 운영체제의 파일 시스템에서 찾은 후 클립보드로 복사한다. 그리고 프로젝트 도구 창의 app ➡ res ➡ drawable에서 마우스 오른쪽 버튼을 클릭한 후 Paste를 선택하고 대화상자에서 OK 버튼을 누른다. 그리고 그다음 대화상자에서 다시 OK 버튼을 누른다.

앱을 실행하면 이미지를 보여 주는 앱 바가 화면 위쪽에 나타날 것이다(그림 57-7).

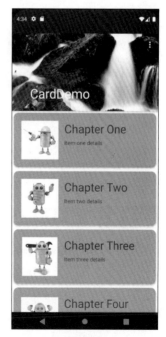

그림 57-7

리스트를 위쪽으로 스크롤하면 앱 바가 점차 사라진다. 그리고 툴바가 보이는 동안에만 제목 텍스트의 폰트 크기가 적당한 비율로 작아질 것이다.

그림 57-8

스크롤하는 초기 단계에서는 앱 바의 유연 공간 영역이 없어지는 동안 툴바가 잠시 남아 있게 된다. 다음과 같이 activity_main.xml 파일의 툴바 요소가 pin 컬랩싱 모드로 설정되었기 때문이다.

```
app:layout_collapseMode="pin"
```

그러나 pin 대신에 parallax로 설정했다면 툴바도 ImageView와 같은 시점에 사라졌을 것이다. pin의 경우에도 계속해서 위쪽으로 스크롤하면 상태 바만 남기고 툴바는 사라진다.

그림 57-9

그리고 CollapsingToolbarLayout의 app:layout_scrollFlags 속성에 enterAlways 옵션이 포함되어 있으므로 아래쪽으로 스크롤하면 앱 바가 확장되어 다시 나타난다.

또한, 다음과 같이 CollapsingToolbarLayout의 layout_scrollFlags 속성값을 enterAlways 대신 exitUntilCollapsed로 변경하면 위로 스크롤할 때 앱 바가 희미하게 사라지면서 툴바는 그대로 존재한다.

```
<com.google.android.material.appbar.CollapsingToolbarLayout
    android:id="@+id/collapsing_toolbar"
    android:layout_width="match_parent"
    android:layout_height="match_parent"
    app:layout_scrollFlags="scroll|exitUntilCollapsed"
    android:fitsSystemWindows="true"
    app:contentScrim="?attr/colorPrimary"
    app:expandedTitleMarginStart="48dp"
    app:expandedTitleMarginEnd="64dp">
```

57.5 제목과 스크림 색상 변경하기

마지막으로, MainActivity.kt 파일의 onCreate() 함수를 변경하자. CollapsingToolbarLayout 인스턴스의 제목 텍스트를 변경하고 스크림$_{scrim}$ 색상을 다른 것으로 설정한다. (스크림 색상은 레이아웃 리소스 파일에서도 설정할 수 있다.)

```
.
.
import android.graphics.Color
.
.
class MainActivity : AppCompatActivity() {
    .
    .
    override fun onCreate(savedInstanceState: Bundle?) {
        .
        .
        binding.collapsingToolbar.title = "My Toolbar Title"
        binding.collapsingToolbar.setContentScrimColor(Color.GREEN)

        layoutManager = LinearLayoutManager(this)
        binding.contentMain.recyclerView.layoutManager = layoutManager

        adapter = RecyclerAdapter()
        binding.contentMain.recyclerView.adapter = adapter
        .
        .
    }
    .
    .
}
```

앱을 다시 실행해 보자. 새로운 제목이 앱 바에 나타날 것이다. 그리고 스크롤하면 툴바가 초록색으로 바뀔 것이다.

57.6 요약

안드로이드 앱 화면 위쪽에 나타나는 앱 바는 여러 요소로 구성된다. 툴바, 탭 레이아웃, ImageView 등이다. 이런 요소가 CoordinatorLayout의 자식으로 포함될 때는 여러 옵션을 사용할 수 있다. 액티비티의 메인 콘텐츠에서 발생하는 스크롤 이벤트의 응답으로 앱 바가 작동하는 방법을 제어하기 위해서다. 그리고 이렇게 하기 위해 CollapsingToolbarLayout을 사용하면 액티비티의 스크롤과 관련하여 앱 바 콘텐츠가 사라지거나 나타나는 방법을 다양하게 제어할 수 있다.

안드로이드 스튜디오
기본/상세 플로

이번 장에서는 기본/상세 사용자 인터페이스 디자인의 개념을 설명할 것이다. 그리고 안드로이드 스튜디오에 포함된 **기본/상세 플로**Primary/Detail Flow 템플릿을 구성하는 요소를 자세하게 살펴볼 것이다. 또한, 앱 개발자의 특정 요구에 맞는 템플릿 변경 방법을 보여 주는 예제 앱을 생성해 본다.

58.1 기본/상세 플로 개요

기본/상세 플로는 인터페이스 디자인 개념이다. 우선, 항목의 리스트(기본 리스트라고 함)를 사용자에게 보여 준다. 그리고 리스트에서 항목을 선택하는 즉시 해당 항목과 관련된 추가 정보가 상세 패널에 나타난다. 예를 들어, 이메일 앱은 발신자의 주소와 메시지 제목으로 구성되는 수신 메시지의 기본 리스트로 구성될 수 있다. 그리고 기본 리스트에서 특정 메시지를 선택하면 해당 이메일 메시지의 자세한 내용이 상세 패널에 나타난다.

태블릿 크기의 안드로이드 장치 화면에서는 기본 리스트가 화면의 왼쪽에 좁은 수직 패널로 나타난다. 그리고 화면의 나머지 부분은 상세 패널로 사용될 수 있다. 이것을 **이중 패널 모드**two-panel mode 라고 한다. 예를 들어, 그림 58-1에서는 기본/상세 이중 패널을 보여 준다. 여기서 기본 항목의 리스트는 왼쪽에 나타나며, 오른쪽의 상세 패널에는 첫 번째 항목(Item 1)의 자세한 내역이 나와 있다.

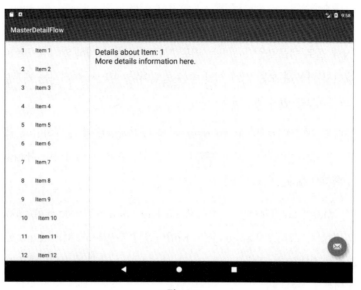

그림 58-1

화면이 작은 폰 크기의 안드로이드 장치에서는 기본 리스트가 전체 화면을 사용한다. 그리고 상세 패널은 기본 리스트에서 항목이 선택되면 보이는 별도의 화면에 나타난다. 이때 상세 화면에는 기본 리스트로 복귀하기 위한 액션 바action bar 항목이 포함된다. 예를 들어, 그림 58-2에서는 기본과 상세 화면 모두를 보여 준다(오른쪽 화면의 왼쪽 위에 보면 화살표 모양의 기호가 있다. 이 기호를 Up 버튼으로 사용한다. 즉, 화살표를 터치하면 왼쪽 화면의 기본 리스트로 복귀한다). 여기서 작은 원은 **플로팅 액션 버튼**floating action button이며, 안드로이드 스튜디오 프로젝트를 생성할 때 기본/상세 플로 액티비티 템플릿을 선택하면 자동으로 추가해 준다. 그러나 필요하지 않을 때는 삭제할 수 있다.

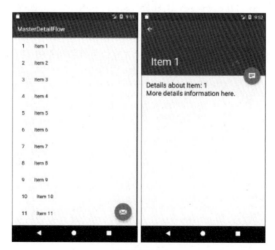

그림 58-2

58.2 기본/상세 플로 액티비티 생성하기

뒤에서는 기본/상세 플로 템플릿을 구성하는 서로 다른 요소를 자세히 알아볼 것이다. 그러나 실제 프로젝트를 만들어서 사용해 보는 것이 제일 좋은 방법이다. 따라서 여기서는 기본/상세 플로 템플릿을 사용하는 프로젝트를 먼저 생성해 둘 것이다.

안드로이드 스튜디오 메인 메뉴의 File ➡ New ➡ New Project...를 선택하거나 웰컴 스크린에서 New Project 버튼을 클릭한다. '프로젝트 템플릿 선택' 대화상자가 나타나면 Phone and Tablet과 **No Activity**를 선택하고 Next 버튼을 누른다.

Name 필드에 PrimaryDetailFlow를 입력하고 Package name에는 com.ebookfrenzyprimary detailflow를 입력한다. 그리고 Language가 Kotlin인지 확인하고 Minimum SDK는 API 26: Android 8.0 (Oreo)를 선택한다. 또한, Use legacy android.support libraries가 체크 해제되어 있는지 확인하고 Finish 버튼을 누른다.

프로젝트 도구 창의 app ➡ java ➡ com.ebookfrenzy.primarydetailflow에서 마우스 오른쪽 버튼을 누른 후 New ➡ Activity ➡ Primary/Detail Flow를 선택한다. (이렇게 하면 '프로젝트 템플릿 선택' 대화상자에서 Primary/Detail Flow 템플릿을 선택한 것과 동일하게 필요한 파일이 자동 생성된다.)

다음 대화상자(그림 58-3)에서는 기본/상세 액티비티에서 보여 줄 객체를 구성한다. 우리 프로젝트에서는 기본 리스트에 웹사이트 이름을 포함하여 보여 줄 것이다. 그리고 그중 하나를 선택하면 상세 패널에서 해당 웹사이트를 웹 뷰에 로드하여 보여 줄 것이다.

이런 의미에서 Object Kind 필드에는 Website를 입력하고 Object Kind Plural 필드에는 Websites를 입력하자(단, Object Kind 이름은 첫 글자를 대문자로 입력하자. 왜냐하면 자동 생성되는 클래스와 이것의 코틀린 파일 이름이 Object Kind 이름을 접두사로 사용하기 때문이다. 그러나 마찬가지로 자동 생성되는 XML 파일과 레이아웃에서는 Object Kind 이름의 첫 글자를 소문자로 바꾸어 사용하므로 문제없다).

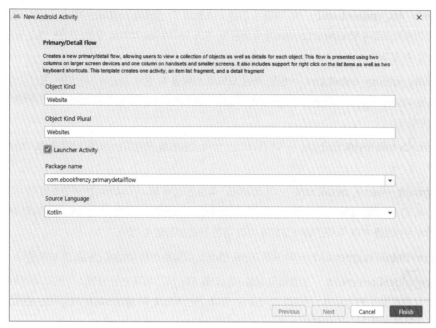

그림 58-3

Launcher Activity를 체크하고 Source Language가 Kotlin으로 선택되었는지 확인한 후 Finish 버튼을 누른다.

58.3 기본/상세 플로 템플릿 살펴보기

이처럼 기본/상세 플로 템플릿을 사용해서 새 프로젝트가 생성되면 많은 코틀린 파일과 XML 레이아웃 리소스 파일이 자동으로 생성된다. 따라서 이러한 템플릿을 우리 입맛에 맞게 적용하려면 생성된 파일들이 무엇인지 아는 것이 중요하다. 자동 생성되는 파일의 내역은 다음과 같다. 여기서 〈item〉은 기본/상세 프로젝트를 생성할 때 우리가 입력했던 Object Kind 이름으로 대체하면 된다 (조금 전에 생성한 PrimaryDetailFlow 프로젝트의 경우는 Website다).

- **<item>ListFragment.kt** — 기본 리스트를 보여 주고 관리하는 책임을 갖는 프래그먼트 클래스다. 리스트 항목의 선택에 대한 응답을 처리한다.

- **fragment_<item>_list.xml** — 단일 패널 모드에서 기본 리스트를 보여 주는 데 사용되는 레이아웃 파일이다(단일 패널 모드에서는 기본 리스트와 상세 패널이 다른 화면에 나타난다). 이 파일은 Linear LayoutManager를 사용하는 RecyclerView 객체로 구성된다. RecyclerView에서는 <item>_list_content.xml 파일에 정의된 레이아웃을 사용해서 기본 리스트의 각 항목을 보여 준다.

- **fragment_<item>_list.xml(sw600dp)** — 태블릿의 가로 방향에 사용되는 이중 패널 모드에서 기본 리스트를 보여 주는 데 사용되는 레이아웃 파일이다(이중 패널 모드에서는 기본 리스트와 상세 패널이 한 화면에 같이 나타난다).

- **<item>_list_content.xml** — 이 파일은 기본 리스트의 각 항목에 사용되는 레이아웃을 포함한다. 그리고 기본적으로 수평 LinearLayout에 포함된 두 개의 TextView 객체로 구성되지만, 앱의 필요에 따라 변경할 수 있다.
- **activity_<item>_detail.xml** — 단일 패널 모드로 실행될 때 상세 패널에 사용되는 최상위 수준의 레이아웃 파일이다. 이 레이아웃은 fragment_<item>_detail.xml을 보여 주는 프래그먼트 컨테이너 뷰를 포함한다.
- **<item>DetailHostActivity.kt** — 이 클래스는 상세 콘텐츠를 포함하는 프래그먼트를 초기화하고 보여 준다.
- **fragment_<item>_detail.xml** — 이 레이아웃 파일은 상세 패널에 나타나는 콘텐츠의 레이아웃을 포함하며, 앱 바, 컬랩싱 툴바, 스크롤 뷰, 플로팅 액션 버튼을 포함한다. 또한, 기본적으로 하나의 TextView 객체에 콘텐츠를 보여 주지만 앱의 필요에 따라 다른 뷰로 변경할 수 있다.
- **<item>DetailFragment.kt** — 이 프래그먼트 클래스 파일은 상세 패널에 콘텐츠를 보여 준다.
- **PlaceholderContent.kt** — 템플릿의 샘플 데이터를 제공하기 위해 만든 클래스 파일이다. 이 클래스는 앱의 요구에 맞게 변경하거나 완전히 교체할 수 있다. 기본적으로 이 클래스에서 제공하는 콘텐츠는 여러 개의 문자열 항목으로 구성된다.

58.4 기본/상세 플로 템플릿 변경하기

처음에는 기본/상세 플로 템플릿의 구조가 혼란스러울 수 있지만, 안드로이드 스튜디오가 제공하는 디폴트 템플릿을 이번 장의 나머지 부분에서 변경해 보면 더 확실하게 이해될 것이다. 대부분의 경우에 템플릿이 제공하는 기능 대부분은 그대로 사용될 수 있다.

이번 장의 나머지 부분에서는 PrimaryDetailFlow 프로젝트를 변경할 것이다. 즉, 기본 리스트에서는 웹사이트 이름을 보여 주고, 상세 패널에서는 현재의 컴포넌트 대신 WebView 객체를 포함하도록 변경한다. 그리고 사용자가 웹사이트를 선택하면 해당 사이트의 웹 페이지를 로드하여 상세 패널에 보여 줄 것이다.

58.5 콘텐츠 모델 변경하기

현재는 예제 프로젝트의 콘텐츠(기본/상세에 보여 줄 데이터)가 PlaceholderContent 객체에 정의되어 있다. 그러므로 우선 PlaceholderContent.kt 파일의 코드를 살펴보자(이 파일은 app ➡ java ➡ com.ebookfrenzy.primarydetailflow ➡ placeholder 폴더에 있다). 이 파일을 더블클릭하여 편집기 창에 로드한다. 파일의 맨 끝에 보면 PlaceholderItem 클래스가 데이터 클래스로 선언되어 있다. 현재 이 클래스는 세 개의 String 객체를 저장할 수 있다. 콘텐츠의 id와 콘텐츠 및 디테일 문자열이다. 우리 프로젝트에서는 각 항목 객체가 id 문자열, 웹사이트 이름의 문자열, 이 웹사이트의 URL 문자열을 가져야 한다. PlaceholderItem 클래스를 다음과 같이 변경하자.

```
data class PlaceholderItem(val id: String, val website_name: String,
        val website_url: String) {
    override fun toString(): String = website_name
}
```

PlaceholderContent 객체에서는 현재 25개의 항목을 문자열로 추가한다('Item 1'부터 'Item 25'까지). 그리고 이때 createPlaceholderItem()과 makeDetails() 함수를 반복 호출한다. 여기서는 이 코드의 대부분이 필요 없으므로 다음과 같이 삭제한다.

```
object PlaceholderContent {

    /**
     * An array of sample (placeholder) items.
     */
    val ITEMS: MutableList<PlaceholderItem> = ArrayList()

    /**
     * A map of sample (placeholder) items, by ID.
     */
    val ITEM_MAP: MutableMap<String, PlaceholderItem> = HashMap()

    private val COUNT = 25

    init {
        // Add some sample items.
        for (i in 1..COUNT) {
            addItem(createPlaceholderItem(i))
        }
    }

    private fun addItem(item: PlaceholderItem) {
        ITEMS.add(item)
        ITEM_MAP.put(item.id, item)
    }

    private fun createPlaceholderItem(position: Int): PlaceholderItem {
        return PlaceholderItem(position.toString(), "Item " + position, makeDetails(position))
    }

    private fun makeDetails(position: Int): String {
        val builder = StringBuilder()
        builder.append("Details about Item: ").append(position)
        for (i in 0..position - 1) {
            builder.append("\nMore details information here.")
        }
        return builder.toString()
```

```
    }
    .
    .
}
```

그다음에 아래의 코드를 추가한다. 이 코드에서는 웹사이트의 데이터를 갖는 데이터 모델을 초기화한다.

```
object PlaceholderContent {
    .
    .
    val ITEM_MAP: MutableMap<String, DummyItem> = HashMap()

    init {
        // 3개의 샘플 데이터 항목을 추가한다.

        addItem(PlaceholderItem("1", "eBookFrenzy",
            "https://www.ebookfrenzy.com"))
        addItem(PlaceholderItem("2", "Amazon",
            "https://www.amazon.com"))
        addItem(PlaceholderItem("3", "New York Times",
            "https://www.nytimes.com"))
    }
    .
    .
}
```

각 항목의 id, 웹사이트 이름, 웹사이트 URL을 저장하기 위해 이제는 변경된 PlaceholderItem 클래스를 사용할 수 있다.

58.6 상세 패널 변경하기

단일 패널 모드에서는 기본 리스트에서 항목이 선택될 때 사용자에게 보여 주는 상세 정보가 fragment_website_detail.xml 파일에 포함된 레이아웃을 통해 화면에 나타난다. 반면에 이중 패널 모드일 때는 fragment_website_detail.xml (sw600dp) 파일에 포함된 레이아웃으로 상세 정보가 나타난다.

fragment_website_detail.xml 파일에는 Coordinator 레이아웃이 포함되며, 이 레이아웃에는 앱바, 툴바, 플로팅 액션 버튼, TextView가 포함되어 있다. 그러나 여기서는 WebView 하나만 보여 주면 되므로 Coordinator 레이아웃 이외의 다른 컴포넌트는 삭제할 것이다. app ➡ res ➡ layout ➡ fragment_website_detail.xml 파일을 편집기 창에 열고 디자인 모드로 전환한다. 그리고 컴포넌트 트리에서 Coordinator 레이아웃(id가 website_detail_container)을 제외한 다른 모든 컴포넌트를 Shift 키를 눌러 선택한 후 Delete 키를 눌러 삭제하자. 그리고 팔레트에서 Widgets 부류의 WebView를 마우스로 끌어서 Coordinator 레이아웃에 놓고 id를 website_detail로 변경한다.

또한, app ➡ res ➡ layout ➡ fragment_website_detail.xml (sw600dp) 파일을 편집기 창에 열고 디자인 모드로 전환한다. 그리고 컴포넌트 트리에서 TextView(id가 website_detail)를 삭제한 후 팔레트에서 Widgets 부류의 WebView를 마우스로 끌어서 레이아웃에 놓고 id를 website_detail로 변경한다.

변경이 다 되었으면 fragment_website_detail.xml과 fragment_website_detail.xml (sw600dp) 레이아웃 모두 그림 58-4와 같이 보일 것이다.

끝으로, WebsiteDetailFragment.kt 파일의 onCreateView() 함수에서 툴바(여기서는 삭제됨)의 참조를 얻는 코드를 삭제하자.

```
override fun onCreateView(
    inflater: LayoutInflater, container: ViewGroup?,
    savedInstanceState: Bundle?
): View? {
    .
    .
    toolbarLayout = binding.toolbarLayout

    updateContent()
    .
    .
}
```

그림 58-4

58.7 WebsiteDetailFragment 클래스 변경하기

이제 사용자 인터페이스 상세 패널이 변경되었다. 그러나 이것과 연관된 코틀린 클래스는 여전히 WebView 대신 TextView 객체와 함께 동작하게 되어 있으므로 코드를 수정해야 한다. 프로젝트 도구 창에서 app ➡ java ➡ com.ebookfrenzy.primarydetailflow ➡ WebsiteDetailFragment.kt 파일을 더블클릭하여 편집기로 로드한다. 그리고 마스터 리스트에서 선택된 항목의 웹 페이지 URL을 로드하기 위해 다음과 같이 코드를 수정하자.

```kotlin
.
.
import android.webkit.WebResourceRequest
import android.webkit.WebView
import android.webkit.WebViewClient

/**
 * A fragment representing a single Website detail screen.
 * This fragment is either contained in a [WebsiteListFragment]
 * in two-pane mode (on larger screen devices) or self-contained
 * on handsets.
 */
class WebsiteDetailFragment : Fragment() {
    .
    .
    lateinit var itemDetailTextView: WebView
    .
    .
    override fun onCreateView(
        inflater: LayoutInflater, container: ViewGroup?,
        savedInstanceState: Bundle?
    ): View? {
        .
        .
        itemDetailTextView = binding.websiteDetail

        updateContent()
        rootView.setOnDragListener(dragListener)

        return rootView
    }

    private fun updateContent() {
        toolbarLayout?.title = item?.website_name

        // Show the placeholder content as text in a TextView.
        item?.let {
            itemDetailTextView.text = it.details
            val rootView = binding.root
            val webView: WebView = rootView.findViewById(R.id.website_detail)
```

```
            webView.webViewClient = object : WebViewClient() {
                override fun shouldOverrideUrlLoading(
                    view: WebView, request: WebResourceRequest): Boolean {
                    return super.shouldOverrideUrlLoading(
                        view, request)
                }
            }
            webView.loadUrl(it.website_url)
        }
    }
    .
    .
}
```

여기서 updateContent() 함수에 변경한 다음 코드에서는 앱 바_{app bar}에 웹사이트 이름을 보여 준다.

```
toolbarLayout?.title = item?.website_name
```

또한, updateContent() 함수의 다른 변경 코드에서는 id를 website_detail로 갖는 뷰를 찾는다(자동 생성된 코드에서는 TextView로 되어 있지만 여기서는 WebView로 변경하였다). 그리고 선택된 리스트 항목의 웹사이트 URL을 추출한 후 WebView 객체가 해당 웹 페이지를 로드하도록 한다. 그다음에 WebViewClient 클래스의 인스턴스를 생성하여 콜백 함수인 shouldOverrideUrlLoading()을 오버라이드한다. 이 함수는 크롬 웹 브라우저 대신 WebView 인스턴스가 웹 페이지를 로드하도록 하기 위해 구현한다. 끝으로, WebView 인스턴스에 로드된 웹 페이지에서 자바 스크립트를 지원하도록 설정한다.

58.8 WebsiteListFragment 클래스 수정하기

기본 리스트에 웹사이트 이름이 나타나도록 하기 위해 WebsiteListFragment.kt 파일에도 약간의 수정이 필요하다. 프로젝트 도구 창에서 이 파일을 편집기에 로드한다. 그리고 웹사이트 이름을 참조하기 위해 onBindViewHolder() 함수 내부의 setText() 함수 호출을 다음과 같이 변경한다.

```
override fun onBindViewHolder(holder: ViewHolder, position: Int) {
    val item = values[position]
    holder.idView.text = item.id
    holder.contentView.text = item.website_name
    .
    .
}
```

또한, 기본 리스트 화면의 앱 바에 앱 이름이 나타나도록 변경하자. 프로젝트 도구 창에서 app ➡ res ➡ navigation 밑에 있는 primary_details_nav_graph.xml을 편집기 창에 열자. 그리고 컴포넌트 트리에서 website_list_fragment를 선택한 후 속성 창 제일 위에 있는 label을 PrimaryDetailFlow 로 변경한다.

58.9 매니페스트 퍼미션 추가하기

마지막으로, 우리 앱의 인터넷 퍼미션permission을 매니페스트 파일에 추가해야 한다. 그래야만 WebView 객체가 인터넷을 통해 웹 페이지를 다운로드할 수 있기 때문이다. 프로젝트 도구 창에서 app ➡ manifests 밑에 있는 AndroidManifest.xml 파일을 찾아 더블클릭하여 편집기 창으로 로드 하자. 그리고 다음과 같이 앱에 퍼미션을 추가하자.

```xml
<?xml version="1.0" encoding="utf-8"?>
<manifest xmlns:android="http://schemas.android.com/apk/res/android"
    package="com.ebookfrenzy.primarydetailflow">

    <uses-permission android:name="android.permission.INTERNET" />

    <application
        android:allowBackup="true"
        android:icon="@mipmap/ic_launcher"
        android:label="@string/app_name"
        android:roundIcon="@mipmap/ic_launcher_round"
        android:supportsRtl="true"
        android:theme="@style/Theme.PrimaryDetailFlow">
        .
        .
```

58.10 앱 실행하기

에뮬레이터나 실제 안드로이드 장치에서 앱을 실행하자. 화면 크기에 따라 작은 화면 모드 또는 이 중 패널 모드 중 하나로 앱의 화면이 나타날 것이다. 기본 리스트에는 콘텐츠 모델에 정의된 세 개 의 웹사이트 이름이 나타난다. 그리고 그중 하나의 항목을 선택하면 해당 웹사이트의 웹 페이지가 상세 패널에 나타날 것이다. 그림 58-5의 왼쪽에는 기본 리스트를 보여 주며, 오른쪽에는 선택된 웹 사이트의 웹페이지를 보여 준다.

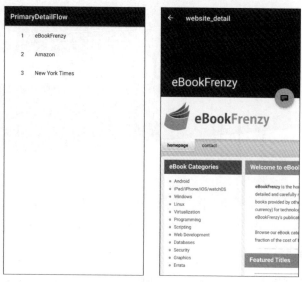

그림 58-5

58.11 요약

기본/상세 사용자 인터페이스는 기본 리스트와 상세 패널로 구성된다. 기본 리스트에 나타난 항목을 선택하면 해당 항목의 추가적인 정보가 상세 패널에 보인다. 기본/상세 플로는 안드로이드 스튜디오가 제공하는 템플릿이다. 이것을 사용하면 빠르고 쉽게 기본/상세 앱을 생성할 수 있다. 이번장에서 보았듯이, 템플릿으로 자동 생성된 파일을 약간만 변경하면 최소한의 코딩과 디자인으로 다양한 기본/상세 기능을 구현할 수 있다.

안드로이드 인텐트 개요

안드로이드 앱은 하나 이상의 액티비티로 구성될 수 있다. 그러나 한 액티비티가 다른 액티비티를 실행하는 메커니즘은 아직 상세하게 살펴보지 않았다. 10장에서 이야기했듯이, 이것은 **인텐트**Intent 를 사용하면 가능하다.

이번 장에서는 **명시적 인텐트**explicit intent와 **암시적 인텐트**implicit intent 및 **인텐트 필터**intent filter의 개요를 알아볼 것이다. 그리고 이후의 두 개 장에서는 안드로이드 스튜디오 기반의 인텐트 구현 예제 프로젝트를 생성하여 실제로 만들어 본다.

59.1 인텐트 개요

인텐트는 하나의 액티비티가 다른 액티비티를 시작시킬 수 있는 메시징 시스템이며, 이때 android.content.Intent 클래스 인스턴스를 사용한다. 예를 들어, 액티비티에서는 안드로이드 시스템에 인텐트를 요청하여 같은 앱에 포함된 다른 액티비티의 시작을 요구할 수 있다. 그러나 인텐트는 이런 개념을 뛰어넘어 장치에 등록된 어떤 적합한 액티비티(퍼미션이 구성된)의 시작도 요청할 수 있다. 예를 들어, 앱에 포함된 액티비티에서 웹 페이지를 로드하여 사용자에게 보여 줄 필요가 있다고 해보자. 이 경우 이런 일을 수행하는 액티비티를 앱에 추가로 갖는 대신 안드로이드 런타임에 인텐트를 전송하면 된다. 이때 인텐트에는 웹 페이지를 보여 줄 수 있다고 등록한 액티비티(들)의 서비스를 요청하는 내용을 넣는다. 그러면 장치의 사용 가능한 액티비티 중에서 해당 요청과 일치하는 것을 런타임 시스템이 찾는다. 그리고 일치하는 액티비티를 시작시키거나 또는 일치하는 액티비티가 여러 개일 때는 사용자가 액티비티를 선택하게 해준다. 단, 처리할 수 있는 액티비티가 여러 개 있더라도 사용자가 설정한 기본 앱이 있다면 그것이 바로 실행된다. 기본 앱은 설정에서 삭제할 수 있다.

또한, 인텐트를 사용하면 인텐트를 전송한 액티비티에서 수신한 액티비티에 데이터도 전달할 수 있다. 예를 들어, 바로 앞의 예에서 전송 액티비티는 보여 줄 웹 페이지의 URL을 수신 액티비티에 전달할 필요가 있다. 이와 유사하게, 요청된 작업이 완료되면 수신 액티비티도 송신 액티비티에 결과 데이터를 반환하도록 구성할 수 있다.

이번 장의 뒤에서 이야기하겠지만, 액티비티를 시작시키는 것에 추가하여 인텐트는 서비스_{service}와 브로드캐스트 수신자_{broadcast receiver}를 시작시키고 통신할 수도 있다.

인텐트는 명시적_{explicit}과 암시적_{implicit}의 두 가지로 분류된다.

`59.2` 명시적 인텐트

명시적 인텐트는 수신 액티비티의 **컴포넌트 이름**(실제로는 클래스 이름)을 참조하여 특정 액티비티의 시작을 요청할 때 사용한다. 송신 액티비티와 같은 앱에 있는 액티비티를 시작시킬 때 가장 많이 사용되는 방법이다. 왜냐하면 수신 액티비티의 클래스 이름을 앱 개발자가 잘 알고 있기 때문이다.

명시적 인텐트는 Intent 클래스의 새로운 인스턴스를 생성하여 요청한다. 이때 시작될 액티비티의 컨텍스트와 컴포넌트 이름을 생성자 인자로 전달한다. 그다음에 생성된 인텐트 객체를 인자로 전달하여 startActivity() 함수를 호출하면 된다. 예를 들어, 다음 코드에서는 클래스 이름이 ActivityB인 액티비티의 시작을 인텐트로 요청한다.

```
val i = Intent(this, ActivityB::class.java)
startActivity(i)
```

startActivity() 함수를 호출하기 전에 인텐트에 데이터를 추가하면 수신 액티비티에 데이터를 전달할 수 있다. 이때 인텐트 객체의 putExtra() 함수를 호출한다. 단, 데이터는 키-값 형태의 쌍으로 된 것이어야 한다. 다음 코드에서는 앞의 예를 확장해서 키가 "myString"과 "myInt"이면서 값이 문자열과 정숫값인 데이터를 인텐트에 추가한다.

```
val i = Intent(this, ActivityB::class.java)
i.putExtra("myString", "This is a message for ActivityB")
i.putExtra("myInt", 100)
startActivity(i)
```

수신 액티비티에서는 Bundle 객체로 데이터를 받는다. 이 객체는 getIntent().getExtras()를 호출하여 얻을 수 있다. Activity 클래스의 getIntent() 함수는 수신 액티비티를 시작시켰던 인텐트 객체를 반환한다. 그리고 Intent 클래스의 getExtras() 함수는 데이터를 포함하는 해당 인텐트의 Bundle 객체를 반환한다. 예를 들어, ActivityB에 전달된 데이터를 추출하는 코드는 다음과 같다.

```
val extras = intent.extras ?: return

val myString = extras.getString("myString")
int myInt = extras.getInt("MyInt")
```

인텐트를 사용해서 같은 앱에 있는 다른 액티비티를 시작시킬 때는 해당 액티비티가 앱의 매니페스트 파일에 정의되어 있어야 한다. 다음의 AndroidManifest.xml에서는 ActivityA와 ActivityB 두 개의 액티비티를 포함하는 앱의 매니페스트를 정의한다.

```xml
<?xml version="1.0" encoding="utf-8"?>
<manifest xmlns:android="http://schemas.android.com/apk/res/android"
    package="com.ebookfrenzy.intent1.intent1" >

    <application
        android:icon="@mipmap/ic_launcher"
        android:label="@string/app_name" >
        <activity
            android:label="@string/app_name"
            android:name="com.ebookfrenzy.intent1.intent1.ActivityA" >
            <intent-filter>
                <action android:name="android.intent.action.MAIN" />
                <category android:name="android.intent.category.LAUNCHER" />
            </intent-filter>
        </activity>
        <activity
            android:name="ActivityB"
            android:label="ActivityB" >
        </activity>
    </application>
</manifest>
```

59.3 액티비티에서 데이터 반환하기

앞의 예에서는 데이터가 ActivityB에 전달되지만, 인텐트를 요청한 액티비티(ActivityA)에는 데이터를 반환할 방법이 없다. 그러나 ActivityA의 서브 액티비티로 ActivityB가 시작되면 가능하다. 서브 액티비티로 시작되는 액티비티는 startActivity() 대신에 startActivityForResult() 함수를 호출하여 인텐트를 시작시키면 된다(현재는 API가 변경되어 deprecated 경고가 나타나겠지만 일단 여기서는 그냥 사용할 것이다). startActivityForResult() 함수는 인텐트 객체 외에도 요청 코드request code 값을 인자로 받는다. 이것은 서브 액티비티가 반환하는 데이터를 확인하는 데 사용될 수 있다. 예를 들면, 다음과 같다.

```
startActivityForResult(i, REQUEST_CODE)
```

부모 액티비티(인텐트를 요청한 액티비티)에 데이터를 반환하려면 서브 액티비티는 finish() 함수를 구현해야 한다. 이 함수에서는 반환할 데이터를 포함하는 새로운 인텐트 객체를 생성한 후 자신을 포함하는 액티비티의 setResult() 함수를 호출하면 된다. 이때 반환 데이터를 포함하는 인텐트와 결과 코드_{result code}를 인자로 전달한다. 일반적으로 결과 코드는 RESULT_OK 또는 RESULT_CANCELED 이다(상수로 정의되어 있다). 그러나 우리가 임의로 지정하는 값도 사용 가능하다. 서브 액티비티가 비정상 종료되는 경우에 부모 액티비티는 RESULT_CANCELED 결과 코드를 받게 된다.

예를 들어, 다음 코드에서는 전형적인 서브 액티비티 finish() 함수를 사용한 예를 보여 준다.

```kotlin
override fun finish() {
    val data = Intent()

    data.putExtra("returnString1", "Message to parent activity")

    setResult(RESULT_OK, data)
    super.finish()
}
```

반환되는 데이터를 추출하기 위해 부모 액티비티는 onActivityResult() 함수를 구현해야 한다. 예를 들면, 다음과 같다.

```kotlin
override fun onActivityResult(requestCode: Int, resultCode: Int, data: Intent) {
    if ((requestCode == request_code) &&
            (resultCode == RESULT_OK)) {
        if (data.hasExtra("returnString1")) {
            val returnString = data.extras.getString("returnString1")
        }
    }
}
```

이 함수에서는 반환되는 결과 코드 값이 startActivityForResult() 함수에 인자로 전달되었던 값과 일치하는지 확인한다. 하나의 부모 액티비티에서 여러 개의 서브 액티비티를 사용할 때는 요청 코드를 사용하는 것이 중요하다. 왜냐하면 어떤 서브 액티비티가 실행되더라도 동일한 onActivityResult() 함수가 자동 호출되므로 현재 어떤 액티비티가 결괏값을 반환하는 것인지 알아야 하기 때문이다.

59.4 암시적 인텐트

시작될 액티비티의 클래스 이름을 참조하는 명시적 인텐트와는 달리 암시적 인텐트는 수행될 액션과 수신 액티비티에 의해 처리되는 데이터 타입을 지정하여 시작될 액티비티를 식별한다. 예를 들어, URI 객체 형태로 웹 페이지의 URL을 동반하는 ACTION_VIEW 액션 타입은 웹 브라우저의 능력을 갖는 액티비티를 찾아서 시작시키라고 안드로이드 시스템에 요청한다. 다음의 암시적 인텐트를 안드로이드 장치에서 실행하면 지정된 웹 페이지가 웹 브라우저 액티비티에 나타난다.

```
val intent = Intent(Intent.ACTION_VIEW,
        Uri.parse("https://www.ebookfrenzy.com"))

startActivity(intent)
```

이 코드의 암시적 인텐트가 액티비티에서 요청되면 장치의 안드로이드 시스템에서는 http 데이터의
ACTION_VIEW 요청을 처리할 능력이 있다고 등록된 액티비티를 검색한다. 그리고 일치하는 액티비
티가 하나만 발견될 때는 해당 액티비티가 시작된다. 그러나 두 개 이상이 발견될 때는 사용자가 액
티비티를 선택하게 해준다. 이것을 인텐트 레졸루션intent resolution이라고 한다.

59.5 인텐트 필터 사용하기

액티비티가 자신이 지원하는 액션과 데이터 처리 능력을 안드로이드 인텐트 레졸루션 프로세스에
알리는 메커니즘이 인텐트 필터intent filter다. 예를 들어, 바로 앞의 코드에서 요청된 인텐트에 의해 액
티비티가 실행되려면 ACTION_VIEW 타입의 지원을 나타내는 인텐트 필터를 자신의 매니페스트 파일
(AndroidManifest.xml)에 포함해야 한다. 이때 http 형식의 데이터, 즉 웹 페이지를 보여 줄 수 있다
는 것도 같이 지정한다.

송신과 수신 액티비티 모두 수행될 액션 타입의 퍼미션permission을 갖고 있어야 한다. 이때는 두 액티
비티의 <uses-permission> 태그를 매니페스트 파일에 추가하면 된다. 예를 들어, 매니페스트 파일
의 다음 XML에서는 인터넷과 연락처 데이터베이스를 사용하기 위한 퍼미션을 요청한다.

```
<uses-permission android:name="android.permission.READ_CONTACTS" />
<uses-permission android:name="android.permission.INTERNET"/>
```

아래의 매니페스트 파일에서는 인터넷을 사용하기 위한 퍼미션을 지정한다. 또한, MainActivity가
암시적 인텐트로 시작될 수 있도록 인텐트 필터도 추가되어 있다.

```
<?xml version="1.0" encoding="utf-8"?>
<manifest xmlns:android="http://schemas.android.com/apk/res/android"
    package="com.ebookfreny.WebView"
    android:versionCode="1"
    android:versionName="1.0" >

    <uses-sdk android:minSdkVersion="10" />

    <uses-permission android:name="android.permission.INTERNET" />

    <application
        android:icon="@mipmap/ic_launcher"
        android:label="@string/app_name" >
```

```
            <activity
                android:label="@string/app_name"
                android:name=".MainActivity" >
                <intent-filter>
                    <action android:name="android.intent.action.VIEW" />
                    <category android:name="android.intent.category.DEFAULT" />
                    <data android:scheme="http" />
                </intent-filter>
            </activity>
        </application>
</manifest>
```

59.6 인텐트 사용 가능 여부 확인하기

암시적 인텐트를 요청할 때 이 인텐트를 받을 수 있는 액티비티가 항상 있을 거라고 생각한다면 오산이다. 만에 하나 지정한 액션과 일치하는 액티비티가 하나도 없으면 앱이 중단된다. 다행스럽게도 특정 인텐트를 받을 수 있는 액티비티가 있는지 미리 확인할 수 있다. 따라서 확인한 후에 있으면 해당 인텐트를 런타임 시스템에 요청하면 된다. 다음 함수는 지정된 인텐트 액션 타입의 액티비티가 하나라도 있는지 확인하는 데 사용될 수 있다.

```kotlin
fun isIntentAvailable(context: Context, action: String): Boolean {
    val packageManager = context.packageManager
    val intent = Intent(action)
    val list = packageManager.queryIntentActivities(intent,
            PackageManager.MATCH_DEFAULT_ONLY)
    return list.size > 0
}
```

59.7 요약

인텐트는 하나의 안드로이드 액티비티가 다른 액티비티를 시작시킬 수 있는 메시징 메커니즘이며, 이때 Intent 클래스 인스턴스를 사용한다. 명시적 인텐트는 시작될 수신 액티비티를 클래스 이름으로 참조한다. 일반적으로 명시적 인텐트는 시작되는 액티비티가 요청하는 액티비티와 같은 앱에 포함되어 있을 때 사용된다. 암시적 인텐트에는 수행될 액션과 처리될 데이터의 타입을 지정하며, 이 인텐트와 일치하는 액티비티를 안드로이드 런타임이 찾아서 시작시킨다. 일반적으로 암시적 인텐트는 시작되는 액티비티가 요청 액티비티와 다른 앱에 있을 때 사용된다.

인텐트를 요청하는 송신 액티비티는 인텐트 수신 액티비티에 데이터를 전달할 수 있다. 이때 키-값의 쌍으로 된 데이터를 Bundle 객체에 넣어 인텐트에 포함시킨다. 인텐트 수신 액티비티는 송신 액티비티의 서브 액티비티로 시작되어야만 결과 데이터를 반환할 수 있다.

액티비티는 앱의 매니페스트 파일에 인텐트 필터를 정의하여 안드로이드 인텐트 레졸루션 프로세스에 자신의 능력을 알린다. 그리고 인텐트 송신과 수신 액티비티 모두 수행될 작업에 합당한 퍼미션을 갖고 있어야 한다. 예를 들어, 장치의 연락처 데이터베이스나 인터넷을 사용할 때다.

이번 장에서는 인텐트의 핵심 개념을 알아보았다. 다음의 두 개 장에서는 안드로이드 스튜디오 예제 프로젝트를 생성하여 명시적 인텐트와 암시적 인텐트 모두를 직접 사용해 볼 것이다.

명시적 인텐트
예제 프로젝트

앞 장에서는 인텐트를 사용해서 액티비티를 시작시키는 핵심 개념을 알아보았다. 이번 장에서는 예제 앱을 생성하여 실제로 해볼 것이다.

이번 장에서 생성할 예제 프로젝트에서는 명시적_{explicit} 인텐트를 사용해서 액티비티를 시작시키는 방법을 보여 줄 것이다. 이때 인텐트를 송신하고 수신하는 액티비티 간의 데이터 전달도 포함한다. 다음 장에서는 암시적_{implicit} 인텐트의 사용 예를 보여 줄 것이다.

60.1 예제 프로젝트 생성하기

우선, 새 프로젝트를 생성하자. 안드로이드 스튜디오 메인 메뉴의 File ➡ New ➡ New Project...를 선택하거나 웰컴 스크린에서 New Project 버튼을 클릭한다. '프로젝트 템플릿 선택' 대화상자가 나타나면 Phone and Tablet과 Empty Activity를 선택하고 Next 버튼을 누른다.

Name 필드에 ExplicitIntent를 입력하고 Package name에는 com.ebookfrenzy.explicitintent를 입력한다. 그리고 Language가 Kotlin인지 확인하고 Minimum SDK는 API 26: Android 8.0 (Oreo)를 선택한다. 또한, Use legacy android.support libraries가 체크 해제되어 있는지 확인하고 Finish 버튼을 누른다.

프로젝트가 생성된 후 **18.8**절을 참고하여 뷰 바인딩을 활성화하고 사용하도록 변경하자(안드로이드 스튜디오가 자동 생성한 코드에서 이미 뷰 바인딩을 사용한다면 할 필요 없다).

60.2 MainActivity의 사용자 인터페이스 디자인하기

MainActivity의 사용자 인터페이스는 EditText(Plain Text), TextView, Button을 포함하는 ConstraintLayout 뷰로 구성한다.

편집기에 열려 있는 activity_main.xml 탭을 클릭한 후 디자인 모드로 변경하자. 그리고 기본으로 추가된 'Hello World!' TextView를 컴포넌트 트리에서 선택하고 [Del] 키를 눌러 삭제하자.

팔레트의 Text 부류에 있는 Plain Text 객체(EditText)를 마우스로 끌어서 레이아웃에 놓되 수평으로는 중앙에, 수직으로는 레이아웃의 위쪽에 놓는다. 그리고 속성 창의 text 속성에 지정된 'Name' 문자열을 삭제하고 id 속성값을 editText1로 변경하고 [Enter][Return] 키를 누른다(만일 대화상자가 나타나면 Refactor 버튼을 누른다).

툴바의 제약 추론 버튼을 클릭하여 적합한 제약이 자동으로 추가되게 한다(그림 60-1).

그림 60-1

다음은 팔레트의 Common 부류에 있는 TextView를 마우스로 끌어서 레이아웃에 놓되 수평으로는 중앙에, 수직으로는 조금 전에 추가한 EditText 밑에 놓는다. 그리고 속성 창의 id 속성을 textView1로 변경하고 [Enter][Return] 키를 누른다(만일 대화상자가 나타나면 Refactor 버튼을 누른다).

툴바의 제약 추론 버튼을 클릭하여 적합한 제약이 자동으로 추가되게 한 후 위쪽의 제약 연결점을 마우스로 클릭하고 끌어서 EditText의 아래쪽 제약 연결점에 연결한다(26장의 26.4절 참고).

끝으로 팔레트의 Common 부류에 있는 Button을 마우스로 끌어서 레이아웃에 놓되 수평으로는 중앙에, 수직으로는 TextView의 밑에 놓는다. 그리고 속성 창에서 id를 button1로 변경하고 [Enter][Return] 키를 누른다(만일 대화상자가 나타나면 Refactor 버튼을 누른다). 또한, text 속성에 Send Text를 입력하고 속성 창을 조금 밑으로 스크롤하여 onClick 속성을 찾은 후 함수 이름으로 sendText를 입력한다.

툴바의 제약 추론 버튼을 클릭하여 적합한 제약이 자동으로 추가되게 한 후 위쪽의 제약 연결점을 마우스로 클릭하고 끌어서 TextView의 아래쪽 제약 연결점에 연결한다. 만일 왼쪽이나 오른쪽 제약 연결점이 연결되지 않았다면(용수철 모양의 연결선이 없을 때) 해당 연결점을 끌어서 부모 레이아웃으로 연결한다.

또한, 버튼의 text 속성에 지정한 'Send Text' 문자열을 send_text라는 이름의 문자열 리소스로 추출한다(3장의 그림 3-13부터 3-15 참고).

레이아웃 작성이 끝나면 그림 60-2처럼 보일 것이다.

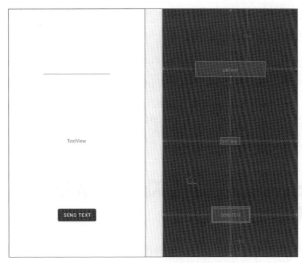

그림 60-2

60.3 두 번째 액티비티 클래스 생성하기

사용자가 첫 번째 액티비티(MainActivity)의 **Send Text** 버튼을 누르면 두 번째 액티비티를 시작시키는 인텐트가 요청되게 할 것이다. 따라서 두 번째 액티비티를 생성해야 한다.

프로젝트 도구 창의 app ➡ java ➡ com.ebookfrenzy.explicitintent 패키지에서 마우스 오른쪽 버튼을 클릭한 후 New ➡ Activity ➡ Empty Activity를 선택한다. 그러면 그림 60-3처럼 New Android Activity 대화상자가 나올 것이다.

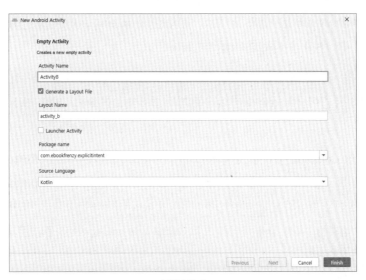

그림 60-3

Activity Name에 ActivityB를, Layout Name에는 activity_b를 입력한다. 그리고 Source Language 는 Kotlin으로 선택한다. 또한, 이 액티비티는 앱이 시작될 때 시작되는 액티비티가 아니므로 Launcher Activity 옵션을 체크하지 말아야 한다(이 액티비티는 버튼이 눌러졌을 때 MainActivity에 의해 인텐트로 시작된다). Finish 버튼을 눌러 액티비티를 생성하자.

액티비티 생성이 끝나면 오른쪽의 편집기 창에는 ActivityB.kt 소스 파일이 로드되어 있을 것이다. 또한, 사용자 인터페이스의 XML 레이아웃 리소스 파일인 activity_b.xml도 이미 로드되었을 것이다.

60.4 ActivityB의 사용자 인터페이스 레이아웃 디자인하기

ActivityB의 사용자 인터페이스도 EditText(Plain Text), TextView, Button을 포함하는 ConstraintLayout 뷰로 구성할 것이다.

편집기에 열려 있는 activity_b.xml 탭을 클릭한 후 디자인 모드로 변경하자.

팔레트의 Common 부류에 있는 TextView를 마우스로 끌어서 레이아웃에 놓되 수평으로는 중앙에, 수직으로는 레이아웃의 위쪽에 놓는다. 그리고 속성 창의 id 속성값을 textView2로 변경하고 [Enter][Return] 키를 누른다(만일 대화상자가 나타나면 Refactor 버튼을 누른다).

툴바의 제약 추론 버튼을 클릭하여 적합한 제약이 자동으로 추가되게 한다.

다음은 팔레트의 Text 부류에 있는 Plain Text 객체(EditText)를 마우스로 끌어서 레이아웃에 놓되 수평으로는 중앙에, 수직으로는 조금 전에 추가한 TextView 밑에 놓는다. 그리고 속성 창의 text 속성에 지정된 Name 문자열을 삭제하고 id 속성을 editText2로 변경하고 [Enter][Return] 키를 누른다(만일 대화상자가 나타나면 Refactor 버튼을 누른다).

툴바의 제약 추론 버튼을 클릭하여 적합한 제약이 자동으로 추가되게 한 후 위쪽의 제약 연결점을 마우스로 클릭하고 끌어서 TextView의 아래쪽 제약 연결점에 연결하고 위로 조금 끌어서 적당히 간격을 둔다.

끝으로 팔레트의 Common 부류에 있는 Button을 마우스로 끌어서 레이아웃에 놓되 수평으로는 중앙에, 수직으로는 EditText의 밑에 놓는다. 그리고 속성 창에서 id를 button2로 변경하고 [Enter][Return] 키를 누른다(만일 대화상자가 나타나면 Refactor 버튼을 누른다). 또한, text 속성에 Return Text를 입력하고 속성 창을 조금 밑으로 스크롤하여 onClick 속성을 찾은 후 함수 이름으로 returnText를 입력한다.

툴바의 제약 추론 버튼을 클릭하여 적합한 제약이 자동으로 추가되게 한 후 위쪽의 제약 연결점을 마우스로 클릭하고 끌어서 EditText의 아래쪽 제약 연결점에 연결한다. 만일 왼쪽이나 오른쪽 제약 연결점이 연결되지 않았다면(용수철 모양의 연결선이 없을 때) 해당 연결점을 끌어서 부모 레이아웃으로 연결한다.

또한, 버튼의 text 속성에 지정한 'Return Text' 문자열을 return_text라는 이름의 문자열 리소스로 추출한다.

레이아웃 작성이 끝나면 그림 60-4처럼 보일 것이다.

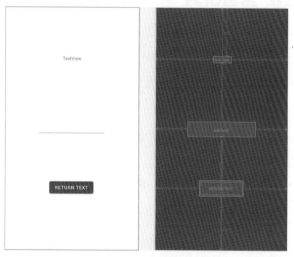

그림 60-4

60.5 앱의 매니페스트 파일 살펴보기

인텐트를 사용해서 MainActivity가 ActivityB를 시작시킬 수 있으려면 ActivityB를 매니페스트 파일에 액티비티로 정의해야 한다. 프로젝트 도구 창에서 app ➡ manifests 밑에 있는 AndroidManifest.xml 파일을 더블클릭하여 편집기 창으로 로드한 후, 다음과 같이 안드로이드 스튜디오가 자동으로 ActivityB를 추가했는지 확인하자.

```xml
<?xml version="1.0" encoding="utf-8"?>
<manifest xmlns:android="http://schemas.android.com/apk/res/android"
    package="com.ebookfrenzy.explicitintent">

    <application
        .
        .
        android:theme="@style/Theme.ExplicitIntent">
```

```
        <activity android:name=".ActivityB"
           .
           .
    </application>

</manifest>
```

두 번째 액티비티의 생성도 끝났고 매니페스트 파일에 추가되었으므로 지금부터는 인텐트를 요청하는 코드를 MainActivity 클래스에 추가할 것이다.

60.6 인텐트 생성하기

MainActivity에서는 사용자가 **Send Text** 버튼을 누를 때 명시적 인텐트를 생성하고 시작시킬 것이다. 그리고 이 버튼의 onClick 속성에는 sendText() 함수를 호출하도록 구성되어 있다(앞에서 MainActivity의 사용자 인터페이스 레이아웃을 디자인할 때 지정했었다). 따라서 여기서는 sendText() 함수를 MainActivity 클래스에 추가해야 한다.

즉, 사용자가 EditText 뷰에 질문 문자열을 입력한 후 **Send Text** 버튼을 누르면 sendText() 함수가 호출되어 인텐트를 생성한 후 입력된 문자열을 키-값의 쌍으로 인텐트 객체에 추가한다. 그리고 이 인텐트를 요청하여 ActivityB를 시작시킨다. 편집기 창에 열린 MainActivity.kt 파일을 선택한 후 다음의 굵은 글씨로 된 코드를 추가하자.

```
package com.ebookfrenzy.explicitintent
.
.
import android.view.View
import android.content.Intent

class MainActivity : AppCompatActivity() {
    .
    .
    fun sendText(view: View) {
        val i = Intent(this, ActivityB::class.java)
        val myString = binding.editText1.text.toString()
        i.putExtra("qString", myString)
        startActivity(i)
    }
}
```

sendText() 함수의 코드에서는 59장에서 설명했던 방법을 따라 처리한다. 우선, 현재의 액티비티와 ActivityB의 클래스 이름을 인자로 전달하여 새로운 인텐트 인스턴스를 생성한다. 그다음에

EditText 객체에 입력된 텍스트를 키-값의 형태로 이 인텐트에 추가한 후 startActivity()를 호출하여 처리되게 한다.

앱을 실행하고 **Send Text** 버튼을 눌러서 ActivityB가 제대로 시작되는지 확인해 보자. 그리고 장치나 에뮬레이터의 백_{Back} 버튼을 눌러 MainActivity로 돌아오는지도 확인해 보자.

60.7 인텐트 데이터 추출하기

이제는 ActivityB가 MainActivity로부터 시작된다. 그다음은 ActivityB에서 인텐트의 String 데이터 값을 추출하여 ActivityB 사용자 인터페이스의 TextView 객체에 지정해 보자.

이때는 ActivityB의 onCreate() 함수에 코드를 추가하면 된다. ActivityB의 인스턴스가 생성되어 시작되면서 인텐트의 데이터가 Bundle 객체에 담겨 onCreate() 함수의 인자로 전달되기 때문이다. ActivityB.kt 파일에 다음의 굵은 글씨로 된 코드를 추가하자.

```kotlin
package com.ebookfrenzy.explicitintent

import androidx.appcompat.app.AppCompatActivity
import android.os.Bundle
import android.view.View
import android.content.Intent

import com.ebookfrenzy.explicitintent.databinding.ActivityBBinding

class ActivityB : AppCompatActivity() {

    private lateinit var binding: ActivityBBinding

    override fun onCreate(savedInstanceState: Bundle?) {
        super.onCreate(savedInstanceState)
        setContentView(R.layout.second_activity)
        binding = ActivityBBinding.inflate(layoutInflater)
        setContentView(binding.root)

        val extras = intent.extras ?: return

        val qString = extras.getString("qString")
        binding.textView2.text = qString
    }
}
```

(이 코드를 입력하면서 느낄 수 있겠지만, 자동으로 생성되는 뷰 바인딩 클래스 이름은 뷰 바인딩으로 참조되어 사용되는 XML 레이아웃 뷰 파일 이름으로 명명된다. 따라서 여기처럼 XML 파일 이름이 activity_b.xml일 때는 ActivityBBinding이 뷰 바인딩 클래스 이름이 된다. 이 경우 중간에 B자가 겹치게 되어 혼란스러울 수 있

다. 그러므로 뷰 바인딩을 사용하는 XML 레이아웃 뷰 파일 이름은 b자로 끝나지 않게 짓는 것이 좋다. 여기서는 참고할 목적으로 그냥 두었으니 양해하기 바란다.)

에뮬레이터나 실제 장치에서 앱을 실행해 보자. MainActivity의 EditText 뷰에 문자열을 입력한 후 Send Text 버튼을 누른다. 그러면 해당 문자열이 ActivityB의 TextView에 나타날 것이다.

`60.8` 서브 액티비티로 ActivityB 시작시키기

ActivityB가 MainActivity로 데이터를 반환할 수 있으려면 MainActivity에서 ActivityB를 서브 액티비티로 시작시켜야 한다. 이때는 MainActivity의 sendText() 함수에서 startActivity() 대신 startActivityForResult()를 호출하면 된다. 인텐트 객체만 인자로 받는 startActivity()와는 다르게 startActivityForResult() 함수에서는 인텐트 객체와 함께 요청 코드도 인자로 받는다. 요청 코드는 숫자만 가능하며, 어떤 서브 액티비티가 데이터를 반환한 것인지 확인하는 데 사용된다. 여기서는 요청 코드로 5를 사용할 것이다. 다음과 같이 MainActivity.kt의 코드를 변경하자.

```
package com.ebookfrenzy.explicitintent
.
.
class MainActivity : AppCompatActivity() {
    .
    .
    private val request_code = 5
    .
    .
    fun sendText(view: View) {
        val i = Intent(this, ActivityB::class.java)
        val myString = binding.editText1.text.toString()
        i.putExtra("qString", myString)
        startActivityForResult(i, request_code)
    }
}
```

서브 액티비티(ActivityB)가 종료되면(사용자가 장치의 백 버튼을 누르거나 또는 비정상적으로 종료) 부모 액티비티인 MainActivity의 onActivityResult() 함수가 호출된다. 이때 인텐트의 요청 코드(MainActivity가 지정했던), 서브 액티비티가 반환한 결과 코드(서브 액티비티가 정상적으로 실행되었는지를 나타냄)와 인텐트 객체(데이터를 포함)가 인자로 전달된다. 따라서 MainActivity.kt의 MainActivity 클래스에 onActivityResult() 함수를 추가해야 한다. 이 함수를 추가하자.

```
.
.
class MainActivity : AppCompatActivity() {
```

```
            .
            .
        override fun onActivityResult(requestCode: Int, resultCode: Int, data: Intent?) {
            super.onActivityResult(requestCode, resultCode, data)

            if ((requestCode == request_code) &&
                (resultCode == RESULT_OK)) {
                data?.let {
                    if (it.hasExtra("returnData")) {
                        val returnString = it.extras?.getString("returnData")
                        binding.textView1.text = returnString
                    }
                }
            }
        }
    }
}
```

이 함수에서는 인텐트 요청 시의 요청 코드가 인텐트로부터 반환된 요청 코드와 같은지 확인하며, 또한, 서브 액티비티가 성공적으로 실행되었는지도 결과 코드로 확인한다. 그다음에 인텐트로부터 반환 데이터를 추출하고 TextView 객체에 지정하여 화면에 보이게 한다.

60.9 서브 액티비티에서 데이터 반환하기

이제는 ActivityB가 MainActivity의 서브 액티비티로 시작된다. 그리고 ActivityB로부터 반환된 데이터를 MainActivity가 처리할 수 있다. 그러나 현재 ActivityB에서는 데이터를 반환하지 못한다. 따라서 ActivityB 클래스에 finish() 함수를 구현해야 한다. 그리고 사용자가 ActivityB의 Return Text 버튼을 누르면 MainActivity로 돌아가도록 onClick 속성에 returnText() 함수를 지정했으므로 이 함수도 추가해야 한다. finish() 함수는 액티비티가 종료될 때(예를 들어, 사용자가 장치의 백 버튼을 누름) 자동 호출된다(여기서는 Return Text 버튼을 눌렀을 때도 호출되게 하였다). ActivityB.kt의 ActivityB 클래스에 다음 코드를 추가하자.

```
    .
    .
class ActivityB : AppCompatActivity() {
    .
    .
    fun returnText(view: View) {
        finish()
    }

    override fun finish() {
        val data = Intent()
        val returnString = binding.editText2.text.toString()
        data.putExtra("returnData", returnString)
```

```
        setResult(RESULT_OK, data)
        super.finish()
    }
}
```

finish() 함수에서는 새로운 인텐트 객체를 생성한 후 키-값의 쌍으로 된 반환 데이터를 이 인텐트에 추가한다. 그다음에 결과 코드와 인텐트 객체를 인자로 전달하여 setResult() 함수를 호출한다. returnText() 함수에서는 finish() 함수만 호출한다.

60.10 앱 테스트하기

앱을 실행하고 MainActivity의 텍스트 필드에 원하는 문자열을 입력한 후 **Send Text** 버튼을 누른다. ActivityB가 화면에 나타나면서 MainActivity에서 입력했던 문자열이 제일 위의 TextView에 보일 것이다. 그다음에 텍스트 필드에 원하는 문자열을 입력한 후 장치의 백 버튼 또는 ActivityB의 **Return Text** 버튼을 눌러서 MainActivity로 돌아간다. 그러면 ActivityB에서 반환된 문자열이 MainActivity의 텍스트 뷰에 나타날 것이다.

60.11 요약

이번 장에서는 안드로이드 스튜디오로 앱 프로젝트를 생성하고 명시적 인텐트를 실제로 사용해 보았다. 다음 장에서는 암시적 인텐트를 실제로 사용하는 예제 프로젝트를 생성하고 살펴볼 것이다.

CHAPTER
61

암시적 인텐트 예제 프로젝트

이번 장에서는 안드로이드 스튜디오 예제 프로젝트를 생성하여 암시적implicit 인텐트의 실제 구현을 보여 줄 것이다. 즉, 암시적 인텐트를 생성하고 요청하여 특정 웹 페이지의 내용을 로드하고 사용자에게 보여 준다. 이때 우리 앱에서는 그런 일을 수행할 수 있는 액티비티를 포함하지 않을 것이므로 암시적 인텐트를 요청할 것이다.

그러면 안드로이드 시스템에서 그런 일을 할 수 있는 다른 앱의 액티비티(대개의 경우 안드로이드 운영체제에 설치된 크롬 웹 브라우저의 액티비티)를 찾아서 시작시켜 준다. 또한, 새로운 프로젝트에서는 다른 액티비티에서 전달된 웹 페이지를 보여 줄 수 있는 액티비티도 포함한다.

61.1 암시적 인텐트 예제 프로젝트 생성하기

우선, 새 프로젝트를 생성하자. 안드로이드 스튜디오 메인 메뉴의 File ➡ New ➡ New Project...를 선택하거나 웰컴 스크린에서 New Project 버튼을 클릭한다. '프로젝트 템플릿 선택' 대화상자가 나타나면 Phone and Tablet과 Empty Activity를 선택하고 Next 버튼을 누른다.

Name 필드에 ImplicitIntent를 입력하고 Package name에는 com.ebookfrenzy.implicitintent를 입력한다. 그리고 Language가 Kotlin인지 확인하고 Minimum SDK는 API 26: Android 8.0 (Oreo)를 선택한다. 또한, Use legacy android.support libraries가 체크 해제되어 있는지 확인하고 Finish 버튼을 누른다.

프로젝트가 생성된 후 18.8절을 참고하여 뷰 바인딩을 활성화하고 사용하도록 변경하자(안드로이드 스튜디오가 자동 생성한 코드에서 이미 뷰 바인딩을 사용한다면 할 필요 없다).

61.2 사용자 인터페이스 디자인하기

MainActivity의 사용자 인터페이스는 매우 간단하다. ConstraintLayout과 버튼으로만 구성된다.

편집기 창에 열린 activity_main.xml 파일 탭을 클릭한 후 디자인 모드로 변경하자. 그리고 'Hello

World!'를 보여 주는 TextView 객체를 컴포넌트 트리에서 선택하고, 키보드의 Del 키를 눌러 레이아웃에서 삭제하자.

그다음에 자동-연결이 활성화된 상태에서(26장의 26.2절 참고) 팔레트의 Common 부류에 있는 Button을 마우스로 끌어서 레이아웃의 정중앙에 놓는다. 그리고 속성 창의 text 속성에 Show Web Page를 입력하고 이 값을 문자열 리소스로 추출한다(3장의 그림 3-13부터 3-15 참고). 그리고 속성 창의 onClick 속성을 찾아 함수 이름으로 showWebPage를 입력한다. 이것은 버튼을 클릭했을 때 실행될 함수다.

레이아웃 작성이 끝나면 그림 61-1처럼 보일 것이다.

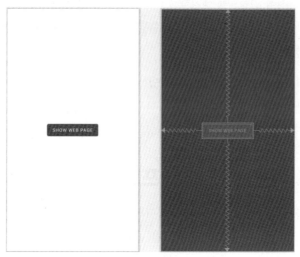

그림 61-1

61.3 암시적 인텐트 생성하기

여기서는 버튼을 클릭했을 때 실행되는 showWebPage() 함수에서 암시적 인텐트를 생성하고 요청할 것이므로 이 함수를 MainActivity 클래스에 구현해야 한다. 편집기 창에 열린 MainActivity.kt 파일 탭을 클릭한 후 다음과 같이 showWebPage() 함수를 추가하자.

```
package com.ebookfrenzy.implicitintent

import androidx.appcompat.app.AppCompatActivity
import android.os.Bundle
import com.ebookfrenzy.implicitintent.databinding.ActivityMainBinding
import android.content.Intent
import android.view.View
import android.net.Uri
```

```
class MainActivity : AppCompatActivity() {

    private lateinit var binding: ActivityMainBinding

    override fun onCreate(savedInstanceState: Bundle?) {
        super.onCreate(savedInstanceState)
        binding = ActivityMainBinding.inflate(layoutInflater)
        setContentView(binding.root)
    }


    fun showWebPage(view: View) {
        val intent = Intent(Intent.ACTION_VIEW,
                Uri.parse("https://www.ebookfrenzy.com"))
        startActivity(intent)
    }
}
```

이 함수에서 하는 일은 매우 간단하다. 우선, 새로운 인텐트 객체를 생성한다. 이때 인텐트를 받을 클래스 이름을 지정하지 않고 ACTION_VIEW 액션을 사용해서 필요한 일(사용자에게 뭔가를 보여 줌)을 알려 준다. 인텐트 객체는 또한, 보여 줄 URL을 포함하는 URI도 포함한다. 즉, 웹 페이지를 보여 줄 수 있는 액티비티를 안드로이드 시스템에 요청하는 것이다. 그리고 이 인텐트는 startActivity() 함수 호출에 의해 요청된다.

에뮬레이터나 실제 장치에서 앱을 실행한 후 Show Web Page 버튼을 클릭해 보자. 웹 브라우저가 실행되어 URL로 지정한 웹 페이지가 로드된 후 화면에 나타날 것이다(실제 장치나 에뮬레이터에 설치된 웹 브라우저가 하나 이상일 때는 사용자가 선택할 수 있게 해준다). 그런 다음에 장치나 에뮬레이터의 백_{Back} 버튼을 클릭하면 다시 우리 앱의 액티비티 화면이 나타날 것이다.

61.4 암시적 인텐트로 시작되는 액티비티 생성하기

이번 장의 나머지에서는 암시적 인텐트의 요구 사항과 일치하는 액티비티가 장치에 두 개 이상 있을 때 어떻게 처리되는지 보여 줄 것이다. 즉, 바로 앞의 MainActivity에서 웹 페이지를 보여 줄 수 있는 액티비티를 요구하는 인텐트가 요청되었을 때 지금 새로 만들 프로젝트의 액티비티가 시작될 수 있게 하려는 것이다.

그러면 두 번째 앱을 만들어 보자. 우선, 이번 장 앞에서 했던 것과 같은 방법으로 안드로이드 스튜디오의 새로운 프로젝트를 생성하자. Empty Activity를 선택하고 앱 이름은 MyWebView로 지정하고 나머지는 앞의 ImplicitIntent 프로젝트와 동일하게 선택한다.

프로젝트가 생성된 후 **18.8**절을 참고하여 뷰 바인딩을 활성화하고 사용하도록 변경하자(안드로이드 스튜디오가 자동 생성한 코드에서 이미 뷰 바인딩을 사용한다면 할 필요 없다).

61.5 사용자 인터페이스에 웹 뷰 추가하기

MyWebView 프로젝트에 포함된 MainActivity의 사용자 인터페이스는 안드로이드 WebView 위젯의 인스턴스로 구성할 것이다. 레이아웃 편집기 창에 열린 activity_main.xml 레이아웃 리소스 파일을 선택한 후 디자인 모드로 변경하자. 그리고 'Hello World!'를 보여 주는 TextView 객체를 컴포넌트 트리에서 선택하고, 키보드의 [Del] 키를 눌러 레이아웃에서 삭제하자.

그다음에 팔레트의 Widgets 부류에 있는 WebView를 마우스로 끌어서 레이아웃의 중앙에 놓는다 (그림 61-2). 그리고 속성 창에서 id를 webView1로 변경하고 툴바의 제약 추론 버튼을 클릭하여 적합한 제약이 자동으로 추가되게 한다(26장의 26.3절 참고).

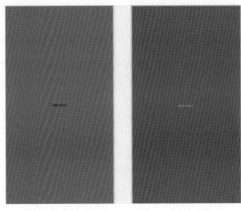

그림 61-2

61.6 인텐트 URL 얻기

웹 브라우저 창을 보여 주기 위해 암시적 인텐트 객체가 생성될 때 이 인텐트에는 Uri 객체가 전달되며, Uri 객체에는 보여 줄 웹 페이지의 URL이 데이터로 포함된다. 그리고 MainActivity 클래스의 onCreate() 함수에서는 해당 데이터를 Bundle 객체로 받아서 Uri를 추출하여 URL 문자열로 변환한 후 이것을 WebView 객체에 지정한다.

편집기 창에 열린 MainActivity.kt를 선택하고 다음과 같이 onCreate() 함수를 변경하자.

```
package com.ebookfrenzy.mywebview
.
.
import java.net.URL

class MainActivity : AppCompatActivity() {
```

```
    private lateinit var binding: ActivityMainBinding

    override fun onCreate(savedInstanceState: Bundle?) {
        .
        .
        handleIntent()
    }

    private fun handleIntent() {
        val intent = this.intent
        val data = intent.data
        var url: URL? = null
        try {
            url = URL(data?.scheme,
                    data?.host,
                    data?.path)
        } catch (e: Exception) {
            e.printStackTrace()
        }
        binding.webView1.loadUrl(url?.toString() ?: "https://www.amazon.com")
    }
}
```

새로 추가된 handleIntent() 함수에서는 다음 작업을 수행한다.

- 이 액티비티를 시작시킨 인텐트 객체의 참조를 얻는다.
- 인텐트 객체에서 Uri 데이터를 추출한다.
- Uri 데이터를 URL 객체로 변환한다.
- 문자열로 변환된 URL을 인자로 전달하여 loadUrl() 함수를 호출한다. 따라서 해당 URL의 웹 페이지가 WebView로 로드된다.

이로써 MyWebView 프로젝트의 코드는 완성되었다. 이제는 매니페스트 파일을 수정하는 것만 남았다.

61.7 MyWebView 프로젝트의 매니페스트 파일 변경하기

우리 앱을 테스트하기 전에 MyWebView의 매니페스트 파일을 수정해야 한다.

우선, 웹 페이지를 가져와야 하므로 인터넷 사용 퍼미션을 얻어야 한다. 이때는 다음과 같이 합당한 퍼미션을 매니페스트 파일에 추가하면 된다. (코드 변경은 잠시 후에 한다.)

```
<uses-permission android:name="android.permission.INTERNET" />
```

그리고 AndroidManifest.xml 파일의 인텐트 필터 태그를 보면 다음과 같이 설정되어 있을 것이다.

```
<intent-filter>
    <action android:name="android.intent.action.MAIN" />
    <category android:name="android.intent.category.LAUNCHER" />
</intent-filter>
```

여기서 android.intent.action.MAIN 항목은 이 액티비티(MainActivity)가 앱의 시작점(앱이 시작될 때 제일 먼저 실행됨)이라는 것을 나타낸다. 반면에 android.intent.category.LAUNCHER는 액티비티가 장치의 앱 론처 화면에 아이콘으로 나타나 있어야 한다는 것을 나타낸다.

그러나 이 액티비티는 앱의 시작점이 될 필요가 없고, 데이터 입력(여기서는 URL) 없이는 실행될 수 없으며, 론처 화면에 나타날 필요도 없으므로 앱의 매니페스트에 이 액티비티의 MAIN과 LAUNCHER 모두를 정의할 필요가 없다.

따라서 MainActivity의 인텐트 필터를 변경해야 한다. 그러나 http 데이터의 ACTION_VIEW 인텐트 액션을 처리할 수 있다는 것은 인텐트 필터에 정의해야 한다.

그리고 MAIN과 LAUNCHER 항목을 포함하지 않으면서 암시적 인텐트를 처리할 수 있는 액티비티일지라도 **디폴트 카테고리**default category는 인텐트 필터에 포함해야 한다. 따라서 인텐트 필터는 다음과 같이 변경되어야 한다.

```
<intent-filter>
    <action android:name="android.intent.action.VIEW" />
    <category android:name="android.intent.category.BROWSABLE" />
    <category android:name="android.intent.category.DEFAULT" />
    <data android:scheme="http" android:host="www.ebookfrenzy.com" />
</intent-filter>
```

여기서 android:host 항목은 특정 URL을 참조하기 위해 지정하며, *와 같은 와일드카드를 사용할 수 있다. 예를 들어, 다음의 경우는 모든 URL을 지원한다.

```
<data android:scheme="http" android:host="*" />
```

이런 모든 필요 사항을 반영한 매니페스트 파일의 내역은 다음과 같다. 프로젝트 도구 창에서 app ➡ manifests 밑에 있는 AndroidManifest.xml 파일을 더블클릭하여 편집기 창으로 로드한 후 다음과 같이 변경하자.

```xml
<?xml version="1.0" encoding="utf-8"?>
<manifest xmlns:android="http://schemas.android.com/apk/res/android"
    package="com.ebookfrenzy.mywebview">

    <uses-permission android:name="android.permission.INTERNET" />

    <application
        android:allowBackup="true"
        android:icon="@mipmap/ic_launcher"
        android:label="@string/app_name"
        android:roundIcon="@mipmap/ic_launcher_round"
        android:supportsRtl="true"
        android:theme="@style/Theme.MyWebView">
        <activity android:name=".MainActivity">
            <intent-filter>
                <action android:name="android.intent.action.VIEW" />

                <category android:name="android.intent.category.BROWSABLE" />
                <category android:name="android.intent.category.DEFAULT" />
                <data android:scheme="https" android:host="www.ebookfrenzy.com"/>
            </intent-filter>
        </activity>
    </application>

</manifest>
```

이제는 매니페스트 파일의 변경이 완료되었으므로, 새로운 액티비티가 장치에 설치될 준비가 된 것이다.

61.8 장치에 MyWebView 패키지 설치하기

MyWebView의 MainActivity를 암시적 인텐트를 수신하는 데 사용할 수 있으려면 우선 장치에 설치되어 있어야 한다. 통상적으로는 앱을 실행하면 설치된다. 그러나 매니페스트 파일에 android.intent.action.MAIN과 android.intent.category.LAUNCHER 모두 포함되어 있지 않으므로 장치에 앱을 설치만 하고 실행하지 말라는 것을 안드로이드 스튜디오에 알려 주어야 한다. 따라서 설치를 위한 사전 구성이 필요하다.

안드로이드 스튜디오 메인 메뉴의 Run ➡ Edit Configurations를 선택하거나 그림 61-3에서 보여 주는 것처럼 app 툴바의 Edit Configurations를 선택하면 그림 61-4의 Run/Debug 구성 대화상자가 나타난다.

그림 61-3

그림 61-4

이 액티비티는 설치할 필요는 있지만, 바로 실행하지 않으므로 그림에 타원으로 표시된 것과 같이 Launch 드롭다운에서 Nothing을 선택하고 OK 버튼을 누른다.

그다음에 안드로이드 스튜디오 툴바의 Run 'app' 버튼(▶)을 누르거나 메인 메뉴의 Run ➡ Run 'app'을 선택하여 MyWebView를 실행한다. 잠시 후 MyWebView가 설치될 것이다. 단, 설치만 한 것이므로 실제 장치나 에뮬레이터 화면에 달리 나타나는 것은 없으며, 론처 앱 목록에도 나타나지 않는다. 따라서 제대로 설치되었는지 확인하려면 실제 장치나 에뮬레이터의 설정에서 애플리케이션을 선택한 후 설치된 앱 목록에 MyWebView가 있는지 확인하면 된다.

이 시점부터는 암시적 인텐트가 요청되어 이것을 처리할 수 있는 액티비티를 안드로이드 시스템이 찾을 때 이 액티비티도 실행 대상이 된다.

61.9 앱 테스트하기

MyWebView를 테스트하려면 이 장 앞에서 생성한 ImplicitIntent 앱을 다시 실행하고 Show Web Page 버튼을 터치하면 된다. 그러나 이번에는 안드로이드 시스템에서 두 개 또는 그 이상의 액티비티를 찾을 것이다. ImplicitIntent의 MainActivity에서 요청한 암시적 인텐트와 일치하는 인텐트 필터를 갖는 MyWebView의 액티비티가 추가되었기 때문이다. 이런 경우에 안

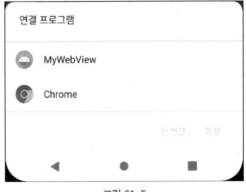

그림 61-5

드로이드 시스템에서는 그림 61-5와 같은 대화상자를 보여 주고(장치에 따라 형태는 다를 수 있다.) 시작할 액티비티를 사용자가 선택할 수 있게 해준다. 장치에 어떤 웹 브라우저가 몇 개 설치되어 있는가에 따라 그림 61-5에 나타나는 액티비티 내역이 다를 수 있다.

MyWebView를 선택하고 '한 번만' 버튼을 클릭하자. 새로 생성한 MyWebView의 MainActivity가 인텐트를 처리하여 우리가 지정한 웹 페이지가 화면에 나타날 것이다(그림 61-6).

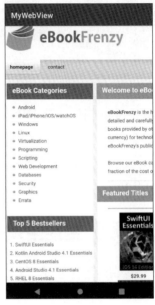

그림 61-6

61.10 요약

암시적 인텐트는 액티비티가 다른 액티비티의 서비스를 요청할 수 있는 메커니즘을 제공한다. 이때 원하는 일을 나타내는 액션 타입과 데이터(필요할 때만)를 지정한다. 그러나 암시적 인텐트를 수신할 수 있는 후보 액티비티가 되려면 다음과 같이 액티비티가 구성되어야 한다. 즉, 전달되는 인텐트 객체로부터 적합한 데이터를 추출할 수 있어야 하며, 합당한 퍼미션과 인텐트 필터를 갖도록 매니페스트 파일에 선언되어야 한다.

요청된 암시적 인텐트와 일치하는 액티비티가 두 개 이상일 때는 안드로이드 시스템에서 사용자가 선택하도록 해준다.

62

브로드캐스트 인텐트와 브로드캐스트 수신자

앱의 액티비티를 시작시키는 메커니즘을 제공하는 것과 더불어 인텐트는 시스템의 다른 컴포넌트에 시스템 차원의 메시지를 전파하는 방법으로도 사용될 수 있다. 이때는 브로드캐스트 인텐트Broadcast Intent와 브로드캐스트 수신자Broadcast Receiver를 구현하면 된다. 이것이 이번 장에서 알아볼 내용이다.

62.1 브로드캐스트 인텐트 개요

브로드캐스트 인텐트는 Activity 클래스의 sendBroadcast() 또는 sendStickyBroadcast() 또는 sendOrderedBroadcast() 함수를 호출하여 전파되는 Intent 객체다. 앱 컴포넌트 간의 메시징과 이벤트 시스템을 제공하는 것에 추가하여, 브로드캐스트 인텐트는 주요 시스템 이벤트에 관심 있는 앱에 이벤트 발생을 알려 주기 위해 안드로이드 시스템에서도 사용한다(외부 전원 또는 헤드폰이 연결되거나 연결이 끊어지는 것 등이 시스템 이벤트의 주요 예다).

브로드캐스트 인텐트가 생성될 때는 액션 문자열action string을 포함해야 한다. 그리고 선택적인 데이터와 카테고리 문자열category string을 추가로 포함할 수 있다. 즉, 일반적인 인텐트와 마찬가지로 엑스트라extra라고 하는 데이터가 브로드캐스트 인텐트에 추가될 수 있다. 이때는 인텐트 객체의 putExtra() 함수를 사용해서 키-값의 쌍으로 된 데이터를 추가한다. 선택적인 카테고리 문자열은 addCategory() 함수를 호출하여 브로드캐스트 인텐트에 지정할 수 있다.

브로드캐스트 이벤트를 식별하는 액션 문자열은 고유해야 하며, 일반적으로 앱의 패키지 이름 형태를 사용한다. 예를 들어, 다음 코드에서는 고유한 액션 문자열과 데이터를 포함하는 브로드캐스트 인텐트를 생성하고 전송한다.

```
val intent = Intent()
intent.action = "com.example.Broadcast"
intent.putExtra("MyData", 1000)
sendBroadcast(intent)
```

이 코드는 안드로이드 3.0 이전 버전을 실행 중인 장치에서 이 브로드캐스트 인텐트를 받는 브로드캐스트 수신자를 성공적으로 시작시킬 수 있을 것이다. 그러나 3.0 이상 버전의 안드로이드에서는 브로드캐스트 수신자에 의해 이 인텐트가 수신되지 않는다. 왜냐하면 안드로이드 3.0에서 론칭을 제어하는 보안 조치가 도입되었기 때문이다. 이것은 **사용 정지된**stopped 앱의 컴포넌트가 인텐트를 통해 론칭(시작)되는 것을 막는 조치다. 앱이 방금 설치되어서 이전에 론칭된 적이 없거나 장치의 앱 매니저를 사용해서 사용자가 수동으로 정지시켰을 경우, 해당 앱은 사용 정지된 상태에 있다고 간주된다. 따라서 이것을 해결하려면 인텐트를 전송하기 전에 플래그를 추가하면 된다. 이 플래그는 FLAG_INCLUDE_STOPPED_PACKAGES이며, 사용 정지된 앱의 컴포넌트를 시작시키는 것이 인텐트에 허용된다는 것을 나타낸다. 위의 코드에는 다음과 같이 사용하면 된다.

```
val intent = Intent()
intent.action = "com.example.Broadcast"
intent.putExtra("MyData", 1000)
intent.flags = Intent.FLAG_INCLUDE_STOPPED_PACKAGES
sendBroadcast(intent)
```

62.2 브로드캐스트 수신자 개요

브로드캐스트 수신자로 등록하면 특정 브로드캐스트 인텐트를 수신할 수 있다. 브로드캐스트 수신자는 BroadcastReceiver 클래스로부터 상속받고 onReceive() 함수를 오버라이딩하여 구현한다. 브로드캐스트 수신자는 코드(예를 들어, 액티비티 내부) 또는 매니페스트 파일에서 등록할 수 있다. 이때 수신자에서 리스닝하는 특정 브로드캐스트 인텐트를 나타내는 액션 문자열을 인텐트 필터에 정의한다. 그리고 이 액션 문자열과 일치하는 브로드캐스트 인텐트가 감지되면 해당 브로드캐스트 수신자의 onReceive() 함수가 호출된다. 단, 이 함수는 5초 이내에 필요한 일을 수행하고 복귀하도록 제한된다. 따라서 브로드캐스트 수신자에서는 시간이 오래 걸리는 작업을 수행하면 안 된다. 그리고 브로드캐스트 인텐트의 액션 문자열과 일치하는 인텐트가 발견되는 경우 안드로이드 시스템이 자동으로 해당 브로드캐스트 수신자를 시작시키고 onReceive() 함수를 호출해 준다.

다음 코드에서는 브로드캐스트 수신자의 서브 클래스에 관한 기본적인 형태를 보여 준다.

```
package com.ebookfrenzy.sendbroadcast

import android.content.BroadcastReceiver
import android.content.Context
import android.content.Intent

class MyReceiver : BroadcastReceiver() {
```

```
    override fun onReceive(context: Context, intent: Intent) {
        throw UnsupportedOperationException("Not yet implemented")
    }
}
```

브로드캐스트 수신자를 매니페스트 파일에 등록할 때는 <receiver> 항목을 추가해야 한다.

브로드캐스트 수신자를 등록하는 매니페스트 파일의 예를 보면 다음과 같다.

```
<?xml version="1.0" encoding="utf-8"?>
<manifest xmlns:android="http://schemas.android.com/apk/res/android"
    package="com.example.broadcastdetector.broadcastdetector"
    android:versionCode="1"
    android:versionName="1.0" >

    <uses-sdk android:minSdkVersion="17" />

    <application
        android:icon="@mipmap/ic_launcher"
        android:label="@string/app_name" >
        <receiver android:name="MyReceiver" >
        </receiver>
    </application>
</manifest>
```

안드로이드 8.0 이전 버전이 실행되는 경우에는 수신자와 관련된 인텐트 필터를 매니페스트 파일의 수신자 요소인 <receiver>에 둘 수 있다. 예를 들면 다음과 같다. 이 브로드캐스트 수신자에서는 액션 문자열로 com.example.Broadcast를 포함하는 브로드캐스트 인텐트를 리스닝한다.

```
<receiver android:name="MyReceiver" >
    <intent-filter>
        <action android:name="com.example.Broadcast" >
        </action>
    </intent-filter>
</receiver>
```

반면에 안드로이드 8.0 이상 버전에서는 코드에서 적합한 IntentFilter 객체를 생성한 후 Activity 클래스의 registerReceiver() 함수를 호출하여 등록해야 한다. 예를 들면 다음과 같다.

```
val filter = IntentFilter()
filter.addAction("com.example.Broadcast")
val receiver: MyReceiver = MyReceiver()
registerReceiver(receiver, filter)
```

코드에서 등록된 브로드캐스트 수신자가 더 이상 필요하지 않을 때는 Activity 클래스의 unregisterReceiver() 함수를 호출하여 등록을 해지할 수 있다. 이때 수신자 객체의 참조를 인자로 전달한다. 예를 들어, 다음 코드에서는 앞의 브로드캐스트 수신자를 등록 해지한다.

```
unregisterReceiver(receiver)
```

일부 시스템 브로드캐스트 인텐트는 매니페스트 파일이 아닌 코드에서 등록된 브로드캐스트 수신자에서만 받을 수 있다는 것을 알아 두자. 자세한 내용은 다음 웹 페이지의 안드로이드 Intent 클래스 문서를 참고한다.

URL https://developer.android.com/reference/android/content/Intent

62.3 브로드캐스트 수신자로부터 결과 데이터 받기

sendBroadcast() 함수를 사용해서 브로드캐스트 인텐트를 전송할 때는 이것을 수신하는 브로드캐스트 수신자로부터 결과를 받을 방법이 없다. 따라서 결과를 돌려받을 필요가 있을 때는 sendOrderedBroadcast() 함수를 사용해야 한다. 이 함수를 사용해서 브로드캐스트 인텐트가 전송될 때는 이 인텐트를 받도록 등록된 각 브로드캐스트 수신자에게 순차적으로 전달된다.

sendOrderedBroadcast() 함수는 여러 개의 인자를 받는다. 예를 들어, 그런 인자에는 다른 브로드캐스트 수신자가 해당 인텐트를 처리했을 때 이것을 알려 주는 또 다른 브로드캐스트 수신자(결과 수신자라고 함)의 객체 참조가 포함된다. 또한, 그런 수신자가 결과 데이터를 넣을 수 있는 데이터 참조도 포함된다. 그리고 모든 브로드캐스트 수신자가 브로드캐스트 인텐트의 처리를 완료하면 결과 데이터를 인자로 받는 결과 수신자result receiver의 onReceive() 함수가 호출된다.

62.4 스티키 브로드캐스트 인텐트

기본적으로 브로드캐스트 인텐트는 전송이 되어 브로드캐스트 수신자에 의해 처리되면 없어진다. 그러나 브로드캐스트 인텐트는 스티키sticky로 정의될 수 있다. 스티키 브로드캐스트 인텐트와 여기에 포함된 데이터는 전송되어 처리된 후에도 시스템에 남아 있다. 스티키 브로드캐스트 인텐트에 저장된 데이터는 registerReceiver() 함수 호출의 반환 값으로 얻을 수 있다. 이때 브로드캐스트 수신자의 객체 참조와 인텐트 필터 객체 참조를 인자로 사용한다. 대부분의 안드로이드 시스템 브로드캐스트 인텐트는 스티키하다(계속 남아 있는다). 가장 좋은 예가 장치의 배터리 수준 상태에 관련된 브로드캐스트 인텐트다.

스티키 브로드캐스트 인텐트는 removeStickyBroadcast() 함수를 호출하여 언제든 삭제할 수 있다. 이때 삭제할 브로드캐스트 인텐트의 객체 참조를 인자로 전달한다.

62.5 브로드캐스트 인텐트 예제 프로젝트

이번 장의 나머지에서는 안드로이드 스튜디오 기반의 브로드캐스트 인텐트 예제 프로젝트를 생성하고 사용하는 방법을 알아볼 것이다. 우선, 우리 나름의 브로드캐스트 인텐트를 요청하기 위해 간단한 앱을 생성할 것이다. 그다음에 브로드캐스트 수신자를 생성하여 해당 인텐트를 받았을 때 안드로이드 장치 화면에 메시지를 보여 줄 것이다. 끝으로, 장치의 외부 전원이 끊겼다는 것을 알려 주는 시스템 브로드캐스트 인텐트를 브로드캐스트 수신자가 받도록 변경할 것이다.

62.6 예제 앱 생성하기

새 프로젝트를 생성하자. 안드로이드 스튜디오 메인 메뉴의 File ➡ New ➡ New Project...를 선택하거나 웰컴 스크린에서 New Project 버튼을 클릭한다. '프로젝트 템플릿 선택' 대화상자가 나타나면 Phone and Tablet과 Empty Activity를 선택하고 Next 버튼을 누른다.

Name 필드에 SendBroadcast를 입력하고 Package name에는 com.ebookfrenzy.sendbroadcast를 입력한다. 그리고 Language가 Kotlin인지 확인하고 Minimum SDK는 API 26: Android 8.0 (Oreo)를 선택한다. 또한, Use legacy android.support libraries가 체크 해제되어 있는지 확인하고 Finish 버튼을 누른다.

편집기에 자동으로 열린 activity_main.xml 탭을 클릭한 후 디자인 모드로 변경하자. 그리고 'Hello World!'를 보여 주는 TextView 객체를 컴포넌트 트리에서 선택하고, 키보드의 Del 키를 눌러 레이아웃에서 삭제하자.

팔레트의 Common 부류에 있는 Button을 끌어서 레이아웃의 정중앙에 놓는다. 그리고 속성 창의 text 속성에 Send Broadcast를 입력하고 이 값을 문자열 리소스로 추출한다(3장의 그림 3-13부터 3-15 참고). 그리고 속성 창에서 onClick 속성을 찾아 함수 이름으로 broadcastIntent를 입력한다. 이것은 버튼을 클릭했을 때 실행될 함수다.

끝으로 툴바의 제약 추론 버튼을 클릭하여 적합한 제약이 자동으로 추가되게 한다(26장의 26.3절 참고). 만일 왼쪽이나 오른쪽 제약 연결점이 연결되지 않았다면(용수철 모양의 연결선이 없을 때) 해당 연결점을 끌어서 부모 레이아웃으로 연결한다.

62.7 브로드캐스트 인텐트를 생성하고 전송하기

이제는 브로드캐스트 인텐트를 생성하고 전송하는 코드를 구현할 때가 되었다. 그러기 위해서는 앞에서 사용자 인터페이스 Button 뷰의 onClick 속성에 지정했던 broadcastIntent() 함수를 구현해야 한다. 편집기 창에 열린 MainActivity.kt 파일에 다음과 같이 코드를 추가하자.

```kotlin
package com.ebookfrenzy.sendbroadcast
.
.
import android.content.Intent
import android.view.View

class MainActivity : AppCompatActivity() {
    .
    .
    fun broadcastIntent(view: View) {
        val intent = Intent()
        intent.action = "com.ebookfrenzy.sendbroadcast"
        intent.flags = Intent.FLAG_INCLUDE_STOPPED_PACKAGES
        sendBroadcast(intent)
    }
}
```

여기서는 인텐트의 액션 문자열을 com.ebookfrenzy.sendbroadcast로 지정하였다. 따라서 잠시 후에 생성할 브로드캐스트 수신자 액티비티의 인텐트 필터에는 이 액션 문자열과 일치하는 <action> 요소가 정의되어야 한다.

이로써 브로드캐스트 인텐트를 전송하는 앱은 생성되었다. 이제는 이 인텐트와 일치하는 브로드캐스트 수신자를 생성할 것이다.

62.8 브로드캐스트 수신자 생성하기

브로드캐스트 수신자를 생성하려면 BroadcastReceiver의 서브 클래스로 새로운 클래스를 생성해야 한다.

app ➡ java 밑의 패키지 이름(여기서는 com.ebookfrenzy.sendbroadcast)에서 마우스 오른쪽 버튼을 클릭한 후 New ➡ Other ➡ Broadcast Receiver를 선택한다. 대화상자의 클래스 이름에 MyReceiver를 입력하고 Exported와 Enabled 옵션이 체크되어 있는지 확인한다. 이 옵션은 안드로이드 시스템이 필요할 때 수신자를 시작하게 하며, 장치의 다른 앱에서 전송된 메시지를 이 클래스가 수신할 수 있게 한다. Finish 버튼을 누르면 새로운 브로드캐스트 수신자 클래스가 생성된다.

클래스가 생성되면 안드로이드 스튜디오가 다음의 MyReceiver.kt 파일을 편집기 창에 로드했을 것이다.

```kotlin
package com.ebookfrenzy.sendbroadcast

import android.content.BroadcastReceiver
import android.content.Context
import android.content.Intent

class MyReceiver : BroadcastReceiver() {

    override fun onReceive(context: Context, intent: Intent) {
        // This method is called when the BroadcastReceiver is receiving an Intent
        broadcast.
        TODO("MyReceiver.onReceive() is not implemented")
    }
}
```

이 코드에서 보듯이, 안드로이드 스튜디오가 새로운 클래스의 템플릿과 기본 골격의 onReceive() 함수를 생성해 준다. 다음과 같이 onReceive() 함수의 코드를 변경하자.

```kotlin
package com.ebookfrenzy.sendbroadcast

import android.content.BroadcastReceiver
import android.content.Context
import android.content.Intent
import android.widget.Toast

class MyReceiver : BroadcastReceiver() {

    override fun onReceive(context: Context, intent: Intent) {
        // This method is called when the BroadcastReceiver is receiving an Intent broadcast.
        TODO("MyReceiver.onReceive() is not implemented")

        Toast.makeText(context, "Broadcast Intent Detected.",
            Toast.LENGTH_LONG).show()
    }
}
```

이제는 브로드캐스트 수신자의 코드가 완성되었다.

62.9 브로드캐스트 수신자 등록하기

프로젝트에서는 브로드캐스트 수신자가 있다는 것을 안드로이드 시스템에 알려 주어야 하며, 이 수신자가 관심을 갖는 브로드캐스트 인텐트를 지정하기 위해 인텐트 필터를 포함해야 한다. 앞에서 BroadcastReceiver의 서브 클래스인 MyReceiver를 생성했을 때 안드로이드 스튜디오가 자동으로 <receiver> 요소를 매니페스트 파일에 추가해 주었다. 따라서 인텐트 필터를 생성하고 MyReceiver를 등록하는 코드를 추가하면 된다.

편집기 창에 열린 MainActivity.kt 파일을 선택하고 다음과 같이 코드를 추가하자.

```kotlin
package com.ebookfrenzy.sendbroadcast

import androidx.appcompat.app.AppCompatActivity
import android.os.Bundle
import android.content.Intent
import android.view.View
import android.content.IntentFilter
import android.content.BroadcastReceiver

class MainActivity : AppCompatActivity() {

    var receiver: BroadcastReceiver? = null

    override fun onCreate(savedInstanceState: Bundle?) {
        .
        .
        configureReceiver()
    }

    private fun configureReceiver() {
        val filter = IntentFilter()
        filter.addAction("com.ebookfrenzy.sendbroadcast")
        receiver = MyReceiver()
        registerReceiver(receiver, filter)
    }

    override fun onDestroy() {
        super.onDestroy()
        unregisterReceiver(receiver)
    }
    .
    .
}
```

onDestroy() 함수는 브로드캐스트 수신자가 더 이상 필요 없을 때 등록을 해지하기 위해 필요하다.

62.10 브로드캐스트 앱 테스트하기

브로드캐스트 인텐트의 송신과 수신을 테스트하기 위해 에뮬레이터나 장치에서 SendBroadcast 앱을 실행하자. 그리고 화면이 나타나면 **Send Broadcast** 버튼을 터치한다. 그러면 'Broadcast Intent Detected' 토스트 메시지가 나타났다가 몇 초 후에 없어질 것이다.

62.11 시스템 브로드캐스트 인텐트 리스닝하기

마지막으로, 장치의 외부 전원이 끊어졌을 때 전송되는 시스템 브로드캐스트 인텐트를 리스닝하도록 브로드캐스트 수신자의 인텐트 필터를 변경해 보자. 이때 수신자가 리스닝할 필요가 있는 액션은 android.intent.action.ACTION_POWER_DISCONNECTED다. MainActivity.kt 파일의 configureReceiver() 함수에 다음 코드를 추가한다.

```kotlin
private fun configureReceiver() {
    val filter = IntentFilter()

    filter.addAction("com.ebookfrenzy.sendbroadcast")
    filter.addAction("android.intent.action.ACTION_POWER_DISCONNECTED")

    receiver = MyReceiver()
    registerReceiver(receiver, filter)
}
```

이제는 onReceive() 함수에서 두 가지 타입의 브로드캐스트 인텐트를 리스닝하므로 수신된 인텐트의 액션 문자열도 토스트 메시지에 같이 보여 주는 것이 좋을 것이다. 액션 문자열은 onReceive() 함수의 인자로 전달된 인텐트 객체의 getAction() 함수를 호출해서 얻을 수 있다. 편집기 창에 열린 MyReceiver.kt 파일을 선택하고 다음과 같이 onReceive() 함수를 변경하자.

```kotlin
override fun onReceive(context: Context, intent: Intent) {

    val message = "Broadcast intent detected " + intent.action

    Toast.makeText(context, message,
            Toast.LENGTH_LONG).show()
}
```

SendBroadcast 앱을 다시 실행한 후 **Send Broadcast** 버튼을 터치하면 다음과 같이 우리 나름의 액션 문자열을 포함하는 메시지가 나타날 것이다.

```
Broadcast intent detected com.ebookfrenzy.sendbroadcast
```

그다음에 연결된 장치에 전원을 공급하는 USB 연결 코드를 빼 보자. 그러면 브로드캐스트 수신자에서 다음의 토스트 메시지를 보여 줄 것이다. 만일 에뮬레이터에서 실행 중이라면 확장 제어 대화상자를 열고 Battery를 선택한 후 Charger connection을 AC charger로 선택했다가 다시 None으로 변경한다.

```
Broadcast intent detected android.intent.action.ACTION_POWER_DISCONNECTED
```

이후로는 USB 연결 코드를 뺄 때마다 이 메시지가 나타나게 된다. 따라서 우리 앱의 테스트가 끝나면 장치에서 SendBroadcast 앱을 삭제해야 한다[이 앱의 아이콘을 길게 누른 후 화면 위의 휴지통(설치 삭제)이 나오면 끌어서 넣는다].

62.12 요약

안드로이드 시스템의 여러 컴포넌트가 수신하도록 인텐트가 요청될 수 있는 메커니즘이 브로드캐스트 인텐트다. 브로드캐스트 인텐트를 받으려면 브로드캐스트 수신자로 등록되어야 하며, 액션 문자열과 일치하는 인텐트를 리스닝하도록 구성되어야 한다. 일반적으로 브로드캐스트 수신자는 휴면 상태로 있다가 일치하는 인텐트가 감지되면 시스템에 의해 활동이 시작된다.

또한 브로드캐스트 인텐트는 안드로이드 시스템에 의해 사용된다. 예를 들어, 배터리 전원이 얼마 없거나 장치의 외부 전원이 연결되거나 끊어졌을 때 시스템이 이벤트를 알려 주는 경우다.

스레드와 AsyncTask

66장부터 69장까지는 앱의 작업을 백그라운드로 수행하기 위해 안드로이드 서비스를 사용하는 방법을 배울 것이다. 그러나 안드로이드 앱의 **스레드**thread 개념을 이해하지 못하고 서비스를 구현하는 방법을 아는 것은 불가능하다. 따라서 이번 장에서는 스레드와 AsyncTask 클래스를 먼저 알아볼 것이다.

[AsncyTask 클래스는 안드로이드 11(API 레벨 30)부터 Deprecated사용 금지되었다. 그동안 이 클래스는 백그라운드 작업(시간이 오래 걸리는 네트워크나 데이터베이스 작업 등)과 UI 작업 간의 상호작용을 단순화해 주는 편리한 비동기 작업 도구였다. 그러나 다른 컴포넌트의 생명주기와 연동되지 않아 많은 문제가 발생할 수 있었다. 따라서 이미 실무에서는 RxJava나 코틀린의 코루틴Coroutine과 같은 라이브러리를 많이 사용한다. 그러나 기본적인 비동기 백그라운드 작업을 이해하는 데 도움이 될 수 있으므로 이 책에서는 이번 장에서 AsncyTask 클래스를 간단하게 알아볼 것이다. 그리고 다음 장부터는 코루틴에 관해 상세하게 살펴본다.]

63.1 스레드 개요

스레드는 멀티태스킹 운영체제의 초석이다. 그리고 메인 프로세스 내에서 작은 프로세스가 실행되는 것으로 생각할 수 있다. 스레드의 목적은 앱 내부에서 병렬로 실행될 수 있는 코드를 만드는 것이다.

63.2 앱의 메인 스레드

안드로이드 앱이 처음 시작되면 런타임 시스템에서 하나의 스레드를 생성하며, 모든 앱 컴포넌트는 기본적으로 이 스레드 내에서 실행된다. 이 스레드를 **메인 스레드**main thread라고 한다. 메인 스레드의 주된 역할은 사용자 인터페이스를 처리하는 것이다. 즉, 사용자 인터페이스의 이벤트 처리 및 뷰와의 상호작용 등이다. 앱 내부에서 시작된 어떤 추가적인 컴포넌트도 기본적으로 메인 스레드에서 실행된다.

메인 스레드를 사용해서 시간이 오래 걸리는 작업을 수행하는 앱의 컴포넌트가 있다면 해당 작업이 끝날 때까지 앱 전체가 멈춘 것처럼 보이게 된다. 이 경우 안드로이드에서는 '앱이 응답하지 않음' 경고를 사용자에게 보여 준다. 당연히 이것은 어떤 앱에서도 원치 않을 것이다. 이때는 그런 작업을 별도의 백그라운드 스레드에서 수행하여 메인 스레드가 방해를 받지 않고 다른 작업을 계속하게 하면 된다.

63.3 스레드 처리

안드로이드 앱 개발의 핵심 규칙 중 하나는 앱의 메인 스레드에서 시간이 오래 걸리는 작업을 절대로 수행하지 않는 것이다. 두 번째로 똑같이 중요한 규칙이 있다. 즉, 메인 스레드 외의 다른 스레드 코드에서는 어떤 상황에서든 UI사용자 인터페이스를 직접 변경해서는 안 되며, UI의 변경은 항상 메인 스레드에서만 수행되어야 한다. 그 이유는 안드로이드 UI 툴킷이 스레드에 안전하지 않기 때문이다(여러 스레드가 동시에 실행되면서 각종 리소스를 공유할 때 생길 수 있는 많은 문제에 대한 대비를 하지 못한다는 의미다). 즉, 여러 스레드에서 스레드에 안전하지 않은 코드가 동작하게 되면 원인을 찾기 어려운 문제가 간헐적으로 발생하고 예측할 수 없는 상태로 앱이 실행될 수 있다.

만일 시간이 오래 걸리는 작업이 백그라운드 스레드에서 실행되면서 UI도 변경해야 한다면, AsyncTask 클래스의 서브 클래스를 사용해서 동기화된 작업을 구현하는 것이 가장 좋은 방법이다.

63.4 기본적인 AsyncTask 예제 프로젝트

이 장의 나머지에서는 프로젝트를 생성하여 기본적인 스레드 사용 및 AsyncTask 클래스의 사용 방법을 알아볼 것이다. 우선, 시간이 오래 걸리는 작업을 메인 스레드가 아닌 다른 스레드에서 수행하는 것이 얼마나 중요한지 알아볼 것이다.

새 프로젝트를 생성하자. 안드로이드 스튜디오 메인 메뉴의 File ➡ New ➡ New Project...를 선택하거나 웰컴 스크린에서 New Project 버튼을 클릭한다. '프로젝트 템플릿 선택' 대화상자가 나타나면 Phone and Tablet과 Empty Activity를 선택하고 Next 버튼을 누른다.

Name 필드에 AsyncDemo를 입력하고 Package name에는 com.ebookfrenzy.asyncdemo를 입력한다. 그리고 Language가 Kotlin인지 확인하고 Minimum SDK는 API 26: Android 8.0 (Oreo)를 선택한다. 또한, Use legacy android.support libraries가 체크 해제되어 있는지 확인하고 Finish 버튼을 누른다.

프로젝트가 생성된 후 **18.8**절을 참고하여 뷰 바인딩을 활성화하고 사용하도록 변경하자(안드로이드 스튜디오가 자동 생성한 코드에서 이미 뷰 바인딩을 사용한다면 할 필요 없다).

레이아웃 편집기에 열린 activity_main.xml 파일을 선택한 후 디자인 모드로 변경하자. 그리고 'Hello World!'를 보여 주는 TextView 컴포넌트를 컴포넌트 트리에서 선택한 후 속성 창의 id에 myTextView를 입력한다.

팔레트의 Common 부류에 있는 Button을 끌어서 TextView의 밑에 놓는다. 그리고 속성 창의 text 속성을 Press Me로 변경하고 이 값을 문자열 리소스로 추출한다(3장의 그림 3-13부터 3-15 참고). 또한, onClick 속성을 찾아 함수 이름으로 buttonClick을 입력한다.

끝으로 툴바의 제약 추론 버튼을 클릭하여 적합한 제약이 자동으로 추가되게 한다(26장의 26.3절 참고). 만일 왼쪽이나 오른쪽 제약 연결점이 연결되지 않았다면(용수철 모양의 연결선이 없을 때) 해당 연결점을 끌어서 부모 레이아웃으로 연결한다(그림 63-1).

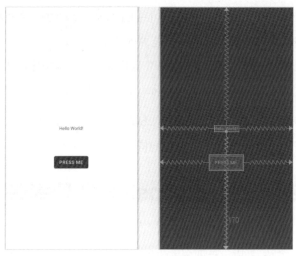

그림 63-1

다음은 사용자 인터페이스 Button 뷰의 onClick 속성에 지정했던 buttonClick() 함수를 구현해야 한다. 이 함수는 사용자가 버튼을 터치했을 때 호출된다. 메인 스레드에서 시간이 오래 걸리는 작업을 수행할 때 생기는 문제점을 보여 주기 위해, 다음 코드에서는 TextView 객체에 텍스트를 보여 주기 전에 일부러 20초 동안 일시 중지할 것이다. 편집기 창에 열린 MainActivity.kt를 선택하고 다음과 같이 코드를 추가하자.

```
package com.ebookfrenzy.asyncdemo

import androidx.appcompat.app.AppCompatActivity
import android.os.Bundle
import android.view.View
import com.ebookfrenzy.asyncdemo.databinding.ActivityMainBinding
```

```
class MainActivity : AppCompatActivity() {
    .
    .
    fun buttonClick(view: View) {
        var i = 0
        while (i <= 20) {
            try {
                Thread.sleep(1000)
                i++
            } catch (e: Exception) {
            }
        }
        binding.myTextView.text = "Button Pressed"
    }
}
```

코드 변경이 다 되었으면 실제 장치나 에뮬레이터에서 앱을 실행하자. 그리고 버튼을 클릭하면 앱이 멈춘 것처럼 보일 것이다. 버튼을 여러 번 눌러 봐도 아무런 반응이 없다. 그리고 잠시 후에 안드로이드 시스템에서 그림 63-2와 같이 앱이 응답하지 않는다는 ANR(앱 응답 없음) 메시지를 보여 줄 것이다(실제 장치에서는 앱을 바로 종료하

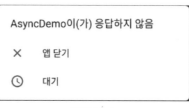

그림 63-2

는 경우도 있다). 안드로이드에서는 5초 동안 사용자 인터페이스의 응답이 없으면 앱이 실행될 수 없기 때문이다. 앱 닫기_{Close app}를 클릭하여 실행을 끝내자.

당연한 것이지만, buttonClick() 함수처럼 오랫동안 실행되는 작업은 별도의 스레드에서 수행되어야 한다.

63.5 AsyncTask의 서브 클래스 생성하기

여기서는 새로운 스레드의 코드가 AsyncTask 인스턴스에서 실행되게 할 것이다. 우선, AsyncTask의 서브 클래스를 MainActivity의 내부 클래스로 추가하자.

```
.
.
import android.os.AsyncTask

class MainActivity : AppCompatActivity() {
    .
    .
    private inner class MyTask : AsyncTask<String, Void, String>() {
        override fun onPreExecute() {
        }
```

```
        override fun doInBackground(vararg params: String): String {
        }

        override fun onProgressUpdate(vararg values: Int?) {
        }

        override fun onPostExecute(result: String) {
        }
    }
}
```

AsyncTask 클래스는 세 개의 매개변수 타입을 사용한다.

```
private inner class MyTask : AsyncTask<Type 1, Type 2, Type 3>() {
.
.
```

첫 번째는 doInBackground() 함수, 두 번째는 onProgressUpdate() 함수, 세 번째는 onPost
Execute() 함수의 인자 타입이다.

만일 대응되는 함수에서 인자를 받지 않으면 Void가 사용되며, 대응되는 함수의 인자 타입을 변경
하고자 할 때는 클래스 선언과 함수 시그니처 모두에서 원하는 타입으로 변경하면 된다. 앞의 예에
서는 onProgressUpdate() 함수가 정수 타입의 인자를 받으므로 다음과 같이 클래스 선언의 매개
변수 타입을 변경하자.

```
private inner class MyTask : AsyncTask<String, Int, String>() {
    .
    .
    override fun onProgressUpdate(vararg values: Int?) {

    }
    .
    .
```

onPreExecute() 함수는 백그라운드 작업이 시작되기 전에 호출되므로 초기화 작업을 하는 데 사
용될 수 있다. 또한, 이 함수는 메인 스레드에서 실행되므로 사용자 인터페이스를 변경하는 데 사
용될 수 있다.

메인 스레드와 다른 스레드에서 백그라운드로 실행되는 코드는 doInBackground() 함수에 둔다.
이 함수는 사용자 인터페이스를 변경할 수 없다. 그러나 doInBackground() 함수 내부에서 매번
publishProgress() 함수를 호출할 때마다 onProgressUpdate() 함수가 호출되므로, 작업 진행 정
보를 사용자 인터페이스에 변경하는 데 onProgressUpdate() 함수를 사용할 수 있다.

onPostExecute() 함수는 doInBackground() 함수 내부에서 수행된 작업이 완료될 때 호출된다. 이 함수는 doInBackground()에서 반환된 값을 전달받으며, 사용자 인터페이스를 변경할 수 있는 메인 스레드에서 실행된다.

buttonClick() 함수의 모든 코드를 doInBackground() 함수로 이동시키고 다음과 같이 return 문을 추가하자.

```kotlin
override fun doInBackground(vararg params: String): String {

    var i = 0
    while (i <= 20) {
        try {
            Thread.sleep(1000)
            i++
        }
        catch (e: Exception) {
            return(e.localizedMessage)
        }
    }
    return "Button Pressed"
}
```

그다음에 TextView를 변경하는 코드를 onPostExecute() 함수에 추가한다. 이 코드에서는 doInBackground() 함수에서 반환된 텍스트를 화면에 보여 준다.

```kotlin
override fun onPostExecute(result: String) {
    binding.myTextView.text = result
}
```

그리고 doInBackground() 함수를 통해서 정기적인 사용자 인터페이스 변경을 하기 위해 다음과 같이 publishProgress() 호출 코드를 추가한다. publishProgress() 함수는 현재의 루프 카운터 값을 전달한다. 또한, 전달된 현재의 루프 카운터 값을 화면에 보여 주는 코드를 onProgressUpdate() 함수에 추가한다.

```kotlin
override fun doInBackground(vararg params: String): String {

    var i = 0
    while (i <= 20) {
        try {
            Thread.sleep(1000)
            publishProgress(i)
            i++
        }
        catch (e: Exception) {
```

```
            return(e.localizedMessage)
        }
    }
    return "Button Pressed"
}

override fun onProgressUpdate(vararg values: Int?) {
    super.onProgressUpdate(*values)
    val counter = values.get(0)
    binding.myTextView.text = "Counter = $counter"
}
```

끝으로, 동기화 작업의 실행을 시작시키는 코드를 buttonClicked() 함수에 추가한다.

```
fun buttonClick(view: View) {
  val task = MyTask().execute()
}
```

기본적으로 동기화 작업은 순차적으로 실행된다. 즉, 앱이 하나 이상의 작업을 실행한다면 첫 번째 작업이 먼저 실행되며, 나머지 작업은 큐에 있다가 앞의 작업이 끝나면 그다음에 순차적으로 실행된다.

따라서 비동기 작업으로 병행으로 실행하려면 다음과 같이 AsyncTask 스레드 풀 executor를 사용해서 실행해야 한다.

```
val task = MyTask().executeOnExecutor(AsyncTask.THREAD_POOL_EXECUTOR)
```

이 방법으로 병행 실행될 수 있는 작업 개수는 장치의 코어 풀 크기(사용 가능한 CPU 코어 수)로 제한된다. 장치에 사용 가능한 CPU 코어 수는 다음 코드를 사용해서 알 수 있다.

```
val cpu_cores = Runtime.getRuntime().availableProcessors()
```

안드로이드는 기본 풀 스레드 개수를 산출하기 위해 알고리즘을 사용한다. 최소한의 기본 스레드 개수는 2이며, 최대 기본값은 4 또는 CPU 코어 수 - 1 중 하나다. 안드로이드 장치의 풀에 사용 가능한 최대 스레드 개수는 CPU 코어 수에 2를 곱한 후 1을 더한 값이 된다.

63.6 앱 테스트하기

앱을 다시 실행하고 버튼을 터치해 보자. 이제는 새로운 스레드에서 시간 지연 코드가 실행된다. 또한, 버튼을 다시 눌러도 응답을 해줄 것이다.

그리고 시간 지연 코드가 실행되는 동안 매초 사용자 인터페이스가 변경되면서 카운터 값을 보여준다. 그리고 버튼을 여러 번 누르고 20초가 경과하면 TextView에서 'Button Pressed' 메시지를 보여 줄 것이다.

63.7 작업 취소하기

실행 중인 작업은 해당 작업 객체의 cancel() 함수를 호출하여 취소할 수 있다. 이때 Boolean 값을 인자로 전달하여 진행 중인 작업이 끝나기 전에 중단할 것인지의 여부를 나타낼 수 있다.

```
val task = MyTask().execute()
task.cancel()
```

63.8 요약

이번 장에서는 안드로이드 앱의 스레드 사용 시에 중요한 내용을 알아보았다. 앱이 프로세스로 최초 시작될 때 안드로이드 런타임 시스템은 메인 스레드를 생성한다. 그리고 이후에 시작되는 앱 컴포넌트는 기본적으로 메인 스레드에서 실행된다. 메인 스레드의 주된 역할은 사용자 인터페이스를 처리하는 것이다. 따라서 시간이 오래 걸리는 작업이 메인 스레드에서 실행되면 앱이 멈춘 것처럼 보인다. 그러므로 그런 작업은 별도의 스레드에서 실행되어야 한다.

안드로이드 UI 툴킷은 스레드에 안전하지 않기 때문에 메인 스레드가 아닌 다른 스레드에서 직접 사용자 인터페이스를 변경하면 안 된다. 이때는 AsyncTask 클래스의 서브 클래스를 생성하고, 작업을 수행하거나 사용자 인터페이스를 변경하는 함수를 오버라이드하여 구현한다. 그리고 이 클래스의 인스턴스를 별도의 스레드로 실행하여 백그라운드 작업을 수행할 수 있다.

CHAPTER

64

코틀린 코루틴 개요

앞 장에서는 안드로이드의 스레드 개념 및 앱의 사용자 인터페이스가 메인 스레드에서 어떻게 실행되는지 알아보았다. 사용자 인터페이스의 응답성을 떨어트리거나 방해하는 것을 피하기 위해 시간이 오래 걸리는 작업이 메인 스레드의 실행을 가로막지 않는 것이 중요하다. 앞 장에서 이야기했듯이, 이때 한 가지 방법은 그런 작업을 백그라운드 스레드에서 실행하여 메인 스레드가 계속 사용자 인터페이스를 관리하게 하는 것이다. 직접 스레드 핸들러를 사용하거나 AsyncTask 클래스를 사용하면 가능하다.

AsyncTask 클래스나 스레드 핸들러는 별도 스레드에서 작업을 수행하는 방법을 제공한다. 그러나 구현하는 데 시간이 많이 걸리고 관련 코드의 이해와 유지보수가 어렵다. 또한, 앱에서 필요한 스레드 수가 많을 때는 효율적인 해결책이 아니다.

이런 경우를 고려해서 코틀린은 **코루틴**Coroutine을 제공한다. 이번 장에서는 디스패처dispatcher, 코루틴 범위scope, 정지 함수suspend function, 코루틴 빌더builder 등의 코루틴 기본 개념을 알아본다. 그리고 또한, 코루틴 간의 채널 기반 통신 개념도 알아볼 것이다.

64.1 코루틴이란?

코루틴은 자신이 시작된 스레드를 중단하지 않으면서 비동기적으로 실행되는 코드 블록이다. 코루틴은 복잡한 AsyncTask의 구현이나 다수의 스레드 관리를 우리가 직접 하지 않아도 구현할 수 있다. 또한, 구현 방법에서 기존의 다중 스레드 방식보다 훨씬 더 효율적이며 리소스를 적게 사용한다. 그리고 코루틴을 사용하면 작성과 이해 및 유지보수가 더 쉬운 코드를 만들 수 있다. 왜냐하면 스레드 관련 이벤트나 결과를 처리하기 위해 콜백callback을 작성할 필요 없이 순차적으로 코드를 작성할 수 있기 때문이다.

코틀린에는 비교적 최근에 추가되었지만 코루틴 자체는 혁신적인 변화가 없다. 1960년 이래로 프로그래밍 언어에는 이런저런 형태의 코루틴이 존재하였으며 이것은 CSPCommunicating Sequential Processes라는 모델에 기반을 둔다. 코틀린의 코루틴은 매우 효율적으로 작동하지만 내부적으로는 여전히 다중 스레드를 사용한다.

64.2 스레드 vs. 코루틴

스레드의 문제점은 CPU와 시스템 관점에서 리소스를 많이 사용한다는 것이다. 내부적으로 스레드를 생성하고, 스케줄링하고, 소멸하는 데 많은 작업이 필요하기 때문이다. 현대의 CPU는 많은 스레드를 실행할 수 있지만 언제든 병행으로 실행될 수 있는 실제 스레드 수는 CPU 코어 개수에 제한을 받는다(8개의 코어를 갖는 CPU도 있지만 대부분의 안드로이드 장치는 코어가 4개인 CPU를 갖는다). 따라서 CPU 코어보다 많은 수의 스레드 실행이 필요할 때는 사용 가능한 코어를 공유하여 스레드가 실행되도록 시스템에서 스레드 스케줄링을 수행해야 한다.

이런 부담을 덜기 위해 코루틴당 하나의 새 스레드를 시작시키고 이후에 소멸시키는 대신, 코틀린에서는 스레드 풀을 유지하면서 코루틴이 스레드에 할당되는 방법을 관리한다. 즉, 실행 중인 코루틴이 일시 정지되면suspended 코틀린 런타임이 해당 코루틴을 저장하고 이 코루틴이 사용하던 스레드를 다른 코루틴에 할당한다. 그리고 저장된 코루틴이 실행 재개resumed되면 스레드 풀의 미사용 스레드로 복원하여 완료 또는 정지될 때까지 계속 실행한다. 이 방법을 사용하면 제한된 수의 스레드를 효율적으로 사용하여 비동기 작업을 실행할 수 있으며, 기존의 다중 스레드를 사용할 때 발생하는 고질적인 성능 저하 없이 여러 개의 동시 작업이 가능하다.

64.3 코루틴 범위

모든 코루틴은 개별적으로 실행되지 않고 그룹으로 관리될 수 있는 범위scope에서 실행되어야 한다. 이것은 코루틴을 취소 또는 소멸할 때 특히 중요하다. 예를 들어, 프래그먼트나 액티비티가 소멸될 때 이와 관련된 코루틴으로 인한 메모리 누수가 생기지 않게 해준다(달리 말해, 앱에서 더 이상 필요 없는데도 백그라운드에서 계속 실행되는 것을 방지함). 예를 들어, 코루틴에 범위를 지정함으로써 더 이상 필요 없을 때 한꺼번에 취소할 수 있다.

코틀린은 커스텀 범위의 생성은 물론이고 내장된 범위도 지원한다. 내장된 범위를 요약하면 다음과 같다.

- **GlobalScope** — GlobalScope는 앱의 전체 생명주기와 결부된 최상위 수준의 코루틴을 시작하는 데 사용된다. 이 범위의 코루틴은 필요가 없어도(예를 들어, 액티비티가 종료될 때) 계속 실행될 가능성이 있으므로 안드로이드 앱에서는 사용하지 않는 것이 좋다. GlobalScope로 실행되는 코루틴은 구조화되지 않은 동시 실행unstructured concurrency으로 생각할 수 있다. 즉, 코루틴이 개별적으로 실행되고 이것의 참조를 우리가 관리해야 한다는 의미다. 그러나 코루틴이 경량이더라도 실행할 때 메모리 리소스를 사용하므로 제대로 관리하지 않으면 메모리 누수가 생길 수 있다.

- **ViewModelScope** — Jetpack 아키텍처의 ViewModel 컴포넌트를 사용할 때 ViewModel 인스턴스에서 사용하기 위해 제공되는 범위다. ViewModel 인스턴스 내부에서 이 범위로 시작되는 코루틴은 관련된 ViewModel 인스턴스가 소멸될 때 코틀린 런타임에 의해 자동으로 취소된다.

이 외의 모든 경우에는 커스텀 범위가 사용된다. 예를 들어, 다음 코드에서는 myCoroutineScope 라는 커스텀 범위를 생성한다.

```
private val myCoroutineScope = CoroutineScope(Dispatchers.Main)
```

여기서는 코루틴 실행에 사용될 Dispatchers.Main 디스패처를 갖는 코루틴 범위를 선언한다(디스패처는 바로 다음에 설명한다). 코루틴이 시작될 때는 항상 자신이 속한 코루틴 범위를 참조해야 한다. 같은 범위에 속한 모든 실행 코루틴은 해당 범위 인스턴스의 cancel() 함수를 호출하여 취소할 수 있다.

```
myCoroutineScope.cancel()
```

64.4 정지 함수

이미 이야기했듯이, 코틀린의 코루틴은 실행되다가 일시 정지(예를 들어, 일정 시간 대기)할 때 코틀린 런타임에 의해 자신이 실행되던 스레드가 다른 코루틴에 할당된다. 그리고 다시 실행을 재개할 때 사용 가능한 스레드를 코틀린 런타임이 다시 할당한다. 효율적으로 스레드를 사용하기 위해서다. 이런 메커니즘에 맞춰 실행되게 해주는 함수가 정지suspend 함수다.

정지 함수는 코루틴의 코드를 포함하는 특별한 타입의 코틀린 함수이며 suspend 키워드를 사용해서 선언한다. 그리고 이렇게 하면 메인 스레드를 중단하지 않고 시간이 오래 걸리는 작업을 실행(일시 정지 및 실행 재개하면서)할 수 있다.

정지 함수의 선언 예는 다음과 같다.

```
suspend fun mySlowTask() {
    // 시간이 오래 걸리는 작업 코드
}
```

64.5 코루틴 디스패처

코틀린은 서로 다른 유형의 비동기 작업 스레드를 유지 관리한다. 코루틴을 시작할 때는 다음의 디스패처 중 하나를 선택해야 한다.

- **Dispatchers.Main** — 메인 스레드에서 코루틴을 실행한다. UI를 변경할 필요가 있는 코루틴에 적합하며, 경량의 작업을 수행하는 데 보편적으로 사용된다.
- **Dispatchers.IO** — 네트워크, 디스크, 데이터베이스 작업을 수행하는 코루틴에 적합하다.
- **Dispatchers.Default** — 데이터 정렬이나 복잡한 연산 등과 같이 CPU를 많이 사용하는 코루틴에 적합하다.

디스패처는 코루틴을 적합한 스레드에 할당하고 코루틴 실행 중에 일시 정지와 실행 재개를 처리하는 책임이 있다. 사전 정의된 디스패처에 추가하여 우리의 커스텀 스레드 풀을 위한 디스패처를 생성할 수도 있다.

64.6 코루틴 빌더

코루틴 빌더는 지금까지 이야기한 모든 컴포넌트를 통합하고 코루틴을 실행한다. 코틀린은 다음의 빌더를 제공한다.

- **launch** — 현재 스레드를 중단하지 않고 코루틴을 시작시키며 결과를 호출 측에 반환하지 않는다. 정지 함수가 아닌 일반 함수 내부에서 정지 함수를 호출할 때 그리고 코루틴의 결과를 처리할 필요가 없을 때 (이것을 '실행 후 망각' 코루틴이라고 함) 이 빌더를 사용한다.
- **async** — 현재 스레드를 중단시키지 않고 코루틴을 시작시키며 호출 측에서 await() 함수를 사용해서 코루틴의 결과를 기다릴 수 있다. 병행으로 실행될 필요가 있는 다수의 코루틴이 있을 때 async를 사용한다. async 빌더는 정지 함수 내부에서만 사용할 수 있다.
- **withContext** — 부모 코루틴에 의해 사용되던 것과 다른 컨텍스트에서 코루틴이 시작될 수 있게 한다. 예를 들어, 이 빌더를 사용하면 Main 컨텍스트를 사용해서 실행되는 코루틴이 Default 컨텍스트에 자식 코루틴을 시작시킬 수 있다. 또한, 코루틴의 결과를 반환할 때 async 대신 유용하게 사용될 수 있다.
- **coroutineScope** — 이 빌더는 병행으로 실행될 다수의 코루틴을 정지 함수가 시작시키고 모든 코루틴이 완료될 때만 어떤 처리를 할 필요가 있을 때 이상적이다. 만일 이런 코루틴이 coroutineScope 빌더를 사용해서 시작되면 호출 함수는 모든 자식 코루틴이 완료되어야 실행이 끝나고 복귀한다. coroutineScope 빌더를 사용할 때는 여러 코루틴 중 어느 하나라도 실행에 실패하면 모든 다른 코루틴이 취소된다.
- **supervisorScope** — coroutineScope 빌더와 유사하다. 그러나 한 코루틴이 실행에 실패하더라도 다른 코루틴은 취소되지 않는다는 점이 다르다.
- **runBlocking** — 코루틴을 시작시키고 이 코루틴이 완료될 때까지 현재 스레드를 중단시킨다. 이것은 코루틴의 취지와 정반대다. 그러나 코드를 테스트하거나 리거시 코드와 라이브러리를 통합할 때 유용하다. 이 외의 경우는 사용하지 않는 것이 좋다.

64.7 Job

launch나 async 등의 코루틴 빌더를 호출하면 Job 인스턴스를 반환한다. 그다음에 이 인스턴스를 사용해서 해당 코루틴의 생명주기를 관리하는 데 사용할 수 있다. 그리고 이후에 해당 코루틴에서 빌더를 호출하면 새로운 Job 인스턴스가 생성된다. 이 인스턴스는 먼저 생성된 부모 Job 인스턴스의 자식 인스턴스가 되며 부모-자식 관계를 형성한다. 따라서 부모 Job을 취소하면 이것의 모든 자식 Job도 취소된다. 그러나 특정 자식 Job의 취소는 부모 Job을 취소시키지 않는다. 단, launch 빌더를 사용해서 생성된 자식 Job에서 예외가 발생하면 부모 Job이 취소될 수 있다. async 빌더를 사용해서 생성된 자식 Job의 경우는 다르다. 이때는 부모 Job에게 반환되는 결과에 자식 Job의 예외를 포함시키기 때문이다.

코루틴의 상태는 연관된 Job 인스턴스의 isActive, isCompleted, isCancelled 속성을 사용해서 알 수 있다. 이와 더불어 Job 인스턴스에 사용할 수 있는 함수도 있다. 예를 들어, 하나의 Job과 이것의 각 자식 Job은 Job 객체의 cancel() 함수를 호출하여 취소할 수 있으며, cancelChildren() 함수를 호출하면 모든 자식 코루틴을 취소시킨다.

join() 함수는 모든 자식 Job이 완료될 때까지 특정 Job과 연관된 코루틴을 정지시키기 위해 호출될 수 있으며, 특정 Job을 취소할 때는 cancelAndJoin() 함수를 호출하면 된다.

코루틴 범위와 더불어 Job의 이런 계층구조는 구조적 동시 실행structured concurrency의 기반을 형성한다. 구조적 동시 실행의 목적은 우리가 각 코루틴의 참조를 직접 관리할 필요 없이 코루틴이 필요 이상으로 더 오래 실행되지 않게 하는 것이다.

64.8 코루틴의 정지와 실행 재개

코루틴의 정지suspension에 관해 더 잘 이해하려면 코루틴의 사용 예를 알아보는 것이 좋다. 우선, 클릭했을 때 startTask() 함수를 실행하는 버튼을 갖는 안드로이드 앱이 있다고 해보자. 이 함수에서는 Main 코루틴 디스패처를 사용하는 정지 함수인 performSlowTask()를 호출한다. 코드는 다음과 같다.

```
private val myCoroutineScope = CoroutineScope(Dispatchers.Main)

fun startTask(view: View) {
    myCoroutineScope.launch(Dispatchers.Main) {
        performSlowTask()
    }
}
```

이 코드에서는 커스텀 범위가 선언되고 launch 빌더 호출 시에 참조된다. 그다음에 정지 함수인 performSlowTask()를 호출한다. 여기서 startTask()는 정지 함수가 아니므로 async 빌더 대신 launch 빌더를 사용해서 코루틴을 시작해야 한다.

이 코드처럼 코루틴의 커스텀 범위는 CoroutineScope 클래스를 사용해서 생성할 수 있다.

다음은 정지 함수인 performSlowTask()를 다음과 같이 선언할 수 있다.

```
suspend fun performSlowTask() {
    Log.i(TAG, "performSlowTask before")
    delay(5_000) // 오래 실행되는 작업
    Log.i(TAG, "performSlowTask after")
}
```

이 코드를 보면 알 수 있듯이, 이 함수에서는 5초간의 지연을 수행하기 전과 후에 로그 메시지를 출력한다. 5초를 지연시킨 것은 오래 실행되는 작업을 모의로 수행하기 위함이다. 그러나 5초가 지연되는 동안에도 메인 스레드는 중단되지 않는다. 따라서 UI사용자 인터페이스는 계속 응답 가능하다. 왜 그럴까? 그 이유를 알아보기 위해 코드를 살펴보자.

제일 먼저 startTask() 함수가 실행되고 정지 함수인 performSlowTask()가 코루틴으로 시작된다. 그리고 이 함수는 5초(5000밀리초)를 인자로 전달하여 코틀린 delay() 함수를 호출한다. 코틀린 delay() 함수 역시 정지 함수로 구현된 것이므로 코틀린 런타임에 의해 코루틴으로 시작된다. 이 시점에서 코드의 실행은 정지점(delay 코루틴이 실행될 동안 performSlowTask() 코루틴이 정지되는)에 도달해 있다. 이때 performSlowTask()가 실행되던 스레드는 사용이 해제되고 제어는 메인 스레드에 넘겨진다. 따라서 UI는 영향을 받지 않는다.

그리고 delay() 함수의 실행이 끝나면 정지되었던 performSlowTask() 코루틴이 스레드 풀의 사용 가능한 스레드에 복원되고 실행이 재개된다. 따라서 로그 메시지가 출력되고 startTask() 함수로 제어가 넘어간다.

안드로이드 스튜디오에서는 코루틴의 정지점을 그림 64-1과 같이 표시한다.

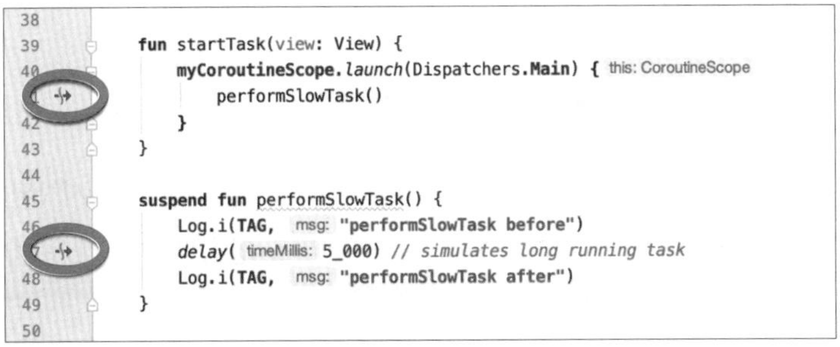

그림 64-1

64.9 코루틴에서 결과 받기

앞의 예에서는 정지 함수를 코루틴으로 실행했지만 결과를 어떻게 받는지는 보여 주지 않았다. 그러나 TextView 객체에 보여 줄 문자열을 performSlowTask() 함수가 반환해야 한다면 어떻게 해야 할까?

이때는 정지 함수인 performSlowTask()에서 Deferred 객체를 반환하도록 수정해야 한다. Deferred 객체는 향후 언젠가 값을 제공한다는 약속을 나타낸다. 그리고 Deferred 객체의 await() 함수를 호출하면 해당 코루틴에서 값이 반환될 때 코틀린 런타임이 전달해 준다. 따라서 startTask() 함수의 코드는 다음과 같이 변경할 수 있다.

```
fun startTask(view: View) {
    coroutineScope.launch(Dispatchers.Main) {
        statusText.text = performSlowTask().await()
    }
}
```

그런데 startTask()는 정지 함수가 아니므로 이 함수에서는 launch 빌더를 사용해서 코루틴을 시작해야 한다는 것이 문제다. 그러나 이번 장 앞에서 이야기했듯이, 코루틴에서 결과를 반환하려면 async 빌더를 사용해서 시작시켜야만 한다. 따라서 여기서는 정지 함수에서 async 빌더를 사용해서 또 다른 코루틴(Deferred 객체를 반환하는)을 시작시키도록 변경해야 한다.

```
suspend fun performSlowTask(): Deferred<String> =
    coroutineScope.async(Dispatchers.Default) {
        Log.i(TAG, "performSlowTask before")
        delay(5_000)
        Log.i(TAG, "performSlowTask after")
    return@async "Finished"
}
```

이제 앱을 실행하면 performSlowTask() 코루틴의 실행이 끝날 때 'Finished' 결과 문자열이 TextView 객체에 나타날 것이다. 다시 말하지만, 결과를 기다리는 것은 메인 스레드를 중단시키지 않고 백그라운드에서 수행된다.

64.10 withContext 사용하기

이미 이야기했듯이, 코루틴은 지정된 범위에서 지정된 디스패처를 사용하여 시작된다. 기본적으로 자식 코루틴은 부모 코루틴에 사용된 디스패처와 동일한 것을 상속받는다. 다음 예를 보자. 이 코드에서는 정지 함수에서 다수의 정지 함수를 호출한다.

```
fun startTask(view: View) {
    coroutineScope.launch(Dispatchers.Main) {
        performTasks()
    }
}

suspend fun performTasks() {
    performTask1()
    performTask2()
    performTask3()
}

suspend fun performTask1() {
    Log.i(TAG, "Task 1 ${Thread.currentThread().name}")
}

suspend fun performTask2() {
    Log.i(TAG, "Task 2 ${Thread.currentThread().name}")
}

suspend fun performTask3 () {
    Log.i(TAG, "Task 3 ${Thread.currentThread().name}")
}
```

performTasks() 함수는 Main 디스패처를 사용해서 시작되었으므로 이 함수에서 호출하는 세 개의 함수 모두 메인 스레드에서 실행된다. 정말 그런지 확인하기 위해 이 코드를 안드로이드 스튜디오에서 실행하면, 스레드의 이름이 다음과 같이 로그캣Logcat 패널에 출력된다.

```
Task 1 main
Task 2 main
Task 3 main
```

그러나 performTask2() 함수가 네트워크 작업을 많이 수행하므로 IO 디스패처로 실행되는 것이 적합하다고 가정해 보자. 이때는 withContext 빌더를 사용하면 그렇게 할 수 있다. 코루틴의 범위는 같으면서 컨텍스트를 변경할 수 있기 때문이다. 변경된 performTasks() 함수는 다음과 같다.

```
suspend fun performTasks() {
    performTask1()
    withContext(Dispatchers.IO) { performTask2() }
    performTask3()
}
```

이 코드가 실행되면 다음의 출력 결과와 같이 Task 2 코루틴은 메인 스레드에서 실행되지 않는다는 것을 알 수 있다.

```
Task 1 main
Task 2 DefaultDispatcher-worker-1
Task 3 main
```

withContext 빌더는 또한, 코루틴의 결과를 반환할 때 async 빌더와 Deferred 객체의 await() 호출 대신 사용할 수도 있다. 앞에 나왔던 코드를 withContext를 사용해서 변경한 코드는 다음과 같다.

```
fun startTask(view: View) {
    coroutineScope.launch(Dispatchers.Main) {
        statusText.text = performSlowTask()
    }
}

suspend fun performSlowTask(): String =
  withContext(Dispatchers.Main) {
    Log.i(TAG, "performSlowTask before")
    delay(5_000)
    Log.i(TAG, "performSlowTask after")

    return@withContext "Finished"
}
```

64.11 코루틴 채널 통신

채널Channel은 데이터 스트림을 비롯해서 코루틴 간의 통신을 구현하는 간단한 방법을 제공한다.

가장 간단한 형태로는 Channel 인스턴스를 생성하고 send() 함수를 호출하여 데이터를 전송한다. 그리고 전송된 데이터는 같은 Channel 인스턴스의 receive() 함수를 호출하여 다른 코루틴에서 수신할 수 있다.

예를 들어, 다음 코드에서는 한 코루틴에서 다른 코루틴으로 6개의 정수를 전달한다.

```
import kotlinx.coroutines.channels.*
.
.
val channel = Channel<Int>()

suspend fun channelDemo() {
    coroutineScope.launch(Dispatchers.Main) { performTask1() }
    coroutineScope.launch(Dispatchers.Main) { performTask2() }
}

suspend fun performTask1() {
    (1..6).forEach {
```

```
        channel.send(it)
    }
}

suspend fun performTask2() {
    repeat(6) {
        Log.d(TAG, "Received: ${channel.recieve()}")
    }
}
```

이 코드가 실행되면 다음과 같이 로그 메시지가 로그캣 패널에 출력된다.

```
Received: 1
Received: 2
Received: 3
Received: 4
Received: 5
Received: 6
```

64.12 요약

종전의 다중 스레드 방식에 비해 코틀린의 코루틴은 비동기 작업을 수행하는 더 간단하고 효율적인 방법을 제공한다. 코틀린 코루틴은 비동기 작업을 구조화된 방법으로 구현할 수 있게 해준다. 따라서 스레드 작업과 연관된 콜백을 우리가 구현할 필요가 없다. 이번 장에서는 Job, 코루틴 범위, 코루틴 빌더, 정지 함수, 구조화된 동시 실행, 채널 기반 통신 등의 코틀린 코루틴의 기본 개념을 알아보았다.

CHAPTER 65

코틀린 코루틴 예제 프로젝트

앞 장에서는 코틀린 코루틴을 사용해서 비동기 작업을 수행하는 데 필요한 핵심 개념을 알아보았다. 이번 장에서는 실제로 예제 앱을 생성하고 구현해 볼 것이다.

65.1 코루틴 예제 앱 생성하기

우선, 새 프로젝트를 생성하자. 안드로이드 스튜디오 메인 메뉴의 File ➡ New ➡ New Project...를 선택하거나 웰컴 스크린에서 New Project 버튼을 클릭한다. '프로젝트 템플릿 선택' 대화상자가 나타나면 Phone and Tablet과 Empty Activity를 선택하고 Next 버튼을 누른다.

Name 필드에 CoroutineDemo를 입력하고 Package name에는 com.ebookfrenzy.coroutinedemo를 입력한다. 그리고 Language가 Kotlin인지 확인하고 Minimum SDK는 API 26: Android 8.0 (Oreo)를 선택한다. 또한, Use legacy android.support libraries가 체크 해제되어 있는지 확인하고 Finish 버튼을 누른다.

프로젝트가 생성된 후 **18.8**절을 참고하여 뷰 바인딩을 활성화하고 사용하도록 변경하자(안드로이드 스튜디오가 자동 생성한 코드에서 이미 뷰 바인딩을 사용한다면 할 필요 없다).

65.2 코루틴 지원 라이브러리 추가하기

현재 안드로이드 스튜디오 버전에서는 코루틴 지원 라이브러리를 자동으로 프로젝트에 추가하지 않는다(만일 추가되어 있다면 65.3절로 건너뛰자). 프로젝트 도구 창에서 app ➡ Gradle Scripts ➡ build.gradle (Module: CoroutineDemo.app) 파일을 더블클릭하여 편집기 창에 열고 dependencies 섹션에 다음을 추가하자.

```
dependencies {
    .
    .
    implementation 'org.jetbrains.kotlinx:kotlinx-coroutines-core:1.4.1'
```

```
    implementation 'org.jetbrains.kotlinx:kotlinx-coroutines-android:1.4.1'
    .
    .
    .
}
```

다시 한 번 편집기 창의 오른쪽 위에 있는 Sync Now를 눌러 그래들 빌드의 변경 사항을 프로젝트에 적용한다.

65.3 사용자 인터페이스 디자인하기

사용자 인터페이스는 코루틴을 시작시키는 버튼 하나와 Seekbar를 포함한다. Seekbar는 버튼을 누를 때마다 시작할 코루틴의 개수를 지정하는 데 사용한다. 또한, 각 코루틴이 시작하고 끝날 때 TextView의 값이 변경된다.

편집기 창에 열린 activity_main.xml 레이아웃 파일을 선택하고 디자인 모드로 변경하자. 그리고 자동 생성된 TextView는 그대로 두고 그림 65-1과 같이 제일 밑에 Button, 맨 위에 TextView, 그 밑에 SeekBar를 추가한다.

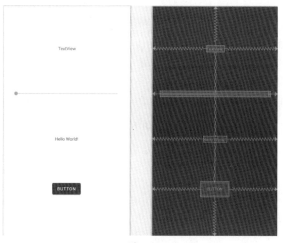

그림 65-1

다음은 레이아웃 편집기의 툴바 버튼(🔗)을 클릭하여 레이아웃의 모든 제약을 삭제한다. 그리고 컴포넌트 트리에서 네 개의 컴포넌트를 모두 선택(제일 위의 TextView를 클릭 후 [Shift] 키를 누른 채로 나머지 세 개를 클릭)한 후 마우스 오른쪽 버튼을 클릭하고 Center ➡ Horizontally를 선택한다. 그다음 다시 마우스 오른쪽 버튼을 클릭하고 Chains ➡ Create Vertical Chain을 선택한다. 이렇게 하면 네 컴포넌트의 모든 제약이 추가되었을 것이다.

컴포넌트 트리에서 SeekBar를 선택하고 속성 창에서 layout_width 속성의 값을 0dp(match_constraints)로 변경한 후 왼쪽과 오른쪽의 마진을 24dp로 지정하자(그림 65-2).

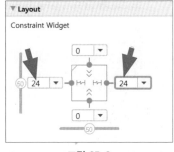

그림 65-2

컴포넌트 트리에서 Button을 선택한 후 속성 창에서 onClick 속성에 launchCoroutines를 입력하고 text 속성은 Launch Coroutines로 변경한 후 문자열 리소스로 추출한다(3장의 그림 3-13부터 3-15 참고). 그리고 레이아웃 디자인의 제일 위쪽 TextView를 선택한 후 속성 창에서 id를 countText로 변경한다(만일 대화상자가 나타나면 Refactor 버튼을 누른다). 또한, SeekBar의 id는 seekBar로 변경하고 아래쪽 TextView의 id는 statusText로 변경한다.

65.4 SeekBar 구현하기

여기서 SeekBar는 버튼을 누를 때마다 시작될 비동기 코루틴의 개수를 1부터 2000 사이의 값으로 제어한다. 컴포넌트 트리에서 다시 SeekBar를 선택하자. 그리고 속성 창에서 max 속성의 값을 2000으로 입력한다.

그다음에 편집기 창에 열린 MainActivity.kt 파일을 선택하고 다음과 같이 변경한다. 여기서는 현재의 SeekBar 슬라이더 값을 저장하는 변수를 추가하고 SeekBar 리스너를 onCreate() 함수에 추가한다.

```
.
.
import android.widget.SeekBar

class MainActivity : AppCompatActivity() {

    private lateinit var binding: ActivityMainBinding
    private var count: Int = 1

    override fun onCreate(savedInstanceState: Bundle?) {
        super.onCreate(savedInstanceState)
        binding = ActivityMainBinding.inflate(layoutInflater)
        setContentView(binding.root)

        binding.seekBar.setOnSeekBarChangeListener(object :
```

```
                SeekBar.OnSeekBarChangeListener {
                    override fun onProgressChanged(seek: SeekBar,
                        progress: Int, fromUser: Boolean) {
                        count = progress
                        binding.countText.text = "${count} coroutines"
                    }

                    override fun onStartTrackingTouch(seek: SeekBar) {
                    }

                    override fun onStopTrackingTouch(seek: SeekBar) {
                    }
            })
        }
}
```

SeekBar 슬라이더를 움직이면 해당 시점의 값이 count 변수에 저장되고 countText TextView에
나타날 것이다.

65.5 정지 함수 추가하기

사용자가 버튼을 누르면 앱에서는 SeekBar에 선택된 수만큼의 코루틴을 시작시킬 것이다. 이 일은
버튼의 onClick 속성에 지정한 launchCoroutines() 함수가 수행하며 이때 코루틴 빌더를 사용해
서 정지 함수를 실행한다. 정지 함수에서는 statusText TextView 객체에 보여 줄 문자열을 반환해
야 하므로 async 빌더를 사용해서 구현해야 한다. 그리고 이런 모든 처리는 우리가 선언한 커스텀
코루틴 범위에서 수행될 것이다. 다음과 같이 MainActivity.kt 파일을 변경하자.

```
.
.
.
import kotlinx.coroutines.*

class MainActivity : AppCompatActivity() {

    private val coroutineScope = CoroutineScope(Dispatchers.Main)
    .
    .
    suspend fun performTask(tasknumber: Int): Deferred<String> =
        coroutineScope.async(Dispatchers.Main) {
            delay(5_000)
            return@async "Finished Coroutine ${tasknumber}"
        }
}
```

여기서 performTask() 함수는 작은 작업을 수행하면서 사용자 인터페이스도 변경하므로 Main 디스패처를 사용해서 코루틴을 실행한다. 이 함수는 코루틴의 순번을 인자로 받아 5초 동안 지연한 후 코루틴이 종료되었음을 나타내는 문자열을 반환한다.

65.6 launchCoroutines 함수 구현하기

마지막으로 할 일은, 버튼을 눌렀을 때 호출되는 launchCoroutines() 함수를 추가하는 것이다. 다음과 같이 이 함수를 MainActivity.kt 파일에 추가하자.

```
.
.
import android.view.View

class MainActivity : AppCompatActivity() {
    .
    .
    fun launchCoroutines(view: View) {

        (1..count).forEach {
            binding.statusText.text = "Started Coroutine ${it}"
            coroutineScope.launch(Dispatchers.Main) {
                binding.statusText.text = performTask(it).await()
            }
        }
    }
}
```

launchCoroutines() 함수에서는 요청된 수의 코루틴을 시작시키는 루프를 구현한다. 그리고 루프가 반복될 때마다 await() 함수를 호출하여 작업이 끝난 코루틴으로부터 반환된 결과를 statusText TextView에 변경한다.

65.7 앱 테스트하기

실제 장치나 에뮬레이터에서 앱을 실행하고 SeekBar를 낮은 수(예를 들어, 10)로 움직인 후 버튼을 눌러 보자. SeekBar로 지정된 수가 될 때까지 매번 코루틴이 시작되면서 (그리고 5초간의 지연 후에) statusText TextView의 텍스트가 변경될 것이다(실제로는 statusText TextView의 텍스트 변경이 너무 빨라서 바뀐 것을 알기 어려울 것이다).

그다음에 SeekBar를 최댓값인 2000으로 설정하고 버튼을 눌러 보자. 이렇게 해도 메인 스레드는 여전히 중단 없이 잘 실행될 것이다.

마지막으로 로그캣_{Logcat} 창을 열고(안드로이드 스튜디오 메인 창 제일 밑의 Logcat 도구 창 버튼을 클릭) 중앙의 검색 필드에 I/Choreographer를 입력한다. 그리고 SeekBar를 최댓값인 2000으로 설정하고 버튼을 반복해서 눌러 보자. 대략 10번에서 15번 정도 누르면 로그캣 창에 다음과 같은 메시지가 여러 번 나타날 것이다.

```
I/Choreographer: Skipped 52 frames! The application may be doing too much work on its
main thread.
```

이 결과를 보면 알 수 있듯이, 앱은 계속 잘 작동한다. 그러나 실행되는 코루틴 수가 많아지면 메인 스레드에도 부담이 생기기 시작한다. 굉장히 많은 코루틴이 동시 실행될 때만 이런 현상이 발생한 다는 사실은 코틀린 코루틴의 효율성이 좋다는 것을 입증하는 것이다. 그러나 위 메시지가 나타나기 시작할 때는 메인 스레드가 감당하기 어려운 정도의 너무 많은 코루틴이 실행되고 있거나 또는 비동기 작업량이 너무 많다는 징조일 수 있다. 따라서 이와 같은 조짐이 나타날 때는 withContext 빌더를 사용해서 다른 디스패처로 실행할 필요가 있다.

65.8 요약

64장에서 배웠던 내용을 토대로 이번 장에서는 안드로이드 앱에서 코틀린 코루틴을 사용하는 예제 프로젝트를 생성하고 살펴보았다.

66

스타트 서비스와 바운드 서비스 개요

안드로이드 Service 클래스는 앱이 백그라운드 작업을 시작시켜 수행할 수 있게 특별히 설계되었다. 작업을 빨리 수행하고 종료하는 브로드캐스트 수신자와 다르게, 서비스는 실행 시간이 길면서 사용자 인터페이스를 필요로 하지 않는 작업을 수행하도록 설계되었다(예를 들어, 인터넷 연결을 통해 파일을 다운로드하거나 사용자에게 음악을 스트리밍 서비스한다).

이번 장에서는 스타트 서비스started service, 바운드 서비스bound service, 인텐트 서비스intent service를 포함하여 다양한 타입의 사용 가능한 서비스의 개요를 알아볼 것이다. 그리고 이후의 세 개 장에서는 예제 프로젝트를 생성하여 서비스를 실제 사용하는 방법을 알려 줄 것이다.

66.1 스타트 서비스

스타트 서비스는 다른 앱 컴포넌트(예를 들어, 액티비티나 브로드캐스트 수신자)에 의해 시작된다. 그리고 서비스가 중단되거나 리소스 해제를 위해 안드로이드 런타임 시스템에 의해 소멸될 때까지 백그라운드로 무한정 실행된다. 서비스는 자신을 시작시킨 앱이 더 이상 포그라운드에 있지 않아도 계속 실행된다. 심지어는 서비스를 시작시킨 컴포넌트가 소멸될 경우에도 계속 실행된다.

기본적으로 서비스는 자신이 시작되었던 앱 프로세스와 동일한 메인 스레드에서 실행된다. 이것을 로컬local 서비스라고 한다. 따라서 CPU를 많이 사용하는 작업은 해당 서비스의 새로운 스레드에서 수행되도록 하는 것이 중요하다. 그리고 별도의 프로세스에서 서비스가 실행되는 것을 원격remote 서비스라고 하며, 이때는 매니페스트 파일에 구성 변경을 해야 한다.

매니페스트 파일의 설정으로 서비스가 특별히 private(시작시킨 프로세스 전용)으로 구성되지 않는다면 해당 서비스는 같은 안드로이드 장치의 다른 컴포넌트에 의해 시작될 수 있다. 이때는 앞의 다른 장에서 설명했듯이, 한 액티비티가 다른 액티비티를 시작시키는 방법과 똑같이 인텐트 메커니즘을 사용하면 된다.

스타트 서비스는 startService() 함수 호출로 시작되며, 이때 시작되는 서비스를 식별하는 인텐트 객체를 인자로 전달한다. 스타트 서비스는 작업을 완료한 후 stopSelf()를 호출하여 자신을 중단시켜야 한다. 또한, stopService() 함수를 호출하면 실행 중인 서비스를 다른 컴포넌트에서 중단시킬 수 있다. 이때는 중단될 서비스와 일치하는 인텐트를 인자로 전달한다.

스타트 서비스는 안드로이드 시스템에 의해 높은 우선순위가 부여된다. 그리고 리소스 해제를 위해 종료될 때도 제일 나중에 고려 대상이 된다.

66.2 인텐트 서비스

앞에서 이야기했듯이, 서비스는 기본적으로 자신이 시작된 컴포넌트와 같은 메인 스레드에서 실행된다. 따라서 CPU를 많이 사용하는 작업을 서비스가 수행할 필요가 있을 때는 새로운 스레드에서 수행되어야 한다. 그럼으로써 호출 앱의 성능에 영향을 주는 것을 방지할 수 있다. 이런 목적의 인텐트 서비스는 JobIntentService 클래스로 구현할 수 있다.

JobIntentService 클래스는 Service 클래스의 서브 클래스이자 편의convenience 클래스다. 이 클래스는 백그라운드 작업을 처리하는 작업 스레드를 설정하고 비동기 방식으로 각 요청을 처리한다. 이 서비스는 큐에 담긴 모든 요청을 처리한 후 중단된다. JobIntentService 클래스를 사용할 때는 각 요청을 실행하는 onHandleWork() 함수만 구현하면 된다.

각 요청을 동기화하여 처리할 필요가 없는 서비스라면 JobIntentService 서비스가 바람직하다. 그러나 요청을 동기화하여 처리할 필요가 있는 서비스는 Service 클래스의 서브 클래스가 되어야 하며, CPU를 많이 사용하는 작업을 효율적으로 처리하기 위해 우리가 직접 스레드를 구현하고 관리해야 한다.

66.3 바운드 서비스

바운드 서비스는 스타트 서비스와 유사하다. 단, 스타트 서비스는 결과를 반환하지 않으며 자신을 시작시킨 컴포넌트와의 상호작용도 허용하지 않는다는 것이 다르다.

바운드 서비스는 자신을 시작시킨 컴포넌트와의 상호작용을 허용하고 그 결과를 받을 수도 있다. IPCInter-Process Communication, 프로세스 간 통신의 구현을 통해서 그러한 상호작용은 프로세스 간에도 일어날 수 있다. 예를 들어, 오디오 재생을 하기 위해 액티비티에서 서비스를 시작시킬 수 있다. 그리고 해당 액티비티는 재생 일시 중지나 다음 트랙으로 건너뛰기 등의 목적으로 사용자에게 제어를 제공하는 사용자 인터페이스를 포함할 가능성이 크다. 이와 유사하게, 오디오 재생 서비스에서는 현재 오디오 트랙이 끝났음을 나타내고 방금 재생을 시작한 다음 트랙의 상세 정보를 제공하기 위해 호출 액티비티에 정보를 전달해야 한다.

컴포넌트(여기서는 클라이언트라고도 함)가 시작되어 bindService() 함수를 호출하면 바운드 서비스에 바인딩binding, 결속된다. 또한, 동시에 여러 컴포넌트가 한 서비스에 바인딩될 수 있다. 그리고 클라이언트에서 바인딩한 서비스를 더 이상 필요로 하지 않을 때는 unbindService() 함수를 호출해야 한다. 마지막으로 남은 바인딩 클라이언트가 서비스에서 바인딩을 해제하면unbind 해당 서비스는 안드로이드 런타임 시스템에 의해 종료된다. 바운드 서비스는 또한, startService()의 호출로 시작될 수도 있다는 것을 알아 두자. 이 경우 일단 서비스가 시작되면 컴포넌트는 bindService() 호출로 해당 서비스에 바인딩할 수 있다. 이처럼 바운드 서비스가 startService() 호출로 시작되는 경우는 마지막 남은 클라이언트가 바인딩을 해제하더라도 서비스는 여전히 계속 실행된다.

바운드 서비스는 onBind() 함수의 구현을 포함해야 한다. 이 함수는 서비스가 최초 생성될 때 그리고 이후에 다른 클라이언트가 해당 서비스에 바인딩할 때 자동 호출된다. 이 함수의 목적은 바인딩한 클라이언트에 IBinder 타입의 객체를 반환하는 것이다. 이 객체는 서비스와 통신하기 위해 클라이언트가 필요로 하는 정보를 포함한다.

클라이언트와 바운드 서비스 간의 통신은 구성 형태에 따라 구현 기법이 달라진다. 즉, 클라이언트와 서비스가 같은 프로세스에 있는지 아니면 다른 프로세스에 있는지, 그리고 서비스가 특정 클라이언트에서만 사용 가능한지 또는 그렇지 않은지에 따라 달라진다. 로컬 통신(같은 프로세스 내의 통신)은 Binder 클래스로부터 서브 클래스를 생성하고 onBind() 함수에서 해당 서브 클래스의 인스턴스를 반환함으로써 서비스가 구현될 수 있다. 이와는 달리 서로 다른 프로세스 간의 통신은 Messenger와 Handler를 구현해야 한다. 두 가지 방법 모두에 대한 자세한 내용은 이후의 다른 장에서 살펴볼 것이다.

66.4 서비스 생명주기

이미 이야기했듯이, 서비스는 안드로이드 Service 클래스(android.app.Service)의 서브 클래스로 생성되거나 또는 Service 클래스의 서브 클래스(예를 들어, android.app.IntentService)로부터 서브 클래스로 생성되어야 한다. 그리고 생성되는 서비스의 특성에 따라 다음의 슈퍼 클래스 콜백 함수를 오버라이딩해야 한다.

- **onStartCommand()** — 다른 컴포넌트가 startService() 함수를 호출해서 서비스를 시작시킬 때 호출된다. 바운드 서비스의 경우는 이 함수를 구현할 필요가 없다.
- **onBind()** — 컴포넌트가 bindService() 함수를 호출하여 서비스에 바인딩할 때 호출된다. 바운드 서비스를 구현할 때는 이 함수에서 IBinder 객체를 반환해야 한다. 이 객체는 서비스가 클라이언트와 통신할 때 사용한다. 스타트 서비스의 경우는 이 함수에서 null 값을 반환하도록 구현해야 한다.
- **onCreate()** — 서비스가 생성될 때 호출되며, 이 함수가 호출된 바로 다음에 onStartCommand() 함수

가 호출되거나 onBind() 함수가 최초 호출된다.

- **onDestroy()** — 서비스가 소멸될 때 호출된다.
- **onHandleWork()** — JobIntentService의 서브 클래스에만 적용되며, 이 함수는 서비스를 처리하기 위해 호출된다. 메인 스레드와 다른 별도의 스레드에서 실행된다.

JobIntentService 클래스는 onStartCommand()와 onBind() 콜백 함수를 자기 나름대로 구현하고 있다. 따라서 이 클래스의 서브 클래스에서는 이러한 함수를 추가로 구현할 필요가 없다.

66.5 소멸된 서비스 재시작 옵션 제어하기

우리 서비스 클래스에서 오버라이딩한 onStartCommand() 콜백 함수에서는 정숫값을 반환해야 한다. 이것은 안드로이드 런타임 시스템에 의해 서비스가 소멸되는 경우에 서비스를 어떻게 할 것인지 정의하는 값이다. 반환 가능한 값은 다음과 같다.

- **START_NOT_STICKY** — 처리 대기 중인 인텐트가 없다면 서비스가 소멸될 때 다시 시작시키지 말라고 시스템에게 알려 준다.
- **START_STICKY** — 만일 onStartCommand() 함수의 실행이 끝나고 복귀한 이후에 서비스 소멸이 생긴다면 서비스가 소멸된 후 가능한 한 빨리 다시 시작되어야 한다는 것을 나타낸다. 이때 처리 대기 중인 인텐트가 없다면 null 인텐트 값을 인자로 받는 onStartCommand() 콜백 함수가 호출된다. 그리고 처리될 인텐트는 서비스가 소멸될 때 무시된다.
- **START_REDELIVER_INTENT** — 만일 onStartCommand() 함수의 실행이 끝나고 복귀한 이후에 서비스가 소멸되었다면 현재의 인텐트를 onStartCommand() 함수에 다시 전송하여 해당 서비스가 다시 시작되어야 한다는 것을 나타낸다. 그리고 그다음에 처리 대기 중인 인텐트가 전달된다.

66.6 매니페스트 파일에 서비스 선언하기

서비스가 사용될 수 있으려면 매니페스트 파일에 선언되어야 한다. 이때 적합하게 구성된 <service> 요소를 기존의 <application> 항목에 추가하면 된다. 다음과 같이 <service> 요소에는 최소한 서비스의 클래스 이름을 선언하는 속성이 포함되어야 한다.

```
    .
    .
    <application
        android:icon="@mipmap/ic_launcher"
        android:label="@string/app_name" >
        <activity
            android:label="@string/app_name"
            android:name=".MainActivity" >
            <intent-filter>
```

```
                <action android:name="android.intent.action.MAIN" />
                <category android:name="android.intent.category.LAUNCHER" />
            </intent-filter>
        </activity>
        <service android:name="MyService">
        </service>
    </application>
</manifest>
```

기본적으로 서비스는 public으로 선언된다. 즉, 서비스가 있는 앱 패키지 외부의 컴포넌트가 액세스할 수 있다는 의미다. 서비스를 private으로 만들려면 <service> 요소 내부의 android:exported 속성을 false로 선언해야 한다. 예를 들면, 다음과 같다.

```
<service android:name="MyService"
    android:exported="false">
</service>
```

JobIntentService를 사용할 때는 매니페스트 파일의 서비스 선언에서 BIND_JOB_SERVICE 퍼미션도 요청해야 한다. 예를 들면 다음과 같다.

```
<service
    android:name=".MyJobIntentService"
    android:permission="android.permission.BIND_JOB_SERVICE" />
```

앞에서 이야기했듯이, 기본적으로 서비스는 호출한 컴포넌트와 동일한 프로세스에서 실행된다. 따라서 서비스가 독립된 프로세스에서 실행되게 하려면 <service> 요소에 android:process 속성을 추가하면 된다. 이때 프로세스 이름 앞에 콜론(:)을 붙인다.

```
<service android:name="MyService"
    android:exported="false"
    android:process=":myprocess">
</service>
```

앞에 붙인 콜론은 새로운 프로세스가 로컬 앱 전용private이라는 것을 나타낸다. 그러나 만일 프로세스 이름이 콜론 대신 영문 소문자로 시작하면 해당 프로세스는 자신이 속한 앱 외에도 다른 컴포넌트에서 사용될 수 있다.

끝으로, 액티비티처럼 인텐트 필터를 사용하면 서비스를 같은 장치의 다른 앱에서 사용하게 할 수 있다. 인텐트 필터의 자세한 내용은 59장을 참고하자.

66.7 시스템 부팅 시 서비스 시작시키기

백그라운드로 실행되는 서비스 특성상 안드로이드 시스템이 최초 부팅되는 시점에 자동으로 서비스가 시작되는 것이 필요하다. 이것은 인텐트 필터를 갖는 브로드캐스트 수신자를 생성하면 가능하다. 이때 android.intent.action.BOOT_COMPLETED 시스템 인텐트를 리스닝하도록 인텐트 필터를 구성하면 된다. 그런 다음, 이 인텐트가 감지되면 우리가 필요한 서비스를 브로드캐스트 수신자에서 시작시키고 종료하면 된다. 단, 해당 브로드캐스트 수신자가 제대로 동작하려면 android.permission.RECEIVE_BOOT_COMPLETED 퍼미션을 요청해야 한다.

66.8 요약

안드로이드 서비스는 앱이 백그라운드로 작업을 수행하게 해주는 강력한 메커니즘이다. 일단 시작되면, 서비스는 계속 실행된다. 그리고 자신을 시작시킨 앱이 더 이상 포그라운드에 있지 않아도 계속 실행되며, 심지어는 서비스를 시작시킨 컴포넌트가 소멸될 경우에도 계속 실행된다.

서비스는 안드로이드 Service 클래스의 서브 클래스이며, 스타트 서비스 또는 바운드 서비스로 분류된다. 스타트 서비스는 중단시키거나 소멸될 때까지 계속 실행된다. 그리고 다른 컴포넌트와의 상호작용이나 데이터를 교환하는 메커니즘을 본질적으로 제공하지 않는다. 이와는 달리, 바운드 서비스는 다른 클라이언트 컴포넌트와의 통신 인터페이스를 제공한다. 그리고 바인딩된 마지막 클라이언트가 서비스 바인딩을 해제할 때까지 실행된다.

기본적으로 서비스는 시작시킨 앱과 동일한 프로세스 및 메인 스레드에서 실행된다. 그러므로 CPU를 많이 사용하는 작업을 처리할 때는 서비스에 새로운 스레드를 생성해야 한다. 원격 서비스는 별도의 프로세스에서 시작될 수 있다. 이때는 매니페스트 파일의 <service> 항목을 적합하게 구성해야 한다.

안드로이드 Service 클래스의 서브 클래스인 IntentService 클래스는 비동기 서비스 요청을 별도의 작업 스레드에서 처리하는 편리한 메커니즘을 제공한다.

스타트 서비스 구현
예제 프로젝트

앞 장에서는 안드로이드 서비스에 관련된 중요한 내용을 알아보았다. 그러나 아직은 서비스의 개념이 어렵게 느껴질 것이다. 따라서 이번 장에서는 안드로이드 스튜디오 프로젝트를 통해서 실제로 스타트 서비스를 구현하는 방법을 알아볼 것이다.

그렇게 하기 위해 먼저 JobIntentService 클래스를 사용해서 서비스를 생성해 보고, 그다음에 Service 클래스의 사용법을 추가로 보여 줄 것이다. 그리고 이때 서비스를 별도의 스레드로 구현하여 작업을 수행할 것이다. 다음 장에서는 바운드 서비스와 클라이언트 서버 통신을 구현하는 방법을 프로젝트를 생성하여 알아볼 것이다.

67.1 예제 프로젝트 생성하기

새 프로젝트를 생성하자. 안드로이드 스튜디오 메인 메뉴의 File ➡ New ➡ New Project...를 선택하거나 웰컴 스크린에서 New Project 버튼을 클릭한다. '프로젝트 템플릿 선택' 대화상자가 나타나면 Phone and Tablet과 Empty Activity를 선택하고 Next 버튼을 누른다.

Name 필드에 ServiceExample을 입력하고 Package name에는 com.ebookfrenzy.serviceexample을 입력한다. 그리고 Language가 Kotlin인지 확인하고 Minimum SDK는 API 26: Android 8.0 (Oreo)를 선택한다. 또한, Use legacy android.support libraries가 체크 해제되어 있는지 확인하고 Finish 버튼을 누른다.

프로젝트가 생성된 후 **18.8**절을 참고하여 뷰 바인딩을 활성화하고 사용하도록 변경하자(안드로이드 스튜디오가 자동 생성한 코드에서 이미 뷰 바인딩을 사용한다면 할 필요 없다).

67.2 사용자 인터페이스 디자인하기

위에서 프로젝트 생성 시에 자동 생성된 activity_main.xml 파일에 버튼 뷰를 하나 추가하자. 그리고 이 버튼을 누르면 서비스를 시작시킬 것이다.

레이아웃 편집기 창에 로드된 activity_main.xml 레이아웃 리소스 파일을 선택하고 디자인 모드로 변경하자. 그리고 'Hello World!'를 보여 주는 TextView를 컴포넌트 트리에서 선택하고, 키보드의 Del 키를 눌러 레이아웃에서 삭제하자.

팔레트의 Common 부류에 있는 Button을 끌어서 레이아웃의 정중앙에 놓는다. 그리고 툴바의 제약 추론 버튼을 클릭하여 적합한 제약이 자동으로 추가되게 한다(26장의 26.3절 참고).

또한, Button이 선택된 상태에서 속성 창의 text 속성에 Start Service를 입력하고 이 값을 문자열 리소스로 추출한다(3장의 그림 3-13부터 3-15 참고).

그리고 속성 창의 onClick 속성을 찾아 함수 이름으로 buttonClick을 입력한다. 이것은 버튼을 클릭했을 때 실행될 함수다.

67.3 Service 클래스 생성하기

코드 작성에 앞서 서비스를 포함하는 새로운 클래스를 프로젝트에 추가하자. 여기서 구현할 첫 번째 서비스의 타입은 JobIntentService 클래스를 기반으로 한다. 앞 장에서 설명했듯이, JobIntentService 클래스는 서비스를 생성하는 편리한 메커니즘을 개발자에게 제공한다. 즉, 서비스를 호출한 앱과 다른 별개의 스레드에서 비동기로 작업을 수행한다.

새로운 클래스를 프로젝트에 추가하자. 프로젝트 도구 창에서 app ➡ java 폴더를 찾으면 바로 밑에 우리 패키지인 com.ebookfrenzy.serviceexample이 있을 것이다. 여기에서 마우스 오른쪽 버튼을 눌러 메뉴의 New ➡ Kotlin Class/File을 선택하자. 그리고 대화상자에서 클래스 이름을 MyJobIntentService로 입력하고 밑의 Class를 선택한 후 Enter [Return] 키를 누르면 새 클래스가 생성된다.

클래스가 생성되면 MyJobIntentService.kt 파일이 생성되어 편집기 창에 열릴 것이다. 이 파일의 내용을 보면 다음과 같다.

```
package com.ebookfrenzy.serviceexample

class MyJobIntentService {
}
```

이 시점에서 변경할 사항은 다음과 같다. 우선, MyJobIntentService 클래스가 안드로이드 JobIntentService 클래스의 서브 클래스가 되도록 수정해야 한다. JobIntentService 클래스의 서브 클래스를 생성할 때는 반드시 준수해야 할 두 가지 규칙이 있다. 첫 번째는 슈퍼 클래스의 생성자를 호출하도록 서브 클래스 생성자를 구현해야 한다. 이때 서비스의 클래스 이름을 인자로 전달한다. 두 번째는 서브 클래스에서 onHandleWork() 함수를 오버라이딩해야 한다. 다음과 같이 MyJobIntentService.kt 파일의 코드를 변경하자.

```kotlin
package com.ebookfrenzy.serviceexample

import androidx.core.app.JobIntentService
import android.content.Intent

class MyIntentService : JobIntentService() {

    override fun onHandleWork(intent: Intent) {

    }
}
```

이제는 onHandleWork() 함수 내부에 코드를 구현하는 것만 남았다. 이 함수가 호출되었을 때 서비스가 일을 처리하도록 하기 위해서다. 대개는 인터넷으로 용량이 큰 파일을 다운로드하거나 오디오를 재생하는 등의 시간이 오래 걸리는 작업을 이 함수에서 수행한다. 그러나 여기서는 안드로이드 스튜디오의 로그캣LogCat 패널에 로그 메시지만 출력할 것이다. 다음과 같이 코드를 추가하자.

```kotlin
package com.ebookfrenzy.serviceexample
.
.
import android.util.Log

class MyJobIntentService : JobIntentService() {

    private val TAG = "ServiceExample"

    override fun onHandleIntent(intent: Intent) {
        Log.i(TAG, "Job Service started")

        var i: Int = 0

        while (i <= 3) {
            try {
                Thread.sleep(10000)
                i++
            } catch (e: Exception) {
            }

                Log.i(TAG, "Service running")
        }
    }
}
```

67.4 매니페스트 파일에 서비스 추가하기

서비스를 호출하려면 앱 매니페스트 파일에 먼저 등록해야 한다. 이때 서비스 클래스 이름을 지정한 <service> 요소를 추가한다.

프로젝트 도구 창에서 app ➡ manifests에 있는 AndroidManifest.xml 파일을 더블클릭하여 편집기 창으로 로드하자. 그리고 다음과 같이 변경하자.

```xml
<?xml version="1.0" encoding="utf-8"?>
<manifest xmlns:android="http://schemas.android.com/apk/res/android"
    package="com.ebookfrenzy.serviceexample">

    <application
        .
        .
        <intent-filter>
            <action android:name="android.intent.action.MAIN" />

            <category android:name="android.intent.category.LAUNCHER" />
        </intent-filter>
    </activity>
    <service
        android:name=".MyJobIntentService"
        android:permission="android.permission.BIND_JOB_SERVICE" />
    </application>

</manifest>
```

67.5 서비스 시작시키기

이제는 서비스를 구현했고 매니페스트 파일에도 선언하였다. 그다음은 버튼이 클릭될 때 서비스를 시작시키는 코드를 추가하면 된다. 편집기에 열린 MainActivity.kt 파일을 선택하고 다음과 같이 코드를 추가하자.

```kotlin
.
.
import android.view.View
import androidx.core.app.JobIntentService.enqueueWork

class MainActivity : AppCompatActivity() {

    val SERVICE_ID = 1001
    .
    .
    fun buttonClick(view: View) {
```

```
            enqueueWork(this, MyJobIntentService::class.java, SERVICE_ID, intent)
    }
}
```

추가된 코드에서는 시작시킬 서비스의 클래스 이름을 갖는 새로운 인텐트 객체를 생성한 후 이것을
startService() 함수의 인자로 전달한다.

67.6 JobIntentService 테스트하기

이제는 JobIntentService 기반의 서비스가 완성되어 테스트할 준비가 되었다. 이 서비스에서 보여
주는 메시지는 로그캣 창에 나타날 것이므로 메시지를 보기 쉽게 로그캣 창을 설정하는 것이 좋다.

안드로이드 스튜디오 메인 창 왼쪽 아래의 Logcat 도구 창 바를 클릭하자. 만일 이 바가 나타나 있
지 않으면 다음과 같이 한다. 안드로이드 메인 창의 맨 왼쪽 아래에 있는 도구 메뉴 버튼(▢)에 마
우스를 클릭하지 않고 갖다 댄 후 메뉴 옵션의 Logcat을 선택하면 된다.

Logcat 창의 오른쪽 위를 보면 드롭다운 상자가 있다. 그것을 클릭하고 Edit Filter Configuration 항
목을 선택하자.

Create New Logcat Filter 대화상자가 나오면 필터 이름을 ServiceExample로 입력하고, Log Tag에
는 MyIntentService.kt 파일에 선언된 TAG 값인 ServiceExample을 입력한다. 변경이 끝났으면 OK
버튼을 누른다. 그러면 새로 지정한 필터 이름인 ServiceExample이 오른쪽 위의 드롭다운 상자에
나타날 것이다. 로그캣 창에는 시스템 메시지를 포함해서 많은 메시지가 나타난다. 따라서 필터를
지정하여 우리 앱의 메시지만 보기 쉽도록 한 것이다.

실제 장치나 에뮬레이터에서 앱을 실행하면 'Job Service Started' 메시지가 로그캣 창에 나타날 것이
다(여러 메시지가 섞여서 나오므로 오른쪽 위의 드롭다운 상자에서 우리가 지정했던 필터인 ServiceExample
이 선택되어 있어야 우리 메시지를 쉽게 볼 수 있다). 이 메시지는 MyJobIntentService 클래스의
onHandleWork() 함수에서 출력한 것이다.

```
2021-04-03 23:35:19.928 8742-8777/com.ebookfrenzy.serviceexample I/ServiceExample: Job
Service started
```

30초가 지나면 10초 간격으로 메시지가 나타날 것이다. 이 작업은 메인 스레드와 별도의 스레드에
서 수행된다.

67.7 Service 클래스 사용하기

JobIntentService 클래스는 최소한의 코드 작성으로 서비스를 구현하게 해준다. 그러나 때로는 Service 클래스의 유연성과 동기화 처리 특성이 필요한 경우가 있다. 곧 알게 되겠지만, 이때는 추가적인 코드 작성을 해야 한다.

서비스를 호출한 앱과 동일한 스레드에서 시간이 오래 걸리는 작업을 하면 위험하다는 것을 보여주기 위해 여기서는 우선 새로운 스레드로 서비스를 생성하지 않고 앱의 메인 스레드에서 생성하여 테스트할 것이다. 그리고 새로운 스레드로 서비스를 생성하고 실행하는 것은 이번 장 끝부분에서 해볼 것이다.

67.8 새로운 서비스 생성하기

우선, Service 클래스의 서브 클래스를 프로젝트에 새로 추가하자. 프로젝트 도구 창에서 app ➡ java 폴더를 찾으면 바로 밑에 우리 패키지인 com.ebookfrenzy.serviceexample이 있을 것이다. 여기에서 마우스 오른쪽 버튼을 눌러 메뉴의 New ➡ Service ➡ Service를 선택하자. 그리고 대화상자에서 클래스 이름을 MyService로 입력하고(기본적으로 지정되어 있다) Exported와 Enabled 옵션이 선택되었는지 확인한 후 Finish 버튼을 누르면 새로운 서비스 클래스가 생성된다.

제대로 동작하는 서비스를 생성하려면 최소한 onStartCommand() 콜백 함수는 구현해야 한다. 이 함수는 서비스가 시작될 때 호출된다. 또한, onBind() 함수에서는 null 값을 반환해야 한다. 바운드 서비스가 아니라는 것을 안드로이드 시스템에 알려 주기 위해서다. 여기서는 onStartCommand() 함수에서 루프를 세 번 반복 실행하며, 각 루프에서는 10초 동안 일시 중지할 것이다. 그리고 onCreate()와 onDestroy() 함수에서는 로그 메시지만 출력할 것이다. MyService.kt 파일에 다음과 같이 코드를 추가하자.

```kotlin
package com.ebookfrenzy.serviceexample

import android.app.Service
import android.content.Intent
import android.os.IBinder
import android.util.Log

class MyService : Service() {

    private val TAG = "ServiceExample"

    override fun onCreate() {
        Log.i(TAG, "Service onCreate")
    }
```

```kotlin
    override fun onStartCommand(intent: Intent?, flags: Int, startId: Int): Int {
        Log.i(TAG, "Service onStartCommand " + startId)
        var i: Int = 0
        while (i <= 3) {
            try {
                Thread.sleep(10000)
                i++
            } catch (e: Exception) {
            }
            Log.i(TAG, "Service running")
        }
        return Service.START_STICKY
    }

    override fun onBind(intent: Intent): IBinder {
        Log.i(TAG, "Service onBind")
        TODO("Return the communication channel to the service.")
    }

    override fun onDestroy() {
        Log.i(TAG, "Service onDestroy")
    }
}
```

그리고 이 서비스의 <service> 항목이 다음과 같이 매니페스트 파일(AndroidManifest.xml)에 추가되어 있는지 확인한다. MyService 클래스를 생성할 때 안드로이드 스튜디오가 자동으로 추가했을 것이다.

```xml
<service
    android:name=".MyService"
    android:enabled="true"
    android:exported="true" >
</service>
```

67.9 서비스를 시작하도록 변경하기

편집기 창에 열린 MainActivity.kt 파일을 선택하자. 그리고 MyService를 시작하도록 buttonClick() 함수를 변경한다.

```kotlin
.
.
import android.content.Intent

class MainActivity : AppCompatActivity() {
    .
    .
```

```
    fun buttonClick(view: View)
    {
        intent = Intent(this, MyService::class.java)
        startService(intent)
    }
}
```

buttonClick() 함수에서는 새로운 서비스의 인텐트 객체를 생성하고 시작시킨다.

67.10 앱 실행하기

앱을 실행하고 Start Service 버튼을 클릭하자. 그리고 앞에서 ServiceExample 필터를 생성했던 Logcat 창을 보자. buttonClick() 함수가 호출되고 onStartCommand() 함수의 루프가 실행된다는 것을 나타내는 로그 메시지가 나타날 것이다.

마지막 루프의 메시지가 나타나기 전에 Start Service 버튼을 다시 클릭해 보자. 아무 응답이 없을 것이다. 그리고 약 20초 후에 시스템에서 'ServiceExample이(가) 응답하지 않음' 메시지를 포함하는 경고 대화상자를 보여 줄 것이다. 서비스의 루프를 실행하는 동안 앱의 메인 스레드가 지연되고 있기 때문이다. 이 경우 시스템에서는 어떤 이유로든 앱이 멈췄다고 여긴다. 이것은 앱이 사용자에게 응답하는 것을 방해하는 것은 물론이고 시스템에도 영향을 끼친다.

그러므로 메인 스레드와는 별도의 스레드에서 실행되도록 서비스의 코드를 변경해야 한다.

67.11 서비스 작업에 코루틴 사용하기

63장에서 설명했듯이, 안드로이드 앱이 최초 시작되면 런타임 시스템에서 하나의 스레드를 생성하여 모든 앱 컴포넌트가 해당 스레드에서 실행되게 한다. 이것을 메인 스레드라고 한다. 메인 스레드의 주된 역할은 사용자 인터페이스를 처리하는 것이다. 즉, 사용자 인터페이스의 이벤트 처리와 뷰와의 상호작용이다. 앱 내부에서 시작되는 어떤 추가적인 컴포넌트도 기본적으로 메인 스레드에서 실행된다.

앞의 예에서 보았듯이, 메인 스레드에서 시간이 오래 걸리는 작업을 수행하는 컴포넌트는 자신의 작업이 끝날 때까지 앱이 응답할 수 없게 만든다. 코틀린 코루틴Coroutine을 사용하면 이 문제를 쉽게 해결할 수 있다.

우선, 프로젝트 도구 창에서 Gradle Scripts ➡ build.gradle (Module: ServiceExample.app) 파일을 더블클릭하여 편집기 창에 열고 다음과 같이 코루틴 라이브러리를 추가하자.

```
dependencies {
    .
    .
    implementation 'org.jetbrains.kotlinx:kotlinx-coroutines-core:1.4.1'
    implementation 'org.jetbrains.kotlinx:kotlinx-coroutines-android:1.4.1'
    .
    .
}
```

그리고 편집기 창의 오른쪽 위에 나타난 Sync Now를 클릭하여 변경 사항을 프로젝트에 반영한다.

그다음에 아래와 같이 MyService.kt 파일을 변경하자.

```
.
.
import kotlinx.coroutines.*

class MyService : Service() {

    private val coroutineScope = CoroutineScope(Dispatchers.Default)
    .
    .
}
```

그다음에 onStartCommand() 함수의 코드를 삭제하고 새로 추가하는 performTask() 함수로 옮긴다(여기서는 sleep() 대신 delay()를 호출한다).

```
override fun onStartCommand(intent: Intent?, flags: Int, startId: Int): Int {
    Log.i(TAG, "Service onStartCommand " + startId)
    var i: Int = 0
    while (i <= 3) {
        try {
            Thread.sleep(10000)
            i++
        } catch (e: Exception) {
        }
        Log.i(TAG, "Service running")
    }
    return Service.START_STICKY
}

suspend fun performTask(startId: Int) {
    Log.i(TAG, "Service onStartCommand " + startId)
    var i: Int = 0
    while (i <= 3) {
        try {
            delay(10_000)
            i++
```

```
        } catch (e: Exception) {
        }
        Log.i(TAG, "Service running " + startId)
    }
}
```

마지막으로 performTask() 함수를 호출하는 코루틴 코드를 onStartCommand() 함수에 추가한다.

```
override fun onStartCommand(intent: Intent?, flags: Int, startId: Int): Int {
    coroutineScope.launch(Dispatchers.Default) {
        performTask(startId)
    }

    return Service.START_STICKY
}
```

앱을 다시 실행해 보자. 이제는 **Start Service** 버튼을 여러 번 누를 수 있다. 그리고 누를 때마다 여러 개의 작업으로 동시에 실행되면서 로그캣 창에 메시지가 출력될 것이다.

```
I/ServiceExample: Service onCreate
I/ServiceExample: Service onStartCommand 1
I/ServiceExample: Service onStartCommand 2
I/ServiceExample: Service onStartCommand 3
I/ServiceExample: Service running 1
I/ServiceExample: Service running 2
I/ServiceExample: Service running 3
.
.
```

이제는 서비스가 메인 스레드의 외부에서 요청을 처리할 수 있게 되었으므로 앱에서는 사용자와 안드로이드 시스템 모두에 항상 응답할 수 있다.

67.12 요약

이번 장에서는 JobIntentService와 Service 클래스를 사용해서 안드로이드 스타트 서비스를 구현하는 예제 프로젝트를 만들어 보았다.

68

로컬 바운드 서비스 예제 프로젝트

스타트 서비스와는 달리 바운드 서비스_{bound service}는 안드로이드 서비스와 하나 이상의 클라이언트 컴포넌트 간의 통신을 구현하는 메커니즘을 제공한다. 이번 장에서는 예제 프로젝트를 생성하여 로컬_{local} 바운드 서비스를 구현하는 방법을 알아볼 것이다.

68.1 바운드 서비스 이해하기

스타트 서비스와 마찬가지로 바운드 서비스도 백그라운드에서 작업을 수행할 수 있다. 그러나 스타트 서비스와는 다르게 하나의 바운드 서비스에 여러 클라이언트 컴포넌트가 바인딩_{binding}할 수 있다. 그리고 일단 바인딩되면 다양한 메커니즘을 사용해서 서비스와 상호작용할 수 있다.

바운드 서비스는 안드로이드 Service 클래스의 서브 클래스로 생성되며, 최소한 onBind() 함수는 구현해야 한다. 클라이언트 컴포넌트는 bindService() 함수를 호출하여 서비스에 바인딩한다. 바운드 서비스에 첫 번째 바인딩 요청이 접수되면 이 서비스의 onBind() 함수가 호출된다(이후의 바인딩 요청에서는 onBind()가 호출되지 않는다). 서비스에 바인딩하고자 하는 클라이언트는 onServiceConnected()와 onServiceDisconnected() 함수를 포함하는 ServiceConnection의 서브 클래스도 구현해야 한다. 클라이언트-서버 형태의 연결이 될 때는 onServiceConnected()가 호출되고 끊어질 때는 onServiceDisconnected()가 호출된다.

onServiceConnected() 함수의 경우는 서비스와 상호작용하는 클라이언트가 필요로 하는 정보를 갖는 IBinder 객체가 인자로 전달된다.

68.2 바운드 서비스 상호작용 옵션

클라이언트 컴포넌트와 바운드 서비스 간의 상호작용을 구현하는 메커니즘은 두 개가 있다. 바운드 서비스가 클라이언트 컴포넌트와 동일한 앱에 대해 로컬이면서(클라이언트 컴포넌트와 같은 프로세스에서 실행됨) 전용_{private}인 경우는(다른 앱의 컴포넌트에서는 사용할 수 없음) Binder 클래스의 서브 클래스를 생성하여 서비스의 인터페이스를 제공하도록 하는 메커니즘이 적합하다. 이때 Binder 객체는 onBind() 함수에서 반환되며, 나중에 서비스의 함수와 데이터를 직접 액세스하기 위해 클라이언트 컴포넌트가 사용한다.

바운드 서비스가 앱에 대해 로컬이 아닌 경우는(클라이언트 컴포넌트와 다른 프로세스에서 실행됨) Messenger와 Handler를 구현하는 방법이 가장 좋다. 이번 장의 나머지에서는 예제 프로젝트를 생성하여 로컬과 전용 바운드 서비스를 생성, 시작, 사용하는 방법을 보여 줄 것이다.

68.3 로컬 바운드 서비스 예제 프로젝트

여기서 생성할 예제 프로젝트는 하나의 액티비티와 하나의 바운드 서비스로 구성된다. 바운드 서비스에서는 시스템에서 현재 시간을 얻은 후 이것을 사용자에게 보여 주는 액티비티로 반환한다. 이 바운드 서비스는 액티비티와 동일한 앱에 대해 로컬이면서 전용이다.

새 프로젝트를 생성하자. 안드로이드 스튜디오 메인 메뉴의 File ➡ New ➡ New Project...를 선택하거나 웰컴 스크린에서 New Project 버튼을 클릭한다. '프로젝트 템플릿 선택' 대화상자가 나타나면 Phone and Tablet과 Empty Activity를 선택하고 Next 버튼을 누른다.

Name 필드에 LocalBound를 입력하고 Package name에는 com.ebookfrenzy.localbound를 입력한다. 그리고 Language가 Kotlin인지 확인하고 Minimum SDK는 API 26: Android 8.0 (Oreo)를 선택한다. 또한, Use legacy android.support libraries가 체크 해제되어 있는지 확인하고 Finish 버튼을 누른다.

프로젝트가 생성된 후 **18.8**절을 참고하여 뷰 바인딩을 활성화하고 사용하도록 변경하자(안드로이드 스튜디오가 자동 생성한 코드에서 이미 뷰 바인딩을 사용한다면 할 필요 없다).

다음은 바운드 서비스로 동작할 새로운 클래스를 추가하자.

68.4 프로젝트에 바운드 서비스 추가하기

프로젝트 도구 창에서 app ➡ java 폴더를 찾으면 바로 아래에 우리 패키지인 com.ebookfrenzy. localbound가 있을 것이다. 여기에서 마우스 오른쪽 버튼을 눌러 메뉴의 New ➡ Service ➡ Service를 선택하자. 그리고 대화상자에서 클래스 이름을 BoundService로 입력하고, Exported와 Enabled 옵션이 선택되었는지 확인한 후 Finish 버튼을 누르면 새로운 서비스 클래스가 생성된다. 편집기 창에는 다음과 같이 BoundService.kt 파일이 로드되어 있을 것이다.

```
package com.ebookfrenzy.localbound

import android.app.Service
import android.content.Intent
import android.os.IBinder

class BoundService : Service() {

    override fun onBind(intent: Intent): IBinder {
        TODO("Return the communication channel to the service.")
    }
}
```

68.5 Binder 구현하기

앞에서 이야기했듯이, 로컬 바운드 서비스는 적합하게 구성된 Binder 객체를 클라이언트에 전달하여 바인딩된 클라이언트와 통신할 수 있다. 이때는 바운드 서비스 클래스에서 Binder 서브 클래스를 생성한 후 클라이언트가 호출할 수 있는 하나 이상의 새로운 함수를 추가하면 된다. 그리고 이러한 함수는 바운드 서비스 인스턴스의 참조를 반환하도록 구현하면 된다. 그다음에 클라이언트는 해당 서비스 참조를 사용해서 직접 바운드 서비스의 데이터를 사용하고 함수를 호출할 수 있다.

따라서 조금 전에 생성한 BoundService 클래스를 변경할 필요가 있다. 우선, Binder 클래스의 서브 클래스를 선언해야 한다. 이 서브 클래스는 현재의 서비스 객체 참조(this 키워드로 나타냄)를 반환하는 getService()라는 하나의 함수를 포함한다. 이 내용을 염두에 두고 BoundService.kt 파일을 다음과 같이 변경하자.

```
package com.ebookfrenzy.localbound

import android.app.Service
import android.content.Intent
import android.os.IBinder
import android.os.Binder

class BoundService : Service() {

    private val myBinder = MyLocalBinder()

    override fun onBind(intent: Intent): IBinder {
        TODO("Return the communication channel to the service.")
    }

    inner class MyLocalBinder : Binder() {
        fun getService() : BoundService {
            return this@BoundService
```

```
            }
        }
    }
```

여기서 잠시 이 코드를 살펴보자. 우선, Binder의 서브 클래스인 MyLocalBinder 클래스를 내부 클래스로 선언하였다. 이 클래스는 하나의 함수만 포함하며, 이 함수는 BoundService 클래스의 현재 인스턴스 참조를 반환한다.

BoundService 클래스에서는 MyLocalBinder 클래스의 새로운 인스턴스를 생성하고 이것의 참조를 IBinder 타입의 myBinder 참조 변수에 지정한다(Binder는 IBinder의 서브 클래스이므로 가능하다).

그다음은 myBinder 객체의 참조를 반환하도록 onBind() 함수를 변경할 필요가 있다. 또한, 서비스에 바인딩되는 클라이언트에 의해 호출될 때 현재 시간을 반환하는 새로운 public 함수를 구현해야 한다. 이 내용을 염두에 두고 BoundService.kt 파일을 다음과 같이 변경하자.

```kotlin
package com.ebookfrenzy.localbound

import android.app.Service
import android.content.Intent
import android.os.IBinder
import android.os.Binder
import java.text.SimpleDateFormat
import java.util.*

class BoundService : Service() {

    private val myBinder = MyLocalBinder()

    override fun onBind(intent: Intent): IBinder {
        TODO("Return the communication channel to the service.")
        return myBinder
    }

    fun getCurrentTime(): String {
        val dateformat = SimpleDateFormat("HH:mm:ss MM/dd/yyyy",
            Locale.US)
        return dateformat.format(Date())
    }

    inner class MyLocalBinder : Binder() {
        fun getService() : BoundService {
            return this@BoundService
        }
    }
}
```

이제는 바운드 서비스가 완성되었으므로 프로젝트의 매니페스트 파일에 이 서비스가 추가되어 있는지 확인해야 한다. 프로젝트 도구 창에서 app ➡ manifests 밑에 있는 AndroidManifest.xml 파일을 더블클릭하여 편집기 창에 열자. 그리고 안드로이드 스튜디오가 다음과 같이 <service> 항목을 자동으로 추가했는지 확인해 보자.

```xml
<?xml version="1.0" encoding="utf-8"?>
<manifest xmlns:android="http://schemas.android.com/apk/res/android"
    package="com.ebookfrenzy.localbound">

    <application
        android:allowBackup="true"
        android:icon="@mipmap/ic_launcher"
        android:label="@string/app_name"
        android:roundIcon="@mipmap/ic_launcher_round"
        android:supportsRtl="true"
        android:theme="@style/Theme.LocalBound">
        <service
            android:name=".BoundService"
            android:enabled="true"
            android:exported="true">
        </service>
        .
        .
    </application>

</manifest>
```

그다음은 서비스에 바인딩하고 getCurrentTime() 함수를 호출하는 클라이언트 코드를 액티비티에 구현할 것이다.

68.6 서비스에 클라이언트 바인딩하기

여기서는 실행되는 앱의 MainActivity 인스턴스가 클라이언트다. 앞에서 이야기했듯이, 서비스에 성공적으로 바인딩하고 서비스의 onBind() 함수에서 반환되는 IBinder 객체를 받으려면 ServiceConnection의 서브 클래스를 생성하고 두 개의 콜백 함수인 onServiceConnected()와 onServiceDisconnected()를 구현해야 한다. 편집기 창에 열린 MainActivity.kt 파일을 선택하고 다음과 같이 변경하자.

```kotlin
package com.ebookfrenzy.localbound

import androidx.appcompat.app.AppCompatActivity
import android.os.Bundle
import com.ebookfrenzy.localbound.databinding.ActivityMainBinding
```

```kotlin
import android.content.ComponentName
import android.content.Context
import android.content.ServiceConnection
import android.os.IBinder
import android.content.Intent

class MainActivity : AppCompatActivity() {

    private lateinit var binding: ActivityMainBinding
    var myService: BoundService? = null
    var isBound = false

    override fun onCreate(savedInstanceState: Bundle?) {
        super.onCreate(savedInstanceState)
        binding = ActivityMainBinding.inflate(layoutInflater)
        setContentView(binding.root)
    }

    private val myConnection = object : ServiceConnection {
        override fun onServiceConnected(className: ComponentName,
                                        service: IBinder) {
            val binder = service as BoundService.MyLocalBinder
            myService = binder.getService()
            isBound = true
        }

        override fun onServiceDisconnected(name: ComponentName) {
            isBound = false
        }
    }
}
```

onServiceConnected() 함수는 클라이언트가 서비스에 성공적으로 바인딩하면 호출된다. 이 때 서비스의 onBind() 함수에서 반환한 IBinder 객체를 인자로 받는다. 그리고 이 인자를 MyLocalBinder 타입으로 캐스팅하고 바인더 객체의 getService() 함수를 호출하며, 이 함수에서 반환한 서비스 인스턴스의 참조는 myService에 지정한다. Boolean 변수는 연결이 성공적으로 되었음을 나타내는 데 사용된다.

onServiceDisconnected() 함수는 연결이 끝나면 호출되며, Boolean 변숫값을 false로 설정한다.

연결에 필요한 준비는 다 되었으므로, 이제는 클라이언트인 액티비티에서 서비스에 바인딩하는 코드가 필요하다. 이때 인텐트를 생성하고 bindService() 함수를 호출한다. 이 코드는 액티비티의 onCreate() 함수에서 실행하는 것이 좋다. MainActivity.kt 파일에서 onCreate() 함수에 다음과 같이 코드를 추가하자.

```
override fun onCreate(savedInstanceState: Bundle?) {
    .
    .
    val intent = Intent(this, BoundService::class.java)
    bindService(intent, myConnection, Context.BIND_AUTO_CREATE)
}
```

68.7 예제 프로젝트 마무리하기

이제는 getCurrentTime() 함수를 호출하고 그 결과를 사용자에게 보여 주는 메커니즘을 구현하는 것만 남았다. 이번 장 맨 앞에서 프로젝트를 생성할 때 안드로이드 스튜디오가 액티비티의 레이아웃 XML 파일인 activity_main.xml을 생성하고 레이아웃 편집기 창에 로드했을 것이다. 레이아웃 편집기 창에서 이 XML 파일을 선택하고 디자인 모드로 변경하자. 그리고 컴포넌트 트리에서 레이아웃의 TextView를 선택하고 속성 창의 id 속성을 myTextView로 변경한다.

팔레트에서 Common 부류의 Button을 끌어서 TextView의 바로 밑에 놓는다. 그리고 레이아웃 편집기의 제약 추론 버튼을 클릭하여 제약 연결이 자동으로 추가되게 한다.

Button이 선택된 상태에서 속성 창의 text 속성에 Show Time을 입력하고 이 값을 문자열 리소스로 추출한다(3장의 그림 3-13부터 3-15 참고). 다 되었으면 그림 68-1과 같이 보일 것이다. 또한, 속성 창의 onClick 속성을 찾아 함수 이름으로 showTime을 입력한다. 이것은 버튼을 클릭했을 때 실행될 함수다.

변경이 끝나면 레이아웃이 그림 68-1과 같이 보일 것이다.

그림 68-1

마지막으로, showTime() 함수를 구현하도록 MainActivity.kt 파일을 수정하자. 이 함수에서는 서비스의 getCurrentTime() 함수를 호출하여 반환된 결과 문자열을 TextView에 지정한다 (BoundService 객체 참조 변수인 myService에는 서비스 객체의 참조가 설정되어 있다. 서비스에 연결되면 호출되는 onServiceConnected() 함수에서 지정했기 때문이다. 따라서 myService 참조를 사용해서 서비스의 getCurrentTime() 함수를 호출할 수 있다).

```
package com.ebookfrenzy.localbound
.
.
import android.view.View

class MainActivity : AppCompatActivity() {
    .
    .
    fun showTime(view: View) {
        val currentTime = myService?.getCurrentTime()
        binding.myTextView.text = currentTime
    }
}
```

68.8 앱 테스트하기

앱을 실행하고 Show Time 버튼을 클릭하여 TextView의 텍스트가 현재의 날짜와 시간으로 변경되어 나타나는지 확인하자. 우리 앱의 액티비티가 시작되면 서비스에 바인딩한 다음에 서비스의 함수를 호출하여 작업을 수행하고 그 결과를 액티비티에서 받는다.

68.9 요약

바운드 서비스가 앱에 대해 로컬이고 전용일 경우 앱의 컴포넌트는 IPC(Inter-Process Communication, 프로세스 간 통신)에 의존할 필요 없이 서비스와 상호작용할 수 있다. 서비스의 onBind() 함수는 실행 중인 서비스의 인스턴스 참조를 포함하는 IBinder 객체를 반환한다. 클라이언트 컴포넌트에서는 ServiceConnection의 서브 클래스를 구현한다. 그리고 이 클래스는 서비스가 연결되거나 끊어질 때 호출되는 콜백 함수를 포함한다. 서비스에 연결되면 호출되는 onServiceConnected() 콜백 함수는 onBind() 함수에서 반환된 IBinder 객체를 인자로 받는다.

이번 장에서는 로컬 바운드 서비스의 구현 방법을 알아보았다. 다음 장에서는 원격 바운드 서비스를 구현하기 위해 IPC를 사용하는 방법에 초점을 둘 것이다.

원격 바운드 서비스 예제 프로젝트

안드로이드 서비스에 관련된 마지막 장으로 이번 장에서는 메신저Messenger와 핸들러Handler를 사용하여 클라이언트와 원격remote 바운드 서비스 간의 상호작용을 구현하는 방법을 보여 줄 것이다.

69.1 클라이언트에서 원격 서비스로 통신하기

앞 장에서 이야기했듯이, 클라이언트와 로컬 서비스 간의 상호작용은 서비스 객체 참조를 포함하는 IBinder 객체를 클라이언트에 반환하여 구현될 수 있다. 그러나 원격 바운드 서비스의 경우는 이런 방법으로 할 수 없다. 원격 서비스가 다른 프로세스에서 실행되어 클라이언트에서 서비스 객체를 직접 액세스할 수 없기 때문이다. 따라서 원격 서비스의 경우는 메신저와 핸들러를 생성해야 한다. 그래야만 클라이언트와 서비스 간의 프로세스 경계를 가로질러 메시지를 전달할 수 있다.

원격 서비스에서는 메시지가 클라이언트로부터 수신될 때 작업을 수행할 Handler 인스턴스를 생성한다. 핸들러가 할 일은 Messenger 객체를 생성하는 것이다. 그리고 Messenger 객체는 클라이언트에 반환될 IBinder 객체를 onBind() 함수에서 생성한다. IBinder 객체는 나중에 서비스 핸들러에 메시지를 전송하기 위해 클라이언트에서 사용한다. 그리고 클라이언트에서 메시지를 보낼 때마다 해당 메시지 객체를 인자로 받는 핸들러의 handleMessage() 함수가 호출된다.

이번 장의 예제 프로젝트는 별개의 프로세스에서 실행되는 하나의 액티비티와 하나의 바운드 서비스로 구성된다. 클라이언트에서 서비스에 문자열을 전송하면 서비스가 이 문자열을 토스트Toast 메시지로 보여 주는 메신저/핸들러 메커니즘을 사용할 것이다.

69.2 예제 앱 생성하기

새 프로젝트를 생성하자. 안드로이드 스튜디오 메인 메뉴의 File ➡ New ➡ New Project...를 선택하거나 웰컴 스크린에서 New Project 버튼을 클릭한다. '프로젝트 템플릿 선택' 대화상자가 나타나면 Phone and Tablet과 Empty Activity를 선택하고 Next 버튼을 누른다.

Name 필드에 RemoteBound를 입력하고 Package name에는 com.ebookfrenzy.remotebound를 입력한다. 그리고 Language가 Kotlin인지 확인하고 Minimum SDK는 API 26: Android 8.0 (Oreo)를 선택한다. 또한, Use legacy android.support libraries가 체크 해제되어 있는지 확인하고 Finish 버튼을 누른다.

69.3 사용자 인터페이스 디자인하기

레이아웃 편집기 창에 열린 activity_main.xml 레이아웃 리소스 파일을 선택하고 디자인 모드로 변경하자. 그리고 'Hello World!'를 보여 주는 TextView를 컴포넌트 트리에서 선택하고 마우스 오른쪽 버튼을 누른 후 Convert view...를 선택한다. 그다음에 대화상자에서 Button을 선택하고 Apply 버튼을 클릭하면 TextView가 Button으로 변환된다.

Button이 선택된 상태에서 속성 창의 text 속성을 Send Message로 변경하고 문자열 리소스로 추출한다(3장의 그림 3-13부터 3-15 참고). 끝으로 onClick 속성에 함수 이름인 sendMessage를 입력한다.

69.4 원격 바운드 서비스 구현하기

원격 바운드 서비스를 구현하기 위해 새로운 클래스를 프로젝트에 추가하자. 프로젝트 도구 창에서 app ➡ java 폴더를 찾으면 바로 밑에 우리 패키지인 com.ebookfrenzy.remotebound가 있을 것이다. 여기에서 마우스 오른쪽 버튼을 눌러 메뉴의 New ➡ Service ➡ Service를 선택하자. 그리고 대화상자에서 클래스 이름을 RemoteService로 입력하고, Exported와 Enabled 옵션이 선택되었는지 확인한 후 Finish 버튼을 누르면 새로운 서비스 클래스가 생성된다.

다음은 새로운 서비스의 핸들러 클래스를 구현하자. 이때는 Handler 클래스의 서브 클래스를 만들고 handleMessage() 함수를 구현하면 된다. 이 함수는 클라이언트로부터 메시지가 수신될 때 호출되며, 클라이언트가 서비스에 전달할 필요가 있는 데이터를 포함하는 Message 객체를 인자로 받는다. 여기서는 Message 객체의 데이터를 Bundle 객체로 받아 사용자에게 보여 줄 문자열을 만든다. 다음과 같이 RemoteService.kt 파일을 변경하자.

```
package com.ebookfrenzy.remotebound

import android.app.Service
import android.content.Intent
import android.os.IBinder
import android.os.Handler
import android.os.Message
```

```
import android.os.Messenger
import android.widget.Toast

class RemoteService : Service() {

    inner class IncomingHandler : Handler(Looper.getMainLooper()) {
        override fun handleMessage(msg: Message) {
            val data = msg.data
            val dataString = data.getString("MyString")
            Toast.makeText(applicationContext,
                dataString, Toast.LENGTH_SHORT).show()
        }
    }

    override fun onBind(intent: Intent): IBinder {
        TODO("Return the communication channel to the service.")
    }
}
```

핸들러가 구현되었으므로 이제 남은 것은 onBind() 함수를 변경하는 것이다. 이 함수에서는
Messenger 객체를 포함하는 IBinder 객체를 반환한다. 이때 Messenger 객체는 핸들러의 참조를
포함한다. 다음과 같이 RemoteService.kt 파일을 변경하자.

```
.
.
class RemoteService : Service() {

    private val myMessenger = Messenger(IncomingHandler())
    .
    .
    override fun onBind(intent: Intent): IBinder {
        TODO("Return the communication channel to the service.")
        return myMessenger.binder
    }
}
```

첫 번째로 추가한 코드에서는 우리 핸들러 클래스의 인스턴스를 생성하고 이것을 Messenger 클래
스의 생성자 인자로 전달하여 새로운 Messenger 객체를 생성한다. 그리고 onBind() 함수에서는
해당 메신저의 IBinder 객체를 반환하기 위해 메신저 객체의 getBinder() 함수를 호출한다.

69.5 매니페스트 파일에 원격 서비스 구성하기

클라이언트와 원격 서비스 간의 통신을 정확하게 나타내려면 앱의 다른 부분과 분리된 프로
세스에서 서비스가 실행되도록 구성할 필요가 있다. 이때는 매니페스트 파일의 <service> 태그

에 android:process 속성을 추가하면 된다. 프로젝트 도구 창에서 app ➡ manifests 밑에 있는 AndroidManifest.xml 파일을 더블클릭하여 편집기 창으로 로드하자. 그리고 다음과 같이 android:process 속성을 추가하자.

```xml
<?xml version="1.0" encoding="utf-8"?>
<manifest xmlns:android="http://schemas.android.com/apk/res/android"
    package="com.ebookfrenzy.remotebound">
    <application
        .
        .
        <service
            android:name=".RemoteService"
            android:enabled="true"
            android:exported="true"
            android:process=":my_process" >
        </service>
        .
        .
    </application>
</manifest>
```

69.6 원격 서비스를 시작시키고 바인딩하기

로컬 바운드 서비스처럼 클라이언트 컴포넌트에서는 ServiceConnection 클래스의 인스턴스를 구현해야 한다. 그리고 이 클래스의 onServiceConnected()와 onServiceDisconnected() 함수도 구현해야 한다. 또한, 로컬 서비스와 마찬가지로 onServiceConnected() 함수는 원격 서비스의 onBind() 함수에서 반환하는 IBinder 객체를 인자로 받는다. IBinder 객체는 클라이언트가 서버 핸들러에 메시지를 보내는 데 사용한다. 여기서는 클라이언트가 우리 앱의 액티비티인 MainActivity다. 앞에서 프로젝트를 생성할 때 편집기 창에 로드된 MainActivity.kt를 선택하고 다음과 같이 변경하자. ServiceConnection 클래스를 추가한다. 그리고 수신된 Messenger 객체의 참조를 저장하는 변수를 추가한다. 또한, 원격 서비스와 연결이 되었는지의 여부를 나타내기 위해 Boolean 변수도 추가한다.

```kotlin
package com.ebookfrenzy.remotebound

import androidx.appcompat.app.AppCompatActivity
import android.os.Bundle
import android.content.ComponentName
import android.content.ServiceConnection
import android.os.*
import android.view.View
```

```
class MainActivity : AppCompatActivity() {

    var myService: Messenger? = null
    var isBound: Boolean = false

    override fun onCreate(savedInstanceState: Bundle?) {
        .
        .
    }

    private val myConnection = object : ServiceConnection {
        override fun onServiceConnected(
                className: ComponentName,
                service: IBinder) {
            myService = Messenger(service)
            isBound = true
        }

        override fun onServiceDisconnected(
                className: ComponentName) {
            myService = null
            isBound = false
        }
    }
}
```

다음은 원격 서비스에 바인딩하는 코드를 추가해야 한다. 이때는 원격 서비스를 시작시키는 명시적
인텐트를 생성한다(Service의 시작을 요청하는 인텐트는 명시적이어야 하기 때문이다). 그다음에 해당 인
텐트 객체와 ServiceConnection 인스턴스의 참조를 인자로 전달하여 bindService() 함수를 호
출한다. 여기서는 그 코드를 MainActivity의 onCreate() 함수에 구현한다. MainActivity.kt를 다
음과 같이 변경하자.

```
package com.ebookfrenzy.remotebound
.
.
import android.content.Context
import android.content.Intent

class MainActivity : AppCompatActivity() {
    .
    .
    override fun onCreate(savedInstanceState: Bundle?) {
        .
        .

        val intent = Intent(applicationContext, RemoteService::class.java)
        bindService(intent, myConnection, Context.BIND_AUTO_CREATE)
```

```
        }
            .
            .
    }
```

69.7 원격 서비스에 메시지 전송하기

앱을 테스트하기에 앞서 마지막으로 할 것이 있다. MainActivity 클래스의 sendMessage() 함수를 구현하는 것이다. 이 함수는 사용자 인터페이스의 버튼을 사용자가 터치했을 때 호출되도록 구성된다(이것은 맨 앞에서 프로젝트 생성 시 버튼의 onClick 속성에 지정했던 함수다). 이 함수에서는 서비스가 연결되었는지 제일 먼저 확인한다. 그리고 연결이 되었으면 서비스에서 보여 줄 문자열을 Bundle 객체에 추가하고 이 객체를 Message 객체에 추가한 후 서비스로 전송한다.

MainActivity.kt의 onCreate() 함수 다음에 아래의 코드를 추가하자.

```
fun sendMessage(view: View) {
    if (!isBound) return

    val msg = Message.obtain()
    val bundle = Bundle()

    bundle.putString("MyString", "Message Received")

    msg.data = bundle

    try {
        myService?.send(msg)
    } catch (e: RemoteException) {
        e.printStackTrace()
    }
}
```

이제 다 되었다. 앱을 실행하고 버튼을 클릭해 보자. 'Message Received'라는 토스트 메시지가 화면에 나타날 것이다.

69.8 요약

클라이언트와 원격 바운드 서비스 간의 상호작용을 구현하려면 메신저와 핸들러를 구현해야 한다. 이번 장에서는 예제 프로젝트를 생성하여 그런 기법을 실제로 어떻게 구현하는지 알아보았다.

안드로이드 알림 개요

앱이 실행되고 있지 않거나 또는 백그라운드 상태로 있을 때 사용자에게 메시지를 전달하는 방법을 제공하는 것이 **알림**notification이다. 예를 들어, 메시징 앱에서는 연락처로부터 새로운 메시지가 도착했다는 것을 사용자가 알 수 있도록 알림을 보낼 수 있다. 알림에는 **로컬**local 알림과 **원격**remote 알림이 있다. 로컬 알림은 장치에서 실행 중인 앱에서 생성된다. 반면에 원격 알림은 원격 서버에서 생성되어 장치에 전송된다.

알림의 자세한 내용은 화면의 상태 바를 끌어내리면 나타나는 알림 영역에서 볼 수 있다. 그리고 각 알림은 버튼 같은 것을 포함할 수 있어서 알림을 보낸 앱을 실행할 수 있다. 또한, 안드로이드에서는 **직접 응답**direct reply 알림을 지원한다. 이것은 사용자가 알림 패널에서 알림에 대한 응답을 바로 해줄 수 있는 기능이다.

이번 장에서는 안드로이드 앱에서 로컬 알림을 구현하는 방법을 알려 준다. 그리고 다음 장에서는 직접 응답 알림을 구현하는 방법을 알아볼 것이다.

70.1 알림 개요

안드로이드 장치에서 알림이 생성되면 화면 위쪽의 상태 바에 아이콘으로 나타난다. 예를 들어, 그림 70-1에서는 여러 가지 알림 아이콘이 있는 상태 바를 보여 준다.

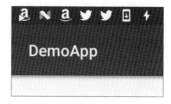

그림 70-1

그리고 상태 바로부터 알림 드로어_{notification drawer}가 나올 때까지 끌어내리면 알림의 자세한 내용을 볼 수 있다(그림 70-2).

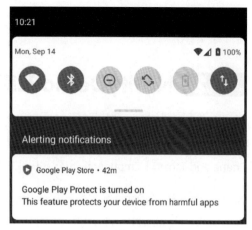

그림 70-2

안드로이드 8 이상 버전이 실행 중인 장치에서는 앱 론처 아이콘을 길게 눌러 해당 앱과 관련된 알림을 모두 볼 수 있다(그림 70-3).

또한, 안드로이드 8 이상 버전에서는 사용자가 보기를 기다리는 알림이 있을 때 앱 론처 아이콘에 점으로 나타나는 알림 도트_{dot}를 지원한다.

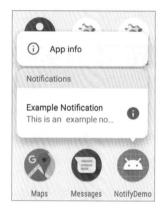

그림 70-3

일반적인 알림에서는 메시지를 보여 준 후 탭_{tap}했을 때 해당 메시지를 보낸 앱을 실행시킨다. 또한, 알림에는 액션 버튼이 포함될 수 있으며, 이것을 탭하면 관련 앱의 특정 작업을 수행한다. 예를 들어, 그림 70-4에서는 수신된 메시지를 삭제하거나 저장할 수 있는 두 개의 액션 버튼이 포함된 알림을 보여 준다.

사용자가 알림에 텍스트를 입력하고 관련 앱에 전송할 수도 있다(그림 70-5의 아래쪽 부분). 따라서 관련 앱을 포그라운드로 실행하지 않고 알림에 응답할 수 있다.

그림 70-4

그림 70-5

이번 장의 나머지 부분에서는 액션을 포함하는 간단한 알림을 생성하고 전송하는 방법을 자세히 알아볼 것이다.

70.2 NotifyDemo 프로젝트 생성하기

새 프로젝트를 생성하자. 안드로이드 스튜디오 메인 메뉴의 File ➡ New ➡ New Project...를 선택하거나 웰컴 스크린에서 New Project 버튼을 클릭한다. '프로젝트 템플릿 선택' 대화상자가 나타나면 Phone and Tablet과 Empty Activity를 선택하고 Next 버튼을 누른다.

Name 필드에 NotifyDemo를 입력하고 Package name에는 com.ebookfrenzy.notifydemo를 입력한다. 그리고 Language가 Kotlin인지 확인하고 Minimum SDK는 API 26: Android 8.0 (Oreo)를 선택한다. 또한, Use legacy android.support libraries가 체크 해제되어 있는지 확인하고 Finish 버튼을 누른다.

70.3 사용자 인터페이스 디자인하기

메인 액티비티에서는 인텐트를 생성하여 전송하기 위해 하나의 Button을 갖는다. 레이아웃 편집기에 열려 있는 레이아웃 파일인 activity_main.xml의 탭을 클릭하여 선택한 후 디자인 모드로 변경한다. 그리고 'Hello World!'를 보여 주는 TextView를 컴포넌트 트리에서 선택하고 Del 키를 눌러 삭제하자.

자동-연결이 활성화된 상태에서(26장의 26.2절 참고) 팔레트의 Common 부류에 있는 Button을 마우스로 끌어서 레이아웃의 정중앙에 놓는다(그림 70-6).

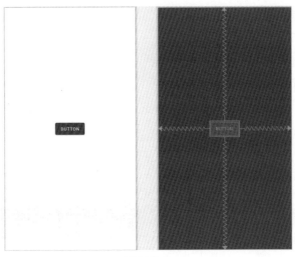

그림 70-6

버튼이 선택된 상태에서 속성 창의 onClick 속성을 찾은 후 함수 이름으로 sendNotification을 입력한다. 이것은 버튼을 클릭했을 때 실행될 함수다.

또한, 속성 창의 text 속성에 Notify를 입력하고 문자열 리소스로 추출한다(3장의 그림 3-13부터 3-15 참고).

70.4 두 번째 액티비티 생성하기

NotifyDemo 앱에서는 두 번째 액티비티를 갖는다. 이 액티비티는 알림에서 사용자가 시작시키게 할 것이다. 프로젝트 도구 창의 app ➡ java 밑에 있는 com.ebookfrenzy.notifydemo 패키지에서 마우스 오른쪽 버튼을 누른 후 New ➡ Activity ➡ Empty Activity를 선택한다.

그리고 액티비티 구성 대화상자에서 Activity Name을 ResultActivity로 변경하고 Layout Name은 activity_result로 변경한다. 이 액티비티는 앱이 시작될 때 바로 실행되는 것이 아니므로(대신에 알림에서 인텐트를 통해 시작될 것이다) Launcher Activity를 체크하지 말아야 한다. 나머지는 기본값 그대로 두고 Finish 버튼을 누른다.

레이아웃 편집기에 자동으로 열린 레이아웃 파일인 activity_result.xml의 탭을 클릭하여 선택한 후 디자인 모드로 변경한다. 그리고 팔레트의 Common 부류에 있는 TextView를 마우스로 끌어서 레이아웃의 정중앙에 놓고 툴바의 제약 추론 버튼을 클릭한다. 또한, 속성 창의 text 속성을 Result Activity로 변경하고 문자열 리소스로 추출한다.

70.5 알림 채널 생성하기

앱에서는 알림을 전송하기에 앞서 **알림 채널**notification channel을 생성해야 한다. 알림 채널은 앱에서 채널을 고유하게 식별하는 id, 채널 이름, 채널 설명으로 구성되며 이 중에서 채널 이름과 설명만 사용자에게 보여 준다. 채널을 생성할 때는 우선 NotificationChannel 인스턴스를 구성한 후 이 인스턴스를 NotificationManager 클래스의 createNotificationChannel() 함수에 전달한다. 여기서는 앱에서 'NotifyDemo News'라는 이름의 알림 채널 하나를 포함할 것이다. 편집기 창에 열린 MainActivity.kt 파일을 선택하고 앱이 시작될 때 채널을 생성하는 코드를 추가하자.

```
.
.
import android.app.NotificationChannel
import android.app.NotificationManager
import android.content.Context
import android.graphics.Color
```

```
class MainActivity : AppCompatActivity() {

    private var notificationManager: NotificationManager? = null

    override fun onCreate(savedInstanceState: Bundle?) {
        .
        .

        notificationManager =
            getSystemService(
                Context.NOTIFICATION_SERVICE) as NotificationManager

        createNotificationChannel(
            "com.ebookfrenzy.notifydemo.news",
            "NotifyDemo News",
            "Example News Channel")
    }

    private fun createNotificationChannel(id: String, name: String,
                                          description: String) {
        val importance = NotificationManager.IMPORTANCE_LOW
        val channel = NotificationChannel(id, name, importance)

        channel.description = description
        channel.enableLights(true)
        channel.lightColor = Color.RED
        channel.enableVibration(true)
        channel.vibrationPattern =
            longArrayOf(100, 200, 300, 400, 500, 400, 300, 200, 400)

        notificationManager?.createNotificationChannel(channel)
    }
}
```

이 코드에서는 NotificationManager 인스턴스를 선언하고 생성 및 초기화한다. 그리고 낮은 중
요도 수준(중요도에는 high, low, max, min, none이 있다)과 이름 및 설명 속성을 구성한 새로운 채널
을 생성한다. 또한, 이때 사용자에게 알림 도착을 알리는 선택적인 설정도 추가되었다. 이런 설정
은 해당 채널로 전송되는 모든 알림에 적용된다. 그리고 끝으로 NotificationManager 인스턴스의
createNotificationChannel() 함수에 해당 알림 채널 객체를 인자로 전달하여 채널을 생성한다.

코드가 추가되었으면 안드로이드 10(API 29) 이상 버전이 실행 중인 장치나 에뮬레이터에서 앱을 실
행하자. 그리고 장치의 설정 앱을 실행한다. 장치나 에뮬레이터 버전에 따라 설정하는 방법이 다를
수 있으므로 여기서는 안드로이드 11에서 실행되는 에뮬레이터의 설정으로 설명한다.

'앱 및 알림' ➡ '앱 모두 보기'를 선택한 후 NotifyDemo 앱을 찾아 선택하고 알림을 클릭하면 그림
70-7의 화면이 나타난다.

그리고 그림 70-7의 화면에서 NotifyDemo News가 켜진 상태가 되어야 한다. 그리고 고급을 선택한 후 '알림 표시 점 허용'도 켜진 상태인지 확인하자. 여기까지 확인했으면 기기에서의 설정은 다 된 것이다.

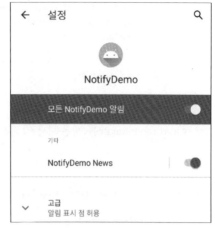

그림 70-7

그리고 여기서는 필요 없지만 NotificationManager의 deleteNotificationChannel() 함수를 호출하면 앱에서 알림 채널을 삭제할 수 있다. 이때 삭제할 채널의 id를 인자로 전달한다. 예를 들면 다음과 같다.

```
val channelID = "com.ebookfrenzy.notifydemo.news"
notificationManager?.deleteNotificationChannel(channelID)
```

70.6 기본 알림을 생성하고 전달하기

알림은 Notification.Builder 클래스를 사용해서 생성하며 이때 알림의 아이콘, 제목, 내용을 포함해야 한다. 편집기에 열린 MainActivity.kt 파일에 다음과 같이 sendNotification() 함수를 추가한다.

```
.
.
import android.app.Notification
import android.view.View

class MainActivity : AppCompatActivity() {
    .
    .
    fun sendNotification(view: View) {
        val channelID = "com.ebookfrenzy.notifydemo.news"

        val notification = Notification.Builder(this@MainActivity,
            channelID)
            .setContentTitle("Example Notification")
            .setContentText("This is an example notification.")
```

```
            .setSmallIcon(android.R.drawable.ic_dialog_info)
            .setChannelId(channelID)
            .build()
    }
}
```

알림이 생성되면 NotificationManager 인스턴스의 notify() 함수를 사용해서 전송해야 한다. NotificationManager를 사용해서 알림을 전송하는 코드를 다음과 같이 sendNotification() 함수에 추가하자.

```
fun sendNotification(view: View) {

    val notificationID = 101

    val channelID = "com.ebookfrenzy.notifydemo.news"

    val notification = Notification.Builder(this@MainActivity,
            channelID)
            .setContentTitle("Example Notification")
            .setContentText("This is an example notification.")
            .setSmallIcon(android.R.drawable.ic_dialog_info)
            .setChannelId(channelID)
            .build()

    notificationManager?.notify(notificationID, notification)
}
```

알림이 전송될 때는 알림 id가 지정된다. 알림 id는 어떤 정숫값도 가능하며, 향후에 해당 알림을 변경할 때 사용된다.

앱을 실행하고 메인 액티비티의 버튼을 클릭해 보자. 그리고 알림 아이콘이 상태 바에 나타나면 상태 바를 끌어내려서(에뮬레이터에서는 클릭한 채로 밑으로 길게 끌어 주어야 함) 그 내용을 확인해 보자. 알림을 탭하고 오른쪽으로 밀면 삭제할 수 있다.

그림 70-8

또한, 그림 70-7에서 NotifyDemo News를 선택하면 Notify Demo 앱의 알림에 관한 추가 설정을 할 수 있다.

그림 70-9

그다음에 장치에 설치된 앱 아이콘이 있는 론처 화면으로 이동하여 NotifyDemo 앱의 아이콘을 보면 그림 70-10에 화살표로 표시한 알림 도트가 보일 것이다. 이것은 알림 메시지가 있다는 것을 나타낸다.

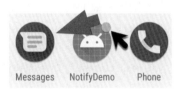

그림 70-10

만일 도트가 나타나지 않는다면 앞에서 했듯이(그림 70-7) 설정 앱을 실행하고 NotifyDemo의 알림 옵션에서 '알림 표시 점 허용'을 켜야 한다.

알림 도트가 나타난 앱 아이콘을 길게 누르면 알림을 포함한 팝업이 나타난다.

만일 한 앱에 두 개 이상의 알림이 대기 중일 때는 그림 70-11의 팝업에 알림 개수가 포함된다. 이 숫자는 앱에서 알림을 생성할 때 setNumber() 함수를 호출하여 구성할 수 있다.

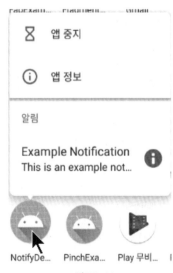

그림 70-11

```
val notification = Notification.Builder(this@MainActivity,
        channelID)
        .setContentTitle("Example Notification")
        .setContentText("This is an example notification.")
        .setSmallIcon(android.R.drawable.ic_dialog_info)
        .setChannelId(channelID)
        .setNumber(10)
        .build()
```

현재는 알림을 탭해도 아무 변화가 없을 것이다. 지금부터는 알림을 탭할 때 액티비티를 시작시키는 코드를 구현할 것이다.

70.7 알림에서 액티비티 시작시키기

알림에서는 사용자가 어떤 형태의 액션도 수행할 수 있다. 예를 들어, 알림을 처리하는 앱을 시작시키거나 알림에 응답하는 다른 형태의 액션 등이다. 그러나 대개는 알림을 처리하는 앱의 액티비티를 시작시킨다. 이때는 앱에서 해당 액티비티를 시작시키는 인텐트를 구성해야 한다. 예를 들어, 액티비티 이름이 ResultActivity라면 인텐트는 다음과 같이 생성한다.

```
val resultIntent = Intent(this, ResultActivity::class.java)
```

그리고 이 인텐트를 PendingIntent 인스턴스에 포함시켜야 한다. PendingIntent 객체는 인텐트를 다른 앱에 전달할 수 있으며, 전달받은 앱이 향후에 해당 인텐트를 수행할 수 있게 해준다. 여기서는 사용자가 알림 패널을 탭할 때 ResultActivity를 시작시키는 방법을 알림 시스템에 제공하기 위해 PendingIntent 객체를 사용한다.

```
val pendingIntent = PendingIntent.getActivity(
                this,
                0,
                resultIntent,
                PendingIntent.FLAG_UPDATE_CURRENT)
```

그다음에 setContentIntent() 함수를 사용해서 PendingIntent 객체를 알림 인스턴스에 지정하면 된다.

지금까지 설명한 내용을 다음과 같이 sendNotification() 함수에 추가하자.

```
    .
    .
import android.app.PendingIntent
import android.content.Intent
import android.graphics.drawable.Icon
```

```
class MainActivity : AppCompatActivity() {
    .
    .
    fun sendNotification(view: View) {

        val notificationID = 101
        val resultIntent = Intent(this, ResultActivity::class.java)

        val pendingIntent = PendingIntent.getActivity(
            this,
            0,
            resultIntent,
            PendingIntent.FLAG_UPDATE_CURRENT
        )

        val channelID = "com.ebookfrenzy.notifydemo.news"

        val notification = Notification.Builder(this@MainActivity,
            channelID)
            .setContentTitle("Example Notification")
            .setContentText("This is an example notification.")
            .setSmallIcon(android.R.drawable.ic_dialog_info)
            .setChannelId(channelID)
            .setContentIntent(pendingIntent)
            .build()

        notificationManager?.notify(notificationID, notification)
    }
}
```

앱을 실행하고 메인 액티비티의 버튼을 클릭해 보자. 그리고 상태 바를 끌어내려서 알림 드로어가 나타나게 한다. 그리고 알림 메시지를 탭해 보자 이제는 ResultActivity가 시작될 것이다.

70.8 알림에 액션 추가하기

알림에 액션을 추가하면 또 다른 방법으로 액티비티를 시작시킬 수 있다. 액션은 알림 메시지 밑에 버튼으로 나타나며, 사용자가 탭하면 특정 인텐트를 시작하게 할 수 있다. 다음 코드를 sendNotification() 함수에 추가하자. 그러면 선택 시에 참조되는 PendingIntent를 시작시키는 Open 액션 버튼이 나타난다.

```
.
.
val icon: Icon = Icon.createWithResource(this, android.R.drawable.ic_dialog_info)

val action: Notification.Action =
```

```
              Notification.Action.Builder(icon, "Open", pendingIntent).build()

val notification = Notification.Builder(this@MainActivity,
        channelID)
        .setContentTitle("Example Notification")
        .setContentText("This is an example notification.")
        .setSmallIcon(android.R.drawable.ic_dialog_info)
        .setChannelId(channelID)
        .setContentIntent(pendingIntent)
        .setActions(action)
        .build()

notificationManager?.notify(notificationID, notification)
```

다시 앱을 실행한 다음, 메인 액티비티의 Notify
버튼을 클릭해 보자. 그리고 상태 바를 끌어내
린 후 NotifyDemo 알림 메시지의 오른쪽 위 화
살표를 클릭하여 확장하면 Open 액션 버튼이
나타날 것이다(그림 70-12).

그림 70-12

그다음에 Open 액션 버튼을 클릭하면 PendingIntent가 실행되어 ResultActivity가 시작될 것
이다.

70.9 알림 메시지 묶기

앱에서 정기적으로 다량의 알림 메시지를 보내
는 경우 여러 개의 알림 도착 아이콘이 상태 바
와 알림 드로어에 나타나므로 어수선하게 된다.
새로운 뉴스가 생길 때마다 알림을 보내는 뉴스
앱 또는 연락처로부터 도착한 새로운 메시지를
알림으로 보여 주는 메시징 앱 등이 그렇다. 예
를 들어, 그림 70-13의 알림을 보자.

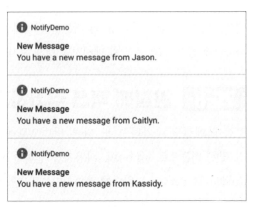

그림 70-13

여기서는 같은 알림이 세 번 도착했지만, 수십 개가 전송되었다면 상태 바의 아이콘도 많아지고 알
림 드로어에도 메시지가 길게 나타나므로 사용자가 보기에 피곤할 것이다. 이런 문제를 해결하기 위
해 안드로이드에서는 알림을 그룹으로 묶을 수 있다.

알림을 묶으려면 각 알림을 같은 그룹에 속하도록 지정해야 한다. 이때 setGroup() 함수를 사용한다. 그리고 해당 그룹의 **요약 알림**summary notification을 전송하고 구성해야 한다.

예를 들어, 다음 코드에서는 그림 70-13에서 보여 준 세 개의 알림을 생성하고 전송한다. 그러나 이때 모든 알림을 같은 그룹으로 묶고 요약 알림을 전송한다. (만일 이 코드를 실습해 보고 싶다면 sendNotification() 함수 내부의 제일 끝에 추가하면 된다.)

```
val GROUP_KEY_NOTIFY = "group_key_notify"

var builderSummary: Notification.Builder = Notification.Builder(this, channelID)
        .setSmallIcon(android.R.drawable.ic_dialog_info)
        .setContentTitle("A Bundle Example")
        .setContentText("You have 3 new messages")
        .setGroup(GROUP_KEY_NOTIFY)
        .setGroupSummary(true)

var builder1: Notification.Builder = Notification.Builder(this, channelID)
        .setSmallIcon(android.R.drawable.ic_dialog_info)
        .setContentTitle("New Message")
        .setContentText("You have a new message from Kassidy")
        .setGroup(GROUP_KEY_NOTIFY)

var builder2: Notification.Builder = Notification.Builder(this, channelID)
        .setSmallIcon(android.R.drawable.ic_dialog_info)
        .setContentTitle("New Message")
        .setContentText("You have a new message from Caitlyn")
        .setGroup(GROUP_KEY_NOTIFY)

var builder3: Notification.Builder = Notification.Builder(this, channelID)
        .setSmallIcon(android.R.drawable.ic_dialog_info)
        .setContentTitle("New Message")
        .setContentText("You have a new message from Jason")
        .setGroup(GROUP_KEY_NOTIFY)

var notificationId0 = 100
var notificationId1 = 101
var notificationId2 = 102
var notificationId3 = 103

notificationManager?.notify(notificationId1, builder1.build())
notificationManager?.notify(notificationId2, builder2.build())
notificationManager?.notify(notificationId3, builder3.build())
notificationManager?.notify(notificationId0, builderSummary.build())
```

만일 앞의 코드를 추가하고 앱을 실행하면 알
림 메시지가 네 개(요약 알림 포함)일지라도 상태
바에는 알림 아이콘이 하나만 나타난다. 그리고
알림 드로어에는 요약 알림 밑에 같은 그룹의
알림 메시지 정보가 나타난다.

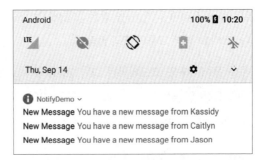

그림 70-14

그다음에 알림 항목을 끌어내리면 각 알림의 메
시지를 상세하게 보여 준다.

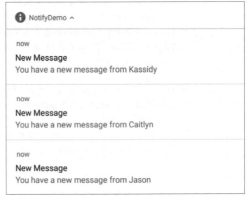

그림 70-15

70.10 요약

알림을 사용하면 앱이 실행되고 있지 않거나 백그라운드 상태로 있을 때 앱에서 사용자에게 메시지
를 전달할 수 있다. 알림이 도착하면 상태 바와 알림 드로어에 나타난다. 알림에는 로컬 알림과 원
격 알림이 있다. 로컬 알림은 장치에서 실행 중인 앱에서 전송된다. 반면에 원격 알림은 원격 서버
에서 생성되어 장치에 전송된다. 로컬 알림은 `Notification.Builder` 클래스를 사용해서 생성하며,
`NotificationManager` 서비스를 사용해서 전송된다.

이번 장에서 구현했듯이, 액션과 인텐트 및 `PendingIntent` 클래스를 사용하여 알림을 구성하면
선택 가능한 옵션(예를 들어, 액티비티를 시작시키거나 메시지를 저장)을 사용자에게 제공할 수 있다. 또
한, 알림을 그룹으로 묶을 수 있으므로 알림을 많이 보내는 앱에서는 매우 유용하다.

안드로이드 직접 응답 알림 구현

안드로이드 7에 추가된 직접 응답direct reply 기능을 사용하면 알림에서 사용자가 텍스트를 입력하여 알림 관련 앱에 전달할 수 있다. 따라서 알림 관련 앱의 액티비티를 시작시키지 않고도 알림 메시지에 직접 응답할 수 있다. 이번 장에서는 앞 장에서 배운 내용을 기반으로 직접 응답 알림 기능을 구현할 것이다.

71.1 DirectReply 프로젝트 생성하기

새 프로젝트를 생성하자. 안드로이드 스튜디오 메인 메뉴의 File ➡ New ➡ New Project...를 선택하거나 웰컴 스크린에서 New Project 버튼을 클릭한다. '프로젝트 템플릿 선택' 대화상자가 나타나면 Phone and Tablet과 Empty Activity를 선택하고 Next 버튼을 누른다.

Name 필드에 DirectReply를 입력하고 Package name에는 com.ebookfrenzy.directreply를 입력한다. 그리고 Language가 Kotlin인지 확인하고 Minimum SDK는 API 26: Android 8.0 (Oreo)를 선택한다. 또한, Use legacy android.support libraries가 체크 해제되어 있는지 확인하고 Finish 버튼을 누른다.

프로젝트가 생성된 후 **18.8**절을 참고하여 뷰 바인딩을 활성화하고 사용하도록 변경하자(안드로이드 스튜디오가 자동 생성한 코드에서 이미 뷰 바인딩을 사용한다면 할 필요 없다).

71.2 사용자 인터페이스 디자인하기

레이아웃 편집기에 열려 있는 레이아웃 파일인 activity_main.xml의 탭을 클릭하고 디자인 모드로 변경한다. 그리고 'Hello World!'를 보여 주는 TextView를 컴포넌트 트리에서 선택하고 속성 창에서 id에 textView를 입력한다. 또한, 자동-연결이 활성화된 상태에서(26장의 26.2절 참고) 팔레트의 Common 부류에 있는 Button을 마우스로 끌어서 TextView의 밑에 놓는다. 그리고 Button 위의 제약 연결점을 클릭하고 끌어서 TextView 아래쪽 연결점에 연결하고 제약 추론 버튼을 클릭한다.

Button이 선택된 상태에서 속성 창의 onClick 속성을 찾은 후 함수 이름으로 sendNotification을 입력한다. 이것은 버튼을 클릭했을 때 실행될 함수다. 또한, 속성 창의 text 속성에 Notify를 입력하고 문자열 리소스로 추출한다(3장의 그림 3-13부터 3-15 참고). 다 되었으면 그림 71-1처럼 보일 것이다.

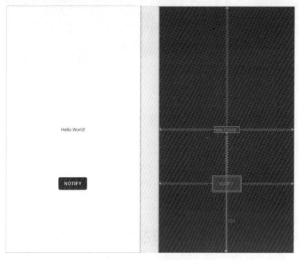

그림 71-1

71.3 알림 채널 생성하기

70장에서 했듯이, 알림을 전송할 수 있으려면 채널을 먼저 생성해야 한다. 편집기 창에 열린 MainActivity.kt 파일에 새 채널을 생성하는 다음 코드를 추가하자.

```kotlin
package com.ebookfrenzy.directreply

import androidx.appcompat.app.AppCompatActivity
import android.os.Bundle
import com.ebookfrenzy.directreply.databinding.ActivityMainBinding
import android.app.NotificationChannel
import android.app.NotificationManager
import android.content.Context
import android.graphics.Color

class MainActivity : AppCompatActivity() {

    private lateinit var binding: ActivityMainBinding
    private var notificationManager: NotificationManager? = null
    private val channelID = "com.ebookfrenzy.directreply.news"

    override fun onCreate(savedInstanceState: Bundle?) {
        super.onCreate(savedInstanceState)
        binding = ActivityMainBinding.inflate(layoutInflater)
```

```
        setContentView(binding.root)

        notificationManager =
            getSystemService(
                Context.NOTIFICATION_SERVICE) as NotificationManager

        createNotificationChannel(channelID,
            "DirectReply News", "Example News Channel")
    }

    private fun createNotificationChannel(id: String,
                                          name: String, description: String) {
        val importance = NotificationManager.IMPORTANCE_HIGH
        val channel = NotificationChannel(id, name, importance)

        channel.description = description
        channel.enableLights(true)
        channel.lightColor = Color.RED
        channel.enableVibration(true)
        channel.vibrationPattern =
            longArrayOf(100, 200, 300, 400, 500, 400, 300, 200, 400)

        notificationManager?.createNotificationChannel(channel)
    }
}
```

71.4 RemoteInput 객체 생성하기

알림에서 직접 응답 텍스트 입력을 가능하게 해주는 핵심 요소는 RemoteInput 클래스다. 70장에서는 한 앱에서 인텐트를 생성한 후 다른 앱이나 서비스가 그 인텐트를 시작시킬 수 있게 해주는 방법을 알아보았다. 그리고 이때 PendingIntent 객체를 생성하여 알림에서 관련 앱의 액티비티를 시작시킬 수 있게 하였다. RemoteInput 클래스는 인텐트와 함께 사용자 입력 요청이 PendingIntent 객체에 포함될 수 있게 해준다. 따라서 예를 들어, 액티비티를 시작시키기 위해 PendingIntent 객체에 포함된 인텐트가 시작되면 이 인텐트로 시작되는 해당 액티비티에도 사용자 입력이 전달된다.

알림에 직접 응답을 구현하려면 우선 RemoteInput.Builder() 함수를 사용해서 RemoteInput 객체를 생성해야 한다. RemoteInput 객체를 생성하려면 인텐트의 사용자 입력을 추출하기 위해 사용되는 키 문자열이 필요하다. 또한, 알림의 텍스트 입력 필드에 나타낼 라벨 문자열도 있어야 한다. 편집기 창에 열려 있는 MainActivity.kt를 선택한 후 다음과 같이 sendNotification() 함수 코드를 추가하자. 여기서 추가하는 변수와 import 문 중에는 더 뒤에서 사용하기 위해 미리 정의한 것도 있다.

```
package com.ebookfrenzy.directreply
.
.
.
import android.content.Intent
import android.app.RemoteInput
import android.view.View
import android.app.PendingIntent

class MainActivity : AppCompatActivity() {

    private val notificationId = 101
    private val KEY_TEXT_REPLY = "key_text_reply"
    .
    .
    fun sendNotification(view: View) {
        val replyLabel = "Enter your reply here"
        val remoteInput = RemoteInput.Builder(KEY_TEXT_REPLY)
            .setLabel(replyLabel)
            .build()
    }
}
```

RemoteInput 객체를 생성하고 키와 라벨 문자열로 초기화하였으므로 이제는 이 객체를 알림 액션 객체에 포함시켜야 한다. 그러나 그전에 PendingIntent 객체를 생성해야 한다.

71.5 PendingIntent 객체 생성하기

PendingIntent 객체를 생성하는 방법은 70장에서 했던 것과 동일하다. 단지 MainActivity를 시작시키도록 인텐트를 구성한다는 것만 다르다. PendingIntent 객체를 생성하는 다음 코드를 MainActivity.kt 파일의 sendNotification() 함수에 추가하자.

```
fun sendNotification(view: View) {

    val replyLabel = "Enter your reply here"
    val remoteInput = RemoteInput.Builder(KEY_TEXT_REPLY)
            .setLabel(replyLabel)
            .build()

    val resultIntent = Intent(this, MainActivity::class.java)

    val resultPendingIntent = PendingIntent.getActivity(
            this,
            0,
            resultIntent,
            PendingIntent.FLAG_UPDATE_CURRENT
    )
}
```

71.6 응답 액션 생성하기

알림의 직접 응답은 액션 버튼을 통해서 할 수 있다. 액션은 아이콘, 버튼 라벨, PendingIntent 객체, RemoteInput 객체로 구성되고 생성되어야 한다. 액션을 생성하는 코드를 다음과 같이 sendNotification() 함수에 추가하자.

```kotlin
    .
    .
import android.graphics.drawable.Icon
import android.app.Notification
import androidx.core.content.ContextCompat

class MainActivity : AppCompatActivity() {
    .
    .
    fun sendNotification(view: View) {
        val replyLabel = "Enter your reply here"
        val remoteInput = RemoteInput.Builder(KEY_TEXT_REPLY)
            .setLabel(replyLabel)
            .build()

        val resultIntent = Intent(this, MainActivity::class.java)
        val resultPendingIntent = PendingIntent.getActivity(
            this,
            0,
            resultIntent,
            PendingIntent.FLAG_UPDATE_CURRENT
        )

        val icon = Icon.createWithResource(this@MainActivity,
            android.R.drawable.ic_dialog_info)

        val replyAction = Notification.Action.Builder(
            icon,
            "Reply", resultPendingIntent)
            .addRemoteInput(remoteInput)
            .build()
    }
}
```

이제는 RemoteInput, PendingIntent, 알림 액션 객체 모두가 생성되어 사용할 준비가 되었으므로 알림을 생성하고 전송할 것이다. sendNotification() 함수에 다음 코드를 추가하자.

```kotlin
fun sendNotification(view: View) {
    .
    .
```

```
    val replyAction = Notification.Action.Builder(
        icon,
        "Reply", resultPendingIntent)
        .addRemoteInput(remoteInput)
        .build()

    val newMessageNotification = Notification.Builder(this, channelID)
        .setColor(ContextCompat.getColor(this,
                R.color.design_default_color_primary))
        .setSmallIcon(
                android.R.drawable.ic_dialog_info)
        .setContentTitle("My Notification")
        .setContentText("This is a test message")
        .addAction(replyAction).build()

    val notificationManager = getSystemService(
        Context.NOTIFICATION_SERVICE) as NotificationManager

    notificationManager.notify(notificationId,
        newMessageNotification)
}
```

앱을 실행하고 버튼을 탭하면 알림이 전송된
다. 그리고 알림 아이콘이 나타난 상태 바를 끌
어내리고 메시지를 확장하면 그림 71-2와 같이
알림 메시지가 나타난다.

그림 71-2

그리고 Reply 액션 버튼을 탭하면 응답 라벨을
보여 주는 텍스트 입력 필드가 나타난다. 이 응
답 라벨은 RemoteInput 객체가 생성될 때 우리
가 지정했던 문자열이다(그림 71-3).

그림 71-3

아무 텍스트나 입력하고 오른쪽의 전송 화살표 버튼을 누른다. MainActivity가 시작되지만 입력한
텍스트는 아직 TextView에 나타나지 않을 것이다[장치나 에뮬레이터의 오버뷰 버튼(사각형 모양)을 클릭
하고 DirectReply 앱을 선택하면 MainActivity가 시작된 것을 알 수 있다].

71.7 직접 응답 입력 데이터 수신하기

이제는 사용자가 알림의 직접 입력을 할 수 있으므로 앱에서는 입력 데이터를 받아 필요한 일을 처리해야 한다. 여기서는 액티비티 화면의 TextView에 그것을 보여 줄 것이다.

사용자가 알림에서 텍스트를 입력한 후 화살표 모양의 전송 버튼을 누르면 PendingIntent 객체에 포함된 인텐트를 통해 MainActivity가 시작된다. 그리고 알림에서 사용자가 입력한 텍스트는 인텐트로 전달된다.

우선, MainActivity의 onCreate() 함수 내부에서 getIntent() 함수를 호출하여 액티비티를 시작시킨 인텐트 객체의 참조를 얻는다. 그리고 이것을 RemoteInput.getResultsFromIntent() 함수의 인자로 전달하여 호출하면 응답 텍스트를 갖는 Bundle 객체가 반환되므로 이 객체의 값을 추출하여 TextView에 지정하면 된다(Bundle 객체는 키와 값의 쌍으로 구성되는 데이터를 갖는다). MainActivity.kt 파일에 다음 코드를 추가하자.

```kotlin
class MainActivity : AppCompatActivity() {
    .
    .
    override fun onCreate(savedInstanceState: Bundle?) {
        .
        .
        handleIntent()
    }

    private fun handleIntent() {
        val intent = this.intent
        val remoteInput = RemoteInput.getResultsFromIntent(intent)
        if (remoteInput != null) {
            val inputString = remoteInput.getCharSequence(
                KEY_TEXT_REPLY).toString()
            binding.textView.text = inputString
        }
    }
}
```

앱을 다시 실행하고 버튼을 클릭하면 알림이 전송된다. 그리고 알림 아이콘이 나타난 상태 바를 끌어내리고 메시지를 확장한 후 Reply 액션 버튼을 클릭하면 응답 라벨을 보여 주는 텍스트 입력 필드가 나타난다. 아무 텍스트나 입력하고 오른쪽의 전송 화살표 버튼을 누른다. 입력한 텍스트가 MainActivity의 TextView에 나타날 것이다[장치나 에뮬레이터의 오버뷰 버튼(사각형 모양)을 클릭하고 DirectReply 앱을 선택하면 MainActivity의 화면을 볼 수 있다].

71.8 알림 변경하기

알림에서 응답 텍스트를 입력하고 전송 화살표 버튼을 눌러 전송하면 작업 진행을 나타내는 원 표시가 알림 패널에 나타난다(그림 71-4).

그림 71-4

이 표시는 전송된 응답 텍스트의 액티비티 수신 확인을 기다린다는 것을 나타낸다. 이때는 응답 텍스트를 잘 받아 처리했다는 것을 나타내는 새로운 메시지로 알림을 변경하는 것이 바람직하다. 현재의 알림이 전송될 때 id가 지정되어 있으므로 이것을 사용해서 변경하면 된다. 이런 일을 하는 코드를 handleIntent() 함수에 추가하자.

```kotlin
private fun handleIntent() {

    val intent = this.intent

    val remoteInput = RemoteInput.getResultsFromIntent(intent)

    if (remoteInput != null) {

        val inputString = remoteInput.getCharSequence(
                KEY_TEXT_REPLY).toString()

        binding.textView.text = inputString

        val repliedNotification = Notification.Builder(this, channelID)
                .setSmallIcon(
                        android.R.drawable.ic_dialog_info)
                .setContentText("Reply received")
                .build()

        notificationManager?.notify(notificationId,
                repliedNotification)
    }
}
```

앱을 다시 실행하고 Notify 버튼을 클릭해 보자. 그리고 알림 아이콘이 나타난 상태 바를 끌어내린 후 Reply 액션 버튼을 클릭하면 응답 라벨을 보여 주는 텍스트 입력 필드가 나타난다.

그림 71-5

아무 텍스트나 입력하고 오른쪽의 전송 화살표 버튼을 누르자. 이번에는 원 표시가 없어지고 알림 메시지가 'Reply received'로 변경될 것이다(그림 71-5). 또한, 입력한 텍스트가 MainActivity의 TextView에도 나타난다.

71.9 요약

알림의 직접 응답 기능을 사용하면 사용자가 알림에서 텍스트를 입력할 수 있다. 그리고 입력된 텍스트는 인텐트를 통해 관련 앱의 액티비티로 전달된다. 직접 응답은 RemoteInput 클래스로 구현되며, 이 클래스의 인스턴스는 액션에 포함되어 알림에 전송된다. 직접 응답 알림을 사용할 때는 입력된 텍스트가 수신되어 처리되었음을 NotificationManager 서비스에 알려 주는 것이 중요하다. 이때는 알림이 최초 전송될 때 지정된 id를 사용해서 알림 메시지를 변경하는 것이 가장 좋은 방법이다.

CHAPTER

72

폴더블 장치와 다중 창 지원

요즘에는 폴더블_{foldable} 장치(예를 들어, 삼성 갤럭시 폴드 계열)가 출시되고 있다. 따라서 이런 새로운 유형의 장치에 대한 준비의 일환으로 폴더블 장치에서 앱이 올바르게 실행되도록 하는 방법을 아는 것이 중요하다.

다행스럽게도 안드로이드는 이미 다중 창_{Multi-Window} 지원을 하고 있어서 폴더블 장치의 많은 부분을 지원할 수 있다.

72.1 폴더블과 다중 창 지원

앱이 폴더블 장치에서 실행될 때는 다른 앱과 화면을 공유하거나 중대한 구성 변경(예를 들어, 사용자가 화면을 접거나 펼칠 때 화면 크기가 달라짐)을 접하게 될 가능성이 많다. 따라서 우리 앱이 이미 장치의 방향 변경을 처리하도록 설계되었다면 화면 접기에 따른 화면 변경도 처리할 수 있겠지만 테스트를 해보는 것이 좋다.

다중 창은 안드로이드 7에서 도입되었다. 이전 버전의 안드로이드와는 달리, 안드로이드 7의 다중 창 지원에서는 두 개 이상의 액티비티가 장치 화면에 같이 나타날 수 있다.

안드로이드의 다중 창 지원에서는 세 가지 형태의 창 모드를 제공한다. 분할 화면_{split-screen} 모드, 자유형식_{freeform} 모드, PIP_{picture-in-picture} 모드다.

우선, 분할 화면 모드는 대부분의 폰이나 폴더블 및 태블릿 장치에서 사용 가능하며, 화면을 분할하는 환경을 제공한다. 이때 두 개의 앱 액티비티가 좌우 또는 상하로 화면에 나타날 수 있다. 그리고 사용자는 분할선을 끌어서 각 액티비티의 화면 영역 크기를 조정할 수 있다(그림 72-1).

그림 72-1

자유형식 모드에서는 더 큰 화면을 갖는 장치의 창 환경을 제공하며, 장치 제조사에서 이 기능을 활성화할 때 사용 가능하다. 두 개의 액티비티만 화면에 나타나는 분할 화면 모드와 달리, 자유형식 모드에서는 동시에 보이는 액티비티의 개수에 제한이 없으며, 각 액티비티는 크기 조정이 가능한 별개의 창으로 나타날 수 있다. 예를 들어, 그림 72-2에서는 자유형식 모드의 장치에서 계산기와 또다른 앱이 별개의 창으로 나타난 것을 보여 준다.

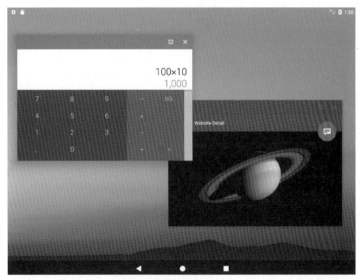

그림 72-2

PIP 모드에서는 말 그대로 본화면 속에 작은 화면을 동시에 보여 줄 수 있다. 예를 들어, 사용자가 주된 작업을 하면서 동시에 작은 화면으로 동영상을 같이 볼 수 있다. 이 기능은 80장에서 추가로 알아볼 것이다.

72.2 폴더블 에뮬레이터 사용하기

안드로이드 SDK에는 폴더블 에뮬레이터가 포함되어 있다. 폴더블 에뮬레이터를 생성할 때는 안드로이드 스튜디오의 메인 메뉴에서 Tools ➡ AVD Manager를 선택한다. 그리고 대화상자에서 Create Virtual Device... 버튼을 누른다. 그다음에 하드웨어 선택 대화상자에서 폴더블 장치 중 하나를 선택한다(그림 72-3).

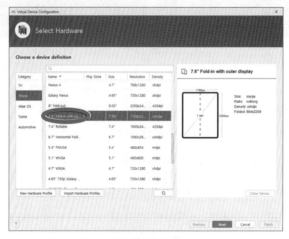

그림 72-3

그리고 이후의 시스템 이미지 선택 대화상자에서 Android 11 API 30 이상 버전의 시스템 이미지를 선택하고 AVD를 생성하면 된다.

그다음에 해당 에뮬레이터가 부팅되면 추가로 버튼이 나타난다(그림 72-4). 이 버튼을 누르면 폴더블과 폴더블이 아닌 구성을 상호 전환할 수 있다.

그림 72-4

72.3 다중 창 모드로 전환하기

화면 분할 모드는 오버뷰 화면에 나타난 앱의 툴바에 있는 앱 아이콘을 길게 누르고 **화면 분할** 메뉴
옵션을 선택하면 전환할 수 있다(그림 72-5).

그림 72-5

그리고 화면 분할 모드가 되면 오버뷰 버튼이 두 개의 직사각형으로 바뀐다(그림 72-6의 Ⓐ로 표시된
부분). 그리고 현재 액티비티는 화면의 일부를 채우며(Ⓑ), 두 번째 액티비티를 보여 주고 선택할 수
있도록 Ⓑ와 인접한 부분에 오버뷰 화면이 나타난다(Ⓒ).

그림 72-6

그리고 두 번째 앱이 선택되면 그림 72-1처럼 화면이 두 부분으로 나뉜다.

분할 화면 모드를 끝낼 때는 두 액티비티 사이의 분할선을 어느 한쪽 끝으로 밀어서 한 액티비티만 보이게 하면 된다.

72.4 다중 창 지원을 활성화하고 사용하기

모든 장치에서 지원되는 것은 아니지만, 큰 화면의 장치나 에뮬레이터에서는 자유형식의 다중 창 모드를 활성화할 수 있다. 이 모드를 활성화하려면 에뮬레이터가 실행 중이거나 또는 실제 장치가 연결된 후 개발 컴퓨터의 명령행(윈도우 시스템은 명령 프롬프트 창, 맥이나 리눅스는 터미널 창)에서 다음과 같이 adb 명령을 실행하면 된다. 단, adb의 경로가 Path에 지정되어 있어야 하며(2장 참고), 하나의 에뮬레이터나 장치에서만 가능하다.

```
adb shell settings put global enable_freeform_support 1
(여기서 support와 1 사이에는 한 칸 이상을 띄워야 한다.)
```

이렇게 설정을 변경하면 현재 실행 중인 에뮬레이터나 장치의 자유형식 모드가 활성화된다. 단, 에뮬레이터나 장치를 종료했다가 다시 부팅해야 한다.

그리고 활성화되면 앱 아이콘을 길게 누를 때 오 버뷰 화면에 추가 옵션으로 '자유 형식'이 나타난 다(그림 72-7).

그림 72-7

72.5 자유형식 모드의 지원 여부 확인하기

앞에서 이야기했듯이, 자유형식 다중 창 모드는 안드로이드 장치 제조사에서 활성화해야 한다. 자유형식 모드는 화면이 큰 장치에서만 의미가 있으므로 앱이 실행될 모든 장치에서 사용 가능하다는 보장은 없다.

그러나 다행스럽게도 자유형식 모드를 사용할 수 없는 장치에서는 자유형식 모드 관련 함수와 속성을 시스템에서 무시하므로 그런 장치에서 앱을 사용해도 실행이 중단되지는 않는다. 그러나 장치에서 자유형식 다중 창 모드를 지원하는지 검사하면 유용할 수 있다.

이때는 패키지 매니저로 확인하면 된다. 예를 들어, 다음 코드에서는 자유형식 다중 창 지원 여부를 확인하고 검사 결과에 따른 Boolean 값을 반환한다(지원되면 true를 반환).

```
fun checkFreeform(): Boolean {
    return packageManager.hasSystemFeature(
            PackageManager.FEATURE_FREEFORM_WINDOW_MANAGEMENT)
}
```

72.6 다중 창 지원을 앱에서 활성화하기

앱의 다중 창 지원 여부는 매니페스트 파일의 android:resizableActivity 속성으로 제어한다. 이 속성은 앱 전체 또는 액티비티별로 지정될 수 있다. 예를 들어, MainActivity라는 액티비티에서 분할 화면과 자유형식 다중 창 모드를 같이 지원하도록 구성할 때는 다음과 같이 설정한다.

```
<activity
    android:name=".MainActivity"
    android:resizeableActivity="true"
    android:label="@string/app_name"
    android:theme="@style/AppTheme.NoActionBar">
    <intent-filter>
        <action android:name="android.intent.action.MAIN" />

        <category android:name="android.intent.category.LAUNCHER" />
    </intent-filter>
</activity>
```

android:resizableActivity 속성을 false로 설정하면 해당 액티비티가 분할 화면과 자유형식 모드로 나타날 수 없으므로 앱의 오버뷰 메뉴에 모드 관련 버튼이 나타나지 않는다. 그리고 다중 창 지원이 비활성화된 액티비티를 분할 화면 구성의 두 번째 액티비티로 선택하면 해당 앱이 다중 창 모드를 지원할 수 없다는 메시지가 나타난다.

72.7 다중 창 관련 속성 지정하기

액티비티가 다중 창 모드로 시작될 때 크기와 위치를 지정하는 속성이 많이 있으며, 이러한 속성은 <layout> 요소의 일부로 사용할 수 있다. 자유형식 모드로 시작될 때 액티비티의 초기 높이와 너비 및 위치를 지정하는 데 사용되는 속성은 다음과 같다.

- **android:defaultWidth** — 액티비티의 기본 너비를 지정한다.
- **android:defaultHeight** — 액티비티의 기본 높이를 지정한다.
- **android:gravity** — 액티비티의 초기 위치를 지정한다(시작, 끝, 왼쪽, 오른쪽, 위 등).

이 속성은 액티비티가 자유형식 모드로 나타날 때만 적용된다. 다음 예에서는 액티비티가 화면의 시작 모서리(왼쪽 위)로부터 지정된 높이와 너비로 나타나도록 구성한다.

```
<activity android:name=".MainActivity ">
    <layout android:defaultHeight="350dp"
        android:defaultWidth="450dp"
        android:gravity="start|end" />
</activity>
```

다음의 <layout> 속성은 분할 화면이나 자유형식 모드에서 액티비티의 창이 축소 가능한 최소 너비와 최소 높이를 지정하는 데 사용될 수 있다.

- **android:minimalHeight** — 액티비티가 축소 가능한 최소 높이를 지정한다.
- **android:minimalWidth** — 액티비티가 축소 가능한 최소 너비를 지정한다.

사용자가 최소 높이나 최소 너비보다 작아지게 분할 화면선을 밀 때는 액티비티의 레이아웃이 더 이상 축소되지 않게 시스템이 해준다. 매니페스트에 지정한 예는 다음과 같다.

```
<activity android:name=".MainActivity ">
    <layout android:minimalHeight="400dp"
        android:minimalWidth="290dp" />
</activity>
```

72.8 액티비티에서 다중 창 모드인지 검사하기

사용자가 다중 창 모드로 액티비티를 보고 있는지 검사해야 할 때가 있다. 이때는 Activity 클래스의 isInMultiWindowMode() 함수를 호출하면 된다. 이 함수는 액티비티가 다중 창 모드일 때는 true를, 그렇지 않고 전체 화면 상태일 때는 false를 반환한다.

```
if (this.isInMultiWindowMode()) {
    // 액티비티가 다중 창 모드에서 실행 중임
} else {
    // 액티비티가 다중 창 모드로 실행 중이 아님
}
```

72.9 다중 창 관련 통지받기

액티비티에서 onMultiWindowModeChanged() 콜백 함수를 오버라이딩하면 다중 창 모드로 진입하거나 벗어날 때 통지를 받을 수 있다. 다중 창 모드로 진입할 때는 true가 함수의 첫 번째 인자로 전달되며, 벗어날 때는 false가 전달된다. 새로운 구성 설정은 Configuration 객체에 포함되어 두 번째 인자로 전달된다.

```kotlin
override fun onMultiWindowModeChanged(isInMultiWindowMode: Boolean,
                        newConfig: Configuration?) {
    super.onMultiWindowModeChanged(isInMultiWindowMode, newConfig)

    if (isInMultiWindowMode) {
        // 액티비티가 다중 창 모드로 진입했음
    } else {
        // 액티비티가 다중 창 모드를 벗어났음
    }
}
```

20장에서 알아보았듯이, 안드로이드 10 이상 버전에서는 여러 액티비티가 동시에 실행 재개resumed 상태가 될 수 있다(이것을 다중 실행 재개라고 한다). 이 경우 사용자가 가장 최근에 상호작용했던 액티비티가 최상위 실행 재개 액티비티가 된다. 액티비티의 최상위 실행 재개 상태가 변경되는 것을 알고자 할 때는 해당 액티비티에 onTopResumedActivityChanged() 콜백 함수를 구현하면 된다. 예를 들면 다음과 같다.

```kotlin
override fun onTopResumedActivityChanged(isTopResumedActivity: Boolean) {
    super.onTopResumedActivityChanged(isTopResumedActivity)

    if (isTopResumedActivity) {
        // 액티비티가 이제 최상위 실행 재개 상태임
    } else {
        // 액티비티가 더 이상 최상위 실행 재개 상태가 아님
    }
}
```

안드로이드 9 버전이 실행 중인 장치에서는 앱 매니페스트 파일의 다음 속성을 활성화하여 다중 실행 재개를 이용할 수 있다.

```xml
<meta-data
android:name="android.allow_multiple_resumed_activities" android:value="true" />
```

72.10 다중 창 모드에서 액티비티 시작시키기

60장에서는 액티비티가 인텐트를 사용해서 두 번째 액티비티를 시작시키는 예제 앱을 생성했었다. 기본적으로 인텐트로 시작되는 액티비티는 시작시킨 액티비티와 동일한 **태스크 스택**task stack에 위치한다. 그러나 인텐트에 플래그를 전달하여 새로운 태스크 스택에서 액티비티를 시작시킬 수 있다.

다중 창 모드의 액티비티가 동일한 태스크 스택의 다른 액티비티를 시작시키면 새로 시작된 액티비티가 분할 화면이나 자유형식 창의 시작시킨 액티비티를 대체한다(그리고 사용자가 백back 버튼을 누르면 원래 액티비티로 돌아온다).

그러나 분할 화면 모드(두 개의 창으로만 화면이 분할됨)에서 새로운 태스크 스택으로 시작되었을 경우는 새로 시작된 액티비티가 원래의 시작시킨 액티비티와 인접한 창에 나타나므로 두 액티비티 모두를 같이 볼 수 있다. 자유형식 모드(여러 개의 창으로 화면이 분할됨)의 경우는 새로 시작된 액티비티가 원래의 시작시킨 액티비티와 다른 창에 나타난다.

새로운 태스크 스택에서 액티비티가 시작되게 하려면 다음 플래그를 인텐트에 설정한 후 실행해야 한다.

- Intent.FLAG_ACTIVITY_LAUNCH_ADJACENT
- Intent.FLAG_ACTIVITY_MULTIPLE_TASK
- Intent.FLAG_ACTIVITY_NEW_TASK

예를 들어, 다음 코드에서는 두 번째 액티비티가 별개의 창에 나타나도록 인텐트를 구성하고 실행한다.

```
val i = Intent(this, SecondActivity::class.java)

i.addFlags(Intent.FLAG_ACTIVITY_LAUNCH_ADJACENT or
        Intent.FLAG_ACTIVITY_MULTIPLE_TASK or
        Intent.FLAG_ACTIVITY_NEW_TASK)

startActivity(i)
```

72.11 자유형식 모드로 실행되는 액티비티의 크기와 위치 구성하기

자유형식 모드에서 다른 태스크 스택으로 시작되는 액티비티는 시스템에서 지정한 크기로 화면 중앙의 창에 위치한다. 이 창의 위치와 크기는 ActivityOptions 클래스를 사용해서 시작 범위 설정을 인텐트에 전달하여 제어할 수 있다. 우선, 해당 액티비티 창을 나타내는 사각형의 왼쪽 위 꼭짓점 XY 좌표와 오른쪽 아래 꼭짓점 XY 좌표로 구성된 Rect 객체를 생성한다. 예를 들어, 다음 코드에서는 왼쪽 위 꼭짓점 좌표가 (0, 0)이고 오른쪽 아래 꼭짓점 좌표가 (100, 100)인 Rect 객체를 생성한다.

```
val rect = Rect(0, 0, 100, 100)
```

그다음에는 ActivityOptions 클래스의 기본 인스턴스를 생성하고 setLaunchBounds() 함수를 사용해서 Rect 객체에 설정된 값으로 초기화한다.

```
val options = ActivityOptions.makeBasic()
val bounds = options.setLaunchBounds(rect)
```

끝으로, ActivityOptions 인스턴스를 Bundle 객체로 변환하여 인텐트 객체와 함께 start Activity() 함수의 인자로 전달한다.

```
startActivity(i, bounds.toBundle())
```

지금까지 설명한 내용을 함께 코드로 구현한 예를 보면 다음과 같다.

```
val i = Intent(this, SecondActivity::class.java)
i.addFlags(Intent.FLAG_ACTIVITY_LAUNCH_ADJACENT or
        Intent.FLAG_ACTIVITY_MULTIPLE_TASK or
        Intent.FLAG_ACTIVITY_NEW_TASK)

val rect = Rect(0, 0, 100, 100)

val options = ActivityOptions.makeBasic()
val bounds = options.setLaunchBounds(rect)

startActivity(i, bounds.toBundle())
```

이렇게 하면 원래의 액티비티가 자유형식 모드일 동안 새로운 액티비티가 인텐트로 시작될 경우 이 액티비티 창은 Rect 객체에 지정된 위치와 크기를 갖고 나타난다.

72.12 요약

안드로이드 7(누가)에서는 다중 창 지원이 추가되었다. 이것은 동시에 두 개 이상의 액티비티를 화면에 보여 줄 수 있는 기능이다. 이 기능은 이제 폴더블 장치를 지원하는 기반이 되었다. 다중 창 지원에서는 분할 화면과 자유형식 및 PIP의 세 가지 모드를 제공한다. 분할 화면 모드에서는 상하 또는 좌우로 두 개의 액티비티 창을 보여 줄 수 있다. 자유형식 모드는 특정 안드로이드 장치에서만 지원되며, 여러 개의 액티비티가 별개의 창으로 나타날 수 있고 각 창은 이동과 크기 조정이 가능하다. 이번 장에서 알아보았듯이, 앱에서 다중 창을 알아내고 응답하며 제어할 수 있도록 안드로이드 SDK는 많은 함수와 속성 설정을 제공한다.

CHAPTER 73

안드로이드 SQLite 데이터베이스 개요

모바일 앱이라면 영속적인persistent 데이터를 조금이라도 저장할 필요가 있을 것이다. 데이터 중심의 앱에서부터 게임 점수와 같은 적은 양의 데이터만 저장할 필요가 있는 앱에 이르기까지 데이터베이스의 사용은 대부분의 앱에 필수적이다.

일반적인 안드로이드 앱의 일시적인 생명주기를 고려할 때 영속적인 데이터 저장의 중요성은 더욱 분명해진다. 안드로이드 런타임 시스템이 리소스를 해제하기 위해 앱 컴포넌트를 종료시킬 위험은 항상 존재하므로 데이터 손실을 막기 위한 포괄적인 데이터 저장 전략이 앱 개발 전략의 수립과 구현에 핵심 요소가 된다.

이번 장에서는 안드로이드 운영체제에 같이 제공되는 SQLite 관계형 데이터베이스 관리 시스템의 개요를 알아볼 것이다. 또한, 영속적인 SQLite 기반 데이터베이스를 안드로이드 앱에서 사용할 수 있게 제공되는 안드로이드 SDK 클래스의 개요도 살펴볼 것이다. 그러나 이에 앞서 데이터베이스와 SQL의 개요를 잠깐 들여다보자.

73.1 데이터베이스 테이블 이해하기

관계형Relational 데이터베이스 테이블Table은 데이터베이스에 필수적인 데이터 구조를 제공한다. 각 데이터베이스는 여러 테이블을 포함할 수 있으며, 각 테이블은 특정 타입의 정보를 저장하도록 설계된다. 예를 들어, 데이터베이스는 고객customer 테이블을 포함할 수 있으며, 이 테이블은 특정 업무에 관련된 모든 고객의 이름, 주소, 전화번호로 구성된다. 또한, 같은 데이터베이스가 제품product 테이블도 포함할 수 있으며, 이 테이블은 판매된 품목의 제품 코드와 연관된 제품 설명을 저장하는 데 사용된다.

데이터베이스의 각 테이블에는 해당 데이터베이스 내에서 고유한 이름이 지정되며, 데이터베이스가 다를 때만 같은 테이블 이름을 사용할 수 있다.

73.2 데이터베이스 스키마 개요

데이터베이스 스키마Database Schema는 데이터베이스 테이블에 저장된 데이터의 특성을 정의한다. 예를 들어, 고객 데이터베이스 테이블의 테이블 스키마는 다음과 같이 정의할 수 있다. 고객 이름은 20자 이내의 문자열이며, 고객 전화번호는 특정 형식의 숫자 데이터 필드다.

스키마는 또한, 데이터베이스 전체의 구조와 데이터베이스에 포함된 다양한 테이블 간의 관계를 정의하는 데도 사용된다.

73.3 열과 데이터 타입

데이터가 행row과 열column로 저장되는 스프레드시트와 유사한 것이 관계형 데이터베이스 테이블이라고 생각하면 될 것이다.

각 열은 해당 테이블의 데이터 필드를 나타낸다. 예를 들어, 고객 테이블의 이름, 주소, 전화번호 데이터 필드는 모두 열이다.

각 열은 특정 데이터 타입datatype으로 정의되며, 데이터 타입은 열이 포함할 수 있는 데이터의 타입을 나타낸다. 따라서 숫자를 저장하기 위해 설계된 열은 숫자 데이터 타입으로 정의된다.

73.4 데이터베이스 행

각각의 새로운 레코드는 테이블의 행으로 저장된다. 그리고 각 행은 저장된 레코드와 연관된 데이터 열로 구성된다.

조금 전에 이야기했던 스프레드시트와의 유사점을 다시 생각해 보자. 고객 테이블의 각 항목은 스프레드시트의 행과 같고, 각 열은 각 고객의 데이터(이름, 주소, 전화번호 등)를 포함한다.

새로운 고객이 테이블에 추가될 때는 새로운 행이 생성되고, 이 행의 열에 해당 고객의 데이터가 저장된다.

때로는 행을 레코드record 또는 항목entry이라고도 하며, 이 용어는 바꿔 사용될 수 있다.

73.5 기본 키 개요

각 데이터베이스 테이블은 테이블의 각 행을 고유하게 식별하는 데 사용될 수 있는 하나 이상의 열을 포함해야 한다. 데이터베이스 용어로 이것을 기본 키Primary Key라 한다. 예를 들어, 은행 계좌 테이블에서는 은행 계좌 번호 열을 테이블의 기본 키로 사용할 수 있다. 반면에 고객 테이블에서는 고객 번호를 기본 키로 사용할 수 있다.

기본 키는 데이터베이스 관리 시스템이 테이블의 특정 행을 고유하게 식별할 수 있도록 해준다. 기본 키가 없으면 테이블의 특정 행을 조회하거나 삭제할 수 없다. 올바른 행이 선택되었는지 확신할 수 없기 때문이다. 예를 들어, 고객의 이름이 기본 키로 정의된 테이블이 있다고 해보자. 이 경우 이름이 같은 고객이 두 명 이상 있다면 문제가 생길 수 있을 것이다. 실제로 동명이인이 많아서 이름만으로는 기본 키가 되기 어렵다. 특정 행을 고유하게 식별할 수 있는 확실한 방법 없이는 올바른 데이터의 액세스를 보장할 수 없다.

테이블의 기본 키는 하나 또는 여러 개의 열로 구성될 수 있다. 하나의 열로 기본 키가 구성될 때는 해당 열의 값이 같은 행이 있으면 안 된다. 그러나 여러 개의 열로 기본 키가 구성될 때는 각 열의 값은 고유하지 않아도 되지만, 기본 키 열 모두를 합한 값은 고유해야 한다.

73.6 SQLite란?

SQLite는 임베디드 '관계형 데이터베이스 관리 시스템'Relational Database Management System, RDBMS이다. 대부분의 RDBMS(예를 들어, 오라클이나 MySQL)는 독자적으로 실행되는 독립 실행형 서버 프로세스다. 그리고 데이터베이스 액세스가 필요한 앱과 함께 동작한다. 그러나 SQLite는 임베디드embedded, 내장형 RDBMS라고 한다. 왜냐하면 앱과 연결되는 라이브러리 형태로 제공되기 때문이다. 따라서 백그라운드에서 실행되는 독립 실행형 데이터베이스 서버가 없다. 모든 데이터베이스 오퍼레이션은 SQLite 라이브러리에 포함된 함수의 호출을 통해 앱 내부에서 처리된다. 또한, 크기도 작으므로 모바일용 RDBMS로 적합하다. 그래서 안드로이드와 애플 iOS 모두에서 사용되고 있다.

SQLite는 C 프로그래밍 언어로 작성되었다. 그러므로 안드로이드 SDK에서는 자바 기반의 래퍼wrapper를 이용하여 SQLite에 접속한다. 그리고 SQLite 기반의 데이터베이스를 생성하고 관리하기 위해 앱의 자바나 코틀린 코드에서 사용할 수 있는 클래스로 래퍼가 구성된다.

SQLite의 더 자세한 정보는 다음 웹 페이지를 참고하자.

URL http://www.sqlite.org

73.7 SQL

SQLite 데이터베이스에서는 SQL을 사용해서 데이터를 액세스한다. SQL은 Structured Query Language의 약어이며, 보통은 시퀄sequel로 발음한다. SQL은 대부분의 RDBMS에서 사용하는 표준 데이터베이스 언어다. SQLite는 SQL-92 표준을 준수한다.

SQL은 간단하고 사용하기 쉬운 데이터베이스 언어이며, 관계형 데이터베이스의 데이터를 읽고 쓸 수 있도록 특별히 설계되었다. SQL의 키워드는 많지 않으므로 빨리 배울 수 있다. 또한, SQL 구문은 대부분의 RDBMS에서 거의 동일하다. 따라서 한 RDBMS의 SQL을 배우면 다른 RDBMS에서도 그대로 활용할 수 있다.

이번 장에서 몇 가지 SQL 명령문이 사용되긴 하지만, SQL의 자세한 내용은 이 책의 범위를 벗어난다.

73.8 AVD에서 SQLite 사용해 보기

데이터베이스와 SQLite에 친숙하지 않은 독자에게는 곧바로 SQLite를 사용하는 안드로이드 앱을 생성하는 게 부담스럽게 느껴질 수 있을 것이다. 다행스럽게도 안드로이드는 사전 설치된 SQLite를 같이 제공한다. 여기에는 실행 중인 AVD 에뮬레이터 인스턴스에 연결된 adb 셸adb shell에서 SQL 명령을 대화식으로 실행할 수 있는 환경이 포함되어 있다. 이것은 SQLite와 SQL을 배우는 데 모두 유용한 도구다. 그리고 에뮬레이터에서 실행되는 앱에서 생성한 데이터베이스의 문제점을 찾는 데도 크게 도움이 되는 도구다.

대화식 SQLite를 론칭하려면 AVDAndroid Virtual Device Manager부터 실행해야 한다. 안드로이드 스튜디오 메인 메뉴에서 Tools ➡ AVD Manager를 선택하자. 그리고 AVD 매니저 대화상자가 나오면 앱을 테스트하기 위해 미리 구성했던 AVD를 선택하고 시작 버튼(▶)을 누르자. AVD 에뮬레이터가 시작될 것이다.

AVD가 실행되면 터미널 창(맥OS와 리눅스 시스템의 경우) 또는 명령 프롬프트 창(윈도우 시스템의 경우)을 열고 다음의 adb 명령행 도구를 사용해서 에뮬레이터에 연결하자(-e 플래그는 실제 장치가 아닌 에뮬레이터를 찾는다). 단, adb의 경로가 Path에 지정되어 있어야 한다(2장 참고).

```
adb -e shell
```

그리고 현재 실행 중인 에뮬레이터에 연결되면 셸에서 명령 프롬프트를 제공하므로 직접 명령을 입력하여 실행할 수 있다.

우선 다음과 같이 su 명령을 사용해서 슈퍼 사용자의 권한을 얻는다.

```
generic_x86_64_arm64:/ $ su
generic_x86_64_arm64:/ #
```

만일 사용자 권한이 허용되지 않는다는 메시지가 나타나면 현재 실행 중인 AVD 에뮬레이터 인스턴스가 구글 플레이_{Google Play} 지원을 포함하기 때문이다. 따라서 이때는 현재 실행 중인 에뮬레이터를 종료한다. 그리고 구글 플레이를 포함하지 않는 AVD 에뮬레이터를 새로 생성하고(4장의 그림 4-5 참고) 시작시킨 후 다시 adb로 접속해야 한다.

SQLite 데이터베이스에 저장된 데이터는 앱이 실행 중인 안드로이드 장치 파일 시스템의 데이터베이스 파일에 저장되어 있다(SQLite는 하나의 데이터베이스를 하나의 .db 파일로 저장하고 관리한다). 데이터베이스 파일의 파일 시스템 경로는 기본적으로 다음과 같다.

```
/data/data/<패키지 이름>/databases/<데이터베이스 파일명>.db
```

예를 들어, 패키지 이름이 com.example.MyDBApp인 앱에서 mydatabase.db라는 데이터베이스를 생성하면 이 데이터베이스 파일의 경로는 다음과 같다.

```
/data/data/com.example.MyDBApp/databases/mydatabase.db
```

따라서 여기서는 adb 셸에서 /data/data 디렉터리로 위치를 변경할 것이다. 그리고 이 밑에 SQLite 실습용 서브 디렉터리를 만들 것이다. 다음과 같이 하나씩 명령을 입력하여 실행시키자.

```
cd /data/data
mkdir com.example.dbexample
cd com.example.dbexample
mkdir databases
cd databases
```

모든 명령이 에러 없이 실행되면 우리의 데이터베이스 파일을 저장할 디렉터리가 생성된 것이다. 다음과 같이 대화식 SQLite 도구인 sqlite3를 시작시키자. 이때 데이터베이스 파일 이름을 지정하면 사용할 수 있다(이런 이름의 데이터베이스 파일이 없을 때는 SQLite가 자동으로 생성해 준다).

```
generic_x86_64_arm64:/data/data/com.example.dbexample/databases # sqlite3 ./mydatabase.db
SQLite version 3.28.0 2020-05-06 18:46:38
Enter ".help" for usage hints.
sqlite>
```

sqlite> 프롬프트가 나온 다음부터는 테이블 생성이나 데이터 추가와 검색 등의 어떤 SQL 명령도 실행할 수 있다. 예를 들어, 우리 데이터베이스에 새로운 contacts 테이블을 생성하려면 다음과 같이 한다. 이 테이블은 id, name, address, phone 열을 갖는다.

```
create table contacts (_id integer primary key autoincrement, name text, address text,
phone text);
```

테이블의 각 행은 기본 키를 가져야 한다. 여기서는 id 열을 기본 키로 지정하면서 integer 타입으로 선언한다. 그리고 새로운 행이 추가될 때마다 자동으로 증가된 숫자를 넣도록 SQLite에 요청한다. 이것은 각 행이 고유한 기본 키를 갖도록 흔히 사용하는 방법이다. 이 기본 키의 이름은 어떤 것을 지정해도 된다. 그러나 안드로이드에서는 기본 키를 _id로 지정하는 것이 좋다. 모든 안드로이드 데이터베이스 관련 클래스를 사용해서 데이터베이스를 액세스할 수 있기 때문이다. 나머지 열은 text 데이터 타입으로 선언하고 있다.

현재 선택된 데이터베이스의 테이블 내역을 보려면 SQLite 명령인 .tables를 사용한다. (맨 앞에 점이 붙은 명령은 SQL이 아닌 SQLite 자체의 명령이다.)

```
sqlite> .tables
contacts
```

SQL insert 명령으로 테이블에 데이터를 추가해 보자. [SQL 명령 제일 끝에는 세미콜론(;)을 붙여서 해당 명령의 끝임을 알려 주어야 한다.]

```
sqlite> insert into contacts (name, address, phone) values ("Bill Smith", "123
Main Street, California", "123-555-2323");
sqlite> insert into contacts (name, address, phone) values ("Mike Parks", "10
Upping Street, Idaho", "444-444-1212");
```

SQL select 명령으로 테이블의 모든 행을 조회해 보자.

```
sqlite> select * from contacts;
1|Bill Smith|123 Main Street, California|123-555-2323
2|Mike Parks|10 Upping Street, Idaho|444-444-1212
```

SQL select 명령의 where 절을 사용해서 특정 조건에 맞는 행을 검색해 보자.

```
sqlite> select * from contacts where name="Mike Parks";
2|Mike Parks|10 Upping Street, Idaho|444-444-1212
```

대화식 SQLite 환경인 sqlite3을 종료할 때는 SQLite 명령인 .exit를 사용한다.

```
sqlite> .exit
```

안드로이드 앱을 에뮬레이터 환경에서 실행할 때는 앞에서 이야기한 경로를 사용해서 에뮬레이터의 파일 시스템에 데이터베이스 파일이 생성된다. 따라서 지금까지 했던 대로 adb에 연결하고 데이터베이스 파일을 찾은 후 sqlite3 대화식 도구를 사용하면 많은 이점을 얻을 수 있다. 예를 들어, 앱에서 필요한 데이터를 데이터베이스에 미리 준비(추가, 변경, 삭제)하거나 또는 코드에서 발생할 수 있는 데이터 관련 문제의 해결 방법을 찾는 것 등이다.

adb 셸을 실제 장치에 연결할 경우는 데이터베이스를 생성하고 관리하는 셸의 권한이 부족해서 사용상 제약이 따른다. 따라서 데이터베이스 관련 문제를 디버깅할 때는 실제 장치보다 AVD 에뮬레이터를 사용하는 것이 좋다.

73.9 안드로이드 Room 퍼시스턴스 라이브러리

앞에서 이야기했듯이, SQLite는 C 언어로 작성된 반면에 안드로이드 앱은 자바나 코틀린을 사용해서 개발된다. 이러한 '언어 갭'을 해소하기 위해 과거의 안드로이드 SDK에는 SQLite DBMS의 상위 계층을 제공하는 클래스가 포함되어 있었다. 이 클래스는 아직도 사용할 수 있다. 그러나 많은 양의 코드를 작성해야 하고, LiveData나 생명주기 관리와 같은 새로운 아키텍처와 기능의 장점을 얻지 못한다. 따라서 이 문제를 해결하기 위해 안드로이드 Jetpack 아키텍처 컴포넌트에 Room 퍼시스턴스 라이브러리가 포함되었다. 이 라이브러리는 데이터베이스 시스템의 상위 계층으로 고수준의 인터페이스를 제공한다. 따라서 최신의 앱 아키텍처를 따르는 것은 물론이고 최소한의 코드 작성으로 안드로이드 장치에 로컬 데이터를 저장하기 쉽다.

이후의 다른 장에서는 Room 퍼시스턴스 라이브러리를 사용해서 SQLite 데이터베이스를 사용하는 방법을 알아볼 것이다.

73.10 요약

SQLite는 크기가 작은 임베디드 관계형 데이터베이스 시스템이다. 그리고 안드로이드 프레임워크의 일부로 포함되어 있으며, 안드로이드 앱의 영속적인 데이터 저장을 구현하는 메커니즘을 제공한다. 그리고 Room 퍼시스턴스 라이브러리와 함께 사용하면 안드로이드 앱의 데이터 저장소를 최신 방법으로 구현할 수 있다.

이번 장에서는 안드로이드 앱 개발과 관련하여 데이터베이스와 SQLite의 개요를 알아보았다. 이후의 여러 장에서는 Room 퍼시스턴스 라이브러리 개요를 알아보고 예제 프로젝트를 생성하여 실제로 구현하는 방법을 살펴볼 것이다.

CHAPTER

74

안드로이드 Room 퍼시스턴스 라이브러리

안드로이드 아키텍처 컴포넌트에 포함된 Room 퍼시스턴스 라이브러리persistence library는 안드로이드 아키텍처 지침에 맞는 방법으로 데이터베이스 스토리지 지원을 안드로이드 앱에 더 쉽게 추가할 수 있도록 특별히 설계되었다. 이번 장에서는 Room 기반 데이터베이스의 기본 개념을 알아볼 것이다. 또한, 안드로이드 앱에서 함께 작동하여 Room 지원을 구현하는 핵심 요소와 아키텍처 및 코드에서 이 요소가 어떻게 구현되는지도 살펴본다. 그리고 이후 두 장에서는 Room 데이터베이스 예제 프로젝트를 생성하여 실제 구현해 볼 것이다.

74.1 최신 앱 아키텍처 다시 보기

39장에서는 최신 앱 아키텍처의 개념과 앱에서 계층별로 책임 영역을 구분하는 것이 얼마나 중요한지 알아보았다. 그림 74-1에서는 안드로이드 앱에 권장되는 아키텍처를 보여 준다.

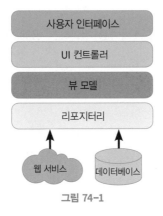

그림 74-1

이 아키텍처의 상위 세 계층은 이전의 다른 장에서 자세히 알아보았으므로 여기서는 Room 퍼시스턴스 라이브러리 관점에서 리포지터리repository와 데이터베이스 아키텍처를 살펴볼 것이다.

74.2 Room 데이터베이스 퍼시스턴스의 핵심 요소

우선, Room 퍼시스턴스 라이브러리를 사용해서 SQLite 데이터베이스와 함께 작동하는 데 필요한 핵심 요소를 알아보자.

74.2.1 리포지터리

리포지터리 모듈은 앱에서 사용하는 모든 데이터 소스를 직접 처리하기 위해 필요한 모든 코드를 포함한다. 따라서 데이터베이스나 웹 서비스와 같은 데이터 소스를 직접 사용하는 코드를 UI 컨트롤러와 뷰 모델에서 갖지 않게 해준다.

74.2.2 Room 데이터베이스

Room 데이터베이스 객체는 SQLite 데이터베이스에 대한 인터페이스를 제공하며, 또한, 리포지터리가 DAO$_{Data\ Access\ Object}$를 사용하게 해준다. 앱은 하나의 Room 데이터베이스 인스턴스만 가질 수 있으며, 이 인스턴스를 사용해서 다수의 데이터베이스 테이블을 사용할 수 있다.

74.2.3 DAO

DAO는 SQLite 데이터베이스의 데이터를 추가, 조회, 변경, 삭제하기 위해 리포지터리가 필요로 하는 SQL 문을 포함한다. 이 SQL 문은 리포지터리에서 호출되는 함수와 연결되어 대응되는 쿼리를 실행한다.

74.2.4 엔터티

엔터티$_{entity}$는 데이터베이스 테이블의 스키마를 정의하는 클래스이며, 테이블 이름과 열$_{column}$ 이름 및 데이터 타입, 그리고 기본 키$_{primary\ key}$를 정의한다. 엔터티 클래스는 또한, 데이터를 읽거나 쓰는 게터$_{getter}$와 세터$_{setter}$ 함수도 포함한다. SQL 쿼리 함수 호출의 응답으로 DAO에 의해 리포지터리로 반환되는 데이터는 엔터티 클래스 인스턴스의 형태가 된다. 그다음에 게터 함수가 호출되어 엔터티 객체로부터 데이터가 추출된다. 이와 유사하게 리포지터리에서 데이터베이스로 새로운 데이터를 써야 할 때는 엔터티 인스턴스를 생성하고 세터 함수 호출을 통해 엔터티 객체의 데이터를 구성한 후 DAO에 선언된 insert 함수를 호출한다. 이때 저장할 엔터티 인스턴스를 인자로 전달한다.

74.2.5 SQLite 데이터베이스

SQLite 데이터베이스는 데이터의 저장과 제공을 맡는다. 리포지터리를 포함해서 앱 코드에서는 직접 SQLite 데이터베이스를 사용하지 않아야 한다. 모든 데이터베이스 작업은 Room 데이터베이스, DAO, 엔터티를 같이 사용하여 수행한다.

그림 74-2의 아키텍처 다이어그램에서는 이러한 요소가 상호작용하여 Room 기반 데이터베이스를 안드로이드 앱에 제공하는 방법을 보여 준다.

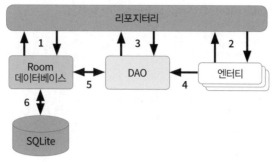

그림 74-2

숫자로 표시된 상호작용의 내용을 요약하면 다음과 같다.

1. 리포지터리는 Room 데이터베이스와 상호작용하여 데이터베이스 인스턴스를 얻으며, 이 인스턴스는 DAO 인스턴스의 참조를 얻는 데 사용된다.

2. 리포지터리는 엔터티 인스턴스를 생성하고 데이터를 채워 구성한 후 검색이나 추가 연산에 사용하기 위해 DAO에 전달한다.

3. 리포지터리는 데이터베이스에 추가될 엔터티를 인자로 전달하여 DAO의 함수를 호출한다. 또는 검색 쿼리 의 응답으로 엔터티 인스턴스를 반환받는다.

4. DAO가 리포지터리에 반환할 데이터를 가질 때는 이 데이터를 엔터티 객체에 넣는다.

5. DAO는 Room 데이터베이스와 상호작용하여 데이터베이스 작업을 시작시키고 결과를 처리한다.

6. Room 데이터베이스는 SQLite 데이터베이스와 상호작용하여 쿼리를 요청하고 결과를 받는다.

Room 퍼시스턴스 라이브러리를 사용할 때 상호작용하는 핵심 요소들의 관계를 알아보았으므로 지금부터는 엔터티, DAO, Room 데이터베이스, 리포지터리를 더 자세하게 살펴볼 것이다.

`74.3` 엔터티 이해하기

데이터베이스 테이블은 각각 하나의 엔터티 클래스와 연관된다. 엔터티 클래스는 테이블의 스키마 를 정의하며, 특별한 Room 애노테이션annotation이 추가된 표준 코틀린 클래스의 형태를 갖는다. 데 이터베이스 테이블에 저장되는 데이터를 선언하는 코틀린 클래스의 예를 보면 다음과 같다.

```kotlin
class Customer {

    var id: Int = 0
    var name: String? = null
```

```
    var address: String? = null

    constructor() {}

    constructor(id: Int, name: String, address: String) {
        this.id = id
        this.name = name
        this.address = address
    }

    constructor(name: String, address: String) {
        this.name = name
        this.address = address
    }
}
```

코드를 보면 알 수 있듯이, 이것은 데이터베이스 테이블 열을 나타내는 속성을 갖는 기본적인 코틀린 클래스다. 그러나 고객을 나타내는 Customer 클래스는 아직 엔터티 클래스가 아니다. 이 클래스를 엔터티 클래스로 만들어 SQL 문에서 사용하게 하려면 다음과 같이 Room 애노테이션을 추가해야 한다.

```
@Entity(tableName = "customers")
class Customer {

    @PrimaryKey(autoGenerate = true)
    @NonNull
    @ColumnInfo(name = "customerId")
    var id: Int = 0

    @ColumnInfo(name = "customerName")
    var name: String? = null
    var address: String? = null

    constructor() {}

    constructor(id: Int, name: String, address: String) {
        this.id = id
        this.name = name
        this.address = address
    }

    constructor(name: String, address: String) {
        this.name = name
        this.address = address
    }
}
```

여기서 첫 번째 애노테이션은 Customer가 엔터티를 나타낸다는 것을 선언하며 테이블 이름은 'customers'로 지정하고 있다. 이것은 DAO SQL 문에서 참조하는 테이블 이름이다.

```
@Entity(tableName = "customers")
```

모든 데이터베이스 테이블에는 기본 키 열이 필요하다. 여기서는 Customer의 id 속성이 기본 키로 선언되었다. SQL 쿼리에서 참조하도록 이때도 열 이름에 애노테이션을 추가해야 한다. 그리고 기본 키이므로 null 값을 저장할 수 없다. 따라서 @NonNull 애노테이션을 추가하였다. 또한, id는 자동 생성되는 값을 갖도록 선언되었다. 즉, 새로 추가되는 레코드의 id는 키의 중복을 막기 위해 시스템에서 자동 생성해 주는 값을 갖는다는 의미다. 그리고 id의 열 이름은 'customerId'로 지정되었다.

```
@PrimaryKey(autoGenerate = true)
@NonNull
@ColumnInfo(name = "customerId")
var id: Int = 0
```

Customer의 name 속성에도 열 이름이 지정되었다. 그러나 address에는 열 이름이 지정되지 않았다. 이것은 address 데이터도 데이터베이스에 저장은 되지만 SQL 문에서는 참조할 필요가 없다는 의미다. 만일 엔터티 클래스의 특정 속성값을 데이터베이스에 저장할 필요가 없으면 @Ignore 애노테이션을 사용하면 된다. 예를 들면 다음과 같다.

```
@Ignore
var MyString: String? = null
```

엔터티 클래스 간의 관계를 나타내는 관계형 데이터베이스의 **외래 키**foreign key에도 애노테이션을 사용한다. 외래 키는 한 테이블이 다른 테이블의 기본 키를 참조할 수 있게 해준다. 예를 들어, 구매 내역을 나타내는 Purchase 엔터티와 고객을 나타내는 Customer 엔터티 간의 관계는 다음과 같이 나타낼 수 있다.

```
@Entity(ForeignKeys = @ForeignKey(entity = Customer.class,
                parentColumns = "id", childColumns = "purchaseId"))

class Purchase {

    @PrimaryKey(autoGenerate = true)
    @NonNull
    @ColumnInfo(name = "purchaseId")
    var int id: Int = 0

    @ColumnInfo(name = "productName")
```

```
    var name: String? = null
    .
    .
    .
}
```

74.4 DAO

DAO_{Data Access Object}는 SQLite 데이터베이스에 저장된 데이터를 사용하는 방법을 제공한다. DAO는 코틀린 표준 인터페이스로 선언하며, 특정 SQL 문을 리포지터리가 호출할 수 있는 함수와 연결하는 애노테이션을 갖는다.

DAO를 정의할 때는 우선 다음과 같이 인터페이스에 @Dao 애노테이션을 추가한다.

```
@Dao
interface CustomerDao {
}
```

그다음에 SQL 문 및 이것과 연관되는 함수 이름을 추가한다. 다음 예에서는 customers 테이블의 모든 행_{row}을 getAllCustomers() 함수 호출로 읽을 수 있는 DAO를 선언한다.

```
@Dao
interface CustomerDao {
    @Query("SELECT * FROM customers")
    fun getAllCustomers(): LiveData<List<Customer>>
}
```

여기서 getAllCustomers() 함수는 데이터베이스 테이블에서 읽은 각 레코드의 Customer 엔터티 객체를 저장한 List 객체를 LiveData 객체로 반환한다(LiveData는 리포지터리가 데이터베이스의 데이터 변경을 관찰할 수 있게 해주며 자세한 내용은 41장에서 알아보았다).

DAO의 함수에는 인자도 전달할 수 있으며, SQL 문에서도 인자를 참조할 수 있다. 예를 들어, 고객의 이름과 일치하는 데이터베이스 레코드를 검색하는 다음 DAO 선언의 findCustomer() 함수를 보자. (WHERE 절에서 참조하는 name은 Customer 엔터티 클래스의 속성 이름이다.)

```
@Query("SELECT * FROM customers WHERE name = :customerName")
fun findCustomer(customerName: String): List<Customer>
```

이 예에서는 findCustomer() 함수에 문자열 값이 인자로 전달되며 다시 이 값이 :customerName 을 대체하여 SQL 문에 포함된다.

데이터를 추가할 때는 다음과 같이 @Insert 애노테이션을 사용한다.

```
@Insert
fun addCustomer(Customer customer)
```

이 경우 Room 퍼시스턴스 라이브러리는 addCustomer() 함수의 인자로 전달되는 Customer 엔터티 객체가 데이터베이스에 추가된다는 것을 알 수 있다. 따라서 이때는 SQL 문을 지정할 필요가 없다. 또한, 다음과 같이 선언하면 다수의 데이터베이스 레코드도 하나의 트랜잭션으로 추가할 수 있다.

```
@Insert
fun insertCustomers(Customer... customers)
```

다음 DAO 선언에서는 함수 인자로 전달된 고객 이름과 일치하는 모든 레코드를 삭제한다.

```
@Query("DELETE FROM customers WHERE name = :name")
fun deleteCustomer(String name)
```

레코드 삭제의 경우는 @Query 대신 @Delete 애노테이션을 사용할 수 있다. 다음 예에서는 deleteCustomers() 함수 인자로 전달된 Customer 엔터티와 일치하는 모든 레코드를 데이터베이스에서 삭제한다.

```
@Delete
fun deleteCustomers(Customer... customers)
```

이와 유사하게 데이터를 변경할 때는 다음과 같이 @Update 애노테이션을 사용할 수 있다.

```
@Update
fun updateCustomers(Customer... customers)
```

이처럼 다수의 데이터를 하나의 트랜잭션으로 처리하는 DAO 함수는 정숫값을 반환하게 선언할 수도 있으며, 정숫값은 트랜잭션으로 처리된 행의 개수를 나타낸다. 예를 들면 다음과 같다.

```
@Delete
fun deleteCustomers(Customer... customers): int
```

74.5 Room 데이터베이스

Room 데이터베이스 클래스는 RoomDatabase 클래스의 서브 클래스로 생성하며, 안드로이드 운영 체제에 내장된 실제 SQLite 데이터베이스의 상위 계층 역할을 한다. Room 데이터베이스 클래스는 새로운 데이터베이스 인스턴스를 생성하고 반환하며, 데이터베이스와 연관된 DAO 인스턴스를 사용할 수 있게 해준다.

Room 퍼시스턴스 라이브러리는 데이터베이스 인스턴스를 생성하는 데이터베이스 빌더를 제공한다. 각 안드로이드 앱은 하나의 Room 데이터베이스 인스턴스만 가질 수 있다. 따라서 하나 이상의 데이터베이스 인스턴스가 생성되지 않게 확인하는 코드를 Room 데이터베이스 클래스에 구현하는 것이 좋다.

앞에 나왔던 customers 테이블을 사용하는 Room 데이터베이스 클래스를 구현한 예를 보면 다음과 같다.

```kotlin
import android.content.Context
import android.arch.persistence.room.Database
import android.arch.persistence.room.Room
import android.arch.persistence.room.RoomDatabase

@Database(entities = [(Customer::class)], version = 1)
abstract class CustomerRoomDatabase: RoomDatabase() {
    abstract fun customerDao(): CustomerDao

    companion object {
        private var INSTANCE: CustomerRoomDatabase? = null

        internal fun getDatabase(context: Context): CustomerRoomDatabase? {
            if (INSTANCE == null) {
                synchronized(CustomerRoomDatabase::class.java) {
                    if (INSTANCE == null) {
                        INSTANCE =
                            Room.databaseBuilder<CustomerRoomDatabase>(
                                context.applicationContext,
                                CustomerRoomDatabase::class.java,
                                "customer_database").build()
                    }
                }
            }
            return INSTANCE
        }
    }
}
```

여기서는 클래스에 지정한 @Database 애노테이션, RoomDatabase의 서브 클래스 지정, Room 데이터베이스 인스턴스가 없음을 확인한 후 인스턴스 이름을 customer_database로 지정하는 코드만 참고하자.

74.6 리포지터리

리포지터리는 Room 데이터베이스 인스턴스를 얻은 후 연관된 DAO를 사용해서 DAO 함수를 호출하여 데이터베이스에 데이터를 읽거나 쓴다. Room 데이터베이스를 사용하는 리포지터리 클래스의 예는 다음과 같다.

```
class CustomerRepository(application: Application) {

    private var customerDao: CustomerDao?

    init {
        val db: CustomerRoomDatabase? =
                    CustomerRoomDatabase.getDatabase(application)
        customerDao = db?.customerDao()
    }
    .
    .
}
```

리포지터리가 DAO의 참조를 얻으면 DAO의 함수를 호출할 수 있다. 예를 들어, 다음 코드에서는 DAO의 getAllCustomers() 함수를 호출한다.

```
val allCustomers: LiveData<List<Customer>>?
allCustomers = customerDao.getAllCustomers()
```

74.7 인메모리 데이터베이스

이번 장에서 예시한 코드에서는 SQLite 데이터베이스를 사용한다. 그리고 데이터베이스는 안드로이드 장치의 스토리지에 파일로 저장된다. 따라서 앱 프로세스가 종료되더라도 데이터는 계속 보존된다.

Room 데이터베이스 퍼시스턴스 라이브러리는 인메모리in-memory 데이터베이스도 지원한다. 이 데이터베이스는 메모리에만 존재하며 앱이 종료되면 없어진다. 인메모리 데이터베이스를 사용할 때는 Room.databaseBuilder() 대신 Room.inMemoryDatabaseBuilder() 함수를 호출하도록 변경하면 된다. 다음 코드에서는 두 함수 호출의 차이점을 보여 준다(인메모리 데이터베이스는 데이터베이스 이름이 필요 없다).

```
// 파일 스토리지 기반의 데이터베이스를 생성한다
INSTANCE = Room.databaseBuilder<CustomerRoomDatabase>(context.applicationContext,
        CustomerRoomDatabase::class.java, "customer_database")
        .build()

// 인메모리 데이터베이스를 생성한다
INSTANCE = Room.inMemoryDatabaseBuilder<CustomerRoomDatabase>(
                context.getApplicationContext(),
                    CustomerRoomDatabase.class)
                    .build()
```

74.8 데이터베이스 탐색기

안드로이드 스튜디오는 데이터베이스 탐색기Database Inspector 도구 창을 포함한다. 이것을 사용하면 실행 중인 앱과 연관된 Room 데이터베이스의 데이터를 조회, 검색, 변경, 추출할 수 있다.

데이터베이스 탐색기에 관한 자세한 내용은 76장에서 알아볼 것이다.

74.9 요약

안드로이드 Room 퍼시스턴스 라이브러리는 안드로이드 아키텍처 컴포넌트에 포함되어 있으며 SQLite 데이터베이스의 상위 추상화 계층의 역할을 한다. 이 라이브러리는 안드로이드 아키텍처 지침을 따라 데이터베이스를 쉽게 사용하도록 설계되었다. 이번 장에서는 Room 기반 데이터베이스와 상호작용하는 요소인 엔터티, 리포지터리, DAO, 애노테이션, Room 데이터베이스 인스턴스 등을 알아보았다.

이후의 75장과 76장에서는 예제 프로젝트를 생성하여 Room 기반 데이터베이스를 구현해 볼 것이다. 또한, 75장에서는 TableLayout과 TableRow도 추가로 알아본다.

TableLayout과 TableRow 개요

원래는 이 책의 다음 장(Room 데이터베이스와 리포지터리 예제 프로젝트)을 집필할 때 Room 데이터 베이스 예제 프로젝트의 사용자 인터페이스 레이아웃 디자인을 같이 포함시키려고 했었다. 그러나 TableLayout과 TableRow 뷰를 사용해서 사용자 인터페이스를 구현하는 것이 가장 좋은 방법이라 고 판단되어 이 내용을 별도의 장으로 분리하게 되었다. 따라서 이번 장에서는 다음 장에서 완성할 데이터베이스 애플리케이션의 사용자 인터페이스 디자인에만 초점을 둘 것이다. 그러면서 안드로이 드 스튜디오에서 테이블 레이아웃을 구현하는 방법을 알아볼 것이다.

75.1 TableLayout과 TableRow

TableLayout 컨테이너 뷰에서는 사용자 인터페이스 요소를 행row과 열column로 구성되는 테이블 형 태로 화면에 구성할 수 있다. TableLayout의 각 행은 TableRow 인스턴스가 사용하며, TableRow 인 스턴스는 셀cell로 나뉜다. 그리고 각 셀은 하나의 자식 뷰를 포함한다(자식 뷰 자신도 여러 자식 뷰를 갖는 컨테이너가 될 수 있다).

테이블의 열 개수는 가장 많은 열을 갖는 행에 의해 결정되며, 기본적으로 각 열의 너비는 해당 열 에서 가장 넓은 셀에 의해 정의된다. 열은 부모 TableLayout과 관련하여 크기가 변경되므로 줄어들 거나 넓어지도록 구성될 수 있다. 또한, 하나의 셀이 여러 열에 걸치도록 구성될 수 있다.

그림 75-1의 사용자 인터페이스 레이아웃을 생각해 보자.

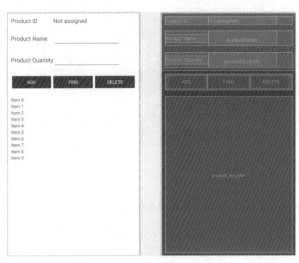

그림 75-1

그림 75-1의 모습으로 봐서는 인터페이스 디자인에 사용될 TableLayout 구조를 알아보기 어려울 것이다. 그러나 그림 75-2의 계층적 트리로 보면 그 구조를 더 쉽게 이해할 수 있다.

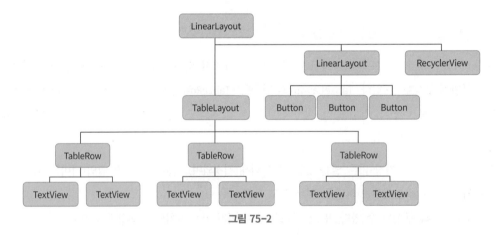

그림 75-2

이 레이아웃은 TableLayout과 LinearLayout 및 RecyclerView를 자식으로 갖는 부모 Linear Layout 뷰로 구성된다. TableLayout은 테이블의 세 개 행을 나타내는 세 개의 TableRow 자식을 포함한다. 그리고 TableRow는 각각 두 개의 자식 뷰를 포함하며, 각 자식 뷰는 셀의 내용을 나타낸다. LinearLayout 자식 뷰는 세 개의 Button 자식 뷰를 포함한다.

다음 장에서 완성될 데이터베이스 예제에 필요한 레이아웃이 바로 그림 75-2의 레이아웃이다. 따라서 이 장의 나머지에서는 안드로이드 스튜디오 레이아웃 편집기를 사용해서 이 사용자 인터페이스의 디자인을 단계별로 생성할 것이다.

75.2 Room 데이터베이스 프로젝트 생성하기

새 프로젝트를 생성하자. 안드로이드 스튜디오 메인 메뉴의 File ➡ New ➡ New Project...를 선택하거나 웰컴 스크린에서 New Project 버튼을 클릭한다. '프로젝트 템플릿 선택' 대화상자가 나타나면 Phone and Tablet과 'Fragment + ViewModel' 템플릿을 선택하고 Next 버튼을 누른다. (이 템플릿은 안드로이드 아키텍처 지침에 따라 Fragment와 ViewModel을 사용하는 프로젝트를 자동 생성해 준다.)

Name 필드에 RoomDemo를 입력하고 Package name에는 com.ebookfrenzy.roomdemo를 입력한다. 그리고 Language가 Kotlin인지 확인하고 Minimum SDK는 API 26: Android 8.0 (Oreo)를 선택한다. 또한, Use legacy android.support libraries가 체크 해제되어 있는지 확인하고 Finish 버튼을 누른다.

75.3 LinearLayout으로 변환하기

안드로이드 스튜디오의 액티비티 템플릿에서 자동으로 생성해 준 ConstraintLayout을 여기서는 수직 방향_vertical_의 LinearLayout 으로 변경해야 한다. 레이아웃 편집기 창에 열린 main_fragment. xml 레이아웃 리소스 파일을 선택하고 디자인 모드로 변경하자. 그리고 컴포넌트 트리에서 제일 위의 ConstraintLayout(기본으로 id가 main)을 선택하고 마우스 오른쪽 버튼을 누른 후 그림 75-3 의 메뉴에서 Convert view...를 선택한다.

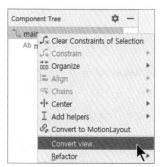

그림 75-3

그리고 그림 75-4의 대화상자에서 LinearLayout 을 선택하고 Apply 버튼을 누른다.

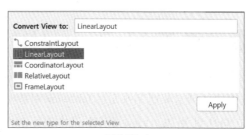

그림 75-4

기본적으로 레이아웃 편집기는 ConstraintLayout을 수평_horizontal_ LinearLayout으로 변환한다. 따라서 컴포넌트 트리에서 main LinearLayout을 선택한 후 속성 창의 orientation 속성을 vertical로 변경해야 한다.

그림 75-5

레이아웃의 변환이 끝났으면 컴포넌트 트리에서 main LinearLayout 바로 밑의 TextView를 선택한 후 Del 키를 눌러 삭제하자.

75.4 사용자 인터페이스에 TableLayout 추가하기

그리고 팔레트의 Layouts 부류에 있는 TableLayout을 마우스로 끌어서 LinearLayout 영역의 맨위 왼쪽에 놓자.

지금까지의 작업이 끝나면 레이아웃의 컴포넌트 트리가 그림 75-6처럼 보일 것이다(TableLayout 왼쪽의 작은 화살표를 클릭하면 확장해서 보여 주며, 다시 클릭하면 축소해서 보여 준다).

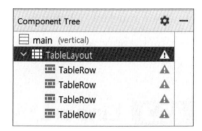

그림 75-6

TableLayout을 추가하면 안드로이드 스튜디오가 네 개의 TableRow 인스턴스를 자동으로 추가해준다. 여기서는 TableRow가 세 개만 필요하므로 네 번째 TableRow를 클릭하고 Del 키를 눌러 삭제하자. 이후에 TableRow를 추가할 때는 팔레트의 Layouts 부류에 있는 TableRow를 끌어서 컴포넌트 트리 창에 놓으면 된다(레이아웃에 놓으면 정확한 위치를 잡기 어렵다).

TableLayout이 선택된 상태에서 속성 창의 layout_height 속성을 wrap_content로, 그리고 layout_width 속성을 match_parent로 변경하자.

75.5 TableRow 구성하기

팔레트의 Text 부류에 있는 TextView 객체를 끌어서 컴포넌트 트리 패널의 맨 위에 있는 TableRow 이름에 놓자. 그리고 다시 한 번 TextView 객체를 끌어서 첫 번째 TextView 밑에 추가하자(선이 나타날 때 마우스 버튼을 놓으면 된다). 그러면 컴포넌트 트리가 그림 75-7과 같이 될 것이다.

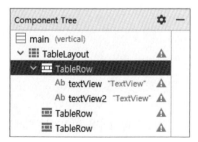

그림 75-7

컴포넌트 트리의 첫 번째 TextView를 클릭한 후 속성 창의 text 속성에 Product ID를 입력하고 id 는 textView를 그대로 둔다. 그리고 두 번째 TextView를 클릭한 후 text는 Not assigned를 입력하 고 id에는 productID를 입력한다(대화상자가 나오면 Refactor 버튼을 누른다).

그다음에는 팔레트의 Text 부류에 있는 TextView 객체 를 끌어서 컴포넌트 트리 패널의 두 번째 TableRow 이름 에 놓고 클릭한 후 속성 창의 text 속성을 Product Name 으로 변경한다. id는 textView3를 입력한다. 또한, 팔레 트의 Text 부류에 있는 Plain Text 객체를 끌어서 조금 전 의 TextView 밑에 놓고 클릭한다. 그리고 속성 창에서 id 를 productName으로 입력하고 text 속성값은 지운 후 inputType 속성을 none으로 변경한다(inputType 속성의 필

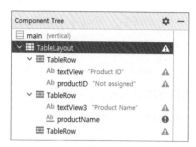

그림 75-8

드 왼쪽 깃발 아이콘을 클릭한 후 대화상자의 none을 체크하고 textPersonName의 체크를 지운 후 Apply 버 튼을 누른다). 여기까지 되었으면 컴포넌트 트리가 그림 75-8과 같이 될 것이다.

끝으로, 팔레트의 TextView 객체를 끌어서 컴포넌트 트리 패널의 세 번째 TableRow 이름에 놓고 클릭한다. 그리고 속성 창의 text 속성을 Product Quantity로 변경한다. id는 textView4를 입력한 다. 또한, 팔레트의 Text 부류에 있는 Number(Decimal) 객체를 끌어서 조금 전의 TextView 밑에 놓 고 클릭한 후 ID에 productQuantity를 입력한다.

그림 75-9와 같이 되도록 컴포넌트 트리에서 ⌜Ctrl⌟ ⌜⌘⌟ 키를 누른 채로 위젯 6개를 모두 선택한다 (만일 선택하다가 잘못해서 레이아웃이 변경되거나 이상하게 되면 메인 메뉴의 Edit ➡ Undo를 선택하여 취소 할 수 있다). 그리고 속성 창의 textSize 속성에 18sp를 입력한다.

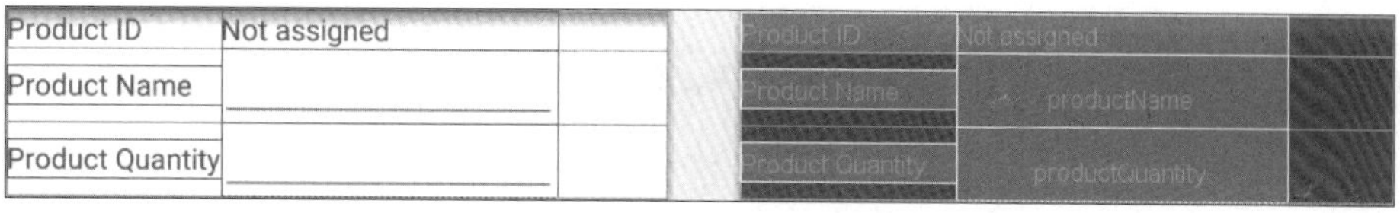

Product ID	Not assigned
Product Name	
Product Quantity	

그림 75-9

모든 작업이 완료되었으면 레이아웃의 모든 TextView에 지정한 문자열 값을 문자열 리소스로 추출 하자(3장의 그림 3-13부터 3-15 참고).

75.6 레이아웃에 버튼 추가하기

다음은 LinearLayout(horizontal) 뷰를 부모 LinearLayout 뷰에 추가할 것이다. 이것의 위치는 TableLayout 뷰 바로 밑이다. 컴포넌트 트리에서 TableLayout 왼쪽의 작은 화살표를 클릭하여 자식 뷰를 감춘다. 팔레트의 Layouts 부류에 있는 LinearLayout(horizontal)을 마우스로 끌어서 컴포넌트

그림 75-10

트리의 TableLayout 바로 밑에 놓고 클릭하자(그림 75-10). 그리고 layout_height 속성을 wrap_content로 변경한다.

방금 추가한 LinearLayout에 세 개의 Button 객체를 컴포넌트 트리에서 추가한다(팔레트의 Buttons 부류에 있는 Button을 끌어서 놓는다). 그리고 속성 창에서 왼쪽 첫 번째 버튼의 text는 Add, id는 addButton, 두 번째 버튼의 text는 Find, id는 findButton, 세 번째 버튼의 text는 Delete, id는 deleteButton으로 변경한다. 또한, 각 버튼에서 style 속성의 오른쪽 필드를

그림 75-11

클릭하여 Widget.AppCompat.Button.Colored를 선택한다(그림 75-11). 그리고 앞의 TextView와 동일한 요령으로 세 개의 Button에 지정한 문자열 값을 문자열 리소스로 추출하자.

그다음은 컴포넌트 트리에서 LinearLayout(horizontal) 뷰를 선택한다. 그리고 속성 창의 gravity 속성의 필드 왼쪽 깃발 아이콘을 클릭한 후 center_horizontal을 체크하고 Apply 버튼을 누른다. 버튼을 수평으로 중앙에 놓기 위해서다.

75.7 RecyclerView 추가하기

컴포넌트 트리에서 LinearLayout(horizontal)의 왼쪽 화살표를 클릭하여 확장된 자식 뷰가 안 보이게 한다.

그리고 부모 LinearLayout인 main을 클릭한 후 팔레트의 Containers 부류에 있는 RecyclerView를 마우스로 끌어서 왼쪽으로 밀면서(부모인 main 밑으로 수직 점선이 나타나도록) LinearLayout(horizontal) 밑에 놓는다(그림 75-12). RecyclerView가 LinearLayout(horizontal)의 자식이 아닌 부모 LinearLayout의 자식이 되도록 주의하자.

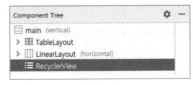

그림 75-12

레이아웃의 RecyclerView가 선택된 상태에서 속성 창의 id를 product_recycler로 변경하고 layout_height 속성을 match_parent로 설정한다. 그리고 완성된 레이아웃이 그림 75-13과 같은지 컴포넌트 트리를 확인하자.

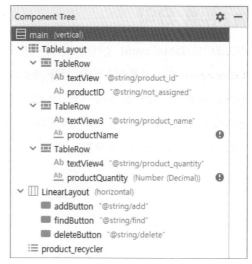

그림 75-13

75.8 레이아웃 마진 조정하기

이제는 레이아웃의 일부 설정을 조정하는 것만 남았다. 우선, 컴포넌트 트리의 첫 번째 TableRow를 클릭하여 선택한 후 Ctrl [⌘] 키를 누른 상태로 두 번째와 세 번째 TableRow 및 수평 LinearLayout과 RecyclerView까지 다섯 개를 모두 선택하자. 그리고 속성 창에서 layout_margin 속성 부류를 찾은 후 왼쪽 화살표를 눌러 확장하고 layout_margin의 값을 10dp로 입력하자(그림 75-14).

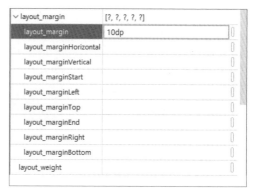

그림 75-14

모든 뷰의 마진이 설정되었으므로 사용자 인터페이스는 이번 장 앞의 그림 75-1처럼 나타날 것이다.

75.9 요약

안드로이드 TableLayout 컨테이너 뷰는 행과 열로 뷰 컴포넌트를 배열하는 방법을 제공한다. TableLayout 뷰는 전체적인 컨테이너를 제공하며, 각 행과 거기에 포함된 셀은 TableRow 뷰 인스턴스로 구현된다. 이번 장에서는 안드로이드 스튜디오에서 TableLayout과 TableRow 컨테이너를 사용해서 사용자 인터페이스를 디자인하였다. 다음 장에서는 이 사용자 인터페이스와 Room 퍼시스턴스 라이브러리를 사용해서 SQLite 데이터베이스 앱을 구현할 것이다.

Room 데이터베이스와 리포지터리 예제 프로젝트

74장에서는 Room 퍼시스턴스 라이브러리와 데이터베이스의 핵심 개념을 알아보았다. 그리고 75장에서는 안드로이드 스튜디오 레이아웃 편집기에서 TableLayout을 디자인하는 방법을 배우면서 이번 장에서 만들 데이터베이스 예제 프로젝트의 사용자 인터페이스를 생성하였다. 이번 장에서는 74장과 75장의 내용을 종합한 예제 프로젝트를 생성하여 SQLite 기반의 데이터베이스를 구현하는 방법을 배울 것이다.

76.1 예제 프로젝트 개요

75장에서 생성한 사용자 인터페이스를 보면 예상할 수 있듯이, 이번 장의 예제 프로젝트에서는 사용자가 제품product 데이터를 추가, 조회, 삭제할 수 있는 간단한 앱을 만들 것이다. 그리고 조회를 할 때는 현재 데이터베이스에 저장된 모든 제품 내역을 스크롤 가능한 리스트로 보여 줄 것이다. 또한, 데이터베이스의 제품 데이터가 추가되거나 삭제될 때 이 리스트도 자동으로 변경될 것이다.

76.2 빌드 구성 변경하기

우선, 75장에서 생성한 RoomDemo 프로젝트를 안드로이드 스튜디오에서 열자(안드로이드 스튜디오 메인 메뉴의 File ➡ Open... 또는 웰컴 스크린에서 Open 버튼을 클릭한 후 대화상자에서 RoomDemo 디렉터리를 찾아 선택하고 OK 버튼 누름).

우선, 프로젝트에서 필요한 라이브러리를 빌드 구성에 추가해야 한다. 예를 들어, Room 퍼시스턴스 라이브러리다. 또한, 뷰 바인딩도 사용할 수 있게 활성화한다. 프로젝트 도구 창에서 app 모듈 그래들 파일[app ➡ Gradle Scripts ➡ build.gradle (Module: RoomDemo.app)]을 더블클릭하여 편집기 창에 열고 다음과 같이 변경하자.

```
plugins {
    .
    .
    id 'kotlin-kapt'
```

```
}
.
.
android {
    .
    .
    buildFeatures {
        viewBinding true
    }
}
.
.
dependencies {
    .
    .
    implementation "androidx.room:room-runtime:2.3.0"
    implementation "androidx.fragment:fragment-ktx:1.3.3"
    kapt "androidx.room:room-compiler:2.3.0"
    .
    .
}
```

그리고 편집기 창의 오른쪽 위에 있는 Sync Now를 클릭하여 변경된 빌드 구성이 프로젝트에 반영
되게 한다.

76.3 엔터티 생성하기

다음은 데이터베이스 테이블의 스키마schema를 정의하는 엔터티entity를 생성할 것이다. 여기서는
엔터티가 제품 id, 제품명, 현재의 재고 제품 수량으로 구성되며, 열column의 이름은 productid,
productname, productquantity다. productid 열은 기본 키이며, 데이터가 추가될 때마다 SQLite
DBMS에 의해 자동으로 증가하는 정숫값을 갖는다. 그리고 productname 열은 문자열 값을 가지
며, productquantity 열은 정숫값을 갖는다.

표 76-1

열	데이터 타입
productid	Integer / Primary Key / Auto Increment
productname	String
productquantity	Integer

프로젝트 도구 창의 app ➡ java ➡ com.ebookfrenzy.roomdemo에서 마우스 오른쪽 버튼을 클
릭한 후 New ➡ Kotlin Class/File을 선택한다. 이름에 Product를 입력하고 Class 항목을 선택 후
[Enter][[Return]] 키를 누르자.

편집기 창에 열린 Product.kt 파일을 다음과 같이 변경한다.

```kotlin
package com.ebookfrenzy.roomdemo

class Product {

    var id: Int = 0
    var productName: String? = null
    var quantity: Int = 0

    constructor() {}

    constructor(id: Int, productname: String, quantity: Int) {
        this.id = id
        this.productName = productname
        this.quantity = quantity
    }

    constructor(productname: String, quantity: Int) {
        this.productName = productname
        this.quantity = quantity
    }
}
```

이제 이 클래스는 데이터베이스 테이블의 열 값을 보존하는 속성을 갖게 되었다. 그러나 이 클래스가 테이블과 대응되는 엔터티가 되려면 애노테이션annotation을 추가해야 한다. 다음과 같이 import 문과 애노테이션을 추가하자.

```kotlin
package com.ebookfrenzy.roomdemo

import androidx.annotation.NonNull
import androidx.room.ColumnInfo
import androidx.room.Entity
import androidx.room.PrimaryKey

@Entity(tableName = "products")
class Product {

    @PrimaryKey(autoGenerate = true)
    @NonNull
    @ColumnInfo(name = "productId")
    var id: Int = 0

    @ColumnInfo(name = "productName")
    var productName: String? = null

    var quantity: Int = 0
    .
    .
}
```

클래스에 지정한 애노테이션은 테이블의 엔터티를 선언하며, 각 속성에는 대응되는 열 이름을 나타내는 애노테이션이 지정되어 있다. id 열은 기본 키이면서 값이 자동 생성된다. 또한, 기본 키는 null이 될 수 없으므로 @NonNull 애노테이션이 지정되었다. 제품 수량 값을 갖는 quantity 열은 SQL 쿼리에서 사용하지 않으므로 열 이름 애노테이션을 지정하지 않았다.

76.4 DAO 생성하기

제품 엔터티가 정의되었으므로 다음은 DAO(Data Access Object) 인터페이스를 생성할 것이다. 다시 한 번 프로젝트 도구 창의 app ➡ java ➡ com.ebookfrenzy.roomdemo에서 마우스 오른쪽 버튼을 클릭한 후 New ➡ Kotlin Class/File을 선택한다. 이름에 ProductDao를 입력하고 Interface 항목을 선택 후 [Enter][Return] 키를 누르자(그림 76-1).

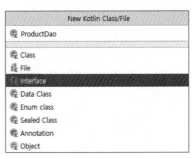

그림 76-1

그리고 편집기 창에 열린 ProductDao.kt 파일을 다음과 같이 변경한다.

```kotlin
package com.ebookfrenzy.roomdemo

import androidx.lifecycle.LiveData
import androidx.room.Dao
import androidx.room.Insert
import androidx.room.Query

@Dao
interface ProductDao {

    @Insert
    fun insertProduct(product: Product)

    @Query("SELECT * FROM products WHERE productName = :name")
    fun findProduct(name: String): List<Product>

    @Query("DELETE FROM products WHERE productName = :name")
    fun deleteProduct(name: String)

    @Query("SELECT * FROM products")
    fun getAllProducts(): LiveData<List<Product>>
}
```

여기서는 DAO에서 products 데이터베이스 테이블의 레코드를 추가, 조회, 삭제하는 함수를 구현한다. 추가 함수에서는 저장될 데이터를 포함하는 Product 엔터티 객체를 인자로 받는 반면, 조회와 삭제 함수에서는 SQL을 실행할 제품명을 포함하는 문자열을 인자로 받는다. getAllProducts() 함수는 데이터베이스의 모든 레코드를 포함하는 LiveData 객체를 반환한다. 이 함수는 사용자 인터페이스 레이아웃의 RecyclerView 제품 리스트를 데이터베이스와 동기화하는 데 사용될 것이다.

76.5 Room 데이터베이스 추가하기

프로젝트에 리포지터리를 추가하기에 앞서 마지막으로 할 일은 Room 데이터베이스 인스턴스를 구현하는 것이다. 앞에서처럼 ProductRoomDatabase라는 이름의 새 클래스를 프로젝트에 추가하자. 클래스 이름 밑의 옵션은 Class로 선택한다.

그리고 74장에 설명했던 대로 편집기 창에 열린 ProductRoomDatabase.kt 파일을 다음과 같이 변경한다.

```kotlin
package com.ebookfrenzy.roomdemo

import android.content.Context
import androidx.room.Database
import androidx.room.Room
import androidx.room.RoomDatabase
import com.ebookfrenzy.roomdemo.Product
import com.ebookfrenzy.roomdemo.ProductDao

@Database(entities = [(Product::class)], version = 1)
abstract class ProductRoomDatabase: RoomDatabase() {

    abstract fun productDao(): ProductDao

    companion object {

        private var INSTANCE: ProductRoomDatabase? = null

        internal fun getDatabase(context: Context): ProductRoomDatabase? {
            if (INSTANCE == null) {
                synchronized(ProductRoomDatabase::class.java) {
                    if (INSTANCE == null) {
                        INSTANCE =
                            Room.databaseBuilder<ProductRoomDatabase>(
                                context.applicationContext,
                                ProductRoomDatabase::class.java,
                                "product_database").build()
                    }
                }
            }
            return INSTANCE
        }
    }
}
```

76.6 리포지터리 추가하기

앞에서처럼 ProductRepository라는 이름의 새 클래스를 프로젝트에 추가하자. 클래스 이름 밑의 옵션은 Class로 선택한다.

리포지터리 클래스인 ProductRepository는 ViewModel을 대신하여 Room 데이터베이스와 상호작용하는 책임을 갖는다. 그리고 DAO를 사용해서 제품 레코드를 추가, 삭제, 조회하는 함수를 제공해야 한다. 이때 LiveData 객체를 반환하는 getAllProducts() DAO 함수를 제외한 나머지 함수는 메인 스레드와 별개의 스레드에서 실행되어야 한다.

편집기 창에 열린 ProductRepository.kt 파일을 다음과 같이 변경하자.

```
package com.ebookfrenzy.roomdemo

import android.app.Application
import androidx.lifecycle.LiveData
import androidx.lifecycle.MutableLiveData
import kotlinx.coroutines.*

class ProductRepository(application: Application) {
    val searchResults = MutableLiveData<List<Product>>()
}
```

이 코드에서는 searchResults라는 이름으로 MutableLiveData 변수를 선언한다. MutableLiveData에는 비동기로 실행되는 데이터베이스 조회 작업이 끝날 때마다 그 결과가 저장된다(이번 장 뒤에서는 ViewModel의 옵저버가 MutableLiveData 객체를 모니터링하는 코드를 추가할 것이다).

다음은 데이터베이스 작업을 시작시키기 위해 ViewModel에서 호출할 수 있는 함수를 Product Repository 클래스에 추가해야 한다. 그러나 이렇게 하려면 ProductRepository 클래스에서 ProductRoomDatabase 인스턴스를 통해 DAO 참조를 얻어야 한다. 이 작업을 수행하는 초기화 블록을 ProductRepository 클래스에 추가하자.

```
.
.
class ProductRepository(application: Application) {

    val searchResults = MutableLiveData<List<Product>>()

    private var productDao: ProductDao?

    init {
        val db: ProductRoomDatabase? =
            ProductRoomDatabase.getDatabase(application)
```

```
        productDao = db?.productDao()
    }
}
```

메인 스레드와 별개의 스레드에서 데이터베이스 작업을 수행하기 위해 이 리퍼지터리에서는 코틀린의 코루틴(64장 참고)을 사용할 것이다. 따라서 코루틴 관련 라이브러리를 프로젝트에 추가해야 한다.

프로젝트 도구 창에서 app ➡ Gradle Scripts ➡ build.gradle (Module: RoomDemo.app) 파일을 더블 클릭하여 편집기 창에 열고 dependencies 섹션에 다음을 추가한다.

```
dependencies {
    .
    .
    implementation 'org.jetbrains.kotlinx:kotlinx-coroutines-core:1.4.1'
    implementation 'org.jetbrains.kotlinx:kotlinx-coroutines-android:1.4.1'
    .
    .
    .
}
```

그리고 편집기 창의 오른쪽 위에 있는 Sync Now를 눌러 그래들 빌드의 변경 사항을 프로젝트에 적용한다.

이제는 DAO 객체의 참조를 얻고 필요한 라이브러리를 추가했으므로 ProductRepository 클래스에 함수를 추가하면 된다. ProductRepository.kt 파일에 다음을 추가하자.

```
    .
    .
class ProductRepository(application: Application) {
    .
    .
    private val coroutineScope = CoroutineScope(Dispatchers.IO)
    .
    .
    fun insertProduct(newproduct: Product) {
        coroutineScope.launch(Dispatchers.IO) {
            asyncInsert(newproduct)
        }
    }

    private suspend fun asyncInsert(product: Product) {
        productDao?.insertProduct(product)
    }

    fun deleteProduct(name: String) {
        coroutineScope.launch(Dispatchers.IO) {
            asyncDelete(name)
```

```
            }
        }

        private suspend fun asyncDelete(name: String) {
            productDao?.deleteProduct(name)
        }

        fun findProduct(name: String) {
            coroutineScope.launch(Dispatchers.Main) {
                searchResults.value = asyncFind(name).await()
            }
        }

        private suspend fun asyncFind(name: String): Deferred<List<Product>?> =
            coroutineScope.async(Dispatchers.IO) {
                return@async productDao?.findProduct(name)
            }
    }
```

이 코드에서는 데이터 추가와 삭제 작업을 위해 각각 두 개의 함수를 추가하였다. 하나는 일반 함수이고 다른 것은 코틀린 코루틴 정지suspend 함수다. 그리고 일반 함수에서는 정지 함수를 호출하여 메인 스레드와 별개의 스레드에서 코루틴이 실행되게 한다(여기서는 데이터베이스 작업을 하므로 IO 디스패처를 사용한다). 데이터베이스 작업을 하는 동안 앱의 실행을 방해하지 않기 위함이다. 데이터 조회 작업의 경우는 findProduct() 함수에 조회 결과를 반환하기 위해 asyncFind() 정지 함수에서 Deferred 객체를 사용한다(Deferred 객체는 향후 언젠가 값을 제공한다는 약속을 나타낸다). 그리고 findProduct() 함수에서는 Deferred 객체의 await() 함수를 호출하여 코루틴에서 메인 스레드로 값이 반환될 때 searchResults 변수로 받는다.

리포지터리 클래스를 완성하기 위해 마지막으로 한 가지 남은 것이 있다. 사용자 인터페이스 레이아웃의 RecyclerView에서는 데이터베이스에 저장된 최신 제품 데이터를 반영하여 제품 리스트를 보여 줄 수 있어야 한다. SQL 쿼리를 사용하여 데이터베이스의 모든 레코드를 조회하고 LiveData 객체로 반환하는 getAllProducts() 함수는 ProductDao 클래스에 이미 포함되어 있다. 따라서 리포지터리 클래스에서는 인스턴스 초기화 시에 이 함수를 한 번 호출하여 그 결과를 ViewModel 그리고 UI 컨트롤러에서 관찰할 수 있는 LiveData 객체에 저장하면 된다. 이렇게 하면 데이터베이스 테이블의 데이터가 변경될 때마다 UI 컨트롤러의 옵저버가 알게 되어 최신 제품 데이터로 RecyclerView가 업데이트될 수 있다. LiveData 변수 선언 및 DAO getAllProducts() 함수 호출 코드를 ProductRepository.kt 파일에 추가하자.

```
.
.
class ProductRepository(application: Application) {
    .
    .
    val allProducts: LiveData<List<Product>>?

    init {
        val db: ProductRoomDatabase? =
            ProductRoomDatabase.getDatabase(application)
        productDao = db?.productDao()
        allProducts = productDao?.getAllProducts()
    }
    .
    .
    .
}
```

76.7 ViewModel 변경하기

ViewModel에서는 리포지터리 인스턴스를 생성하고 사용자 인터페이스를 데이터베이스 데이터와 동기화하는 데 필요한 함수와 LiveData 객체를 제공해야 한다. ProductRepository.kt 파일에 구현되었듯이, 리포지터리 클래스의 생성자에서는 Room 데이터베이스 인스턴스 참조를 얻을 수 있도록 애플리케이션 컨텍스트를 사용해야 한다. 따라서 우리의 ViewModel(바로 다음에 나오는 MainViewModel 클래스)에서 애플리케이션 컨텍스트를 사용할 수 있게 하려면, androidx. lifecycle.ViewModel 클래스가 아닌 androidx.lifecycle.AndroidViewModel 클래스의 서브 클래스가 되도록 수정해야 한다.

프로젝트 도구 창의 app ➡ java ➡ com.ebookfrenzy.roomdemo ➡ ui.main에 있는 MainView Model.kt 파일을 더블클릭하여 편집기 창에 열자. 그리고 다음과 같이 변경한다.

```
package com.ebookfrenzy.roomdemo.ui.main

import androidx.lifecycle.ViewModel
import androidx.lifecycle.AndroidViewModel
import android.app.Application
import androidx.lifecycle.LiveData
import androidx.lifecycle.MutableLiveData
import com.ebookfrenzy.roomdemo.Product
import com.ebookfrenzy.roomdemo.ProductRepository

class MainViewModel(application: Application) : AndroidViewModel(application) {

    private val repository: ProductRepository = ProductRepository(application)
    private val allProducts: LiveData<List<Product>>?
```

```
    private val searchResults: MutableLiveData<List<Product>>

    init {
        allProducts = repository.allProducts
        searchResults = repository.searchResults
    }
}
```

MainViewModel 클래스에서는 repository 속성이 초기화될 때 리포지터리(ProductRepository 클래스) 인스턴스가 생성되어 이것의 참조가 repository 속성에 저장된다. 그리고 init 초기화 블록에서 이 속성을 사용해서 데이터베이스 쿼리 결과 참조와 LiveData 객체의 참조를 얻는다. 이 참조를 UI 컨트롤러의 옵저버가 알 수 있게 하기 위해서다. 이제는 우리의 ViewModel에 함수를 추가해야 한다. 이러한 함수는 사용자 인터페이스의 버튼(추가, 조회, 삭제)을 눌렀을 때 그리고 LiveData 객체의 옵저버가 설정되었을 때 UI 컨트롤러에서 호출될 것이다. MainViewModel.kt 파일에 다음 코드를 추가하자.

```
.
.
class MainViewModel(application: Application) : AndroidViewModel(application) {
    .
    .
    fun insertProduct(product: Product) {
        repository.insertProduct(product)
    }

    fun findProduct(name: String) {
        repository.findProduct(name)
    }

    fun deleteProduct(name: String) {
        repository.deleteProduct(name)
    }

    fun getSearchResults(): MutableLiveData<List<Product>> {
        return searchResults
    }

    fun getAllProducts(): LiveData<List<Product>>? {
        return allProducts
    }
}
```

76.8 제품 항목 레이아웃 생성하기

사용자 인터페이스에서 RecyclerView가 보여 주는 제품 리스트에는 데이터베이스의 각 제품명이 나타나게 할 것이다.

따라서 제품 리스트에 사용될 레이아웃 리소스 파일이 필요하다. 이 레이아웃은 하나의 TextView 를 포함한다. 프로젝트 도구 창의 app ➡ res ➡ layout에서 마우스 오른쪽 버튼을 클릭한 후 New ➡ Layout Resource File을 선택한다. File name에 product_list_item을 입력하고 Root element를 LinearLayout으로 변경한 후 OK 버튼을 눌러 레이아웃을 생성한다. 그리고 레이아웃 편집기 창에 열린 product_list_item.xml을 디자인 모드로 변경하고 팔레트의 Common 부류에 있는 TextView 를 마우스로 끌어서 레이아웃의 제일 위 왼쪽에 놓는다(그림 76-2).

그림 76-2

컴포넌트 트리에서 TextView를 선택한 후 속성 창의 id 속성에 product_row를 입력한다(대화상자 가 나오면 Refactor 버튼을 누른다). 그리고 layout_height 속성에 30dp를 입력하여 변경한다. 컴포 넌트 트리에서 LinearLayout을 선택한 후 속성 창의 layout_height 속성을 wrap_content로 변 경한다.

76.9 RecyclerView 어댑터 추가하기

54장에서 알아보았듯이, RecyclerView 인스턴스는 보여 줄 데이터를 제공하는 어댑터 클래스가 필 요하다. 이 클래스를 추가하자. 프로젝트 도구 창의 app ➡ java ➡ com.ebookfrenzy.roomdemo ➡ ui.main에서 마우스 오른쪽 버튼을 누른 후 New ➡ Kotlin Class/File을 선택한다. 그리고 클래 스 이름에는 ProductListAdapter를 입력하고 밑의 Class를 선택한 후 [Enter][Return] 키를 누른다. 편집기 창에 열린 ProductListAdapter.kt 파일을 다음과 같이 변경하자.

```
package com.ebookfrenzy.roomdemo.ui.main

import android.view.LayoutInflater
import android.view.View
import android.view.ViewGroup
import android.widget.TextView
import androidx.recyclerview.widget.RecyclerView
import com.ebookfrenzy.roomdemo.Product
```

```
import com.ebookfrenzy.roomdemo.R

class ProductListAdapter(private val productItemLayout: Int) :
    RecyclerView.Adapter<ProductListAdapter.ViewHolder>() {

    private var productList: List<Product>? = null

    override fun onBindViewHolder(holder: ViewHolder, listPosition: Int) {
        val item = holder.item
        productList.let {
            item.text = it!![listPosition].productName
        }
    }

    override fun onCreateViewHolder(parent: ViewGroup, viewType: Int):
            ViewHolder {
        val view = LayoutInflater.from(parent.context).inflate(
            productItemLayout, parent, false)
        return ViewHolder(view)
    }

    fun setProductList(products: List<Product>) {
        productList = products
        notifyDataSetChanged()
    }

    override fun getItemCount(): Int {
        return if (productList == null) 0 else productList!!.size
    }

    class ViewHolder(itemView: View) : RecyclerView.ViewHolder(itemView) {
        var item: TextView = itemView.findViewById(R.id.product_row)
    }
}
```

76.10 MainFragment 변경하기

다음은 MainFragment 클래스를 변경해야 한다. 사용자 인터페이스 버튼(추가, 조회, 삭제)의 리스너를 구성하고, ViewModel 클래스에 있는 LiveData 객체의 옵저버를 설정하기 위해서다. 우선, 필요한 import 문과 변수를 추가하자. 편집기 창에 열린 MainFragment.kt 파일을 다음과 같이 변경한다.

```
package com.ebookfrenzy.roomdemo.ui.main
.
.
import androidx.lifecycle.Observer
import androidx.recyclerview.widget.LinearLayoutManager
```

```
import androidx.recyclerview.widget.RecyclerView
import com.ebookfrenzy.roomdemo.Product
import androidx.fragment.app.viewModels
import java.util.*
import com.ebookfrenzy.roomdemo.databinding.MainFragmentBinding

class MainFragment : Fragment() {

    private var adapter: ProductListAdapter? = null
    .
    .
    private lateinit var viewModel: MainViewModel
    val viewModel: MainViewModel by viewModels()
    private var _binding: MainFragmentBinding? = null
    private val binding get() = _binding!!
    .
    .
    override fun onCreateView(
        inflater: LayoutInflater, container: ViewGroup?,
        savedInstanceState: Bundle?
    ): View {
        return inflater.inflate(R.layout.main_fragment, container, false)
        _binding = MainFragmentBinding.inflate(inflater, container, false)
        return binding.root
    }
    .
    .
    override fun onActivityCreated(savedInstanceState: Bundle?) {
        super.onActivityCreated(savedInstanceState)
        // TODO: Use the ViewModel
        viewModel = ViewModelProvider(this).get(MainViewModel::class.java)

        listenerSetup()
        observerSetup()
        recyclerSetup()
    }
}
```

코드의 여러 곳에서 사용자 인터페이스에 나타난 제품 정보 필드의 값을 지워야 하는 경우가 있다. 코드의 중복을 방지하기 위해 다음 함수를 추가하자.

```
    .
    .
class MainFragment : Fragment() {
    .
    .
    private fun clearFields() {
        binding.productID.text = ""
        binding.productName.setText("")
        binding.productQuantity.setText("")
```

```
        }
    }
```

마지막으로, 앞의 onActivityCreated() 함수에서 호출하도록 추가했던 세 개의 설정 함수를
MainFragment.kt 파일에 추가해야 한다.

76.11 버튼 리스너 추가하기

MainFragment의 사용자 인터페이스 레이아웃에는 세 개의 버튼이 포함되어 있으며, 이 버튼은 사
용자가 눌렀을 때 지정된 작업을 수행해야 한다. MainFragment.kt 파일에 다음과 같이 버튼 리스
너를 추가하자.

```
.
.
class MainFragment : Fragment() {
  .
  .
    private fun listenerSetup() {
        binding.addButton.setOnClickListener {
            val name = binding.productName.text.toString()
            val quantity = binding.productQuantity.text.toString()

            if (name != "" && quantity != "") {
                val product = Product(name, Integer.parseInt(quantity))
                viewModel.insertProduct(product)
                clearFields()
            } else {
                binding.productID.text = "Incomplete information"
            }
        }

        binding.findButton.setOnClickListener { viewModel.findProduct(binding.productName.
            text.toString()) }

        binding.deleteButton.setOnClickListener {
            viewModel.deleteProduct(binding.productName.text.toString())
            clearFields()
        }
    }
}
```

addButton 리스너에서는 사용자가 제품명과 수량을 입력했는지 검사한 후 이 데이터를 사용해
서 새로운 Product 엔터티 객체를 생성한다(입력된 수량은 문자열이므로 정수로 변환한다). 그다음에
ViewModel의 insertProduct() 함수를 호출하며 이때 Product 객체를 인자로 전달한다. 그리고
필드의 값을 지운다.

findButton과 deleteButton 리스너에서는 ViewModel의 findProduct()과 deleteProduct() 함수에 제품명을 인자로 전달한다.

76.12 LiveData 옵저버 추가하기

사용자 인터페이스에 RecyclerView로 보여 주는 제품 리스트는 ViewModel의 데이터베이스 조회 결과(searchResults 변수가 참조함) 및 LiveData 객체와 동기화해야 한다. MainFragment.kt 파일에 다음과 같이 LiveData 옵저버 설정 함수를 추가하자.

```
.
.
.
class MainFragment : Fragment() {

    .
    .
    private fun observerSetup() {
        viewModel.getAllProducts()?.observe(this, Observer { products ->
            products?.let {
                adapter?.setProductList(it)
            }
        })

        viewModel.getSearchResults().observe(this, Observer { products ->
            products?.let {
                if (it.isNotEmpty()) {
                    binding.productID.text = String.format(Locale.US, "%d", it[0].id)
                    binding.productName.setText(it[0].productName)
                    binding.productQuantity.setText(String.format(Locale.US, "%d",
                        it[0].quantity))
                } else {
                    binding.productID.text = "No Match"
                }
            }
        })
    }
}
```

모든 제품의 변경을 관찰하는 옵저버(viewModel.getAllProducts()?.observe())에서는 현재의 제품 리스트를 RecyclerAdapter의 setProductList() 함수 인자로 전달한다. 화면에 보여 주는 제품 리스트를 변경하기 위해서다.

조회된 결과를 관찰하는 옵저버(viewModel.getSearchResults().observe())에서는 최소한 하나의 조회된 제품이 결과에 있는지 확인한 후 List에서 첫 번째 Product 엔터티 객체를 추출하여 이것의 데이터를 변환하고 레이아웃의 TextView와 EditText에 지정한다. 만일 조회된 제품 데이터가 없을 때는 제품 id를 보여 주는 TextView에 조회된 제품이 없다는 메시지를 보여 준다.

76.13 RecyclerView 초기화하기

RecyclerView를 초기화하고 어댑터를 구성하는 다음의 설정 함수를 마지막으로 추가하자.

```
.
.
class MainFragment : Fragment() {
   .
   .
   private fun recyclerSetup() {
       adapter = ProductListAdapter(R.layout.product_list_item)
       val recyclerView: RecyclerView? = view?.findViewById(R.id.product_recycler)
       recyclerView?.layoutManager = LinearLayoutManager(context)
       recyclerView?.adapter = adapter
   }
}
```

76.14 RoomDemo 앱 테스트하기

실제 장치나 에뮬레이터에서 앱을 실행해 보자. 그리고 제품 이름과 수량을 입력하고 Add 버튼을 눌러 제품을 몇 개 추가한 후 버튼 밑의 RecyclerView 제품 리스트에 나타나는지 확인해 보자. 또한, 조회할 제품명을 입력하고 Find 버튼을 눌러 기존 제품을 조회한 후 제품명과 수량이 입력 필드에 제대로 나타나는지 확인해 보자. 끝으로, 기존 제품명을 입력하고 Delete 버튼을 눌러 데이터베이스에서 삭제한 후 버튼 밑의 RecyclerView 제품 리스트에서 없어졌는지 확인해 보자.

76.15 데이터베이스 탐색기 사용하기

74장에서 이야기했듯이, 데이터베이스 탐색기Database Inspector 도구 창에서는 실행 중인 앱과 연관된 Room 데이터베이스의 데이터를 검사하고 데이터 변경을 할 수 있다[데이터베이스 탐색기는 안드로이드 8.0(API 레벨 26) 이상에서만 사용할 수 있다]. RoomDemo 앱을 사용해서 데이터베이스 레코드를 추가한 후에 그림 76-3의 도구 창 버튼을 클릭하여 데이터베이스 탐색기 도구 창을 열자.

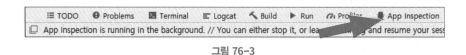

그림 76-3

그리고 실행 중인 RoomDemo 앱의 프로세스인 com.ebookfrenzy.roomdemo가 드롭다운(그림 76-4의 Ⓐ)에서 선택되어 있는지 확인한다.

그림 76-4

현재 데이터베이스에 저장된 데이터를 보기 위해 데이터베이스 패널(**B**)에서 **products** 테이블을 더블클릭하자. 그리고 Live updates 옵션(**C**)을 체크하여 활성화한 후(이 경우 데이터 읽기만 가능하다) 실행 중인 RoomDemo 앱을 사용해서 데이터를 더 추가한다. 그러면 데이터베이스 탐색기가 **products** 테이블의 변경 데이터를 실시간으로 반영해서 **D** 영역에 보여 줄 것이다.

그리고 데이터를 변경하기 위해 Live updates 옵션의 체크를 지워서 비활성화하고 특정 제품의 **quantity** 셀을 더블클릭하여 값을 변경한 후 [Enter][Return] 키를 누른다.

그다음에 실행 중인 RoomDemo 앱의 화면에서 방금 데이터를 변경한 제품을 검색한 후 데이터베이스 탐색기가 저장했던 quantity 열의 값이 변경되었는지 확인하자.

또한, 테이블 쿼리 버튼(그림 76-5에 화살표로 표시됨)을 클릭하면 New Query 탭이 나타난다(그림 76-5의 **A**). product_database가 선택되었는지 확인하고(그림 76-5의 **B**) SQL 문을 쿼리 텍스트 필드(그림 76-5의 **C**)에 입력한 후 Run 버튼(그림 76-5의 **D**)을 클릭한다.

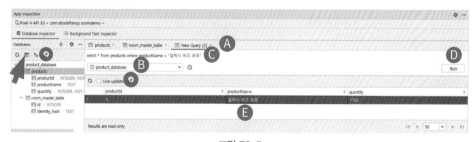

그림 76-5

앞에서 변경했던 데이터가 반영된 SQL 쿼리 결과가 나타날 것이다(그림 76-5의 **E**).

끝으로, 그림 76-5의 왼쪽 위에 원으로 표시된 Export 버튼을 누르면 대화상자가 나타난다(이 버튼은 안드로이드 스튜디오 Arctic Fox 버전에서 새로 추가되었다). 여기서 SQL을 선택하면 현재 선택된 테이블(여기서는 products)을 생성하고 이 테이블의 현재 데이터를 추가하는 SQL이 파일로 저장된다. 따라서 데이터베이스에 직접 테이블과 이것의 데이터를 생성할 때 사용할 수 있다. 그렇지 않고 CSV를 선택하면 테이블의 모든 데이터만 CSV 파일로 저장되므로 데이터베이스나 다른 애플리케이션(예를 들어 엑셀 등)에서 데이터를 활용할 수 있다.

또한, 그림 76-5의 Live updates 오른쪽에 원으로 표시된 Export 버튼을 누르면 대화상자가 나타나며, 여기서는 현재 쿼리한 결과 데이터만 CSV 파일로 저장할 수 있다.

76.16 요약

이번 장에서는 Room 퍼시스턴스 라이브러리를 사용해서 SQLite 데이터베이스에 데이터를 저장하는 방법을 알아보았다.

77 구글 클라우드 스토리지 액세스하기

사용자의 파일과 데이터를 저장하는 원격 스토리지 서비스(클라우드 스토리지)가 최근 수년간 널리 확산되고 있다. 이런 성장의 원동력에는 두 가지 주된 요인이 있다. 첫 번째는 대부분의 모바일 장치가 지속적이고 빠른 속도의 인터넷 연결을 제공하여 데이터 전송이 빠르고 비용이 저렴하다는 것이다. 두 번째는 기존의 컴퓨터 시스템(데스크톱과 랩톱 등)에 비해 모바일 장치가 내부 스토리지 자원 측면에서 제약이 있다는 것이다. 예를 들어, 오늘날 고사양의 안드로이드 태블릿이 갖는 스토리지 용량을 노트북 시스템과 비교해 볼 때 많은 모바일 앱에서 원격 스토리지의 필요성이 더욱 요구된다.

이런 사실을 인식하고 구글에서는 안드로이드 4.4 SDK의 일부로 **스토리지 액세스 프레임워크**Storage Access Framework를 소개하였다. 이번 장에서는 스토리지 액세스 프레임워크의 개요를 알아볼 것이다. 그리고 더 자세한 내용은 다음 장에서 다룬다.

77.1 스토리지 액세스 프레임워크

스토리지 액세스 프레임워크는 사용하기 쉬운 사용자 인터페이스를 제공한다. 따라서 안드로이드 앱의 스토리지 서비스가 호스팅하는 파일의 브라우징, 삭제, 생성을 사용자가 쉽게 할 수 있다(스토리지 서비스를 **문서 제공자**document provider라고도 한다). 예를 들어, 피커picker라고도 하는 인터페이스를 사용해서 사용자는 자신이 선택한 문서 제공자가 호스팅하는 파일(각종 문서, 오디오, 이미지와 비디오 등)을 브라우징할 수 있다. 그림 77-1에서는 문서 제공자 서비스가 호스팅하는 파일을 보여 주는 피커 사용자 인터페이스의 예를 보여 준다.

그림 77-1

문서 제공자는 클라우드 기반의 서비스에서부터 로컬 문서 제공자(클라이언트 앱과 같은 장치에서 실행됨)까지 다양하게 존재할 수 있다. 현재 스토리지 액세스 프레임워크와 호환되는 주요 문서 제공자에는 Box, 구글 드라이브 등이 있다. 향후에는 다른 클라우드 스토리지 제공자와 앱 개발자도 안드로이드 스토리지 액세스 프레임워크와 호환되는 서비스를 제공하게 될 것이다. 그림 77-2에서는 피커 인터페이스로 조회된 문서 제공자를 보여 준다.

피커는 클라우드 기반의 문서 제공자와 더불어 장치의 내부 스토리지에 대한 액세스도 제공한다. 이때 다양한 종류의 파일 스토리지 옵션을 앱 사용자에게 제공한다.

여러 인텐트를 사용하면 안드로이드 앱 개발자가 그런 스토리지 기능을 불과 몇 라인의 코드만으로 앱에 포함시킬 수 있다. 그리고 스토리지 액세스 프레임워크를 사용해서 그런 스토리지 기능을 앱에 구현하면 코드 수정 없이 모든 문서 제공자와 동작할 수 있는 앱을 만들 수 있다.

77.2 스토리지 액세스 프레임워크 사용하기

안드로이드에는 스토리지 액세스 프레임워크의 기능을 안드로이드 앱에 통합시킬 수 있게 설계된 인텐트가 포함되어 있다. 이 인텐트는 스토리지 액세스 프레임워크 피커 사용자 인터페이스를 사용자에게 보여 주고 상호작용 결과를 앱에 반환한다. 이때 해당 인텐트를 시작시킨 액티비티의 onActivityResult() 함수가 자동으로 호출된다. 이 함수가 호출될 때는 선택된 파일의 Uri와 함께 수행의 성공 여부를 나타내는 값이 인자로 전달된다.

스토리지 액세스 프레임워크 인텐트를 요약하면 다음과 같다.

- **ACTION_OPEN_DOCUMENT** — 장치에 구성된 문서 제공자에서 파일을 선택할 수 있도록 사용자에게 피커 사용자 인터페이스를 제공한다. 선택된 파일은 Uri 객체 형태로 앱에 전달된다.
- **ACTION_CREATE_DOCUMENT** — 사용자가 문서 제공자와 이 제공자의 스토리지 위치 및 새로운 파일명을 선택할 수 있게 해준다. 그리고 선택되면 스토리지 액세스 프레임워크에 의해 해당 파일이 생성되고 향후 처리를 위해 해당 파일의 Uri가 앱에 반환된다.

77.3 피커의 파일 내역 선별하기

인텐트가 시작될 때 피커 사용자 인터페이스에 나타난 파일은 다양한 옵션을 사용해서 선별할 수 있다. 예를 들어, ACTION_OPEN_DOCUMENT 인텐트를 시작시키는 다음 코드를 생각해 보자.

```
val OPEN_REQUEST_CODE = 41

val intent = Intent(Intent.ACTION_OPEN_DOCUMENT)
startActivityForResult(intent, OPEN_REQUEST_CODE)
```

이 코드가 실행되면 피커 사용자 인터페이스가 나타나며, 사용 가능한 문서 제공자가 호스팅하는 파일을 사용자가 훑어보고 선택할 수 있다. 사용자가 하나의 파일을 선택하면 해당 파일의 참조가 Uri 객체 형태로 앱에 제공된다. 그리고 앱에서는 openFileDescriptor(Uri, String) 함수를 사용하여 해당 파일을 열 수 있다. 그러나 CATEGORY_OPENABLE 옵션을 사용해서 인텐트를 변경하면 열 수 있는 파일을 제한할 수 있다. 예를 들면, 다음과 같다.

```kotlin
val OPEN_REQUEST_CODE = 41
val intent = Intent(Intent.ACTION_OPEN_DOCUMENT)

intent.addCategory(Intent.CATEGORY_OPENABLE)
startActivityForResult(intent, OPEN_REQUEST_CODE)
```

이렇게 하면 openFileDescriptor() 함수를 사용해서 열 수 없는 파일은 목록에는 나타나지만 사용자가 선택할 수 없게 된다.

이 외에 파일 타입을 제한하여 파일을 선별하는 방법도 있다. 이때는 앱이 처리할 수 있는 파일의 타입을 지정하면 된다. 예를 들어, 이미지 편집 앱에서는 문서 제공자의 이미지 파일만 사용자가 선택할 수 있기를 원할 것이다. 이 경우 사용자가 선택 가능한 MIME 타입의 파일로 인텐트 객체를 구성하면 된다. 예를 들어, 다음 코드에서는 피커에서 이미지 파일만 선택할 수 있게 지정한다.

```kotlin
val intent = Intent(Intent.ACTION_OPEN_DOCUMENT)
intent.addCategory(Intent.CATEGORY_OPENABLE)
intent.type = "image/*"
startActivityForResult(intent, OPEN_REQUEST_CODE)
```

또한, JPEG 이미지만 선택 가능하게 제한할 수도 있다.

```kotlin
intent.type = "image/jpeg"
```

다음과 같이 하면 오디오 재생 앱에서는 오디오 파일만 처리할 수 있다.

```kotlin
intent.type = "audio/*"
```

그리고 MP4 기반의 파일로 제한할 수도 있다.

```kotlin
intent.type = "audio/mp4"
```

스토리지 액세스 프레임워크를 사용할 때 다양한 MIME 타입을 설정할 수 있다. 더 자세한 타입 정보는 다음을 참고하자.

77.4 인텐트 결과 처리하기

인텐트가 앱으로 제어를 넘기면 해당 인텐트를 시작시켰던 액티비티의 onActivityResult() 함수가 호출된다. 이 함수에서는 요청 코드와 결과 코드 및 결과 데이터 객체를 인자로 받는다. 요청 코드는 인텐트 시작 시에 앱에서 전달했던 것이며, 결과 코드는 해당 인텐트가 성공적으로 처리되었는지의 여부를 나타낸다. 그리고 결과 데이터 객체는 선택된 파일의 Uri를 포함한다. 예를 들어, 다음 코드는 앞에서 설명한 ACTION_OPEN_DOCUMENT 인텐트의 결과를 처리할 때 사용할 수 있다.

```kotlin
public override fun onActivityResult(requestCode: Int, resultCode: Int,
                                     resultData: Intent?) {
    var currentUri: Uri? = null

    if (resultCode == Activity.RESULT_OK) {

        if (requestCode == OPEN_REQUEST_CODE) {

            resultData?.let {
                currentUri = it.data

                try {
                    val content = readFileContent(currentUri)
                    fileText.setText(content)
                } catch (e: IOException) {
                    // 에러 처리
                }
            }
        }
    }
}
```

이 코드에서는 인텐트가 성공적이었는지 첫 번째 if 문에서 확인한 후 두 번째 if 문에서 요청 코드가 파일 열기 요청과 일치하는지를 검사한다. 그리고 let에서 인텐트 데이터의 Uri를 추출한 후 파일의 내용을 읽는 데 사용한다.

77.5 파일 내용 읽기

문서 제공자가 호스팅하는 파일의 내용을 읽는 방법은 파일 타입에 따라 달라진다. 예를 들어, 텍스트 파일을 읽는 코드는 이미지나 오디오 파일을 읽는 코드와 다르다.

이미지 파일은 Uri 객체로부터 FD파일 디스크립터를 추출하여 Bitmap 객체로 지정할 수 있다. 그리고 이 이미지를 BitmapFactory 인스턴스로 디코딩한다. 예를 들면, 다음과 같다.

```kotlin
val pFileDescriptor = contentResolver.openFileDescriptor(uri, "r")
val fileDescriptor = pFileDescriptor.fileDescriptor

val image = BitmapFactory.decodeFileDescriptor(fileDescriptor)

pFileDescriptor.close()

val myImageView = ImageView(this)
myImageView.setImageBitmap(image)
```

여기서는 파일 디스크립터를 "r" 모드로 연다. 이것은 해당 파일을 읽기 전용으로 연다는 것을 나타낸다. 다른 옵션으로는 쓰기를 나타내는 "w"와 읽기와 쓰기를 나타내는 "rw"가 있다. "rw"의 경우는 파일의 기존 내용이 새로운 내용으로 변경된다.

텍스트 파일의 내용을 읽을 때는 InputStream 객체를 사용한다. 예를 들어, 다음 코드에서는 텍스트 파일을 라인 단위로 읽는다.

```kotlin
val inputStream = contentResolver.openInputStream(uri)
val reader = BufferedReader(InputStreamReader(inputStream))

var currentline = reader.readLine()

while (currentline != null) {
    // 파일의 각 라인을 처리하는 코드
}
inputStream.close()
```

77.6 파일에 내용 쓰기

문서 제공자가 호스팅하는 열린 파일에 텍스트 데이터를 쓰는 것은 읽기와 유사하며, InputStream 객체 대신 OutputStream 객체를 사용한다. 예를 들어, 다음 코드에서는 지정된 Uri로 참조되는 스토리지 기반 파일의 OutputStream에 텍스트를 쓴다.

```kotlin
try {
    val pfd = contentResolver.openFileDescriptor(uri, "w")

    val fileOutputStream = FileOutputStream(
            pfd.fileDescriptor)

    val textContent = fileText.text.toString()
```

```
        fileOutputStream.write(textContent.toByteArray())

        fileOutputStream.close()
        pfd.close()
} catch (e: FileNotFoundException) {
    e.printStackTrace()
} catch (e: IOException) {
    e.printStackTrace()
}
```

여기서는 Uri에서 파일 디스크립터를 추출한다. 이때 "w" 모드로 파일 디스크립터를 연다. 그리고
이 파일 디스크립터를 사용해서 파일의 OutputStream 객체 참조를 얻는다. 그다음에 데이터(여기서
는 텍스트)를 OutputStream에 쓴 후 파일 디스크립터와 OutputStream을 닫는다.

77.7 파일 삭제하기

파일을 삭제할 수 있는가의 여부는 문서 제공자의 파일 삭제 지원 여부에 달렸다. 삭제가 가능하다
고 가정한다면 다음과 같이 지정된 Uri에서 삭제가 수행될 수 있다.

```
if (DocumentsContract.deleteDocument(contentResolver, uri))
    // 삭제가 성공적으로 되었음
else
    // 삭제 실패
```

77.8 파일의 지속적인 액세스 얻기

스토리지 액세스 프레임워크를 통해 앱이 파일의 액세스를 얻으면 이 액세스는 앱이 실행 중인 안
드로이드 장치가 다시 부팅할 때까지 유효하다. 특정 파일의 지속적인 액세스는 해당 Uri에 필요한
퍼미션을 요청하여 얻을 수 있다. 예를 들어, 다음 코드에서는 Uri 인스턴스인 fileUri로 참조되는
파일의 읽기와 쓰기 퍼미션을 계속 유지한다.

```
val takeFlags = (intent.flags and (Intent.FLAG_GRANT_READ_URI_PERMISSION
                            or Intent.FLAG_GRANT_WRITE_URI_PERMISSION)

contentResolver.takePersistableUriPermission(fileUri, takeFlags)
```

앱에서 파일의 퍼미션을 받고 Uri를 보존하고 있다면 사용자는 장치가 다시 부팅된 후에도 해당 파
일을 계속 액세스할 수 있다. 따라서 이때는 사용자가 피커 인터페이스에서 해당 파일을 다시 선택
하지 않아도 된다.

지속적인 퍼미션이 더는 필요하지 않다면 콘텐트 리졸버의 releasePersistableUriPermission() 함수를 호출하여 해제할 수 있다.

```
val takeFlags = (intent.flags and (Intent.FLAG_GRANT_READ_URI_PERMISSION
                                  or Intent.FLAG_GRANT_WRITE_URI_PERMISSION)

contentResolver.releasePersistableUriPermission(fileUri, takeFlags)
```

77.9 요약

최근 몇 년 동안의 스토리지 변화를 보면 흥미롭다. 한때 대용량 하드 디스크 드라이브의 대명사였던 스토리지라는 용어를 이제는 스토리지 공간이라고 불러야 할 것이다. 원격으로 클라우드에서 호스팅되고 인터넷 연결을 통해 액세스되는 그런 스토리지이기 때문이다. 그리고 항상 연결되어 있고 내부 스토리지 용량이 제한된 모바일 장치의 확산에 따라 점차 광범위하게 채택되고 있다.

안드로이드 스토리지 액세스 프레임워크는 사용자와 앱 개발자 모두가 클라우드에 저장된 파일을 액세스할 수 있는 간단한 메커니즘을 제공한다. 문서 제공자 및 파일을 선택할 수 있는 내장된 사용자 인터페이스와 인텐트를 사용해서 클라우드 기반의 스토리지를 최소한의 코딩으로 안드로이드 앱에 통합할 수 있다.

78

안드로이드 스토리지 액세스 프레임워크 예제 프로젝트

앞 장에서 이야기했듯이, 스토리지 액세스 프레임워크는 클라우드 기반의 스토리지 액세스를 안드로이드 앱에 쉽게 통합할 수 있게 해준다. 즉, 피커 사용자 인터페이스와 새로운 인텐트로 구성되어 있어서 문서 제공자(구글 드라이브와 Box 등)에 저장된 파일을 상대적으로 쉽게 안드로이드 앱에서 생성하고 사용할 수 있기 때문이다. 이번 장에서는 스토리지 액세스 프레임워크를 사용해서 파일을 저장하고 관리하는 예제 앱을 만들 것이다.

78.1 스토리지 액세스 프레임워크 예제 프로젝트 개요

이번 장에서 생성할 안드로이드 앱은 클라우드 기반의 스토리지 서비스에 텍스트 파일을 원격으로 생성하고 저장하는 기본적인 텍스트 편집기가 될 것이다. 실제로 이 예제 앱은 스토리지 액세스 프레임워크와 호환되는 어떤 클라우드 기반의 문서 제공자와도 잘 작동한다. 단, 여기서는 구글 드라이브_{Google Drive}를 문서 제공자로 사용할 것이다. (각자 구글 계정에 로그인되어 있어야 구글 드라이브 사용이 가능하다.)

기능적 측면에서 이 앱은 텍스트가 입력 및 편집될 수 있는 멀티라인 텍스트 뷰를 사용자에게 보여준다. 그리고 스토리지 기반의 텍스트 파일을 생성, 열기, 저장하는 버튼도 함께 갖는다.

78.2 스토리지 액세스 프레임워크 예제 프로젝트 생성

새 프로젝트를 생성하자. 안드로이드 스튜디오 메인 메뉴의 File ➡ New ➡ New Project...를 선택하거나 웰컴 스크린에서 New Project 버튼을 클릭한다. '프로젝트 템플릿 선택' 대화상자가 나타나면 Phone and Tablet과 Empty Activity 템플릿을 선택하고 Next 버튼을 누른다.

Name 필드에 StorageDemo를 입력하고 Package name에는 com.ebookfrenzy.storagedemo를 입력한다. 그리고 Language가 Kotlin인지 확인하고 Minimum SDK는 API 26: Android 8.0 (Oreo)를 선택한다. 또한, Use legacy android.support libraries가 체크 해제되어 있는지 확인하고 Finish 버튼을 누른다.

프로젝트가 생성된 후 **18.8**절을 참고하여 뷰 바인딩을 활성화하고 사용하도록 변경하자(안드로이드 스튜디오가 자동 생성한 코드에서 이미 뷰 바인딩을 사용한다면 할 필요 없다).

78.3 사용자 인터페이스 디자인하기

사용자 인터페이스는 세 개의 Button 뷰와 하나의 EditText 뷰로 구성된다. 편집기 창에 열린 activity_main.xml 탭을 클릭한 후 디자인 모드로 변경하자. 그리고 'Hello World!'를 보여 주는 TextView 객체를 컴포넌트 트리에서 선택하고, 키보드의 Del 키를 눌러 레이아웃에서 삭제하자.

그다음에는 팔레트의 Common 부류에 있는 Button을 마우스로 끌어서 레이아웃의 왼쪽 위 모서리로 이동한 후 왼쪽과 위쪽에 점선의 여백 지시선이 나타날 때 마우스 버튼을 놓는다. 그리고 속성 창의 text 속성에 Create를 입력하고 문자열 리소스로 추출한다(3장의 그림 3-13부터 3-15 참고). 그림 78-1을 참고하여 같은 방법으로 Button을 두 개 더 추가한다. 두 번째 버튼의 text 속성은 Open, 세 번째 버튼의 text 속성은 Save로 입력하고 문자열 리소스로 추출한다.

그리고 팔레트의 Text 부류에 있는 Plain Text를 끌어서 수평으로 중앙에 위치하게 하면서 가운데 버튼 밑에 놓고 속성 창의 text 속성값을 지운다. 또한, id를 fileText로 변경하고 Enter Return 키를 누른 후 대화상자에서 Refactor 버튼을 누른다. 그리고 툴바의 제약 추론 버튼을 클릭하여 적합한 제약이 자동으로 추가되게 한다(26장의 26.3절 참고).

끝으로, 각 버튼을 차례대로 클릭하면서 onClick 속성을 지정한다. Create 버튼은 newFile, Open 버튼은 openFile, Save 버튼은 saveFile이다. 이번 장에서는 사용자 인터페이스가 중요하지 않으므로, 혹시 버튼의 제약 연결이 그림 78-1과 다르게 생성되었더라도 개의치 말자.

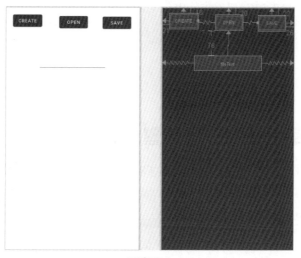

그림 78-1

78.4 요청 코드 선언하기

스토리지 액세스 프레임워크에서 파일을 처리할 때는 수행될 액션에 따라 우리가 다양한 인텐트를 요청하면 된다. 그러면 항상 프레임워크에서 스토리지 피커 사용자 인터페이스를 보여 주므로 사용자는 스토리지 위치를 지정할 수 있다(예를 들어, 구글 드라이브의 디렉터리와 파일 이름). 그리고 인텐트의 작업이 완료되면 우리 앱의 onActivityResult() 함수가 자동 호출된다.

액티비티에서는 여러 가지 인텐트를 요청할 수 있으며, 각 인텐트의 수행이 완료되면 해당 액티비티에 구현한 같은 onActivityResult() 함수가 자동 호출된다. 따라서 요청했던 인텐트가 어떤 것이었는지 확인하는 메커니즘이 필요하다. 바로 이런 목적으로 사용하는 것이 **요청 코드**_{request code}다. 요청 코드는 인텐트를 요청할 때 전달한다. 그리고 인텐트 수행이 완료되어 onActivityResult() 함수가 자동 호출될 때 다시 인자로 전달된다. 어떤 액션의 인텐트가 완료되었는지 확인할 수 있게 하기 위해서다. 따라서 버튼의 OnClick 이벤트 처리 함수를 구현하기에 앞서 파일의 생성, 저장, 열기를 처리하기 위한 액션의 요청 코드를 선언해야 한다.

편집기 창에 로드되어 있는 MainActivity.kt 파일을 선택하자. 그리고 다음과 같이 코드를 추가하자. 여기서는 앱에서 수행될 세 가지 액션의 상숫값을 선언한다.

```
package com.ebookfrenzy.storagedemo

import androidx.appcompat.app.AppCompatActivity
import android.os.Bundle
import com.ebookfrenzy.storagedemo.databinding.ActivityMainBinding

class MainActivity : AppCompatActivity() {

    private val CREATE_REQUEST_CODE = 40
    private val OPEN_REQUEST_CODE = 41
    private val SAVE_REQUEST_CODE = 42
    .
    .
}
```

78.5 새로운 스토리지 파일 생성하기

Create 버튼이 터치(클릭)되면 앱에서는 ACTION_CREATE_DOCUMENT 인텐트를 요청해야 한다. 이 인텐트는 텍스트 MIME 타입의 파일을 생성하기 위해 구성한다. 앞에서 사용자 인터페이스를 디자인할 때 Create 버튼은 newFile() 함수를 호출하도록 onClick 속성에 지정했었다. 이 함수에서는 파일 생성에 적합한 인텐트를 론칭한다.

MainActivity.kt 파일에 다음과 같이 newFile() 함수를 추가하자.

```kotlin
package com.ebookfrenzy.storagedemo

import android.app.Activity
import androidx.appcompat.app.AppCompatActivity
import android.os.Bundle
import com.ebookfrenzy.storagedemo.databinding.ActivityMainBinding
import android.content.Intent
import android.view.View
import android.net.Uri

class MainActivity : AppCompatActivity() {
    .
    .
    fun newFile(view: View) {
        val intent = Intent(Intent.ACTION_CREATE_DOCUMENT)

        intent.addCategory(Intent.CATEGORY_OPENABLE)
        intent.type = "text/plain"
        intent.putExtra(Intent.EXTRA_TITLE, "newfile.txt")

        startActivityForResult(intent, CREATE_REQUEST_CODE)
    }
}
```

여기서는 새로운 ACTION_CREATE_DOCUMENT 인텐트 객체를 생성한다. 그리고 파일 디스크립터로 열 수 있는 파일만 반환하도록 인텐트를 구성한다(Intent.CATEGORY_OPENABLE 카테고리를 설정).

그다음에 열고자 하는 파일을 텍스트 MIME 타입(text/plain)으로 지정하고 임시 파일명도 지정한다. 이 파일명은 피커 사용자 인터페이스에서 사용자가 변경할 수 있다. 끝으로, 인텐트를 시작시킨다. 이때 앞에서 선언했던 요청 코드의 상수인 CREATE_REQUEST_CODE를 인자로 전달한다.

newFile() 함수가 실행되고 지정된 작업을 인텐트가 완료하면 우리 앱의 onActivityResult() 함수가 호출된다. 이때 새로 생성된 문서의 Uri와 요청 코드가 인자로 전달된다. 이 요청 코드 는 인텐트를 시작시킬 때 startActivityForResult() 함수 인자로 전달했던 코드다. 이제는 onActivityResult() 함수를 구현하자.

78.6 onActivityResult() 함수

onActivityResult() 함수는 앱이 실행되는 동안 호출되는 모든 인텐트에서 공유한다(인텐트의 실행이 끝나고 복귀할 때 항상 이 함수가 자동 호출된다). 그리고 이 함수가 자동 호출될 때마다 요청 코드, 결과 코드, 스토리지 파일의 Uri를 포함하는 결과 데이터가 인자로 전달된다. 이 함수는 다음과 같은 작업을 하도록 구현해야 한다. 즉, 인텐트 액션이 성공적으로 수행되었는지 여부를 검사한 후 수행된 액션의 타입을 확인하고 결과 데이터에서 파일의 Uri를 추출한다. 그러나 여기서는 선택된 문서 제공자의 새로운 파일 생성만 처리하면 된다. 다음과 같이 onActivityResult() 함수를 MainActivity.kt 파일에 추가하자.

```kotlin
.
.
class MainActivity : AppCompatActivity() {
    .
    .
    public override fun onActivityResult(requestCode: Int, resultCode: Int,
                                         resultData: Intent?) {
        super.onActivityResult(requestCode, resultCode, resultData)
        var currentUri: Uri? = null

        if (resultCode == Activity.RESULT_OK) {
            if (requestCode == CREATE_REQUEST_CODE) {
                if (resultData != null) {
                    binding.fileText.setText("")
                }
            }
        }
    }
}
```

이 함수 코드는 매우 간단하다. 인텐트 요청으로 실행된 액티비티의 실행 결과를 검사하고, 성공적이라면 사용자가 새로운 파일을 생성하는지 확인하기 위해 요청 코드가 CREATE_REQUEST_CODE인지 비교한다. 그리고 일치하면 새 파일의 생성을 나타내기 위해 EditText 뷰의 기존 텍스트를 지운다.

그러면 구글에 로그인된 실제 장치에서 앱을 실행하고 Create 버튼을 클릭해 보자. 스토리지 액세스 프레임워크가 그림 78-3과 같이 저장 위치Save to 피커 사용자 인터페이스를 보여 줄 것이다.

(만일 그림 78-2와 같이 다른 피커 사용자 인터페이스 화면이 나타나면 원으로 표시된 제일 왼쪽 위의 메뉴 버튼을 클릭하면 된다.)

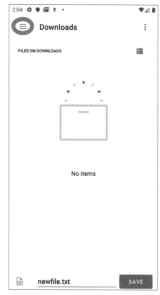

그림 78-2

그다음에 그림 78-3 왼쪽 메뉴에서 드라이브(Drive) ➡ 내 드라이브(My Drive)를 선택하고 새 파일을 저장할 각자의 구글 드라이브 스토리지 위치로 이동한다. 그리고 피커 사용자 인터페이스 밑에 있는 텍스트 필드에서 newfile.txt로 된 파일명을 다른 적합한 이름으로 변경한 후(.txt 확장자는 그대로 둠) 오른쪽의 저장Save을 선택한다.

새로운 파일이 생성되면 우리 앱의 메인 액티비티로 제어가 복귀되면서 앱 화면이 나타난다.

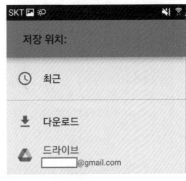

그림 78-3

구글 드라이브에 저장된 파일은 브라우저를 실행하고 각자의 구글 드라이브 계정으로 로그인하면 우리가 요청했던 위치에서 새로 생성된 파일을 찾을 수 있다(파일이 없는 경우는 앱이 실행 중인 안드로이드 장치가 인터넷 연결이 가능한지 확인한다). 또는 대부분의 안드로이드 장치에 기본적으로 설치되는 구글 드라이브 앱을 실행해도 우리 앱에서 생성한 구글 드라이브 파일을 확인할 수 있다(구글 드라이브 앱은 구글 플레이 스토어에서 다운로드 가능하다).

78.7 스토리지 파일에 데이터 저장하기

이제는 새로운 스토리지 기반 파일을 생성할 수 있으므로 다음은 사용자가 입력한 텍스트를 해당 파일에 저장할 수 있게 할 것이다. 우리 액티비티의 사용자 인터페이스 레이아웃에는 사용자가 Save 버튼을 클릭할 때 saveFile() 함수가 호출되게 구성되어 있다. 이 함수에서는 ACTION_OPEN_DOCUMENT 타입의 새로운 인텐트를 시작시킬 것이다. 그리고 이 인텐트가 시작되면 텍스트가 저장될 파일을 사용자가 선택할 수 있는 피커 사용자 인터페이스가 나타난다. 여기서는 텍스트 파일만 사용할 것이다. 따라서 text/plain MIME 타입과 일치하는 파일만 사용자가 선택할 수 있게 인텐트를 구성해야 한다. 다음의 saveFile() 함수를 MainActivity.kt 파일에 추가하자.

```
fun saveFile(view: View) {
    val intent = Intent(Intent.ACTION_OPEN_DOCUMENT)
    intent.addCategory(Intent.CATEGORY_OPENABLE)
    intent.type = "text/plain"

    startActivityForResult(intent, SAVE_REQUEST_CODE)
}
```

여기서는 요청 코드로 SAVE_REQUEST_CODE가 인텐트에 전달되었으므로 onActivityResult() 함수에는 저장save 액션을 처리하기 위한 코드가 다음과 같이 추가되어야 한다.

```
.
.
class MainActivity : AppCompatActivity() {
    .
    .
    public override fun onActivityResult(requestCode: Int, resultCode: Int,
                                    resultData: Intent?) {
        super.onActivityResult(requestCode, resultCode, resultData)

        var currentUri: Uri? = null

        if (resultCode == Activity.RESULT_OK) {
            if (requestCode == CREATE_REQUEST_CODE) {
                if (resultData != null) {
                    fileText.setText("")
                }
            } else if (requestCode == SAVE_REQUEST_CODE) {
                resultData?.let {
                    currentUri = it.data
                    currentUri?.let {
                        writeFileContent(it)
                    }
                }
            }
        }
    }
    .
    .
    .
}
```

여기서는 저장 요청 코드인 SAVE_REQUEST_CODE를 확인한다. 그리고 스토리지 피커 사용자 인
터페이스에서 사용자가 선택한 파일의 Uri를 추출한 후 writeFileContent() 함수를 호출한다.
이때 텍스트가 저장될 파일의 Uri를 인자로 전달한다. 다음과 같이 writeFileContent() 함수를
MainActivity.kt 파일에 추가하자.

```
package com.ebookfrenzy.storagedemo
.
.
import java.io.FileOutputStream
import java.io.IOException

class MainActivity : AppCompatActivity() {
    .
    .
    private fun writeFileContent(uri: Uri) {
        try {
            val pfd = contentResolver.openFileDescriptor(uri, "w")
            val fileOutputStream = FileOutputStream(
                pfd?.fileDescriptor)
```

```
        val textContent = binding.fileText.text.toString()

        fileOutputStream.write(textContent.toByteArray())
        fileOutputStream.close()
        pfd?.close()
    } catch (e: Throwable) {
        e.printStackTrace()
    } catch (e: IOException) {
        e.printStackTrace()
    }
  }
}
```

writeFileContent() 함수에서는 사용자가 선택한 파일의 Uri에서 파일 디스크립터를 가져와 연다. 여기서는 파일을 써야 하므로 파일 디스크립터를 쓰기 모드("w")로 연다. 그리고 이 파일 디스크립터를 사용해서 파일에 쓸 수 있는 OutputStream 객체 참조를 얻는다.

사용자가 입력한 텍스트는 EditText 객체에서 추출하여 OutputStream에 쓴 후 파일 디스크립터와 OutputStream을 닫는다. 또한, 파일에 쓰는 도중 생길 수 있는 IOexception 예외를 처리하는 코드도 추가되었다.

앱을 다시 실행하고 텍스트 영역에 텍스트를 입력 후 Save 버튼을 클릭해 보자. 그리고 피커 사용자 인터페이스에서 이전에 생성했던 구글 드라이브 스토리지의 파일을 찾아 선택하면 조금 전에 입력했던 텍스트가 저장될 것이다(만일 동기화 에러 메시지가 나타나면 우리 앱의 Create 버튼을 눌러 다른 이름의 파일을 생성한 후 이 파일을 선택한다). 그다음에 구글 드라이브 앱을 실행하고 해당 텍스트 파일을 선택하면 우리 앱에서 입력한 텍스트가 포함되어 있는 것을 볼 수 있을 것이다.

78.8 ▍스토리지 파일 열고 읽기

텍스트 파일을 생성하고 저장하는 코드를 작성하였으므로, 이제는 스토리지의 파일을 열고 읽는 기능을 추가하는 것만 남았다. 이때는 Open 버튼을 클릭할 때 호출되는 openFile() 함수에서 ACTION_OPEN_DOCUMENT 인텐트를 시작시키면 된다. 다음과 같이 함수를 추가하자.

```
fun openFile(view: View) {
    val intent = Intent(Intent.ACTION_OPEN_DOCUMENT)
    intent.addCategory(Intent.CATEGORY_OPENABLE)
    intent.type = "text/plain"
    startActivityForResult(intent, OPEN_REQUEST_CODE)
}
```

이 코드에서는 앱에서 열 수 있는 파일만 선별하도록 인텐트를 구성한다. 이때 인텐트를 요청하면서 열기 요청 코드 상수인 OPEN_REQUEST_CODE를 인자로 전달한다. 따라서 이 요청 코드를 onActivityResult() 함수에서 추가로 처리해야 한다.

```kotlin
class MainActivity : AppCompatActivity() {
    .
    .
    public override fun onActivityResult(requestCode: Int, resultCode: Int,
                                         resultData: Intent?) {
        super.onActivityResult(requestCode, resultCode, resultData)
        var currentUri: Uri? = null

        if (resultCode == Activity.RESULT_OK) {
            if (requestCode == CREATE_REQUEST_CODE) {
                if (resultData != null) {
                    fileText.setText("")
                }
            } else if (requestCode == SAVE_REQUEST_CODE) {
                resultData?.let {
                    currentUri = it.data
                    currentUri?.let {
                        writeFileContent(it)
                    }
                }
            } else if (requestCode == OPEN_REQUEST_CODE) {
                resultData?.let {
                    currentUri = it.data
                    currentUri?.let {
                        try {
                            val content = readFileContent(it)
                            binding.fileText.setText(content)
                        } catch (e: IOException) {
                            // 에러 처리 코드
                        }
                    }
                }
            }
        }
    }
    .
    .
}
```

방금 추가한 코드에서는 다음을 수행한다. 즉, 피커 사용자 인터페이스에서 사용자가 선택한 파일의 Uri를 얻은 후 readFileContent() 함수의 인자로 전달하여 호출한다. 이 함수는 선택된 파일의 데이터를 읽어서 String 객체로 반환한다. 그리고 반환된 문자열을 EditText 뷰의 text 속성에 지정한다. 다음으로, readFileContent() 함수를 추가하자.

```
        .
        .
import java.io.BufferedReader
import java.io.InputStreamReader

class MainActivity : AppCompatActivity() {
    .
    .
    private fun readFileContent(uri: Uri): String {
        val inputStream = contentResolver.openInputStream(uri)
        val reader = BufferedReader(InputStreamReader(
            inputStream))
        val stringBuilder = StringBuilder()
        var currentline = reader.readLine()

        while (currentline != null) {
            stringBuilder.append(currentline + "\n")
            currentline = reader.readLine()
        }

        inputStream?.close()

        return stringBuilder.toString()
    }
}
```

이 함수에서는 선택된 텍스트 파일의 파일 디스크립터를 추출하고 파일의 내용을 읽기 위해 그것을 연다. 그다음에 인자로 전달된 Uri와 연관된 InputStream 객체를 생성하고 이것을 BufferedReader 인스턴스의 입력 소스로 사용한다. 그리고 파일의 각 라인을 읽어서 StringBuilder 객체에 저장한다. 모든 라인의 텍스트를 다 읽으면 InputStream과 파일 디스크립터를 모두 닫은 후 파일 내용을 String 객체로 반환한다.

78.9 스토리지 액세스 앱 테스트하기

앱의 모든 코드 작성이 끝났으므로 이제는 테스트할 준비가 되었다. 구글 계정으로 로그인한 실제 장치에서 앱을 실행하고 Create 버튼을 누르자. 그다음에 나타나는 피커 사용자 인터페이스에서 구글 드라이브 위치를 선택하고 텍스트 파일의 이름을 storagedemo.txt로 입력한다. 그리고 파일 이름 필드의 오른쪽에 있는 저장_{Save} 버튼을 누르자. (구글 계정으로 로그인하지 않은 실제 장치나 에뮬레이터에서는 구글 드라이브가 나타나지 않으며 다운로드 위치에만 파일을 저장하고 사용할 수 있다.)

우리 앱으로 제어가 돌아오면 아무 텍스트나 텍스트 필드에 입력해 보자. 그리고 Save 버튼을 누른다. 그다음에 피커 사용자 인터페이스에서 저장된 storagedemo.txt 파일을 찾아 선택하면 다시 앱으로 제어가 돌아오면서 그 내용을 EditText 뷰에 보여 준다. 이 텍스트를 지우고 Open 버튼을 누른다. 그리고 피커 사용자 인터페이스에서 다시 한 번 storagedemo.txt 파일을 선택하자. 그러면 앱으로 제어가 돌아오고 텍스트 파일의 내용이 EditText 뷰에 나타날 것이다.

안드로이드 장치나 에뮬레이터가 실행되는 컴퓨터가 인터넷 연결이 안 될 때는 스토리지 액세스 프레임워크가 스토리지 파일을 로컬(장치 또는 컴퓨터)로 캐싱한다는 것에 유의하자. 그러나 다시 연결이 되면 캐싱되었던 데이터가 원격 스토리지 서비스와 동기화된다. storagedemo.txt 파일의 내용은 구글 드라이브 앱을 실행하면 볼 수 있다.

78.10 요약

이번 장에서는 안드로이드 스토리지 액세스 프레임워크를 사용해서 클라우드 기반의 스토리지에 파일을 열고, 생성하고, 저장하는 앱을 만들어 보았다.

79 동영상 재생 구현하기

스마트폰과 태블릿의 주 용도 중 하나는 온라인 콘텐츠를 사용하는 것이다. 그리고 널리 사용되는 콘텐츠의 주된 형태는 **동영상**video일 것이다. 특히, 태블릿의 경우가 그렇다.

안드로이드 SDK에 포함된 VideoView와 MediaController 클래스를 사용하면 앱을 개발할 때 안드로이드 장치의 동영상 재생을 쉽게 구현할 수 있다. 이번 장에서는 이 클래스의 개요를 알아본 후 간단한 동영상 재생 앱을 만들 것이다.

79.1 안드로이드 VideoView 클래스 개요

안드로이드 앱에서 동영상을 보여 주는 가장 간단한 방법은 VideoView 클래스를 사용하는 것이다. 이 클래스는 시각적인 컴포넌트다. 따라서 액티비티의 레이아웃에 이 컴포넌트를 추가하면 동영상을 재생해서 보여 줄 수 있다. 현재 안드로이드에서 제공하는 동영상 포맷은 다음과 같다.

- H.263
- H.264 AVC
- H.265 HEVC
- MPEG-4 SP
- VP8
- VP9

VideoView 클래스는 동영상 재생을 위해 호출될 수 있는 다양한 종류의 함수를 갖고 있다. 이 중에서 흔히 사용되는 함수는 다음과 같다.

- **setVideoPath(path: String)** — 재생될 동영상 미디어의 경로를 문자열로 지정한다. 이 경로는 원격 동영상 파일의 URL 또는 장치의 로컬 동영상 파일이 될 수 있다.
- **setVideoUri(uri: Uri)** — setVideoPath() 함수와 같은 일을 수행하지만, 문자열 대신 Uri 객체를 인자로 받는다.

- **start()** — 동영상 재생을 시작한다.
- **stopPlayback()** — 동영상 재생을 중단한다.
- **pause()** — 동영상 재생을 일시 중지한다.
- **isPlaying()** — 동영상이 현재 재생 중인지 여부를 Boolean 값으로 반환한다.
- **setOnPreparedListener(MediaPlayer.OnPreparedListener)** — 동영상 재생 준비가 될 때 콜백 함수가 호출될 수 있게 해준다.
- **setOnErrorListener(MediaPlayer.OnErrorListener)** — 동영상 재생 중에 에러가 발생할 때 콜백 함수가 호출될 수 있게 해준다.
- **setOnCompletionListener(MediaPlayer.OnCompletionListener)** — 동영상의 끝에 도달하면 콜백 함수가 호출될 수 있게 해준다.
- **getDuration()** — 동영상의 재생 시간을 반환한다. OnPreparedListener() 콜백 함수에서 호출되지 않을 때는 −1을 반환한다. 동영상 재생 준비가 되지 않은 상태에서는 재생 소요 시간을 알 수 없기 때문이다.
- **getCurrentPosition()** — 현재의 재생 위치를 나타내는 정숫값을 반환한다.
- **setMediaController(MediaController)** — 동영상 재생 컨트롤을 사용자가 볼 수 있게 해주는 MediaController 인스턴스를 지정한다.

79.2 안드로이드 MediaController 클래스 개요

VideoView 클래스만 사용해서 동영상을 재생하면 사용자는 재생을 제어할 수 없으므로 동영상의 끝에 도달할 때까지 재생이 계속된다. 이때 VideoView 인스턴스에 MediaController 클래스 인스턴스를 첨부하면 이 문제가 해결될 수 있다. 그러면 사용자가 재생을 관리할 수 있는 컨트롤을 MediaController가 제공한다(예를 들어, 동영상 재생 일시 중지나 앞뒤로 프레임을 찾음).

사용자 인터페이스 레이아웃의 특정 뷰에 컨트롤러 인스턴스를 추가하면 재생 컨트롤의 위치를 지정할 수 있다. 그리고 일단 뷰에 첨부되어 고정되면 해당 컨트롤은 재생이 시작될 때 잠시 화면에 나타났다가 사라진다. 이후로는 컨트롤러 인스턴스가 고정된 뷰를 사용자가 톡 치면 언제든지 다시 나타난다.

MediaController 클래스의 주요 함수는 다음과 같다.

- **setAnchorView(view: View)** — 컨트롤러가 고정될 뷰를 지정하며, 화면상의 컨트롤 위치를 지정한다.
- **show()** — 컨트롤을 보여 준다.
- **show(timeout: Int)** — 1/1000초 단위로 지정된 시간 동안 컨트롤을 보여 준다.

- **hide()** — 사용자에게 보이지 않게 컨트롤러를 숨긴다.
- **isShowing()** — 컨트롤이 현재 사용자에게 보이는지 여부를 Boolean 값으로 반환한다.

79.3 동영상 재생 예제 프로젝트 생성하기

이번 장의 나머지에서는 VideoView와 MediaController 클래스를 사용해서 MPEG-4 동영상 파일을 재생하는 예제 앱을 만들 것이다.

새 프로젝트를 생성하자. 안드로이드 스튜디오 메인 메뉴의 File ➡ New ➡ New Project...를 선택하거나 웰컴 스크린에서 New Project 버튼을 클릭한다. '프로젝트 템플릿 선택' 대화상자가 나타나면 Phone and Tablet과 Empty Activity를 선택하고 Next 버튼을 누른다.

Name 필드에 VideoPlayer를 입력하고 Package name에는 com.ebookfrenzy.videoplayer를 입력한다. 그리고 Language가 Kotlin인지 확인하고 Minimum SDK는 API 26: Android 8.0 (Oreo)를 선택한다. 또한, Use legacy android.support libraries가 체크 해제되어 있는지 확인하고 Finish 버튼을 누른다.

프로젝트가 생성된 후 **18.8**절을 참고하여 뷰 바인딩을 활성화하고 사용하도록 변경하자(안드로이드 스튜디오가 자동 생성한 코드에서 이미 뷰 바인딩을 사용한다면 할 필요 없다).

79.4 VideoPlayer 앱의 레이아웃 디자인하기

메인 액티비티의 사용자 인터페이스는 간단하게 VideoView 클래스 인스턴스만으로 구성된다. 레이아웃 편집기 창에 로드된 activity_main.xml 파일을 선택하고 디자인 모드로 변경하자. 그리고 'Hello World!'를 보여 주는 TextView 객체를 컴포넌트 트리에서 선택하고, 키보드의 Del 키를 눌러 레이아웃에서 삭제하자.

팔레트의 Widgets 부류에 있는 VideoView를 마우스로 끌어서 레이아웃의 정중앙에 놓고(수평과 수직의 점선이 교차되는 지점) 그림 79-1처럼 레이아웃 전체를 채우도록 크기를 조정한다. 그리고 툴바의 제약 추론 버튼을 클릭하여 적합한 제약이 자동으로 추가되게 한다(26장의 26.3절 참고).

그다음에 속성 창에서 VideoView의 id를 videoView1로 변경하고 layout_width 속성을 0dp (match_constraint)로, 그리고 layout_height 속성을 wrap_content로 변경한다.

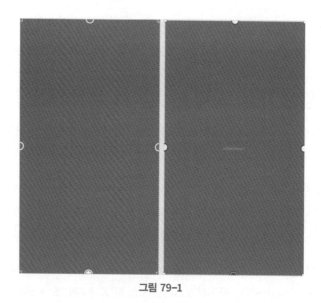

그림 79-1

79.5 동영상 파일 다운로드하기

앱에서 재생할 동영상은 포맷의 짤막한 무비 클립이다. 웹 브라우저에서 다음 URL에 접속하여 동영상을 재생하자.

URL https://www.ebookfrenzy.com/android_book/movie.mp4

재생이 끝난 후 동영상 화면에서 마우스 오른쪽 버튼을 클릭하고 동영상을 다른 이름으로 저장…을 선택한 후 파일 이름을 movie.mp4로 지정하여 각자 원하는 위치에 저장한다.

그다음에 안드로이드 스튜디오 프로젝트 도구 창의 res 폴더에서 마우스 오른쪽 버튼을 클릭한 후 New ➡ Directory를 선택한다. 그리고 raw를 입력하고 [Enter][Return] 키를 누른다.

각자 컴퓨터의 파일 탐색기를 사용해서 앞에서 다운로드한 movie.mp4 파일을 클립보드로 복사한다. 그리고 안드로이드 스튜디오 프로젝트 도구 창의 raw 디렉터리에서 마우스 오른쪽 버튼을 클릭한 후 Paste를 선택하여 붙여넣기 한다(대화상자가 나오면 OK 버튼을 클릭). 프로젝트 도구 창의 raw 디렉터리는 그림 79-2와 같다.

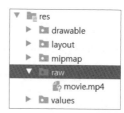

그림 79-2

79.6 VideoView 구성하기

다음은 재생될 동영상의 경로를 갖도록 VideoView를 구성한 후 재생을 시작할 것이다. 이런 작업은 메인 액티비티가 시작될 때 수행할 것이다. 편집기에 로드된 MainActivity.kt 파일을 선택하고 다음과 같이 변경하자.

```kotlin
package com.ebookfrenzy.videoplayer

import androidx.appcompat.app.AppCompatActivity
import android.os.Bundle
import com.ebookfrenzy.videoplayer.databinding.ActivityMainBinding
import android.net.Uri

class MainActivity : AppCompatActivity() {

    private lateinit var binding: ActivityMainBinding

    override fun onCreate(savedInstanceState: Bundle?) {
        super.onCreate(savedInstanceState)
        binding = ActivityMainBinding.inflate(layoutInflater)
        setContentView(binding.root)

        configureVideoView()
    }

    private fun configureVideoView() {
        binding.videoView1.setVideoURI(Uri.parse("android.resource://"
                + getPackageName() + "/" + R.raw.movie))
        binding.videoView1.start()
    }
}
```

여기서는 레이아웃의 VideoView 인스턴스 참조를 얻은 후 raw 리소스 디렉터리의 무비 파일을 참조하는 URI 객체에 지정한다. 그리고 동영상 재생을 시작시킨다.

실제 장치나 에뮬레이터에서 앱을 실행하자. 앱이 시작되면 동영상 콘텐츠를 버퍼에 넣느라 약간 지연된 후 재생이 시작될 것이다(그림 79-3).

그림 79-3

지금까지 했던 것을 보면 알겠지만, 안드로이드 앱에 동영상 재생 기능을 추가하는 것은 매우 쉽다. VideoView 인스턴스와 세 줄의 코드만 사용했을 뿐이다.

79.7 VideoView에 MediaController 추가하기

현재 VideoPlayer 앱에서는 사용자가 재생을 제어할 수 있는 방법이 없다. 그러나 앞에서 이야기했듯이 MediaController 클래스를 사용하면 제어가 가능하다.

VideoView에 컨트롤러를 추가하기 위해 다음과 같이 configureVideoView() 함수를 변경하자.

```kotlin
package com.ebookfrenzy.videoplayer
.
.
import android.widget.MediaController

class MainActivity : AppCompatActivity() {

    private var mediaController: MediaController? = null
    .
    .
    private fun configureVideoView() {
        videoView1.setVideoURI(Uri.parse("android.resource://"
                + getPackageName() + "/" + R.raw.movie))

        mediaController = MediaController(this)
        mediaController?.setAnchorView(videoView1)
        binding.videoView1.setMediaController(mediaController)
        binding.videoView1.start()
    }
}
```

앱을 다시 실행해 보자. 그리고 VideoView 화면을 톡 치면(탭하면) 잠시 미디어 컨트롤이 나타났다가 사라질 것이다. 이 컨트롤에는 시크바seekbar, 앞뒤로 돌리기, 재생/일시 중지 버튼이 포함된다. 그리고 컨트롤이 뷰에서 사라진 후에도 사용자가 VideoView 화면을 톡 치면 다시 나타난다. 불과 세 라인의 코드만 더 추가했지만, 우리 앱에서는 그림 79-4와 같은 미디어 컨트롤을 갖게 되었다.

그림 79-4

79.8 onPreparedListener 설정하기

동영상 기반의 미디어와 함께 동작하는 코드의 마지막 예로 여기서는 리스너를 구성하는 방법을 보여 줄 것이다. 다음 코드에서는 OnPreparedListener를 구현하여 안드로이드 스튜디오의 로그캣 LogCat 창의 메시지로 동영상 재생 시간을 출력한다. 그리고 이 리스너에서는 동영상이 반복해서 재생되도록 구성하였다.

```
.
.
import android.util.Log

class MainActivity : AppCompatActivity() {

    private var TAG = "VideoPlayer"
    .
    .
    private fun configureVideoView() {
        binding.videoView1.setVideoURI(Uri.parse("android.resource://"
                + getPackageName() + "/" + R.raw.movie))

        mediaController = MediaController(this)
        mediaController?.setAnchorView(videoView1)
        binding.videoView1.setMediaController(mediaController)

        binding.videoView1.setOnPreparedListener { mp ->
            mp.isLooping = true
            Log.i(TAG, "Duration = " + binding.videoView1.duration)
        }
        binding.videoView1.start()
    }
}
```

앱을 다시 실행한 후 로그캣 도구 창을 열고(안드로이드 스튜디오 메인 창의 왼쪽 밑에 있는 Logcat 도구 창 바를 클릭) 위쪽의 검색 상자에 Duration =을 입력하면 다음 메시지를 볼 수 있다.

```
2021-04-05 09:53:35.841 7895-7895/com.ebookfrenzy.videoplayer I/VideoPlayer: Duration =
13504
```

79.9 요약

안드로이드 장치는 사용자에게 콘텐츠를 제공하고 보여 주는 데 적합한 플랫폼이다. 특히, 동영상 미디어의 경우가 그렇다. 이번 장에서 설명했듯이, 안드로이드 SDK에서는 VideoView와 MediaController 클래스를 제공한다. 그리고 이 클래스를 결합하여 안드로이드 앱에 동영상 재생 기능을 빠르고 쉽게 통합할 수 있다. 불과 몇 줄의 코틀린 코드면 충분하다.

안드로이드 PiP 모드

주로 동영상 재생에 사용하는 PiP_{Picture-in-Picture} 모드에서는 액티비티 화면의 크기를 작게 해서 화면의 어느 위치에도 둘 수 있다. 그리고 이 상태에 있는 액티비티는 장치에서 실행 중인 다른 액티비티와 무관하게 계속 실행되면서 창을 볼 수 있다. 따라서 예를 들어, 이메일을 확인하거나 스프레드시트 작업 등을 하는 동안에도 사용자는 동영상을 계속 볼 수 있다.

이번 장에서는 PiP 모드의 개요를 알아본다. 그리고 다음 장에서는 79장에서 작성했던 VideoPlayer 프로젝트에 PiP 기능을 추가할 것이다.

80.1 PiP 모드의 기능

실행 중인 앱에서 액티비티는 API 호출을 통해 PiP 모드로 전환된다. 그리고 PiP 모드에서는 PiP 창의 종횡비_{aspect ratio}를 제어하고 창에 포함되는 액티비티 화면 영역을 정의하는 구성 옵션을 지정할 수 있다. 예를 들어, 그림 80-1에서는 PiP 모드로 동영상을 재생하는 액티비티를 보여 준다.

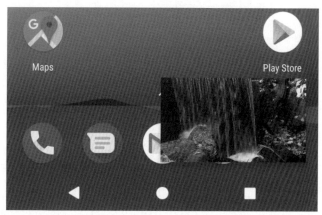

그림 80-1

그림 80-2에서는 사용자가 탭_{tap}한 PiP 모드 창을 보여 준다. 이때는 창이 더 커지고 중앙에 전체 화면 액션이 나타나며 PiP 창에 추가된 커스텀 액션도 이때 화면에 나타난다(전체 화면 액션을 탭하면

전체 화면 모드로 창이 바뀐다). 여기서는 재생과 일시 정지 버튼이 커스텀 액션으로 포함되었다. 그리
고 오른쪽 위의 나가기 버튼을 누르면 창이 닫히고 앱은 백그라운드 상태가 된다.

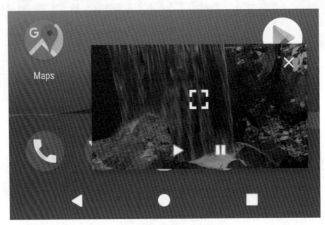

그림 80-2

이번 장의 나머지 부분에서는 안드로이드 앱에서 PiP 모드를 활성화하고 제어하는 방법을 알아본다.

80.2 PiP 모드 활성화하기

현재 PiP 모드는 안드로이드 8.0(API 26) 이상 버전이 실행 중인 장치에서만 지원된다. PiP 모드를
구현하려면 우선, 프로젝트의 매니페스트 파일에서 이 모드를 활성화해야 한다. 이때 PiP 지원이
필요한 각 액티비티 요소에 다음을 추가한다.

```
<activity android:name=".MyActivity"
    android:supportsPictureInPicture="true"
    android:configChanges=
        "screenSize|smallestScreenSize|screenLayout|orientation"
    <intent-filter>
        <action android:name="android.intent.action.MAIN" />
        <category android:name="android.intent.category.LAUNCHER" />
    </intent-filter>
</activity>
```

android:supportsPictureInPicture 속성은 해당 액티비티의 PiP 모드를 활성화한다. 반면에
android:configChanges 속성은 해당 액티비티가 레이아웃의 구성 변경을 처리할 수 있다고 안드
로이드에게 알려 준다. 만일 이 속성을 설정하지 않으면 PiP 모드로 전환되거나 빠져나갈 때마다 액
티비티가 다시 시작되므로 재생 중이던 동영상이 맨 처음부터 다시 시작된다.

80.3   PiP 매개변수 구성하기

PiP 모드의 작동 행태는 PictureInPictureParams 클래스를 사용해서 정의하며, 이 클래스의 인스턴스는 Builder 클래스를 사용해서 생성한다.

```
val params = PictureInPictureParams.Builder().build()
```

이 코드는 특별한 매개변수_{parameter}를 갖는 기본적인 PictureInPictureParams 인스턴스를 생성한다. 매개변수는 다음 함수를 호출해도 설정할 수 있다.

- **setActions()** — 액티비티가 PiP 모드인 동안 PiP 창에서 수행될 수 있는 액션을 정의하는 데 사용된다. 액션은 이번 장 뒤에서 더 자세히 알아볼 것이다.
- **setAspectRatio()** — PiP 창의 종횡비를 선언한다. 이 함수는 가로(너비)와 세로(높이)를 포함하는 Rational 객체를 인자로 받는다.
- **setSourceRectHint()** — PiP 창에 보여 줄 액티비티 화면 영역을 정의하는 Rect 객체를 인자로 받는다.

예를 들어, 다음 코드에서는 PictureInPictureParams 객체 내부에 종횡비와 액션 매개변수를 구성한다. 종횡비는 VideoView 인스턴스의 너비와 높이를 사용해서 정의한다.

```
val rational = Rational(videoView.width,
        videoView.height)

val params = PictureInPictureParams.Builder()
        .setAspectRatio(rational)
        .setActions(actions)
        .build()
```

이후에는 PiP 매개변수를 다음과 같이 setPictureInPictureParams() 함수를 사용해서 언제든 설정할 수 있다.

```
setPictureInPictureParams(params)
```

PiP 매개변수는 PiP 모드에 진입할 때 지정할 수도 있다.

80.4   PiP 모드 진입하기

액티비티는 enterPictureInPictureMode() 함수를 호출하여 PiP 모드로 진입하며, 이때 PictureInPictureParams 객체를 인자로 전달한다.

```
enterPictureInPictureMode(params)
```

매개변수가 필요 없을 때는 앞에서 본 것처럼 기본적인 PictureInPictureParams 객체를 생성하면 된다. 그렇지 않고 setPictureInPictureParams() 함수를 사용해서 매개변수가 이미 설정된 경우는 설정된 매개변수와 enterPictureInPictureMode() 함수 호출 시에 지정된 매개변수가 합쳐진다.

80.5 PiP 모드 변경 감지하기

액티비티가 PiP 모드로 진입할 때는 재생 중인 동영상만 PiP 창에 보이도록 불필요한 뷰를 감추는 게 중요하다. 그리고 액티비티가 다시 전체 화면 모드가 될 때는 감추었던 사용자 인터페이스 컴포넌트를 다시 보여 주어야 한다. 이런 작업은 onPictureInPictureModeChanged() 함수를 오버라이딩하면 처리할 수 있다. 이 함수가 액티비티에 추가되면 액티비티가 PiP 모드와 전체 화면 모드 사이를 전환할 때마다 매번 호출되며 이때 액티비티가 현재 PiP 모드인지를 나타내는 Boolean 값이 인자로 전달된다.

```
override fun onPictureInPictureModeChanged(
        isInPictureInPictureMode: Boolean, newConfig: Configuration?) {
    super.onPictureInPictureModeChanged(isInPictureInPictureMode, newConfig)

    if (isInPictureInPictureMode) {
        // 액티비티가 PiP 모드로 진입했음
    } else {
        // 액티비티가 전체 화면 모드로 진입했음
    }
}
```

80.6 PiP 액션 추가하기

PiP 액션은 PiP 창을 사용자가 탭했을 때 아이콘으로 나타난다. 그리고 사용자가 아이콘을 선택하면 액티비티에서 관련 기능이 실행된다.

PiP 액션은 다음 단계로 구현한다. 우선, PiP 창에서 액티비티에 액션이 선택되었다는 것을 알려 주는 방법을 구현해야 한다. 이것은 해당 액티비티에 브로드캐스트 수신자broadcast receiver를 설정하여 할 수 있다. 그다음에 PiP 액션 내부에 PendingIntent 객체를 생성한다(이 PendingIntent 객체는 브로드캐스트 수신자가 리스닝하는 인텐트를 전송하기 위해 구성된 인텐트다).

PendingIntent 객체에 저장된 데이터는 브로드캐스트 수신자가 실행될 때 수행될 액션을 식별하고 해당 액션 관련 작업을 수행하기 위해 사용될 수 있다.

PiP 액션은 RemoteAction 인스턴스를 사용해서 선언하며, 이 인스턴스는 아이콘, 제목, 설명 그리고 PendingIntent 객체를 갖도록 초기화된다. 생성된 액션은 ArrayList에 추가되며, PictureInPictureParams 객체를 생성할 때 setActions() 함수의 인자로 전달된다.

다음 코드에서는 액티비티의 PiP 설정에 적용되는 PictureInPictureParams 인스턴스와 함께 Intent, PendingIntent, RemoteAction 객체의 생성을 보여 준다.

```kotlin
val actions = ArrayList<RemoteAction>()

val actionIntent = Intent("MY_PIP_ACTION")

val pendingIntent = PendingIntent.getBroadcast(this@MyActivity,
                                    REQUEST_CODE, actionIntent, 0)

val icon = Icon.createWithResource(this, R.drawable.action_icon)

val remoteAction = RemoteAction(icon,
                                "My Action Title",
                                "My Action Description",
                                pendingIntent)

actions.add(remoteAction)

val params = PictureInPictureParams.Builder()
                .setActions(actions)
                .build()

setPictureInPictureParams(params)
```

80.7 요약

PiP 모드는 안드로이드 스튜디오 8.0에서 도입된 멀티태스킹 기능이며, 사용자가 다른 앱에서 작업을 수행하는 동안 작은 창에서 동영상이 계속 재생되게 해준다. PiP 모드를 사용하려면 우선, PiP 지원이 필요한 액티비티의 매니페스트 파일에서 활성화해야 한다.

PiP 모드의 작동 행태는 PictureInPictureParams 클래스의 인스턴스를 사용해서 구성하며, 액티비티의 enterPictureInPictureMode() 함수를 호출하여 시작시킨다. 그리고 PiP 모드일 때는 동영상 재생만 볼 수 있어야 하고 전체 화면 모드가 선택될 때까지 다른 사용자 인터페이스 요소는 감추어야 한다. 이 작업은 onPictureInPictureModeChanged() 함수를 오버라이딩하여 구현할 수 있다.

PiP 액션은 PiP 창을 사용자가 탭했을 때 아이콘으로 나타난다. 그리고 사용자가 아이콘을 선택하면 액티비티에서 관련 기능이 실행된다. 이때 브로드캐스트 수신자와 PendingIntent를 사용한다.

안드로이드 PiP 예제 프로젝트

이번 장에서는 79장에서 작성한 VideoPlayer 프로젝트를 사용해서 PiP 지원 기능을 추가할 것이다.

81.1 PiP 지원 활성화하기

우선, 79장에서 작성한 VideoPlayer 프로젝트를 안드로이드 스튜디오에서 열자(안드로이드 스튜디오 메인 메뉴의 File ➡ Open... 또는 웰컴 스크린에서 Open 버튼을 클릭한 후 대화상자에서 VideoPlayer 디렉터리를 찾아 선택하고 OK 버튼 누름).

그리고 프로젝트의 매니페스트 파일에 PiP 지원을 활성화한다. 프로젝트 도구 창에서 app ➡ manifests ➡ AndroidManifest.xml 파일을 더블클릭하여 편집기 창에 열고 다음과 같이 activity 요소에 추가한다.

```
    .
    .
<activity android:name=".MainActivity"

      .

    android:supportsPictureInPicture="true"
    android:configChanges="screenSize|smallestScreenSize|screenLayout|orientation">
    <intent-filter>
        <action android:name="android.intent.action.MAIN" />
        <category android:name="android.intent.category.LAUNCHER" />
    </intent-filter>
</activity>
    .
    .
```

81.2 PiP 버튼 추가하기

현재는 VideoPlayer 액티비티의 레이아웃이 VideoView 인스턴스로만 구성되어 있다. 여기서는 PiP 모드로 전환하기 위한 버튼을 레이아웃에 추가할 것이다. 프로젝트 도구 창의 app ➡ res ➡

layout ➡ activity_main.xml 파일을 더블클릭하여 편집기 창에 열고 디자인 모드로 전환하자. 그리고 팔레트의 Buttons 부류에 있는 Button을 클릭하고 끌어서 레이아웃의 아래쪽 중앙에 놓는다(그림 81-1).

그림 81-1

그리고 Button이 선택된 상태에서 속성 창의 text 속성을 Enter PiP Mode로 변경하고 이 값을 문자열 리소스로 추출한다(3장의 그림 3-13부터 3-15 참고). 또한, id를 pipButton으로 변경하고 [Enter][Return] 키를 누른다(대화상자가 나오면 Refactor 버튼을 누른다). 끝으로 onClick 속성에 enterPipMode를 입력한다. 그리고 툴바의 제약 추론 버튼을 클릭하여 적합한 제약이 자동으로 추가되게 한다(26장의 26.3절 참고).

81.3 PiP 모드 진입하기

이제는 버튼의 onClick 속성에 지정한 enterPipMode 콜백 함수를 MainActivity.kt 클래스 파일에 추가해야 한다. 프로젝트 도구 창의 app ➡ java ➡ com.ebookfrenzy.videoplayer ➡ MainActivity.kt 파일을 더블클릭하여 편집기 창에 열고 다음과 같이 추가하자.

```
.
.
import android.app.PictureInPictureParams
import android.util.Rational
import android.view.View
import android.content.res.Configuration

class MainActivity : AppCompatActivity() {
    .
    .
    fun enterPipMode(view: View) {
        val rational = Rational(binding.videoView1.width,
            binding.videoView1.height)
        val params = PictureInPictureParams.Builder()
            .setAspectRatio(rational)
            .build()

        binding.pipButton.visibility = View.INVISIBLE
        binding.videoView1.setMediaController(null)
        enterPictureInPictureMode(params)
    }
}
```

enterPipMode 함수에서는 우선, VideoView의 너비와 높이를 포함하는 Rational 객체를 생성한다. 그다음에 PictureInPictureParams의 Builder 내부 클래스를 사용해서 PiP 매개변수를 갖는 PictureInPictureParams 인스턴스를 생성한다. 그리고 Rational 객체를 인자로 전달하여 동영상을 재생하는 PiP 창의 종횡비를 설정한다.

PiP 모드에서 동영상이 재생될 때는 버튼을 보여 줄 필요가 없으므로 버튼의 visibility 속성을 INVISIBLE로 설정하며, setMediaController(null) 함수를 호출하여 동영상 재생 컨트롤도 감춘다.

안드로이드 8.0 이상 버전이 실행 중인 실제 장치나 에뮬레이터에서 앱을 실행하고 Enter PiP Mode 버튼을 눌러 보자. 그림 81-2와 같이 PiP 모드의 작은 창에서 동영상이 재생될 것이다.

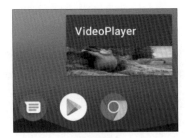

그림 81-2

이제는 PiP 창에서 동영상이 재생되지만 액션 바가 나타나서 어수선하게 보일 것이다. 이것을 없애려면 액티비티의 앱 테마 스타일을 변경해야 한다. 프로젝트 도구 창에서 app ➡ res ➡ values ➡ themes.xml 파일을 더블클릭하여 편집기 창에 열고 NoActionBar 테마를 사용하도록 변경하자.

```
<resources xmlns:tools="http://schemas.android.com/tools">
    <!-- Base application theme. -->
    <style name="Theme.VideoPlayer"
        parent="Theme.MaterialComponents.DayNight.NoActionBar">
        <!-- Primary brand color. -->
        <item name="colorPrimary">@color/purple_500</item>
        <item name="colorPrimaryVariant">@color/purple_700</item>
        .
        .
    </style>
</resources>
```

app ➡ res ➡ values ➡ themes.xml (night) 파일도 동일하게 변경한다. 앱을 다시 실행해 보자. 동영상은 여전히 PiP 모드로 재생되지만 이제는 액션 바가 나타나지 않을 것이다(그림 81-3).

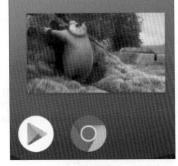

그림 81-3

그리고 PiP 창을 탭해서 창의 크기가 커진 후 중앙의 전체 화면 액션을 클릭해 보자. 액티비티가 전체 화면 모드로 전환될 것이다. 그러나 버튼과 동영상 재생 컨트롤은 여전히 안 보일 것이다. PiP 모드의 변경을 감지하고 처리하는 코드가 아직 추가되지 않았기 때문이다.

81.4 PiP 모드 변경 감지하기

이전 장에서 알아보았듯이, PiP 모드의 변경은 영향을 받는 액티비티 내부에서 onPictureInPictureModeChanged() 함수를 오버라이딩하여 감지하고 필요한 처리를 할 수 있다. 여기서는 이 함수에서 액티비티가 PiP 모드에 진입하는지 아니면 벗어나는지를 감지하고 PiP 버튼과 동영상 재생 컨트롤을 보이게 해야 한다. 편집기 창의 MainActivity.kt 파일을 선택한 후 다음 함수를 추가하자.

```
.
.
class MainActivity : AppCompatActivity() {

   .
   .
   override fun onPictureInPictureModeChanged(
      isInPictureInPictureMode: Boolean, newConfig: Configuration?) {
      super.onPictureInPictureModeChanged(isInPictureInPictureMode, newConfig)

      if (isInPictureInPictureMode) {
      } else {
          binding.pipButton.visibility = View.VISIBLE
          binding.videoView1.setMediaController(mediaController)
      }
   }
}
```

onPictureInPictureModeChanged() 함수가 호출될 때는 액티비티가 현재 PiP 모드인지를 나타내는 Boolean 값이 인자로 전달된다. 따라서 이 값을 확인하여 false인 경우 PiP 버튼과 동영상 재생 컨트롤을 보여 주면 된다.

81.5 브로드캐스트 수신자 추가하기

이제는 PiP 창에 액션을 추가해야 한다. 이 액션의 목적은 현재 재생 중인 동영상의 이름을 포함하는 Toast 메시지를 보여 주는 것이다. 이렇게 하려면 PiP 창과 액티비티 간에 통신이 필요하다. 이때 가장 쉬운 방법은 액티비티에 브로드캐스트 수신자broadcast receiver를 구현하고 PendingIntent를 사용해서 PiP 창에서 액티비티로 메시지를 전송하는 것이다.

이 작업은 액티비티가 PiP 모드로 진입할 때마다 매번 수행되어야 하므로 실행 코드를 onPicture InPictureModeChanged() 함수에 추가해야 한다. 다음과 같이 MainActivity.kt 파일을 변경하자.

```kotlin
.
.
import android.content.BroadcastReceiver
import android.content.Context
import android.content.Intent
import android.content.IntentFilter
import android.widget.Toast

class MainActivity : AppCompatActivity() {

    private var mediaController: MediaController? = null
    private var TAG = "VideoPlayer"
    private val receiver: BroadcastReceiver? = null
    .
    .
    override fun onPictureInPictureModeChanged(
        isInPictureInPictureMode: Boolean, newConfig: Configuration?) {
        super.onPictureInPictureModeChanged(isInPictureInPictureMode, newConfig)
        if (isInPictureInPictureMode) {
            val filter = IntentFilter()
            filter.addAction(
                "com.ebookfrenzy.videoplayer.VIDEO_INFO")

            val receiver = object : BroadcastReceiver() {
                override fun onReceive(context: Context,
                                       intent: Intent) {
                    Toast.makeText(context,
                        "Favorite Home Movie Clips",
                        Toast.LENGTH_LONG).show()
                }
            }

            registerReceiver(receiver, filter)
        } else {
            binding.pipButton.visibility = View.VISIBLE
            binding.videoView1.setMediaController(mediaController)

            receiver?.let {
                unregisterReceiver(it)
            }
        }
    }
}
```

81.6 PiP 액션 추가하기

브로드캐스트 수신자가 구현되었으므로 다음은 PiP 창에 액션을 나타내기 위해 이미지를 갖도록 구성된 RemoteAction 객체를 생성할 것이다. 여기서는 ic_info_24dp.xml을 이미지 아이콘 파일로 사용한다. 이 파일은 다운로드한 소스 코드의 project_icons 디렉터리에 있다.

각자 컴퓨터 운영체제의 파일 시스템에서 이미지 파일을 찾은 후 클립보드로 복사한다. 그리고 프로젝트 도구 창의 app ➡ res ➡ drawable 에서 마우스 오른쪽 버튼을 클릭한 후 Paste를 선택하고 복사할 디렉터리를 나타내는 대화상자에서 drawable-v24가 아닌 drawable을 선택하고 OK 버튼을 누른다. 그다음에 복사 대화상자에서 OK 버튼을 누른다. 그리고 그림 81-4처럼 제대로 복사가 되었는지 확인한다.

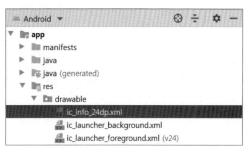

그림 81-4

다음은 브로드캐스트 수신자에 전송될 인텐트를 생성한다. 그리고 사용자가 PiP 창의 액션 버튼을 탭할 때 실행되도록 이 인텐트를 PendingIntent 객체에 포함시켜야 한다.

편집기 창의 MainActivity.kt 파일을 선택한 후 다음과 같이 변경하자.

```
.
.
import android.app.PendingIntent

class MainActivity : AppCompatActivity() {

    private val REQUEST_CODE = 101
    .
    .
    private fun createPipAction() {
        val actionIntent = Intent("com.ebookfrenzy.videoplayer.VIDEO_INFO")

        val pendingIntent = PendingIntent.getBroadcast(
            this@MainActivity,
            REQUEST_CODE, actionIntent, 0
        )
    }
}
```

이제는 PiP 창에 보여 줄 아이콘을 포함하는 RemoteAction 객체와 PendingIntent 객체를 생성해야 한다. 계속해서 다음과 같이 createPipAction() 함수를 변경하자.

```
.
.
import android.app.RemoteAction
import android.graphics.drawable.Icon

class MainActivity : AppCompatActivity() {
    .
    .
    private fun createPipAction() {
        val actions = ArrayList<RemoteAction>()

        val actionIntent = Intent("com.ebookfrenzy.videoplayer.VIDEO_INFO")
        val pendingIntent = PendingIntent.getBroadcast(
            this@MainActivity,
            REQUEST_CODE, actionIntent, 0
        )

        val icon = Icon.createWithResource(this, R.drawable.ic_info_24dp)
        val remoteAction = RemoteAction(icon, "Info", "Video Info", pendingIntent)
        actions.add(remoteAction)
    }
}
```

다음은 PiP 창에 액션이 나타날 수 있도록 액션과 매개변수를 포함하는 PictureInPictureParams 객체를 생성해야 한다. 계속해서 다음과 같이 createPipAction() 함수를 변경하자.

```
private fun createPipAction() {
    val actions = ArrayList<RemoteAction>()

    val actionIntent = Intent("com.ebookfrenzy.videoplayer.VIDEO_INFO")
    val pendingIntent = PendingIntent.getBroadcast(
        this@MainActivity,
        REQUEST_CODE, actionIntent, 0
    )

    val icon = Icon.createWithResource(this, R.drawable.ic_info_24dp)
    val remoteAction = RemoteAction(icon, "Info", "Video Info", pendingIntent)
    actions.add(remoteAction)

    val params = PictureInPictureParams.Builder()
        .setActions(actions)
        .build()

    setPictureInPictureParams(params)
}
```

끝으로, 액티비티가 PiP 모드로 진입할 때 createPipAction() 함수를 호출하는 코드를 추가해야 한다. 다음과 같이 onPictureInPictureModeChanged() 함수를 변경하자.

```
override fun onPictureInPictureModeChanged(
    .
    .
    if (isInPictureInPictureMode) {
        .
        .
        registerReceiver(receiver, filter)
        createPipAction()
    } else {
        binding.pipButton.visibility = View.VISIBLE
        binding.videoView1.setMediaController(mediaController)
        .
        .
    }
}
```

81.7 PiP 액션 테스트하기

앱을 다시 실행하고 Enter PiP Mode 버튼을 누르자. 그리고 동영상이 재생되는 PiP 창을 탭해서 커진 창에 액션 버튼(i자 모양의 아이콘)이 나타나는지 확인해 보자(그림 81-5).

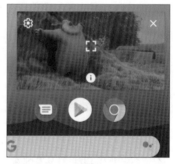

그림 81-5

그리고 액션 버튼을 클릭한 후 동영상의 이름을 보여 주는 Toast 메시지가 나타나는지 확인하자(그림 81-6).

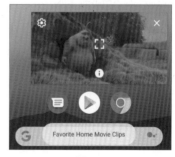

그림 81-6

81.8 요약

이번 장에서는 PiP 모드의 활성화와 진입 및 액션 구현을 포함해서 안드로이드 앱에 PiP 지원 기능을 추가하는 방법을 알아보았다. 또한, 브로드캐스트 수신자와 PendingIntent를 사용해서 PiP 창과 액티비티 간의 통신도 구현하였다.

CHAPTER 82

런타임 퍼미션 요청하기

앞의 여러 장에서 생성했던 대부분의 예제 프로젝트에서는 앱에서 특정 작업을 수행하기 위해 퍼미션permission을 요청할 때 AndroidManifest.xml 파일을 변경하였다. 앱에서 웹 페이지를 다운로드하고 보여 주기 위해 인터넷 퍼미션을 요청했던 것이 일례다. 지금까지는 해당 작업을 수행하기 위한 승인을 사용자로부터 받기 위해 매니페스트에만 퍼미션을 추가하면 되었다.

그러나 안드로이드 6.0 이상 버전에서 앱이 제대로 실행되기 위해서는 추가 작업이 필요한 퍼미션이 많이 있다. 다음 장에서 접하게 될 소위 위험dangerous 퍼미션이 그것이다. 이번 장에서는 앱이 실행 중일 때 그런 퍼미션을 요청하는 방법을 알아볼 것이다.

82.1 보통 퍼미션과 위험 퍼미션 이해하기

안드로이드에서는 앱의 특정 작업 수행에 필요한 퍼미션을 승인받기 위해 사용자에게 요청해야 한다. 안드로이드 6 이전 버전에서는 장치에 앱이 설치되는 시점에 퍼미션을 승인받게 되어 있다. 예를 들어, 구글 플레이 스토어에서 받은 앱을 설치할 때 그림 82-1과 같이 앱에서 필요한 퍼미션을 화면에 보여 주고 사용자의 승인을 받는다.

그림 82-1

퍼미션의 타입에 따라서는 안드로이드 6.0 이상 버전에서도 여전히 이런 식으로 사용자의 승인을 받는다. 이런 퍼미션을 **보통**normal 퍼미션이라고 하며, 이런 퍼미션은 앱 설치 시점에 사용자의 승인을 받는다. 그러나 또 다른 퍼미션 타입인 **위험 퍼미션**은 보통 퍼미션과 동일하게 매니

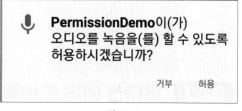

그림 82-2

페스트 파일에 선언해야 하지만, 앱이 처음 실행될 때도 최초 한 번 사용자의 승인을 받아야 한다. 이때 그림 82-2와 같이 대화상자로 나타난다.

위험 퍼미션 부류에 속하는 퍼미션의 내역은 표 82-1과 같다. 이런 퍼미션은 사용자의 사생활을 침해할 수 있기 때문에 안전 장치를 추가한 것이다. 예를 들어, 사용자 몰래 앱에서 녹음을 한다면 안 될 것이다.

표 82-1

퍼미션 그룹	퍼미션
Calendar	READ_CALENDAR WRITE_CALENDAR
Camera	CAMERA
Contacts	READ_CONTACTS WRITE_CONTACTS GET_ACCOUNTS
Location	ACCESS_FINE_LOCATION ACCESS_COARSE_LOCATION
Microphone	RECORD_AUDIO
Phone	READ_PHONE_STATE CALL_PHONE READ_CALL_LOG WRITE_CALL_LOG ADD_VOICEMAIL USE_SIP PROCESS_OUTGOING_CALLS
Sensors	BODY_SENSORS
SMS	SEND_SMS RECEIVE_SMS READ_SMS RECEIVE_WAP_PUSH RECEIVE_MMS

(계속)

	READ_EXTERNAL_STORAGE
Storage	WRITE_EXTERNAL_STORAGE

82.2 퍼미션 예제 프로젝트 생성하기

새 프로젝트를 생성하자. 안드로이드 스튜디오 메인 메뉴의 File ➡ New ➡ New Project...를 선택하 거나 웰컴 스크린에서 New Project 버튼을 클릭한다. '프로젝트 템플릿 선택' 대화상자가 나타나면 Phone and Tablet과 Empty Activity를 선택하고 Next 버튼을 누른다.

Name 필드에 PermissionDemo를 입력하고 Package name에는 com.ebookfrenzy.permissiondemo 를 입력한다. 그리고 Language가 Kotlin인지 확인하고 Minimum SDK는 API 26: Android 8.0 (Oreo) 를 선택한다. 또한, Use legacy android.support libraries가 체크 해제되어 있는지 확인하고 Finish 버튼을 누른다.

82.3 퍼미션 확인하기

안드로이드 지원 라이브러리에는 안드로이드 앱의 코드에서 위험 퍼미션을 찾고 관리하는 많은 함 수가 포함되어 있다. 이러한 함수는 앱이 실행되는 안드로이드 버전과 관계없이 안전하게 호출될 수 있다. 그러나 안드로이드 6.0 이상 버전에서 실행될 때만 제 기능을 수행한다.

위험 퍼미션의 사용자 승인을 요청하는 기능을 앱에서 사용하려면 해당 퍼미션이 승인되었는지 를 먼저 확인해야 한다. 해당 퍼미션이 앞서 승인되었거나 거절되었더라도 마찬가지다. 이 경우 ContextCompat 클래스의 checkSelfPermission() 함수를 호출하면 된다. 그리고 이때 현재 액티 비티의 참조와 요청하는 퍼미션을 인자로 전달한다. 그러면 이 함수에서 해당 퍼미션이 이전에 승 인되었는지 확인한 후 정숫값인 PackageManager.PERMISSION_GRANTED 또는 PackageManager. PERMISSION_DENIED를 반환한다.

편집기에 로드된 MainActivity.kt 파일에 다음 코드를 추가하자. 이 코드에서는 앱의 오디오 녹음 퍼미션이 승인되었는지 확인한다.

```
package com.ebookfrenzy.permissiondemo

import androidx.appcompat.app.AppCompatActivity
import android.os.Bundle
import android.Manifest
import android.content.pm.PackageManager
import androidx.core.content.ContextCompat
```

```
import android.util.Log

class MainActivity : AppCompatActivity() {

    private val TAG = "PermissionDemo"

    override fun onCreate(savedInstanceState: Bundle?) {
        .
        .
        setupPermissions()
    }

    private fun setupPermissions() {
        val permission = ContextCompat.checkSelfPermission(this,
                Manifest.permission.RECORD_AUDIO)

        if (permission != PackageManager.PERMISSION_GRANTED) {
            Log.i(TAG, "Permission to record denied")
        }
    }
}
```

안드로이드 6.0 이전 버전이 실행되는 실제 장치나 에뮬레이터에서 앱을 실행하고 Logcat 창을 연후(안드로이드 스튜디오 메인 창 왼쪽 밑의 Logcat·도구 창 바를 클릭) 출력 메시지를 확인해 보자. 퍼미션이 거절되었다는 'Permission to record denied' 메시지가 나타나 있을 것이다(로그캣 패널 위의 검색 필드에 I/PermissionDemo를 입력하면 쉽게 볼 수 있다). 이 경우 실행이 되어 화면은 나타나지만 오디오 녹음은 할 수 없다.

프로젝트 도구 창의 app ➡ manifests에 있는 AndroidManifest.xml 파일을 더블클릭하여 편집기에 열고 다음의 퍼미션 요청을 추가하자.

```
<?xml version="1.0" encoding="utf-8"?>
<manifest xmlns:android="http://schemas.android.com/apk/res/android"
    package="com.ebookfrenzy.permissiondemo">

    <uses-permission android:name="android.permission.RECORD_AUDIO" />

    <application
        .
        .
    </application>
</manifest>
```

앱을 다시 실행하면 이번에는 퍼미션 거절 메시지가 나타나지 않을 것이다. 안드로이드 6.0 이전 버전에서는 이처럼 매니페스트에만 퍼미션 요청을 추가하면 되기 때문이다.

이번에는 안드로이드 6.0 이상 버전이 실행되는 장치나 에뮬레이터에서 앱을 실행해 보자. 이 경우 퍼미션 요청이 매니페스트에 있지만, 앞에서 추가한 코드에서 확인하여 승인 거절 메시지를 Logcat 창에 출력한다. 단, 앱은 실행되어 화면에 나타나지만 오디오 녹음은 할 수 없다. 안드로이드 6.0 이상 버전의 경우 이런 부류의 위험 퍼미션은 런타임 시에도 앱에서 승인을 요청해야 하기 때문이다 (현재 우리 앱에는 이런 코드가 없다).

82.4 런타임 시에 퍼미션 요청하기

런타임 시의 퍼미션 요청은 ActivityCompat 클래스의 requestPermissions() 함수를 호출하여 처리한다. 이 함수가 호출될 때는 퍼미션 요청이 비동기 작업으로 처리되며, 해당 작업이 끝나면 onRequestPermissionsResult() 함수가 호출된다.

requestPermissions() 함수는 세 개의 인자를 받는다. 현재 액티비티의 참조, 요청 퍼미션의 식별자, 요청 코드다. 요청 코드는 어떤 정숫값도 될 수 있으며, 어떤 요청으로 인해 onRequest PermissionsResult() 함수가 호출되었는지 식별하기 위해 사용된다(여기서는 101로 지정하였다). MainActivity.kt 파일에 다음 코드를 추가하자. 추가된 코드에서는 요청 코드 상수를 선언하고, 오디오 녹음 퍼미션이 아직 승인되지 않은 경우 이 퍼미션을 요청한다.

```
package com.ebookfrenzy.permissiondemo
.
.
import androidx.core.app.ActivityCompat

class MainActivity : AppCompatActivity() {

    private val TAG = "PermissionDemo"
    private val RECORD_REQUEST_CODE = 101
    .
    .
    private fun setupPermissions() {
        val permission = ContextCompat.checkSelfPermission(this,
                Manifest.permission.RECORD_AUDIO)
        if (permission != PackageManager.PERMISSION_GRANTED) {
            Log.i(TAG, "Permission to record denied")
            makeRequest()
        }
    }

    private fun makeRequest() {
        ActivityCompat.requestPermissions(this,
                arrayOf(Manifest.permission.RECORD_AUDIO),
                RECORD_REQUEST_CODE)
    }
}
```

그리고 다음의 onRequestPermissionsResult() 함수를 makeRequest() 함수 다음에 추가한다.

```kotlin
override fun onRequestPermissionsResult(requestCode: Int,
            permissions: Array<String>, grantResults: IntArray) {

    super.onRequestPermissionsResult(requestCode, permissions, grantResults)

    when (requestCode) {
        RECORD_REQUEST_CODE -> {
            if (grantResults.isEmpty() || grantResults[0] != PackageManager.
                PERMISSION_GRANTED) {
                Log.i(TAG, "Permission has been denied by user")
            } else {
                Log.i(TAG, "Permission has been granted by user")
            }
        }
    }
}
```

안드로이드 6.0 이상 버전이 실행되는 장치나 에뮬레이터에서 앱을 다시 실행해 보자. 이번에는 그림 82-3과 같이 오디오 녹음 퍼미션을 요청하는 대화상자가 나타날 것이다.

'앱 사용 중에만 허용'을 누르고 만일 다음 대화상자가 나타나면 허용을 클릭한다. 그리고 로그캣 창을 열고 위의 검색 필드에 I/PermissionDemo를 입력하여 'Permission has been granted by user' 메시지가 나타나는지 확인해 보자.

그림 82-3

이처럼 런타임 퍼미션을 요청할 때 사용자가 '앱 사용 중에만 허용' 버튼을 눌러서 최초 한 번 퍼미션을 승인하면 이후로는 checkSelfPermission() 함수에서 PERMISSION_GRANTED를 반환하므로 그림 82-3의 대화상자가 나타나지 않는다. 물론, 사용자가 앱을 삭제하고 다시 설치하거나 설정에서 앱의 퍼미션을 변경하면 다시 승인받게 된다.

82.5 퍼미션 요청 이유 제공하기

그림 82-3의 대화상자에서 보았듯이, 사용자는 요청된 퍼미션을 거절할 수 있다. 이 경우 사용자가 앱을 실행할 때마다 계속 퍼미션 승인을 요청하게 된다. 사용자가 계속해서 승인을 거절한다는 것은 해당 퍼미션이 앱에서 왜 필요한지 잘 몰라서 그럴 수가 있다. 따라서 승인을 요청할 때 그 이유를 설명한다면 사용자의 승인을 받기가 한결 수월할 것이다. 하지만 그런 설명을 포함하도록 그림 82-3의 요청 대화상자를 우리가 변경할 수는 없다.

이때는 요청 대화상자가 사용자에게 보이기 전에 별도의 대화상자에 그런 설명을 포함시켜 보여 줄수 있다. 그러나 그런 설명 대화상자를 언제 보여 줄지가 아리송하다. 안드로이드 문서에서는 다음을 권장한다. 즉, 설명 대화상자는 사용자가 해당 퍼미션을 이전에 거절한 적이 있을 때만 보여 주라는 것이다. 그리고 그런 경우인지를 식별하는 함수를 제공한다.

ActivityCompat 클래스의 shouldShowRequestPermissionRationale() 함수가 그것이다. 만일 사용자가 지정된 퍼미션을 이전에 거절한 적이 있으면 이 함수에서 true를 반환한다. 그러나 퍼미션이 이전에 요청된 적이 없으면 false를 반환한다. true가 반환되는 경우 앱에서는 퍼미션이 필요한 이유를 포함하는 대화상자를 보여 주면 된다. 그리고 사용자가 이 대화상자를 보고서도 묵살한다면 그때는 어쩔 수 없이 퍼미션 요청이 반복될 수밖에 없다.

이 기능을 추가하기 위해 다음과 같이 setupPermissions() 함수를 변경하자.

(여기서는 여백 때문에 줄을 바꿨지만 안드로이드 스튜디오에서는 코드 중간에 있는 record와 다음 줄의 audio를 한 칸 공백을 두고 붙여야 한다.)

```
package com.ebookfrenzy.permissiondemo
.
.
import android.app.AlertDialog

class MainActivity : AppCompatActivity() {
    .
    .
    private fun setupPermissions() {
        val permission = ContextCompat.checkSelfPermission(this,
                Manifest.permission.RECORD_AUDIO)
        if (permission != PackageManager.PERMISSION_GRANTED) {
            Log.i(TAG, "Permission to record denied")
            makeRequest()
            if (ActivityCompat.shouldShowRequestPermissionRationale(this,
                        Manifest.permission.RECORD_AUDIO)) {
                val builder = AlertDialog.Builder(this)
                builder.setMessage(
                "Permission to access the microphone is required for this app to record
                audio.")
                        .setTitle("Permission required")

                builder.setPositiveButton("OK") { dialog, id ->
                        Log.i(TAG, "Clicked")
                        makeRequest()
                }

                val dialog = builder.create()
                dialog.show()
```

```
        } else {
            makeRequest()
        }
    }
}
    .
    .
}
```

이 함수에서는 퍼미션의 승인 여부를 여전히 확인한다. 그러나 이제는 퍼미션 요청 이유를 보여 줄 필요가 있는지도 확인한다. 그리고 만일 사용자가 이전에 승인 요청을 거절한 적이 있다면 설명을 포함하는 대화상자를 보여 주며, 사용자가 OK확인 버튼을 클릭하면 makeRequest() 함수를 호출한다. 그러나 퍼미션 요청을 이전에 한 적이 없다면 곧바로 makeRequest() 함수를 호출하여 퍼미션 승인을 요청한다.

82.6 퍼미션 앱 테스트하기

안드로이드 6.0 이상 버전이 실행 중인 장치나 에뮬레이터에서는 이미 설치된 PermissionDemo 앱을 삭제한다(앱 아이콘을 길게 클릭 후 끌어서 휴지통 모양의 제거 아이콘에 놓는다).

앱을 다시 실행하자. 그리고 퍼미션 요청 대화상자가 나타나면 거부 버튼을 누른다. 그런 다음, 앱을 종료했다가 다시 실행한다. 이때 퍼미션 요청 이유를 설명하는 대화상자가 나타나면 OK 버튼을 누른다. 그다음에 퍼미션 요청 대화상자가 나타나면 '앱 사용 중에만 허용' 버튼을 누른다(혹시 다음 대화상자가 나타나면 허용을 클릭한다).

앱을 종료한 후 다시 설정 앱을 실행한다. 그리고 앱/애플리케이션 ➡ PermissionDemo 앱 선택 ➡ 권한 항목에 마이크 퍼미션이 추가되어 있는지 확인해 보자(설정 앱의 메뉴는 장치에 따라 다를 수 있다).

82.7 요약

안드로이드 6.0 이전에는 앱의 퍼미션 요청을 매니페스트 파일에만 추가하면 되었다. 그리고 앱이 설치되는 시점에 사용자의 승인을 받게 되어 있었다. 보통 퍼미션은 안드로이드 6.0 이상 버전에서도 여전히 이렇게 하면 된다. 그러나 위험 퍼미션은 사용자의 사생활을 침해할 수 있다. 예를 들어, 장치의 마이크나 연락처 데이터 사용 등이다. 따라서 위험 퍼미션의 경우는 최초 실행 시에도 사용자의 승인을 받는다.

이번 장에서 알아보았듯이, 안드로이드 6.0 이상 버전에서 실행되는 앱에서는 위험 퍼미션 요청을 매니페스트 파일에 추가하는 것은 물론이고 런타임 시에도 해야 한다.

안드로이드 오디오 녹음 및 재생하기

이번 장에서는 MediaRecorder 클래스의 개요와 이 클래스를 사용해서 오디오를 녹음하는 방법을 설명할 것이다. 또한, MediaPlayer 클래스를 사용해서 오디오를 재생하는 방법도 알아볼 것이다. 더불어 SD 카드에 파일을 저장하는 방법과 마이크 등의 하드웨어 존재 여부를 검사하는 방법도 알려 줄 것이다. 그리고 예제 앱을 생성하여 그런 모든 방법을 실제 구현해 볼 것이다.

83.1 오디오 재생하기

안드로이드에서 지원하는 오디오 포맷은 다음과 같다. AAC LC/LTP, HE-AACv1(AAC+), HEAACv2(향상된 AAC+), AMR-NB, AMR-WB, MP3, MIDI, Ogg Vorbis, PCM/WAVE, FLAC(더 자세한 내용은 https://developer.android.com/guide/topics/media/media-formats를 참고).

오디오 재생은 MediaPlayer 또는 AudioTrack 클래스를 사용해서 할 수 있다. AudioTrack 클래스는 스트리밍 오디오 버퍼를 사용하며, 더 풍부한 오디오 제어를 제공한다. 반면에 MediaPlayer 클래스는 오디오 재생을 구현하기 쉬운 프로그래밍 인터페이스를 제공한다.

MediaPlayer 클래스는 앱에서 호출할 수 있는 다양한 함수를 갖고 있다. 이 중에서 중요한 것을 보면 다음과 같다.

* **create()** — MediaPlayer 클래스의 새로운 인스턴스를 생성하기 위해 호출하며, 재생될 오디오의 Uri를 인자로 받는다.
* **setDataSource()** — 재생될 오디오의 소스를 설정한다.
* **prepare()** — 재생 시작을 준비시킨다.
* **start()** — 재생을 시작한다.
* **pause()** — 재생을 일시 중지한다. resume() 함수를 호출하면 다시 재생을 시작할 수 있다.
* **stop()** — 재생을 중단한다.
* **setVolume()** — 좌우 채널의 재생 볼륨 값을 지정하는 두 개의 부동소수점 인자를 받는다.
* **resume()** — 앞서 일시 중지된 재생 세션을 다시 시작한다.

- **reset()** — 미디어 재생 인스턴스를 재설정하여 초기화되지 않은 상태로 되돌린다. 따라서 데이터 소스 설정을 다시 해야 하고, prepare() 함수도 다시 호출해야 한다.
- **release()** — 재생 인스턴스가 더 이상 필요 없을 때 호출한다. 이 함수는 재생 인스턴스가 점유한 모든 리소스를 해제한다.

앱에서 MediaPlayer를 구현하는 일반적인 방법은 다음과 같다. MediaPlayer 클래스의 인스턴스를 생성하고 재생될 오디오의 소스를 설정한다. 그리고 prepare() 함수를 호출한 다음, start() 함수를 호출한다. 예를 들면, 다음과 같다.

```
val mediaPlayer = MediaPlayer()

mediaPlayer?.setDataSource("https://www.yourcompany.com/myaudio.mp3")
mediaPlayer?.prepare()
mediaPlayer?.start()
```

83.2 MediaRecorder 클래스를 사용해서 오디오 녹음하기

오디오 재생과 마찬가지로 녹음하는 방법은 여러 가지가 있다. 그중 하나가 MediaRecorder 클래스를 사용하는 것이다. 이 클래스는 MediaPlayer 클래스처럼 오디오 녹음에 사용되는 많은 함수를 제공한다.

- **setAudioSource()** — 녹음될 오디오의 입력 소스를 지정한다(일반적으로 이것은 장치 마이크의 MediaRecorder.AudioSource.MIC가 될 것이다).
- **setVideoSource()** — 녹화될 비디오의 입력 소스를 지정한다(예를 들어, 장치 카메라인 MediaRecorder.VideoSource.CAMERA).
- **setOutputFormat()** — 녹음된 오디오나 비디오가 저장되는 형식을 지정한다(예를 들어, MediaRecorder.OutputFormat.AAC_ADTS).
- **setAudioEncoder()** — 녹음된 오디오에 사용되는 오디오 인코더를 지정한다(예를 들어, MediaRecorder.AudioEncoder.AAC).
- **setOutputFile()** — 녹음된 오디오나 녹화된 비디오가 저장되는 파일의 경로를 구성한다.
- **prepare()** — 녹음을 시작하기 위해 MediaRecorder 인스턴스를 준비한다.
- **start()** — 녹음을 시작한다.
- **stop()** — 녹음을 중단한다. 녹음이 중단되면 레코더(MediaRecorder 인스턴스)를 완전히 재구성하고 다시 시작하기 전에 준비시켜야 한다.

- **reset()** — 레코더를 재설정한다. MediaRecorder 인스턴스를 완전히 재구성하고 다시 시작하기 전에 준비시켜야 한다.
- **release()** — MediaRecorder 인스턴스가 더 이상 필요 없을 때 호출해야 한다. 이 함수는 해당 인스턴스가 점유한 모든 리소스를 해제시킨다.

앱에서 MediaRecorder를 구현하는 일반적인 방법은 다음과 같다. MediaRecorder 클래스의 인스턴스를 생성하고, 오디오의 소스, 출력 포맷, 인코딩 포맷, 출력 파일을 설정한다. 그리고 prepare() 함수를 호출한 다음, start() 함수를 호출한다. 그 이후에 녹음이 끝나면 stop() 함수를 호출한 다음, reset() 함수를 호출한다. 그리고 앱에서 레코더 인스턴스가 더 이상 필요 없을 때는 release() 함수를 호출하여 사용하던 리소스를 해제해야 한다. 예를 들면, 다음과 같다.

```
val mediaRecorder = MediaRecorder()

mediaRecorder?.setAudioSource(MediaRecorder.AudioSource.MIC)
mediaRecorder?.setOutputFormat(MediaRecorder.OutputFormat.THREE_GPP)
mediaRecorder?.setAudioEncoder(MediaRecorder.AudioEncoder.AMR_NB)
mediaRecorder?.setOutputFile(audioFilePath)
mediaRecorder?.prepare()
mediaRecorder?.start()
.
.
mediaRecorder?.stop()
mediaRecorder?.reset()
mediaRecorder?.release()
```

또한, 오디오를 녹음하려면 앱의 매니페스트 파일에 android.permission.RECORD_AUDIO 퍼미션을 추가해야 한다.

```
<uses-permission android:name="android.permission.RECORD_AUDIO" />
```

82장에서 이야기했듯이, 앱에서 마이크를 사용하는 것은 위험dangerous 퍼미션 유형에 속한다. 따라서 안드로이드 6.0 이상에서는 앱이 실행될 때도 최초 한 번 마이크 사용 퍼미션 승인을 받아야 한다. 그 방법은 이번 장 뒤에서 이야기할 것이다. (사적인 데이터의 액세스, 네트워크를 통한 데이터 전송이나 수신, 사용자를 염탐하는 데 사용될 수 있는 하드웨어 액세스, 사용자에게 문제를 초래할 수 있는 것이 위험 퍼미션에 속한다. 예를 들면, 인터넷 퍼미션, 카메라 퍼미션, 연락처 퍼미션 등이다. 따라서 위험 퍼미션을 승인하기 전에 안드로이드는 사용자에게 계속 진행할 것인지를 명시적으로 요청할 수 있다.)

83.3 예제 프로젝트 개요

이번 장의 나머지에서는 MediaPlayer와 MediaRecorder 클래스를 사용하는 앱을 생성하여 안드로이드 장치에서 오디오를 녹음하고 재생하는 것을 구현할 것이다.

장치의 특정 하드웨어 기능을 사용하는 앱을 개발할 때는(여기서는 마이크) 앱 코드에서 그런 기능을 사용하기에 앞서 사용 가능 여부를 확인하는 것이 중요하다. 따라서 여기서 생성할 앱에서는 장치의 마이크가 있는지를 확인하는 코드도 포함할 것이다.

그리고 이 앱에서는 사용자가 오디오를 녹음하고 재생할 수 있도록 간단한 인터페이스를 제공할 것이다. 또한, 녹음된 오디오는 장치의 오디오 파일에 저장될 필요가 있다. 이때 외부 저장소(SD 카드)를 사용하는 방법도 같이 알아볼 것이다.

83.4 AudioApp 프로젝트 생성하기

새 프로젝트를 생성하자. 안드로이드 스튜디오 메인 메뉴의 File ➡ New ➡ New Project...를 선택하거나 웰컴 스크린에서 New Project 버튼을 클릭한다. '프로젝트 템플릿 선택' 대화상자가 나타나면 Phone and Tablet과 Empty Activity를 선택하고 Next 버튼을 누른다.

Name 필드에 AudioApp을 입력하고 Package name에는 com.ebookfrenzy.audioapp을 입력한다. 그리고 Language가 Kotlin인지 확인하고 Minimum SDK는 API 26: Android 8.0 (Oreo)를 선택한다. 또한, Use legacy android.support libraries가 체크 해제되어 있는지 확인하고 Finish 버튼을 누른다.

프로젝트가 생성된 후 18.8절을 참고하여 뷰 바인딩을 활성화하고 사용하도록 변경하자(안드로이드 스튜디오가 자동 생성한 코드에서 이미 뷰 바인딩을 사용한다면 할 필요 없다).

83.5 사용자 인터페이스 디자인하기

레이아웃 편집기 창에 로드된 activity_main.xml 파일을 선택하고 디자인 모드로 변경하자. 그리고 'Hello World!'를 보여 주는 TextView 객체를 컴포넌트 트리에서 선택하고, 키보드의 Del 키를 눌러 레이아웃에서 삭제하자. 그다음에 그림 83-1을 참고하여 레이아웃을 작성한다.

팔레트의 Common 부류에 있는 Button을 마우스로 끌어서 레이아웃 위쪽에 놓는다. 그리고 속성 창의 text 속성에 Play를 입력하고 이 값을 문자열 리소스로 추출한다(3장의 그림 3-13부터 3-15 참고). id는 playButton으로 변경한다(대화상자가 나오면 Refactor 버튼을 누른다).

같은 요령으로 두 개의 버튼을 더 추가하자. 두 번째 버튼은 text 속성을 Record로 입력하고 이 값을 문자열 리소스로 추출한다. id는 recordButton으로 변경한다. 세 번째 버튼은 text 속성을 Stop으로 입력하고 이 값을 문자열 리소스로 추출한다. id는 stopButton으로 변경한다.

다음은 레이아웃 편집기의 툴바 버튼(🎵x)을 클릭하여 레이아웃의 모든 제약을 삭제한다. 그리고 컴포넌트 트리에서 세 개의 컴포넌트를 모두 선택(제일 위의 버튼 클릭 후 [Shift] 키를 누른 채로 나머지 두 개를 클릭)한 후 마우스 오른쪽 버튼을 클릭하고 Center ➡ Horizontally를 선택한다. 그다음 다시 마우스 오른쪽 버튼을 클릭하고 Chains ➡ Create Vertical Chain을 선택한다. 이렇게 하면 세 버튼이 수평과 수직으로 나란히 정렬된다.

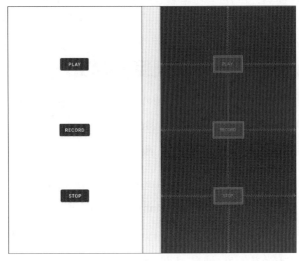

그림 83-1

끝으로, 각 버튼을 차례대로 선택하면서 속성 창에서 onClick 속성의 값을 입력한다(첫 번째 버튼은 playAudio, 두 번째 버튼은 recordAudio, 세 번째 버튼은 stopAudio).

83.6 마이크 확인하기

마이크가 없는 장치에서 오디오를 녹음하려고 하면 안드로이드 시스템이 예외를 발생시킨다. 그러므로 마이크의 유무를 사전에 코드에서 확인하는 것이 중요하다. 확인하는 방법은 여러 가지가 있지만, 서로 다른 안드로이드 장치에서 잘 작동하는 쉬운 방법이 있다. 즉, 특정 기능feature의 패키지가 설치되어 있는지 안드로이드 시스템에 확인을 요청하는 것이다. 이때 안드로이드 PackageManager 클래스의 객체를 생성한 후 이 객체의 hasSystemFeature() 함수를 호출하면 된다. 그리고 이 기능을 나타내는 상수를 함수 인자로 전달한다(여기서는 PackageManager.FEATURE_MICROPHONE).

다음 코드에서는 마이크의 유무 확인을 hasMicrophone() 함수에서 한다. 안드로이드 스튜디오 편집기에 로드된 MainActivity.kt 파일을 선택하고 다음과 같이 변경하자.

```kotlin
package com.ebookfrenzy.audioapp
.
.
import com.ebookfrenzy.audioapp.databinding.ActivityMainBinding
import android.content.pm.PackageManager

class MainActivity : AppCompatActivity() {
    private lateinit var binding: ActivityMainBinding

    override fun onCreate(savedInstanceState: Bundle?) {
        super.onCreate(savedInstanceState)

        binding = ActivityMainBinding.inflate(layoutInflater)
        setContentView(binding.root)
    }

    private fun hasMicrophone(): Boolean {
        val pmanager = this.packageManager
        return pmanager.hasSystemFeature(
                PackageManager.FEATURE_MICROPHONE)
    }
}
```

83.7 액티비티 초기화하기

다음은 여러 초기화 작업을 하기 위해 액티비티를 변경할 것이다. MainActivity.kt 파일을 다음과 같이 변경하자.

```kotlin
package com.ebookfrenzy.audioapp
.
.
import android.media.MediaRecorder
import android.os.Environment
import android.view.View
import android.media.MediaPlayer

class MainActivity : AppCompatActivity() {

    private lateinit var binding: ActivityMainBinding
    private var mediaRecorder: MediaRecorder? = null
    private var mediaPlayer: MediaPlayer? = null
    private var audioFilePath: String? = null
    private var isRecording = false
```

```
    override fun onCreate(savedInstanceState: Bundle?) {
        .
        .
        audioSetup()
    }

    private fun audioSetup() {
        if (!hasMicrophone()) {
            binding.stopButton.isEnabled = false
            binding.playButton.isEnabled = false
            binding.recordButton.isEnabled = false
        } else {
            binding.playButton.isEnabled = false
            binding.stopButton.isEnabled = false
        }

        audioFilePath = this.getExternalFilesDir(Environment.DIRECTORY_MUSIC)?.
                                absolutePath + "/myaudio.3gp"
    }
    .
    .
    .
}
```

앞에 추가된 코드에서는 우선 사용자 인터페이스에 있는 세 개 버튼 뷰의 참조를 얻는다. 그리고 앞에서 구현한 hasMicrophone() 함수를 호출하여 장치에 마이크가 있는지 확인한다. 만일 없다면 모든 버튼을 비활성화하고, 그렇지 않다면 Stop과 Play 버튼만 비활성화한다.

앞의 코드 중에서 다음 코드는 추가 설명이 필요하다.

```
audioFilePath = this.getExternalFilesDir(Environment.DIRECTORY_MUSIC)?
                        .absolutePath + "/myaudio.3gp"
```

이 코드에서는 장치의 외부 저장소(많은 안드로이드 장치가 실제 장치 없이 SD 카드를 내부적으로 구현하는 경우가 많지만 그렇더라도 외부 저장소라고 한다)의 위치를 확인하고 이 위치를 사용해서 녹음된 오디오가 저장될 myaudio.3gp 파일의 경로를 생성한다. 외부 저장소(SD 카드)의 경로는 필요한 저장소 타입을 인자로 전달하여 getExternalFilesDir() 함수를 호출하면 얻을 수 있다. (여기서는 음악 디렉터리에 대한 경로를 요청한다.)

외부 저장소로 작업할 때는 앱에서 퍼미션이 필요하므로 앱의 매니페스트 파일에 선언해 주어야 한다. 예를 들면, 다음과 같다. 여기서는 더 뒤에서 추가할 것이다.

```
<uses-permission android:name="android.permission.WRITE_EXTERNAL_STORAGE" />
```

83.8 recordAudio() 함수 구현하기

사용자가 Record 버튼을 누르면 recordAudio() 함수가 호출된다(앞의 사용자 인터페이스에서 버튼의 onClick 속성에 지정했었다). 이 함수에서는 Play 버튼과 Stop 버튼을 비활성화해야 한다. 그리고 MediaRecorder 인스턴스가 다음의 정보를 갖도록 구성해야 한다. 오디오 소스, 출력 포맷, 인코딩 포맷, 오디오 데이터가 저장될 파일의 위치다.

끝으로, MediaRecorder 객체의 prepare()와 start() 함수를 호출해야 한다. 다음 함수를 MainActivity.kt 파일에 추가하자.

```kotlin
fun recordAudio(view: View) {
    isRecording = true
    binding.stopButton.isEnabled = true
    binding.playButton.isEnabled = false
    binding.recordButton.isEnabled = false

    try {
        mediaRecorder = MediaRecorder()
        mediaRecorder?.setAudioSource(MediaRecorder.AudioSource.MIC)
        mediaRecorder?.setOutputFormat(
                MediaRecorder.OutputFormat.THREE_GPP)
        mediaRecorder?.setOutputFile(audioFilePath)
        mediaRecorder?.setAudioEncoder(MediaRecorder.AudioEncoder.AMR_NB)
        mediaRecorder?.prepare()
    } catch (e: Exception) {
        e.printStackTrace()
    }

    mediaRecorder?.start()
}
```

83.9 stopAudio() 함수 구현하기

stopAudio() 함수에서는 Play 버튼은 활성화하고 Stop 버튼은 비활성화한다. 그런 다음에 MediaRecorder 인스턴스를 재설정해야 한다. 다음 함수를 MainActivity.kt 파일에 추가하자.

```kotlin
fun stopAudio(view: View) {

    binding.stopButton.isEnabled = false
    binding.playButton.isEnabled = true

    if (isRecording) {
        binding.recordButton.isEnabled = false
        mediaRecorder?.stop()
```

```
        mediaRecorder?.release()
        mediaRecorder = null
        isRecording = false
    } else {
        mediaPlayer?.release()
        mediaPlayer = null
        binding.recordButton.isEnabled = true
    }
}
```

83.10 playAudio() 함수 구현하기

playAudio() 함수에서는 새로운 MediaPlayer 인스턴스를 생성하고, 외부 저장소(SD 카드)에 위치한 오디오 파일을 데이터 소스로 지정한 후 재생을 준비하고 시작한다. 다음의 playAudio() 함수를 MainActivity.kt 파일에 추가하자.

```
fun playAudio(view: View) {
    binding.playButton.isEnabled = false
    binding.recordButton.isEnabled = false
    binding.stopButton.isEnabled = true

    mediaPlayer = MediaPlayer()
    mediaPlayer?.setDataSource(audioFilePath)
    mediaPlayer?.prepare()
    mediaPlayer?.start()
}
```

83.11 매니페스트 파일에 퍼미션 구성하기

앱을 테스트하기에 앞서, 앱에서 필요한 퍼미션을 매니페스트 파일에 선언해야 한다. 여기서는 오디오 녹음과 외부 저장소(SD 카드)를 사용하기 위한 퍼미션이 필요하다. 프로젝트 도구 창에서 app ➡ manifests 밑에 있는 AndroidManifest.xml 파일을 더블클릭하여 편집기 창으로 로드하자. 그런 다음, 아래와 같이 두 개의 퍼미션 태그를 추가하자.

```
<?xml version="1.0" encoding="utf-8"?>
<manifest xmlns:android="http://schemas.android.com/apk/res/android"
    package="com.ebookfrenzy.audioapp">

    <uses-permission android:name=
        "android.permission.WRITE_EXTERNAL_STORAGE" />
    <uses-permission android:name="android.permission.RECORD_AUDIO" />

    <application
```

```
.
.
```

마이크와 외부 스토리지 사용은 모두 다 위험 퍼미션에 속한다. 이런 퍼미션이 필요한 앱은 사용자의 사생활을 침해할 수 있기 때문이다. 안드로이드 6.0 이전 버전이 실행되는 장치에서는 앱이 설치될 때 사용자로부터 퍼미션을 승인받게 되므로 위험 퍼미션도 위와 같이 매니페스트에만 선언하면된다. 그러나 안드로이드 6.0 이상 버전의 장치에서 우리 앱이 제대로 동작하려면 매니페스트 등록은 물론이고 실행 시에도 퍼미션을 요청하는 코드를 추가해야 한다.

우선, 퍼미션 식별 코드로 사용될 상수와 import 문을 MainActivity.kt 파일에 추가한다.

```
.
.
import android.Manifest
import android.widget.Toast
import androidx.core.app.ActivityCompat
import androidx.core.content.ContextCompat

class MainActivity : AppCompatActivity() {
    .
    .
    private val RECORD_REQUEST_CODE = 101
    private val STORAGE_REQUEST_CODE = 102
    .
    .
}
```

그다음에 함수를 하나 추가해야 한다. 이 함수에서는 요청할 퍼미션과 이것의 요청 식별 코드를 인자로 받는다. MainActivity.kt에 다음 함수를 추가하자.

```
private fun requestPermission(permissionType: String, requestCode: Int) {
    val permission = ContextCompat.checkSelfPermission(this,
            permissionType)

    if (permission != PackageManager.PERMISSION_GRANTED) {
        ActivityCompat.requestPermissions(this,
                arrayOf(permissionType), requestCode
        )
    }
}
```

82장에서 이야기했듯이, 이 함수에서는 퍼미션 요청에 앞서 해당 퍼미션이 승인되었는지 확인한다. 이때 해당 퍼미션의 식별 코드를 전달한다. 그리고 아직 승인되지 않았으면 퍼미션을 요청한다. 이후에 어떤 퍼미션이 승인되었는지 onRequestPermissionsResult() 함수에서 알기 위해서다.

퍼미션 요청이 처리되면 우리 액티비티의 onRequestPermissionsResult() 함수가 호출된다. 그리고 이때 퍼미션 식별 코드와 요청 결괏값이 함수 인자로 전달된다. 따라서 이 함수를 우리 액티비티에 구현해야 한다. MainActivity.kt에 다음 코드를 추가하자.

```kotlin
override fun onRequestPermissionsResult(requestCode: Int,
            permissions: Array<String>, grantResults: IntArray) {

    super.onRequestPermissionsResult(requestCode, permissions, grantResults)

    when (requestCode) {
        RECORD_REQUEST_CODE -> {

            if (grantResults.isEmpty() || grantResults[0]
                != PackageManager.PERMISSION_GRANTED) {

                binding.recordButton.isEnabled = false

                Toast.makeText(this,
                        "Record permission required",
                        Toast.LENGTH_LONG).show()
            } else {
                requestPermission(
                        Manifest.permission.WRITE_EXTERNAL_STORAGE,
                        STORAGE_REQUEST_CODE)
            }
            return
        }

        STORAGE_REQUEST_CODE -> {

            if (grantResults.isEmpty() || grantResults[0]
                    != PackageManager.PERMISSION_GRANTED) {
                binding.recordButton.isEnabled = false
                Toast.makeText(this,
                        "External Storage permission required",
                        Toast.LENGTH_LONG).show()
            }
            return
        }
    }
}
```

이 코드에서는 우선 요청 식별 코드를 확인한다. 어떤 퍼미션 요청이 반환되었는지 구별하기 위해서다. 그러고서 해당 퍼미션이 승인되었는지 확인한다. 만일 사용자가 마이크 사용 퍼미션을 승인했다면 이어서 외부 저장소 사용 퍼미션을 요청한다. 두 가지 퍼미션 요청 중 어느 하나라도 거부되는 경우에는 앱이 제대로 동작하지 않는다는 것을 나타내는 메시지를 사용자에게 보여 주며, Record녹음 버튼을 누를 수 없도록 비활성화한다.

이제는 조금 전에 새로 추가한 requestPermission() 함수를 호출하는 것만 남았다. 우리 앱이 시작될 때 마이크를 사용하기 위해서다. MainActivity.kt의 audioSetup() 함수에 다음과 같이 코드를 추가하자.

```
private fun audioSetup() {
    .
    .
    audioFilePath = this.getExternalFilesDir(Environment.DIRECTORY_MUSIC)?.
                        absolutePath + "/myaudio.3gp"

    requestPermission(Manifest.permission.RECORD_AUDIO,
            RECORD_REQUEST_CODE)
}
```

83.12 앱 테스트하기

마이크가 있는 실제 장치 또는 에뮬레이터(개발 컴퓨터의 마이크를 사용)에서 앱을 실행하자. 그리고 권한을 요청하는 대화상자가 나타나면 '앱 사용 중에만 허용'을 클릭하고 다음 대화상자에서 허용을 클릭한다. 그다음에 Record 버튼을 눌러서 녹음을 시작하자. 그리고 녹음이 끝나면 Stop 버튼을 누른 다음, Play 버튼을 클릭해 보자. 조금 전에 녹음했던 오디오가 장치의 스피커로 재생될 것이다. 우리 앱은 안드로이드 6.0 이상 버전은 물론이고 이전 버전이 실행되는 장치에서도 잘 실행된다. 단, 안드로이드 6.0 이상 버전의 장치에서는 외부 스토리지 사용과 오디오 녹음에 대한 퍼미션 요청을 앱을 처음 실행할 때 하게 된다.

83.13 요약

안드로이드 SDK는 오디오 녹음과 재생을 구현하는 여러 메커니즘을 제공한다. 이번 장에서는 프로젝트를 생성하여 MediaPlayer와 MediaRecorder 클래스로 구현하는 방법을 실제로 해보았다. 또한, 오디오를 녹음하기 전에 장치에 마이크 존재 여부를 확인하는 방법과 외부 스토리지인 SD 카드를 사용하는 방법도 알아보았다.

CHAPTER
84

안드로이드 인쇄 프레임워크 사용하기

안드로이드 4.4 킷캣KitKat 버전에서 인쇄printing 프레임워크가 소개되면서 이제는 안드로이드 앱에서 콘텐츠를 인쇄할 수 있게 되었다. 우리 앱에 인쇄 지원 기능을 추가하는 더 자세한 내용은 85장과 86장에서 살펴보며, 이번 장에서는 현재 안드로이드에서 사용 가능한 다양한 인쇄 옵션과 이런 옵션을 사용하는 방법을 알아보는 데 초점을 둘 것이다.

84.1 안드로이드 인쇄 아키텍처

안드로이드의 인쇄 기능은 인쇄 프레임워크에서 지원한다. 기본적으로 이 프레임워크는 하나의 인쇄 매니저와 다수의 인쇄 서비스 플러그인plugin으로 구성된다. 앱의 인쇄 요청을 처리하고 장치에 설치된 인쇄 서비스 플러그인과 상호작용하여 인쇄 요청이 수행되게 하는 것이 인쇄 매니저의 역할이다. 기본적으로 대부분의 안드로이드 장치는 인쇄 서비스 플러그인을 갖고 있으며, 이 플러그인은 구글 클라우드 인쇄와 구글 드라이브 서비스를 사용해서 인쇄할 수 있게 설치되어 있다. 만일 설치되어 있지 않다면 다른 프린터 타입의 인쇄 서비스 플러그인도 구글 플레이 스토어에서 받을 수 있다. 현재는 HP, 엡손, 삼성, 캐논 프린터에서 인쇄 서비스 플러그인을 사용할 수 있다. 그리고 가까운 장래에 구글 클라우드 인쇄 서비스 플러그인을 통해 릴리스될 다른 프린터 제조사들의 플러그인도 안드로이드 장치로부터 다른 프린터 타입과 모델로 인쇄하는 데 사용될 수 있다. 이 책에서는 일례로 HP 인쇄 서비스 플러그인을 사용할 것이다.

84.2 인쇄 서비스 플러그인

앱에서 무선랜Wi-Fi이나 블루투스를 통해서 안드로이드 장치가 인식할 수 있는 호환 가능한 프린터로 인쇄할 수 있게 해주는 것이 인쇄 서비스 플러그인의 목적이다. 안드로이드 장치에 원하는 인쇄 서비스 플러그인이 설치되었는지는 플레이 스토어 앱을 실행하고 'Print Service Plugin'을 검색해 보면 알 수 있다. 그러면 플레이 스토어에 인쇄 서비스 플러그인 목록이 나타난다. 그리고 원하는 플러그인이 장치에 설치가 안 되어 있는 경우는 해당 플러그인에 설치 버튼이 나타나므로 이것을 눌러서 설치할 수 있다. 예를 들어, 그림 84-1에서는 구글 플레이 스토어에 게시된 HP 인쇄 서비스 플러그인을 보여 준다.

인쇄 서비스 플러그인은 현재 안드로이드 장치가 연결된 네트워크에 있는 호환 가능한 프린터를 자동으로 찾아 준다. 그리고 앱에서 인쇄를 할 때 옵션으로 보여 준다.

그림 84-1

84.3 구글 클라우드 인쇄

구글 클라우드 인쇄는 구글에서 제공하는 서비스이며, 인터넷 연결이 가능한 곳이면 어디서든지 웹을 통해 프린터로 콘텐츠를 인쇄할 수 있게 해준다. 구글 클라우드 인쇄는 **클라우드 지원**Cloud Ready과 **클래식**Classic 프린터의 두 가지 형태로 다양한 장치와 프린터 모델을 지원한다. 클라우드 지원 프린터는 웹을 통해 인쇄할 수 있는 기능이 내장되어 있다. 클라우드 지원 프린터를 제공하는 제조사에는 삼성, 캐논, 델, 엡손, HP, 코닥 등이 포함된다. 각자의 프린터가 클라우드 지원 모델이면서 구글 클라우드 인쇄도 지원하는지 확인하려면 다음 URL에서 프린터 내역을 보면 된다.

URL https://www.google.com/cloudprint/learn/printers.html

클래식이면서 클라우드 지원 모델이 아닌 프린터의 경우는 구글 클라우드 인쇄에서 클라우드 인쇄 지원을 제공한다. 이때는 클래식 프린터가 연결되는 컴퓨터 시스템(직접 연결 또는 집이나 사무실 네트워크에 연결된)에 소프트웨어를 설치해야 한다.

구글 클라우드 인쇄를 설정하려면 다음의 웹 페이지를 접속한다. 그리고 안드로이드 장치에 로그인할 때 사용하는 구글 계정과 동일한 ID로 로그인한 후 해당 프린터 모델을 등록하면 된다.

URL https://www.google.com/cloudprint/learn/index.html

구글 클라우드 인쇄 계정에 프린터가 추가되면 우리 장치의 안드로이드 앱에서 인쇄할 때 선택 가능한 프린터 내역으로 나타난다.

84.4 구글 드라이브로 인쇄하기

실제 프린터를 지원하는 것에 추가하여 자신의 구글 드라이브 계정에 인쇄 출력을 저장하는 것도 가능하다. 안드로이드 장치에서 인쇄할 때 구글 드라이브로 저장하는 옵션을 선택하면 된다. 그러면 인쇄될 내용이 PDF 파일로 변환되어 장치에 로그인된 구글 계정 ID와 연관된 구글 드라이브의 클라우드 기반 스토리지에 저장된다.

84.5 PDF로 저장하기

지금까지 이야기한 것 외에도 안드로이드에서 제공하는 또 다른 인쇄 옵션이 있다. 인쇄된 내용이 안드로이드 장치의 PDF 파일로 저장되는 옵션이다. 이 옵션을 선택했을 때는 문서가 저장될 PDF 파일명과 장치의 위치를 지정해야 한다.

PDF 저장과 구글 드라이브 저장 옵션 모두 우리 안드로이드 앱의 인쇄 기능을 테스트할 때 용지가 절감된다는 측면에서 꽤 유용하다.

84.6 안드로이드 장치에서 인쇄하기

콘텐츠를 인쇄할 수 있는 기능을 제공하는 앱에서는 인쇄 옵션을 오버플로 메뉴에 놓도록 구글에서 권장하고 있다. 안드로이드에 포함되어 제공되는 여러 앱이 이제는 인쇄/PDF 메뉴 옵션을 갖고 있다(그림 84-2). 따라서 온라인에 연결된 프린터로 인쇄하거나 PDF 파일로 저장할 수 있다.

그림 84-2에 원으로 표시된 인쇄/PDF를 선택한 후 그림 84-3과 같이 **PDF 파일로 저장**(타원으로 표시된 드롭다운에서)을 선택하면 표준 안드로이드 인쇄 화면이 나타나서 PDF로 저장될 콘텐츠를 미리 보여 준다.

그리고 화면 위의 중앙에 있는 체크 표시를 터치하면 그림 84-4와 같이 모든 인쇄/저장 옵션이 나타난다.

안드로이드 인쇄 패널에서는 용지 크기, 색상, 용지 방향, 출력 매수, 페이지 범위와 같은 통상적인 인쇄 옵션을 제공한다.

| 그림 84-2 | 그림 84-3 | 그림 84-4 |

84.7　안드로이드 앱에 포함되는 인쇄 지원 옵션

인쇄 프레임워크에서는 안드로이드 앱에 인쇄 지원 기능을 포함하는 여러 옵션을 제공한다. 이 옵션은 다음과 같이 분류할 수 있다.

84.7.1　이미지 인쇄

이 옵션을 사용하면 이미지 인쇄 기능을 안드로이드 앱에 포함시킬 수 있다. 이 기능을 앱에 추가할 때는 우선 PrintHelper 클래스의 새로운 인스턴스를 생성해야 한다.

```
val imagePrinter = PrintHelper(context)
```

그런 다음, PrintHelper 인스턴스의 setScaleMode() 함수를 호출하여 인쇄되는 이미지의 크기 조정 모드를 지정할 수 있다. 이때 함수 인자로 전달하는 옵션은 다음과 같다.

- **SCALE_MODE_FIT** — 이미지 크롭이나 종횡비의 변경 없이 용지 크기에 맞춰 이미지 크기가 조정된다. 따라서 용지의 한쪽 방향에 빈 공간이 생긴다.
- **SCALE_MODE_FILL** — 용지를 채우도록 이미지 크기가 조정된다. 이때는 인쇄 출력의 빈 공간이 생기지 않도록 하기 위해 이미지 크롭이 수행된다.

크기 조정 모드 설정이 없을 때는 시스템에서 SCALE_MODE_FILL을 디폴트로 지정한다. 예를 들어, 다음 코드에서는 앞에서 생성했던 PrintHelper 인스턴스의 크기 조정 모드를 설정한다.

```
imagePrinter.setScaleMode(PrintHelper.SCALE_MODE_FIT)
```

이와 유사하게, 인쇄 출력이 컬러나 흑백 중 어떤 것인지를 나타내는 색상 모드도 구성할 수 있다. 이 때는 PrintHelper 인스턴스의 setColorMode() 함수 인자로 다음 옵션 중 하나를 전달하면 된다.

- **COLOR_MODE_COLOR** — 이미지가 컬러로 인쇄됨을 나타낸다.
- **COLOR_MODE_MONOCHROME** — 이미지가 흑백으로 인쇄됨을 나타낸다.

예를 들어, 다음 코드에서는 흑백 옵션을 지정한다. 그러나 색상 옵션을 지정하지 않으면 인쇄 프레임워크가 컬러 인쇄를 디폴트로 지정한다.

```
imagePrinter.colorMode = PrintHelper.COLOR_MODE_MONOCHROME
```

PrintHelper 인스턴스의 printBitmap() 함수를 호출하면 이미지를 인쇄할 수 있다. 이때 인쇄 작업의 이름을 나타내는 문자열과 이미지(Bitmap 객체나 이미지의 Uri 참조)를 함수 인자로 전달한다.

```
val bitmap = BitmapFactory.decodeResource(resources,
                R.drawable.oceanscene)
imagePrinter.printBitmap("My Test Print Job", bitmap)
```

인쇄 작업이 시작되면 인쇄 프레임워크가 인쇄 대화상자를 보여 주고, 사용자로부터 선택 사항을 받은 후 선택한 프린터로 이미지를 인쇄한다.

84.7.2 HTML 콘텐츠 생성과 인쇄

안드로이드 인쇄 프레임워크는 앱에서 HTML 기반 콘텐츠를 쉽게 인쇄하는 방법도 제공한다. 이 콘텐츠는 웹사이트 페이지의 URL로 참조되는 HTML 콘텐츠이거나 앱에서 동적으로 생성된 HTML 콘텐츠가 될 수 있다.

HTML 인쇄를 할 수 있도록 안드로이드에는 WebView 클래스 기능이 확장되었다. 최소한의 코드 작성으로 인쇄를 지원하기 위해서다.

기존 웹 페이지를 로드하고 인쇄하는 것과는 대조적으로 앱에서 HTML 콘텐츠를 동적으로 생성할 때는 WebView 객체를 생성하고 이것을 WebViewClient 인스턴스와 연관시킨다. 그리고 동적으로 생성된 HTML이 WebView 객체로 완전히 로드되었을 때 인쇄 작업을 시작하도록 WebViewClient를 구성한다. 그다음에 인쇄 작업이 시작될 때 HTML이 WebView에 로드된다.

예를 들어, 다음 코드를 살펴보자.

```
private fun printWebView() {

    val webView = WebView(this)
    webView.webViewClient = object : WebViewClient() {

        override fun shouldOverrideUrlLoading(view: WebView,
                              request: WebResourceRequest): Boolean {
            return false
        }

        override fun onPageFinished(view: WebView, url: String) {
            createWebPrintJob(view)
            myWebView = null
        }
    }

    val htmlDocument = "<html><body><h1>Android Print Test</h1><p>" +
            "This is some sample content.</p></body></html>"

    webView.loadDataWithBaseURL(null, htmlDocument,
            "text/HTML", "UTF-8", null)

    myWebView = webView
}
```

이 코드에서는 우선 myWebView라는 변수를 선언한다. 이 변수는 printWebView() 함수 내부에서 생성되는 WebView 객체의 참조를 저장하기 위해 필요하다(그 이유는 조금 더 뒤에서 설명한다). printWebView() 함수에서는 WebView 객체가 생성되며, 이때 이 객체에 WebViewClient 인스턴스가 지정된다.

WebView 객체에 지정된 WebViewClient는 HTML 콘텐츠를 이 WebView 객체의 함수에서 로드한다는 것을 나타내며, 그러기 위해서 shouldOverrideUrlLoading() 함수에서 false를 반환한다.

여기서 중요한 것은 onPageFinished() 콜백 함수이며, 이 코드에서는 인쇄 작업을 처리하기 위해 우리가 구현한 createWebPrintJob() 함수를 호출한다. onPageFinished() 콜백 함수는 모든 HTML 콘텐츠가 WebView에 완전히 로드되었을 때 자동으로 호출된다. 즉, 모든 콘텐츠가 준비되어야만 인쇄 작업이 시작되므로 콘텐츠가 누락되지 않게 인쇄할 수 있다.

다음에는 HTML 콘텐츠를 포함하는 String 객체를 생성한 후 이것을 WebView에 로드한다. 그리고 HTML의 로딩이 끝나면 onPageFinished() 콜백 함수가 자동 호출된다.

printWebView() 함수의 맨 끝에서는 WebView 객체의 참조를 함수 외부의 변수에 저장한다. 이렇게 하지 않으면 심각한 위험이 생길 수 있다. 왜냐하면 앱에서 WebView 객체를 더 이상 필요로 하지 않는다고 런타임 시스템이 판단하고 해당 객체를 메모리에서 지움으로써(이것을 자바 용어로 가비지 컬렉션garbage collection이라고 한다.) 인쇄 작업이 끝나지도 않았는데 불시에 중단될 수 있기 때문이다.

이제 이 코드 예에서 남은 일은 다음과 같이 createWebPrintJob() 함수를 구현하는 것이다.

```kotlin
private fun createWebPrintJob(webView: WebView) {

    val printManager = this
            .getSystemService(Context.PRINT_SERVICE) as PrintManager

    val printAdapter = webView.createPrintDocumentAdapter("MyDocument")

    val jobName = getString(R.string.app_name) + " Document"

    printManager.print(jobName, printAdapter,
            PrintAttributes.Builder().build())
}
```

이 함수에서는 안드로이드의 인쇄 매니저 서비스(PrintManager) 객체 참조를 얻은 후 WebView 객체에 인쇄 어댑터를 생성하게 한다(인쇄 어댑터 객체는 WebView의 HTML을 인쇄 매니저에 제공하기 위해 필요하다). 그리고 인쇄 작업의 이름을 저장하기 위해 새로운 String 객체를 생성한다(여기서는 앱 이름 뒤에 Document를 붙인다).

끝으로, 인쇄 매니저의 print() 함수를 호출하여 인쇄 작업이 시작된다. 이때 작업 이름, 인쇄 어댑터 객체 참조, 기본 인쇄 속성을 인자로 전달한다. 그리고 필요하다면 해상도(dpidots per inch), 여백, 컬러 옵션을 지정하여 인쇄 속성을 변경할 수 있다

84.7.3 기존 웹 페이지 인쇄하기

기존 웹 페이지를 인쇄하는 방법은 앞에서 설명한 것과 유사하다. 동적으로 생성된 HTML 대신 웹 페이지의 URL을 WebView에 전달하는 것만 다르다. 예를 들면, 다음과 같다.

```kotlin
myWebView?.loadUrl("https://developer.android.com/google/index.html")
```

이때는 웹 페이지가 로드되자마자 자동으로 인쇄될 때만 WebViewClient를 구성할 필요가 있다는 것에 유의하자. 만일 웹 페이지가 로드된 후 사용자가 메뉴 옵션을 선택해야만 인쇄가 시작된다면, 앞에 나온 코드 중에서 createWebPrintJob() 함수만 앱 코드에 포함시키면 된다. 85장에서는 프로젝트를 생성하여 그렇게 하는 방법을 보여 줄 것이다.

84.7.4 커스텀 문서 인쇄하기

지금까지 보았듯이, 인쇄 프레임워크에 소개된 동적 HTML과 기존 웹 페이지 인쇄에서는 안드로이드 앱에서 콘텐츠를 인쇄하는 쉬운 방법을 제공한다. 그러나 이런 방법은 너무 단순해서 더 복잡한 인쇄 요구를 처리하기에는 역부족이다. 따라서 더 복잡한 인쇄 작업을 할 수 있도록 인쇄 프레임워크에서는 커스텀 문서 인쇄도 지원한다. 이때는 텍스트와 그래픽 형태로 콘텐츠가 캔버스에 그려진 다음에 인쇄된다.

상대적으로 쉽게 구현될 수 있는 HTML과 이미지 인쇄와는 다르게, 커스텀 문서 인쇄는 더 복잡하고 여러 단계에 걸쳐 처리된다(이 내용은 86장에서 알아볼 것이다). 처리 단계를 요약하면 다음과 같다.

- 안드로이드 인쇄 매니저에 연결한다.
- PrintDocumentAdapter 클래스의 서브 클래스로 커스텀 인쇄 어댑터를 생성한다.
- 문서 페이지를 나타내기 위해 PdfDocument 인스턴스를 생성한다.
- PdfDocument 인스턴스의 페이지 참조를 얻는다. 각 페이지 참조는 Canvas 인스턴스와 일대일로 연관된다.
- 각 페이지 캔버스에 콘텐츠를 그린다.
- 문서의 인쇄 준비가 끝났다고 인쇄 프레임워크에 통지한다.

커스텀 인쇄 어댑터에서는 여러 함수를 구현해야 한다. 이러한 함수는 인쇄하는 중에 특정 작업을 수행할 수 있도록 안드로이드 시스템이 자동 호출한다. 그중에서 중요한 함수로 onLayout()이 있다. 이 함수는 용지 크기나 방향과 같이 사용자가 변경한 설정에 따라 문서 레이아웃을 재구성하는 일을 수행한다. 그리고 onWrite() 함수에서는 인쇄될 페이지를 렌더링하는 일을 수행한다. 이 내용은 86장에서 자세히 알아볼 것이다.

84.8 요약

안드로이드 SDK는 실행 중인 안드로이드 앱에서 콘텐츠를 인쇄할 수 있는 기능을 포함한다. 인쇄 결과는 적합하게 구성된 프린터, 로컬 PDF 파일, 구글 드라이브를 통한 클라우드로 출력될 수 있다. 인쇄 프레임워크를 사용하면 안드로이드 앱 개발자가 이런 기능을 앱에서 사용할 수 있다. 이미지와 HTML의 형태로 된 콘텐츠는 인쇄를 구현하기가 가장 쉽다. 그러나 인쇄 프레임워크의 커스텀 문서 인쇄 기능을 사용하면 더 복잡한 인쇄도 구현할 수 있다.

CHAPTER 85

HTML과 웹 콘텐츠 인쇄 예제 프로젝트

앞 장에서 설명했듯이, 안드로이드 인쇄 프레임워크는 동적으로 생성된 HTML 콘텐츠와 웹 페이지 모두를 인쇄하는 데 사용될 수 있다. 이 두 가지 방법은 매우 유사하지만, 코드로 구현할 때 고려해야 할 차이점이 있다. 이번 장에서는 두 개의 예제 프로젝트를 생성하여 두 가지 방법을 실제로 구현해 볼 것이다.

85.1 HTML 인쇄 예제 앱 생성하기

새 프로젝트를 생성하자. 안드로이드 스튜디오 메인 메뉴의 File ➡ New ➡ New Project...를 선택하거나 웰컴 스크린에서 New Project 버튼을 클릭한다. '프로젝트 템플릿 선택' 대화상자가 나타나면 Phone and Tablet과 Empty Activity를 선택하고 Next 버튼을 누른다.

Name 필드에 HTMLPrint를 입력하고 Package name에는 com.ebookfrenzy.htmlprint를 입력한다. 그리고 Language가 Kotlin인지 확인하고 Minimum SDK는 API 26: Android 8.0 (Oreo)를 선택한다. 또한, Use legacy android.support libraries가 체크 해제되어 있는지 확인하고 Finish 버튼을 누른다.

85.2 동적 HTML 콘텐츠 인쇄하기

여기서는 HTML 콘텐츠를 생성하고 이것을 인쇄 작업의 형태로 인쇄 프레임워크에 전달하는 코드를 프로젝트에 추가할 것이다.

편집기에 로드된 MainActivity.kt 파일을 다음과 같이 변경하자.

```
package com.ebookfrenzy.htmlprint

import androidx.appcompat.app.AppCompatActivity
import android.os.Bundle
import android.print.PrintAttributes
import android.print.PrintManager
import android.webkit.WebResourceRequest
import android.webkit.WebView
```

```
import android.webkit.WebViewClient
import android.content.Context

class MainActivity : AppCompatActivity() {

    private var myWebView: WebView? = null

    override fun onCreate(savedInstanceState: Bundle?) {
        .
        .
        printWebView()
    }

    private fun printWebView() {
        val webView = WebView(this)

        webView.webViewClient = object : WebViewClient() {
            override fun shouldOverrideUrlLoading(view: WebView,
                                                 request: WebResourceRequest): Boolean {
                return false
            }

            override fun onPageFinished(view: WebView, url: String) {
                createWebPrintJob(view)
                myWebView = null
            }
        }

        val htmlDocument = "<html><body><h1>Android Print Test</h1><p>" +
                "This is some sample content.</p></body></html>"
        webView.loadDataWithBaseURL(null, htmlDocument,
                "text/HTML", "UTF-8", null)
        myWebView = webView
    }
}
```

이 코드에서는 우선 myWebView라는 변수를 선언한다. 이 변수는 인쇄에 사용되는 WebView 인스턴스의 참조를 저장하기 위해 필요하다(그 이유는 조금 더 뒤에서 설명한다). onCreate() 함수에서는 printWebView() 함수를 호출하는데, printWebView() 함수에서는 WebView 클래스의 인스턴스가 생성되고 이 인스턴스에 WebViewClient 인스턴스가 지정된다.

WebView 객체에 지정된 WebViewClient는 HTML 콘텐츠를 해당 WebView 객체에서 로드한다는 것을 나타내며, 그러기 위해 shouldOverrideUrlLoading() 함수에서 false를 반환한다.

여기서 중요한 것은 onPageFinished() 콜백 함수이며, 이 함수에서는 인쇄 작업을 처리하기 위해 우리가 구현한 createWebPrintJob() 함수를 호출한다. onPageFinished() 콜백 함수는 모든 HTML 콘텐츠가 WebView에 완전히 로드되었을 때 자동으로 호출된다. 앞 장에서 설명했듯이, 동적으로 생성된 HTML 콘텐츠를 인쇄할 경우에는 모든 콘텐츠가 WebView에 완전히 로드되었을 때 인쇄 작업이 시작되어야 하기 때문이다.

그다음에 printWebView() 함수에서는 HTML 콘텐츠를 포함하는 String 객체를 생성한 후 이것을 WebView에 로드한다. 그리고 HTML의 로딩이 끝나면 onPageFinished() 콜백 함수가 자동 호출된다. 끝으로 printWebView() 함수에서는 WebView 객체의 참조를 앞에 선언된 myWebView 변수에 저장한다. 이렇게 하지 않으면 예기치 못한 문제가 발생할 수 있다. 왜냐하면 앱에서 WebView 객체를 더 이상 필요로 하지 않는다고 런타임 시스템이 판단하고 해당 객체를 메모리에서 지움으로써 인쇄 작업이 끝나지도 않았는데 불시에 중단될 수 있기 때문이다.

이제 이 코드에서 남은 일은 다음과 같이 createWebPrintJob() 함수를 구현하는 것이다. 이 함수는 onPageFinished() 콜백 함수에서 호출된다. MainActivity.kt 파일에 다음의 createWebPrintJob() 함수를 추가하자.

```kotlin
private fun createWebPrintJob(webView: WebView) {

    val printManager = this
            .getSystemService(Context.PRINT_SERVICE) as PrintManager

    val printAdapter = webView.createPrintDocumentAdapter("MyDocument")

    val jobName = getString(R.string.app_name) + " Print Test"

    printManager.print(jobName, printAdapter,
            PrintAttributes.Builder().build())
}
```

이 함수에서는 안드로이드의 인쇄 매니저 서비스인 PrintManager 객체 참조를 얻은 후 WebView 객체에 인쇄 어댑터를 생성하게 한다 (인쇄 어댑터 객체는 WebView의 HTML을 인쇄 매니저에 제공하기 위해 필요하다). 그리고 인쇄 작업의 이름을 저장하기 위해 새로운 String 객체를 생성한다(여기서는 앱 이름 뒤에 'Print Test'를 붙인다).

끝으로, 인쇄 매니저의 print() 함수를 호출하여 인쇄 작업이 시작된다. 이때 작업 이름, 인쇄 어댑터 객체 참조, 기본 인쇄 속성을 인자로 전달한다.

실제 장치 또는 에뮬레이터에서 앱을 실행하자. 앱이 실행되면 표준 안드로이드 인쇄 페이지가 나타난다(그림 85-1).

그림 85-1

그리고 화면 왼쪽 위의 프린터 선택 드롭다운에서 PDF로 저장 또는 모든 프린터....를 선택하면 PDF로 저장하거나 또는 네트워크에 연결된 프린터로 인쇄할 수 있다(구성된 프린터가 있을 때).

85.3 기존 웹 페이지 인쇄 예제 앱 생성하기

여기서 생성할 두 번째 앱에서는 WebView 인스턴스에 보이는 웹 페이지를 인쇄하는 오버플로 메뉴 옵션을 사용자에게 제공한다.

새 프로젝트를 생성하자. 현재 앞의 다른 프로젝트가 열려 있으므로 안드로이드 스튜디오 메인 메뉴의 File ➡ New ➡ New Project...를 선택한다. '프로젝트 템플릿 선택' 대화상자가 나타나면 Phone and Tablet과 Basic Activity를 선택하고 Next 버튼을 누른다.

Name 필드에 WebPrint를 입력하고 Package name에는 com.ebookfrenzy.webprint를 입력한다. 그리고 Language가 Kotlin인지 확인하고 Minimum SDK는 API 26: Android 8.0 (Oreo)를 선택한다. 또한, Use legacy android.support libraries가 체크 해제되어 있는지 확인하고 Finish 버튼을 누른다.

85.4 플로팅 액션 버튼 삭제하기

프로젝트를 생성할 때 Basic Activity 템플릿을 선택하면 컨텍스트 메뉴와 플로팅 액션 버튼을 생성해 준다. 플로팅 액션 버튼은 우리 앱에서 필요하지 않으므로 먼저 삭제하자. 프로젝트 도구 창에서 app ➡ res ➡ layout 밑에 있는 activity_main.xml 레이아웃 파일을 더블클릭하여 레이아웃 편집기로 로드하고 디자인 모드로 전환한다. 그리고 컴포넌트 트리에서 fab로 표시된 플로팅 액션 버튼을 선택하고 키보드의 Del 키를 눌러 삭제한다. 그런 다음, 편집기에 로드된 MainActivity.kt 파일 탭을 클릭하여 선택한 후 onCreate() 함수에 있는 플로팅 액션 버튼 코드를 삭제한다.

```
override fun onCreate(savedInstanceState: Bundle?) {
    super.onCreate(savedInstanceState)
    .
    .
    binding.fab.setOnClickListener { view ->
        Snackbar.make(view, "Replace with your own action", Snackbar.LENGTH_LONG)
            .setAction("Action", null).show()
    }
}
```

프래그먼트 간의 이동 코드 삭제하기

24장에서 설명했듯이, Basic Activity 템플릿은 한 프래그먼트에서 다른 프래그먼트로 이동하기 위한 여러 프래그먼트와 버튼을 포함한다. 그러나 여기서는 그런 기능이 필요 없으므로 삭제할 것이다. 다음과 같이 프로젝트를 변경하자.

1. 프로젝트 도구 창에서 **app ➡ res ➡ navigation ➡ nav_graph.xml** 파일을 더블클릭하여 내비게이션 편집기navigation editor로 로드한다.

2. 컴포넌트 트리에서 **SecondFragment**를 클릭하여 선택한 후 Del 키를 눌러 그래프에서 삭제한다.

3. 프로젝트 도구 창에서 SecondFragment.kt(app ➡ java ➡ com.ebookfrenzy.webprint ➡ SecondFragment) 파일과 fragment_second.xml(app ➡ res ➡ layout ➡ fragment_second.xml) 파일을 삭제한다. (각 파일에서 Del 키를 누른 후 대화상자의 **OK** 버튼을 클릭하고 그다음 대화상자에서 **Delete Anyway** 버튼을 클릭)

4. **app ➡ java ➡ com.ebookfrenzy.webprint ➡ FirstFragment** 파일을 더블클릭하여 편집기 창에 열자. 그리고 다음과 같이 onViewCreated() 함수의 코드를 삭제한다.

```
override fun onViewCreated(view: View, savedInstanceState: Bundle?) {
    super.onViewCreated(view, savedInstanceState)

    binding.buttonFirst.setOnClickListener {
        findNavController().navigate(R.id.action_FirstFragment_to_SecondFragment)
    }
}
```

5. MainAcitivy.kt 파일에서 다음 코드를 삭제하자.

```
override fun onCreate(savedInstanceState: Bundle?) {
    super.onCreate(savedInstanceState)
    .
    .
    val navController = findNavController(R.id.nav_host_fragment_content_main)
    appBarConfiguration = AppBarConfiguration(navController.graph)
    setupActionBarWithNavController(navController, appBarConfiguration)
}
.
.
override fun onSupportNavigateUp(): Boolean {
    val navController = findNavController(R.id.nav_host_fragment_content_main)
    return navController.navigateUp(appBarConfiguration)
        || super.onSupportNavigateUp()
}
```

85.6 사용자 인터페이스 레이아웃 디자인하기

프로젝트 도구 창에서 app ➡ res ➡ layout ➡ content_main.xml 레이아웃 리소스 파일을 더블클릭하여 레이아웃 편집기 창에 열고 디자인 모드로 변경하자. 그리고 nav_host_fragment_content_main 객체를 선택하고 삭제한다.

그다음에 팔레트의 Widgets 부류에 있는 WebView를 마우스로 끌어서 레이아웃의 정중앙(수평과 수직의 점선이 교차되는 지점)에 놓는다. 속성 창에서 WebView의 layout_width와 layout_height 속성을 모두 다 0dp (match constraint)로 변경한다. 이렇게 하는 이유는 그림 85-2처럼 WebView가 레이아웃 전체를 사용하기 위해서다. 또한, id를 myWebView로 입력하고 툴바의 제약 추론 버튼을 클릭하여 적합한 제약이 자동으로 추가되게 한다(26장의 26.3절 참고).

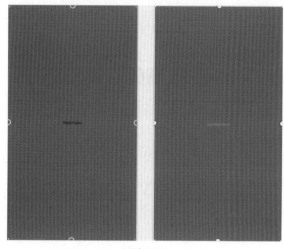

그림 85-2

인쇄할 웹 페이지를 다운로드하기 위해 WebView 객체가 인터넷을 사용하려면 퍼미션이 필요하다. 프로젝트 도구 창에서 app ➡ manifests 밑에 있는 AndroidManifest.xml 파일을 더블클릭하여 편집기 창에 열자. 그리고 다음과 같이 퍼미션 태그를 추가하자.

```xml
<?xml version="1.0" encoding="utf-8"?>
<manifest xmlns:android="http://schemas.android.com/apk/res/android"
    package="com.ebookfrenzy.webprint">

    <uses-permission android:name="android.permission.INTERNET" />

    <application
        .
        .
</manifest>
```

85.7 　메인 액티비티에서 WebView 사용하기

55장의 CardDemo 프로젝트에서 했듯이, content_main.xml 파일에 포함된 컴포넌트(여기서는 myWebView)를 MainActivity 클래스에서 사용할 수 있으려면 뷰 바인딩을 사용해야 한다. 이 경우 content_main.xml이 activity_main.xml 파일에 포함되는 시점에 id를 다시 지정해야 한다. 편집기 창에 activity_main.xml 파일을 열고 코드 모드로 전환한 후 끝에 있는 include 요소를 다음과 같이 변경하자.

```
.
.
    <include
        android:id="@+id/contentMain"
        layout="@layout/content_main" />
.
.
```

85.8 　WebView에 웹 페이지 로드하기

웹 페이지를 인쇄하려면 우선 이것을 WebView 인스턴스에 로드해야 한다. 여기서는 MainActivity 클래스의 onStart() 함수에서 configureWebView()를 호출한다. 그리고 configureWebView()에서 WebView 인스턴스의 loadUrl() 함수를 호출하여 WebView 인스턴스에 웹 페이지를 로드할 것이다. 다음과 같이 MainActivity.kt 파일을 변경하자.

```
package com.ebookfrenzy.webprint
.
.
import android.webkit.WebView
import android.webkit.WebViewClient
import android.webkit.WebResourceRequest
import android.content.Context

class MainActivity : AppCompatActivity() {
    .
    .
    override fun onStart() {
        super.onStart()
        configureWebView()
    }

    private fun configureWebView() {
        binding.contentMain.myWebView.webViewClient = object : WebViewClient() {
            override fun shouldOverrideUrlLoading(
                    view: WebView, request: WebResourceRequest): Boolean {
```

```
                return super.shouldOverrideUrlLoading(
                        view, request)
            }
        }
        binding.contentMain.myWebView.loadUrl(
                "https://www.amazon.com/")
    }
}
```

85.9 인쇄 메뉴 옵션 추가하기

이제는 웹 페이지를 인쇄하는 옵션을 오버플로 메뉴에 추가할 것이다.

우선, 메뉴 옵션의 라벨을 문자열 리소스로 선언해야 한다. 프로젝트 도구 창에서 app ➡ res ➡ values ➡ strings.xml 파일을 더블클릭하여 편집기로 로드한 후 다음과 같이 새로운 문자열 리소스를 추가하자.

```
<resources>
    <string name="app_name">WebPrint</string>
    <string name="action_settings">Settings</string>
    <string name="print_string">Print</string>
    .
    .
</resources>
```

그리고 app ➡ res ➡ menu 밑에 있는 menu_main.xml 파일을 더블클릭하여 메뉴 편집기 창에 열고 코드 모드로 변경한 후 Settings 메뉴 항목을 삭제하고 Print 항목을 추가한다.

```
<menu xmlns:android="http://schemas.android.com/apk/res/android"
    xmlns:app="http://schemas.android.com/apk/res-auto"
    xmlns:tools="http://schemas.android.com/tools"
    tools:context="com.ebookfrenzy.webprint.MainActivity">
    <item
        android:id="@+id/action_settings"
        android:orderInCategory="100"
        android:title="@string/action_settings"
        app:showAsAction="never" />

    <item
        android:id="@+id/action_print"
        android:orderInCategory="100"
        app:showAsAction="never"
        android:title="@string/print_string"/>
</menu>
```

이제 메뉴 항목을 처리하는 onOptionsItemSelected() 함수만 수정하면 메뉴에 대해 할 일은 끝난다. 편집기에 열린 MainActivity.kt 파일의 onOptionsItemSelected() 함수 코드 전체를 다음과 같이 변경하자.

```
override fun onOptionsItemSelected(item: MenuItem): Boolean {
    if (item.itemId == R.id.action_print) {
        createWebPrintJob(binding.contentMain.myWebView)
    }
    return super.onOptionsItemSelected(item)
}
```

이 코드에서는 오버플로 메뉴의 Print 메뉴 옵션이 선택될 때 createWebPrintJob() 함수를 호출한다. 이 함수의 구현은 앞의 HTMLPrint 프로젝트에 사용된 것과 같으며, 다음과 같이 MainActivity.kt 파일에 추가하면 된다.

```
package com.ebookfrenzy.webprint
.
.
import android.print.PrintAttributes
import android.print.PrintManager

class MainActivity : AppCompatActivity() {
    .
    .
    private fun createWebPrintJob(webView: WebView?) {
        val printManager = this
                .getSystemService(Context.PRINT_SERVICE) as PrintManager
        val printAdapter = webView?.createPrintDocumentAdapter("MyDocument")
        val jobName = getString(R.string.app_name) + " Print Test"

        printAdapter?.let {
            printManager.print(
                    jobName, it,
                    PrintAttributes.Builder().build()
            )
        }
    }
}
```

코드 변경이 끝났으면 실제 안드로이드 장치나 에뮬레이터에서 앱을 실행하자. 앱이 실행되면 지정된 웹 페이지(여기서는 https:// www.amazon.com/)의 콘텐츠를 갖는 WebView가 화면에 보일 것 이다. 그런 다음, 오버플로 메뉴에서 Print 옵션을 선택하자(그림 85-3에 원으로 표시됨). 그리고 인쇄 패널이 나오면 왼쪽의 드롭다 운에서 원하는 옵션을 선택하여 프린터로 웹 페이지를 인쇄하거 나 PDF 파일로 저장해 보자.

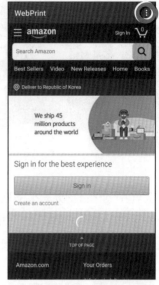

그림 85-3

85.10 요약

안드로이드 인쇄 프레임워크는 WebView 클래스의 확장 기능을 포함한다. 이 기능을 사용하면 안 드로이드 앱에서 HTML 기반의 콘텐츠를 쉽게 인쇄할 수 있다. 이때 콘텐츠는 런타임 시에 앱에서 동적으로 생성한 HTML이거나 WebView 인스턴스에 로드된 기존 웹 페이지가 될 수 있다. 동적으 로 생성된 HTML의 경우는 WebViewClient 인스턴스를 사용하는 것이 중요하다. 생성된 HTML이 WebView로 완전히 로드된 다음에 인쇄가 시작되어야 하기 때문이다.

86

안드로이드 커스텀 문서 인쇄

앞의 두 장에서 보았듯이, 콘텐츠가 이미지나 HTML 형태인 경우에 안드로이드 인쇄 프레임워크를 사용하면 앱에 상대적으로 쉽게 인쇄 지원 기능을 구현할 수 있다. 그리고 더 복잡한 인쇄 요구 사항은 인쇄 프레임워크의 커스텀 문서 인쇄 기능을 사용하여 충족할 수 있다.

86.1 안드로이드 커스텀 문서 인쇄 개요

간단히 말해, 커스텀 문서 인쇄에서는 캔버스를 사용해서 출력 문서의 페이지를 나타낸다. 앱에서는 인쇄될 콘텐츠를 도형, 색상, 텍스트, 이미지의 형태로 캔버스에 그린다. 캔버스는 안드로이드 Canvas 클래스의 인스턴스로 나타내므로 풍부한 그리기 옵션을 선택할 수 있다. 그리고 모든 페이지를 그린 다음에 문서를 인쇄하면 된다.

어찌 보면 매우 간단하게 보이지만 실제로는 수행할 작업이 많다. 각 작업을 요약하면 다음과 같다.

- PrintDocumentAdapter 클래스의 서브 클래스로 커스텀 인쇄 어댑터를 구현한다.
- 안드로이드 인쇄 매니저 서비스의 객체 참조를 얻는다.
- 문서 페이지를 저장하기 위해 PdfDocument 클래스의 인스턴스를 생성한다.
- 각 페이지를 PdfDocument.Page 인스턴스의 형태로 PdfDocument에 추가한다.
- 각 문서 페이지와 연관된 Canvas 객체 참조를 얻는다.
- 각 페이지 캔버스에 콘텐츠를 그린다.
- 인쇄 프레임워크에서 제공하는 출력 스트림으로 PDF 문서를 쓴다.
- 문서의 인쇄 준비가 끝났다고 인쇄 프레임워크에 알린다.

이번 장에서는 커스텀 문서 인쇄의 구현 방법을 보여 주기 위해 설계된 예제 프로젝트를 생성하여 실제 이런 작업을 해볼 것이다.

86.1.1 커스텀 인쇄 어댑터

인쇄 어댑터의 역할은 인쇄 프레임워크에 인쇄될 콘텐츠를 제공하고 사용자의 선택에 맞게 형식을 만드는 것이다(이때 용지 크기와 페이지 방향 등을 고려한다).

HTML과 이미지를 인쇄할 때는 작업의 대부분을 인쇄 어댑터가 수행한다. 인쇄 어댑터는 안드로이드 인쇄 프레임워크의 일부로 제공되며, 그런 특정 작업을 위해 특별히 설계된 것이다. 예를 들어, 웹 페이지를 인쇄할 때는 WebView 클래스 인스턴스의 createPrintDocumentAdapter() 함수를 호출할 때 인쇄 어댑터가 생성된다. 그러나 커스텀 문서 인쇄의 경우는 앱 개발자가 인쇄 어댑터를 설계하고 코드로 구현해야 한다. 콘텐츠를 그리고 출력 형식을 만드는 인쇄 준비 작업을 하기 위해서다.

커스텀 인쇄 어댑터는 PrintDocumentAdapter 클래스의 서브 클래스로 생성하며, 이 클래스의 콜백 함수를 오버라이딩해야 한다. 콜백 함수는 인쇄 작업의 여러 단계에서 인쇄 프레임워크가 자동으로 호출한다. 콜백 함수를 요약하면 다음과 같다.

- **onStart()** — 이 함수는 인쇄 작업이 시작될 때 호출된다. 앱 코드에서는 인쇄 작업의 생성 준비에 필요한 일을 이 함수에서 수행할 수 있다. PrintDocumentAdapter의 서브 클래스에서는 필요할 때만 이 함수를 구현하면 된다.

- **onLayout()** — 이 함수는 onStart() 함수가 호출된 다음에 호출된다. 그리고 사용자가 인쇄 설정을 변경할 때마다 다시 호출된다. 예를 들어, 페이지 방향이나 크기, 컬러 설정을 변경하는 경우다. 이 함수에서는 그런 설정 변경에 맞도록 콘텐츠와 레이아웃을 조정해야 한다. 그리고 모든 변경이 완료되면 인쇄될 페이지 수를 반환해야 한다. PrintDocumentAdapter의 서브 클래스에서는 반드시 이 함수를 구현해야 한다.

- **onWrite()** — 이 함수는 onLayout() 함수 다음에 호출되며, 인쇄될 페이지의 캔버스에 콘텐츠를 렌더링한다. 그리고 모든 페이지의 렌더링이 완료되면 인자로 받은 파일 디스크립터를 사용해서 PDF 문서로 출력한다. 그다음에 인쇄될 페이지 범위 정보를 포함하는 인자를 전달하여 onWriteFinished() 함수를 호출한다. PrintDocumentAdapter의 서브 클래스에서는 반드시 onWrite() 함수를 구현해야 한다.

- **onFinish()** — 필요할 때만 구현하는 함수이며, 인쇄 작업이 완료될 때 인쇄 프레임워크가 한 번 호출한다. 앱에서 사용하던 리소스를 해제하는 작업이 필요할 때만 이 함수를 구현하면 된다.

86.2 커스텀 문서 인쇄 프로젝트 준비하기

새 프로젝트를 생성하자. 안드로이드 스튜디오 메인 메뉴의 File ➡ New ➡ New Project...를 선택하거나 웰컴 스크린에서 New Project 버튼을 클릭한다. '프로젝트 템플릿 선택' 대화상자가 나타나면 Phone and Tablet과 Empty Activity를 선택하고 Next 버튼을 누른다.

Name 필드에 CustomPrint를 입력하고 Package name에는 com.ebookfrenzy.customprint를 입력한다. 그리고 Language가 Kotlin인지 확인하고 Minimum SDK는 API 26: Android 8.0 (Oreo)를 선택한다. 또한, Use legacy android.support libraries가 체크 해제되어 있는지 확인하고 Finish 버튼을 누른다.

레이아웃 편집기 창에 열린 activity_main.xml 레이아웃 리소스 파일을 선택하고 디자인 모드로 변경하자. 그리고 'Hello World!'를 보여 주는 TextView 객체를 컴포넌트 트리에서 선택하고, 키보드의 Del 키를 눌러 레이아웃에서 삭제하자. 팔레트의 Common 부류에 있는 Button을 마우스로 끌어서 레이아웃의 정중앙(수평과 수직의 점선이 교차되는 지점)에 놓은 후 속성 창의 text 속성에 Print Document를 입력하고 문자열 리소스로 추출한다(3장의 그림 3-13부터 3-15 참고). 또한, onClick 속성을 찾아 속성값으로 printDocument를 입력한다. 이것은 버튼을 클릭했을 때 문서 인쇄를 시작시키는 함수다. 그리고 툴바의 제약 추론 버튼을 클릭하여 적합한 제약이 자동으로 추가되게 한다(26장의 26.3절 참고). 만일 왼쪽이나 오른쪽 제약 연결점이 연결되지 않았다면(용수철 모양의 연결선이 없을 때) 해당 연결점을 끌어서 부모 레이아웃으로 연결한다. 완성된 사용자 인터페이스는 그림 86-1과 같다.

그림 86-1

86.3 커스텀 인쇄 어댑터 생성하기

안드로이드 앱에서 커스텀 문서 인쇄를 구현하는 개발 작업의 대부분은 커스텀 인쇄 어댑터 클래스를 생성하는 데 소요된다. 다음 코드에서는 onLayout()과 onWrite() 콜백 함수를 구현하는 인쇄 어댑터를 사용한다. 편집기 창에 열린 MainActivity.kt 파일에 다음의 커스텀 인쇄 어댑터 내부 클래스를 추가하자(현재는 콜백 함수의 실행 코드가 없다).

```
package com.ebookfrenzy.customprint

import androidx.appcompat.app.AppCompatActivity
import android.os.Bundle
import android.os.ParcelFileDescriptor
import android.print.PageRange
import android.print.PrintAttributes
import android.print.PrintDocumentAdapter
import android.os.CancellationSignal
import android.content.Context

class MainActivity : AppCompatActivity() {
    .
    .
    inner class MyPrintDocumentAdapter(private var context: Context)
        : PrintDocumentAdapter() {
        override fun onLayout(oldAttributes: PrintAttributes,
                              newAttributes: PrintAttributes,
                              cancellationSignal: CancellationSignal?,
                              callback: LayoutResultCallback?,
                              metadata: Bundle?) {
        }

        override fun onWrite(pageRanges: Array<out PageRange>?,
                             destination: ParcelFileDescriptor?,
                             cancellationSignal: android.os.CancellationSignal?,
                             callback: WriteResultCallback?) {
        }
    }
}
```

새로 추가된 인쇄 어댑터 내부 클래스의 생성자에서 인자로 받는 호출 액티비티의 컨텍스트는 속성에 저장된다. 나중에 두 개의 콜백 함수에서 참조하여 사용하기 위해서다.

이제 두 콜백 함수의 실행 코드를 구현할 것이다. 우선, onLayout() 함수부터 시작하자.

86.4 onLayout() 콜백 함수 구현하기

우선 앞으로 필요한 import 문부터 MainActivity.kt 파일에 추가하자.

```
package com.ebookfrenzy.customprint
.
.
import android.print.PrintDocumentInfo
import android.print.pdf.PrintedPdfDocument
import android.graphics.pdf.PdfDocument
import java.io.FileOutputStream
import java.io.IOException
```

```
class MainActivity : AppCompatActivity() {
    .
    .
}
```

다음은 onLayout() 함수에서 사용되는 변수를 MyPrintDocumentAdapter 내부 클래스에 추가하자.

```
inner class MyPrintDocumentAdapter(private var context: Context)
        : PrintDocumentAdapter() {
    private var pageHeight: Int = 0
    private var pageWidth: Int = 0
    private var myPdfDocument: PdfDocument? = null
    private var totalpages = 4
    .
    .
}
```

여기서는 4페이지 분량의 문서를 인쇄할 것이므로 totalpages 변수의 값으로 4를 지정하였다. 그러나 일반적으로는 인쇄될 페이지 수를 앱에서 동적으로 계산하는 것이 좋다. 이때 사용자의 선택(용지 크기와 페이지 방향)과 연관시켜 콘텐츠의 양과 레이아웃을 기준으로 계산한다.

그다음에 다음 코드를 onLayout() 함수에 추가하자.

```
override fun onLayout(oldAttributes: PrintAttributes,
                      newAttributes: PrintAttributes,
                      cancellationSignal: CancellationSignal?,
                      callback: LayoutResultCallback?,
                      metadata: Bundle?) {

    myPdfDocument = PrintedPdfDocument(context, newAttributes)

    val height = newAttributes.mediaSize?.heightMils
    val width = newAttributes.mediaSize?.heightMils

    height?.let {
        pageHeight = it / 1000 * 72
    }

    width?.let {
        pageWidth = it / 1000 * 72
    }

    cancellationSignal?.let {
        if (it.isCanceled) {
            callback?.onLayoutCancelled()
```

```
        return
    }
}

if (totalpages > 0) {
    val builder =
            PrintDocumentInfo.Builder("print_output.pdf").setContentType(
                PrintDocumentInfo.CONTENT_TYPE_DOCUMENT)
                .setPageCount(totalpages)

    val info = builder.build()
    callback?.onLayoutFinished(info, true)
} else {
    callback?.onLayoutFailed("Page count is zero.")
}
}
```

이 함수에서 수행하는 작업을 조금 더 자세히 알아보자.

우선, 새로운 PDF 문서를 PdfDocument 클래스 타입의 인스턴스로 생성한다. 인쇄 프레임워크에 의해 onLayout() 함수가 호출될 때 전달되는 인자 중 하나는 PrintAttributes 타입의 객체다. 이 객체는 사용자가 인쇄 출력으로 선택한 용지 크기, 해상도, 컬러 설정에 관한 정보를 포함한다. 이 설정은 PDF 문서를 생성할 때 사용되며, 앞에서 우리 커스텀 인쇄 어댑터 내부 클래스(MyPrintDocumentAdapter)의 생성자에서 저장했던 액티비티의 컨텍스트와 함께 Printed PdfDocument 클래스 생성자의 인자로 전달된다.

```
myPdfDocument = PrintedPdfDocument(context, newAttributes)
```

그리고 PrintAttributes 객체를 사용해서 문서 페이지의 높이$_{height}$와 너비$_{width}$ 값을 추출한다. 이때 추출된 높이와 너비 값은 1/1000인치 단위이므로 1인치 단위로 변환하기 위해 1000으로 나눈다. 그리고 나중에 이 값을 1/72인치 단위로 사용할 것이므로 72를 곱한 것이다.

```
val height = newAttributes?.mediaSize?.heightMils
val width = newAttributes?.mediaSize?.heightMils

height?.let {
    pageHeight = it / 1000 * 72
}

width?.let {
    pageWidth = it / 1000 * 72
}
```

여기서는 사용자가 선택한 컬러 속성을 사용하지 않았지만, 이 속성의 값은 PrintAttributes 객체의 getColorMode() 함수를 호출하여 얻을 수 있다. 이 함수는 COLOR_MODE_COLOR 또는 COLOR_MODE_MONOCHROME 중 하나의 값을 반환한다.

onLayout() 함수가 호출될 때는 LayoutResultCallback 타입의 객체가 인자로 전달된다. 이 객체는 자신의 여러 함수를 통해 onLayout() 함수의 상태 정보를 인쇄 프레임워크에 알려 주는 방법을 제공한다. 예를 들어, 사용자가 인쇄 작업을 취소하면 onLayout() 함수의 실행이 취소되어야 한다. 작업이 취소되면 onLayout() 함수가 인자로 받은 CancellationSignal 객체의 isCanceled 속성값이 true가 된다. 이때는 onLayout() 함수에서 LayoutResultCallback 객체의 onLayoutCancelled() 함수를 호출하여 인쇄 프레임워크에 그 사실(취소 요청을 받아서 작업이 취소되었다는)을 알려 주어야 한다.

```
cancellationSignal?.let {
    if (it.isCanceled) {
        callback?.onLayoutCancelled()
        return
    }
}
```

작업이 완료될 때 onLayout() 함수는 LayoutResultCallback 객체의 onLayoutFinished() 함수를 호출해야 한다. 이때 두 개의 인자를 전달한다. 첫 번째 인자는 PrintDocumentInfo 객체이며, 이 객체는 인쇄될 문서에 관한 정보를 포함한다. 이 정보에는 PDF 문서의 이름, 콘텐츠 타입(여기서는 이미지가 아닌 PDF 문서), 페이지 수가 포함된다. 두 번째 인자는 Boolean 값이며, onLayout() 함수가 마지막으로 호출된 이후에 레이아웃이 변경되었는지 여부를 나타낸다.

```
if (totalpages > 0) {
    val builder = PrintDocumentInfo.Builder("print_output.pdf").setContentType(
            PrintDocumentInfo.CONTENT_TYPE_DOCUMENT)
                .setPageCount(totalpages)

    val info = builder.build()
    callback?.onLayoutFinished(info, true)
} else {
    callback?.onLayoutFailed("Page count is zero.")
}
```

페이지 수가 0인 경우에는 LayoutResultCallback 객체의 onLayoutFailed() 함수를 호출하여 인쇄 프레임워크에 작업 실패를 알린다.

onLayoutFinished() 함수를 호출하면 작업이 완료되었음을 인쇄 프레임워크에 알려 주게 되므로 이어서 onWrite() 함수가 호출된다.

86.5 onWrite() 콜백 함수 구현하기

onWrite() 콜백 함수는 문서 페이지를 렌더링한 다음에 문서가 인쇄될 준비가 되었다고 인쇄 프레임워크에 알려 주는 일을 수행한다. 다음과 같이 onWrite() 함수에 코드를 추가하자.

```
override fun onWrite(pageRanges: Array<out PageRange>?,
                     destination: ParcelFileDescriptor,
                     cancellationSignal: android.os.CancellationSignal?,
                     callback: WriteResultCallback?) {

    for (i in 0 until totalpages) {
        if (pageInRange(pageRanges, i)) {
            val newPage = PdfDocument.PageInfo.Builder(pageWidth,
                    pageHeight, i).create()

            val page = myPdfDocument?.startPage(newPage)

            cancellationSignal?.let {
                if (it.isCanceled) {
                    callback?.onWriteCancelled()
                    myPdfDocument?.close()
                    myPdfDocument = null
                    return
                }
            }

            page?.let {
                drawPage(it, i)
            }

            myPdfDocument?.finishPage(page)
        }
    }

    try {
        myPdfDocument?.writeTo(FileOutputStream(
                destination?.fileDescriptor))
    } catch (e: IOException) {
        callback?.onWriteFailed(e.toString())
        return
    } finally {
        myPdfDocument?.close()
        myPdfDocument = null
    }

    callback?.onWriteFinished(pageRanges)
}
```

onWrite() 함수는 문서의 각 페이지를 반복 처리하는 루프로 시작된다. 그러나 문서를 구성하는 모든 페이지의 인쇄를 사용자가 요청하지 않았을 수도 있다는 것을 고려해야 한다. 실제로 인쇄 프레임워크 사용자 인터페이스 패널에는 인쇄될 특정 페이지 또는 페이지 범위를 지정하는 옵션이 있다. 예를 들어, 그림 86-2에서는 페이지를 4페이지 범위로 선택한 후 문서의 1-2페이지와 4페이지를 인쇄하도록 지정한 패널을 보여 준다.

그림 86-2

인쇄될 페이지를 PDF 문서로 쓸 때 onWrite() 함수에서는 사용자가 지정한 페이지만 인쇄되도록 해야 한다. 따라서 인쇄 프레임워크에서는 인쇄될 페이지 범위를 나타내는 PageRange 객체 배열을 인자로 전달한다. 앞의 onWrite() 함수에서는 pageInRange() 함수가 페이지마다 호출되어 지정된 범위 안에 있는 페이지인지 확인한다. pageInRange() 함수의 실행 코드는 이번 장 후반부에서 구현할 것이다.

```
for (i in 0 until totalpages) {
    if (pageInRange(pageRanges, i)) {
```

지정된 범위 안에 있는 페이지의 경우에는 새로운 페이지 객체인 PdfDocument.Page가 생성된다. 이때 onLayout() 함수에서 이전에 저장했던 높이와 너비 값이 인자로 전달된다. 사용자가 선택한 인쇄 옵션에 페이지 크기를 맞추기 위해서다.

```
val newPage = PageInfo.Builder(pageWidth, pageHeight, i).create()
val page = myPdfDocument?.startPage(newPage)
```

onLayout() 함수처럼 onWrite() 함수에서도 취소 요청에 응답할 필요가 있다. 이때는 취소가 수행되었다고 인쇄 프레임워크에 알리고, 파일을 닫으며, 파일 객체 참조 변수인 myPdfDocument를 null로 지정한다.

```
cancellationSignal?.let {
    if (it.isCanceled) {
        callback?.onWriteCancelled()
        myPdfDocument?.close()
        myPdfDocument = null
        return
    }
}
```

인쇄 작업이 취소되지 않고 정상적으로 수행될 때는 현재 페이지에 콘텐츠를 그리는 drawPage() 함수를 호출하여 페이지를 완성한 후, myPdfDocument 객체의 finishPage() 함수를 호출하여 PDF 문서 페이지로 구성한다.

```
page?.let {
    drawPage(it, i)
}
myPdfDocument?.finishPage(page)
```

콘텐츠를 페이지에 그리는 drawPage() 함수는 더 뒤에서 구현할 것이다.

필요한 페이지가 PDF 문서로 추가되면 onWrite() 함수의 인자로 전달된 파일 디스크립터를 사용해서 파일에 문서를 쓴다. 만일 어떤 이유로든 쓰기에 실패하면, onWrite() 함수의 인자로 전달된 WriteResultCallback 객체의 onWriteFailed() 함수를 호출하여 인쇄 프레임워크에 알린다.

```
try {
    myPdfDocument?.writeTo(FileOutputStream(
            destination?.fileDescriptor))
} catch (e: IOException) {
    callback?.onWriteFailed(e.toString())
    return
} finally {
    myPdfDocument?.close()
    myPdfDocument = null
}
```

끝으로, WriteResultsCallback 객체의 onWriteFinish() 함수를 호출하여 문서가 인쇄될 준비가 되었다고 인쇄 프레임워크에 알린다.

86.6 페이지가 인쇄 범위에 있는지 확인하기

앞에서 이야기했듯이, onWrite() 함수가 호출될 때 PageRange 객체를 저장한 배열이 인자로 전달된다. 이 객체는 인쇄되는 문서의 페이지 범위를 나타낸다. PageRange 클래스는 페이지 범위의 시작과 끝 페이지를 저장하도록 설계되었으며, 시작과 끝 페이지는 이 클래스의 getStart()와 getEnd() 함수를 사용해서 얻을 수 있다.

앞의 onWrite() 함수에서는 PageRange 객체를 저장한 배열과 페이지 번호를 인자로 받는 pageInRange() 함수를 호출하였다. 이 함수에서는 지정된 페이지 번호가 지정된 범위 안에 있는지 확인하는 일을 수행한다. pageInRange() 함수는 다음과 같이 MainActivity.kt에 있는 MyPrint DocumentAdapter 클래스 내부에 구현하면 된다.

```
inner class MyPrintDocumentAdapter(private var context: Context) :
                               PrintDocumentAdapter() {
    .
    .
    private fun pageInRange(pageRanges: Array<out PageRange>?, page: Int):
        Boolean {

        pageRanges?.let {
            for (i in it.indices) {
                if (page >= it[i].start && page <= it[i].end)
                    return true
            }
        }
        return false
    }
}
```

이제는 인쇄될 페이지에 콘텐츠를 그리는 코드를 작성할 때가 되었다. 당연하지만, 그리는 콘텐츠는 앱에 따라 완전히 다르며, 안드로이드 Canvas 클래스를 사용해서 그릴 수 있는 것으로 제한된다. 여기서는 간단한 텍스트와 그래픽을 캔버스에 그릴 것이다.

우리 앱에서는 onWrite() 함수에서 drawPage() 함수를 호출한다. drawPage() 함수는 현재 페이지를 나타내는 PdfDocument.Page 객체와 페이지 번호를 나타내는 정수를 인자로 받는다. MainActivity.kt 파일에 다음과 같이 drawPage() 함수를 추가하자.

```
package com.ebookfrenzy.customprint
.
.
import android.graphics.Color
import android.graphics.Paint

class MainActivity : AppCompatActivity() {
    .
    .
    inner class MyPrintDocumentAdapter(private var context: Context)
        : PrintDocumentAdapter() {
        .
        .
        private fun drawPage(page: PdfDocument.Page,
                             pagenumber: Int) {
            var pagenum = pagenumber
            val canvas = page.canvas

            pagenum++ // 페이지 번호가 1부터 시작하게 한다
```

```
                val titleBaseLine = 72
                val leftMargin = 54

                val paint = Paint()
                paint.color = Color.BLACK
                paint.textSize = 40f
                canvas.drawText(
                        "Test Print Document Page " + pagenum,
                        leftMargin.toFloat(),
                        titleBaseLine.toFloat(),
                        paint)

                paint.textSize = 14f
                canvas.drawText(
                    "This is some test content to verify that custom document printing works",
                        leftMargin.toFloat(), (titleBaseLine + 35).toFloat(),
                        paint)

                if (pagenum % 2 == 0)
                    paint.color = Color.RED
                else
                    paint.color = Color.GREEN

                val pageInfo = page.info

                canvas.drawCircle((pageInfo.pageWidth / 2).toFloat(),
                        (pageInfo.pageHeight / 2).toFloat(),
                        150f,
                        paint)
        }
    }
}
```

onWrite() 함수의 루프문에서 drawPage() 함수를 호출하면서 인자로 전달하는 페이지 번호는 0부터 시작한다. 그러나 통상적으로 문서의 페이지 번호는 1부터 시작하므로 drawPage()에서는 우선 페이지 번호를 하나 증가시키면서 시작한다. 그런 다음, 페이지와 연관된 Canvas 객체의 참조를 얻고 여백과 기본값을 선언한다.

```
var pagenum = pagenumber
val canvas = page.canvas

pagenum++ // 페이지 번호가 1부터 시작하게 한다

val titleBaseLine = 72
val leftMargin = 54
```

그런 다음, 그리기에 사용되는 Paint와 Color 객체를 생성하고 텍스트 크기를 설정한 후에 페이지 제목 텍스트와 현재 페이지 번호를 그린다.

```
val paint = Paint()
paint.color = Color.BLACK
paint.textSize = 40f
canvas.drawText(
        "Test Print Document Page " + pagenum,
        leftMargin.toFloat(),
        titleBaseLine.toFloat(),
        paint)
```

다음으로, 텍스트 크기를 줄이고 제목 밑에 본문 텍스트를 그린다.

```
paint.textSize = 14f
canvas.drawText(
        "This is some test content to verify that custom document printing works",
        leftMargin.toFloat(), (titleBaseLine + 35).toFloat(), paint)
```

이 함수에서 수행되는 마지막 작업은 원을 그리는 것이다. 이때 짝수 페이지에는 빨간색 원을 그리고, 홀수 페이지에는 초록색 원을 그린다. 페이지가 홀수 또는 짝수 중 어느 것인지 확인한 후에는 페이지 높이와 너비를 얻고 페이지 중앙에 원을 위치시키기 위해 그 값을 사용한다.

```
if (pagenum % 2 == 0)
    paint.color = Color.RED
else
    paint.color = Color.GREEN

val pageInfo = page.info

canvas.drawCircle((pageInfo.pageWidth / 2).toFloat(),
        (pageInfo.pageHeight / 2).toFloat(),
        150f, paint)
```

캔버스에 그리기 작업이 완료되면 onWrite() 함수로 제어가 복귀된다.

drawPage() 함수까지 작성되었으므로 이제는 MyPrintDocumentAdapter 클래스가 완성된 것이다.

86.8 인쇄 작업 시작시키기

Print Document 버튼을 사용자가 터치하면 OnClick 이벤트 처리 함수인 printDocument()가 호출된다(이번 장 앞에서 버튼의 onClick 속성에 지정했기 때문이다). 따라서 이 함수를 MainActivity.kt 파일에 추가할 필요가 있다. 이 함수는 MyPrintDocumentAdapter 내부 클래스의 밖에 추가해야 한다는 것에 유의하자.

```
package com.ebookfrenzy.customprint
.
.
import android.print.PrintManager
import android.view.View

class MainActivity : AppCompatActivity() {
    .
    .
    fun printDocument(view: View) {
        val printManager = this
                .getSystemService(Context.PRINT_SERVICE) as PrintManager
        val jobName = this.getString(R.string.app_name) + " Document"
        printManager.print(jobName, MyPrintDocumentAdapter(this), null)
    }
}
```

이 함수에서는 인쇄 매니저 서비스 객체의 참조를 얻는다. 그리고 인쇄 작업의 이름을 갖는 String 객체를 생성한 후에 인쇄 매니저의 print() 함수를 호출하여 인쇄 작업을 시작시킨다. 이때 작업 이름과 커스텀 인쇄 문서 어댑터 클래스의 인스턴스를 인자로 전달한다.

86.9 앱 테스트하기

실제 장치나 에뮬레이터에서 앱을 실행하자. 앱이 실행되면 Print Document 버튼을 눌러서 인쇄 작업을 시작시킨다. 그리고 프린터 선택 드롭다운에서 PDF로 저장하거나 프린터로 출력하자(용지와 프린터 잉크의 낭비를 막는 데는 'PDF로 저장' 옵션이 유용하다).

텍스트와 그래픽을 포함하는 4페이지 분량의 문서가 인쇄 출력으로 나왔는지 확인해 보자. 예를 들어, 그림 86-3에서는 PDF로 저장을 선택했을 때 장치에 저장할 준비가 된 PDF 파일로 4페이지의 문서를 보여 준다(에뮬레이터에서 앱을 실행하고 가로 모드로 회전하면 이렇게 보인다).

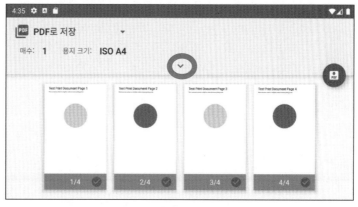

그림 86-3

그리고 그림 86-3에 원으로 표시한 화살표를 클릭하여 확장하면 그림 86-2와 같이 인쇄 옵션이 나타난다. 다른 인쇄 옵션(용지 크기와 방향 및 페이지 선택 등)을 선택하여 테스트해 보자. 각 설정 변경이 인쇄 출력에 반영될 것이다. 이것은 곧 커스텀 인쇄 문서 어댑터가 제대로 동작한다는 것을 나타낸다.

86.10 요약

안드로이드 인쇄 프레임워크의 커스텀 문서 인쇄는 HTML과 이미지 인쇄보다 구현하기가 더 복잡하다. 하지만 많은 유연성을 제공하므로 안드로이드 앱의 복잡한 콘텐츠를 인쇄하는 데 사용할 수 있다. 커스텀 문서 인쇄를 구현하는 개발 작업의 대부분은 커스텀 인쇄 어댑터 클래스를 생성하는 데 소요된다. 이 클래스에서는 문서 페이지의 콘텐츠를 그리는 것은 물론이고, 사용자의 인쇄 설정 변경(인쇄될 페이지 크기와 페이지 범위 등)에 올바르게 응답해야 하기 때문이다.

CHAPTER 87

안드로이드 앱 링크

기술이 발전하면서 웹 콘텐츠와 모바일 콘텐츠 간의 차이가 모호해지기 시작했다. 이것은 특히 모바일 앱처럼 작동하는 혁신적인 웹 앱의 인기가 상승하면서 더욱 그렇다. 그리고 모바일 앱의 콘텐츠를 웹 검색이나 URL 링크를 통해서 찾을 수 있게 하는 것도 또 다른 추세가 되고 있다. 안드로이드 앱 개발에서는 안드로이드 앱에 저장된 콘텐츠를 사용자가 더 쉽게 검색하고 사용할 수 있도록 하기 위해 앱 링크App Link 기능이 특별히 설계되었다.

87.1 안드로이드 앱 링크 개요

앱 링크는 표준 HTTP URL이며, 웹사이트나 앱 등의 외부 소스로부터 우리 앱에 있는 특정 위치 (예를 들어, 액티비티)로 직접 연결하는 쉬운 방법을 제공한다. 앱 링크(딥deep 링크라고도 함)는 사용자가 링크 URL을 통해 앱에 연결하여 앱 콘텐츠를 공유할 수 있게 하는 데 주로 사용된다.

앱 링크를 구현하려면 다음의 처리가 필요하다. 즉, 프로젝트의 매니페스트에 인텐트 필터 추가, 관련 앱 액티비티에 링크 처리 코드 구현, 앱과 웹 기반 콘텐츠를 연관시키기 위한 디지털 에셋 파일 사용이다.

이런 처리는 프로젝트를 우리가 직접 변경해서 하거나 안드로이드 스튜디오 앱 링크 어시스턴트를 사용해서 자동으로 할 수 있다.

이번 장의 나머지 부분에서는 앱 링크를 구현하기 위해 프로젝트를 직접 변경할 때 필요한 내용을 알아볼 것이다. 그리고 다음 장에서는 안드로이드 스튜디오 앱 링크 어시스턴트를 사용해서 같은 결과를 얻는 방법을 보여 줄 것이다.

87.2 앱 링크 인텐트 필터

앱 링크 URL은 앱 프로젝트의 특정 액티비티에 연결되어야 한다. 이것은 android.intent.action. VIEW 액션에 대응하는 인텐트 필터를 프로젝트의 매니페스트 파일(AndroidManifest.xml)에 추가하여 할 수 있다. 이 인텐트 필터는 앱 링크로 시작되는 액티비티의 요소에 선언되며, 데이터(통신 프로토콜, 호스트, 앱 링크 URL의 경로)를 포함해야 한다. 예를 들어, 다음의 매니페스트 선언에서는 http://www.example.com/welcome과 일치하는 앱 링크가 인지될 때 MyActivity라는 액티비티를 시작시키기 위한 인텐트 필터를 선언한다.

```
<activity android:name="com.ebookfrenzy.myapp.MyActivity">

    <intent-filter>
        <action android:name="android.intent.action.VIEW" />
        <category android:name="android.intent.category.DEFAULT" />
        <category android:name="android.intent.category.BROWSABLE" />

        <data
            android:scheme="http"
            android:host="www.example.com"
            android:pathPrefix="/welcome" />
    </intent-filter>
</activity>
```

인텐트 필터는 앱 링크가 올바른 액티비티를 시작시키게 해준다. 그러나 인텐트를 올바르게 처리하기 위해 대상 액티비티에 여전히 코드를 구현해야 한다.

87.3 앱 링크 인텐트 처리하기

앱 링크로 시작된 앱의 액티비티는 앱 링크 URL을 사용해서 지정된 액션을 처리해야 한다. 예를 들어, 앞에서와 같이 /welcome/newuser 경로를 포함하는 URL을 통해 시작된 앱의 액티비티가 보여 주는 콘텐츠는 경로가 /welcome/existinguser일 때와 다를 것이다.

액티비티가 앱 링크로 시작될 때는 앱 링크 URL을 갖는 Uri 객체와 액션 문자열을 포함하는 인텐트 객체가 전달된다. 따라서 액티비티를 초기화할 때 그런 데이터를 추출하는 코드를 다음과 같이 추가할 수 있다.

```
val appLinkIntent = intent
val appLinkAction = appLinkIntent.action
val appLinkData = appLinkIntent.data
```

이 코드는 액티비티가 시작될 때 전달된 Intent 객체 참조와 액션 문자열 및 앱 링크 URL을 갖는 Uri를 가져온다.

그다음에 URL 경로에서 액션 문자열을 추출하여 액티비티에서 어떤 액션을 수행할지 결정한다. 예를 들어, 다음 코드에서는 URL 경로의 끝부분(예를 들어, 경로가 /welcome/newuser일 때는 newuser)
을 사용해서 해당 사용자(신규 또는 기존)에 적합한 콘텐츠를 보여 준다.

```
val userType = appLinkData.lastPathSegment

if (userType == "newuser") {
    // 신규 사용자의 콘텐츠를 보여 준다
} else {
    // 기존 사용자의 콘텐츠를 보여 준다
}
```

87.4 앱을 웹사이트와 연관시키기

기본적으로 안드로이드는 그림 87-1의 패널을
사용해서 앱 링크를 처리하기 위한 다양한 옵션
을 사용자에게 제공한다. 이 패널은 대개 크롬
브라우저와 대상 앱으로 구성된다.

그러나 앱 링크 URL은 지정된 앱을 바로 시작
시킬 수 있어야 한다. 따라서 앱 링크 URL이 이
렇게 패널에 나타나는 것을 방지하려면 앱 링크
의 기반이 되는 웹사이트와 앱 링크가 연결되어
야 한다. 이것은 assetlinks.json이라는 DAL(Digital)

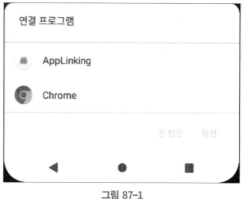

그림 87-1

Assets Link) 파일을 생성하고 이것을 해당 웹사이트의 .well-known 폴더에 설치하여 할 수 있다. 단,
이 방법은 https 기반 웹사이트에만 가능하다.

DAL 파일은 해당 웹사이트의 링크 URL을 사용해서 대상 앱을 시작시키는 권한을 주는 relation
문, 그리고 프로젝트의 앱 패키지 이름과 SHA-256 인증 지문을 선언하는 target 문으로 구성된다.
예를 들면 다음과 같다.

```
[{
    "relation": ["delegate_permission/common.handle_all_urls"],
    "target" : { "namespace": "android_app",
        "package_name": "<app package name here>",
            "sha256_cert_fingerprints": ["<app certificate here>"] }
}]
```

assetlinks.json 파일은 다수의 디지털 에셋 링크를 포함할 수 있으므로 한 웹사이트가 하나 이상의
앱과 연결될 수 있다.

안드로이드 앱 링크는 외부 웹사이트나 다른 앱의 URL 링크를 통해서 앱 액티비티가 시작되게 해준다. 앱 링크는 프로젝트 매니페스트 파일의 인텐트 필터 및 시작되는 액티비티의 인텐트 처리 코드를 조합하여 구현한다. 또한, Digital Assets Link 파일을 사용해서 앱 링크에 사용되는 도메인 이름을 이와 대응되는 웹사이트에 연결시킬 수도 있다. 그리고 연결을 얻으면, 앱 링크가 사용될 때 대상 앱의 선택을 안드로이드가 더 이상 사용자에게 요구하지 않는다.

88 앱 링크 예제 프로젝트

이번 장에서는 안드로이드 앱 링크App Link와 안드로이드 스튜디오 앱 링크 어시스턴트App Links Assistant
의 실제 사용 예를 알아본다. 이때 기존 안드로이드 앱에 앱 링크 지원 기능을 추가하여 앱 링크
URL을 통해 액티비티가 시작될 수 있게 할 것이다.

88.1 예제 앱에 관하여

이번 장에 사용되는 프로젝트 이름은 AppLinking이며, 이것은 사용자가 영국 런던의 명소landmark
에 관한 정보를 찾을 수 있도록 설계된 기본적인 앱이다. 이 앱은 표준 안드로이드 콘텐트 제공
자content provider 클래스를 통해 액세스하는 SQLite 데이터베이스를 사용하며, 이 데이터베이스에는
런던의 일부 여행 명소 데이터가 저장되어 있다. 또한, AppLinking 앱에서는 사용자가 기존 레코드
의 검색과 삭제, 새로운 레코드 추가를 할 수 있다.

AppLinking 프로젝트는 두 개의 액티비티로 구성된다. AppLinkingActivity와 LandmarkActivity
다. AppLinkingActivity는 앱이 실행될 때 시작되는 메인 액티비티이며, 사용자가 검색 조건을 입
력하거나 새로운 레코드를 데이터베이스에 추가할 수 있게 해준다. 그리고 검색 시에 일치하는 레코
드를 찾으면 LandmarkActivity가 시작되어 관련 명소의 정보를 보여 준다.

이번 장에서는 앱 링크 지원 기능을 AppLinking 앱에 추가하여 앱에서 URL을 사용하여 특정 명
소 레코드를 보여 줄 수 있게 할 것이다.

88.2 데이터베이스 스키마

AppLinking 앱의 데이터는 SQLite 데이터베이스 파일인 landmarks.db 파일에 저장되어 있으며,
이 파일은 프로젝트 도구 창의 app ➡ assets ➡ databases 폴더에 있다. 이 데이터베이스에는
locations 테이블이 하나 있으며 이 테이블의 구조는 표 88-1에 나타나 있다.

표 88-1

열	타입	설명
_id	String	기본 키이며 명소를 고유하게 식별하는 문자열 값을 포함한다.
Title	String	명소의 이름(예를 들어, London Bridge)
description	String	명소의 설명
personal	Boolean	개인 또는 공공 중 어느 것인지를 나타낸다. 사용자가 추가한 모든 레코드는 이 값이 true이며, 기존 제공된 레코드는 false임

88.3 프로젝트 실행하기

다운로드받은 프로젝트 소스 코드의 Ch88_Before 디렉터리 밑에 있는 AppLinking 프로젝트를 안드로이드 스튜디오에서 열자(안드로이드 스튜디오 메인 메뉴의 File ➡ Open... 또는 웰컴 스크린에서 Open 버튼을 클릭한 후 대화상자에서 Ch88_Before 디렉터리 밑의 AppLinking 디렉터리를 선택하고 OK 버튼 누름). 참고로, 이번 장이 끝났을 때 완료된 프로젝트는 Ch88_After 디렉터리 밑에 있다.

그리고 실제 장치나 에뮬레이터에서 앱을 실행하자. 앱이 시작되면 그림 88-1의 화면이 나타날 것이다.

현재 AppLinking 앱에서 명소를 찾을 때는 ID를 사용한다. 이앱에 포함된 데이터베이스에는 두 개의 레코드가 저장되어 있으며, ID 값은 각각 londonbridge와 toweroflondon이다. ID 필드에 londonbridge를 입력하고 Find 버튼을 눌러서 데이터를 검색해 보자. 일치되는 레코드를 찾으면 해당 레코드의 데이터가 엑스트라 데이터로 Intent 객체에 추가되어 전달되면서 두 번째 액티비티(LandmarkActivity)가 시작된다. 그리고 이 액티비티는 전달된 데이터를 사용자에게 보여 준다(그림 88-2).

그림 88-1

그림 88-2

88.4 URL 매핑 추가하기

이제는 AppLinking 앱이 안드로이드 스튜디오에 로드되어 테스트가 끝났으므로 앱 링크 지원 기능을 추가할 준비가 되었다. 여기서는 앱 링크를 클릭할 때 LandmarkActivity가 시작되어 데이터를 보여 주게 할 것이다. 이것은 LandmarkActivity에 URL을 매핑mapping하여 할 수 있다. 여기서는 URL의 형식이 다음과 같다.

URL http://<웹사이트 도메인>/landmarks/<명소Id>

예를 들어, 모든 준비가 완료되면 다음 URL이 클릭될 때 앱에서 런던 탑Tower of London의 정보를 화면에 보여 주게 될 것이다.

URL http://www.yourdomain.com/landmarks/toweroflondon

URL 매핑을 프로젝트에 추가하기 위해 우선, 안드로이드 스튜디오 메뉴의 **Tools** ➡ **App Links Assistant**를 선택하자. 그러면 그림 88-3의 앱 링크 어시스턴트가 나타날 것이다.

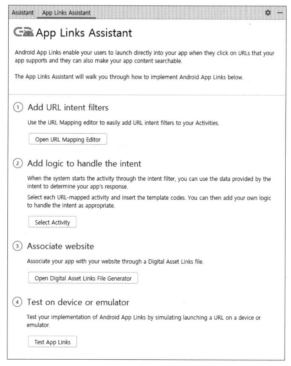

그림 88-3

URL을 액티비티에 매핑하기 위해 우선, 1번 항목에 있는 Open URL Mapping Editor 버튼을 클릭하자. 그리고 URL 매핑 화면에서 새로운 URL을 추가하기 위해 + 버튼(그림 88-4에 화살표로 표시됨)을 클릭한다.

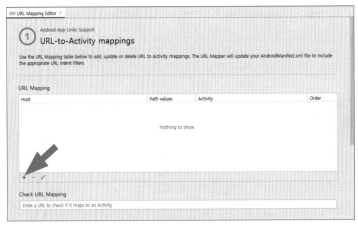

그림 88-4

그다음에 Add URL Mapping 대화상자의 Host 필드(그림 88-5의 Ⓐ)에 각자 웹사이트의 도메인 이름을 입력하거나, 또는 도메인이 없다면 http://www.example.com을 입력한다.

Path 필드(그림 88-5의 Ⓑ)는 URL의 경로이며, /로 시작해야 한다. 여기서는 /landmarks를 입력한다.

Path 필드 왼쪽의 드롭다운에는 경로 일치 옵션이 세 개 있다.

- **path** — 액티비티를 시작시키기 위해 Path 필드에 지정된 URL의 경로와 URL이 정확하게 일치해야 한다. 예를 들어, 경로가 /landmarks로 지정되었다면 http://www.example.com/landmarks는 일치된 것으로 간주된다. 그러나 http://www.example.com/landmarks/londonbridge는 일치되지 않은 것이 된다.
- **pathPrefix** — Path 필드에 지정된 URL의 경로는 접두사로만 간주된다. 따라서 /landmarks 다음에 추가적인 경로가 포함될 수 있다. 예를 들어, http://www.example.com/landmarks/londonbridge도 일치된 것으로 간주된다.
- **pathPattern** — landmarks/*/[l-L]ondon/*와 같이 정규 표현식과 와일드카드 형태의 패턴 일치를 사용해서 경로를 지정할 수 있다.

여기서는 URL 경로가 명소landmark ID를 나타내는 접두사이므로 Path 드롭다운에서 pathPrefix를 선택한다.

끝으로, Activity 드롭다운(그림 88-5의 Ⓒ)에서는 LandmarkActivity를 선택한다. 이것이 앱 링크의 응답으로 시작되는 액티비티이기 때문이다.

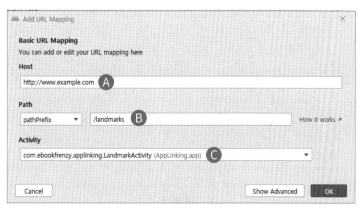

그림 88-5

설정이 다 되었으면 OK 버튼을 누른다. 그리고 URL 매핑 화면(그림 88-4)의 Check URL Mapping 필드에 다음의 URL을 입력하여 LandmarkActivity에 제대로 매핑되는지 확인한다. (여기서 〈your domain〉에는 Host 필드에 설정된 도메인을 지정한다.)

URL http://<your domain>/landmarks/toweroflondon

매핑이 올바르게 구성되었다면 그림 88-6과 같이 LandmarkActivity가 매핑된 액티비티로 나타날 것이다.

그림 88-6

가장 최근 버전의 안드로이드에서는 앱 링크를 HTTP와 HTTPS 프로토콜 모두에 선언할 것을 요구한다. 둘 중 하나만 사용해도 그렇다. 따라서 앞에서 했던 것과 동일한 설정으로 HTTPS 버전의 URL도 추가하자. Host 필드(그림 88-5의 Ⓐ)에 각자 웹사이트의 도메인 이름을 입력할 때 http를 https로만 바꾸고 나머지는 모두 동일하게 하면 된다.

88.5 인텐트 필터 추가하기

이전 장에서 설명했듯이, 앱 링크를 클릭할 때 대상 액티비티를 시작시키기 위해 인텐트 필터가 필요하다. 따라서 URL 매핑이 추가되면 인텐트 필터가 자동으로 프로젝트 매니페스트 파일에 추가된다. URL 매핑 화면(그림 88-4)의 리스트에서 URL 매핑을 선택한 후 화면을 밑으로 스크롤하면

Preview를 볼 수 있다. 여기서는 변경된 AndroidManifest.xml 파일에 자동으로 추가된 인텐트 필터를 보여 준다.

그림 88-7

이제는 URL 매핑이 끝났으므로 편집기 창에 열린 그림 88-4의 URL-to-Activity mappings를 닫자. 앱 링크 어시스턴트App Links Assistant 창은 그대로 열어 두자.

88.6 인텐트 처리 코드 추가하기

이제는 적합하게 구성된 앱 링크 URL에 대한 응답으로 올바른 액티비티가 시작될 수 있다. 다음은 데이터베이스에서 올바른 레코드를 추출하고 사용자에게 보여 주기 위해 LandmarkActivity 클래스에서 인텐트를 처리해야 한다. 그러나 LandmarkActivity.kt 파일의 코드를 변경하기에 앞서 기존 코드를 살펴볼 필요가 있다. 프로젝트 도구 창에서 app ➡ java ➡ com.ebookfrenzy. applinking ➡ LandmarkActivity.kt 파일을 더블클릭하여 편집기 창에 열자. 그리고 onCreate()와 handleIntent() 함수를 보면 다음과 같다.

```kotlin
override fun onCreate(savedInstanceState: Bundle?) {
    super.onCreate(savedInstanceState)
    .
    .
    handleIntent(intent)
}

private fun handleIntent(intent: Intent) {

    val landmarkId = intent.getStringExtra(AppLinkingActivity.LANDMARK_ID)
    displayLandmark(landmarkId)
}
```

현재 이 코드에서는 인텐트의 엑스트라 데이터에 저장된 명소 ID를 찾는다. 그러나 이제는 액티비티가 앱 링크로 시작될 수도 있으므로 이 코드를 변경해야 한다. 우선, onCreate() 함수에서 handleIntent()를 호출하는 코드를 삭제하자.

```
override fun onCreate(savedInstanceState: Bundle?) {
    super.onCreate(savedInstanceState)
    .
    .
    handleIntent(intent)
}
```

그다음에 앱 링크 인텐트 처리 코드를 추가하기 위해 앱 링크 어시스턴트 창의 2번 항목에 있는 Select Activity 버튼을 클릭하자. 그리고 액티비티 대화상자에서 LandmarkActivity 항목을 선택하고 Insert Code 버튼을 누른다.

그러면 LandmarkActivity.kt 파일의 onCreate() 함수에 다음 코드가 자동으로 추가된다. 그러나 만일 onCreate() 함수가 없어서 코드를 추가할 수 없다는 에러가 대화상자로 나타나면 다음 코드를 우리가 직접 추가하면 된다.

```
override fun onCreate(savedInstanceState: Bundle?) {
    super.onCreate(savedInstanceState)
    .
    .
    val appLinkIntent = intent
    val appLinkAction = appLinkIntent.action
    val appLinkData = appLinkIntent.data
}
```

이 코드는 LandmarkActivity가 시작될 때 전달된 Intent 객체 참조와 액션 문자열 및 앱 링크 URL을 갖는 Uri를 가져온다. 만일 LandmarkActivity가 앱 링크로 시작된다면 액션 문자열은 android.intent.action.VIEW로 설정되며, 이것은 매니페스트 파일에 추가된 인텐트 필터에 선언된 액션과 일치한다. 이와는 달리, 메인 액티비티인 AppLinkingActivity의 findLandmark() 함수에 있는 표준 인텐트 코드로 LandmarkActivity가 시작되었다면 액션 문자열은 null이 된다. 따라서 액션 문자열에 지정된 값을 검사하면 LandmarkActivity가 어떻게 시작되었는지 알 수 있고 그에 따른 액션을 수행하면 된다. LandmarkActivity.kt 파일의 onCreate() 함수에 계속해서 다음 코드를 추가하자.

```
override fun onCreate(savedInstanceState: Bundle?) {
    super.onCreate(savedInstanceState)
    .
    .
    val appLinkIntent = intent
    val appLinkAction = appLinkIntent.action
    val appLinkData = appLinkIntent.data

    val landmarkId = appLinkData?.lastPathSegment
```

```
    if (landmarkId != null) {
          displayLandmark(landmarkId)
    }
}
```

다음은 액션 문자열을 먼저 확인한 후 앱 링크 URL 경로의 끝부분을 명소 ID로 사용해서 데이터
베이스를 쿼리하도록 코드를 변경해야 한다. 계속해서 onCreate() 함수 코드를 변경하자.

```
override fun onCreate(savedInstanceState: Bundle?) {
    super.onCreate(savedInstanceState)
    .
    .
    val appLinkIntent = intent
    val appLinkAction = appLinkIntent.action
    val appLinkData = appLinkIntent.data

    if (appLinkAction != null) {

        if (appLinkAction == "android.intent.action.VIEW") {
            val landmarkId = appLinkData?.lastPathSegment

            if (landmarkId != null) {
                displayLandmark(landmarkId)
            }
        }
    } else {
        handleIntent(appLinkIntent)
    }
}
```

만일 액션 문자열이 null이 아니면 android.intent.action.VIEW로 설정되었는지 검사한 후 Uri 경로
의 끝부분을 추출한다. 그리고 이것을 명소 ID로 사용해서 데이터베이스를 쿼리한다. 이와는 달리,
액션 문자열이 null이면 기존의 handleIntent() 함수를 호출하여 인텐트 데이터에서 명소 ID를 추
출한다.

앞의 두 가지 외에 또 다른 방법으로 LandmarkActivity 시작을 처리할 수 있다. 즉, 메인 액티
비티인 AppLinkingActivity의 findLandmark() 함수를 변경하여 View 인텐트 액션을 사용해서
LandmarkActivity를 시작하도록 하는 것이다. 이 방법은 다운로드받은 AppLinkingActivity.kt 파
일의 findLandmark() 함수에 주석으로 미리 추가해 두었으니 참고만 하자. 여기서는 다음과 같이
findLandmark() 함수를 변경하자. [〈your_domain〉에는 그림 88-5의 Host 필드에 지정한 도메인으로 변
경한다(예를 들어, www.example.com).]

```
fun findLandmark(view: View) {

    if (idText?.text.toString() != "") {
        val landmark = dbHandler?.findLandmark(idText?.text.toString())

        if (landmark != null) {
            val uri = Uri.parse("http://<your_domain>/landmarks/" + landmark.id)
            val intent = Intent(Intent.ACTION_VIEW, uri)
            startActivity(intent)
        } else {
            titleText?.setText("No Match")
        }
    }
}
```

이 방법은 LandmarkActivity가 어떻게 시작되었는지 알아내는 코드를 작성할 필요가 없다는 장점이 있다. 그러나 단점도 있다. 앱 링크와 연관된 웹사이트가 없을 때는 그림 88-10과 같은 액티비티 선택 대화상자가 나타날 수 있다는 것이다.

88.7 앱 링크 테스트하기

우선, 안드로이드 스튜디오 툴바의 실행 버튼(▶) 왼쪽에 있는 드롭다운에서 앱 링크를 테스트할 실제 장치나 에뮬레이터를 선택한다. 그리고 앱 링크 어시스턴트 창(그림 88-3)에서 4번 항목의 Test App Links 버튼을 클릭하자. Test on Device or Emulator 패널이 나타나면 그림 88-8처럼 londonbridge 명소 ID의 URL을 입력한 후 Run Test 버튼을 누른다. 예를 들어, 앱 링크 매핑에서 참조되는 호스트 URL을 http://www.example.com으로 했다면 그림 88-8과 같이 http://www.example.com/landmarks/londonbridge로 입력하면 된다.

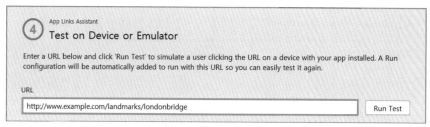

그림 88-8

그러면 AppLinking 앱이 빌드되어 지정된 장치에 설치되고 시작되기 전에 사용할 앱을 선택하는 패널이 나타날 것이다(그림 88-9).

이때 AppLinking을 선택하고 항상을 클릭하면 장치에 설치된 앱이 시작되고 londonbridge 데이터가 화면에 나타난다. 그러나 앱 링크 URL은 지정된 앱을 바로 시작시킬 수 있어야 한다. 따라서 앱 링크 URL이 이렇게 패널에 나타나는 것을 방지하려면 앱 링크의 기반이 되는 웹사이트와 앱 링크가 연결되어야 한다. 이것은 DAL_{Digital Assets Link} 파일을 사용해서 할 수 있다.

그림 88-9

88.8 앱 링크를 웹사이트에 연결하기

DAL 파일을 생성하여 웹사이트에 설치하면 앱 링크를 웹사이트에 연결할 수 있다. DAL 파일은 assetlinks.json이며 이것을 앱 링크와 연결되는 웹사이트의 .well-known 폴더에 설치해야 한다. 단, 이 방법은 https 기반 웹사이트에만 가능하다(여기서는 설정 방법만 이해하고 실습하지 않는다).

여기서는 안드로이드 앱 링크 어시스턴트를 사용해서 이 파일을 생성하는 방법을 알아본다. 그러나 테스트는 고유한 애플리케이션 ID를 갖는 각자 앱에서만 할 수 있다.

DAL 파일을 생성할 때는 앱 링크 어시스턴트 창(그림 88-3)에서 3번 항목의 Open Digital Asset Links File Generator 버튼을 클릭한다. 그러면 그림 88-10의 패널이 나타날 것이다.

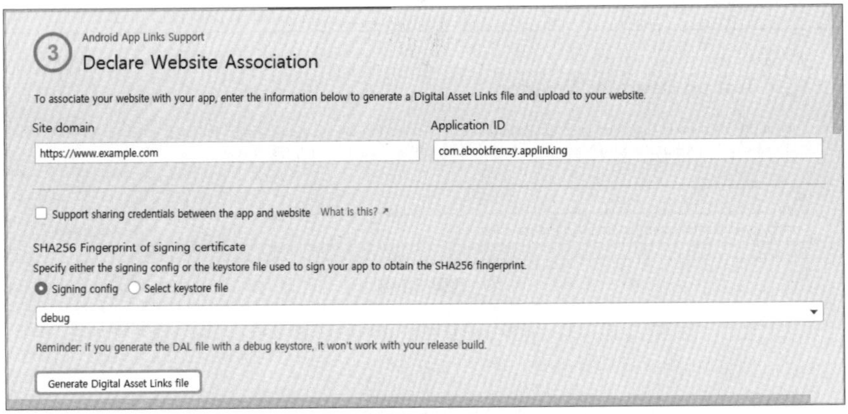

그림 88-10

DAL 파일이 업로드될 사이트의 URL을 입력하고 Application ID가 패키지 이름과 일치하는지 확인한다. 그리고 서명 인증 방법을 선택한다. 프로젝트의 SHA 서명 키를 포함하는 keystore 파일을 선택하거나, 또는 안드로이드 스튜디오에 의해 사용되는 release 또는 debug 서명 구성 중 하나를 드롭다운에서 선택한다. 단, debug 키는 구글 플레이 스토어에 앱을 게시하기 전에 release 키로 교체되어야 한다.

만일 사용자를 인증하기 위해 구글의 Smart Lock 기능과 함께 구글 Sign-In이나 이 외의 다른 서명 제공자를 앱에서 사용한다면, 'Support sharing credentials between app and website' 옵션을 선택해서 사용자가 서명 인증서를 저장하게 할 수 있다.

그리고 DAL 파일의 구성이 다 되었으면 Generate Digital Asset Link file 버튼을 눌러 파일을 미리보기 한 후 Save file 버튼을 눌러 저장하면 된다(그림 88-11).

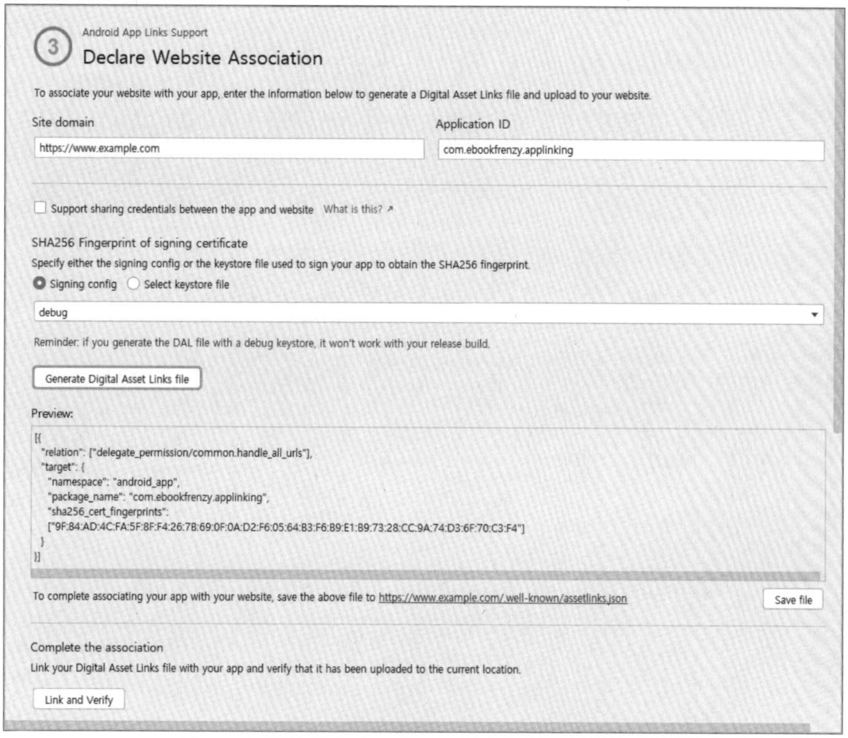

그림 88-11

그리고 파일이 저장된 다음에 Link and Verify 버튼을 누르면 DAL 파일이 해당 도메인 컴퓨터에 업로드되어 연결될 수 있는지 확인할 수 있다. 이렇게 DAL 파일을 생성하고 앱 링크와 연결될 웹 사이트에 설치하면 앱 링크를 클릭했을 때 그림 88-9의 패널이 나타나지 않고 지정된 앱에 바로 연결된다.

88.9 요약

이번 장에서는 안드로이드 앱 프로젝트에 앱 링크 지원 기능을 구현하는 데 필요한 내용을 알아보았다. 안드로이드 스튜디오의 앱 링크 어시스턴트, 앱 링크 URL 매핑, 인텐트 필터, DAL 파일을 사용한 웹사이트 연결 처리와 앱 링크 테스트 등이다.

89

안드로이드 스튜디오 프로파일러

안드로이드 스튜디오 3.0에 처음 소개되었던 안드로이드 프로파일러Profiler는 실제 장치나 에뮬레이터에서 실행 중인 앱의 CPU, 네트워크, 메모리를 실시간으로 모니터링하는 방법을 제공한다. 이것은 앱 성능의 병목 현상을 찾거나, 메모리의 적합한 사용을 검사하거나, 과도한 네트워크 사용을 하지 않게 해주는 매우 유용한 도구다. 이번 장에서는 안드로이드 프로파일러의 기능과 사용법을 알아볼 것이다.

89.1 안드로이드 프로파일러 사용하기

안드로이드 프로파일러는 메뉴의 View ➡ Tool Windows ➡ Profiler를 선택하거나 메인 창 아래쪽 테두리의 Profiler 도구 버튼을 클릭하거나 툴바의 버튼(🕐)을 눌러서 시작할 수 있다. 프로파일러가 실행되면 그림 89-1의 프로파일러 도구 창이 나타난다.

그림 89-1

여기서는 실행 중인 프로세스가 나타나지 않았다. 프로파일러 정보를 보려면 앱을 시작해야 한다. 그러나 이에 앞서 최신 프로파일링 정보를 수집할 수 있게 프로젝트를 구성할 필요가 있다.

89.2 최신 프로파일링 활성화하기

만일 앱이 API 26 이전의 SDK를 사용해서 생성되었다면 안드로이드 프로파일러에서 지원하는 모든 메트릭metric을 측정할 수 있도록 컴파일 시에 추가되는 모니터

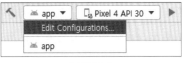

그림 89-2

링 코드를 포함해서 앱을 빌드해야 한다. 최신 프로파일링을 활성화하기 위해 그림 89-2의 Edit Configurations...를 클릭하자.

그리고 Run/Debug Configurations 대화상자의 오른쪽 위에 있는 Profiling 탭을 선택하고 Enable advanced profiling for older devices를 체크한 후 Apply와 OK 버튼을 차례대로 누른다.

89.3 안드로이드 프로파일러 도구 창

실행 중인 앱을 모니터링하는 프로파일러 도구 창은 그림 89-3과 같다. (제일 위의 경계선을 마우스로 끌어서 창의 크기를 조정할 수 있다.)

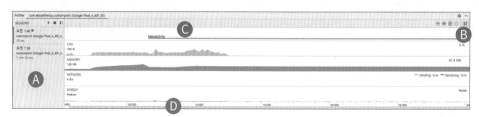

그림 89-3

SESSIONS 패널(Ⓐ로 표시됨)은 현재 프로파일링 세션과 안드로이드 스튜디오가 마지막에 시작된 이래로 수행 및 저장했던 세션의 리스트를 보여 준다. SESSIONS 패널의 오른쪽은 현재 프로파일링이 진행 중인 상태 창이다. 이 창에서는 최근 메트릭을 계속 스크롤해서 보여 주며, Live 버튼(Ⓑ)을 누르면 일시 정지된다. 그리고 Live 버튼을 다시 누르면 다시 현재 시간부터 실시간으로 메트릭을 스크롤해서 보여 준다.

상태 창의 제일 윗줄(Ⓒ)은 이벤트 타임라인event time-line이며 액티비티의 상태 변화와 다른 이벤트(예를 들어, 사용자의 화면 터치, 텍스트 입력, 장치 방향 전환)를 같이 보여 준다. 또한, 제일 밑의 타임라인(Ⓓ)은 앱이 시작된 이래로 경과된 시간을 나타낸다.

그리고 나머지 타임라인은 CPU, 메모리, 네트워크, 에너지 사용의 실시간 데이터를 보여 준다. 또한, 타임라인의 어디서든 마우스를 클릭하지 않고 커서를 대면 그림 89-4와 같은 추가 정보를 보여 준다. (그림 89-4에 나타난 것은 CPU 타임라인의 추가 정보이며, 앱 프로세스와 시스템 및

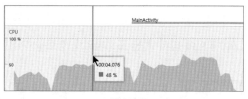

그림 89-4

다른 앱 프로세스의 CPU 사용 비율, 앱에서 사용 중인 전체 스레드 수를 보여 준다.)

그리고 CPU, 메모리, 네트워크, 에너지 타임라인을 클릭하면 해당 프로파일러 창을 보여 준다. 이 번 장의 나머지 부분에서는 각 창을 더 자세히 살펴볼 것이다.

89.4 Sessions 패널

앱이 실행 중일 때 프로파일러 창이 열리면 프로파일러가 자동으로 앱을 연결하고 프로파일링을 시작한다. 그리고 Sessions 패널에는 앱 이름과 앱이 실행 중인 장치나 에뮬레이터가 나타난다(그림 89-5).

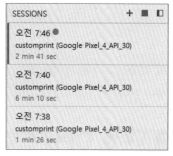

그림 89-5

시간 오른쪽의 초록색 원은 현재 실행 중인 프로파일링 세션을 나타낸다. 그리고 오른쪽 위의 빨간색 사각형은 중단 버튼이며 이것을 누르면 현재 세션이 끝난다. 그러나 데이터와 그래프는 안드로이드 스튜디오가 종료될 때까지 계속 나타난다.

+ 버튼을 누르고 장치와 앱을 선택하면 새로운 프로파일링 세션이 시작된다(그림 89-6).

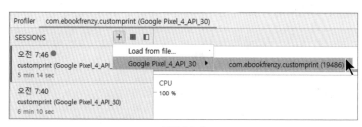

그림 89-6

Load from file... 옵션은 CPU 프로파일러에서 이전에 저장했던 CPU 추적 기록을 프로파일러에 로드할 수 있게 해준다.

앱이 시작될 때 자동으로 프로파일링을 시작하게 할 때는(앱이 시작된 후 수동으로 프로파일링 세션을 시작하는 것과는 반대임) 그림 89-2처럼 Run/Debug Configurations 대화상자를 열고 오른쪽 위의 Profiling 탭을 선택한다. 그리고 Start this recording on startup을 체크하여 'CPU activity'를 활성화하고 Apply와 OK 버튼을 차례대로 누르면 된다(그림 89-7).

그림 89-7

이 설정이 효과를 내려면 앱을 실행할 때 안드로이드 스튜디오 메뉴의 Run ➡ Profile 'app'을 선택해야 한다.

89.5 CPU 프로파일러

그림 89-3의 프로파일러 도구 창에서 CPU 타임라인의 아무 곳이나 클릭하면 그림 89-8의 CPU 프로파일러 창이 나타난다(이 창의 왼쪽 위에 있는 화살표를 클릭하면 프로파일러 도구 창으로 돌아간다). 메인 창과 마찬가지로 데이터는 실시간으로 나타나며 이벤트 타임라인(Ⓐ)과 실시간 CPU 사용을 보여 주는 그래프(Ⓑ)를 포함한다.

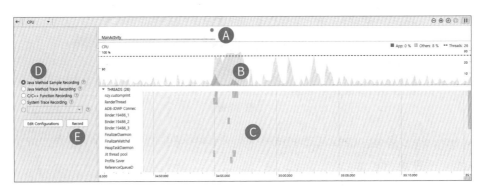

그림 89-8

그래프 아래쪽(Ⓒ)에는 현재 앱과 관련된 모든 스레드의 내역이 나타난다. 스레드 활동 타임라인thread activity timeline이라고 하는 이것은 각 스레드의 활동 상태를 색상 블록으로 나타내어 보여 준다(녹색은 실행 중이거나 실행 가능한 활성 상태, 노란색은 활성 상태이지만 작업을 완료하기 위해 디스크나 네트워크 I/O 작업을 기다림, 회색은 스레드가 일시 정지 상태임).

CPU 프로파일러는 네 가지 유형의 트레이스(실행 중인 앱의 각 메서드나 함수를 추적 기록함)를 지원하며, 왼쪽의 라디오 버튼(Ⓓ)으로 선택할 수 있다. 단, 'C/C++ Function Recording'은 앱의 C/C++ 코드에서만 가능하다.

트레이스 유형은 다음과 같다.

- **Java Method Sample Recording** — 앱의 자바 코드가 실행될 때 메서드 호출 스택을 빠른 간격으로 캡처하여 트레이스 데이터를 모은다. 단, 각 캡처 사이에서 메서드가 호출되어 실행 후 종료될 때는 트레이스 데이터에서 누락될 수 있다는 단점이 있다.

- **Java Method Trace Recording** — 실행 중인 앱에서 수행되는 모든 자바 메서드 호출의 시작과 끝에서 타임스탬프를 기록한다. 따라서 프로파일링에 누락되는 메서드 호출이 없다는 장점이 있다. 그러나 모든 메서드 호출의 트레이스에 따른 부담으로 앱의 성능에 영향을 줄 수 있으므로 앱의 성능 데이터가 왜곡될 수 있다.

- **C/C++ Function Recording** — 앱의 네이티브 코드(C/C++ 등)의 트레이스 데이터를 수집하기 위해 일정 간격으로 함수 호출 스택을 캡처한다.

- **System Trace Recording** — 앱이 실행되는 동안에 시스템 수준의 CPU와 스레드 활동(앱 프로세스 외부에서 생기는 CPU 활동)을 프로파일링한다.

그림 89-8의 라디오 버튼(**D**)을 선택하고 Edit configurations를 클릭한 후 그다음 나타나는 대화상자에서 커스텀 트레이스를 생성하여(+ 버튼 누름) 캡처 간격을 조정할 수 있다.

메서드 트레이스 기록은 그림 89-8의 Record 버튼(**E**)을 누르면 시작되고 같은 버튼(제목이 Stop으로 바뀜)을 다시 누르면 중단된다. 그다음에 프로파일러 도구 창에서는 그림 89-9의 트레이스 기록 내역을 보여 준다.

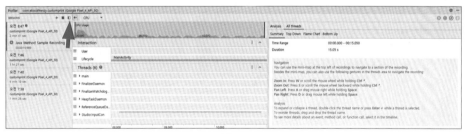

그림 89-9

중앙 패널에는 사용자와 생명주기의 상호작용 및 스레드 실행 내역을 보여 주며, 오른쪽 패널에는 중앙 패널에서 선택한 스레드 메서드의 실행 및 CPU 사용 시간을 요약해서 보여 준다.

그리고 그림 89-9의 왼쪽 위의 버튼(화살표로 표시됨)을 누르면 왼쪽의 세션 패널을 닫을 수 있으며 다시 누르면 그림 89-10과 같이 세션 패널을 열어 준다. 따라서 원하는 트레이스 기록을 선택하여 볼 수 있다.

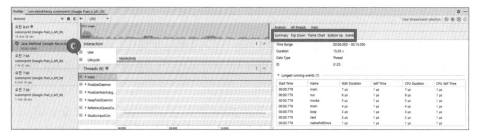

그림 89-10

그림 89-10의 왼쪽 위 버튼(원으로 표시됨)을 누르면 트레이스 기록을 파일로 저장할 수 있다.

트레이스 결과는 네 가지 형태(그림 89-10에 직사각형으로 표시됨)로 볼 수 있으며, 기본적으로는 그림 89-10과 같이 요약된 Summary 형태로 나타난다. 나머지 세 가지는 다음과 같다.

- **Top Down** — 트레이스 기록을 하는 동안 호출된 메서드를 계층적 호출 형태로 보여 준다. 메서드 왼쪽의 화살표를 클릭하면 이 메서드가 호출한 메서드(피호출자)를 펼쳐서 보여 준다. 따라서 각 호출에 사용된 CPU 사용 시간을 파악하는 데 도움이 된다. 예를 들어, 그림 89-11에서는 메인(main) 스레드의 main() 부터 nativePollOnce()까지의 연속 호출에서 사용된 CPU 시간을 볼 수 있다.

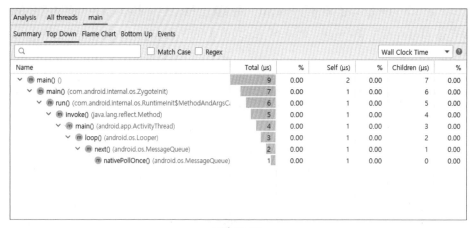

그림 89-11

- **Bottom Up** — 트레이스 기록을 하는 동안 호출된 메서드의 반전된 호출 계층을 보여 준다. 메서드 왼쪽의 화살표를 클릭하면 이 메서드를 호출했던 메서드(호출자)를 펼쳐서 보여 준다. 따라서 CPU 시간을 가장 많이(또는 가장 적게) 사용하는 메서드를 파악하는 데 유용하다.

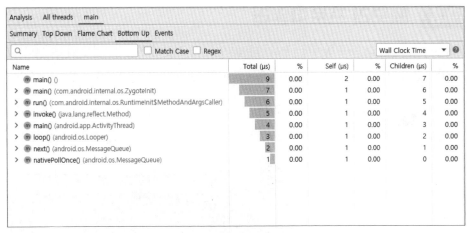

그림 89-12

- **Flame Chart** — 같은 호출자의 호출에 속하는 메서드의 실행 시간을 반전된(마지막에 호출된 메서드를 먼저 보여 줌) 막대그래프 형태로 나타낸다. 이때 가로축은 각 메서드의 타임라인을 나타내는 것이 아니고 다른 메서드에 상대적인 실행 시간을 하나의 긴 막대로 나타낸다. 따라서 막대가 긴 메서드는 다른 메서드에 비해 더 많은 실행 시간을 사용한 것이므로 어떤 메서드가 가장 많은 시간을 사용하는지 확인하기 쉽다.

예를 들어, 그림 89-13에서는 그림 89-11에 있는 메인(main) 스레드의 main()부터 nativePollOnce() 까지의 연속 호출을 반전해서 그래프로 보여 준다.

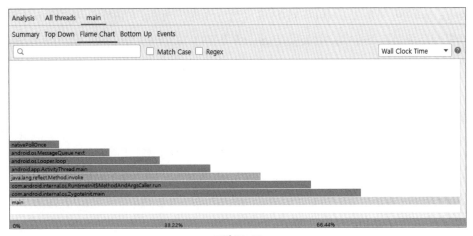

그림 89-13

그래프나 리스트에 나타난 특정 메서드를 더블클릭하거나 마우스 오른쪽 버튼을 누른 후 Jump to Source를 선택하면 이 메서드가 포함된 소스 코드 파일을 편집기 창에 열어서 보여 준다.

89.6 메모리 프로파일러

그림 89-3의 프로파일러 도구 창에서 메모리 타임라인의 아무 곳이나 클릭하면 그림 89-14의 메모리 프로파일러 창이 나타난다(이 창의 왼쪽 위에 있는 화살표를 클릭하면 프로파일러 도구 창으로 돌아간다).

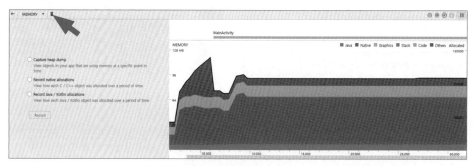

그림 89-14

메모리 타임라인은 메모리 사용량과 할당된 객체의 수를 나타낸다. 메모리 사용량은 왼쪽의 y축을 기준으로 그래프에 색상으로 나타낸다. 그리고 할당된 객체의 수는 오른쪽의 y축을 기준으로 보여 준다.

쓰레기통 아이콘(그림 89-14에 화살표로 표시됨)은 **가비지 컬렉션**_{garbage collection}이 생겼음을 나타낸다. 시스템의 사용 가능한 메모리가 필요하고 메모리에 있는 객체가 더 이상 필요 없다고 판단될 때 안드로이드 런타임이 자동으로 가비지 컬렉션을 수행하여 해당 객체를 제거한다. 메모리 프로파일러 창 위의 왼쪽에 있는 쓰레기통 아이콘(그림 89-14에 화살표로 표시됨)을 클릭하면 가비지 컬렉션을 강제로 수행시킬 수 있다.

또한, 메모리 프로파일러 창 왼쪽의 Capture heap dump 버튼을 선택하고 밑의 Record 버튼을 클릭하면 힙 덤프_{heap dump}가 캡처되어 그림 89-15와 같이 나타난다.

그림 89-15의 힙 덤프에서는 덤프가 수행된 시점에 메모리를 사용했던 앱의 모든 객체를 보여 준다. 여기서 Allocations는 힙에 할당된 객체의 수이며, 'Shallow Size'는 객체가 사용하는 메모리의 양, 'Retained Size'는 해당 객체를 위해 안드로이드 런타임이 유지하는 메모리의 양을 나타낸다.

그림 89-15

힙 덤프의 특정 객체를 더블클릭하면 이 객체의 인스턴스 내역이 나타나며(그림 89-16의 왼쪽) 다시 특정 인스턴스를 클릭하면 이 인스턴스의 필드와 참조(그림 89-16의 오른쪽)를 같이 보여 준다.

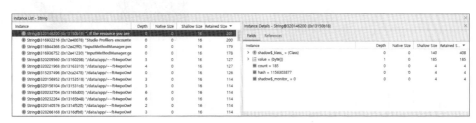

그림 89-16

89.7 네트워크 프로파일러

그림 89-3의 프로파일러 도구 창에서 네트워크 타임라인의 아무 곳이나 클릭하면 그림 89-17의 네트워크 프로파일러 창이 나타난다(이 창의 왼쪽 위에 있는 화살표를 클릭하면 프로파일러 도구 창으로 돌아간다).

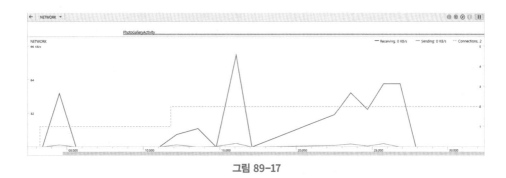

그림 89-17

다른 프로파일러 창과 마찬가지로 네트워크 프로파일러 창도 제일 위에 이벤트 타임라인을 포함한다.

그래프에는 송수신되는 데이터의 양(왼쪽 y축 기준)과 현재의 연결 수(오른쪽 y축)를 보여 준다.

현재 네트워크 프로파일러는 HttpURLConnection과 OkHttp 기반 네트워크 연결의 결과만 모니터링할 수 있다.

송수신되는 파일에 관한 정보를 볼 때는 그래프에서 마우스를 클릭하고 끌어서 시간대를 선택한다. 그러면 그림 89-18의 왼쪽 패널(화살표로 표시됨)이 나타나서 파일 목록을 보여 준다. 그리고 특정 파일을 클릭하면 그림 89-18과 같이 오른쪽 패널(화살표로 표시됨)이 추가로 나타나서 요청 요약, 응답, 헤더, 호출 스택 정보를 추가로 보여 준다.

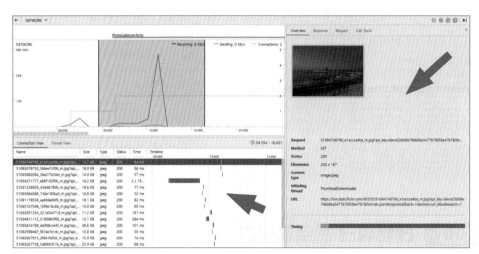

그림 89-18

89.8 에너지 프로파일러

그림 89-3의 프로파일러 도구 창에서 에너지 타임라인의 아무 곳이나 클릭하면 그림 89-19의 에너지energy 프로파일러 창이 나타난다(이 창의 왼쪽 위에 있는 화살표를 클릭하면 프로파일러 도구 창으로 돌아간다). 에너지 프로파일러는 현재 실행 중인 앱에서 사용하는 에너지의 실시간 분석을 제공한다. 에너지는 CPU와 네트워크 및 위치(GPS) 추적 활동으로 분류된다.

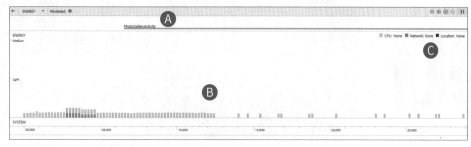

그림 89-19

에너지 프로파일러는 이벤트 타임라인(Ⓐ)과 현재의 에너지 사용을 나타내는 그래프(Ⓑ)를 포함한다. 그리고 그래프에는 세 가지 색(Ⓒ)을 사용해서 에너지 분류(CPU와 네트워크 및 위치)를 나타낸다. 그래프의 특정 구역을 선택하면 에너지를 많이 사용하는 시스템 프로세스의 내역(알람, 위치 요청 등)을 보여 준다.

89.9 요약

안드로이드 프로파일러는 앱의 CPU, 메모리, 네트워크, 에너지 리소스 사용을 실시간으로 모니터링한다. 따라서 메모리 유출, 성능 문제, 장치 배터리의 과도하거나 비효율적인 사용, 네트워크 연결을 통한 데이터 전송을 파악할 수 있다. 그리고 안드로이드 프로파일러는 서로 다른 프로파일러 뷰를 제공하므로 상세한 메트릭을 모니터링하고 레코딩 및 분석할 수 있게 해준다.

안드로이드 생체 인증

이제는 많은 안드로이드 장치에 터치 센서가 장착되면서 사용자를 식별하고 장치와 앱 모두에서 사용할 수 있게 되었다(예를 들어, 지문 인식을 사용한 인앱 결제). 물론 지문 인식fingerprint recognition은 비밀번호, PIN, 최근에는 얼굴 인식facial recognition까지 포함하는 다양한 인증 방법 중 하나일 뿐이다.

현재는 소수의 안드로이드 장치만 얼굴 인식 기능을 제공하지만 가까운 미래에는 더 보편화될 것이다. 이런 사실을 인지하고 구글은 지문 중심의 인증 방법에서 탈피하여 **생체 인증**biometric authentication이라는 폭넓은 방식으로 앱에 인증 기능을 추가하였다. 안드로이드 8.0 버전에 최초 추가된 생체 인증은 지문 인증만 다룬다. 그러나 안드로이드 운영체제와 SDK의 향후 릴리스에서는 변경될 것이다.

이번 장에서는 생체 인증의 개요를 알아본 후 안드로이드 앱 프로젝트에서 실제 구현하는 방법을 보여 줄 것이다.

90.1 생체 인증 개요

생체 인증의 핵심 컴포넌트는 BiometricPrompt 클래스다. 이 클래스는 이전 안드로이드 버전에서 우리가 코드를 작성해서 처리해야 했던 대부분의 일을 수행한다. 즉, 인증을 수행하는 동안에 사용자에게 표준 대화상자를 보여 주고 인증을 안내 및 수행하고 결과를 앱에 알려 준다(달리 말해, 통일된 사용자 인터페이스를 사용해서 자동화된 생체 인증 프로세스를 수행한다). 이 클래스는 또한, 연속적인 인증 시도 실패 시에 인증을 못하게 하는 기능도 수행한다(5회 인증 실패 시 30초 후에 인증 가능하며, 만일 이런 실패가 여러 번 생기면 인증을 비활성화하므로 사용자가 PIN/패턴/비밀번호 등으로 장치 잠금을 해제해야 한다).

BiometricPrompt 클래스는 자신의 인스턴스를 생성하고 구성하는 데 사용될 수 있는 Builder 클래스를 포함한다. 그리고 이때 생체 인증 대화상자에 보여 줄 텍스트를 정의하거나 인증 취소 버튼(네거티브negative 버튼이라고도 함)이 대화상자에 나타나게 할 수 있다.

BiometricPrompt 클래스 인스턴스에는 또한, 인증 콜백 함수가 있어서 인증 수행 결과를 앱에 제공하기 위해 호출될 수 있다. 그리고 CancellationSignal 인스턴스를 사용하여 인증 진행 중에 앱에서 인증을 취소할 수 있다.

90.2 생체 인증 프로젝트 생성하기

새 프로젝트를 생성하자. 안드로이드 스튜디오 메인 메뉴의 File ➡ New ➡ New Project...를 선택하거나 웰컴 스크린에서 New Project 버튼을 클릭한다. '프로젝트 템플릿 선택' 대화상자가 나타나면 Phone and Tablet과 Empty Activity를 선택하고 Next 버튼을 누른다.

Name 필드에 BiometricDemo를 입력하고 Package name에는 com.ebookfrenzy.biometricdemo를 입력한다. 그리고 Language가 Kotlin인지 확인하고 Minimum SDK는 **API 29: Android 9.0 (Pie)**를 선택한다. 또한, Use legacy android.support libraries가 체크 해제되어 있는지 확인하고 Finish 버튼을 누른다.

90.3 장치의 지문 인증 구성하기

지문 인증은 지문 센서가 있으면서 잠금 화면으로 장치를 보호하도록 구성된 장치에서만 가능하다. 그리고 최소한 하나의 인증용 지문이 등록되어 있어야 한다.

에뮬레이터로 지문 인증을 테스트하려면 장치와는 다른 방법으로 사전 구성이 필요하다. 이 방법은 5장을 참고한다.

실제 장치의 경우는 지문 인증을 하기 위해 장치의 사전 구성이 필요하다. 만일 지문 외의 화면 잠금 해제 방식이 설정되어 있지 않다면 PIN, 패턴, 암호 중 하나로 설정한다.

다음은 인증에 사용할 지문을 등록한다. 이미 등록된 경우는 추가로 할 필요 없다. 등록하는 절차는 장치마다 다를 수 있지만 일반적으로 다음과 같이 한다. 설정 앱을 실행한 후 **보안**(또는 잠금화면 또는 잠금화면 및 보안)을 선택한다. 그리고 보안 화면에서 **지문**을 선택한다(지문 외의 다른 화면 잠금이 설정되어 있지 않은 경우 에뮬레이터에서는 '지문 + 패턴', '지문 + PIN', '지문 + 비밀번호' 중 하나를 선택한 후 화면 잠금을 먼저 설정한다). 그런 다음, 앞에서 등록한 잠금 해제 방식으로 인증을 받는다. 끝으로, 지문 등록 화면에서 지문 센서를 터치하여 지문을 등록한다. 지문 등록 절차나 지문 센서의 인식 방법은 각 장치마다 다를 수 있다. 예를 들면 그림 90-1과 같다.

그림 90-1

90.4 매니페스트 파일에 생체 퍼미션 추가하기

앱에서 생체 인증을 하려면 USE_BIOMETRIC 퍼미션을 요청해야 한다. 이 퍼미션을 프로젝트 매니페스트 파일에 추가하자. 프로젝트 도구 창의 app ➡ manifests ➡ AndroidManifest.xml 파일을 더블클릭하여 편집기에 열고 다음을 추가한다.

```
<?xml version="1.0" encoding="utf-8"?>
<manifest xmlns:android="http://schemas.android.com/apk/res/android"
    package="com.ebookfrenzy.biometricdemo">

    <uses-permission
        android:name="android.permission.USE_BIOMETRIC" />
    .
    .
</manifest>
```

90.5 사용자 인터페이스 디자인하기

예제 프로젝트를 간단하게 만들기 위해 여기서는 사용자 인터페이스에 Button 뷰 하나만 둘 것이다. 편집기 창에 열린 activity_main.xml 레이아웃 리소스 파일을 선택하고 디자인 모드로 변경하자.

컴포넌트 트리에서 TextView를 선택하고 [Del] 키를 눌러 삭제한다. 팔레트의 Common 부류에 있는 Button을 마우스로 끌어서 레이아웃의 정중앙(수평과 수직 점선이 교차되는 지점)에 놓는다. 그리고 툴바의 제약 추론 버튼을 클릭하여 적합한 제약이 자동으로 추가되게 한다(26장의 26.3절 참고).

그리고 속성 창의 text 속성을 Authenticate로 변경하고 문자열 리소스로 추출한다(3장의 그림 3-13부터 3-15 참고). 끝으로 onClick 속성에 함수 이름인 authenticateUser를 입력한다.

여기까지 다 되었으면 레이아웃이 그림 90-2와 같이 될 것이다.

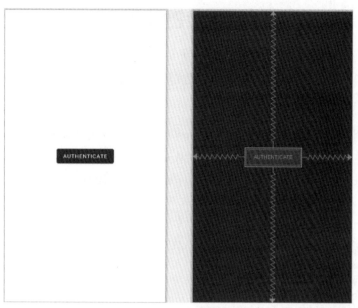

그림 90-2

90.6 Toast 메시지를 보여 줄 함수 추가하기

우리 앱에서는 코드의 여러 곳에서 Toast 메시지로 사용자에게 정보를 보여 줄 것이다. 따라서 동일한 Toast 메시지 관련 코드를 중복 사용하지 않게 notifyUser()라는 함수를 액티비티에 추가한다. 이 함수는 하나의 String 값을 인자로 받아 Toast 메시지 형태로 사용자에게 보여 준다. 편집기 창에 열린 MainActivity.kt 파일에 다음 코드를 추가하자.

```
.
.
import android.widget.Toast

class MainActivity : AppCompatActivity() {
    .
    .
    private fun notifyUser(message: String) {
        Toast.makeText(this,
            message,
            Toast.LENGTH_LONG).show()
    }
}
```

90.7 장치의 보안 설정 확인하기

이번 장 앞에서는 앱을 테스트할 장치나 에뮬레이터에 잠금 화면을 구성하고 지문을 등록했었다. 그러나 지문 인증을 하기에 앞서 그런 것들이 준비되었는지 검사하는 코드를 앱에 포함시키는 것이 중요하다.

여기서는 그런 일을 MainActivity.kt 파일의 onCreate() 함수에서 호출하는 checkBiometric Support() 함수에서 수행할 것이다. 그리고 이때 Keyguard와 PackageManager 서비스를 이용한다. 이와 더불어 여기서는 USE_BIOMETRIC 퍼미션이 앱에 구성되었는지도 검사한다.

```kotlin
.
.
import androidx.core.app.ActivityCompat
import android.Manifest
import android.app.KeyguardManager
import android.content.Context
import android.content.pm.PackageManager

class MainActivity : AppCompatActivity() {
    override fun onCreate(savedInstanceState: Bundle?) {
        .
        .
        checkBiometricSupport()
    }

    private fun checkBiometricSupport(): Boolean {
        val keyguardManager = getSystemService(Context.KEYGUARD_SERVICE)
                as KeyguardManager

        if (!keyguardManager.isKeyguardSecure) {
            notifyUser("Lock screen security not enabled in Settings")
            return false
        }

        if (ActivityCompat.checkSelfPermission(this,
                Manifest.permission.USE_BIOMETRIC) !=
            PackageManager.PERMISSION_GRANTED) {
            notifyUser("Fingerprint authentication permission not enabled")
            return false
        }

        return if (packageManager.hasSystemFeature(
                PackageManager.FEATURE_FINGERPRINT)) {
            true
        } else true
    }
    .
    .
    .
}
```

이 코드에서는 우선 장치에 화면 잠금 방법이 구성되었는지를 Keyguard 매니저를 사용해서 검사한다(잠긴 화면을 해제하기 위해 지문 인증의 대안으로 PIN이나 다른 인증 방법이 사용될 수 있어야 하기 때문이다). 그리고 화면 잠금이 구성되어 있지 않으면 사용자에게 문제점을 알리고 함수 실행을 끝낸다.

그다음에 이 함수에서는 생체 인증 퍼미션이 앱에 승인되었는지 확인한다. 그리고 PackageManager를 사용해서 지문 인증을 장치에서 사용할 수 있는지 검사한다.

90.8 인증 콜백 구성하기

생체 정보를 인증하는 대화상자가 구성되려면 인증 콜백 함수를 구현해야 한다. 이러한 함수는 인증 프로세스의 성공 또는 실패를 앱에 알려 주기 위해 호출되며, BiometricPrompt.AuthenticationCallback 클래스 인스턴스에 포함되어야 한다. 다음 코드를 MainActivity.kt 파일에 추가하자.

```
.
.
import android.hardware.biometrics.BiometricPrompt

class MainActivity : AppCompatActivity() {
    .
    .
    private val authenticationCallback: BiometricPrompt.AuthenticationCallback
        get() = object : BiometricPrompt.AuthenticationCallback() {
            override fun onAuthenticationError(errorCode: Int,
                                                errString: CharSequence) {
                notifyUser("Authentication error: $errString")
                super.onAuthenticationError(errorCode, errString)
            }

            override fun onAuthenticationHelp(helpCode: Int,
                                                helpString: CharSequence) {
                super.onAuthenticationHelp(helpCode, helpString)
            }

            override fun onAuthenticationFailed() {
                super.onAuthenticationFailed()
            }

            override fun onAuthenticationSucceeded(result:
                                                BiometricPrompt.AuthenticationResult) {
                notifyUser("Authentication Succeeded")
                super.onAuthenticationSucceeded(result)
            }
        }
}
```

90.9 CancellationSignal 추가하기

생체 인증 프로세스는 앱과 독립적으로 수행된다. 따라서 앱에서는 CancellationSignal 클래스의 인스턴스를 생성하고 생체 인증 프로세스에 전달하는 인증 작업 취소 방법을 사용해야 한다. 그런 다음에 해당 CancellationSignal 인스턴스는 인증 프로세스를 취소할 필요가 있을 때 사용될 수 있다. 또한, CancellationSignal 인스턴스는 취소가 될 때 호출되는 리스너로 구성될 수 있다. CancellationSignal 인스턴스를 구성하고 반환하는 다음 함수를 MainActivity.kt 파일에 추가하자.

```
.
.
import android.os.CancellationSignal

class MainActivity : AppCompatActivity() {

    private var cancellationSignal: CancellationSignal? = null
    .

    private fun getCancellationSignal(): CancellationSignal {
        cancellationSignal = CancellationSignal()
        cancellationSignal?.setOnCancelListener {
            notifyUser("Cancelled via signal")
        }
        return cancellationSignal as CancellationSignal
    }
}
```

90.10 생체 인증 시작시키기

이제 BiometricPrompt 인스턴스를 생성 및 구성하고 생체 인증을 시작시키기 위해 authenticateUser() 함수를 추가하는 것만 남았다. 다음 코드를 MainActivity.kt 파일에 추가하자.

```
.
.
import android.view.View
import android.content.DialogInterface

class MainActivity : AppCompatActivity() {
    .
    .
    fun authenticateUser(view: View) {
        val biometricPrompt = BiometricPrompt.Builder(this)
            .setTitle("Biometric Demo")
            .setSubtitle("Authentication is required to continue")
```

```
        .setDescription("This app uses biometric authentication to protect your data.")
        .setNegativeButton("Cancel", this.mainExecutor,
            DialogInterface.OnClickListener { dialogInterface, i ->
                notifyUser("Authentication cancelled") }).build()
        biometricPrompt.authenticate(getCancellationSignal(), mainExecutor,
            authenticationCallback)
    }
}
```

이 코드에서 보듯이, BiometricPrompt.Builder 클래스는 BiometricPrompt 인스턴스를 생성하기 위해 사용되며, 이 인스턴스는 생체 인증 대화상자에 보여 줄 제목, 부제목, 설명 문구로 구성된다. 그리고 인증을 취소할 수 있도록 Cancel로 표시된 버튼과 이 버튼을 눌렀을 때 메시지를 보여 주는 리스너가 추가되었다. 마지막으로 BiometricPrompt 인스턴스의 authenticate() 함수를 호출하며, 이때 콜백 함수를 갖는 객체를 참조하는 authenticationCallback과 CancellationSignal 인스턴스를 인자로 전달한다. BiometricPrompt 인스턴스는 또한, 어떤 스레드에서 인증이 수행되는지 알아야 한다. 이것은 Executor 객체를 인자로 전달하여 정의한다. 여기서는 Executor 객체로 mainExecutor가 전달되었다. mainExecutor는 앱의 메인(main) 스레드를 나타내며 getMainExecutor() 함수를 호출한 것과 동일하다. 따라서 여기서는 앱의 메인 스레드에서 생체 인증 프로세스가 실행된다.

90.11　앱 테스트하기

지문을 등록한(에뮬레이터는 5장의 5.7절 참고) 안드로이드 9.0 이상이 실행되는 실제 장치나 에뮬레이터에서 앱을 실행해 보자. 그리고 Authenticate 버튼을 클릭하면 대화상자가 나타날 것이다. 에뮬레이터의 경우는 그림 90-3과 같다.

지문 센서를 터치해 보자(에뮬레이터에서 할 때는 5장의 그림 5-9 화면에서 등록된 지문을 선택한 후 TOUCH THE SENSOR 버튼을 클릭한다). 등록된 지문과 일치한다면 우리 액티비티로 복귀하고 onAuthenticationSucceeded() 콜백 함수가 실행되어 인증에 성공했다는 Toast 메시지가 나타날 것이다.

그림 90-3

이번에는 Authenticate 버튼을 클릭한 후 다른
손가락으로 지문 센서를 터치해 보자(에뮬레이터
에서 할 때는 5장의 그림 5-9 화면에서 등록되지 않
은 지문을 선택한 후 TOUCH THE SENSOR 버튼을
클릭한다). 이 경우 등록되지 않은 지문으로 인
증을 시도한 것이므로 대화상자에서 지문을 인
식할 수 없다는 메시지를 보여 줄 것이다(그림
90-4).

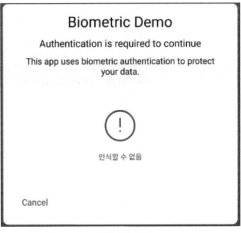

그림 90-4

또한, 인증 대화상자가 나타났을 때 Cancel 버튼을 클릭하여 'Authentication Cancelled' Toast 메
시지가 나타나는지 확인해 보자. 그리고 등록되지 않은 지문(예를 들어 다른 손가락)으로 여러 번(5회
이상) 인증을 시도해 보자. 그러면 인증 실패가 너무 많아서 지금은 인증할 수 없다고 인증 대화상
자에서 알려 줄 것이다.

90.12 요약

이번 장에서는 생체 인증을 안드로이드 앱 프로젝트에 접목시키는 방법을 알아보았다. 적합한 메시
지 텍스트와 콜백으로 구성된 BiometricPrompt 클래스를 사용하면 인증 프로세스의 대부분이 자
동으로 처리된다.

안드로이드 앱 번들 생성, 테스트, 업로딩

안드로이드 앱 개발이 끝나고 여러 종류의 안드로이드 장치에서 테스트가 이루어진 후에는 구글 플레이 앱 스토어에 제출할 준비를 해야 한다. 그러나 그 전에 앱이 릴리스용 패키지로 빌드되어야 하고 개인 키private key로 서명되어야 한다. 이번 장에서는 개인 키를 생성하고 프로젝트의 안드로이드 앱 번들App Bundle을 준비하여 구글 플레이에 업로드하는 절차와 방법을 알아볼 것이다.

91.1 앱 출시 준비 절차

지금까지는 테스트와 디버깅에 적합한 모드로 앱 프로젝트를 빌드하였다. 이와는 달리, 구글 플레이 스토어를 통해서 고객에게 출시할 앱 패키지를 빌드할 때는 추가적인 작업이 필요하다. 첫째, 앱을 디버그debug 모드 대신 릴리스release 모드로 빌드한다. 둘째, 앱 개발자를 고유하게 식별하는 개인 키를 사용해서 앱에 서명한다. 끝으로, 앱을 안드로이드 앱 번들로 패키징한다.

이런 작업은 안드로이드 스튜디오 환경 외부에서도 할 수 있지만, 안드로이드 스튜디오의 빌드 메커니즘을 사용하면 더욱 쉽게 처리할 수 있다. 이번 장의 나머지 부분에서는 이 내용을 알아볼 것이다. 그러나 우선, 안드로이드 앱 번들에 관해 조금 더 자세히 알아보자.

91.2 안드로이드 앱 번들

사용자가 구글 플레이로부터 앱을 설치할 때는 앱이 APK 파일 형태로 다운로드된다. 이 파일은 사용자의 장치에 앱을 설치하고 실행하는 데 필요한 모든 것을 포함한다. 안드로이드 스튜디오 3.2 이전에는 개발자가 안드로이드 스튜디오를 사용해서 하나 이상의 APK 파일을 생성하고 이 파일을 구글 플레이에 업로드했다. 즉, 여러 가지 장치 타입, 화면 크기, 로케일을 지원하기 위해 각 장치와 로케일에 맞춘 다수의 APK 파일을 생성하고 업로드하거나, 또는 서로 다른 구성 리소스와 플랫폼 바이너리를 하나의 패키지에 모두 포함하는 대형 APK를 생성해야 했다.

그러나 다수의 APK 파일을 생성하려면 많은 노력이 필요했다. 앱을 변경할 필요가 있을 때마다 반복되어야 하는 많은 작업으로 인해 앱 출시 작업에 많은 시간이 소요되었기 때문이다.

반면에 하나의 대형 APK로 만드는 것은 개발자에게는 부담이 적지만 전혀 예기치 못한 문제를 가져왔다. 구글은 앱 설치 메트릭 분석을 통해 다음 사실을 알게 되었다. 즉, 설치 APK 파일의 크기가 커질수록 긴 다운로드 시간과 장치의 스토리지 사용 증가로 인해 앱 구입이 적어진다는 것이다. 구매 전환율은 구글 플레이에서 앱을 본 후 실제 설치를 한 사용자의 백분율로 산출된다. 구글의 추산에 의하면 APK 파일 크기가 6MB씩 증가할 때마다 앱의 구매 전환율이 1%씩 떨어진다고 한다.

안드로이드 앱 번들은 이런 문제를 모두 해결해 준다. 즉, 개발자가 안드로이드 스튜디오에서 단일 패키지를 생성하면 구글 플레이에서 자동으로 커스텀 APK 파일(개별적인 지원 구성을 위한)로 생성하는 방법을 제공하기 때문이다(이것이 동적 전송Dynamic Delivery의 개념이다).

안드로이드 앱 번들은 근본적으로 하나의 ZIP 파일이며, 앱 프로젝트에서 지원해야 하는 여러 장치와 로케일의 APK 파일을 빌드하는 데 필요한 모든 파일을 포함한다. 예를 들어, 프로젝트에는 서로 다른 화면 크기의 리소스와 이미지가 포함될 수 있다. 그리고 사용자가 앱을 설치할 때 구글 플레이는 해당 사용자의 장치에 관한 정보(화면, 프로세서, 로케일 등)를 받는다. 그리고 이 정보를 사용해서 사전 생성된 APK 파일을 해당 사용자의 장치에 전송한다.

동적 전송의 추가적인 장점은 한 앱을 다수의 모듈로 분할할 수 있다는 것이다. 이렇게 분할된 모듈을 **동적 기능 모듈**dynamic feature module이라고 하며, 각 모듈은 앱의 특정 기능에 필요한 코드와 리소스를 포함한다. 각 동적 기능 모듈은 기반 모듈base module과 분리된 별도의 APK 파일에 포함되며, 해당 기능을 사용자가 요구할 때만 장치로 다운로드된다. 동적 전송과 앱 번들은 또한, 인스턴트instant 동적 기능 모듈을 생성할 수 있게 해준다. 이 모듈은 앱 전체를 설치할 필요 없이 장치에서 즉시 실행될 수 있다. 동적 기능 모듈은 92장에서 자세하게 알아볼 것이다.

기존처럼 앱을 APK 파일로 생성하는 것은 여전히 가능하다. 그러나 이제는 앱 번들로 생성하여 구글 플레이에 업로드하는 것이 권장되는 방법이며, 2021년 8월부터는 신규 앱에서 앱 번들을 사용해야 한다.

91.3 구글 플레이 개발자 콘솔 계정 등록하기

구글 플레이 스토어에 앱을 제출하는 첫 번째 단계는 구글 플레이 개발자 콘솔 계정을 생성하는 것이다. 이렇게 하려면 https://play.google.com/apps/publish/signup/에 접속하여 지시에 따라 등록을 완료하면 된다. 단, 일시불 등록 수수료로 미화 25달러를 결제해야 한다(이렇게 하면 영구적으로 앱을 등록할 수 있는 권한을 얻는다). 그리고 앱이 제출되어 판매되면 매출액의 30%를 구글이 가져간다.

계정이 등록되면 https://play.google.com/apps/publish로 구글 플레이 개발자 콘솔에 접속할 수 있으며, 개발자로서 자신이 만든 앱을 등록하고 판매할 수 있다.

다음으로 할 일은 앱에 관한 정보를 모으는 것이다. 우리 앱을 마켓에 출시하려면 다음 정보가 필요하다.

- **Title** — 앱의 제목
- **Short Description** — 앱의 간략한 설명으로 80자까지 가능
- **Full Description** — 앱의 자세한 설명으로 4000자까지 가능
- **Screenshots** — 실행되는 앱의 스크린샷(최소 2개, 최대 8개까지). 구글에서는 7인치나 10인치 태블릿에서 실행 중인 앱의 스크린샷을 제출할 것을 권장한다.
- **Language** — 앱의 사용 언어(미국식 영어가 기본임)
- **Promotional Text** — 앱의 판촉용으로 사용될 텍스트
- **Application Type** — 앱이 게임 또는 일반 앱 중 어느 것인지를 나타냄
- **Category** — 앱의 사용 분야(예를 들어, 금융, 건강, 교육, 스포츠 등)
- **Locations** — 앱 판매를 희망하는 지리적 위치
- **Contact Details** — 앱 관련 지원을 받기 위해 사용자가 연락할 수 있는 수단(웹, 이메일, 폰 등)
- **Pricing & Distribution** — 앱의 가격과 판매처의 지리적 위치에 관한 정보

이런 정보가 수집되면, 구글 플레이 개발자 콘솔(https://play.google.com/apps/publish)에 접속하여 앱 만들기 버튼을 클릭한 후 생성 절차를 시작하면 된다.

91.4 콘솔에서 앱 구성하기

앱 만들기 버튼을 처음 클릭하면 앱 세부정보 화면이 나타난다(그림 91-1).

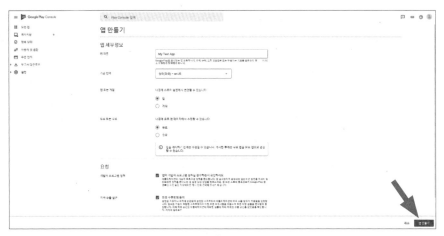

그림 91-1

앱 이름과 기본 사용 언어 등의 필수 정보 입력과 선택을 한 후에 앱 만들기 버튼(화살표로 표시됨)을 누르면 앱을 추가하거나 보여 주는 대시보드 화면이 나타난다. 그리고 대시보드 화면을 밑으로 조금 스크롤하여 앱 설정 바로 밑의 할 일 보기를 펼치면 그림 91-2와 같이 나타난다.

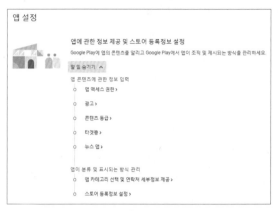

그림 91-2

그리고 링크를 따라가면서 앱의 요청 정보를 선택 및 제공하면 된다. 예를 들어, 첫 단계인 앱 액세스 권한을 클릭하고 원하는 것을 선택 후 저장 버튼을 눌러 변경 사항을 저장하고 화면 위의 대시보드를 클릭하면 다시 대시보드 화면으로 돌아온다. 그리고 다음 단계의 링크를 클릭하여 동일한 방법으로 계속 진행하면 된다. 단, 각 단계마다 반드시 저장 버튼을 눌러서 변경 사항을 저장해야 한다. 그림 91-2의 7단계를 모두 마치면 다음을 진행할 수 있다.

91.5 구글 플레이 앱 서명 활성화하기

최근까지도 구글 플레이 업로드를 위해서는 안드로이드 스튜디오에서 릴리스 앱 서명 키로 서명한 다음 구글 플레이 콘솔로 업로드하였다. 이 방법은 여전히 사용할 수 있다. 그러나 이제는 **구글 플레이 앱 서명**Google Play App Signing이라는 절차를 사용해서 파일을 업로드하는 것이 권장되는 방법이다. 따라서 새로 생성된 앱의 경우는 **구글 플레이 앱 서명** 절차를 거친 다음, 안드로이드 스튜디오에서 앱 번들 파일의 서명에 사용되는 **업로드 키**upload key를 생성하면 된다. 그리고 안드로이드 스튜디오에서 생성된 앱 번들 파일이 업로드되면 구글 플레이 콘솔에서 업로드 키를 제거한 후 구글 플레이 서버에 은밀히 저장된 앱 서명 키로 해당 파일을 서명한다. 기존 앱의 경우는 구글 플레이 서명의 활성화에 필요한 단계가 추가되며 이 내용은 이번 장 뒤에서 알아볼 것이다.

구글 플레이 콘솔의 **모든 앱** 화면(왼쪽 내비게이션 패널의 위에 있는 모든 앱을 클릭)에서 새로 추가된 앱 항목을 선택한다. 그리고 왼쪽 내비게이션 패널의 설정을 펼친 후 앱 서명을 선택한다.

그림 91-3

그리고 새 버전 출시하기 버튼을 눌러 구글 플레이 앱 서명 절차에 참여한다. 이제는 콘솔에서 우리 앱의 테스트를 위한 첫 번째 릴리스를 생성할 준비가 되었다. 그러나 이렇게 하기 전에 안드로이드 스튜디오에서 업로드 키를 생성해야 한다. 이 작업은 서명된 앱 번들을 생성하는 과정의 일부로 수행된다. 이번 장 후반부에서 돌아올 때까지 웹 브라우저에 나타난 현재 구글 플레이 콘솔 화면을 그대로 두자.

91.6 키스토어 파일 생성하기

우선, 구글 플레이 스토어에 업로드하여 테스트하기 원하는 프로젝트(각자 선택)를 안드로이드 스튜디오에서 열자. 그리고 키스토어keystore 파일을 생성하기 위해 안드로이드 스튜디오 메뉴에서 Build ➡ Generate Signed Bundle / APK...를 선택하자. 그러면 그림 91-4의 Generate Signed Bundle or APK 대화상자가 나타날 것이다.

그림 91-4

Android App Bundle 옵션이 선택되었는지 확인하고 Next 버튼을 누르면 그림 91-5의 대화상자가 나타난다.

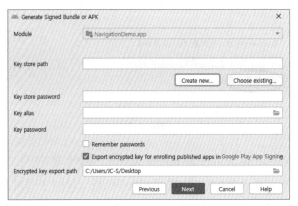

그림 91-5

기존의 릴리스용 키스토어 파일이 있는 경우는 **Choose existing...** 버튼을 클릭하여 파일을 선택한다. 그렇지 않고 아직 키스토어 파일을 생성하지 않은 경우는 **Create new...** 버튼을 클릭한다. 그러면 New Key Store 대화상자가 나타난다(그림 91-6).

그림 91-6

Key store path 필드의 오른쪽 버튼을 클릭하면 Choose keystore file 대화상자가 나타난다. 이때 키스토어 파일을 저장할 디렉터리를 선택하고, 키스토어 파일 이름을 입력한 후(예를 들어, releasekeystore) **OK** 버튼을 누르면 다시 그림 91-6의 대화상자로 돌아온다. 이때 Key store path 필드에는 조금 전에 지정한 파일 이름과 디렉터리가 나타난다(키스토어 파일의 확장자는 .jks이며 자동으로 부여된다).

New Key Store 대화상자는 두 개의 섹션으로 나뉘어 있다. 맨 위의 섹션은 키스토어 파일과 관련되어 있다. 키스토어 파일을 보호하기 위한 암호를 Password와 Confirm 필드 모두에 똑같이 입력하자.

그 밑의 Key 섹션에는 키스토어 파일에 저장될 업로드 키와 관련된 필드가 있으며, 다음 내용을 입력한다.

- **Alias** — 키를 참조할 때 사용할 명칭이며 문자를 입력한다. 시스템에서는 처음의 8개 문자만 사용한다.
- **Password** — 키를 보호하기 위한 암호
- **Validity (years)** — 키의 유효 기간(년)이며, 구글에서는 25년 이상을 권장한다.

이에 추가하여 Certificate 섹션의 나머지 필드 중 최소 한 개를 입력해야 한다(예를 들어, First and Last Name이나 Organization 이름). 필수 필드의 입력이 끝난 예를 보면 그림 91-7과 같다.

그림 91-7

입력을 끝낸 다음 OK 버튼을 누르면 여기서 입력한 값이 그림 91-5의 필드에 채워져서 나타난다(그림 91-8).

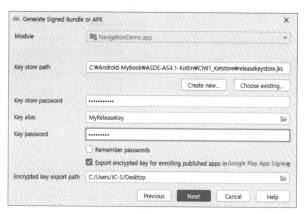

그림 91-8

91.7 안드로이드 앱 번들 생성하기

다음으로 할 일은 애플리케이션 앱 번들 파일을 릴리스 모드로 빌드하고 새로 생성된 개인 키로 서명하는 것이다.

그림 91-8의 대화상자에서 Export encrypted key 옵션이 체크되어 있는지 확인하고 더 이상 수정할 것이 없으면 Next 버튼을 누른다. 그러면 그림 91-9의 대화상자가 나타난다.

그림 91-9

여기서 Destination Folder 필드는 앱 번들 파일이 생성될 위치를 나타낸다. 원하는 위치가 맞는지 확인한다. 만일 다른 위치를 원한다면 이 필드의 오른쪽 끝에 있는 버튼을 클릭한 후 원하는 위치로 변경하면 된다. 그리고 release를 선택한 후(debug는 테스트 버전일 때 선택) Finish 버튼을 누르면 서명된 앱 번들 파일을 그래들_{gradle}이 생성해 준다.

그리고 앱 번들의 생성이 끝나면 그림 91-10의 작은 대화상자가 나타난다. 여기서는 앱 번들 파일을 포함하는 폴더를 탐색기 창에서 보거나 앱 번들 파일을 APK 분석기_{Analyzer}에 로드하거나 또는 키 파일을 볼 수 있다.

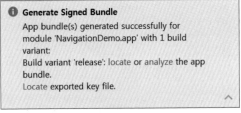

그림 91-10

이제 우리 앱을 구글 플레이에 제출할 준비가 되었다. 그림 91-10에서 release 오른쪽의 locate 링크를 클릭하면 파일 시스템의 탐색기 창이 열릴 것이다. 앱 번들 파일의 이름은 app-release.aab 이며, 저장 위치를 변경하지 않았다면 프로젝트 폴더의 app/release 서브 디렉터리에 저장되어 있다.

앞의 작업에서 생성된 개인 키는 향후에 앱을 서명하고 출시할 때 사용해야 하므로 안전한 곳에 잘 보관하고 백업도 받아 두는 것이 좋다.

91.8 테스트 APK 파일 생성하기

참고로 알아 두면 좋은 것이 있으니 잠시 살펴보자. 구글에서 제공하는 bundletool이라는 명령행 도구를 사용하면 앱 번들로부터 APK 파일을 생성하여 실제 장치나 에뮬레이터에 설치하고 실행할 수 있다. bundletool은 다음 웹 페이지에서 다운로드할 수 있다.

URL https://github.com/google/bundletool/releases

이 책을 저술하는 시점에는 bundletool이 .jar 파일로 제공되었다. 따라서 이것이 저장된 디렉터리로 이동한 후 다음과 같이 명령행에서 실행할 수 있다.

```
java -jar bundletool-all-1.6.1.jar
```

이 명령을 실행하면 bundletool에서 사용 가능한 모든 옵션을 보여 줄 것이다. 앱 번들로부터 APK 파일을 생성할 때는 build-apks 옵션을 사용한다. 그러나 실제 장치나 에뮬레이터에 설치될 수 있는 APK 파일을 생성하려면 이 파일이 서명되어야 한다. 이때는 이번 장 앞에서 생성한 키스토어 파일의 경로를 지정하여 --ks 옵션을 사용하며, 또한, 키를 생성할 때 제공했던 alias를 --ks-key-alias 옵션에 지정해야 한다.

그리고 생성될 APK 파일이 함께 저장될 파일(이것을 APK 세트라고 한다)의 경로를 지정하기 위해 --output 플래그도 사용해야 한다. 이 파일은 이미 생성된 것이 있으면 안 되며 파일 확장자는 .apks로 지정해야 한다.

사용 예를 보면 다음과 같다(경로 지정 방식은 각자 운영체제에 따라 다를 수 있다).

```
java -jar bundletool-all-1.6.1.jar build-apks --bundle=/tmp/MyApps/app/release/app-
release.aab --output=/tmp/MyApks.apks --ks=/MyKeys/release.keystore.jks --ks-keyalias=
MyReleaseKey
```

이 명령이 실행되면 암호를 요청하는 프롬프트가 나타난 후 지정된 APK 세트 파일로 APK 파일이 생성될 것이다. APK 세트 파일은 ZIP 파일이며 앱 번들로부터 생성된 모든 APK 파일을 포함한다.

연결된 장치나 에뮬레이터에 APK 파일을 설치할 때는 다음과 같이 한다.

```
java -jar bundletool-all-1.6.1.jar install-apks --apks=/tmp/MyApks.apks
```

이 명령은 연결된 장치에 적합한 APK 파일을 알아내어 앱이 시작 및 테스트할 수 있게 설치한다.

연결된 장치의 APK 세트로부터 APK 파일을 설치하지 않고 추출만 할 수도 있다. 이때는 우선, 연결된 장치의 사양을 얻는다. 예를 들면 다음과 같다.

```
java -jar bundletool-all-1.6.1.jar get-device-spec --output=/tmp/device.json
```

이 명령을 실행하면 다음과 같은 JSON 파일을 생성한다.

```
{
    "supportedAbis": ["x86"],
    "supportedLocales": ["en-US"],
    "screenDensity": 420,
    "sdkVersion": 27
}
```

그다음에는 이 파일을 사용해서 장치의 구성과 일치하는 APK 파일을 APK 세트 파일에서 추출한다.

```
java -jar bundletool-all-1.6.1.jar extract-apks --apks=/tmp/MyApks.apks --outputdir=/tmp/
nexus5_apks --device-spec=/tmp/device.json
```

이 명령이 실행되면 지정된 장치 구성에 적합한 APK 파일이 --output-dir 플래그에 지정된 디렉터리에 포함된다.

이제는 구글 플레이 앱 서명 절차로 돌아가자.

91.9 구글 플레이 개발자 콘솔에 앱 번들 업로드하기

구글 플레이 콘솔로 돌아가서 내비게이션 패널의 테스트를 펼치고 내부 테스트를 선택한 후 새 버전 만들기 버튼을 클릭한다.

그림 91-11

그다음 화면(그림 91-12)에서 **계속** 버튼을 클릭한 후 '구글 플레이 앱 서명 서비스 약관'이 나오면 **동의**
버튼을 눌러 구글 플레이 앱 서명의 사용을 확인한다. 그리고 안드로이드 스튜디오가 생성한 앱 번
들 파일(기본적으로 프로젝트 폴더의 **app/release** 서브 디렉터리에 있음)을 각자 운영체제의 파일 탐색기에
서 마우스로 끌어서 업로드 영역(그림 91-12의 아래쪽)에 놓으면 바로 업로드가 시작된다.

그림 91-12

업로드가 끝나면 화면 아래로 스크롤하여 **출시명**과 **출시 노트**(생략 가능)를 입력한다. 출시명은 우리
가 앱 버전을 알아보는 데 도움이 되는 정보가 될 수 있으며 사용자는 볼 수 없다.

앱 번들 파일이 업로드된 후에 구글 플레이는 테스트에 필요한 모든 **APK** 파일을 자동 생성한다.
화면의 제일 밑으로 스크롤하여 **저장** 버튼을 클릭한다. 그리고 저장이 끝나면 **버전 검토** 버튼을 클
릭한다.

91.10 앱 번들 살펴보기

검토 화면에서 앱 번들의 오른쪽 끝에 있는 화살표를 클릭한다(그림 91-13).

신규 **App Bundle** 및 **APK**							
파일 형식	버전	API 수준	타겟 SDK	화면 레이아웃	ABI	필수 기능	
Android App Bundle	1 (1.0)	24 이상	30	4	전체	1	→
출시 노트							

그림 91-13

그다음 패널에서 **번들 살펴보기** 링크를 클릭하여 앱 번들 탐색기를 로드한다. 그러면 앱 번들에서 지원하는 API 레벨, 화면 레이아웃, 플랫폼 관련 요약 정보가 나타날 것이다(그림 91-14).

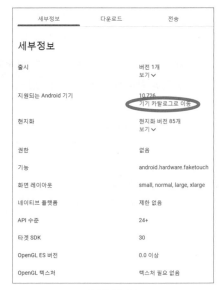

그림 91-14

그리고 **기기 카탈로그로 이동** 링크(그림 91-14에 타원으로 표시됨)를 클릭하면 해당 APK 파일에서 지원되는 장치를 보여 줄 것이다(그림 91-15).

그림 91-15

이 시점에서 앱은 테스트 준비가 되었다. 그러나 콘솔에서 테스터(테스트 참여자)를 설정해야만 테스트를 진행할 수 있다.

91.11 테스터 관리하기

앱이 내부 테스트나 알파 테스트 또는 베타 테스트 단계일 때는 구글 플레이 콘솔에서 앱을 선택하여 '인가된 테스터 명부'를 지정할 수 있다. 내비게이션 패널의 내부 테스트를 클릭하고 테스터 탭을 선택한다(그림 91-16).

그림 91-16

그다음에 테스터를 추가하기 위해 **이메일 목록 만들기** 버튼을 클릭한다. 그리고 원하는 목록 이름을 입력하고 이 목록에 포함시킬 테스터의 이메일 주소를 입력한다(예를 들어, user1@example.com, user2@example.com). 테스터의 이메일 주소는 직접 입력하지 않고 CSV 파일을 업로드해도 된다.

91.12 테스트를 위한 앱 출시

이제는 내부 테스트를 위한 릴리스가 생성되었고 테스터 목록이 추가되었으므로 테스트를 위해 앱을 출시할 준비가 되었다. '내부 테스트' 화면에서 **변경사항 저장** 버튼을 누른 후 **출시** 탭을 선택하고 **수정** 버튼을 클릭한다(그림 91-17).

그리고 **버전 검토** 버튼을 누른 후 화면 오른쪽 밑의 **내부 테스트 트랙으로 출시 시작** 버튼을 클릭한다. 잠시 후에 출시가 완료되면 이후부터는 지정된 테스터에 의해 앱이 다운로드되어 테스트할 수 있다.

그림 91-17

91.13 새 버전의 앱 번들 업로드하기

첫 번째로 업로드된 우리 앱의 앱 번들은 으레 버전 코드가 1이다. 만일 같은 버전 코드로 다른 번들 파일을 업로드하려고 하면 구글 플레이 콘솔에서 거부하면서 다음 에러가 발생한다.

```
You need to use a different version code for your APK because you already have one with
version code 1.
```

이것은 버전 코드 1이 이미 있으니 다른 버전 코드를 사용해야 한다는 이야기다.

이 문제를 해결하려면 번들 파일에 포함된 버전 코드를 증가시켜야 한다. 이것은 안드로이드 스튜디오 프로젝트에서 모듈 수준의 파일을 변경하면 된다(그림 91-18).

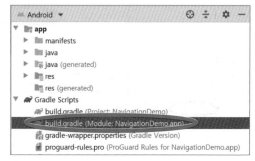

그림 91-18

기본적으로 이 파일의 내용은 다음과 같다.

```
plugins {
    .
    .
}

android {
    compileSdkVersion 30
    buildToolsVersion "30.0.3"

    defaultConfig {
        applicationId "com.ebookfrenzy.navigationdemo"
        minSdkVersion 24
        targetSdkVersion 30
        versionCode 1
        versionName "1.0"
    .
    .
    }
.
.
}
```

버전 코드를 변경할 때는 versionCode 다음에 선언된 숫자를 변경하면 된다. 또한, 앱 사용자에게 보여 주는 버전 번호는 versionName의 문자열을 변경한다. 예를 들면 다음과 같다.

```
versionCode 2
versionName "2.0"
```

이렇게 변경한 후 앱 번들 또는 APK 파일을 다시 빌드하고 업로드하면 된다.

91.14 앱 번들 파일 분석하기

안드로이드 스튜디오는 앱 번들 파일의 내용을 분석하는 기능을 제공한다. 안드로이드 스튜디오 메뉴의 Build ➡ Analyze APK...를 선택하고 살펴볼 앱 번들 파일을 선택한다(이 파일은 기본적으로 프로젝트 디렉터리의 app/release 서브 디렉터리에 있다). 앱 번들 파일이 로드되면 패키지의 파일 구조 리스트와 함께 실제$_{raw}$ 크기와 압축되는 다운로드$_{download}$ 크기에 관한 정보가 나타날 것이다(그림 91-19).

APK size: 4.1 MB, Download Size: 3.7 MB
Compare with previous APK...
File
Raw File Size
Download Size
% of Total Download Size
classes.dex 3.2 MB 2.9 MB 86.4%
res 231.4 KB 228.8 KB 6.6%
classes2.dex 150.3 KB 139.2 KB 4%
resources.arsc 410.8 KB 88.5 KB 2.5%
kotlin 8.8 KB 8.8 KB 0.3%
META-INF 5.6 KB 5.7 KB 0.2%
AndroidManifest.xml 861 B 861 B 0%

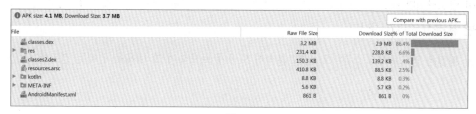

그림 91-19

여기서 classes.dex 파일을 클릭하면 아래쪽 패널에 이 파일의 클래스 구조를 보여 준다. 이때 각 클래스의 함수까지 확장시켜 볼 수 있다(그림 91-20). (패널 간의 경계선을 마우스로 끌면 아래쪽 패널의 크기를 조정할 수 있다.)

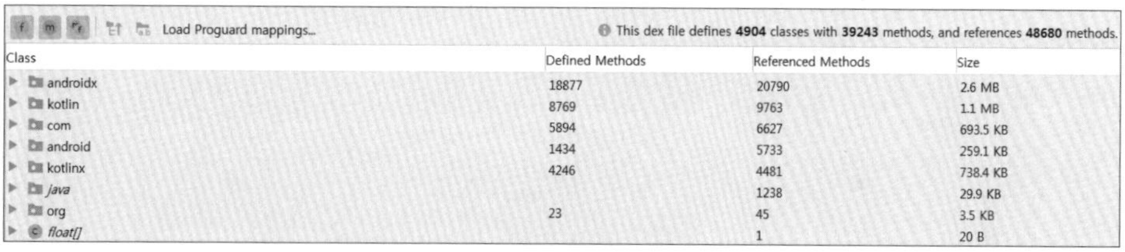

Load Proguard mappings...
This dex file defines 4904 classes with 39243 methods, and references 48680 methods.
Class
Defined Methods
Referenced Methods
Size
androidx 18877 20790 2.6 MB
kotlin 8769 9763 1.1 MB
com 5894 6627 693.5 KB
android 1434 5733 259.1 KB
kotlinx 4246 4481 738.4 KB
java 1238 29.9 KB
org 23 45 3.5 KB
float[] 1 20 B

그림 91-20

이와 유사하게 파일 리스트의 리소스나 이미지 파일을 선택하면 아래쪽 패널에 해당 파일의 콘텐츠를 보여 준다. 또한, Compare with previous APK... 버튼을 클릭하고 또 다른 앱 번들 파일을 선택하면 두 파일 간의 크기 차이를 볼 수 있다.

91.15 요약

앱 프로젝트가 완료되어 사용자 테스트를 할 준비가 되면 구글 플레이 콘솔로 업로드하여 출시, 내부 테스트, 알파/베타 테스트를 위해 게시할 수 있다. 단, 업로드하기 전에 앱의 세부정보와 구글 플레이에서 사용되는 화면샷을 제공하여 구글 플레이 콘솔에서 앱 항목을 생성해야 한다. 그리고 안드로이드 스튜디오에서 릴리스 모드로 앱 번들 파일을 생성하고 업로드 키로 서명한다. 번들 파일이 업로드되면 구글 플레이에서 업로드 키를 제거하고 이것을 은밀히 저장된 앱 서명 키로 교체하면 앱 출시 준비가 끝난다.

번들 파일은 안드로이드 스튜디오 APK 분석기 도구에 로드하여 그 내용을 언제든 검토할 수 있다.

CHAPTER 92

안드로이드 동적 기능 모듈

앱 번들app bundle과 동적 전송dynamic delivery의 도입으로 사용자가 앱 스토어에서 안드로이드 장치에 앱을 설치할 때 다운로드되는 앱 패키지의 크기가 많이 줄어들게 되었다. 그리고 이제는 필요할 때 설치할 수 있는 다수의 동적 기능 모듈로 앱을 분할하여 동적 전송을 할 수 있게 되었다.

이번 장에서는 동적 기능 모듈dynamic feature module의 기본 개념을 알아볼 것이다.

92.1 동적 기능 모듈 개요

주문형 모듈on-demand module이라고도 하는 동적 기능 모듈은 안드로이드 앱을 별도의 모듈로 묶어서 구성하는 기능이며, 각 모듈은 사용자가 필요로 할 때만 다운로드되어 장치에 설치된다. 예를 들어, 뉴스와 토론 기능을 포함하는 앱이 있다고 해보자. 이 경우, 앱을 설치할 때 뉴스 기능만 기본으로 설치하고 토론 기능은 동적 기능 모듈로 분리할 수 있다. 그다음에 사용자가 토론 기능을 사용하려고 할 때 앱에서는 이 기능 모듈을 구글 플레이 스토어에서 다운로드하여 시작시키면 된다. 만일 사용자가 토론 기능을 아예 사용하지 않는다면 해당 모듈은 설치되지 않을 것이므로 앱에서는 적은 양의 스토리지를 사용할 수 있다.

동적 기능 모듈을 사용하는 앱은 언제 어떻게 모듈을 설치할 것인지 제어할 수 있다. 또한, 사용자가 이용하는 기능의 빈도를 모니터링하고 자주 사용하지 않는 모듈은 일시적으로 제거할 수도 있다.

동적 기능 모듈은 인스턴트 모듈이라고도 한다. 이것은 이전 안드로이드 릴리스의 인스턴트 앱을 대체하는 개념이며, 앱을 설치하지 않고도 기능 모듈이 장치에서 실행될 수 있게 해준다. 따라서 구글 플레이 앱 스토어에는 Try Now 버튼으로 앱을 보여 주거나 웹 URL을 클릭했을 때 장치에서 즉시 시작되게 할 수 있다.

92.2 동적 기능 모듈 아키텍처

안드로이드는 초기부터 모듈 방식을 염두에 두고 설계되었다. 인텐트나 액티비티의 개념으로 볼 때 특히 그렇다. 동적 기능은 이런 철학을 반영한 것이다. 즉, 사용자가 요구할 때 필요한 것만 앱에서 설치할 수 있게 해준다. 그리고 이런 유연성과 능력을 가졌음에도 불구하고 동적 기능 모듈의 구현은 상대적으로 쉽다.

기본적으로 동적 기능 모듈은 다수의 APK 파일로 하나의 앱을 구성하는 **분할 APK 파일**split APK file을 사용해서 빌드된다.

기존의 동적 전송과 앱 번들은 커스텀 APK 파일의 생성으로 구현되며, 커스텀 APK 파일은 특정 장치 구성에서 앱을 실행하는 데 필수적인 바이트코드와 리소스만 포함한다. 이 경우 앱은 사용자의 장치에 맞춰 필요한 부분이 설치되지만 여전히 하나의 APK 파일을 사용한다.

이에 반해서 동적 기능 모듈은 **분할 APK 파일**이라고 하는 다수의 APK 파일로 앱을 분할하여 구현된다.

그리고 앱이 처음 다운로드될 때는 **기반 모듈**base module만 설치된다. 기반 모듈은 앱의 진입점 역할을 하며, 앱의 기본 기능에 필요한 바이트코드와 리소스를 포함하고 앱의 나머지 부분에서 필요로 하는 구성 파일과 빌드 리소스를 갖는다. 예를 들어, 기반 모듈의 매니페스트 파일은 앱에 결합되는 모든 동적 기능 모듈의 매니페스트 파일을 통합한 내용을 갖는다. 또한, 모든 동적 기능 모듈의 버전 번호는 기반 모듈의 빌드 구성 파일에 설정된 버전 번호를 따른다.

기반 모듈은 또한, 앱 번들에 포함된 동적 기능 모듈의 내역을 빌드 구성 파일에 포함하며, 모든 동적 기능 모듈은 자신의 빌드 구성 파일의 의존성에 기반 모듈을 지정해야 한다.

각 동적 기능은 바이트코드, 매니페스트, 리소스, 빌드 구성 파일, 기타 에셋(특정 기능에 필요한 이미지나 데이터 파일)을 포함하는 모듈 형태로 구현된다.

앱 스토어에서 사용자가 앱 설치를 요청하면, 스토어에서는 사용자의 장치에 맞게 구성된 **구성 APK** 파일에 추가하여 모든 장치 구성에 공통적인 모든 바이트코드와 리소스를 포함하는 **기반 APK** 파일을 생성한다. 그리고 동적 기능 모듈의 설치가 요청될 때는 이에 필요한 구성 APK 파일에 추가하여 **동적 기능 APK** 파일을 생성한다(그림 92-1).

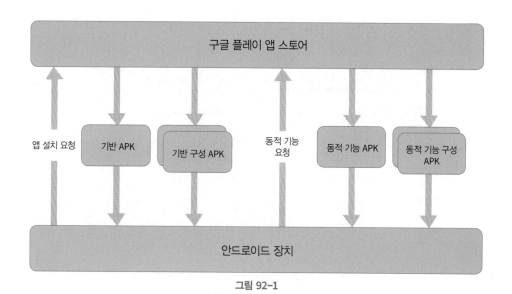

그림 92-1

92.3 동적 기능 모듈 생성하기

동적 기능은 완전히 새 모듈 또는 기존 모듈을 변환한 모듈로 프로젝트에 추가될 수 있다. 새 모듈을 추가할 때는 안드로이드 스튜디오 메뉴에서 File ➡ New ➡ New Module...을 선택한다. 그리고 생성하려는 동적 기능 유형에 따라 그림 92-2의 대화상자 왼쪽에서 Dynamic Feature 또는 Instant Dynamic Feature 템플릿을 선택한다.

그리고 대화상자 오른쪽의 Module name에 모듈 이름을 입력하고 기반 모듈Base Application Module에 선택된 API 레벨과 같은 것으로 Minimum SDK를 선택한다(만일 기반 모듈의 API 레벨과 다르면 프로젝트에 에러가 생긴다).

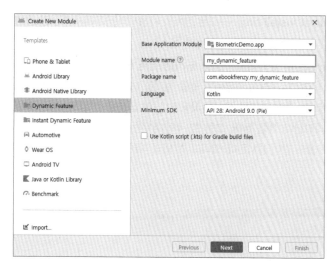

그림 92-2

Next 버튼을 누르면 그림 92-3의 새 모듈 생성 대화상자가 나타난다.

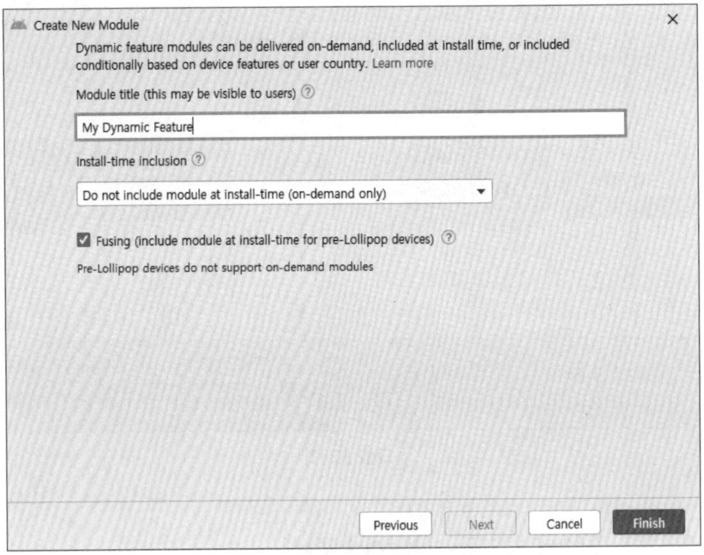

그림 92-3

제일 밑의 Fusing 옵션을 체크하여 활성화하면, 구버전의 안드로이드(안드로이드 5.0 이전)가 실행 중인 장치에서는 앱을 설치할 때 이 모듈이 기반 APK와 함께 다운로드된다. 안드로이드 5.0 이전 버전에서는 동적 기능 모듈을 지원하지 않기 때문이다. 모듈 제목Title은 50자까지 입력 가능하며, 메시지나 알림으로 사용자에게 기능을 설명할 때 구글 플레이에서 사용한다.

Install-time inclusion 드롭다운에서는 다음 옵션을 제공한다.

- **Do not include module at install time (on-demand only)** — 장치 구성이나 사용자의 국가와 무관하게 앱에서 요청이 있을 때만 모듈이 설치된다.

- **Include module at install time** — 모든 장치와 사용자의 국가에서 주문형 동적 설치를 하지 않는다. 따라서 앱이 장치에 설치될 때 모듈도 같이 설치된다.

- **Only include module at install-time for devices with specified features** — 특정 조건에 맞는 장치 구성이나 사용자 국가의 경우에만 앱을 설치할 때 모듈도 같이 설치된다. 이 외의 다른 모든 국가와 장치 구성에서는 동적 주문형 설치를 사용한다. 이 옵션을 선택하면 장치 기능을 선택 또는 입력하는 추가 옵션이 나타난다. 예를 들어, 그림 92-4의 경우는 마이크와 지문 센서가 있는 장치의 경우에만 앱을 설치할 때 모듈도 같이 설치된다. 그리고 이 외의 다른 모든 장치에서는 동적 주문형으로 모듈이 설치된다.

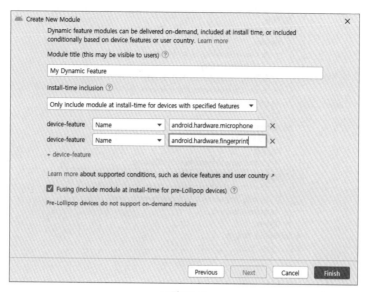

그림 92-4

이 외에 국가나 API 레벨 등의 다른 조건은 해당 동적 기능 모듈의 프로젝트 매니페스트 파일 (AndroidManifest.xml)에 선언해야 한다. 예를 들어, 동적 기능 모듈의 다음 매니페스트 파일에서는 국가가 France이면서 API 21보다 더 이전 버전의 안드로이드가 실행 중인 장치의 경우에 동적 주문 형 기능 설치를 비활성화한다.

```
<dist:conditions>
    <dist:user-countries dist:exclude="true">
        <dist:country dist:code="FR"/>
    </dist:user-countries>
    <dist:min-sdk dist:value="21"/>
</dist:conditions>
```

92.4 기존 모듈을 동적 기능 모듈로 변환하기

만일 앱에서 동적 전송이 가능한 기능을 포함한다면 해당 기능을 동적 기능 모듈로 변환할 수 있다. 예를 들어, 다음의 프로젝트 구조를 보자.

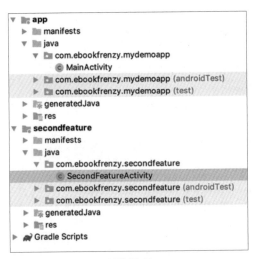

그림 92-5

이 프로젝트에서는 app 모듈이 기반 모듈의 역할을 하며, secondfeature 모듈은 동적 기능 모듈로 변환하기에 적합한 후보다.

앱 내부의 기존 모듈을 동적 기능 모듈로 변환할 때는 우선, 해당 모듈의 build.gradle 파일을 변경해야 한다[여기서는 Gradle Scripts ➡ build.gradle (Module: secondfeature)]. 이때 플러그인을 com.android.application 대신 com.android.dynamic-feature로 변경하고, 기반 모듈(여기서는 app)에 대한 의존성만 갖도록 dependencies 섹션에 추가한다. 예를 들면 다음과 같다.

```
plugins {
    id 'com.android.application'
    id 'com.android.dynamic-feature'
    .
    .
}
.
.
dependencies {
    implementation project(":app")
    .
    .
}
```

다음은 해당 모듈의 AndroidManifest.xml 파일을 다음과 같이 변경해야 한다. (여기서는 인스턴트 모듈이 아닌 주문형 모듈로 선언하였다.)

```
<?xml version="1.0" encoding="utf-8"?>
<manifest xmlns:android="http://schemas.android.com/apk/res/android"
```

```
    xmlns:dist="http://schemas.android.com/apk/distribution"
    package="com.ebookfrenzy.mymodule">

    <dist:module
        dist:instant="false"
        dist:onDemand="true"
        dist:title="@string/title_my_dynamic_feature">
        <dist:fusing dist:include="true" />
    </dist:module>

    <application
        android:allowBackup="true"
    .
    .
```

여기서 모듈 제목title은 strings.xml 파일에 선언된 문자열 리소스를 참조한다. 문자열 값을 하드코 딩하지 말고 이처럼 문자열 리소스로 사용하는 것이 바람직하다. 다음은 기반 모듈의 build.gradle 파일을 변경해야 한다[여기서는 Gradle Scripts ➡ build.gradle (Module: app)]. 이때 동적 기능 모듈을 참조하게 하고, Play Core 라이브러리 의존성을 dependencies 섹션에 추가한다. 예를 들면 다음과 같다.

```
plugins {
    id 'com.android.application'
    .
    .
}
android {
    compileSdkVersion 30
    buildToolsVersion "30.0.3"
    .
    .
    dynamicFeatures = [":secondfeature"]
}
.
.
dependencies {
    implementation 'com.google.android.play:core:1.10.0'
    .
    .
}
.
.
```

끝으로, 기반 모듈의 AndroidManifest.xml 파일을 변경해야 한다. 기반 모듈을 SplitCompat Application의 서브 클래스로 선언하기 위해서다.

```
<?xml version="1.0" encoding="utf-8"?>
<manifest xmlns:android="http://schemas.android.com/apk/res/android"
    package="com.ebookfrenzy.mydemoapp">

    <application
        android:name=
            "com.google.android.play.core.splitcompat.SplitCompatApplication"
        android:allowBackup="true"
.
.
```

92.5 동적 기능 모듈 사용하기

앱 프로젝트에 하나 이상의 동적 기능 모듈이 추가되면 해당 모듈을 설치하고 관리하는 코드를 작성해야 한다. 이때 모듈이 이미 설치되었는지 확인하고, 모듈을 설치하고, 더 이상 필요 없는 설치 모듈을 삭제하는 등의 작업을 수행할 수 있다. 이 모든 작업은 Play Core 라이브러리에서 제공하는 API를 사용해서 수행하며, 대부분의 API 함수 호출은 다음과 같이 생성하는 SplitInstallManager 인스턴스를 사용한다.

```
private lateinit var manager: SplitInstallManager
manager = SplitInstallManagerFactory.create(this)
```

동적 기능 모듈을 사용할 때 제일 먼저 할 일은 해당 모듈이 이미 설치되었는지 확인하는 것이다. 이것은 사용자가 동적 기능 모듈을 시작시키기 전에 해야 한다. 예를 들어, 다음 코드에서는 설치된 모듈의 리스트를 얻은 후 특정 모듈이 설치되었는지 확인한다.

```
if (manager.installedModules.contains("my_dynamic_feature")) {
    // 모듈이 설치됨
}
```

그다음에 SplitInstallRequest 객체를 생성하고 이것을 SplitInstallManager 인스턴스의 start Install() 함수 인자로 전달하면 한 번에 하나 이상의 모듈을 설치할 수 있다.

```
.
.
private var mySessionId = 0
    .
    .
    val request = SplitInstallRequest.newBuilder()
        .addModule("my_dynamic_feature")
        .build()
```

```
    manager.startInstall(request)
        .addOnSuccessListener { sessionId ->
            mySessionId = sessionId
        }
        .addOnFailureListener { exception ->
        }
}
```

이 코드가 실행되면 모듈 설치가 바로 시작된다. 또 다른 방법으로는 지연 설치를 할 수 있다. 이때는 다음과 같이 기능 모듈이 저장된 배열을 deferredInstall() 함수의 인자로 전달하면 된다.

```
manager.deferredInstall(Arrays.asList("my_dynamic_feature",
                                      "my_dynamic_feature2"))
```

이 경우 지연된 다운로드를 운영체제가 백그라운드로 수행해 준다.

지연 설치의 상태는 추적이 불가능하다. 그러나 지연되지 않은 설치는 리스너를 추가하여 상태를 추적할 수 있다.

```
private var listener: SplitInstallStateUpdatedListener =
    SplitInstallStateUpdatedListener { state ->
    if (state.sessionId() == mySessionId) {
        when (state.status()) {

            SplitInstallSessionStatus.DOWNLOADING ->
                // 모듈이 다운로드 중

            SplitInstallSessionStatus.INSTALLING ->
                // 다운로드된 모듈을 설치 중

            SplitInstallSessionStatus.DOWNLOADED ->
                // 모듈 다운로드 완료

            SplitInstallSessionStatus.INSTALLED ->
                // 모듈이 성공적으로 설치됨

            SplitInstallSessionStatus.CANCELED ->
                // 사용자가 다운로드를 취소함

            SplitInstallSessionStatus.PENDING ->
                // 설치가 지연됨

            SplitInstallSessionStatus.FAILED ->
                // 설치에 실패함
        }
    }
}
```

일단 리스너가 구현되면 SplitInstallManager 인스턴스를 사용해서 등록해야 하며, 더 이상 필요 없을 때는 등록을 해지하면 된다.

```
manager.registerListener(listener)
.
.
manager.unregisterListener(listener)
```

92.6 대형 동적 기능 모듈 처리하기

사용자의 최초 허가를 받지 않으면 안드로이드 동적 전송 시스템에서 10MB보다 큰 동적 기능 모듈의 다운로드를 허용하지 않는다. 이 경우 대형 기능 모듈의 다운로드 요청이 오면 REQUIRES_USER_CONFIRMATION 상태를 전달받으면서 리스너가 호출된다. 그다음에 앱에서는 확인 대화상자를 보여 주어야 하며, 선택적으로 onActivityResult() 핸들러 함수를 구현하여 사용자가 다운로드를 승인 또는 거부했는지 확인할 수 있다.

```
.
.
private val REQUESTCODE = 101
.
.
private var listener: SplitInstallStateUpdatedListener =
    SplitInstallStateUpdatedListener { state ->
        if (state.sessionId() == mySessionId) {
            when (state.status()) {

                SplitInstallSessionStatus.REQUIRES_USER_CONFIRMATION -> {
                    try {
                        manager.startConfirmationDialogForResult(
                            state,
                            this@MainActivity, REQUESTCODE
                        )
                    } catch (ex: IntentSender.SendIntentException) {
                        // 요청 실패함
                    }
                }
            }
        }
.
.
```

이 코드에서는 인텐트를 시작시키고 안드로이드에 내장된 확인 대화상자를 보여 준다. 이 인텐트는 다음과 같이 구현된 onActivityResult() 함수에 결과 코드를 반환한다.

```
public override fun onActivityResult(requestCode: Int, resultCode: Int,
                                     data: Intent?) {
    if (requestCode == REQUESTCODE) {
        if (resultCode == Activity.RESULT_OK) {
            // 사용자가 설치를 허가함
        } else {
            // 사용자가 설치를 거부함
        }
    }
}
```

사용자가 요청을 승인하면 동적 기능 모듈이 자동으로 다운로드되어 설치된다.

92.7 요약

동적 기능 모듈은 안드로이드 앱이 별도의 기능으로 분할되게 해주며, 각 기능은 사용자가 필요로 할 때 주문형 모듈로 다운로드된다. 동적 기능 모듈은 또한, 인스턴트 기능으로 구성될 수도 있다. 인스턴트 기능은 앱이 장치에 설치되지 않아도 실행될 수 있으며, 사용자가 앱 스토어 페이지의 Try Now 버튼을 누르거나 웹 URL을 통해 설치 및 사용할 수 있다.

동적 기능을 구현하려면 하나의 기반 모듈과 하나 이상의 동적 기능 모듈로 앱을 분할해야 한다. 새로운 동적 기능 모듈은 안드로이드 스튜디오에서 생성할 수 있으며, 기존 모듈은 프로젝트의 구성을 약간 변경해서 동적 기능 모듈로 변환할 수 있다.

일단 동적 기능 모듈이 앱에 추가되면 이 모듈의 다운로드와 관리는 Play Core 라이브러리의 SplitInstall 클래스를 사용해서 앱에서 처리한다.

동적 기능 모듈
예제 프로젝트

92장에서 알아본 안드로이드 **동적 전송**dynamic delivery과 **동적 기능**dynamic feature의 기본 개념을 기반으로 이번 장에서는 예제 프로젝트를 만들 것이다. 이번 장에서 생성하는 앱은 두 개의 액티비티로 구성된다. 첫 번째는 앱의 기반base 모듈이며, 두 번째는 실행 중인 앱에서 요청 시 다운로드되는 동적 기능 모듈이다. 이번 장에서는 안드로이드 스튜디오에서 동적 기능 모듈을 생성하고 생성된 앱 번들을 테스트하기 위해 구글 플레이 스토어로 업로드한다. 그리고 Play Core 라이브러리를 사용해서 동적 기능 모듈을 다운로드하고 관리한다. 이번 장에서는 또한, 지연 동적 기능 설치의 사용법도 알아볼 것이다.

93.1 DynamicFeature 프로젝트 생성하기

새 프로젝트를 생성하자. 안드로이드 스튜디오 메인 메뉴의 File ➡ New ➡ New Project...를 선택하거나 웰컴 스크린에서 New Project 버튼을 클릭한다. '프로젝트 템플릿 선택' 대화상자가 나타나면 Phone and Tablet과 Empty Activity를 선택하고 Next 버튼을 누른다.

Name 필드에 DynamicFeature를 입력하고 Package name에는 구글 플레이에서 우리 앱을 고유하게 식별할 수 있는 패키지 이름을 입력한다(예를 들어, com.<회사명>.dynamicfeature). 여기서는 패키지 이름을 com.ebookfrenzy.dynamicfeature로 할 것이다. 그리고 Language가 Kotlin인지 확인하고 Minimum SDK는 API 26: Android 8.0 (Oreo)를 선택한다. 또한, Use legacy android.support libraries가 체크 해제되어 있는지 확인하고 Finish 버튼을 누른다.

프로젝트가 생성된 후 **18.8**절을 참고하여 뷰 바인딩을 활성화하고 사용하도록 변경하자(안드로이드 스튜디오가 자동 생성한 코드에서 이미 뷰 바인딩을 사용한다면 할 필요 없다).

93.2 프로젝트에 동적 기능 지원 추가하기

앱을 구현하기 전에 우선, 동적 기능 지원을 위한 Play Core 라이브러리를 app 모듈의 그래들 빌드 파일에 추가해야 한다.

프로젝트 도구 창에서 Gradle Scripts ➡ build.gradle (Module: DynamicFeature.app) 파일을 더블클릭하여 편집기 창에 열고 dependencies 섹션에 다음을 추가한다. (Play Core 라이브러리는 지속적으로 업데이트되므로 제일 끝의 버전 번호는 변경될 수 있다.)

```
plugins {
    id 'com.android.application'
    id 'kotlin-android'
}
.
.
dependencies {
    .
    .
    implementation 'com.google.android.play:core:1.10.0'
    .
    .
}
```

그리고 편집기 창의 오른쪽 위에 있는 Sync Now를 눌러 그래들 빌드의 변경 사항을 프로젝트에 적용한다.

동적 기능 모듈이 다운로드된 후에는 해당 기능을 구성하는 코드와 리소스 에셋을 사용자가 즉시 사용할 수 있어야 한다. 그러나 기본적으로 새로 설치된 기능 모듈은 앱이 다시 시작되어야 앱의 나머지 부분에서 사용할 수 있다. 이런 단점은 프로젝트에 SplitCompat 라이브러리를 추가하여 해소할 수 있다. 이때 가장 쉬운 방법은 다음과 같이 AndroidManifest.xml 파일에 SplitCompatApplication의 서브 클래스로 앱을 선언하는 것이다. 프로젝트 도구창에서 app ➡ manifests 밑에 있는 AndroidManifest.xml 파일을 편집기 창에 열고 다음과 같이 추가하자.

```
<?xml version="1.0" encoding="utf-8"?>
<manifest xmlns:android="http://schemas.android.com/apk/res/android"
    package="com.ebookfrenzy.dynamicfeature">

<application
    android:name="com.google.android.play.core.splitcompat.SplitCompatApplication"
    android:allowBackup="true"
    android:icon="@mipmap/ic_launcher"
    .
    .
```

93.3 기본 액티비티 UI 디자인하기

현재 DynamicFeature 프로젝트는 하나의 액티비티로 구성되어 있으며, 이 액티비티는 앱 기반 모듈의 진입점 역할을 한다. 이 기반 모듈은 동적 기능 모듈을 요청, 설치, 관리하는 책임을 갖는다.

동적 기능의 사용을 보여 주기 위해 동적 기능 모듈을 설치, 시작, 제거할 수 있게 해주는 버튼으로 기본 액티비티의 UI사용자 인터페이스를 구성할 것이다. 또한, 이 UI는 동적 기능 모듈과 관련된 상태 정보를 보여 주는 TextView 객체도 포함한다. 이런 요구 사항을 염두에 두고 편집기 창에 열린 activity_main.xml 레이아웃 파일을 선택한 후 디자인 모드로 전환하자. 그리고 컴포넌트 트리에서 TextView를 선택한 후 ⎡Del⎤ 키를 눌러 삭제한다.

그림 93-1을 참고하여 UI를 디자인하자. 팔레트의 Text 부류에 있는 TextView를 마우스로 끌어서 레이아웃의 제일 위에 놓는다. 그리고 속성 창의 id 속성을 statusText로 변경하고 ⎡Enter⎤⎡Return⎤ 키를 누른 후 대화상자에서 Refactor 버튼을 누른다. 다음은 팔레트의 Buttons 부류에 있는 Button을 마우스로 끌어서 TextView의 밑에 놓는다. 같은 방법으로 이 버튼 밑에 두 개의 버튼을 더 추가하자. 그리고 컴포넌트 트리에서 제일 위의 버튼을 선택하고 속성 창에서 text 속성을 Launch Feature로 변경하고 onClick 속성에 launchFeature를 입력한다. 그다음에 컴포넌트 트리에서 두 번째 버튼을 선택하고 속성 창에서 text 속성을 Install Feature로 변경하고 onClick 속성에 installFeature를 입력한다. 또한, 컴포넌트 트리에서 세 번째 버튼을 선택하고 속성 창에서 text 속성을 Delete Feature로 변경하고 onClick 속성에 deleteFeature를 입력한다. 끝으로, 각 버튼의 text 속성에 직접 입력한 텍스트를 문자열 리소스로 추출한다(3장의 그림 3-13부터 3-15 참고).

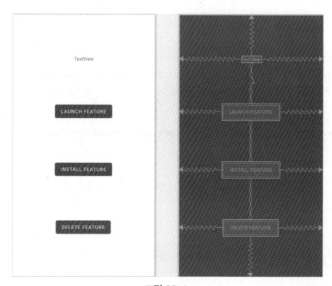

그림 93-1

그다음에 컴포넌트 트리에서 TextView를 클릭하고 Shift 키를 누른 채로 나머지 버튼을 클릭하여 모두 선택한 후 마우스 오른쪽 버튼을 누르고 메뉴의 Center ➡ Horizontally in Parent를 선택한다. 그러면 네 개의 뷰가 모두 수평으로 중앙에 위치할 것이다.

그리고 네 개의 뷰가 모두 선택된 상태에서 다시 마우스 오른쪽 버튼을 누르고 메뉴의 Chains ➡ Create Vertical Chain을 선택한다. 그러면 네 개의 뷰가 모두 수직 방향의 체인으로 연결되어 그림 93-1의 레이아웃 디자인이 완성된다.

93.4 동적 기능 모듈 추가하기

동적 기능 모듈을 프로젝트에 추가하기 위해 메뉴의 File ➡ New ➡ New Module...을 선택하면 새 모듈 생성 대화상자가 나타난다(그림 93-2).

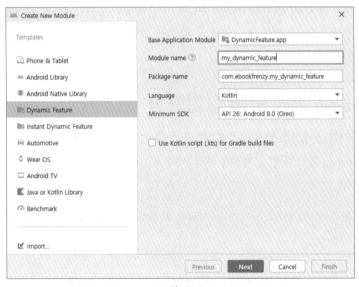

그림 93-2

왼쪽에서 Dynamic Feature를 선택하고 오른쪽의 모듈 이름에 my_dynamic_feature를 입력한 후 Minimum SDK를 기반 모듈과 같은 API 26: Android 8.0 (Oreo)로 선택하고 Next 버튼을 누르면 그림 93-3의 대화상자가 나타난다.

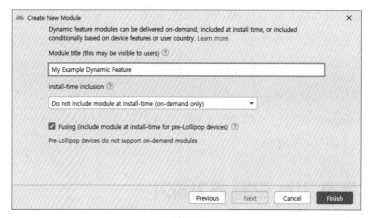

그림 93-3

Module Title 필드에 My Example Dynamic Feature를 입력하고 Install-time inclusion 드롭다운에서 Do not include module at install-time (on-demand only)를 선택한다. 그리고 Fusing 옵션이 체크되었는지 확인하고 Finish 버튼을 누르면 동적 기능 모듈이 프로젝트에 추가된다. (이 대화상자의 자세한 설명은 92장을 참고하자.)

93.5 동적 기능 모듈 살펴보기

다음 진도를 나가기 전에 안드로이드 스튜디오가 동적 기능 모듈을 어떻게 프로젝트에 추가했는지 알아보자. 이 내용을 알아 두면 문제점을 해결할 때나 기존 앱의 기능을 동적 기능 모듈로 변환할 때 유용할 수 있다.

프로젝트 도구 창을 보면 새로운 동적 기능 모듈을 포함하는 폴더가 생겼을 것이다(그림 93-4).

그림 93-4

동적 기능 모듈은 자신의 구조를 가지며, 여기에는 매니페스트 파일, 코드와 리소스가 추가될 수 있는 패키지 및 res 폴더(이 폴더는 그림 93-5에서 최초의 액티비티를 추가할 때 레이아웃 XML 파일과 같이 자동으로 생성된다)가 있다. my_dynamic_feature 모듈의 AndroidManifest.xml 파일을 더블클릭하여 편집기 창에 열자. 이 파일은 동적 기능 모듈을 생성할 때 선택했던 속성 설정을 포함한다.

```xml
<?xml version="1.0" encoding="utf-8"?>
<manifest xmlns:android="http://schemas.android.com/apk/res/android"
    xmlns:dist="http://schemas.android.com/apk/distribution"
    package="com.ebookfrenzy.my_dynamic_feature">

    <dist:module
        dist:instant="false"
        dist:title="@string/title_my_dynamic_feature">
        <dist:delivery>
            <dist:on-demand />
        </dist:delivery>
        <dist:fusing dist:include="true" />
    </dist:module>
</manifest>
```

여기서 주의 깊게 봐야 할 것은 모듈 제목title이 문자열 값으로 매니페스트 파일에 지정되지 않고 문자열 리소스로 저장되고 참조되었다는 것이다(문자열 값은 이렇게 해야 한다). 이 문자열 리소스는 기반 모듈(여기서는 app)의 strings.xml 파일(app ➡ res ➡ values ➡ strings.xml)에 있으므로 필요하다면 변경할 수 있다.

동적 기능 모듈의 빌드 구성은 Gradle Scripts ➡ build.gradle (Module: DynamicFeature.my_dynamic_feature) 파일에 있으며 중요한 것을 보면 다음과 같다.

```
plugins {
    id 'com.android.dynamic-feature'
    .
    .
}
android {
    compileSdkVersion 30
    buildToolsVersion "30.0.3"
    .
    .
}

dependencies {
    implementation project(":app")
    .
    .
}
```

여기서는 com.android.dynamic-feature가 플러그인으로 선언되어 있다. 이것은 my_dynamic_feature 모듈이 동적 기능 모듈이라는 것을 나타낸다. 그리고 implementation에는 project(":app")으로 지정되었다. 이것은 my_dynamic_feature 모듈이 기반 모듈인 DynamicFeature.app에 의존성을 갖는다는 것을 나타낸다.

기반 모듈의 build.gradle 파일[Gradle Scripts ➡ build.gradle (Module: DynamicFeature.app)]도 동적 기능 모듈과 관련된 새로운 항목을 포함한다.

```
plugins {
    id 'com.android.application'
    .
    .
}
android {
    compileSdkVersion 30
    buildToolsVersion "30.0.3"
    .
    .
    dynamicFeatures = [':my_dynamic_feature']
}
.
.
```

프로젝트에 추가되는 모든 동적 기능 모듈은 여기에서 참조되어야 한다. 동적 기능 모듈이 두 개일 때의 예를 보면 다음과 같다.

```
dynamicFeatures = [':my_dynamic_feature', ':my_second_feature', ...]
```

93.6 동적 기능 모듈 액티비티 추가하기

그림 93-4의 프로젝트 도구 창에서 보면 이 시점에서 동적 기능 모듈인 my_dynamic_feature에는 매니페스트 파일만 포함되어 있다. 이제는 이 모듈에 액티비티를 추가할 것이다. 이 모듈이 기반 모듈 내부에서 시작될 때 우리가 원하는 작업을 수행하도록 하기 위해서다. 프로젝트 도구 창의 my_dynamic_feature ➡ java 밑에 있는 패키지 이름(여기서는 com.ebookfrenzy.my_dynamic_feature)에서 마우스 오른쪽 버튼을 클릭한 후 New ➡ Activity ➡ Empty Activity를 선택하자. 그리고 액티비티 이름에 MyFeatureActivity를 입력하고 Generate Layout File은 체크된 상태로 두고 Launcher Activity는 체크되지 않은 상태에서 Finish 버튼을 누른다(그림 93-5).

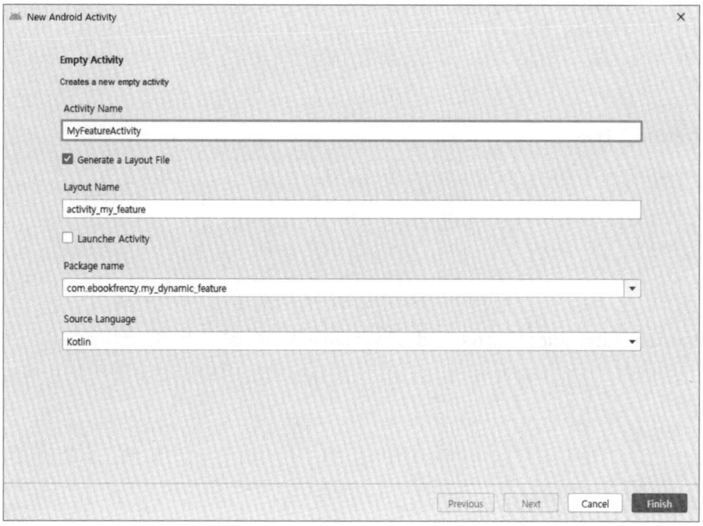

그림 93-5

그다음에 my_dynamic_feature ➡ manifests 밑에 있는 〈application〉 요소를 변경하여 AndroidManifest.xml 파일에 인텐트 필터를 추가하자. 이 인텐트 필터는 이 액티비티(MyFeature Activity)가 기반 모듈에서 시작될 수 있게 해준다. 여기에서 <com.yourcompany>는 각자 도메인 이름(여기서는 com.ebookfrenzy)으로 교체한다.

```xml
<?xml version="1.0" encoding="utf-8"?>
<manifest xmlns:android="http://schemas.android.com/apk/res/android"
    .
    .
    <application>
        <activity
            android:name=".MyFeatureActivity"
            android:exported="true" >
            <intent-filter>
                <action android:name="android.intent.action.VIEW" />
                <action android:name=
                    "<com.yourcompany>.my_dynamic_feature.MyFeatureActivity" />
                <category android:name="android.intent.category.DEFAULT" />
            </intent-filter>
        </activity>
    </application>
</manifest>
```

다음은 build.gradle (Module: DynamicFeature.my_dynamic_feature) 파일의 android 섹션에 뷰 바인딩을 활성화하고 dependencies 섹션에 구글 플레이 라이브러리를 추가한다.

```
android {
    .
    .
    buildFeatures {
        viewBinding true
    }
}

dependencies {
    .
    .
    implementation 'com.google.android.play:core:1.10.0'
    .
    .
}
    .
    .
```

그리고 편집기 창의 오른쪽 위에 있는 Sync Now를 눌러 그래들 빌드의 변경 사 항을 프로젝트에 적용한다.

동적 기능 모듈에서 리소스를 사용하려면 MyFeatureActivity에서 SplitCompat.install() 함수 를 호출해야 한다. 편집기 창에 열린 MyFeatureActivity.kt 파일을 다음과 같이 변경하자. 여기서 <com.yourcompany>는 각자 도메인 이름(여기서는 com.ebookfrenzy)으로 교체한다.

```
.
.
import com.google.android.play.core.splitcompat.SplitCompat
import <com.yourcompany>.my_dynamic_feature.databinding.ActivityMyFeatureBinding

class MyFeatureActivity : AppCompatActivity() {

    private lateinit var binding: ActivityMyFeatureBinding

    override fun onCreate(savedInstanceState: Bundle?) {
        super.onCreate(savedInstanceState)
        setContentView(R.layout.activity_my_feature)
        SplitCompat.install(this)
        binding = ActivityMyFeatureBinding.inflate(layoutInflater)
        setContentView(binding.root)
    }
}
```

SplitCompat.install() 함수를 호출하지 않으면 동적 기능 모듈이 시작될 때 다음과 같은 에러가 발생하면서 앱 실행이 중단된다.

```
AndroidRuntime: java.lang.RuntimeException: Unable to start activity ComponentInfo{com.
ebookfrenzy.dynamicfeature/com.ebookfrenzy.my_dynamic_feature.
MyFeatureActivity}: android.content.res.Resources$NotFoundException: Resource ID
#0x80020000
```

다음은 편집기 창에 열린 activity_my_feature.xml을 선택하고 디자인 모드로 전환한다. 그리고 팔레트의 Text 부류에 있는 TextView를 마우스로 끌어서 레이아웃의 정중앙(수평과 수직 점선이 교차되는 지점)에 놓은 후 속성 창의 text 속성을 My Dynamic Feature Module로 변경하자(그림 93-6).

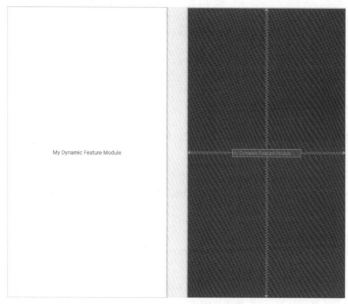

그림 93-6

93.7 launchFeature() 함수 구현하기

동적 기능 모듈의 사용을 시작하기 위해 이제는 **Play Core** 라이브러리를 사용할 때가 되었다. 우선, 동적 기능 모듈의 액티비티를 시작시키는 인텐트를 사용하는 것이 목적인 launchFeature() 함수를 구현해야 한다. 그러나 아직 설치되지 않은 동적 기능 모듈의 액티비티를 시작시키려고 하면 앱이 중단될 것이다. 따라서 launchFeature() 함수는 동적 기능 모듈(my_dynamic_feature)이 설치되었는지 확인하는 코드를 포함해야 한다.

이때 SplitInstallManager 클래스의 인스턴스를 생성하여 확인한다. 그리고 설치되었다면 이 모듈에 포함된 액티비티를 안전하게 시작시킬 수 있으며, 그렇지 않으면 statusText TextView에 메시지를 보여 줄 필요가 있다. 편집기 창에 열려 있는 MainActivity.kt 파일을 선택하고 다음과 같이 변경하자. 여기서 <com.yourcompany>는 각자 도메인 이름(여기서는 com.ebookfrenzy)으로 교체한다.

```
package com.ebookfrenzy.dynamicfeature

import androidx.appcompat.app.AppCompatActivity
import android.os.Bundle
import com.ebookfrenzy.dynamicfeature.databinding.ActivityMainBinding
import android.view.View
import android.content.Intent
import com.google.android.play.core.splitinstall.SplitInstallManager
import com.google.android.play.core.splitinstall.SplitInstallManagerFactory

class MainActivity : AppCompatActivity() {

    private lateinit var binding: ActivityMainBinding
    private lateinit var manager: SplitInstallManager

    override fun onCreate(savedInstanceState: Bundle?) {
        super.onCreate(savedInstanceState)
        binding = ActivityMainBinding.inflate(layoutInflater)
        setContentView(binding.root)

        manager = SplitInstallManagerFactory.create(this)
    }

    fun launchFeature(view: View) {
        if (manager.installedModules.contains("my_dynamic_feature")) {
            startActivity(Intent(
                "<com.yourcompany>.my_dynamic_feature.MyFeatureActivity"))
        } else {
            binding.statusText.text = "Feature not yet installed"
        }
    }
}
```

93.8 테스트를 위해 앱 번들 업로드하기

이제는 프로젝트를 첫 번째로 테스트할 준비가 되었다. 테스트를 하려면 릴리스용 앱 번들을 생성하여 구글 플레이 콘솔Google Play Console에 업로드해야 한다. 이에 필요한 절차나 방법은 91장에서 알아보았지만 요약하면 다음과 같다.

1. 구글 플레이 콘솔에 로그인하고 **앱 만들기** 버튼을 클릭하여 새로운 앱의 생성을 시작한다.

2. 앱의 제목, 설명, 분류, 이미지 에셋을 절차에 따라 구성하고 설정을 저장한다. 또한, 앱 번들의 구글 플레이 앱 서명을 활성화한다.

3. 안드로이드 스튜디오 메뉴에서 **Build ➡ Generate Signed App Bundle / APK...**를 선택하여 서명된 릴리스 앱 번들을 생성한다.

4. 구글 플레이 콘솔의 왼쪽 내비게이션 패널에서 **테스트 ➡ 내부 테스트** 옵션을 선택한다.

5. '내부 테스트' 화면에서 **새 버전 만들기** 버튼을 클릭하고 이어서 **계속** 버튼을 클릭한다. 그리고 '구글 플레이 앱 서명 서비스 약관'이 나오면 **동의** 버튼을 눌러 구글 플레이 앱 서명의 사용을 확인한다. 3번에서 생성된 앱 번들 파일을 마우스로 끌어서 업로드 상자에 놓으면 바로 업로드가 수행된다. 업로드가 끝난 후 **저장** 버튼을 클릭한다.

6. '내부 테스트' 화면에서 **테스터** 탭을 클릭하고 **이메일 목록 만들기** 버튼을 클릭한 후 앱을 테스트할 테스터의 이메일 주소를 추가한다.

7. '내부 테스트' 화면에서 **출시** 탭을 클릭하고 **수정** 버튼을 클릭한다. 그리고 페이지 밑으로 스크롤하여 **버전 검토** 버튼을 클릭한다.

8. 다음 화면에서 **내부 테스트 트랙으로 출시 시작** 버튼을 클릭한다. 잠시 후에 출시가 완료되면 이후부터는 지정된 테스터에 의해 앱이 다운로드되어 테스트될 수 있다.

이후에 앱의 테스트 트랙에 참여할 것인지를 묻는 알림이 내부 테스트 트랙의 모든 사용자에게 전송된다. 또는 테스터 화면에 있는 URL을 복사하여 테스트할 사용자에게 전송해도 된다. 그리고 사용자가 테스트에 참여하면 링크가 제공되며 이것을 클릭하면 플레이 스토어 앱이 시작되고 DynamicFeature 앱의 다운로드 페이지가 열린다(그림 93-7).

그림 93-7

그리고 설치_{Install} 버튼을 클릭하여 앱을 설치한 다음에 열고 DynamicFeature 앱의 Launch Feature 버튼을 누른다. 그러나 아직 동적 기능이 설치되지 않았으므로 'Feature not yet installed' 메시지가 statusText TextView에 나타날 것이다.

93.9 installFeature() 함수 구현하기

installFeature() 함수에서는 my_dynamic_feature 모듈의 SplitInstallRequest 객체를 생성한 후 SplitInstallManager 인스턴스를 사용해서 설치 프로세스를 시작시킬 것이다. 또한, 이 함수에서는 설치 요청의 상태를 나타내는 Toast 메시지를 보여 주기 위해 리스너도 구현한다. 편집기 창에 열려 있는 MainActivity.kt 파일을 선택하고 다음과 같이 installFeature() 함수를 추가하자.

```
.
.
import android.widget.Toast
import com.google.android.play.core.splitinstall.SplitInstallRequest

class MainActivity : AppCompatActivity() {
    .
    .
    fun installFeature(view: View) {
```

```
        val request = SplitInstallRequest.newBuilder()
            .addModule("my_dynamic_feature")
            .build()

    manager.startInstall(request)
        .addOnSuccessListener { sessionId ->
            Toast.makeText(this@MainActivity,
                "Module installation started",
                Toast.LENGTH_SHORT).show()
        }
        .addOnFailureListener { exception ->
            Toast.makeText(this@MainActivity,
                "Module installation failed: $exception",
                Toast.LENGTH_SHORT).show()
        }
    }
}
```

프로젝트 도구 창에서 Gradle Scripts ➡ build.gradle (Module: DynamicFeature.app) 파일을 열자. 그리고 새로운 버전의 앱 번들이 테스트용으로 업로드될 수 있게 versionCode와 versionName의 값을 증가시키자.

```
android {
    .
    .
    defaultConfig {
        .
        .
        versionCode 2
        versionName "2.0"
        .
        .
    }
    .
    .
}
```

그리고 편집기 창의 오른쪽 위에 있는 Sync Now를 눌러 그래들 빌드의 변경 사항을 프로젝트에 적용한다.

Gradle Scripts ➡ build.gradle (Module: DynamicFeature.my_dynamic_feature) 파일의 versionCode와 versionName의 값도 동일하게 증가시키자. 또한, 편집기 창의 오른쪽 위에 있는 Sync Now를 눌러 그래들 빌드의 변경 사항을 프로젝트에 적용한다.

그다음에 앞의 93.8절의 3번 항목과 같이 변경된 새로운 앱 번들을 생성한 후 구글 플레이 콘솔에서 이 앱의 테스트 ➡ 내부 테스트 페이지로 돌아간다. 그리고 그림 93-8의 새 버전 만들기 버튼을 클릭한다.

그림 93-8

새로운 앱 번들을 업로드하는 절차를 따라 업로드를 마친 후 내부 테스트를 준비한다. 그리고 테스트 장치에서 구글 플레이 스토어 앱을 열고 **설치**Install 버튼이 **업데이트**Update 버튼으로 바뀌었는지 확인하자(만일 바뀌지 않았다면 앱 스토어 앱을 닫고 몇 분 후에 다시 시도한다). 그리고 새로운 릴리스로 업데이트한 후 DynamicFeature 앱을 실행하고 Install Feature 버튼을 클릭하여 'Module installation started' 메시지가 나타나는지 확인하자. 동적 기능 모듈이 다운로드될 때는 화면 위의 상태 바에 다운로드 아이콘이 잠시 나타날 것이다. 그리고 다운로드가 완료되면 Launch Feature 버튼을 눌러서 두 번째 액티비티가 화면에 나타나는지 확인하자.

만일 설치에 실패하거나 앱이 중단되면 로그캣Logcat 창에서 원인을 확인할 수 있다. 로그캣 출력을 보려면 장치를 개발 컴퓨터에 연결한 후 운영체제의 명령 프롬프트(윈도우 시스템)나 터미널(맥OS나 리눅스) 창을 열고 다음 명령을 실행한다.

```
adb logcat
```

이 **adb** 명령은 로그캣 출력을 실시간으로 보여 주며, 여기에는 앱에 에러가 생기거나 중단될 때 생성된 각종 예외와 진단 메시지를 보여 준다.

93.10 업데이트 리스너 추가하기

동적 기능 모듈의 설치 진행 상태를 더 자세하게 추적하려면 SplitInstallStateUpdatedListener 의 인스턴스를 사용한다. 그리고 기능 모듈은 여러 개를 동시에 설치할 수 있으므로 설치 프로세스에 지정된 세션 ID를 추적하는 코드를 추가해야 한다. 다음과 같이 MainActivity.kt 파일을 변경하자. 여기서는 현재 세션 ID를 갖는 변수를 선언하고 installFeature() 함수에서 설치가 성공적으로 시작될 때마다 이 변수에 세션 ID를 저장한다. 또한, installFeature() 함수에서는 업데이트 리스너도 등록한다.

```
.
.
import java.util.*
import com.google.android.play.core.splitinstall.SplitInstallStateUpdatedListener
import com.google.android.play.core.splitinstall.model.SplitInstallSessionStatus

class MainActivity : AppCompatActivity() {

    private lateinit var binding: ActivityMainBinding
    private lateinit var manager: SplitInstallManager
    private var mySessionId = 0
    .
    .
    fun installFeature(view: View) {

        manager.registerListener(listener)

        val request = SplitInstallRequest.newBuilder()
            .addModule("my_dynamic_feature")
            .build()

        manager.startInstall(request)
            .addOnSuccessListener { sessionId ->
                mySessionId = sessionId
                Toast.makeText(this@MainActivity,
                    "Module installation started",
                    Toast.LENGTH_SHORT).show()
            }
            .addOnFailureListener { exception ->
                Toast.makeText(this@MainActivity,
                    "Module installation failed: $exception",
                    Toast.LENGTH_SHORT).show()
            }
    }
}
```

그리고 다음과 같이 리스너 코드를 추가하자.

```
.
.
class MainActivity : AppCompatActivity() {
    .
    .
    private var listener: SplitInstallStateUpdatedListener =
        SplitInstallStateUpdatedListener { state ->
            if (state.sessionId() == mySessionId) {
                when (state.status()) {
                    SplitInstallSessionStatus.DOWNLOADING -> {
                        val size = state.totalBytesToDownload()
                        val downloaded = state.bytesDownloaded()
```

```
                    binding.statusText.text =
                        String.format(Locale.getDefault(),
                            "%d of %d bytes downloaded.", downloaded, size)
                }
                SplitInstallSessionStatus.INSTALLING ->
                    binding.statusText.text = "Installing feature"
                SplitInstallSessionStatus.DOWNLOADED ->
                    binding.statusText.text = "Download Complete"
                SplitInstallSessionStatus.INSTALLED ->
                    binding.statusText.text = "Installed - Feature is ready"
                SplitInstallSessionStatus.CANCELED ->
                    binding.statusText.text = "Installation cancelled"
                SplitInstallSessionStatus.PENDING ->
                    binding.statusText.text = "Installation pending"
                SplitInstallSessionStatus.FAILED ->
                    binding.statusText.text =
                        String.format(Locale.getDefault(),
                            "Installation Failed. Error code: %s", state.errorCode())
            }
        }
    }
}
```

이 리스너는 여러 가지 설치 및 업데이트 상태를 텍스트로 알려 준다. 예를 들어, 다운로드의 전체 크기와 실제 다운로드된 바이트 수 등이다. 다음은 앱이 포그라운드에 있지 않을 동안(예를 들어, 사용자가 다른 앱을 볼 때) 리스너를 등록 해지하고 다시 포그라운드로 왔을 때 등록하는 onPause()와 onResume() 함수도 추가하자.

```
override fun onResume() {
    manager.registerListener(listener)
    super.onResume()
}

override fun onPause() {
    manager.unregisterListener(listener)
    super.onPause()
}
```

그리고 앞에서 했듯이, 두 모듈의 버전 번호를 build.gradle 파일에 증가시키고 새로운 릴리스의 앱 번들을 생성한 후 구글 플레이에 업로드하여 테스트를 준비한다. 만일 동적 기능 모듈이 장치에 이미 설치되었다면 모듈을 다시 다운로드하는 것을 Play Core 라이브러리 클래스가 무시할 것이다. 따라서 리스너를 완전하게 테스트하려면 플레이 스토어에서 앱을 제거한 후 업데이트된 릴리스를 설치해야 한다. 물론 앱을 제거하면 새로운 릴리스가 설치될 준비가 되었음을 알려 주기 위해 업데이트 버튼이 나타나지 않을 것이다. 플레이 스토어 앱이 어떤 릴리스를 설치할지 알기 위해 앱 정보를 클릭하여 버전을 확인한다.

만일 이전 버전 번호가 여전히 나타나면 플레이 스토어 앱을 종료하고 몇 분 정도 기다렸다가 다시 확인하자. 그리고 새 버전 정보가 나타나고 설치가 완료되면 앱을 열자. 그다음에 버튼을 눌러 동적 기능 모듈이 다운로드될 때 상태를 나타내는 텍스트가 제대로 변경되어 보이는지 확인해 보자.

93.11 대형 다운로드 처리하기

이 프로젝트에서 다음으로 할 일은 대형 기능 모듈의 지원을 추가하는 것이다. 다음과 같이 MainActivity.kt 파일을 변경하자.

```
.
.
import android.app.Activity
import android.content.IntentSender

class MainActivity : AppCompatActivity() {

    private val REQUESTCODE = 101
    .
    .
    private var listener: SplitInstallStateUpdatedListener =
        SplitInstallStateUpdatedListener { state ->
            if (state.sessionId() == mySessionId) {
                when (state.status()) {
                    SplitInstallSessionStatus.REQUIRES_USER_CONFIRMATION -> {
                        binding.statusText.text =
                            "Large Feature Module. Requesting Confirmation"
                        try {
                            manager.startConfirmationDialogForResult(
                                state,
                                this@MainActivity, REQUESTCODE
                            )
                        } catch (ex: IntentSender.SendIntentException) {
                            binding.statusText.text = "Confirmation Request Failed."
                        }
                    }
                    .
                    .
                }
            }
        }
    .
    .
}
```

또한, 사용자가 설치를 허가했는지 앱에서 알 수 있도록 onActivityResult() 함수도 추가하자.

```
public override fun onActivityResult(requestCode: Int, resultCode: Int, data: Intent?) {
    super.onActivityResult(requestCode, resultCode, data)
    if (requestCode == REQUESTCODE) {
        if (resultCode == Activity.RESULT_OK) {
            binding.statusText.text = "Beginning Installation."
        } else {
            binding.statusText.text = "User declined installation."
        }
    }
}
```

지금까지 변경한 코드가 잘 작동하는지 테스트하려면 우선, 동적 기능 모듈의 크기가 10MB를 넘도록 해야 한다. 이렇게 하기 위해 여기서는 큰 파일을 프로젝트의 에셋에 추가할 것이다. 프로젝트 도구 창의 my_dynamic_feature 모듈 항목에서 마우스 오른쪽 버튼을 클릭한 후 New ➡ Folder ➡ Assets Folder를 선택하자.

그리고 컴포넌트 구성 대화상자의 Target Source Set 드롭다운에서 main을 선택하고 Finish 버튼을 클릭한다. 그러면 my_dynamic_feature 모듈 항목 밑에 assets 폴더가 생겼을 것이다.

다음은 이 책 다운로드 파일의 Ch93 서브 디렉터리에 있는 LargeAsset.zip 파일을 각자 운영체제의 파일 탐색기에서 클립보드로 복사한 후 그림 93-9의 assets 폴더에 붙여넣기 한다(assets 폴더에서 마우스 오른쪽 버튼을 클릭 후 Paste를 선택하고 만일 다음 대화상자가 나오면 OK 버튼을 누름).

그림 93-9

그리고 앞에서 했듯이, 두 모듈의 버전 번호를 build.gradle 파일에 증가시키고 새로운 릴리스의 앱 번들을 생성한 후 구글 플레이에 업로드하여 테스트를 준비한다. 그리고 장치에서 이전 릴리스를 삭제하고 새로운 릴리스를 설치한 후 동적 기능 모듈의 다운로드를 시도하여 그림 93-10의 확인 대화상자가 나타나는지 테스트해 보자.

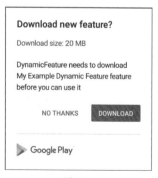

그림 93-10

93.12 지연 설치 사용하기

지연 설치의 경우는 동적 기능 모듈이 백그라운드에서 다운로드되며 운영체제가 완료해 준다. 지연 설치가 시작되면 보류 상태로 리스너가 호출되지만 설치 진행 상태를 추적할 수는 없고 모듈이 설치 되었는지의 여부만 확인할 수 있다.

지연 설치를 해보고자 한다면 다음과 같이 MainActivity.kt 파일의 installFeature() 함수를 변경 하면 된다(참고만 하자).

```
fun installFeature(view: View) {
    manager.deferredInstall(Arrays.asList("my_dynamic_feature"))
}
```

deferredInstall() 함수는 배열을 인자로 받으므로 한 번에 여러 모듈의 설치를 지연시킬 수 있다.

93.13 동적 기능 모듈 제거하기

마지막으로, MainActivity.kt 파일에 deleteFeature() 함수를 추가하자.

```
fun deleteFeature(view: View) {
    manager.deferredUninstall(Arrays.asList("my_dynamic_feature"))
}
```

동적 기능 모듈의 제거는 시스템의 사용 가능 메모리가 추가로 필요할 때 운영체제에 의해 백그라 운드에서 수행된다. deferredInstall() 함수처럼 deleteFeature() 함수도 배열을 인자로 받으므 로 한 번에 여러 모듈을 제거할 수 있다.

93.14 요약

이번 장에서는 안드로이드 앱에서 동적 기능 모듈을 사용하는 예제 앱을 작성해 보았다. 그리고 동 적 기능 모듈의 생성과 설치 및 관리를 위한 Play Core 라이브러리의 클래스와 함수 사용을 알아보 았다.

안드로이드 스튜디오의 그래들 개요

우리가 생성했던 앱 프로젝트를 컴파일하고 실행하는 데 필요한 일을 안드로이드 스튜디오가 해주는 게 당연하다고 알고 있다. 그러나 안드로이드 스튜디오는 그런 일을 **그래들**Gradle이라는 시스템을 사용해서 백그라운드로 해주고 있다.

따라서 이제는 그래들에 대해 알아보자. 이번 장에서는 앱 프로젝트의 다양한 구성 요소를 함께 컴파일하고 패키지로 만드는 데 그래들을 사용하는 방법을 알아볼 것이다. 또한, 안드로이드 스튜디오에서 프로젝트를 빌드하는 것과 관련하여 더 많은 요구 사항이 필요할 때 그래들을 구성하는 방법도 살펴볼 것이다.

94.1 그래들 개요

그래들은 자동화된 빌드 시스템이며, 빌드 구성 파일을 통해 프로젝트 빌드가 구성되고 관리되게 해준다. 이때 프로젝트를 빌드하는 방법, 프로젝트 빌드에 필요한 모듈 간의 의존성과 같은 내용이 정의된다.

그래들의 장점은 개발자에게 제공되는 유연성에 있다. 그래들 시스템은 독립적인 명령행 기반 환경이면서 또한, 플러그인을 사용하여 다른 환경에 통합될 수 있다. 안드로이드 스튜디오의 경우는 안드로이드 스튜디오 플러그인을 통해 그래들이 통합되어 있다.

안드로이드 스튜디오에서는 안드로이드 스튜디오 플러그인을 사용하여 그래들 작업을 시작시키고 관리하지만, 이와는 별도로 그래들 명령행 도구를 사용해서 안드로이드 스튜디오 기반 프로젝트를 빌드할 수 있다. 이때는 안드로이드 스튜디오가 설치되지 않은 시스템에서도 프로젝트 빌드가 가능하다.

프로젝트를 빌드하기 위한 구성 규칙은 **그루비**Groovy 프로그래밍 언어 기반의 스크립트로 그래들 빌드 파일에 선언된다.

94.2 그래들과 안드로이드 스튜디오

그래들은 안드로이드 앱 프로젝트를 빌드하는 강력한 기능을 많이 갖고 있다. 이 중에서 중요한 것은 다음과 같다.

94.2.1 합리적인 디폴트

그래들은 **설정보다는 관례**Convention over Configuration, CoC라는 개념을 구현하고 있다. 즉, 그래들은 사전 정의된 합리적인 디폴트sensible default 구성 설정을 갖는다. 이 설정은 개발자가 빌드 파일의 설정을 변경하지 않았을 때 기본 설정으로 사용된다. 따라서 개발자가 필요한 최소한의 구성만으로 빌드가 수행될 수 있다는 의미다. 그러므로 개발자 입장에서는 디폴트 구성이 자신의 빌드 요구 사항에 맞지 않을 때만 빌드 파일을 변경하면 된다.

94.2.2 의존성

또 다른 중요한 그래들 기능으로 **의존성**dependency이 있다. 예를 들어, 안드로이드 스튜디오 프로젝트의 한 모듈이 해당 프로젝트의 다른 모듈을 로드하는 인텐트를 실행시키는 경우를 생각해 보자. 이 경우 첫 번째 모듈은 두 번째 모듈에 의존성을 갖는다. 만일 런타임 시에 두 번째 모듈을 찾지 못해 실행에 실패할 수 있다면 앱의 빌드가 실패하게 된다는 의미다.

따라서 첫 번째 모듈의 그래들 빌드 파일에 의존성이 선언되어야만 두 번째 모듈을 앱 빌드에 포함시킬 수 있다. 이때 그래들이 두 번째 모듈을 찾을 수 없거나 빌드할 수 없으면 빌드 에러를 알려 준다. 또 다른 의존성의 예로는 프로젝트가 컴파일 및 실행되기 위해 필요한 라이브러리나 JAR 파일이 있다.

그래들의 의존성은 **로컬**local과 **원격**remote으로 분류할 수 있다. 로컬 의존성에서는 빌드가 수행되는 컴퓨터 시스템의 로컬 파일 시스템에 있는 모듈을 참조한다. 반면에, 원격 의존성에서는 **리포지터리**repository라고 하는 원격 서버에 있는 모듈을 참조하는 것을 의미한다.

안드로이드 스튜디오 프로젝트의 경우 원격 의존성은 **메이븐**Maven이라는 또 다른 프로젝트 관리 도구를 사용해서 처리된다. 만일 메이븐 구문을 사용해서 그래들 빌드 파일에 원격 의존성이 선언되면, 지정된 리포지터리로부터 의존성이 있는 파일이 자동으로 다운로드되어 빌드 프로세스에 포함된다. 예를 들어, 다음과 같이 의존성을 선언하면 구글 리포지터리로부터 AppCompat 라이브러리가 프로젝트에 추가된다(라이브러리는 지속적으로 업데이트되므로 제일 끝의 버전 번호는 달라질 수 있다).

```
dependencies {
  implementation 'androidx.appcompat:appcompat:1.3.0'
}
```

94.2.3 빌드 변이

의존성에 추가하여 그래들은 또한, 안드로이드 스튜디오 프로젝트의 빌드 변이build variant 지원을 제공한다. 즉, 하나의 프로젝트로 여러 변형된 버전의 앱을 빌드할 수 있다. 안드로이드는 다양한 CPU 타입과 화면 크기를 갖는 여러 장치에서 실행된다. 따라서 가능한 한 많은 장치 타입과 화면 크기에서 앱이 실행되게 하려면 하나의 프로젝트를 서로 다른 변형된 버전의 앱으로 빌드할 필요가 있다(예를 들어, 폰의 사용자 인터페이스를 갖는 버전과 태블릿 크기의 화면에 적합한 버전). 안드로이드 스튜디오에서는 그래들의 사용을 통해서 이것이 가능하다.

94.2.4 매니페스트 항목

각 안드로이드 스튜디오 프로젝트는 앱의 자세한 구성 정보를 갖는 매니페스트 파일인 Android Manifest.xml과 연관되어 있다. 많은 매니페스트 항목이 그래들 빌드 파일에 지정될 수 있으며, 그래들이 프로젝트를 빌드할 때 매니페스트 파일로 자동 생성해 준다. 이 기능은 빌드 변이의 생성을 보완해 준다. 앱 버전 번호, 앱 ID와 SDK 버전 정보 등의 요소가 각 빌드 변이마다 다르게 구성될 수 있게 해주기 때문이다.

94.2.5 APK 서명하기

91장에서는 안드로이드 스튜디오를 사용해서 서명된 릴리스 APK 파일을 생성하는 방법을 알아보았다. 이처럼 안드로이드 스튜디오 사용자 인터페이스를 통해서 입력된 서명 정보를 그래들 빌드 파일에 포함시키는 것도 가능하다. 따라서 서명된 APK 파일이 명령행에서도 생성될 수 있다.

94.2.6 ProGuard 지원

ProGuard는 안드로이드 스튜디오에 포함된 도구이며, 자바 바이트 코드를 최적화하고 크기를 줄여서 더 효율적으로 만든다. 또한, 역공학reverse engineering으로 소스 코드를 해독하기 어렵게 해준다(컴파일된 자바 바이트 코드의 분석을 통해서 다른 사람들이 앱의 로직을 알아볼 수 있는 방법이 역공학이다). 그리고 우리 앱이 빌드될 때 ProGuard를 실행할 것인지의 여부를 그래들 빌드 파일에서 제어할 수 있다.

94.3 최상위 수준의 그래들 빌드 파일

완전한 안드로이드 스튜디오 프로젝트는 안드로이드 앱을 빌드하는 데 필요한 모든 것을 포함하며, 모듈, 라이브러리, 매니페스트 파일, 그래들 빌드 파일로 구성된다.

각 프로젝트는 하나의 최상위 수준 그래들 빌드
파일을 포함한다. 이 파일은 그림 94-1에 강조
표시된 것처럼 build.gradle (Project: 프로젝트 이
름)으로 프로젝트 도구 창에 나타난다.

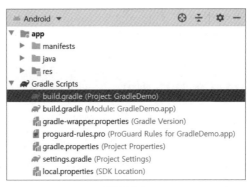

그림 94-1

기본적으로 최상위 수준 그래들 빌드 파일의 내용은 다음과 같다.

```
// Top-level build file where you can add configuration options common to all sub-
projects/modules.
buildscript {
    repositories {
        google()
        mavenCentral()
    }
    dependencies {
        classpath "com.android.tools.build:gradle:7.1.0-alpha02"
        classpath "org.jetbrains.kotlin:kotlin-gradle-plugin:1.5.10"

        // NOTE: Do not place your application dependencies here; they belong
        // in the individual module build.gradle files
    }
}

task clean(type: Delete) {
    delete rootProject.buildDir
}
```

여기서는 메이븐 리포지터리를 사용해서 원격 라이브러리를 얻는다는 것, 그리고 빌드는 그래들 안
드로이드 플러그인에 의존한다는 것을 선언한다. 대부분의 경우에 이 빌드 파일은 우리가 변경하지
않아도 된다.

94.4 모듈 수준의 그래들 빌드 파일

안드로이드 스튜디오 앱 프로젝트는 하나 이상의 모듈로 구성된다. 예를 들어, Module1과 Module2
라는 이름의 두 모듈을 포함하는 GradleDemo라는 가상의 앱 프로젝트가 있다고 해보자. 여기서
각 모듈은 자신의 그래들 빌드 파일이 필요하다. 개발 컴퓨터의 실제 디렉터리 구조에서 이 빌드 파
일은 다음의 위치에 있게 된다.

- Module1/build.gradle

- Module2/build.gradle

기본적으로 Module1의 build.gradle 파일 내용은 다음과 같다.

```
plugins {
    id 'com.android.application'
    id 'kotlin-android'
}

android {
    compileSdkVersion 30
    buildToolsVersion "30.0.3"

    defaultConfig {
        applicationId "com.ebookfrenzy.module1"
        minSdkVersion 26
        targetSdkVersion 30
        versionCode 1
        versionName "1.0"

        testInstrumentationRunner "androidx.test.runner.AndroidJUnitRunner"
    }

    buildTypes {
        release {
            minifyEnabled false
            proguardFiles getDefaultProguardFile('proguard-android-optimize.txt'),
                    'proguard-rules.pro'
        }
    }
    compileOptions {
        sourceCompatibility JavaVersion.VERSION_1_8
        targetCompatibility JavaVersion.VERSION_1_8
    }
    kotlinOptions {
        jvmTarget = '1.8'
    }
}

dependencies {
    implementation 'androidx.core:core-ktx:1.5.0'
    implementation 'androidx.appcompat:appcompat:1.3.0'
    implementation 'com.google.android.material:material:1.3.0'
    implementation 'androidx.constraintlayout:constraintlayout:2.0.4'
    testImplementation 'junit:junit:4.+'
    androidTestImplementation 'androidx.test.ext:junit:1.1.2'
    androidTestImplementation 'androidx.test.espresso:espresso-core:3.3.0'
}
```

이 내용을 보면 알 수 있듯이, 이 그래들 빌드 파일은 그래들 안드로이드 플러그인의 사용을 선언하는 것부터 시작한다.

```
plugins {
    id 'com.android.application'
    id 'kotlin-android'
}
```

그런 다음, android 섹션에서는 Module1을 빌드할 때 사용되는 SDK와 SDK에 포함된 안드로이드 빌드 도구의 버전을 정의한다.

```
android {
    compileSdkVersion 30
    buildToolsVersion "30.0.3"
```

defaultConfig 섹션에 선언된 항목은 빌드하는 동안 해당 모듈의 AndroidManfest.xml 파일로 생성되는 요소를 정의한다. 빌드 파일에 변경될 수 있는 이 설정은 모듈이 최초 생성되었을 때 안드로이드 스튜디오에서 입력된 설정으로부터 가져온다.

```
defaultConfig {
    applicationId "com.ebookfrenzy.gradledemo"
    minSdkVersion 26
    targetSdkVersion 30
    versionCode 1
    versionName "1.0"

    testInstrumentationRunner "androidx.test.runner.AndroidJUnitRunner"
}
```

buildTypes 섹션에서는 앱의 릴리스 버전(개발이 끝나고 실제 사용되는 버전)이 빌드될 때 APK 파일에 대해 ProGuard를 실행할 것인지 여부와 실행 방법을 정의한다.

```
buildTypes {
    release {
        minifyEnabled false
        proguardFiles getDefaultProguardFile('proguard-android-optimize.txt'), 'proguard-
rules.pro'
    }
}
```

이 구성에서는 Module1이 빌드될 때 ProGuard가 실행되지 않는다. ProGuard를 실행하려면 minifyEnabled 항목을 false에서 true로 변경하면 된다. proguard-rules.pro 파일은 프로젝트의 해당 모듈 디렉터리에서 찾을 수 있다. 이 파일을 변경하면 proguard-android.txt 파일의 디폴트 설정이 무시된다. proguard-android.txt 파일은 안드로이드 SDK 설치 디렉터리 밑의 sdk/tools/proguard에 있다.

여기서는 디버그 버전(개발 중인 버전)의 buildType이 선언되지 않았으므로 디폴트 설정이 사용된다. 디폴트 설정으로 빌드될 때는 ProGuard를 실행하지 않으며, 디버그 키로 서명되고 디버그 심벌이 활성화된다.

이 외에도 여러 빌드 변이가 생성될 수 있도록 productFlavors 섹션이 모듈 빌드 파일에 포함될 수 있다.

그다음에는 프로젝트를 빌드할 때 사용되는 자바 컴파일러의 버전을 지정한다.

```
compileOptions {
    sourceCompatibility JavaVersion.VERSION_1_8
    targetCompatibility JavaVersion.VERSION_1_8
}
kotlinOptions {
    jvmTarget = '1.8'
}
```

마지막으로, dependencies 섹션에는 우리 app 모듈의 로컬과 원격 의존성을 나타낸다. 즉, app 모듈을 빌드하는 데 필요한 라이브러리를 지정한다. 라이브러리에는 안드로이드 리포지터리로부터 다운로드되어 프로젝트에 포함되는 것이 대부분이지만 다른 리포지터리의 것일 수도 있다. 예를 들어, 다음의 경우는 안드로이드 리포지터리로부터 안드로이드 AppCompat 지원 라이브러리가 포함될 필요가 있음을 나타낸다.

```
.
.
implementation 'androidx.appcompat:appcompat:1.3.0'
.
.
```

의존성 선언에는 포함될 라이브러리의 버전을 나타내는 버전 번호가 포함될 수 있다. 라이브러리는 지속적으로 업데이트되기 때문에 버전 번호는 달라질 수 있다.

94.5 빌드 파일에 서명 설정 구성하기

안드로이드 스튜디오 사용자 인터페이스를 사용해서 키를 설정하고 서명된 릴리스 버전 APK 파일을 생성하는 방법을 91장에서 설명했었다. 이런 설정은 build.gradle 파일의 signingConfigs 섹션에도 선언될 수 있다. 예를 들면, 다음과 같다.

```
plugins {
    id 'com.android.application'
    id 'kotlin-android'
}

android {
    compileSdkVersion 30
    buildToolsVersion "30.0.3"

    defaultConfig {
        .
        .
    }
    signingConfigs {
        release {
            storeFile file("keystore.release")
            storePassword "your keystore password here"
            keyAlias "your key alias here"
            keyPassword "your key password here"
        }
    }
    buildTypes {
        .
        .
    }
}
```

이 예에서는 암호_{password} 정보를 직접 빌드 파일에 넣는다. 그러나 시스템 환경 변수에서 이 값을 추출하는 방법을 사용할 수도 있다. 예를 들면, 다음과 같다.

```
signingConfigs {
    release {
        storeFile file("keystore.release")
        storePassword System.getenv("KEYSTOREPASSWD")
        keyAlias "your key alias here"
        keyPassword System.getenv("KEYPASSWD")
    }
}
```

이 외에도 또 다른 방법이 있다. 빌드하는 도중에 그래들이 암호를 입력받도록 하는 것이다. 예를 들면, 다음과 같다.

```
signingConfigs {
    release {
        storeFile file("keystore.release")
        storePassword System.console().readLine
                ("\nEnter Keystore password: ")
        keyAlias "your key alias here"
```

```
        keyPassword System.console().readLIne("\nEnter Key password: ")
    }
}
```

94.6 명령행에서 그래들 작업 실행하기

각 안드로이드 스튜디오 프로젝트는 명령행에서 그래들 작업을 수행할 수 있게 해주는 그래들 래퍼
wrapper 도구인 **gradlew**를 포함한다. 이 도구는 각 프로젝트 폴더의 홈 디렉터리 바로 밑에 있다(예를
들어, 프로젝트 이름이 GradleDemo일 때는 GradleDemo 디렉터리). 윈도우 시스템에서는 이 래퍼를 바로
실행할 수 있지만, 리눅스와 맥OS에서는 **gradlew**의 execute 퍼미션이 필요하다. execute 퍼미션을
설정하려면 터미널 창을 열고 래퍼가 있는 프로젝트 폴더로 디렉터리를 변경한 후 다음 명령을 실
행하면 된다.

```
chmod +x gradlew
```

execute 퍼미션이 설정된 후에는 $PATH 환경 변수에 래퍼 도구 파일의 위치(경로)를 추가하거나 또는
그 파일 이름 앞에 ./를 붙여 실행하면 된다. 예를 들면, 다음과 같다.

```
./gradlew tasks
```

그래들은 프로젝트 빌드를 여러 가지 서로 다른 작업으로 나누어 처리한다. 현재 프로젝트에서 가
능한 그래들 작업의 전체 내역은 프로젝트 디렉터리에서 다음 명령을 실행하면 알 수 있다(바로 위에
서 이야기했듯이, 리눅스나 맥OS에서 실행할 때는 맨 앞에 ./를 붙인다).

```
gradlew tasks
```

프로젝트를 빌드할 때는 assembleDebug(디버깅 버전) 또는 assembleRelease(릴리스 버전) 그래들
작업을 수행시키면 된다. 이때 다음과 같이 개발 컴퓨터의 명령행(윈도우는 명령 프롬프트, 맥이나 리
눅스는 터미널 창)에서 그래들 래퍼의 옵션으로 실행하면 된다.

```
gradlew assembleDebug
```

안드로이드 스튜디오에서 프로젝트를 빌드할 때는 이런 모든 그래들 작업이 자동으로 수행되므로
일일이 직접 할 필요는 없다.

94.7 요약

안드로이드 스튜디오는 개발자의 개입 없이 백그라운드로 앱을 빌드해 준다. 그리고 이런 빌드 프로세스는 그래들 시스템을 사용해서 처리한다. 그래들 시스템은 빌드 구성 파일을 통해 프로젝트 빌드가 구성되고 관리되게 해주는 자동화된 빌드 툴킷이다. 이번 장에서는 안드로이드 스튜디오 프로젝트와 연계하여 그래들 빌드 시스템의 개요와 구성 파일을 알아보았다.

찾아보기

ㅈ